古遗址

中国文物志

不可移动文物编 I

中国文物志编纂委员会 编
董保华 总编纂
刘小和 乔梁 副总编纂

文物出版社

图书在版编目（CIP）数据

中国文物志．不可移动文物编：全四册 / 中国文物志编纂委员会编；董保华总编纂．—北京：文物出版社，2024.3
　ISBN 978-7-5010-6659-9

　Ⅰ．①中…　Ⅱ．①国…　②董…　Ⅲ．①文物工作—文件—汇编—中国　Ⅳ．①K87

　　　中国版本图书馆CIP数据核字（2021）第 100127 号

中国文物志·不可移动文物编

编　　者：中国文物志编纂委员会
总 编 纂：董保华
副总编纂：刘小和　乔　梁

封面题签：苏士澍
责任编辑：许海意　胡奥千
责任印制：张道奇
封面设计：谭德毅
出版发行：文物出版社
社　　址：北京市东城区东直门内北小街2号楼
邮　　编：100007
网　　址：http://www.wenwu.com
经　　销：新华书店
印　　刷：文物出版社印刷厂有限公司
开　　本：889毫米×1194毫米　1/16
印　　张：190
版　　次：2024年3月第1版
印　　次：2024年3月第1次印刷
书　　号：ISBN 978-7-5010-6659-9
定　　价：1980.00元（全四册）

编纂团队

总编纂

董保华

副总编纂

张自成　李　季　刘小和　董　琦
黄　元　乔　梁　何　洪

本编副总编纂

刘小和　乔　梁

统稿专家

第一、二章　陈　光　刘　杰　金　梅
第三章　侯兆年　刘　珊　刘文丰　孙海红　李　晶
第四章　魏文斌　刘建军　刘建华　雷玉华　杨超杰　唐仲明
第五章　安　莉　侯兆年
第六章　郑　军

审稿专家

白云翔　曹兵武　陈同滨　陈悦新　付清远　韩　扬
晋宏逵　李崇峰　李　季　李裕群　吕　舟　乔　梁
沈　阳　谭玉峰　王　巍　王效青　王幼平　夏燕月
相瑞花　信立祥　张之平　赵　辉
周小棣　王卫明　吕书红

初稿撰写与审核

（以姓氏拼音为序）

第一至五章

北　京：	白晓璇	陈　倩	陈　龙	侯兆年	胡传耸	李　晶	李伟敏
	刘　珊	刘文丰	罗梦娇	祁庆国	孙　玲	孙海红	王玉伟
	徐　超	周艳晴					

天　津： 程绍卿　郭　洧

河　北：	陈　虎	狄云兰	冯　颖	冯术林	高天顺	关真付	韩立森
	贾明田	江妹平	兰晓东	李　江	李建宅	刘　洁	刘瑞璞
	马　力	孟庆科	邵　宇	申亚强	孙德昌	王丽花	王晓岩
	王信忠	王亚楠	许培兰	杨　超	杨　光	于素敏	张国勇
	张林堂	张献中	赵宏海	赵华军	赵建朝	赵学锋	左晓刚

山　西： 李　琳　许高哲

内蒙古： 安泳锝　索秀芬　王大方　张文芳

辽　宁： 黄　荷　李龙彬　李宇峰

吉　林： 王志刚　于　丹

黑龙江： 刘晓东　田　禾　魏笑雨　张　伟　赵永军

上　海： 李孔三　袁　斌

江　苏： 翟森森　干有成　李顺乾　李志平　邱为玮　苏同林　孙苗苗

浙　江：	陈元甫	陈云根	崔　彪	丁　品	方向明	冯宝英	傅峥嵘
	黄　斌	黄　滋	蒋乐平	李小宁	刘　斌	芮国耀	邵浦建
	沈岳明	孙国平	唐俊杰	田正标	王结华	张书恒	郑嘉利
	郑建明	朱穗敏					

安　徽： 何玉文　李　玮　潘海涛　杨立新　杨益峰

江　西： 周广明

福　建： 常　浩　何经平　林小燕　卢　晶

山　东：	高　静	高明奎	蓝秋霞	李　静	李洪勤	刘　超	刘延常
	宁志刚	邱玉胜	邵　云	孙　波	陶　莉	王　勇	王记华

	王永波	魏　辉	魏成敏	辛宪铭	杨　丁	杨爱国	杨玉梅
	由少平	于祖亮	张　弛	张金营	张露文	郑建芳	郑同修
	朱宏伟						
河　南：	鲍虎欣	柴小羽	董联英	方应旺	付会军	谷　飞	郭　方
	郭挺彩	侯哲军	焦建辉	康晓华	李　博	李　彩	李继鹏
	李俊兰	李昆仑	李清丽	李文娜	李亚斌	刘　洁	刘国奇
	刘海燕	刘忠禹	鲁金亮	罗松晨	马金坡	马俊渠	马学泽
	苗叶茜	缪　韵	牛　璐	蒲文静	齐新卷	秦　欢	芮小莉
	申丽霞	沈　倩	宋玲玲	田卫华	王　庚	王春芳	王春辉
	王继伟	王莉萍	王咸秋	王宇红	吴素红	薛　芳	袁升飞
	张　峰	张粉兰	张国辉	张合信	张建华	张涌涛	张玉石
	赵海涛	郑永刚	周建山				
湖　北：	吴建刚	袁青竹					
湖　南：	陈远平	何春平					
广　东：	邱立诚						
广　西：	陈远璋	吴　兵					
海　南：	丘　刚						
重　庆：	黄秒斌	熊　伟					
四　川：	曹家树	陈　宁	陈　卫	陈黎清	陈学志	邓天平	董　静
	范玉洪	耿丽娜	胡忠相	兰　犁	兰庭波	李　敏	李　生
	李　晓	李子军	梁咏涛	廖大勇	廖顺勇	刘　慧	刘　弋
	刘富立	刘仕毅	刘雅平	刘祝平	卢　勇	明文秀	牟锦德
	彭学艺	彭学艺	濮　强	苏　珂	苏洪礼	孙道山	谭显林
	唐前明	田　积	涂小清	汪宗福	王　平	王洪燕	王小红
	吴洪华	吴天文	徐朝纲	颜　斌	赵文玉		
贵　州：	娄　清	张　勇					
云　南：	曾　方	何贵华	刘中华	马　娟	钱　进	王国付	王黎瑞
	杨　杰	杨德聪	杨锡莲	杨长城	余少剑	余腾松	朱云生
	杨锡莲	杨长城	余少剑	余腾松	朱云生		

西　藏：刘世忠　罗布扎西
陕　西：陈　亮　段双印　郝　娟　路　远　罗晓艳　马永赢　庞雅妮
　　　　谭前学　吴晓丛　徐　进
甘　肃：何双全　郎树德　陆杰仁　王　辉　王　旭　魏文斌
青　海：曾水丰　丁向英　范小慧　嘎桑扎西　高素萍　郭　红
　　　　何克洲　李福善　刘　铸　柳英发　马　霞　马德奇　马桂花
　　　　乔　虹　邵全才　邵全才　索南旦周　王国道　王倩倩
　　　　王绍文　肖永明　杨淑芬　赵炯琪
宁　夏：顾永存　韩有成　李　鹏　刘宏安　刘世友　马建军　马升林
　　　　王金铎　王　旭　张艺明
新　疆：杨淑红　张　青

第六章

常　浩　陈建平　陈同滨　邓　华　段　超　傅　晶　郭建刚　何　艳
纪　楠　纪倩男　姜　维　劲永春　李　琳　李　明　李　专　李龙彬
刘文艳　梅　虹　孙　震　汪治平　王海鹏　吴　婷　吴　晓　吴晓丛
谢　祥　许高哲　张建华　张金营　赵　霞　郑　军　朱　力　朱将源
庄永兴

第七章资料收集整理

王海东　许海意

不忘来时路　扬帆新征程

　　历史是现实的源头活水。习近平总书记指出，历史是最好的教科书。以史为鉴，可以知兴亡之根本，可以察民心之所盼，可以明资政之方略。一切向前走，都不能忘记走过的路；走得再远、走到再光辉的未来，也不能忘记走过的过去，不能忘记为什么出发。不忘来时的路，才能走好前行的路。学习、总结历史对党和国家事业改革发展重要作用如此，对行业和区域的改革发展重要作用亦如此。

　　编志修史是中华民族悠久的历史文化传统。新中国成立后，党和国家高度重视社会主义新方志的编修工作。早在六十多年前，王冶秋局长就提出过编修中国文物志的设想。改革开放后，国家先后启动了两轮新方志编修，一些省市地方志或在资源卷中记述文物资源，或设置文资源分卷。近年来，部分省市县三级文物部门，根据工作需要陆续编修了一些区域性文物资源志，有关行业协会、文博机构相继推出了工作年鉴、博物馆志等志书类出版物。所有这些，都为中国文物志的编修做了业务储备和人才准备。在这种背景下，不少领导、专家先后提出过编修国家级文物志的设想和建议。

　　习近平总书记对文物工作发表了系列重要论述，作出系列重要指示批示，就我国考古最新发现及其意义、深化中华文明探源工程和用好红色资源、赓续红色血脉等主持中央政治局集体学习，多次考察文物博物馆单位，要求加大文物和文化遗产保护力度，用好考古和历史研究成果，让文物活起来，走出一条符合国情的文物保护利用之路，正确反映中华民族文明史，推出一批研究成果。进入新时代，党和国家前所未有重视关怀文物工作，事业体系逐步健全，专业队伍不断壮大，重要成果层出不穷，学术研究和技术发展水平持续提高，国际学术话语权明显提升，社会关注度、参与度空前高涨。

　　国家文物局因时应势，2014 年起组织编纂《中国文物志》。各地文物部门、文博单位和有关高校、科研机构积极参与，文博专家、方志专家悉心指导。总编纂董保华同志组织带领数百人的编纂团队青灯黄卷，孜孜以求，爬梳剔抉，删繁就简，钩沉拾遗，披沙拣金，历经七年的不懈努力，呈现出一部资料翔实、内容丰富、记述有序的大型志书——《中国文物志》。

修志为用，存史资政。《中国文物志》系统反映了我国文物资源状况和重要价值，翔实记述了我国文物工作的发展历程和文物事业的辉煌成果，生动呈现了一代代文物工作者不畏艰辛、筚路蓝缕、求真务实、守正创新的精神风貌。翻阅厚厚的志稿，深感七十余年来文物事业因应时代之需、人民之需，伴随着中华民族从站起来、富起来到强起来的历史飞跃，从配合重要基础建设艰难启程时的"重点保护、重点发掘""既对基本建设有利，又对文物保护有利"，到适应改革开放不断深入、经济社会高速发展形势的"保护为主、抢救第一、加强管理、合理利用"，再到新时代以来贯彻新发展理念、构建新发展格局、推进高质量发展的"保护第一、加强管理、挖掘价值、有效利用、让文物活起来"，走过非凡的发展历程。文物法律法规体系逐步形成并日趋完善，财政投入持续加大，文物资源管理质效大幅提升，文物保护力度明显加强，博物馆公共文化服务效能充分彰显，文物考古研究阐释不断深化，文物领域科技支撑能力有力提升，文物国际交流合作持续拓展，文物传播力影响力显著增强，中国特色文物保护利用之路正越走越宽。

彰往而察来。《中国文物志》即将出版，回望事业发展历程，我们深知文物作为国家文明"金色名片"的重要性，更感文物工作职责使命之光荣。殷切希望广大文物工作者学好用好《中国文物志》，传承好、发扬好事业发展宝贵经验，汲取智慧，深刻把握文物事业发展规律，切实增强文物工作者的历史使命感和责任感。学习先辈择一事、终一生奋斗精神，坚守使命，甘于奉献，求真务实，激发创新创造活力，全力推进新时代文物保护利用工作。做好志书宣传，利用新媒体多渠道充分挖掘文物和文化遗产的多重价值，传播更多承载中华文化、中国精神的价值符号和文化产品，增强全社会文物保护意识，营造发展传承中华文明的浓厚氛围。不忘来时路，扬帆新征程，为全面建设社会主义文化强国、实现中华民族伟大复兴而团结奋斗。

文化和旅游部副部长、国家文物局局长　李　群

2023 年 10 月

谨终如始　善作善成

盛世修典，鉴往知来。为深入贯彻习近平总书记关于文物工作重要论述和重要指示批示精神，全面落实国务院第五次全国地方志会议精神和《全国地方志事业发展规划纲要（2015—2020年）》部署，2014年6月，国家文物局正式启动《中国文物志》编纂工作。

2015年，《中国文物志》编纂工作全面展开。国家文物局高度重视，将《中国文物志》编纂工作纳入《国家文物事业发展"十三五"规划》和年度工作重点，定期听取工作汇报、部署推进编纂工作。局机关各司室主动协调、指导相关志稿内容设置和修改。全国文博单位鼎力支持，积极提供资料，确定撰稿人员，确保撰稿质效。文物出版社作为项目承担单位，切实加强管理，做好各项保障工作。

编纂委员会办公室和编纂团队紧紧依靠国家文物局及有关文博单位、各地文物部门和相关高等院校、科研院所，充分发挥文博专家和方志专家作用，克服专职人员不足、撰稿人员分散、资料基础薄弱等困难，根据章节内容细分撰稿任务，形成责任清单；编制撰写说明，明确撰稿要求；创新推进形式，组织审稿专家与撰稿人对接研讨，及时发现解决问题、督促进度；聘请文博专家审改专业内容、方志专家统顺体例，切实保障志稿质量。

编纂团队始终坚持大局意识、正确导向，重大问题及时向国家文物局请示汇报，确保志书的国家高度和专业水准；始终坚持精品意识、质量优先，严格按照志书编纂体例要求，组织撰写，确保志书稿件统一规范；始终坚持守正创新、突出特色，创设"管理编"记述文物工作的艰辛历程，创设"事业编"记述文物事业的发展成就；始终坚持勤俭节约、严格管理，确保编纂工作规范推进。

"无冥冥之志者，无昭昭之明；无惛惛之事者，无赫赫之功。"总编纂董保华同志带领编纂团队秉持初心、甘于奉献，组织数百名专业人员撰写初稿、百余名专家审改稿件，经过七年艰辛努力，圆满完成了包括总述、大事记、不可移动文物编、可移动文物编、文物管理编、文物事业编、人物传、文献辑存8个部类16分册1200多万字、7000余张图片的大型国家志书——

《中国文物志》的编纂工作。

2021年3月，国家文物局组织完成了《中国文物志》书稿的终审。事非经过不知难。一路相伴走来，我们深切体会编纂工作筚路蓝缕的艰辛、善作善成的坚忍和文稿告竣后的喜悦。衷心祝贺《中国文物志》付梓出版！

值此全面建设社会主义现代化国家开启新征程、向第二个百年奋斗目标进军的重要历史节点，《中国文物志》的出版，必将能够发挥为党立言、为国存史、为民修志的作用，为推动新时代文物事业发展、建设社会主义文化强国做出应有贡献。

国家文物局原局长　刘玉珠

2023 年 10 月

修志存史　正当其时

官修志书是中华民族悠久的文化传统。新中国成立以来，党和政府十分重视志书编修工作，党和国家领导人多次倡导、指导志书编修工作。改革开放以来，国务院颁布《地方志工作条例》，先后启动了两轮新志书编修工作。2014年2月25日，习近平总书记在首都博物馆考察时明确要求："要在展览的同时高度重视修史修志，让文物说话，把历史智慧告诉人们，激发我们的民族自豪感和自信心，坚定全体人民振兴中华、实现中国梦的信心和决心。"同年4月19日，国务院召开第五次全国地方志工作会议，会议强调要把地方志作为重要的文化基础事业切实抓好。

国家文物局认真贯彻落实习近平总书记重要指示和第五次全国地方志工作会议精神，决定组织编纂《中国文物志》，立足行业、面向社会、服务公众，全面反映我国文物资源状况，翔实记述文物事业发展历程。2014年6月，国家文物局设立中国文物志编纂委员会及其办公室，特聘编委会顾问和指导专家，组建编纂团队，聘任董保华同志为总编纂。同年7月21日，中国文物志编纂委员会第一次全体会议召开，确立《中国文物志》行业志书的基本定位及内容框架，明确记述地域范围和记述时限，并作出工作部署，要求各省级文物行政部门、各参编单位加强组织领导、强化责任落实，把《中国文物志》作为文物事业发展的重大文化典籍工程抓实抓好。编纂工作正式启动。

编纂委员会办公室依托文物出版社组建秘书处，承担组织协调和相关保障工作；依照文物资源、文物管理、文物事业等各编内容设置，结合资料基础和工作实际，以订单形式向参编单位搜集资料，开展业务培训，明确编撰要求，组织初稿撰写；建章立制，规范管理，保障编纂工作有效运行。

经过七年编纂、两年编校，《中国文物志》付梓在即，可喜可贺。全书体大虑周、内容丰富，见物见事见人，是文物行业老、中、青三代学者的智慧荟萃与精神传承，对于存史资鉴、探究文物事业改革发展规律、弘扬传承中华优秀传统文化具有重要而深远的意义。

值此新的历史起点、开启新的百年征程之际，《中国文物志》的编纂出版正当其时，必将在加强文物保护利用、推动文物事业高质量发展中发挥独特作用！

原文化部副部长、国家文物局原局长　励小捷

2023 年 10 月

《中国文物志》凡例

一、指导思想

本志编纂坚持以毛泽东思想、邓小平理论、"三个代表"重要思想、科学发展观、习近平新时代中国特色社会主义思想为指导，运用辩证唯物主义和历史唯物主义的观点方法，客观记述中华人民共和国境内文物资源状况和文物管理、文物事业的历史与现状，发展与变化。为经济社会提供资政存史的国情资料，为人民群众提供爱国主义和革命传统教育的人文素材。

二、主体内容

本志以文物资源状况和文物管理工作、文物事业发展为主体内容。全书共设《总述》《大事记》《不可移动文物资源》《可移动文物资源》《文物管理》《文物事业》《人物》《文献辑存》八个部分。

三、记述时限

本志记述时间范围，上限不限，下限截至 2017 年 12 月 31 日，重点反映 1949 年中华人民共和国成立以来文物资源的变化，以及文物管理和文物事业的发展历程。

四、记述范围

本志记述中华人民共和国境内（不包括香港、澳门特别行政区及台湾地区）的文物资源、文物管理与文物事业，以及对文物事业有突出贡献的已故人物。并辑存重要文献。

五、体裁结构

本志体裁形式为述、记、志、传、图、表、录七种体裁，以志为主。为增强志书的整体性，全志设总述，篇设综述，章设简述。图与表，随文插入相关章节。

本志采用大编体式，主体为篇章结构，设置篇、章、节、目四个层次，个别章依据记述需要，可增设子目层次。本志采用语体文、记叙体。

六、编纂原则

本志总述、综述采用述议结合的记述方法；大事记采用编年体记述方法；主体志坚持横分门类，纵述史实，详近略远，述而不论的原则；人物传坚持生不立传的原则；文献辑存采用分类以时为序收录原文的做法。

七、行文规则

记述语言要求朴实、简洁、流畅。标题做到简短精炼、题盖文意。

文字书写一律以1964年中国文字改革委员会规定的《简化字总表》和文化部、文字改革委员会联合发布的《第一批异体字整理表》为准。志稿中的古籍引文和姓氏、地名、专用名，如果简化后容易引起误解或失去原意的，可以仍用繁体字或异体字。

本志执行2011年12月中华人民共和国国家质量监督检验检疫总局和中国国家标准化管理委员会发布的中华人民共和国标准《标点符号用法》（GB/T 15834—2011）。

本志使用的数据，以国家统计部门公布的法定数据为准。统计部门没有统计的，可采用文物主管部门的统计数据。数字书写，以中华人民共和国国家标准《出版物上数字用法的规定》（GB/T 15835—2011）为准。

本志使用的量、单位及名称，原则采用国家法定计量和单位名称、符号，以1993年国家技术监督局公布的中华人民共和国国家标准《量和单位》（GB3100—3102—93）为准。

称谓要简洁明确。志稿行文，一般使用第三人称。机构名称、人员身份等术语，第一次出现可使用全称，并括注简称，以后出现时均使用简称。地名一律使用现行标准地名。

清代以前要使用历史纪年，并括注公元纪年。民国时期要使用民国纪年，并括注公元纪年。1949年中华人民共和国成立以后，一律使用公元纪年。时间一律写具体的年、月、日；不使用不确切的时间概念，

外国的国名、地名、人名、党派、机构、团体、报刊等译名，以新华通讯社的译名为准，如无，则用国内通用译名，并在第一次出现时，在其后用括号标注外文名称。

八、资料使用

本志资料，均来自历史档案和各级文物管理部门提供的文字资料及社会调查、座谈会等口碑资料，经考证后入志，一般不注明出处。特定事物或尚属存疑的，采用夹注和页末注。

本书编纂说明

一、《不可移动文物编》是《中国文物志》主体志的资源部分之一，重点记述具有代表性的不可移动文物；以点带面反映全国不可移动文物资源整体状况及其价值。

二、本编章节设置及条目遴选，由编委会办公室拟定，经各省（自治区、直辖市）文物行政管理部门审核确认，并报国家文物局批准后确定。

三、对应国家不可移动文物保护管理的三个序列，《不可移动文物编》记述内容由全国重点文物保护单位、历史文化名城名镇名村和世界文化遗产（含自然文化混合遗产）构成。

四、全国重点文物保护单位是记述的重点内容，依据公布分类分别设为"古遗址""古墓葬""古建筑""石窟石刻""近现代史迹和代表性建筑"五章。"世界文化遗产""历史文化名城名镇名村"单独设章。

五、节级设置，全国重点文物保护单位参照第三次全国文物普查的细类划分，设37节；"世界文化遗产"章按类别分设"文化遗产""自然文化混合遗产"2节；"历史文化名城名镇名村"按公布类别分设"历史文化名城""历史文化名镇""历史文化名村""历史文化名街"4节。

六、全国重点文物保护单位数量多，类别、价值近似，全部入志难免重复，故确定以资源价值为核心，兼顾类别、时代、地域、基础资料等因素，遴选出1092处作为记述条目。

七、不可移动文物条目记述，具体包括基本信息、本体信息、管理信息三部分。而"历史文化名城名镇名村"则主要记述公布文件内容。

八、"全国重点文物保护单位"五章条目，以时为序；"世界文化遗产"章条目，按照列入名录时间为序。

九、全国重点文物保护单位五章稿件，主要源于各省（自治区、直辖市）文物行政管理部门报送的条目要素表与资料初稿；由统稿专家组织梳理后，由文博专家审订专业内容，方志专家审订体例行文，再经各省（自治区、直辖市）文物行政管理部门审核后形成报审稿件；编委会办公室组织初、复审，国家文物局组织终审，编委会办公室根据审稿意见修改后形成最终稿。

十、囿于编纂者学养不足等原因，志稿中难免存在个别信息不够准确、个别条目体量不足等问题，恳请方家不吝赐教。

总 目 录

第三节　建筑遗址

第四节　矿冶、陶瓷及其他遗址

综　述

文物作为人类既往活动所保留下来的有价值的实物遗存，在中国通常依据其位置改变的难易属性而区分为不可移动文物和可移动文物两大类别。所谓不可移动文物是指人类在历史上创造或人类活动遗留的具有价值的、拥有独自分布范围和独立属性的建筑物、构筑物及其废墟或其他的不易移动的实物遗存，由于不可移动文物的本体与所附着的载体难以分割，所以在常规条件下不可整体或不宜整体移动。不可移动文物与可移动文物是目前中国通行的文物资源分类体系中的最基础层级。

不可移动文物本体与周围环境之间难以分割的关系是对特定时空条件下人类活动与自然环境关系的真实反映，不可移动文物构成部分之间的空间关系也是人类活动或行为社会关系的真实体现，因而不可移动文物的空间位置、周边环境本身也是文物价值的体现。这个意义上，价值属性决定了不可移动文物具有不应或不宜移动的性质。这也是现代文物保护理念中更加注重对不可移动文物相关环境因素的保护和控制的基本出发点。

当然，由于种种客观因素，一些不可移动文物保护需要采取改变位置或环境进行移动处置，自古以来不乏其例，如西安碑林自宋代起就成为集中安置田野碑刻的著名场所；三门峡水库建设和三峡工程搬迁保护了山西元代道观永乐宫和重庆云阳张桓侯庙。这些都是在无法实现原址保存的情况下，对不可移动文物采取搬迁等改变原始位置的处理实例。近年来，随着文物保护意识的增强和迁移工程机械或动力的发展，越来越多的文物建筑在大规模建设开发中采取了整体挪移或抬升的处置方式。

按照《中华人民共和国文物保护法》（以下简称《文物保护法》），不可移动文物通常包括古文化遗址、古墓葬、古建筑、石窟寺、石刻、壁画、近代现代重要史迹和代表性建筑等类别。就时间属性而言涵盖了人类既往历史的一切时段，而在赋存状态上则包括了地（水）下和地上不同的保存状态。从法律逻辑关系来看，涉及的古代遗存主要是以性质或功能进行的分类，近现代遗存则以文物本体价值或所承载的历史人物、事件作为分类依据。在行业管理和保护工作实践中，不可移动文物也存在着不同条件的分类方式，目前最通行的则是在第三次全国文物普查中所确定的古文化遗址、古墓葬、古建筑、石窟寺和石刻、近代现

1

代重要史迹和代表性建筑及其他等六大类别。当前全国重点文物保护单位的分类也基本采用这种划分。与《文物保护法》不同，这种分类，以石质为主要材质将石窟寺与石刻做了合并；壁画，则因其主要载体为建筑、墓室、摩崖或洞穴等不可移动文物，大多随着载体进行分类，而不再单独成类；其他则是一个不确定类别的设置，主要用于那些难以完全容纳或归类的特殊文物，如沧州铁狮子、聚馆古贡枣园等。

不可移动文物作为重要文物资源，能够直观形象地反映人类既往历史的方方面面，体现人类活动或行为与自然的关系，为追溯或复原人类历史提供真实的实物资料。同时，它又是可移动文物的主要蕴藏场所，通过对不可移动文物实施发掘、收集等科学的信息采集，能够深入了解或掌握可移动文物的赋存环境及共生关系，确定时空乃至社会属性，进而有效挖掘可移动文物的科学价值。

中国不可移动文物资源的地理分布不均衡，这与历史上人类活动的密度与时长基本成正比关系。同时，保存条件的优劣则对不可移动文物资源的地域存量具有一定的制约作用。总的说来，中原和南方等开发较早的区域不可移动文物资源相对比较丰富，而边疆和少数民族地区文物资源总量则相对偏少。按照2011年第三次全国文物普查公布的数据，766722处不可移动文物在各省级行政区的分布，以浙江为最多，总量达到73943处，其次是河南，总量为65519处，其下依次是四川、山西和陕西，分别有65231处、53875处和49058处。

就类别而言，第三次全国文物普查登记的766722处不可移动文物中，古文化遗址193282处，占比25.21%；古墓葬139458处，占比18.19%；古建筑263885处，占比34.42%；石窟寺及石刻24422处，占比3.19%；近代现代重要史迹和代表性建筑141449处，占比18.45%；其他4226处，占比0.55%。就分类统计数据来看，登记不可移动文物中仍以古代遗存占比最高，古文化遗址、古墓葬、古建筑、石窟寺及石刻这四类古代遗存合计为621047处，在全部登记不可移动文物中占比达81%。

作为不可再生的珍贵资源，不可移动文物的保护管理体现着国家意志。不可移动文物长期野外保存的脆弱性更加剧了保护工作的重要性，特别是现代人类对自然干预日益加强的大环境下，不可移动文物面临的干扰和破坏也日益突出而普遍。《文物保护法》确立了文物保护单位制度为不可移动文物实施保护管理的基本制度，依据不可移动文物资源的历史、艺术和科学价值的评估，按照法定程序，确定为全国重点文物保护单位、省级文物保护单位和市县级文物保护单位以及未定级不可移动文物等四个层级，并通过分层级的保护管理体系，落实保护管理的主体责任，实现重点保护的基本策略。其中，全国重点文物保护单位是各级文物保护单位中内涵较为丰富、资源较为稀缺、价值较高的。自1950年上海市首次确定49处文物建筑进行保护起，截至2017年年底，历时60余年，中国已公布全国重点文物保护单位4296处，省级文物保护单位1万余处，另有6万余处不可移动文物被公布为市县级文物保护单位。其中，拥有全国重点文物保护单位比较多的省份有：山西省451处，河南省357处，河北省273处，陕西省233处，浙江省229处，四川省229处。

在中国不可移动文物保护管理实践中，还有世界文化遗产（含自然文化双遗产）和历史文化名城两个系列。1982年2月，国务院批转国家基本建设委员会、国家文物事业管理局、国家城市建设总局《关于保护我国历史文化名城的请示》，并公布北京等24座城市为首批国家历史文化名城。1982年《文物保护法》确定了国家历史文化名城的法律地位。1986年和1994年先后核准公布了第二、三批国家历史文化名城，数量达99座。此后则采取适时增补的灵活方式，至2017年底国务院共公布了134座国家历史文化名城。2002年《文物保护法》进一步明确了"历史街区、村镇"的法律地位。2003～2014年，住房和城乡建设部与国家文物局先后联合公布6批国家历史文化名镇和名村，共计247个名镇、276个名村。2008年7月1日，国务院颁布实施《历史文化名城名镇名村保护条例》，进一步规范了历史文化名城、名镇、名村的定义与名称，将保存文物特别丰富并且具有重大历史价值或者革命意义的城市、镇、村庄作为一类特定的不可移动文物保护管理对象纳入国家文物保护管理的体系之中。

1985年，中国批准加入《保护世界文化与自然遗产公约》。1987年，周口店北京猿人遗址、长城、莫高窟、北京故宫、秦始皇陵及兵马俑坑成为中国首批世界文化遗产，泰山为第一个世界文化与自然双重遗产。至2017年中国已有40项遗产被列入世界文化遗产或世界文化与自然双重遗产名录，其中世界文化遗产36项，世界文化与自然双重遗产4项。

对应国家不可移动文物保护管理的三个序列，《不可移动文物篇》的章节设置也包括全国重点文物保护单位、历史文化名城名镇名村和世界文化遗产。其中，全国重点文物保护单位和世界文化遗产是中国不可移动文物中价值最高、资源最为稀缺和内涵最为丰富的部分，作为本志记述重点。章的设置，世界文化遗产（含自然文化双遗产）单独设章，全国重点文物保护单位依其公布分类分别设章，计设6章，分别为"古遗址""古墓葬""古建筑""石窟石刻""近现代史迹与代表性建筑""世界文化遗产"。节级设置，全国重点文物保护单位参照第三次全国文物普查时所确定的细类划分，设37节；世界文化遗产则按类别分设"文化遗产""自然文化混合遗产"2节。条目（记述单元）设置上，考虑到全国重点文物保护单位数量多，类别、价值近似，全部入志体量巨大，且内容难免重复，据此确定以资源价值为核心，兼顾了类别、时代、地域等方面因素，遴选出1092处具有代表性的全国重点文物保护单位作为记述条目。具体条目的确定，是由编委会办公室组织专家拟出初选条目，参考各地文物行政管理部门意见讨论后，报国家文物局审定的。不可移动文物条目记述，围绕价值记述本体现状，分基本信息、本体信息、管理信息三部分。

古遗址是中华民族历代先民生产、生活以及其他活动的遗存，承载着大量人类既往活动的历史信息和保存着真实的迹象，是追溯和复原人类既往历史进程与相关活动最真实、可靠和形象的实物遗存。元谋猿人遗址、蓝田猿人遗址、周口店遗址和丁村遗址等百余万年至数万年的旧石器时代遗存讲述着人类在中国大地的出现及早期活动的片段；仰韶村遗址、半坡遗址、河姆渡遗址、大地湾遗址显现出中华文明远古文化的特色和结构、形态；牛河梁遗址、大汶口遗址、良渚遗址、石家河遗址、陶寺遗址和城子崖等新石器时代遗址反映出中华文明复杂的演化进程和多元格局；二里头遗址、郑州商代遗址、殷墟遗址和周原遗址、丰镐遗址作为当时王国的中心呈现出中国青铜文明的典型特质和脉络；临淄齐国故城、曲阜鲁国故城、侯马晋国遗址、楚纪南故城、郑韩故城、赵邯郸故城和燕下都遗址等则是周代分封制度和诸侯国发展与演化历史活动最真实的实物证据；汉长安城、汉魏洛阳城、邺城遗址、隋大兴唐长安城、隋唐洛阳城、北宋东京城遗址、元上都遗址等各个历史时期的都城遗址阐释着当时的政治制度、经济发展和技术成就，也印证着中国古代文化与文明绵延不断的历史事实；三星堆遗址、吴城遗址、可乐遗址、楼兰故城遗址、渤海国上京龙泉府遗址、太和城遗址和古格王国遗址等反映着区域文化与地方政权的发展演化以及和中原文化、王朝之间密不可分的渊源或联系。玉蟾岩遗址、仙人洞遗址等证明稻作农业于万余年前在中国率先发明。磁山遗址、兴隆洼遗址等则反映着中国北方粟作农业的发明与贡献；铜绿山古铜矿遗址、酒店冶铁遗址、湖田古瓷窑址等反映了中国古代手工业的发展和发明，而自上林湖越窑遗址至御窑厂窑址的系列窑址则能够清晰地呈现出中国古代瓷业发展的脉络以及世界领先的地位。

古墓葬是古代先民埋葬的遗存，通过对古墓葬的研究能够折射出古人的世界观和对身后世界的认知，而在"事死如生"厚葬理念或习俗的支配下，许多代表着当时社会经济、技术和艺术领域的高端产品被作为随葬品带入墓穴，所以古墓葬的发现与研究也是认识当时社会发展水平和精神文化的重要遗存。黄帝陵、炎帝陵和大禹陵等体现着国家与人民对远古先祖的尊崇与追思，而自秦始皇陵至清东、西陵历时两千余年的历代帝王陵寝则折射着古代中国的统续沿革；石寨山古墓群、洞沟古墓群、阿斯塔那古墓群、西夏陵、藏王墓等是边疆政权或少数民族埋葬遗存的典型代表；霍去病墓、张衡墓、司马光墓、岳飞墓、郑成功墓等则承载着中华历史进程中不同阶段和不同领域杰出人物所做出的贡献；孔林作为世界上延续时间最长和规模最大的宗族墓地，反映了传统社会对孔子的尊崇和宗族关系纽带的稳固；石棚山石棚、麻浩崖墓、僰人悬棺葬等呈现了不同环境或文化传统下形成的特殊安葬方式；普哈丁墓、伊斯兰教圣墓、苏禄王墓、浡泥王墓、利玛窦和外国传教士墓地、阿巴和加麻扎（墓）等反映了中外文化的交流、域外文化与宗教在中国的传播。

古建筑作为古代遗留至今的建筑物、构筑物经历了千百年的风霜雪雨、沧海桑田，能够传留到当代无疑是凤毛麟角、难能可贵。南禅寺大殿、佛光寺等古建筑作为中国存留时代最早的木结构建筑完好实例，也被视作东亚传统木结构建筑的源头，反映着东方建筑独特的形制、技艺和规则。故宫作为中国古建筑集大成的代表作，还体现着当时的宫室制度、见证了历史重大活动；曲阜孔府及孔庙是中国儒学的标志性实物遗存，反映出历朝历代对儒家尊崇的沿革与高度；武当山建筑群显现了道教作为中国本土宗教在一定时期受到皇家尊崇的特殊地位，也是中国传统建筑与自然环境结合相得益彰的典型范例；园林景观设计与营造在体现中国古建筑独特风貌的同时，也折射出东方儒学的理念，颐和园和以拙政园为代表的苏州园林分别可以作为皇家和私家园林的典型代表；以石为材质的汉阙是遗存于地面的早期建筑物，也是古建筑中遗存至今的最早的建、构筑物品类；以嵩岳寺塔、应县木塔为代表的各种形式或材质的古塔，在体现古代杰出建筑成就的同时，也反映着佛教文化的传播和本土化过程；安济桥、永通桥等作为石拱桥的早期作品代表着中国古代桥梁建造的领先水平和精湛技术；都江堰、灵渠和安丰塘等代表着古代中国的水利、水工成就。

石窟寺与石刻由于以岩石为载体，所以保存的状态相对较好，得以使更多年代较早的结构、形象、图形和文字等实物遗存下来。克孜尔千佛洞、莫高窟、云冈石窟、龙门石窟、麦积山石窟、北山摩崖造像和宝顶山摩崖造像等石窟寺作为佛教在中国传播与发展的典型遗存，也反映着当时绘画、雕塑等艺术成就和东西方文化的交流，并能够体现皇家和世俗在礼佛、仪轨和精神寄托等方面不同的制式或表现；西安碑林是中国最早大规模集中安置、陈列碑刻的场所，而千唐志斋石刻则是唐代墓志最为集中的收藏地点；爨宝子碑、爨龙颜碑、浯溪摩崖石刻等早期碑刻一方面具有珍贵的史料价值，另一方面也是反映中国早期书法艺术的实物遗存。段氏与三十七部会盟碑、重修护国寺感应塔碑、大金得胜陀颂碑等则是记述重大历史事件的实物珍贵文献；白鹤梁题刻是世界上最古老的水文记录题刻，记述了千余年来长江上游涪陵段的洪枯水变化；花山岩画、贺兰山岩画等代表了中国南北方不同地理环境或经济形态下岩画的状态与技法。

1840年英帝国主义发动鸦片战争，中国日渐沦为半殖民地半封建的社会，也标志着中国的历史进程进入近代阶段。林则徐销烟池与虎门炮台旧址、三元里平英团遗址、江孜宗山抗英遗址、义和团吕祖堂坛口遗址、望海楼教堂、刘公岛甲午战争纪念地等是近代中国人民抗击外来侵略的历史见证。北京大学红楼、中国共产党第一次全国代表大会会址、八七会议会址、遵义会议会址、洛川会议会址等见证了新文化运动和中国共产党诞生及其成长壮大的历程。"八一"起义指挥部旧址、秋收起义文家市会师旧址、古田会议旧址群、会宁红军会师旧址、南昌新四军军部旧址等反映人民军队的创建及艰辛发展历程。井冈山革命遗址、瑞金革命遗址和延安革命遗址是中国共产党领导革命武装建立根据地与红色政权的典型代表和中华人民共和国的摇篮。中山陵、中山故居以及北京宋庆龄故居和宋庆龄墓、李大钊故居、韶山冲毛主席旧居、鲁迅墓及绍兴鲁迅故居等表达对中国近现代历史上杰出革命领袖的纪念和缅怀，也作为近现代革命重要人物历史活动的实物史迹教育和启迪着今人。人民英雄纪念碑、黄花岗七十二烈士墓、雨花台烈士陵园等成为纪念中国近代以来在人民解放战争和人民革命中牺牲的人民英雄、革命志士集中纪念和祭奠的代表性设施或场所。1840年以来，西方列强以武力强迫中国开放口岸通商和租借土地，在许多口岸城市逐渐形成典型西方风格和材料与工艺的建筑群或街区，并对中国的建筑理念和风格产生了巨大的影响，上海外滩建筑群、青岛德国建筑、广州沙面建筑群等近代建筑是其中的典型代表，体现着不同时期或思潮的西方建筑风格。广州圣心大教堂、圣索菲亚教堂等则反映着来自西方的宗教在中国的传播。进入21世纪以来在相关文物保护理念和实践的发展中许多年代并不十分久远，却是时代发展标志性遗存，且与当代社会发展渐行渐远的遗存开始受到了社会普遍的关注和保护，其中又以近代以来的工业遗产和在中国特色社会主义初级发展阶段具有代表性事件的实物遗存等最为突出，在全国重点文物保护单位的名录中，如延一井旧址、大庆第一口油井、第一个核武器研制基地旧址、青岛啤酒厂早期建筑、汉冶萍煤铁厂矿旧址、石龙坝水电站等均是这一方面的典型代表。

世界文化遗产是全人类具有杰出普遍性价值的文化处所，要求文物是从历史、艺术或科学角度看，具有突出的普遍价值的建筑物、碑刻和绘画，以及具有考古性质成分或结构的铭文、洞穴及其综合体，要求建筑群是从历史、艺术或科学角度看在建筑式样、分布均匀或环境景色结合方面具有突出的普遍价值的单独或连接的建筑群；要求遗址从历史、美学、人种学或人类学角度看，是具有突出的普遍价值的人造工程或人与自然的共同杰作以及考古遗址。长城作为古代人类最宏大的工程已成为中国的标志，贯通五大水系的中国大运河也是世界最长的人工河流，"丝绸之路：长安—天山廊道的路网"作为丝绸之路的起始段为东西方文化交流和经济往来做出了重要的贡献，也是中国第一个与其他国家联合申报的世界文化遗产。中国的世界文化遗产中还存在一些不同于传统意义上不可移动文物的特定对象，如由一系列古代建筑所构成的登封天地之中阐释着中国以"中"为尊的思想来源；分处于西南不同地区的土司遗址反映了古代中国中央集权大格局之下地方自治的统治智慧和特别的制度与文化；庐山和杭州西湖等以文化景观列入《世界遗产名录》，展示了优美的自然景观与人文景观叠加或结合的效果；红河哈尼梯田文化景观作为特定自然环境中人类生存和发展的实例，展现着人与自然和谐相处的样本。泰山、黄山、武夷山与乐山大佛和峨眉山景区作为世界文化与自然双遗产，不仅体现了突出的文化价值，还保存有众多的自然景观，是生物多样性的保护地。

第一章

古遗址

作为人类活动遗存的古遗址，为了区别于其他自然活动所形成的遗址，称为"古文化遗址"，简称"古遗址"。在漫长的历史进程中，人类活动留下了大量的各类遗迹。其中既包括人类为不同用途所营建的建筑遗迹，如宫殿、官署、寺庙、民居、作坊以及由此而构成的范围更大的村寨、聚落、烽燧、城市等，也包括人类对自然环境改造利用所遗留的一些遗迹，如洞穴、采石场、沟渠、仓窖、矿坑等。不同历史时期的古遗址，历经岁月更迭，几乎全部掩埋地下，地面偶有遗迹尚存，也都化作废墟。根据2011年第三次全国文物普查结束时公布的数据，中国有古遗址193282处，约占不可移动文物766722处的四分之一。通过对这些古遗址的调查、发掘和研究，可以揭示古遗址的年代、范围、性质及内涵，进而考察当时的社会状况。因此，古遗址的保护和研究一直是文物工作的重要组成部分。在截至2017年已公布的4296处全国重点文物保护单位中，有1021处古遗址，占全国重点文物保护单位总数近四分之一。其中，周口店北京人遗址、安阳殷墟、吉林高句丽王城、元上都遗址、土司遗址、丝绸之路、大运河遗址等被联合国教科文组织公布为世界文化遗产。

人类起源于地质年代的第三纪末期，考古学上的旧石器时代相当于更新世晚期。中华大地上发现了大量的人类化石地点和旧石器时代遗址，几乎遍布全国各地。其中，旧石器时代遗址根据其堆积形态可分河湖相沉积、土状堆积和洞穴堆积三类。云南元谋猿人遗址是一处典型的河湖相沉积，沉积物以粉砂亚黏土和黏土为主，猿人化石和石器出自沉淀层的下部。山西丁村遗址和宁夏水洞沟遗址的人类化石和石器，发现于北方黄土层下的砂砾堆积中。土状堆积，多在北方地区的黄土层下的红土层中发现石器或化石。其中最典型的河北泥河湾遗址群，已发现早期人类文化遗存156处，地层明显，外观雄壮，记录了距今200万～1万年不同地质年代的遗迹。迄今全世界发现的百万年以上53处人类文化遗存中，泥河湾遗址群就占了40处，是中国乃至世界研究第四纪地质学、旧石器时代考古学的经典地区。洞穴堆积，最有代表性的周口店遗址第一地点（北京猿人发现地），为长约140米、宽约20米的巨大山洞，角砾岩堆积厚达30余米。辽宁金牛山遗址、广西白莲洞、海南落笔洞等地点，也是比较典型的洞穴遗址。

新石器时代遗址主要包括居住地和葬地。新石器时代遗址对于研究中华文明的起源和发展具有十分重要的意义。新石器时代早期文化遗址，已发现有河北徐水南庄头、江西万年仙人洞、湖南道县玉蟾岩等距今万年以上和接近万年的文化遗存，有湖南澧县彭头山、广西桂林甑皮岩等距今八九千年的文化遗存。其中，距今约1万年的湖南道县玉蟾岩遗址，是目前发现的全世界保存最好最早的古栽培稻遗存地和原始陶制品遗存，是中国南方旧石器时代向新石器时代过渡的全新世早期遗址。新石器时代中期古遗址十分丰富。陕西西安市半坡遗址已能明显区分聚落居址、墓葬和制陶作坊，是中国第一次大面积揭露的一处较完整的新石器时代聚落遗址，也是黄河流域母系氏族社会聚落遗址的典型代表。浙江余姚河姆渡遗址发现了大量的干栏式建筑和木构水井、储藏坑等生活遗迹，证明长江流域也是中华文明的发祥地之一。新石器时代晚期是中华文明形成的重要时期，已经发现的大量城址标志着社会的进步，目前在黄河中下游地区及长江中游地区已发现有近百座，在四川的成都平原亦发现多座。其中年代较早的，有仰韶文化晚期的郑州西山城址，距今超过5000年，对研究中国城址起源具有重要意义。河南登封王城岗城址是中国首座发掘证实为距今4000年的城址。山东栖霞丹土城址是已发现的诸多山东龙山文化城址中保存较好的一座。山西临汾陶寺遗址被证明是已发现的唯一一处集城墙、宫殿、王陵、观象台祭祀基址、大型仓储区等各种功能要素齐备的早期都城遗址，在探索中国古代文明课题中具有突出地位。

夏、商和西周王朝的统治中心，都在黄河中游地区。夏时期的都邑遗址，已发现有河南偃师二里头、山西夏县东下冯等遗址。偃师二里头大型宫殿基址，有两处周绕廊庑的，有学者认为是夏都规制。河南偃师商城遗址和郑州商代遗址，均为商代前期大型遗址，发现有长宽各1000多米的城垣、成组的宫殿基址和其他重要遗迹。商代后期的安阳殷墟，发现有宫殿宗庙区、王陵区、手工业作坊区、平民住地及墓葬区等，总面积达30平方千米。湖北黄陂盘龙城、四川广汉三星堆、四川成都金沙等商代方国遗址，文化面貌上既有中原文化的强烈影响，又有鲜明的地方特色。西周时期的周原遗址和丰镐遗址都发现有大型建筑基址、大批墓葬及青铜器窖藏等。北京琉璃河遗址出土一批记载有燕国早期史实的有铭铜器，证明为周初燕国都城所在地。东周时期都城遗址几乎都建在大型河流的冲积平原上，已勘察或发掘的城址有临淄齐国故城、曲阜鲁国故城、侯马晋国遗址、禹王城遗址、郑韩故城遗址、赵邯郸故城遗址、燕下都遗址、秦雍城遗址、楚纪南故城、中山古城遗址等。这些都城遗址一般依形就势，规模巨大，有夯筑城垣两重，普遍有专门的宫殿区和宫城。夏商周时期的城市布局的变化，勾画出中国城市文明的发展轨迹。秦汉建立起大一统的封建王朝，城市反映了各个时期社会经济文化的发展状况，都城是其中最具代表者。各个时期的都城都有几个共同的特点：第一，平面上一般采用城郭制，多为棋盘式网格状布局，遵循"左祖右社，前朝后市"的礼制。第二，代表统治意志的宫殿和衙署占有全城最有利的地位，多以高墙筑为宫城或皇城。两汉时期的长安和洛阳，宫城约占全城的三分之一或二分之一，基本上属于帝王和贵族的专用城市。唐代的东、西两京，宫城和皇城约占全城的十分之一，发展成为全国的政治经济文化中心，确立了王权至上的中轴线建筑礼制。第三，自春秋至汉以来，逐步确立里坊制管理模式。唐代的里坊制非常严明规整，把全城分割为若干封闭的"里"作为居住区，商业与手工业则限制在一些定时开闭的"市"中。已勘明和发掘的古城址主要有秦咸阳城遗址、汉长安城遗址、汉魏洛阳故城、邺城遗址、隋唐洛阳城遗址、北宋东京城遗址、辽上京遗址、辽中京遗址、金上京会宁府遗址、金中都遗址、元上都遗址、元大都遗址等处。除都城遗址外，还有许多地方城邑遍及全国各地，特别是当时边远地区的城邑、镇所、烽燧等，更是证明中国是统一多民族国家的重要史迹。如汉代的崇安汉城遗址、西海郡故城遗址、楼兰故城遗址、居延遗址、玉门关及长城烽燧遗址，唐代的北庭故城遗址、高昌故城和雅尔湖故城、太和城遗址、渤海上京龙泉府遗址等。

古代手工业遗址也代表着一个时代的经济发展状况。早期古城址几乎都发现有制陶、制铜、制铁和铸钱等手工业遗址，烧制瓷器的窑址则大多远离城市。隋唐时期，制瓷业由北至南得到迅猛发展，发现有多处窑址，并形成了"南青北白"的格局。宋代制瓷业达到繁荣时期，已发现的窑址达到数百处。明代以后，民营窑场激增，遍及全国各地。已发现代表性窑址有东汉的浙江慈溪上林湖越窑遗址、宋代的浙江龙泉大窑龙泉窑遗址、河南禹县钧窑址、河南宝丰清凉寺汝窑遗址、河北曲阳定窑遗址、景德镇湖田古瓷窑址；重要的民间窑址有陕西耀县耀州窑遗址、湖南长沙铜官窑遗址、四川邛崃邛窑遗址、福建屈斗宫德化窑址、河北邯郸磁州窑遗址等。矿冶遗址主要为开采与冶炼铜、铁的遗址。如湖北铜绿山发现有采铜的矿井巷道和炼铜竖炉等遗迹。其他做过发掘的古铜矿遗址还有江西瑞昌铜岭、湖北阳新港下、湖南麻阳九曲湾、内蒙古林西大井等。开采与冶炼铁矿的遗址一般发现有炼炉、锻炉等遗迹和铸范、铁器等遗物。代表性的汉代冶铁遗址有河南巩义铁生沟、郑州古荥镇、南阳瓦房庄等。

古遗址由于年代久远、内涵丰富、信息量大，是人们了解古代历史最为重要的资料。

第一节　洞穴聚落址

腊玛古猿化石地点　即禄丰古猿化石出土地点，位于云南省禄丰县。化石地点分布在金山镇科甲村委会石灰坝小组的庙山坡中下段，为一个绵延相连的不规则长方形整体，东至当地乡村公路，南至成昆铁路边缘，西至煤窑平地，北至水塘，占地面积1.16万平方米。含化石区域位于保护区中部，占地约5000平方米，已发掘和暴露的化石区面积2100平方米。

1974年，当地村民在石灰坝庙山坡一带

腊玛古猿化石地点标志碑

开采褐煤时，发现许多化石，送交禄丰县文化馆。1975年5月，禄丰县文化馆赴实地调查，拾到一颗疑为"人牙"的化石，经云南省博物馆古人类室、中国科学院古脊椎动物与古人类研究所鉴定，确认是中新世晚期距今800万年的古猿臼齿，和人类早期的演化历史有很密切的关系。1975年冬，中国科学院古脊椎动物与古人类研究所、云南省博物馆对化石地点进行一次小规模考古发掘，获少许古猿牙齿和动物化石，重要的是获得一件较完整的禄丰古猿雌性下颌骨化石（编号PA548）。1976年春，中国科学院古脊椎动物与古人类研究所、云南省博物馆再次联合对化石地点进行考古发掘，并举办古生物化石培训班，获得比较完整的古猿下颌1件及100多枚古猿牙齿。1976年11月，中国科学院古脊椎动物与古人类研究所、云南省博物馆、禄丰县文化馆等对化石地点进行第三次考古发掘，获得众多的古猿和动物化石，重要的发现是一件较完整的禄丰古猿下颌骨化石（编号PA580）。1977年春，进行第四次发掘工作，出土完整古猿下颌骨一件及几十枚古猿牙齿。1978年11～12月，进行第五次发掘工作，重要的成果是发现世界上第一个晚中新世大型古猿颅骨化石（编号PA644）。1979年冬，第六次发掘工作获少量古猿牙齿及哺乳动物化石。1980年3月13日至4月24日，云南省博物馆、禄丰县文化馆、开远县文化馆对化石地点开展第七次发掘工作，出土一具雌性古猿颅骨化石（编号PA652）及十余件古猿上颌骨，9件下颌骨，面骨一块，共获古猿牙齿300多枚。1980年10～11月，第八次发掘，共获古猿颅骨2具、100多枚牙齿及其他古动物化石，其中一具雌性古猿颅骨化石（编号PA677）相当完整，引起国际学术界的高度关注。1981年11～12月，第九次发掘，获古猿头骨3个（其中2个为少年个体），古猿下颌1件及牙齿、动物化石等。1983年10月中旬至12月中旬，第十次发掘，获得6件古猿颌骨，近百枚牙齿化石。1991年5月26日至6月3日，云南省博物馆对该化石地点进行剖面清理，获得古猿牙齿120枚，下颌骨残骸3件。

PA644 颅骨前部

化石地点含化石区域岩性为黏土、细砂岩类褐煤及砂砾层，厚5～10米，地层产状倾向西南210～220°，倾角5～12°。从上至下共分8层。

禄丰古猿的研究工作走过了漫长而曲折的道路，科学家们对禄丰古猿的认识也随着国内外新

腊玛古猿化石地点

化石的发现和研究的深入而发生改变和提高。

最初，在研究1975和1976年发现的两个下颌骨时，虽然科学家们也曾怀疑过它们是否是同一属种的雌、雄个体，但由于当时国际学术界都把同地点发现的大、小两类古猿化石看作两个不同的种类，而禄丰的两个下颌骨在形态上又分别与腊玛古猿和西瓦古猿相接近，因此中国科学家把PA580号下颌骨定名为腊玛古猿禄丰新种、PA548号下颌骨定名为西瓦古猿云南新种。1979年，陆庆伍、徐庆华和郑良对1978年发现的PA644号颅骨做初步研究，把PA644号颅骨归属为西瓦古猿云南种。

1980年，中国科学院院士吴汝康任禄丰古猿课题负责人后，在他与其他组员联名发表的1980和1981年发掘报告中仍然把禄丰的古猿标本分为腊玛古猿和西瓦古猿两个类型

1983～1985年，吴汝康与徐庆华、陆庆武在联合发表的《腊玛古猿和西瓦古猿的形态特征及其系统关系》等文章中提出新的看法：禄丰腊玛古猿和云南西瓦古猿可能为同一种的雌、雄个体，此种与猩猩的关系比较接近。但同时也指出，此种显示出较多的相似于南方古猿的性状，可能与西瓦古猿不是同一类型，比西瓦古猿更接近于人猿的共同主干，或是向南方古猿方向进化的早期的人科成员。1983年，吴汝康根据徐庆华、陆庆武等测量的禄丰古猿牙齿数据与美国学者C.E.Oxnard合作发表的两篇统计分析论文中，又把禄丰的古猿化石分为两个不同的界和种：小型的禄丰腊玛古猿是人类的祖先，而大型的云南西瓦古猿是猩猩的祖先。

1986年，吴汝康与徐庆华、陆庆武联合发表阶段性研究报告《禄丰西瓦古猿和腊玛古猿的关系及其系统地位》，明确提出禄丰腊玛古猿和云南西瓦古猿在形态上表现出同种二形的性质，因此它们是同一个种的雌雄个体，它们的学名被修订为禄丰西瓦古猿；禄丰标本的有些特征不同于同时代的其他古猿，而相似于南方古猿和非洲猿类，可能是向南方古猿和非洲猿类方向进化的一个代表类型。

那时，中国科学家已注意到从巴基斯坦发现的西瓦古猿印度种GSP15000面骨具有特别窄的眶间隔和垂直椭圆形的眼眶，正是现代亚洲猩猩所具有的特征，而与禄丰标本完全不同。在禄丰标本中眶间隔特别宽。此外，中国科学家也注意到禄丰标本之间在其他一些特征上的区别，可能是一个新属。

1987年，吴汝康发表《禄丰大猿化石分类的修订》一文，列举禄丰西瓦古猿PA644号颅骨与土耳其和巴基斯坦的西瓦古猿面骨的共同点和不同处，提出"特别是眶间距的大小在猿猴分类上有着重要的意义，因此禄丰标本不能再归入西瓦古猿一属，从而提出为禄丰西瓦古猿立一新属：禄丰古猿属"。禄丰古猿属名，被科学界接受，并一直使用。

禄丰腊玛古猿，上承1400万年的云南开远腊玛古猿，下接距今170万年的元谋人的中间环节，对研究人类起源有重要的科学价值。腊玛古猿化石地点出土的古猿化石和动物化石，在数量和质量上都远远超过世界上其他地方所发现的同类古猿化石和动物化石。珍贵化石标本的发现，为研究人类起源提供重要的实物证据和科学依据。2006年，在对石灰坝出土的古猿化石标本进行的系统全面的研究后，徐庆

华、陆庆五《禄丰古猿——人科早期成员》认为在中、晚新世的人猿超科类中，禄丰古猿比其他古猿在形态上更接近于南方古猿类，再次提出"禄丰古猿是人科的早期成员，是人类的早期祖先"论点。古猿化石地点的科学价值、学术地位和保护意义更加突出。

1976年3月31日，禄丰县革命委员会建立石灰坝古脊椎动物化石保护区，由禄丰县文化馆负责日常保护管理工作。1983年1月，腊玛古猿化石地点被云南省人民政府公布为云南省文物保护单位。1988年1月13日，腊玛古猿化石地点被国务院公布为第三批全国重点文物保护单位，编号为3-0181-1-001。1989年成立禄丰县文物管理所，负责遗址的保护管理工作。1992年4月，建立腊玛古猿化石地点"四有"档案，存放于禄丰县文物管理所。1995年4月28日，禄丰县人民政府划定腊玛古猿化石地点保护范围和建设控制地带。

人字洞遗址 是旧石器时代早期洞穴文化遗址，位于安徽省繁昌县孙村镇西北2千米的痢痢山东南坡，属于低山丘陵地带。遗址地貌为长江中下游江南平原上的喀斯特残丘，地质时代为早更新世早期（距今约250万～200万年）。

人字洞全景

人字洞遗址发掘现场

人字洞遗址发现于1998年5月。1998～2001年，中国科学院古脊椎动物与古人类研究所、安徽省博物馆、安徽省文物考古研究所、繁昌县文物管理所等单位组成联合发掘队，先后对人字洞堆积进行7次发掘，发掘深度10米，发掘面积约50平方米。

人字洞遗址是一处发育在中生代凝灰岩中的洞穴，其顶部海拔约95米。洞穴堆积平均宽8米，地表出露厚度31.5米，自上而下分为9层，三个沉积单元。第一沉积单元为第1～2层的坡积物；第二沉积单元为第3～7层的棕红色亚质黏土，中夹灰岩角砾；第三沉积单元为第8层以下未见底，岩性为黏土、细砂、小砾石等细粒堆积。石制品、骨制品及重要化石标本主要集中于第二沉积单元。人字洞遗址中出

人字洞遗址出土石器

土的石制品和有人工打击痕迹的骨制品200多件，其中石制品154件，原料主要是铁矿石，另有硅质泥岩、硅质灰岩、石英砂岩、片麻岩、燧石等9种岩石。石制品多为小型，以刮削器为主。铁矿石所占比例达50%以上，是以前旧石器时代考古资料所未有的。骨制品12件，打击修理工作痕迹清晰。象牙制品5件，在中国旧石器时代早期遗址考古中首次发现。共同出土有丰富的脊椎动物化石近7000件，除爬行动物龟鳖类、蛇类完整骨骼和古鸟类化石外，哺乳动物有食虫类、灵长类、食肉目大熊猫科、长鼻目嵌齿象科、奇蹄目貘科等10目29科70余种化石。尤其是遗址堆积物层型剖面中的第5～6层发现了多具完整和比较完整的骨架，如锯齿虎、不同年龄的中国乳齿象、貘和丽牛等。这在中国境内其他早期人类活动遗址中也是较为少见的。

人字洞的溶洞形成时期不晚于新近纪，其中的洞穴堆积应从新近纪延续至第四纪，产化石的层位属洞穴充填堆积物层，通过化石群分析和年代学研究确定，其时代为上新世末至早更新世初。

繁昌人类活动遗址发现的石制品均为锤击法生产，以刮削器为主，修理方式以向背面加工为主；从类型或技术上都比中国境内已发现的其他早期石制品要显得粗糙、简单而原始。打击骨器的发现说明早期人类使用工具原料组分的多样性。据考古学家张森水的研究，繁昌人字洞石制品组合特点是以小型块状毛坯和刮削器为主，其若干特点与中国北方主工业比较接近。人字洞遗址发现的人工石制品和骨制品，证明了中国早期人类活动的存在，是欧亚地区发现的最早人类文化遗址，将亚洲人类的历史提前几十万年，对亚洲人类早期演化和早期旧石器文化模式及其环境背景的探讨具有重要意义。

人字洞遗址地层清晰，动物群性质稳定，含有古人类工具制品及丰富的第四纪环境演变方面的信息。遗址中出土的大量高等灵长类原黄狒化石在长江下游地区尚属首次发现。动物群大部分具有早更新世早期特征，其中残留部分第三纪物种，性质原始。专家认为人字洞遗址伴生的动物群具有明显的南北方哺乳动物混合的特征，并呈现出由南方向北方动物区系过渡的特点，从整个动物群看，它更接近于北方动物区系。动物群的发现为中国第四纪早期哺乳动物区划、原黄狒的演化及其地理分布提供了重要资料，充分反映了人字洞人类文化遗存、哺乳动物和古气候环境的互动关系，表明动物地理区域性差异受古气候环境的控制。人字洞遗址发现是中国旧石器考古领域一次重大突破，对古人类学、古生物学、地质学、考古学和相关学科产生重大的影响。

人字洞遗址由繁昌县文物管理局负责日常保护管理。1999年8月，人字洞遗址被繁昌县人民政府公布为县级文物保护单位。2000年，繁昌县人民政府划定人字洞遗址的保护范围和建设控制地带。2004年10月28日，人字洞遗址被安徽省人民政府公布为第五批省级文物保护单位。2006年5月25日，人字洞遗址被国务院公布为第六批全国重点文物保护单位，编号6-0093-1-093。2014年，建立人字洞遗址记录"四有"档案，存于繁昌县文物管理局。

龙骨坡遗址 是中国已知较早的旧石器时代洞穴遗址之一，位于重庆市巫山县庙宇镇新城村，庙宇河的左岸。遗址原为一个洞穴裂隙，坍塌后形成坡状堆积。

1984年初夏，由中国科学院古脊椎动物与古人类研究所和重庆自然博物馆联合组成的长江三峡古生物及洞穴考察队在庙宇河左岸发现丰富的早更新世哺乳动物化石。1985年，发现属于人科的化石和石制品，确定为一处旧石器时代遗址。

龙骨坡遗址经历1985～1988年、1997～1998年、2003～2006年、2011～2012年四个阶段的正式发掘。其中第一、二次发掘由中国科学院古脊椎动物与古人类研究所主持，第三次发掘由法国巴黎第十大学和中国科学院古脊椎动物与古人类研究所共同主持，第四次发掘由重庆中国三峡博物馆（三峡）古人类研究所主持。

龙骨坡遗址的地层自上而下分为三个堆积单元：第一堆积单元由洞顶塌落岩块和周边的滚石、褐色砂质黏土组成，岩块间填充砂质黏土，钙质胶结，性硬，厚度8米；第二堆积单

龙骨坡遗址远景

元由卵石、角砾、砂质土和褐色黏土组成，局部胶结成团块状，或为钙质条带，南侧和北侧的颗粒细，中间粒度粗，在水平分布上有明显的相变特征，人类化石、石制品、脊椎动物化石均出于此层，厚度12米；第三堆积单元由半成岩灰色黏土组成，具微层理，可能是暗河或湖泊沉积，可见厚度9米。

1994年，黄万波等人在英国《Nature》杂志发表《Early Homo and Associated Artefacts from Asia》文章，将发现的下颌骨化石命名为巫山人，在学术界引起关注。古人类学家吴新智将巫山似人下颌及其牙齿与东非早更新世人属，Dmanisi直立人以及元谋的禄丰古猿等做比较，在其《巫山龙骨坡似人下颌属于猿类》一文中指出它属于猿类。很多古人类学家认为巫山龙骨坡下颌骨属于禄丰古猿类。

经古地磁、ESR等测年获得的数据，第一堆积单元的年代为距今90万～80万年，第二堆积单元的为距今248万～180万年。人科化石位于第二堆积单元下部的第8水平层。第8水平层对应于地磁极性年代表上的留尼汪正向极性亚时（亚带）2r-1。按照国际地层委员会在2011年公布的全球地质年代时刻表的数字，龙骨坡巫山人化石的地层层位时代应该是距今215万～214万年，按照沉积速率来估算，巫山人的时代应该是215万年前。

尽管龙骨坡遗址发现的人类化石存在争议，但不影响其作为中国乃至东亚最早的旧石器遗址之一的性质。龙骨坡遗址发现有早更新世的脊椎动物化石120种，其中哺乳动物化石116种、巨猿牙齿化石14枚、人科化石2件。是在东亚第四纪同一地点采集到化石种类最多的

龙骨坡遗址老照片

遗址。动物组合中，有食肉类，例如似巴氏剑齿虎、更新猎豹、桑氏鬣狗等；有食草类，例如扬子江乳齿象、双角犀、祖鹿等；有杂食类，例如步氏巨猿、似维氏原黄狒、猕猴等。除此之外，还有大量小哺乳动物，诸如中华鼩猬、印度长尾鼩、裴氏模鼠、舍氏鼠平、打金炉中华绒鼠、拟低冠竹鼠、郑氏豪猪、巫山攀鼠、大耳姬鼠、小飞鼠、沟牙鼯鼠、川仓鼠等。动物非本地特有，而是来自四面八方。混合动物群的特征表明，巫山人生活的年代，长江三峡可能尚未形成，龙骨坡所在的庙宇盆地的地理地貌类似于现代淮河流域动物区系——过渡区，利于南、北动物的交流。同时亦表明，庙宇盆地周边山地有茂盛的森林和灌丛，盆地内存在一定范围的草原，气候远较现代湿热，适合以采集狩猎为主要生存手段的古人类生存。

与龙骨坡下颌骨在同一个地层单元出土石制品1000余件。第一阶段发现的材料很少，仅两件：一件为石英砂岩卵石，位居第5水平层，在顶面中心区有若干深浅不同的点状坑疤，肉眼观察为许多极不规则的沟和脊，整个坑疤轮廓接近三角形，从其坑疤之形态分析，是使用者修理石器时留下的痕迹，故称其为砸击石锤；另一件为凸刃砍砸器，原料为安山玢岩，在加工时，先是右侧的反向加工，然后是右侧的正向加工，最后是剥片面由远端斜向右侧的正向加工。第二阶段采集石制品20余件，出土层位在第二堆积单元中下部，即第6～9水平层，器物包括石片、石核、砍砸器、石锛、原型薄刃斧、尖状器等，原料有火成岩、泥晶灰岩等。第三阶段的发掘采集石制品数量超过

1000件，从上部第2水平层至下部第12水平层均有石制品发现，总计27个文化层。

从埋藏学的角度观测，27个文化层的石制品保存的新鲜度非常之高。遗址内90%石器的原料为三叠纪泥晶灰岩。泥晶灰岩很易断裂或风化，用它制成锋刃，非常容易发生变质。遗址内大多数地层中出土的石制品，打击的锋刃部分都保存如新，说明地层的移动非常微弱，溶蚀作用也极其缓慢。石制品埋藏的地层是位于沉积地层之间的夹层地带，长轴多数与地层之走向呈斜交或垂直，器物未经自然营力搬运，就地埋藏。

龙骨坡遗址发掘采集的石制品，从选料、制作到使用，反映出几个方面的特点：在器物选料上，以就地取材为主，利用龙骨坡附近自然破裂的块状黑色泥晶质灰岩加工制作的，占95%，利用其他成分如石英砂岩、变质岩、火成岩等比例较少，占5%；在制作技巧上，龙骨坡石制品手法粗犷，没有固定的模式，以实用为其特点；器形多为大中型砍砸器、尖状器、薄刃斧和手镐等。

在龙骨坡遗址3～4水平层和7～8水平层中，发现大量的食草类动物的前、后肢骨，数量达100件，肢骨交叉、重叠一起，有的骨关节彼此相连。从骨骼的大小和形态特征判断，有剑齿象、大额牛、鹿和后麂等近10个个体，其中以老年和幼年者居多。在肢骨的周边保存着若干件石制品，所有骨体的外部结构未见食肉动物的咬啮痕迹，或流水的冲蚀痕迹，反之，骨体外部展示的是人工的砍砸痕迹。其特殊的埋藏状况实属罕见，形成机理并非自然或偶然，体现了一种有思维能力的动物的主动行

为。将含肉量高的动物肢体运回住地以获取动物蛋白，是一种最节省体能的方式，可以满足多样化的食物需要。

巫山龙骨坡遗址的发现是东亚早期人类研究最重大的突破之一。证明巫山一带是东亚远古人类起源、演化和文化发展的重要区域。龙骨坡遗址的重大发现，填补了中国早期人类化石空白，对于东亚人类起源以及在三峡河谷地区发展历史的研究具有极为重要的历史价值。龙骨坡遗址保存了多方面的古环境信息，包括洞穴地层的沉积类型、规律、颗粒、化学成分，古哺乳动物群的生态环境特征，沉积物中所包含的孢粉等，为研究三峡河谷区早更新世的环境演变和古人类生存背景奠定了基础。

1985年11月，龙骨坡遗址被巫山县人民政府公布为县级文物保护单位。1986年，成立巫山县文物管理所，负责遗址的保护管理工作。1991年4月，四川省人民政府公布为第三批省级文物保护单位。1996年11月20日，龙骨坡遗址被国务院公布为第四批全国重点文物保护单位，编号4-0001-1-001。2014年12月，重庆市人民政府公布龙骨坡遗址的保护和建设控制范围。2015年，国家文物局批准《龙骨坡遗址A点保护棚建设项目》立项。龙骨坡遗址记录档案，保管于巫山县文物管理所。

泥河湾遗址群 以其丰富的哺乳动物化石和人类旧石器遗迹而闻名于世，位于河北省阳原县桑干河畔。

民国13年（1924年）9月，法国古生物学家德日进和桑志华在考察内蒙古萨拉乌苏的返

泥河湾盆地

侯家窑遗址

回途中经过张家口，会同美国地质学家巴尔博在泥河湾进行了短暂的地质考察。在科学报告中，巴尔博将盆地内的河湖沉积物命名为泥河湾层。

1978年，中国考古工作者在泥河湾附近的小长梁东谷坨发现大量旧石器和哺乳类动物化石。其中包括大量的石核、石片、石器以及制作石器时废弃的石块等。1994年，中国考古学家、"北京猿人"的发现者之一贾兰坡院士和他的同事们，在泥河湾盆地小长梁遗址发现了大量的世界上最早的细小石器。石器重为5～10克，最小的不足1克。可分为尖状器、刮削器、雕刻器和锥形器等类型，共约2000件。石器经过古地磁专家的测定，证明距今约160万年。1995年8月至1998年9月，河北省文物研究所和北京大学考古系合作发掘，在于家沟遗址找到了华北地区极为难得的更新世末至全新世中期的地层剖面和文化剖面。期间，1996年6～8月，美国印第安大学和河北省文物研究所等单位组成的中美联合考古队，对泥河湾遗址进行为期两个月的发掘研究工作，获得一大批较为珍贵的动物化石和旧石器等实物资料，进一步证实泥河湾盆地是中国人类起源的摇篮，是古人类发祥地之一。2001年10月，在泥河湾马圈沟遗址发现层位最低、时代最早的遗址，发掘出的几百件石制品、动物骨骼，将泥河湾盆地旧石器的年代向前推进数十万年，达到距今约200万年。

遗址群发现早期人类文化遗存156处，迄今全世界发现的百万年以上53处人类文化遗存中，泥河湾遗址群占40处。地层出露明显，外观雄壮，记录了距今200万～1万年不同地质年代的遗迹。是中国乃至世界研究第四纪地质学、旧石器时代考古学的经典地区。

于家沟遗址出土石矛头

侯家窑人枕骨化石

泥河湾遗址群遍布泥河湾盆地东西南北中不同区域，以小长梁遗址和马圈沟遗址为代表的泥河湾早期遗址群（距今200万～150万年），分布在大田洼台地北缘，地层属泥河湾层，包括马圈沟、小长梁、东谷坨、飞梁、大长梁、麻地沟、泉沟、后石山、半山、岑家湾等遗址；以侯家窑遗址为代表的泥河湾中期遗址群（距今30万～10万年），分布在侯家窑村梨益沟西岸、桑干河两岸和大田洼台地南部地区，地层既有泥河湾层也有桑干河第三级阶地堆积层，包括侯家窑、摩天岭、白土梁、雀儿沟、板井子、新庙庄、洞沟、西沟等遗址；以

虎头梁遗址为代表的泥河湾晚期遗址群（距今约1万年），分布在虎头梁、西水地、西白马营、籍箕滩等村庄及大田洼台地附近和桑干河两岸，地层既有桑干河第二级阶地堆积层也有马兰黄土堆积层，包括虎头梁、于家沟、马鞍山、西白马营、油房、火石沟、二道梁、大底园等遗址。泥河湾层为国际地质考古界公认的第四纪标准地层。

1982年，泥河湾盆地的泥河湾遗址、小长梁遗址、侯家窑遗址和虎头梁遗址被公布为河北省第二批重点文物保护单位。1993年，东谷坨遗址被列入河北省第三批重点文物保护单位的名单。1997年，泥河湾被列为河北省地质遗迹保护区。2001年6月25日，泥河湾遗址群被国务院公布为第五批全国重点文物保护单位，编号5-0002-1-002。2002年，泥河湾被批准为国家级自然保护区。2012年，泥河湾国家考古遗址公园开始建设。2013年，阳原县人民政府印发《阳原县泥河湾遗址群保护管理办法（试行）》，确定了泥河湾遗址群的保护范围。

西侯度遗址 是中国华北地区最早发现的旧石器时代早期文化遗存之一，古地磁测定距

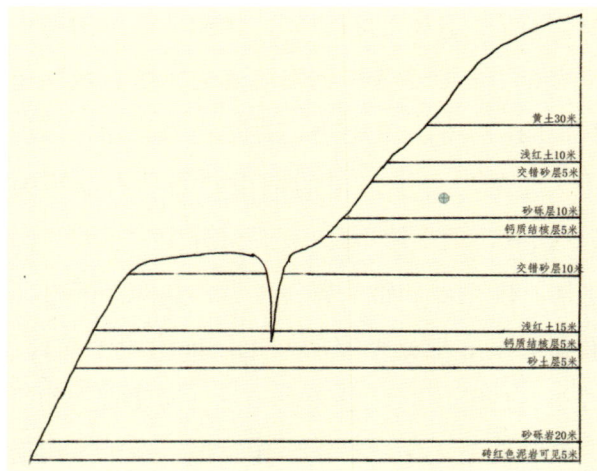

黄土30米
淡红土10米
交错砂层5米
砂砾层10米
钙质结核层5米
交错砂层10米
淡红土15米
钙质结核层5米
砂土层5米
砂砾岩20米
砖红色泥岩可见5米

西侯度遗址地层剖面图

西侯度遗址

西侯度遗址出土马牙化石标本

今180万年，位于山西省芮城县风陵渡镇正北约10千米的西侯度村的黄土塬上，地处中条山西南端向黄河倾斜的丘陵地带，高出黄河河面170余米。

1959年，由中国科学院考古学家贾兰坡率领的考古队发现西侯度遗址。1960年6～7月，考古学家确认西侯度遗址为旧石器时代初期石器地点。1961～1962年，山西省博物馆考古队，在西侯度进行两年时间的发掘，获得石制品、烧骨和带有切痕的鹿角等科学资料。1978年，西侯度遗址的系统研究报告《西侯度——山西更新世早期古文化遗址》出版，对西侯度遗址的地质面貌、动物化石和文化遗物做了全面系统的阐述，确立西侯度遗址的文化定位。2005年4月，山西省考古研究所率领科研队伍，再次对西侯度遗址进行50余天的考古发掘，获得石制品和化石标本1500余件。

西侯度遗址系河流相埋藏的旷野型遗址，分为东、西两个地点。东地点位于西侯度村后的人疙瘩下部，文化层距人疙瘩顶部约60米的灰白色、锈黄色交错砂层中。一般为土状堆积，耕地和植被所覆盖，保存完好。西地点

（后地口）附近有砂层出露，但文化层未见出露，保存完好。西侯度遗址地处中条山西南端向黄河倾斜的丘陵地带，高出黄河河面170余米。新构造运动的抬升和水土流失的共同作用，新第三纪和第四纪厚度达140米的土状堆积被切割冲刷成数条东西向的洞沟和梁峁。第四纪地层发育齐全，出露良好。其顶部为7～10米厚的晚更新世灰黄色粉沙土——马兰黄土；下部为一套厚约50米的，含有10多条古土壤条带的中更新世红色土；再下为厚度约18米的早更新世砂砾层。西侯度遗址出土的文化遗物和动物化石集中分布在距"人疙瘩"顶部约60米的灰白色、锈黄色交错砂层中。

西侯度遗址中出土的动物化石除鲤、鳖和鸵鸟外，还有22种哺乳动物。包括：刺猬、巨河狸、兔、狗、剑齿象、平额象、纳玛象、李氏野猪、布氏真梳鹿、粗面轴鹿、山西轴鹿、晋南麋鹿、双叉麋鹿、布氏羚羊、古中国野牛、粗壮丽牛、山西披毛犀、古板齿犀、中华长鼻三趾马、三门马等。其中绝灭属占47%，绝灭种100%。属早更新世动物群，是华北地区最早的早更新世动物群之一。动物群的成员绝

大部分属于草原动物，如鸵鸟、狗、长鼻三趾马、三门马、披毛犀、板齿犀、布氏真梳鹿、轴鹿、麋鹿、布氏羚羊等。也有适于丛林和森林生活的动物，如李氏野猪、古中国野牛、粗壮丽牛、剑齿象、平额象等。从动物的特征和生活习性分析，当时西侯度附近应为疏林草原环境。遗址附近有相当广阔的巨厚砂层，人疙瘩岭下部的早更新世砂层有18米，砂层中发现有鲤和巨河狸化石，说明西侯度一带有较为广阔的水域。从鲤的鳃盖骨大小和厚薄程度判断，鲤的体长可能超过半米。

西侯度遗址发现的文化遗存有石器、烧骨和带有切痕的鹿角等。石制品类型有石核、石片、砍砸器、刮削器、三棱大尖状器等。石核可分为巨型石核、漏斗状石核、两极石核等。其中最大的一件石片石核重8.3公斤，最小的一件漏斗状石核33克。石片分为锤击石片、碰砧石片和砸击石片三类。石核、石片的出现，反映当时的人类已经掌握用锤击法、碰砧法和砸击法生产石片。砍砸器可分为单面砍砸器、双面砍砸器和有使用痕迹的砍砸器；也可按单边和多边来分，其中一件多边砍砸器用大石片制成，周边4个刃口正反两个方向交替打制。另一件用紫色石英岩石片打制的单边砍砸器也十分典型。刮削器可分为直刃、圆刃和凹刃三类。三棱大尖状器只有一件，可能是一种挖掘工具，是中国旧石器时代的一种传统性的器物，在黄河中下游晋、陕、豫三省交接的三角地带的芮城匼河、蓝田公王岭和三门峡以及汾河流域的丁村等遗址中都有发现。西侯度遗址三棱大尖器的发现，将传统挖掘工具上溯到100多万年前。西侯度遗址的石制品出现在180万年前的更新世早期，其打制技术比较原始古拙，但从石器生产的全过程来看仍有其进步的一面。石器的主人能选择具有一定硬度和韧性的石英岩、脉石英和基性喷发岩作为原料，并用多种打击方法打制石片、修理石器。石器的数量虽然不多，但已有了一定的类型和功能区分。说明石制品是经历了漫长历史洗礼的产物，预示着中国土地上最早的人类化石及其文化遗物应当到比西侯度遗址更早的上新世地层中去寻找。

西侯度遗址文化层中发现一些颜色呈黑、灰、灰绿色的化石标本。分为哺乳动物的肋骨、鹿角和马牙。经研究者观察和化验确认，不同颜色的骨角牙为烧骨。烧骨有可能是人类用火的证据，但也不能排除是森林野火烧死的动物遗骸的可能。另外，还发现带有人工切痕的鹿角。

西侯度遗址的发现，将人类在华北的历史上溯到180万年前的早更新世初期，由于发掘材料的数量有限，其上的打击痕迹也因水流搬运埋藏而变得不太清楚。因此，学术界对西侯度的石制品尚有一定的争论。

西侯度遗址，是中国境内已知最早的旧石器时代文化遗存之一。遗址中发现的石制品、烧骨、带切痕的鹿角和动物化石，提早了中国旧石器的历史，也提早了人类用火的历史。遗址中出土的鱼类和巨河狸，证明当时该地区有较广阔的水域。哺乳动物绝大部分是草原动物，表明当时西侯度一带为疏林草原环境。

1960年，芮城县人民委员会公布西侯度遗址为县级文物保护单位。1978年，山西省革命委员会公布西侯度遗址为省级文物保护单位。

1988年1月13日，西侯度遗址被国务院公布为第三批全国重点文物保护单位，编号3-0182-1-002。1999年，成立西侯度遗址文物管理所，负责遗址的保护管理工作。2002年，山西省人民政府划定西侯度遗址的保护范围和建设控制地带。西侯度遗址的"四有"档案保存于山西省古建筑保护研究所。2016年2月，编制西侯度遗址保护规划大纲，建设遗址保护区、文物展览区、取火仪式活动区、游客服务区四个功能区。

元谋猿人遗址 堆积属早更新世晚期，位于云南省元谋县老城乡上那蚌村与大那乌村之间一丘陵地上。地势东北高西南低，由山区向坝区过渡的缓坡地带，坡度10～45°不等。遗址面积约48.72万平方米。

1961年，中国科学院古脊椎动物与古人类研究所的调查，1965年地质部地质力学研究所的调查，1967～1978年，中国科学院古脊椎与古人类研究所对遗址进行多次调查。自1972年起至2000年，中国科学院古脊椎动物与古人类研究所、云南省文物考古研究部门在遗址分布区相继进行5次正式发掘。包括元谋猿人牙齿出土地点，牛肩包、郭家包梁子、马大海、对角

元谋猿人遗址

山等5个地点，发掘面积835.5平方米，累计出土古脊椎动物化石29种2000余件，石器22件。

1965年5月，地质工作者钱方等在大那乌村西北约800米丘陵地上，发现古人类牙齿化石2枚，牙齿为同一青年男性个体的左侧、右侧上内侧门齿，齿冠长度分别是11.4毫米和11.5毫米；宽度分别是8.1毫米和8.6毫米，高度虽经磨耗而减小，但仍达11.2毫米和11.1毫米。其特征为：牙齿粗硕，齿冠扩展指数达141.9；齿冠唇面除接近颈线的部分较为隆突外，其余部分较扁平，有明显的汤姆氏线，唇面沟及浅凹面；舌面的底结节发达，占舌面的二分之一；具铲形结构。被定为直立人的一个新亚种，以发现人类化石的元谋县而命名为

元谋人博物馆

元谋人博物馆原始人模拟场景

"直立人，元谋新亚种"。1973年，中国科学院古脊椎动物与古人类研究所、云南省博物馆，对元谋猿人化石出土地点进行联合发掘，出土云南马、爪蹄兽等古脊椎动物14种。并在地层中出土打制石器6件。

元谋组地层是南方第四纪地层的标准地层，上下分为4段28层，厚673.6米，其中第4段包括24～28层，厚约120米，为砂砾与黏土层，测定年代距今187万～110万年。元谋猿人出土地点的地层属第4段第25层。鉴于该层位已发现人类化石遗骨及人类活动的遗物（旧石器），因此认定元谋组第4段25～28层为古人类遗址的文化层。

牛肩包旧石器时代文化层，位于元谋人化石出土地的东北部，包顶海拔1357米，总体为元谋组第4段第25～28层。1972年、1997年进行2次发掘，出土古脊椎动物化石及螺类化石等，其中西坡遗存分布面积为8374平方米，地形属陡坡，坡度约30°，内有冲沟、侵蚀沟多处。牛肩包东坡北端保留了一处元谋组第4段地层的标准剖面，南北长约60米，厚达9米，涵盖元谋组地层的第25～28层。

郭家包梁子旧石器时代文化层，位于元谋人化石出土点以东，北与牛肩包梁子相连，地形东北高，西南低，坡度约20°。西坡遗存分布面积为13271平方米，属元谋组第4段第25～26层，地质年代距今约130万年。1984年、1997年、2000年进行多次发掘，出土古脊椎动物化石极其丰富，其中1984年北京自然博物馆的发掘，发现元谋人少女左侧胫骨化石一段以及云南马完整头骨化石等。

上那蚌村对角山庄房梁子遗址，位于上那蚌村村南庄房梁子山上，1980年北京自然博物馆在对角山西坡发现元谋组第4段26层的化石点，1984年进行清理发掘，除脊椎动物化石外，还发现石制品3件，2000年"九五"国家攀登计划云南课题组进行考古发掘，发掘面积86平方米，出土剑齿象、犀牛等大量脊椎动物化石。

马大海村古脊椎动物化石出土点，位于大那乌村北约1.5千米，海拔1250米，地层相当于元谋组地层第4段至第3段上部。2000年，"九五"国家攀登计划云南课题组在马大海村西北秧田坡一带进行发掘，面积120平方米，发现剑齿虎、鬣狗、剑齿象、野猪、鹿等古脊椎动物化石52件，但未发现人类及遗物。

元谋猿人牙齿化石的发现，提供了比北京猿人、蓝田猿人更早、更原始的人类遗骸，为"从猿到人"的观点提供了重要依据，在人类起源研究方面具有重要价值。与此共存的早更新世晚期脊椎动物化石为早期人类的生存环境提供了证据。

1982年2月23日，元谋猿人遗址被国务院公布为第二批全国重点文物保护单位，编号2-0046-1-001。1985年，元谋县成立元谋猿人陈列馆，为元谋猿人遗址的保护管理责任单位，2008年改建为元谋人博物馆。1992年底，元谋猿人陈列馆完成遗址保护范围的划定，保护范围面积为24万平方米。1997年4～5月，国家文物局拨出专款，由云南省文物考古研究所、楚雄彝族自治州博物馆、元谋人陈列馆共同完成元谋猿人遗址含化石地层的考古勘察工作，重新划定遗址的保护范围及建设控制地带范围。1997年，云南省人民政府批准了元谋猿人遗址的保护范围和建设控制地带。2013年，国家文物局批复《云南省元谋县元谋猿人遗址文物保护规划》，调整保护范围面积为54.49万平方米。

蓝田猿人遗址 旧石器时代早期遗址，包括公王岭和陈家窝两个地点，位于陕西省蓝田县。公王岭遗址位于蓝田县九间房乡公王村南500米灞河南岸四级阶地上，面积约3万平方米；陈家窝遗址位于蓝田县泄湖镇陈家窝子村100米灞河北岸四级阶地上。

1963年，中国科学院古脊椎动物与古人类研究所等单位在蓝田进行新生代地质调查时，在陈家窝子村附近厚约30米的红色土层接近底部的位置，发现一具直立人下颌骨化石和牙齿10余枚。1964年，又在公王岭发现一具基本完整的直立人头骨化石，命名为蓝田猿人。1965

蓝田猿人化石出土地点

年和1966年对公王岭进行补充发掘，出土一批动物化石等重要资料。

蓝田猿人的化石材料主要包括发现于公王岭的头盖骨、鼻骨、右上颌骨和3枚臼齿化石以及发现于陈家窝的下颌骨化石。公王岭猿人化石为一个30岁左右的女性头盖骨，头骨呈现许多明显的原始状态。眉嵴硕大粗壮，在眼眶上方几乎形成一条直的横嵴，两侧端明显向外侧延展。眉嵴与额鳞之间的部位明显缩窄，额骨非常低平。头骨骨壁极厚，脑容量为778毫升，较北京人更为原始，其地质时代属早更新世晚期，是目前亚洲北部发现的最早直立人化石。陈家窝出土的直立人下颌骨化石，总体形态与北京人接近，其地质时代为中更新世早期。据最新的磁性地层学研究和黄土—古土壤序列的对比结果，公王岭人和陈家窝人的年代分别距今115万年和65万年。

在蓝田灞河北岸与公王岭猿人同层出土的石器主要为大尖状器、砍砸器、刮削器、石球和石片、石核等。加工方法为简单的锤击法，石片一般未经第二步加工即付诸使用。

与公王岭蓝田猿人共生的动物群化石共

蓝田猿人遗址博物馆新生代地层剖面保护厅

陈家窝化石出土点

计42种，其中包括啮齿类14种、兔形类3种、食肉类9种、奇蹄类6种、偶蹄类7种以及食虫类、灵长类和长鼻类各1种。动物中的许多属种，如大熊猫、东方剑齿象、巨貘、中国貘、中国爪兽、毛冠鹿、秦岭苏门羚等都是中国南方及亚洲南部更新世动物群的主要成员，说明在蓝田猿人生活时期，中国北方的气候比现代陕西南部和北京猿人时期华北的气候要温暖。

陈家窝遗址中发现的动物化石，共有14种动物，其中大部分是森林性动物，如北豺、虎、象、李氏野猪、獾等。葛氏斑鹿、大角鹿因其角部粗大，不大可能生活在密林中，而是适宜在开阔的草原中生活。兔类是生活在草原或丛林中的动物。丁氏鼢鼠、方氏鼢鼠是栖息于草原和旷野上的小动物，有时也在林间的空地上生活。由此可知，当时蓝田陈家窝地区是

以森林为主的森林草原环境。

蓝田猿人化石是亚洲北部较为古老的直立人化石。化石的发现不仅扩大中国猿人的分布范围，增加世界猿人化石的分布点，也极大地丰富了中国旧石器时代考古的内涵，对探索人类起源和古人类的迁徙和演变具有重大意义。在证明中国是人类的发源地之一、驳斥中国人种"外来说"错误的同时，也证明马克思关于"劳动创造了人"理论的正确。

1979年，在公王岭建立蓝田猿人遗址文物管理所，负责蓝田猿人遗址的保护管理工作，并建成蓝田猿人遗址陈列室和蓝田猿人化石出土地点纪念亭。1982年2月23日，蓝田猿人遗址被国务院公布为第二批全国重点文物保护单位，编号2-0047-1-002。1992年，陕西省人民政府公布蓝田猿人遗址的保护范围。2001年，完成遗址的剖面保护工程。

学堂梁子遗址 是一处重要的古人类化石和伴生哺乳动物化石遗址，位于湖北省十堰市郧阳区青曲镇弥陀寺村，曲远河与汉江的交汇处。遗址为汉江北岸的四级阶地，东西走向，顶面东西长约540米，南北宽约230米，核心面积约124200平方米，顶部距汉江水面的相对高

学堂梁子遗址考古现场

程约50米。

1973～1975年，曾在学堂梁子发现大量化石，大部分被填埋，部分被药材经营单位作为"龙骨"收购。1989年5月，文物调查中发现第一件古人类头骨化石。1989年7月和11月、1900年1月和3月，湖北省文物考古研究所会同郧阳地区博物馆和郧阳博物馆先后四次到学堂梁子遗址进行实地踏查，采集到一批哺乳动物化石及50余件石制品。1990年5月20日至6月20日，湖北省文物考古研究所联合郧阳地区博物馆、郧阳博物馆，对学堂梁子遗址进行了第一次试掘，发掘面积100平方米，发现第二件古人类头骨化石和一批石制品，伴生有丰富的哺乳动物化石，人类化石属直立人类型，依发现地定名为郧县人。1990～1999年，共进行5次发掘，发掘总面积575平方米。

历次的调查和发掘中共发现文物有：远古人类头骨化石2件，第一具1989年文物普查时发现，第二具为1990年发掘时发现，经研究，这2件头骨化石均为直立人头骨，称为郧县人；石制品499件，其中砾石76件，器物类型有石核、石片、石锤、砍砸器、手镐、尖状器、刮削器等，石器原料以砾石为主，其中石

质手斧，填补中国旧石器时代没有手斧存在的空白；第四纪哺乳动物化石近千件，分属6个目20余种，主要有无颈鬃豪猪、蓝田金丝猴、虎、豹、裴氏猫、爪哇豺、西藏黑熊、猪獾、桑氏鬣狗、大熊猫、东方剑齿象、中国犀、云南马、小猪、李氏野猪、中国貘、水牛、云南水鹿、秀丽黑鹿、大角鹿、麂等。

经对出土的2件远古人类颅骨及其伴生哺乳动物化石的分析研究，参证多种测年研究的结果，认为郧县人生活在早更新世晚期，大约距今100万年。郧县人颅骨的发现，为研究人类起源提供了珍贵的材料。学堂梁子（郧县人）遗址在中国的旧石器时代和世界旧石器时代考古学研究和古人类学研究中占有非常重要的地位，是中国南方地区发现的直立人化石中时代最早、材料最完整的古人类遗址。这些丰富的遗物为研究世界人类起源与演化、中国及东亚地区早期人类文化及第四纪古地理环境提供了丰富而重要的材料。

1992年12月，郧县人民政府公布学堂梁子遗址为县级文物保护单位。1992年12月26日，湖北省人民政府公布学堂梁子遗址为第三批湖北省文物保护单位。2001年6月25日，学堂梁

学堂梁子

学堂梁子遗址石核1　　　学堂梁子遗址石核2

子遗址被国务院公布为第五批全国重点文物保护单位，编号5-0079-1-079。2004年，编制学堂梁子遗址"四有"档案，由十堰市郧阳区博物馆保管。2015年，湖北省人民政府划定学堂梁子遗址的保护范围和建设控制地带。2014年6月国家文物局正式批复《湖北省郧县学堂梁子（郧县人）遗址总体保护规划》，湖北省人民政府2017年9月公布实施。

周口店遗址 是中国最早发现的旧石器时代遗址，也是最早发现猿人化石的地点，位于北京市房山区周口店镇龙骨山北坡，山脉向平原过渡地带，地势西北高东南低。

以北京猿人遗址为中心的约2平方千米范围内，发现属于旧石器时代早期的遗址有第1地点、第13地点、第13A地点；属于旧石器时代中期的遗址有周口店第4地点（新洞）、周口店第15地点、第3地点、第22地点；属于旧石器时代晚期的遗址有山顶洞、田园洞等。第1（北京猿人）、第4（新洞）、第15、第27（田园洞遗址）地点和山顶洞人遗址是内涵较为丰富具有代表性的。

第1地点。共经过约20次大小规模不同的发掘。民国7年（1918年）2月，时任中国政府矿政顾问的瑞典地质学家安特生在周口店龙骨山的考察揭开周口店遗址考古工作的序幕。民国10年（1921年），安特生与奥地利古生物学家师丹斯基、美国古生物学家格兰阶再赴周口店，在周口店第1地点发现两枚牙齿。民国16年(1927年)始，中国地质调查研究所和美国洛克菲勒基金建立的北京协和医学院合作对周口店连续进行了10年的大规模发掘。同年（1927年），中国地质学者李捷与瑞典古生物学者步林主持发掘。在第1地点的发掘面积东西长17米、南北宽14米、挖掘深度近20米、挖出的堆积物约3000立方米，获得动物化石标本500箱，找到1颗保存完好的人类左下第一臼齿化石。民国17年（1928年），中国学者杨钟健和裴文中参与发掘工作，除继续发现大量的哺乳动物化石外，又发现1件少女右下颌骨和一件保存有3颗完整臼齿的成年下颌骨。次年12月，裴文中在周口店第1地点北裂隙的下洞（猿人洞）发现第一具完整的北京猿人头盖骨化石。杨钟健和法国学者德日进完成周口店地质和古生物学的初步报告，介绍了北京猿人发现经过、周口店地质地貌概况和三年来对猿人遗址的发掘进程、含化石堆积的地层划分、堆积各时代及周口店各化石地点的时代序列等问题。民国19年（1930年），发现山顶洞旧石器时代晚期遗址，在发现头盖骨的下洞发现

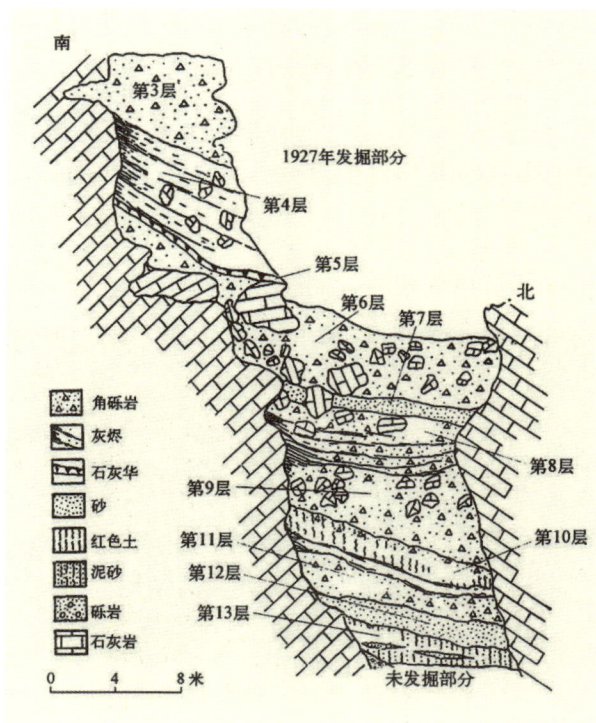

周口店第1地点地层剖面示意图

周口店第1地点（猿人洞）

1929年第一个猿人头盖骨出土位置

了1个牙齿完整的下颌骨及7件石英石器的标本。次年，在周口店第1地点鸽子堂区又发现了更多的石制品、烧骨、烧石及灰烬等，还发现北京猿人的下颌骨和锁骨各1件。民国21年（1932年），继续由鸽子堂顶部向下发掘，发掘的层位是1～3层，地层以角砾岩为主，出土有石器，哺乳动物化石。次年，布达生、德日进、杨钟健、裴文中联合发表第一部北京猿人遗址的综合性研究报告，系统介绍北京猿人遗址发现发掘的经过、地层、古生物、人类化石及旧石器文化的主要研究情况。民国23年（1934年），发掘工作重点重新回到第1地点1927及1928年保留下来的靠南部的堆积物以及东西两侧连接的部分。发掘范围为由顶盖开

起，南北以石灰洞为界线，由下洞向西展10米，往东展15米，南北平均宽度约12米，东西平均长约23米。发现大量的石器及脊椎动物化石。是年发掘到水平层的第8层，相当于文化层第3层的堆积，发现北京猿人下颌骨和左小半的头盖骨化石各1件，单个牙齿3枚，定为猿人H地。民国24年（1935年），继续由第9水平层即文化层的第4～5层的底部向下发掘，一直发掘到第17水平层，即文化层的第6层底部止。在第4～5层发现大量的石器，用火遗迹及朴树籽。共发掘5000立方米，获得各类标本160箱，其中燧石石器2箱、石英石器8箱，石器总数4000余件。民国25年（1936年），在第22水平层发现猿人头骨残片及牙齿3枚，定为

猿人产地I地。在稍下的南石灰岩壁地方发现猿人头盖骨2块，定为猿人产地J地，后又在室内整理时发现男女股骨各1件及成年男性肱骨1件。在J地附近稍下处，即23层，发现1具完整的成年人下颌骨以及附连的牙齿数枚和幼儿牙齿1枚，定为猿人产地K地。在发掘第25水平层北壁和北裂隙交会处时，贾兰坡在一筐碎骨片中辨认出一个猿人的头骨，并相继发现两个相当完整的猿人头盖骨。除上述人骨外，在第18水平层发现一些石器及两枚单个的猿人牙齿，在第19层发掘出部分石器，在第20～21层发掘出大量的人类化石、石器、用火遗迹和哺乳动物化石。全年发掘至第25层结束，共发掘8个水平层，2680立方米。民国26年（1937年），由第26水平层向下发掘至发掘完第29层止，共发掘1120立方米。在第26层面，发现头骨碎片及牙齿数枚，在修理化石时，又得到成年男性残股骨4件，定为猿人产地M地。在第27层（文化层第8～9层底部）又发现几枚猿人的牙齿，定为猿人产地N地。在第29层（文化层10层）的灰烬层中发现成年猿人左上颌骨及臼齿各1件，是猿人产地D地，发现有一些砾石和石英

周口店遗址鸽子堂区烧石

做的石器及动物化石。

民国38年（1949年）9月，周口店遗址发掘工作恢复，发掘第30水平层，共发掘125立方米，获得标本7箱，为一批动物化石和粪便化石，发现2颗完整北京猿人下臼齿和1颗上内侧门齿。1951年，发现两颗北京猿人牙齿、一些哺乳动物化石和少量的石器。1958年，中国科学院古脊椎动物与古人类研究所与北京大学历史系考古专业师生联合对第1地点再次发掘，共发掘约1800立方米，发现一些石制品和哺乳动物化石。1959年，中国科学院古脊椎动物与古人类研究所发掘队、中国科学院义务劳动队和复旦大学生物系人类学专业对鸽子堂西部继续发掘，共发掘171立方米，发掘至第29水平层（第10文化层），出土一件比较完整的老年女性下颌骨化石，同时发现扁角鹿与肿骨鹿共存的现象。在第28水平层下部发现灰烬层。1966年，裴文中主持对第1地点南裂隙、紧靠1934年发现北京猿人化石的H地的南首进行发掘，发现一块北京猿人的头盖骨碎片（主要是额骨和枕骨）和一枚牙齿化石、石器、用火遗迹以及共生的哺乳动物化石。1973年，中国科学院古脊椎动物与古人类研究所对第4地点进行发掘，发现石制品、用火遗迹、人牙和哺乳动物化石。1978年，中国科学院古脊椎动物与古人类研究所组织对第1地点的东坡进行发掘，发掘面积东西长20米、南北宽16米，发掘工作由第10水平层至第16水平层，包括4个文化分层，发现一些用火遗迹、约百件石制品、哺乳动物化石23种。2009年6～10月，中国科学院古脊椎动物与古人类研究所等为加固保护的需要对西剖面进行发掘，清理剖面的第

3文化层和第4层局部，消除第3层、4层的大部分裂隙、危石等安全隐患。2011年5月，对西剖面第3层、4层局部和4层以下剖面继续开展保护性清理发掘工作。

第1地点洞口朝向东北，东西长约175米，南北宽约50米，堆积物厚约40多米，划分为13个文化层。第1地点的洞内堆积厚达40米，划分为13层。据多种科学方法的测定，遗址底部堆积（第13层）形成于60万年前，顶部堆积（第1～3层）形成于20万年前。人类主要活动于三个时期，其早期文化年代距今60万～40万年，中期文化年代距今40万～30万年，晚期文化年代距今30万～20万年。每一期可以划分为几个小的活动期。已发现的全部北京人的化石，有完整和比较完整的头盖骨6个、头骨碎块7件、面骨6件、下颌骨15件、牙齿157枚、股骨7件、肱骨3件、锁骨1件、月骨1件，总计203件，大约代表40多个男、女、老、少、幼个体。从出土层位看，已发现的北京猿人个体应是生活在距今46万～23万年的古人类。在周口店第1地点的堆积中，发现有几个大的灰烬层。其中第4层的灰烬厚6米，有大量烧过的石块、烧骨、木炭、烧过的野果核和一块紫荆树块。20世纪50年代的发掘中，又有成堆的灰烬发现。此外，1955年，在13A地点堆积的中下部发现灰烬层。周口店第1地点出土的生产工具主要为石制品，历次发掘出土的数量有10万余件。北京猿人的石器种类分为两大类：第一类有刮削器、尖状器、雕刻器、石锥等轻型工具，其中以刮削器为主；第二类有砍砸器、石球、石锤、石砧等重型工具。石器中，石片石器约占70%，且数量自早而晚呈逐渐增加的趋

北京猿人半身像复原模型　　山顶洞人半身像复原模型

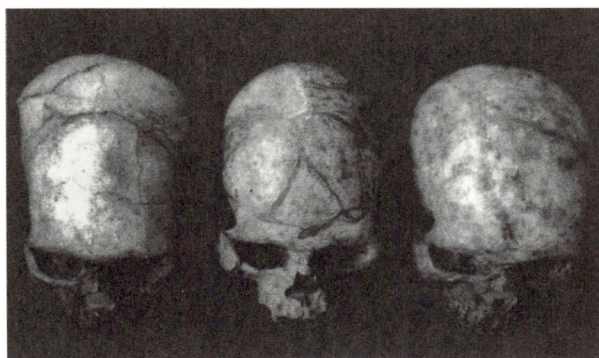

山顶洞人的头骨化石

势。第1地点伴生的动物化石有100多种，数量最多的是哺乳动物和鸟类，爬行类和两栖类动物数量较少。

新洞人遗址，距周口店第1地点约70米的第4地点及其北边的几个小洞。据碳十四等科学测年方法测试，新洞堆积的年代距今20万～10万年。在新洞中发现一颗保存完整的人类牙齿化石，称之为"新洞人"。"新洞人"的发现，解决了在北京猿人之后与山顶洞人之前，周口店一带是否有人居住的问题。

山顶洞遗址，位于龙骨山顶，据其形状和堆积，分为洞口、上室、下室和下窨四个部分，距今2.7万年前后。有丰富的人类化石与文化遗物，包括3个完整的晚期智人头骨。山顶洞人的石器数量不多，为25件。原料主要是

脉石英、其次为砾岩和燧石，使用锤击法和砸击法打片。石制仍属小石器传统，包括各种石片、砍砸器、尖状器、刮削器、雕刻器等类型。遗址中还发现有大量的碎骨片和一些打击的骨器和有磨痕的下颌骨，以1枚骨针和1件有磨痕及刻纹的鹿角棒尤为精美。山顶洞出土141件装饰品，包括7件石珠、1件钻孔砾石、1件穿孔鱼骨、125件穿孔兽牙、4件骨管、3件穿孔海蚶壳。

田园洞遗址，位于房山区周口店镇黄山店村。2001年春，田园林场的工人寻找水源时在半山腰的山洞中发现一些动物骨骼化石。2003年，田园洞正式发掘，发现古人类和哺乳动物化石，田园洞被定为"北京古人类遗址第27地点"。发掘过程中出土有哺乳类动物化石和人类化石。发现的人类化石包括下颌骨（附多枚牙齿）、肩胛骨、肱骨、桡骨、胸骨、股骨、腓骨、跟骨、趾骨等不同解剖部位。发现的古人类化石在形态上应当属于智人种，与山顶洞人较为接近。发现26种哺乳动物化石，以斑鹿为主。动物群的面貌与周口店山顶洞的基本一致，对于探讨北京地区哺乳动物群的演替及古环境变迁具有重要意义。用多枚鹿牙测定的铀系年为距今2.5万年前后，表明田园洞人类化石的时代约与周口店山顶洞人同期。田园洞内古人类化石的发现，为研究晚更新世晚期周口店乃至华北地区的古环境提供重要的新资料，对东亚地区现代人演化研究具有重要意义。

周口店遗址是世界上人类化石材料最丰富、伴生动物和植物化石门类最齐全且研究最深入的古人类遗址，证实50万年以前北京地区已有人类活动。

1953年，在中国科学院考古发掘的基础上，建立中国猿人陈列室，是中国最早的史前遗址类博物馆。1961年3月5日，周口店遗址被国务院公布为第一批全国重点保护单位，编号1-0136-1-001。1987年，周口店北京人遗址被联合国教科文组织列入世界文化遗产名录。2002年8月，建立周口店遗址博物馆。2006年，建立文物"四有"档案，存于周口店遗址博物馆。2010年，建立国家考古遗址公园。2009年3月31日，北京市人民政府常务会议审议通过《周口店遗址保护管理办法》，自2009年6月1日起施行。2011年5月15日，北京市人民政府公布周口店遗址的保护范围及建设控制地带。周口店遗址博物馆新馆于2014年5月落成开放。

和县猿人遗址 是旧石器时代中期直立人洞穴遗址，位于安徽省和县善厚镇陶店汪家山北坡，又称龙潭洞遗址。遗址南依汪家山岭，东北至西南群山环抱，北濒山区山前盆地平原。

1973年的冬季，当地修水利时发现大量化石。1980年1月至1981年4月，中国科学院古脊椎动物与古人类研究所与安徽省文物工作队、省博物馆、和县文物组联合组成考古发掘队，对遗址进行三次发掘，发现丰富的人类化石和大量的哺乳动物化石。龙潭洞发育在寒武系白云岩层中，处在汪家山倾覆背斜轴部，洞穴沿地层走向延伸。洞穴东西长9米，南北宽3~4米，深5米。洞穴堆积自上而下划分为5层。其中第4层为黄褐色黏质砂土，厚0.7~1.4米，该层出土人类化石和脊椎动物化石。

和县猿人遗址发现的人类化石，包括近乎完整的猿人化石头盖骨1个、下颌骨1段和顶骨1块、额骨眶上部1块、上下臼齿11枚、上内侧门齿1枚。化石骨骼至少代表3个个体，包括青年、壮年和老年。其中，头盖骨化石长20.3米、宽16.6米、厚12.3厘米，除颅底缺失较多外，脑颅的绝大部分都保存下来，为一20岁左右男性青年个体。头盖骨化石在形态上具有直立人的许多典型特征，如颅穹隆低矮，额骨明显后倾，颅骨骨壁厚，脑量较小（约1025毫升），颅量大宽位置低，有发达的眉嵴和枕嵴，枕骨和枕平面与顶平面之间呈明显的角状过渡等。和县人头骨在总的形态上和北京猿人较为相似，但又有一些进步的特征，如眶后缩窄较不明显，颞鳞相对较高及其顶缘呈弧形上曲等。下颌骨仅保有一段左侧，其上带有两个牙齿，特征粗壮、骸孔较大，齿弓近马蹄形。下颌体高度33.2毫米、厚度22毫米，与北京人相似。牙齿的形态特征，齿冠和齿根都比现代

和县猿人头盖骨化石

人要硕大和粗壮；齿冠较低，嚼面纹理复杂等，都接近北京猿人的情形；上内侧门齿特别粗壮，尺寸大于所有直立人，呈铲形，舌面底结节非常发达，舌结节游离缘分出几条指状突，并终止该面中凹。综上所述，和县猿人是直立人中的进步类型，其地质时代为更新世中期，与北京猿人化石产地第一地点第3～4层的时代相当，被命名为和县猿人。

和县猿人遗址全景

与古人类化石伴出的脊椎动物化石，经初步鉴定有50余种，可分为爬行类、哺乳类、鸟类三大类。爬行类有龟、鳖、扬子鳄等；鸟类有马鸡；哺乳类有田鼠、大鼠、硕猕猴、狼、豺、狐、猪獾、水獭、中国鬣狗、剑齿虎、中华猫、豹、大熊猫、棕熊、东方剑齿象、马、中国貘、额鼻角犀、李氏野猪、葛氏斑鹿、肿骨鹿、麋、野牛等。动物群中有北方中更新世常见的如剑齿虎、中国鬣狗、肿骨鹿和葛氏斑鹿等，华南中更新世常见的大熊猫、剑齿象和中国貘等。动物群具有中国南、北型动物互相混合的过渡类型特征。

和县猿人头盖骨化石，是中国继北京猿人之后保存的较完整的一具古人类头盖骨化石。和县猿人遗址地居长江下游，位于北京猿人和爪哇猿人之间中间地带，对研究人类起源和发展、南方与北方猿人的特性与差异、中华民族的文化渊源，具有重要的科学价值。和县猿人出土动物群化石的丰富程度仅次于北京猿人动物群，为推动南北方古动物群的过渡与迁徙、长江阶地发育史以及古地理、古气候等诸方面的研究，提供了可靠、翔实的依据。

和县猿人遗址由和县文物管理所负责保护管理，在县博物馆内设有专门陈列室。1981年12月，建立和县猿人遗址"四有"档案，存和县文物管理所；9月8日，龙潭洞遗址（和县猿人遗址）被安徽省人民政府公布为第一批省级文物保护单位。1988年1月13日，和县猿人遗址被国务院公布为第三批全国重点文物保护单位，编号3-0184-1-004。同年11月12日，安徽省人民政府划定和县猿人遗址保护范围和建设控制地带。

甜水沟遗址 是旧石器时代大荔人化石的出土地点，位于陕西省大荔县段家镇解放村东甜水沟内洛河东岸三级阶地上，面积约5万平方米，文化层厚3～4米。

1978年春，在甜水沟北壁砂砾层中发现一个基本完整的古人类头骨化石，属一个不足30岁的男性个体，被命名为大荔人。其头骨化石粗壮，眉嵴发达，前额后倾，带有明显的从直立人向早期智人过渡的体质特征，与北京猿人接近。但是顶骨较大，枕骨隆凸前面呈凹陷状，鼻骨窄长，眼眶近乎方形，虽然颧骨较为朝前，可是吻部并不突出，脑容量1120毫升，其特点又比北京猿人进步。

1978年10月、1980年10月，中国科学院古脊椎动物与古人类研究所等单位对甜水沟内大荔人化石地点进行两次发掘，共发现石制品800多件，主要是形体较小的石片石器，有刮削器、尖状器、石锥与雕刻器等。发现有古菱齿象、三门马、犀牛等多种哺乳动物化石。1983年秋、1984年春，陕西省考古研究所和西安半坡博物馆等单位，对甜水沟遗址及附近进行大规模调查，在方圆10余千米范围内发现18处新的旧石器地点。1986～1987年，对甜水沟、育红河、育红村等3处重要地点进行科学发掘，发现石制品6000余件和较多动物化石。

通过对大荔人所在地点和剖面的地质地貌分析，对地层结构、组成等研究以及运用多种测年技术进行年龄测定，表明大荔人可能生活在距今35万～25万年，属于早期智人。丰富的石制品与哺乳动物化石反映当时人类的生产与生活特点及其古环境背景。大荔人地点发现的动物化石有德永象、肿骨鹿、梅氏犀、葛氏斑

甜水沟遗址

大荔人头骨化石

甜水沟遗址出土尖状器

鹿等19类，表明当时洛河附近应为草原丛林或森林环境，气候凉爽而湿润。从动物化石、地层、绝对年代值等多方面考虑，可将大荔人文化的时代归入中更新世晚期。

甜水沟遗址的发现是继西侯度、元谋、小长梁之后的又一重大发现，是较前几个地点更为丰富的文化遗存，对了解中国华北旧石器时代前期的文化性质，探讨华北以小石器为主的文化传统起源和发展以及华北第四纪地层的划分具有重要意义。另外，甜水沟遗址在不大范围内存在着旧石器时代早、中、晚三个阶段的文化遗存。在同一地点存有几个文化层相互叠压的旧石器文化遗存，在中国旧石器文化遗址中极为少见，为研究中国北方旧石器文化以及中国古人类文化的起源和发展提供了珍贵资料。遗址中大荔人头骨化石的完整性及其形态所再现的特征，既原始又有进步，较多的特征与早期智人相似，又比其他早期智人更原始，属于早期智人中较早的古老类型，具有中国化石人类的共同特征，同属黄色人种。大荔人头骨化石的发现，是中国古人类化石的又一重大发现，是研究中国和东亚地区古人类发展史以及探索黄色人种起源的重要科学依据。

1983年，大荔人遗址被公布为县文物保护单位。1992年4月，大荔人遗址被陕西省人民政府公布为第三批陕西省文物保护单位，同时公布保护范围。2001年6月25日，大荔人遗址被国务院公布为第五批全国重点文物保护单位，更名为甜水沟遗址，编号5-0110-1-110。2003年，大荔县文物局成立，和段家乡政府共同负责遗址的保护管理工作。

大窑遗址　为中国北方地区旧石器时代遗址，位于内蒙古自治区呼和浩特市赛罕区保和少镇大窑村南500米的南山，处于大青山东麓的山前丘陵地带，基岩有燧石出露，山坡上覆盖黄土。

1973年10月，内蒙古博物馆汪宇平在呼和浩特市东部郊区进行考古调查，在大窑村南山和前乃莫板村脑包梁各发现一处旧石器时代遗址，两处遗址南北相距约10千米。1976年9月，内蒙古博物馆和内蒙古文物工作队汪宇平、田广金等人组成发掘小组，对这两处遗址

大窑遗址发掘现场

进行发掘，在大窑南山二道沟地点黄土中发现石制品和赤鹿、普氏羚羊化石等，认为是两处旧石器时代晚期石器制造场。两处遗址的地质、地貌特征以及石制品特征相似，石制品与北方其他较早发现的文化面貌有所不同，中国科学院古脊椎动物与古人类研究所裴文中将这两处遗址所代表的文化命名为大窑文化。1978年秋，内蒙古博物馆汪宇平等又在大窑南山四道沟的红色土层中发现打制石器，认为属于旧石器时代早期。1979～1984年，内蒙古博物馆等单位对四道沟遗址进行发掘，发掘分东、西两个地点进行，出土近2000件石制品和一批动物化石。1986年夏季，北京大学考古系对遗址区进行清理发掘，清理从全新世下部与晚更新世上部之间得到大量石制品。1989年，内蒙古博物馆对大窑八道沟进行发掘，清理两处房址，为仰韶时期庙底沟文化。1993年，在大窑遗址建设控制地带内一遗迹点发掘出部分动物化石。1980年，北京大学吕遵谔对四道沟地点的地层作了研究，命名为大窑组，指出是内蒙古中部、山西北部的第四纪地层的剖面。

四道沟地点为一套黄色土状堆积，在东区剖面上除顶部的"黑垆土"外，还有三层深棕色土壤带，由此推断四道沟地点的堆积经历四次暖期。西区地层分为7层，东区地层分为4层。西区的第1～3层分别与东区的第1～3层相对应，西区的第4～7层合并后与东区的第4层基本相对应。石制品主要出自东区第3、4层和西区第3～6层。根据两区剖面的对应关系，把西区第4～6层和东区第4层统称为四道沟下文化层，西区第3层和东区第3层统称为上文化层。东区底部发现有灰烬、烧土和烧骨，表明

当时人类已经能够用火来烧烤食物，并且对火具有一定的控制能力。火的利用不仅能帮助人类照明、驱除野兽、抵御严寒，而且能够熟化食物，改善人类体质。

四道沟地点出土石制品1690件，其中东区1289件、西区401件。石制品类型包括备料、人工石块、石核、石片、石器等。石核以单台面为主，还有双台面、多台面、盘状和两极石核等。石片中人工台面占多数，自然台面数量较少，大部分保存完整，少部分有使用痕迹。器形以刮削器为主，其次是尖状器、砍砸器等，还有少量凹缺器、端刮器、齿状器、雕刻器、石钻、石锥、球形器等，除砍砸器和石球为重型大型工具外，其余为轻型工具，属于中偏小型。主要原料为燧石，还有少量的玛瑙、石英和石英岩等。就地取材，利用以石击石的方法从大块燧石上获取石器原料并制作工具。

大窑文化四道沟遗址出土打制石器

打片主要以直接锤击法为主，偶尔也用砸击法，修整采用锤击法。

四道沟东区出土动物化石有肿骨鹿、三门马、犀牛、蒙古黄鼠、灰仓鼠、拟布氏田鼠、三趾跳鼠、达斡尔鼠兔、五趾跳鼠、鸵鸟等，均为草原环境下动物，表现出中国北方中更新世哺乳动物群的特点。

在四道沟东区T1剖面采集20个样品，孢粉共1226粒，多数发现于剖面的上部，少量发现于剖面的下部。孢粉属于10个科属，有木本植物的松属、栎属、桦属、鹅毛栎属，草本植物的藜科、菊科、蒿属、禾本科，蕨类植物的石松属、卷柏属。草本植物在总量上占优势，其中以耐旱的蒿属最多，其次是藜属、禾本科和菊科。木本植物中的针叶松属和阔叶栎属、鹅毛栎和桦等在不同时期集中出现。植被主要为草原，演变过程为"干寒草原—湿润森林草原—干寒草原—干凉草原—温凉森林草原—温暖森林草原"。

1987年，中国社会科学院考古研究所对四道沟地点东区进行热释光测年，最早形成于距今约31万年。1990年，天津地质矿产研究所在四道沟东区做古地磁研究，认为四道沟地点可能有距今约70万年的历史。结合黄土堆积中的古土壤层以及动物化石和孢粉，四道沟地点由30多万年前延续到中更新世结束或稍晚些，即处于中更新世晚期，下文化层从距今30多万年延续至7万年前。

二道沟地点地层分为五层，为黄土堆积。表土层下是晚更新世地层堆积，属于旧石器时代晚期。出土石制品有石核、石片、刮削器、砍砸器、尖状器、手斧、石锤、石球等，石器

中以刮削器数量最多，砍砸器数量居次。刮削器最具特色，器身厚重，劈裂面平直，背部隆起，形如龟背，是二道沟地点代表性石器。在表土层中出土细石器，器形为刮削器、尖状器、石核、石叶等，年代最晚延续到距今1万年前后。

一道沟位于大窑遗址保护区最东北端，沟长400余米，走向北西向南东延伸。1986年清理发掘3处遗址，出土有旧石器时代的石器。

大窑遗址内发现三处洞穴遗址，分别为第11号洞、第25号洞、第27号洞，洞穴遗址主要位于兔儿山南坡，出土有打制的石片、石器等，属于旧石器时代。

八道沟位于兔儿山南坡，走向近南北。1989年进行发掘，出土有新石器时代的遗物。已经查明的新石器时代遗址面积2500平方米，清理出房址面积2500平方米。清理出房址2处，出土陶质、石质生产工具和生活用具，从出土夹砂绳纹陶罐分析，遗址属仰韶时期庙底沟文化，年代为距今6000~5500年。

大窑遗址遗物遍布大窑南山，面积分布广，是一处大型石器制造场。遗址延续时间长，从旧石器时代早期，经中期，到晚期都有人类在此制造石器，对于研究旧石器时代人类石器制作技术和制作过程提供丰富资料。在大窑27号洞等地点发现石叶制作技术，在二道沟发现细石叶和细石核，对于中国北方细石器起源乃至东亚各地区的文化交流等研究都具有重要意义。

大窑遗址地处华北平原和蒙古高原之间，保留着旧石器时代中国北方与蒙古高原及其以北地区文化交流、传播的重要信息，对研究亚洲与欧

洲之间文化联系以及相互影响意义重大。

1986年，成立内蒙古博物馆大窑文物保护管理所，负责管理大窑遗址的管理。1988年1月13日，大窑遗址被国务院公布为第三批全国重点文物保护单位，编号3-0187-1-007。2000年，完成大窑遗址剖面的保护研究试验工作。2005年5月，国家文物局审议并通过《内蒙古自治区大窑遗址保护规划》，确定保护范围与建设控制地带。2007年，成立内蒙古博物院大窑文物保护管理所。大窑遗址"四有"档案保存于内蒙古博物院大窑文物保护管理所。

金牛山遗址 是中国东北地区由猿人向早期智人过渡阶段的古人类遗址，位于辽宁省大石桥市永安镇西田屯村村西金牛山，周围是平原地带。

1972年，辽宁省及营口市文物部门进行文物普查时，在金牛山发现四处动物化石地点。1974～1994年，辽宁省文物部门会同中国科学院古脊椎动物与古人类研究所、北京大学先后进行10次考古发掘。金牛山遗址的遗址点共七处，分别编号为A、B、C、D、E、F、G（新E）点，其中主要的是A、C点。

A点是主要地点，洞内自上而下堆积层厚13.30米，文化层下有3.5米厚的钙板和大角

砾，其下接近水面，故总深度为16.80米，洞内现存总面积为76.45平方米，其中第八层居住面约56平方米。"金牛山人"化石发现于第8层顶部，其地质时代应属于中更新世晚期，距今30万～23万年。A点同时出土了大量动物化石，可鉴定种属共49个，其中有哺乳动物化石42个种，另外有爬行类和鸟类。根据堆积岩性和化石的种类，将金牛山地层分为上、下两组，A点的第3层、4层和C点的1～3层发现的动物化石，均为东北晚更新世哺乳动物群的常见种属，地层为黄色、棕黄色亚黏土层，这一套堆积即划归为金牛山上组，其时代为晚更新世。A点的第5层、6层和C点的第4～6层发现大量与周口店动物群相似的中更新世哺乳动物化石，而且绝灭动物占44%，其时代为中更新世。

C点也是发掘的重点，是位于金牛山西北侧的一处洞穴堆积，发现20余件石制品和灰烬、炭、烧土块等用火遗迹及中更新世动物化石。

金牛山遗址发现人类化石，烧骨、烧土和炭屑等用火遗迹，少量石制品以及丰富的动物化石。人类化石发现于A点洞穴的第7层棕红色粉沙质砂土层底部，保存比较完整，包括头骨（缺下颌骨）、脊椎骨、肋骨、髋骨、尺骨和手骨、足骨、跗骨等50余件。与人类化石同层出土的还有

金牛山遗址 A 点人骨出土现场

金牛山 A 点熊骨骼发掘现场

金牛山遗址有人工打击痕迹的骨片

灰堆，内有大量烧骨，以啮齿类和哺乳动物肢骨片为主。石制品有石核、刮削器、尖状器等，原料主要为石英，采用锤击法和砸击法打制。动物化石种类非常丰富，共70余种，主要有最后似剑齿虎、中国貘、肿骨鹿、居氏大河狸、三门马、梅氏犀、硕猕猴、李氏野猪和中华缟鬣狗等古老种属，其中最后似剑齿虎和中国貘为第三纪和早更新世残余种，其他多为中更新世典型动物。金牛山遗址丰富的动物化石，确立东北地区中更新统的标准剖面。

金牛山遗址发现的人类化石同属于一个20余岁女性个体，其完整性在国内外均比较罕见，距今28万年，正好处于直立人向早期智人过渡阶段，为研究人类体质演化及直立程度、手脚的活动能力提供了极为珍贵的科学资料。同时，金牛山遗址还发现了人类生活遗物（如石器）和用火痕迹，是研究这一时期人类生产、生活情况的理想资料。金牛山遗址的发现，对研究远古人类的发展、演化和古人类分布提供极其宝贵的资料，对研究第四纪时期古地理、古气候提供重要科学资料，对中国猿人文化与东亚、北亚、北美的远古文化传播起到桥梁作用。

1979年，金牛山遗址被辽宁省革命委员会公布为省级文物保护单位。1988年1月13日，

金牛山遗址被国务院公布为第三批全国重点文物保护单位，编号3-0183-1-003。1993年，辽宁省人民政府印发《关于公布一百五十九处省级以上文物保护单位保护范围和建设控制地带的通知》，公布金牛山遗址的保护范围和建设控制地带。2004年，金牛山遗址的管理权由辽宁省文物考古研究所移交给大石桥市，成立大石桥市金牛山博物馆，负责金牛山遗址的保护、管理和建设工作。2013年，金牛山考古遗址公园建设被国家文物局批准立项。辽宁省文物考古研究所金牛山工作站编制并保存《金牛山遗址"四有"档案》。

大洞遗址　系中国早期智人活动的旧石器时代遗址之一，位于贵州省盘州市竹海镇十里坪村南面1000米处，当地又称十里大洞。

大洞遗址发现于1990年，1992年、1993年、1996年、1998年、1999年、2000年先后进行六次发掘，发掘面积86平方米，出土石制品3000余件，哺乳动物化石标本近50种2万余件，人牙化石5枚及大量用火遗迹。大洞遗址全长1600多米，是世界上已知堆积规模最大的洞穴遗址。古人类主要在洞口和与之相连的主洞厅活动，洞口宽56米、高30米，主洞厅均高约28米、均宽约40米、纵深240米，文化堆积面积9900平方米，厚6～20米，文化内涵相当丰富。洞口面临约10平方千米较为平坦的坡立谷（山间坝子）。洞口海拔1674米，坡立谷海拔1640米，坡立谷四周为喀斯特山体，地貌形态为峰丛地貌，植被以灌丛乔木为主。

大洞是一个复杂的多层喀斯特溶洞，在洞穴发育过程中，形成内涵丰富的洞穴堆积，各层堆积中均有动物化石，堆积累计厚度超过50

大洞遗址出土手斧

大洞遗址出土石制品

米，时代从中更新世延续到全新世。文化堆积9900平方米，洞口露头处厚19.5米，发掘区最大厚度超过6米，其形成时代主要为中更新世晚期。文化堆积物上层上部含少量旧石器和哺乳动物化石，时代可能至晚更新世早期。晚更新世后期碎堆积基本结束，全新世以洞内化学沉积为主，形成规模较大的钙化堆和石笋、石钟乳。

无论从堆积的规模、所含内容和保存完整程度等方面考察，大洞都是中国南方中更新世洞穴堆积和旧石器洞穴遗址堆积的典型代表，大洞的文化堆积规模应排在世界同类洞穴遗址的前列。因此，大洞遗址是建立中国南方洞穴堆积标准剖面的理想地点。大洞遗址石器制作中特殊因素较多，已具备文化命名的基础。在原料方面，主要为燧石、玄武岩和石灰岩，也有少量的灰岩和钟乳石。燧石占主要原料的37%，这在旧石器时代文化中并不多见。用钟乳石打制的制品国内也少有报道。技术方面，用硬锤直接打击在大洞的打片和加工技术中占主要地位。在石制品中，除拥有一定比例的带脊台面石片外，还存在一定数量的修理台面石核和石片，存在着勒瓦娄哇技术制品。修理台

面技术在大洞石器工业中表现突出且占有一定比例。

盘县大洞出土的人类牙齿化石，是确认的年代较早的人类化石，也是除元谋人外西南地区发现的最早人类化石，对研究古人类体质演化具有重要意义。盘县大洞旧石器洞穴遗址，有比较完好的文化堆积层及其非常丰富的人类遗物、遗迹和庞大的哺乳动物群化石，对东亚人类进化、环境演变、古人类心智综合能力表现的多样性及现代人起源等研究有重要的价值。

1992年，成立盘县文物管理所，负责大洞遗址的保护管理工作。1993年，盘县人民政府划定大洞遗址的保护范围和建设控制地带。1996年11月20日，大洞遗址被国务院公布为第四批全国重点文物保护单位，编号4-0004-1-004。2014年11月，建立全国重点文物保护单位记录档案，存于盘县文物管理所。

丁村遗址 为旧石器时代的遗址群，位于山西省襄汾县丁村附近的汾河两岸。

丁村遗址，1953年发现。1954年，贾兰坡带领中国科学院古脊椎动物研究室和山西省文物管理委员会共同组成的发掘队，进行约两个月的田野工作。在北起史村南至柴庄11千米的

汾河东岸第三级阶地底砾层中，发现属于旧石器时代中期的文化遗存11处，获得石制品2005件，人类牙齿化石3枚和37种哺乳动物化石。1958年出版的由裴文中、贾兰坡等编著《山西襄汾县丁村旧石器时代遗址发掘报告》，对发现及丁村一带的地质、地层等方面做了全面总结和研究。1976年，山西省文物部门组织对丁村遗址进行连续数年的调查发掘，发现旧石器时代早、中、晚三个时期的文化遗存12处，其中属于旧石器时代早期的地点有6处，分布于汾河东岸第Ⅳ级阶地红色土所夹的砂砾层中，编号为7702、7703、7901、7902、7903、7904；属于旧石器中期的地点5处，分布于汾河西岸的地点3处，编号为76006、76007、76008，分布于汾河东岸的有2处，编号为7905、8001；属于旧石器时代晚期的地点1处，编号为7701，地点在汾河西岸柴寺村丁家沟口，是一处含典型旧石器的文化遗址，地貌部位为汾河第二阶地底部河蚌砾石层，碳十四年代测定为距今26400±800年。丁村遗址的文化由旧石器中期拓展为早中晚三个时期。

丁村地处汾河中游临汾宽谷。在以丁村为中心，南北长达11千米的汾河东岸第三阶地上，发现旧石器地点23处，动物化石地点3处。汾河东岸第四纪地层出露良好，人类化石、文化遗物和伴生的动物化石埋藏在晚更新世黄土的"底砾层"之中，动物化石中含较多的华北黄土期种原，如野驴、普化野马、加拿大马鹿、河套大角鹿和原始牛等，同时也含有几种中更新世北京人时代的动物，如梅氏犀和葛氏梅花鹿。"底砾层"的时代应为晚更新世的早期。

丁村遗址远景

丁村遗址旧石器时代早期文化遗存是1979年在汾河东岸、丁村附近的白马西沟、解村西沟、南寨塌河崖、上庄沟等地发现的。同年探索性发掘，获取一批石制品和动物化石。80年代，在解村电站等地进行正式发掘，发现200余件石制品及纳玛象、犀牛、野马、斑鹿、鼢鼠、鱼类、蚌类等动物化石。石制品的原料大部分为角页岩，中小型石核居多，以锤击法、砸击或投击法在生产石片、石核的台面上处理而成。石器可分为石片石器和砾石石器两大类，前者占绝大多数。砾石石器中有三棱大尖壮器、砍斫器和石球；石片石器则包括尖状器、刮削器和砍斫器，其中尖状器又可分为大型和小型两种。从发掘出的石器器形及制作工艺特点看，早期遗址中的石器文化与中期丁村文化，不仅性质相同，而且有着清晰的文化传承关系，但年代上不处于同一时代。为了区别先发现的旧石器中期文化的丁村文化，旧石器时代早期文化命名为前丁村文化。二者的三棱大尖状器和厚大尖状器是丁村文化纽带的典型器物。其文化传统均能溯源于晋南的西侯度文化和匼河文化。

丁村遗址旧石器时代中期遗物是1954年发现的3枚牙齿化石，一为上内侧门齿，一为上外侧门齿，另一个是下第二臼齿，全是右侧的。其大小、形状、颜色和石化程度相似，并且出土部位相近，应属同一主体。从磨损程度估计，为一个十二三岁的少年。两枚门齿舌面呈铲形，有明显的舌面突隆和指状突，与北京人的门齿有相近的性质。但无论齿冠和齿根都远比北京人细小，舌面隆突和指状突亦如北京人复杂。第二臼齿齿冠的相对高度远大于北京

丁村遗址出土贝类化石

人，咬舌面的纹理与现代人相比较为复杂。由此推断，丁村人是介于北京人与现代人之间的人类，在人类史上属于早期智人阶段。1976年再次发现幼儿顶骨化石1块。幼儿顶骨化石骨壁较薄，后缘和上缘骨缝的锯齿保存完好，颅内尖状窦沟，脑动脉沟明显，后上角有一天然缺刻，可能意味着此个体生前有印加骨，从而显示了丁村人与北京人及蒙古人种的亲缘关系。

丁村遗址旧石器时代中期石制品，于1954年在各点共获得2005件，中期石制品的绝大多数以角页岩砾石为石料。1976年后获得的石制品，76006号、76007号、76008号地点的地质时代属晚更新世早期，另7905号、8001号地点与1954年诸地点处于同一地貌部位，沉积物的性质与丁村文化相同。从石制品的表面常包有一层纯净的碳酸钙外壳，证明曾被河水浸泡过。但很多石制品的棱角仍很明显，说明未经过搬运或只是经过近距离搬运。丁村附近密集的石器地点可能是当时的石器制作场所。石器包括石片和石核两种，以石片石器为主。石片石器有刮削器、尖状器、三棱大尖状器、鹤嘴尖状器、单边形器和多边形器。刮削器极为普遍，有的加工较为复杂，大部分没有第二步加

工，只在石片边缘上有剥落碎屑的使用痕迹。三棱尖状器是丁村文化的典型器物之一，与鹤嘴形尖状器合称为厚尖状器，多是用厚大石片由劈裂面向背面加工而成。单边形器与多边形器绝大部分为单面打击处理，加工得很细致，有的石器与石片疤层层叠叠，可能是反复使用和加工的结果。石核石器有砍砸器和球状器，均以交互打击法制成。砍砸器分为单边砍砸器和多边砍砸器。球状器即石球，多以石灰岩、闪长岩砾石制成，用途一为狩猎的投掷武器，一为敲砸用的石锤。

丁村遗址旧石器时代晚期文化遗存，主要为丁家沟7701地点的石制品，有两种，一种是以角页岩为主要原料的粗大石器，有石核、石片、砍斫器、刮削器、三棱大尖状器和石球；另一种是以火燧石为主要原料的细石器，主要类型有锥状石核、楔状石核、细石叶、石核式刮削器。7701地点的石制品与下川遗址中的典型器物极为相似，所代表的是丁家沟文化。丁家沟文化中同时存在着粗大石器和细石器，为两种完全不同的石器技术，一方面说明与丁村文化的同承关系，另一方面也说明丁村文化延续到旧石器时代晚期融入了代表最高石器技术的细石器技术，二者互相补充，构成一种新的文化。

丁村遗址群早、中、晚三个不同时期的文化遗物有着清楚的承接关系，并与山西南部的西侯度、匼河等文化遗址一同构成华北地区具有显著特征的文化体系。

丁村遗址以刮削器、砍斫器、尖状器、三棱尖状器和石球为组合的丁村文化，风格细致，特征明显，带有浓厚的区域色彩。正如贾兰坡等专家评价的那样："无论在中国和欧洲从前都没有发现过类似的文化，它是在中国黄河中下游、汾河沿岸生活的一种人类特有的文化。"随着西侯度、匼河、蓝田、三门峡地区和汾河流域诸地点的发现，对丁村文化的来龙去脉及影响范围有了整体性的了解。丁村遗址旧石器时代早期文化遗物出自汾河第一级阶地红色土相夹的砂砾层中，地质时代为中更新世晚期。发现的石制品有石核、石片、三棱大尖状器、尖状器、砍斫器、刮削器、石球等。从发现的石制品的器物类型和打制风格来看，与旧石器时代中期的丁村文化有着清楚的传袭关系。将其称为前丁村文化，并作为匼河文化与丁村文化之间连接的一环。纵观西侯度、匼河、蓝田、三门峡地区和丁村遗址群发现的石制品，其器重、大小及打制特点基本相近。作为遗址或地点之间传统纽带的三棱大尖状器和大尖状器，随着时代的发展，由粗到精地发生变化，并始终保持了前丁村文化传统的特点。丁村遗址旧石器时代晚期遗存即丁家沟文化，一种是以角页岩为主要原料的粗大石器，另一种是以火燧石为主要原料的细石器。晚期石器与旧石器时代中期的丁村文化保持了一定的传统关系。出土石器与下川遗址中的典型器物极为相似，地层时代早于下川遗址，石器组合及器形又如下川繁多精致。丁村遗址的文化由旧石器时代中期拓展为早、中、晚三个时期，其对探讨丁村文化的来龙去脉，研究丁村遗址不同时期的文化面貌和石器打制技术，建立中国北方地区的石器文化序列有着极为重要的意义。

1961年3月4日，丁村遗址被国务院公布为第一批全国重点文物保护单位，编号1-0137-

1-002。1985年，成立丁村民俗博物馆，负责遗址的保护管理工作。1993年，山西省人民政府划定丁村遗址的保护范围和建设控制地带，"四有"档案保存于山西省古建筑保护研究所。2013年，国家文物局批准丁村遗址进一步的考古发掘方案。

万寿岩遗址 是闽江上游地区旧石器时代洞穴遗址，文化堆积年代分别属于18.5万年、10万年、4万年和3万年不同阶段。位于福建省三明市三元区岩前镇岩前村西北约1千米处，遗址由船帆洞、灵峰洞、龙井洞等多处洞穴遗址组成，因位于万寿岩山体的不同高程而得名。万寿岩山体呈椭圆形，由晚石炭世船山组石灰岩组成，面积约26万平方米，相对高度约175米。万寿岩山势嵯峨陡峭，岩溶发育在不同高度形成多个深大的水平溶洞，为古人类栖居提供良好的条件。

1985年，文物普查时发现万寿岩有化石点、寺庙基址等遗迹。1989年7～8月，对万寿岩7处溶洞进行调查，首次在万寿岩灵峰洞、龙津洞和船帆洞的黄色堆积层中采集有野猪、麂、水牛和其他啮齿类哺乳动物牙齿化石，并在龙津洞、灵峰洞发现崖刻等。1999年6月，对灵峰洞、船帆洞进行勘探和小面积试掘，发现宋代寺庙遗址和各类瓷片、钱币、碑刻、泥塑等，发现灵峰洞钙板中含有许多哺乳动物化石。经国家文物局批准，1999年10月至2000年1月，福建省博物馆、三明市文管办和三明市博物馆联合组成发掘队，对灵峰洞和船帆洞进行第一次正式考古发掘。在灵峰洞发掘面

万寿岩遗址远景

灵峰洞出土手镐

灵峰洞出土哺乳动物化石

积230平方米，出土一批哺乳动物化石和石制品；在船帆洞发掘面积350平方米，除发现人工石铺地面等重要遗存外，还出土一批哺乳动物化石和石制品。2004年2～10月，为配合万寿岩遗址文物抢险保护工程，在万寿岩船帆洞外和船帆洞3号支洞进行二期考古发掘工作。发掘总面积424平方米，揭露出局部残留的人工石铺地面遗迹，3号支洞发现一批哺乳动物化石和石制品。2005年，为配合船帆洞洞口保护棚的建设，对船帆洞洞口进行考古清理。

灵峰洞遗址点，位于万寿岩西南坡，相对高度约7米。洞口于20世纪80年代开山采石时被毁，洞体被炸去约三分之二。残留洞宽20米、进深16米，洞顶最高约15米，洞底分布有东西向的小支洞，与北下方的龙津洞相通。洞内早期地层只有一层钙板，钙板呈悬空状态，含有较多的啮齿类动物化石和其他动物碎骨化石。根据钙板的年代测定结果，灵峰洞遗址年代约在18.5万年前，属旧石器时代早期遗址。灵峰洞在宋代及以后的很长时期内，曾有较大的建寺修庙活动，内部扰动较大。灵峰洞文化堆积大体可分为5层，第1层为明清至近现代堆积；第2层为宋代寺庙建筑填土；第3层为浅灰

黄色粗砂质土胶结层（上钙板层），石器和化石均出于此层；第4层为钟乳石钙板层（下钙板层），仅局部出现；第5层为浅黄色砂质黏土钙板层，含有啮齿类动物化石和其他哺乳类动物骨骼碎片化石。灵峰洞出土的化石断块、断片、石核、石片、石锤、刮削器、砍砸器等石制品共259件，11种哺乳动物化石数百件。

船帆洞遗址点，位于万寿岩西坡脚下，洞体坐东向西，洞口宽大高敞，洞宽30米，进深约49米，主洞顶最高近8米，最低处约3米。主洞后侧有多个小支洞，其中位于东部的小支洞（2号支洞）往上延伸与南侧上部的龙津洞相通。船帆洞清理出的文物遗存主要集中于洞前侧，洞体由一块巨型岩体将洞分成前洞与后洞，前洞总体面积约400平方米。洞内文化堆积从上到下可分为10层，除第1～3层为晚近堆积，第4层、第8～10层无遗物外，其余地层根据文化内涵的不同，可分为上、下两个文化层，经碳十四测年，上文化层年代距今约3万年，下文化层年代距今约4万年。上文化层包括第5A、5B层，下文化层包括第6层、7层。重要文化遗迹是在第7层下部，揭露面积约120平方米的古人类石铺地面，还有排水沟槽和踩踏

面等重要人工遗迹。船帆洞上下两文化层出土石锤、石砧、石核、石片、刮削器、尖状器、砍砸器等石制品近500件，部分骨、角制品及40多种动物化石一千余件。

万寿岩遗址的发现，把福建有人类活动的历史提前十几万年。灵峰洞遗址的第3层更新世"黄色堆积"层经南京师范大学铀系测年研究的结果可以判定，古人类在灵峰洞遗址活动的年代距今约18.5万年，应属旧石器早期遗址，是福建境内发现最早的旧石器时代遗址，把人类在福建生活的历史提前10多万年。多个不同时期洞穴类型遗址同集一山，实属罕见。灵峰洞和船帆洞等遗址分布于同一座山体的不同高程上，灵峰洞属旧石器时代早期遗址，船帆洞属旧石器时代晚期遗址，在时间上为旧石

船帆洞遗址发掘现场

器时代早、晚、末三个阶段，在一座山体上发现多时期的旧石器文化洞穴遗址，是福建乃至整个东南沿海地区绝无仅有的。在船帆洞下文化层距今约4万年的地层中，揭露出一面积约120平方米的人工石铺地面，在国内尚属首次，为研究早期古人类适应改造生活环境的能力提供珍贵的实物资料，同时对末次冰期古人类生存地域和文化演进研究有着极其重要的意义。万寿岩遗址为闽台史前文化渊源提供有力证据。灵峰洞挖掘出土的数件锐棱砸击石片距今近20万年，船帆洞发现距今3万～2万年的1个石核和3块石片，在技术和类型上与台湾发现的锐棱砸击石片和石核相同，在空间上有力地证明台湾史前文化源自大陆，为闽台史前文化同源提供新的证据，有利于较明确地解释大陆史前文化迁入台湾的路线。

2001年6月25日，万寿岩遗址被国务院公布为第五批全国重点文物保护单位，编号5-0051-1-051。2002年，《福建省三明万寿岩旧石器时代遗址保护规划》编制完成，先后经国家文物局和福建省人民政府批准并公布实施。2002年8月8日，成立三明市万寿岩遗址文物保护管理所，负责万寿岩遗址保护工作。2004年3～10月，按照国家文物局的要求，建立万寿岩遗址的记录档案。2009年6月9日，成立三明市万寿岩遗址博物馆，负责万寿岩遗址博物馆正常开放及遗址出土文物的保护、管理、展出等。2012年，《万寿岩国家考古遗址公园保护规划》经国家文物局批准。2013年12月，列入国家考古遗址公园立项名单。2016年4月20日，福建省人民政府印发《关于公布全国重点文物保护单位（第四至七批）保护范围

的通知》，确定万寿岩遗址保护范围。2016年
11月，福建省文化厅、省住房和城乡建设厅印
发《关于公布省级以上文物保护单位建设控制
地带的通知》，重新划定万寿岩遗址建设控制
地带。

许家窑—侯家窑遗址 是旧石器时代中期
的重要古人类遗址，为旧石器时代文化标志性
地点。遗址位于山西省阳高县古城镇许家窑村
南约1千米与河北省阳原县侯家窑村之间梨益沟
西岸的台地上，属于泥河湾遗址群的一部分。

许家窑—侯家窑遗址，1974年中国科学
院古脊椎动物与古人类研究所在山西雁北地区
调查时发现，并进行了小规模试掘，发现各类
石制品589件和一些骨制品，最初被认距今6
万～3万年。1976年，贾兰坡根据新发现的裴
氏扭角羊动物化石以及许家窑遗址附近的融冻
褶皱，认为其地质年代比过去估计的要早，应
为中更新世晚期；卫奇先生根据地层和哺乳动
物化石推测遗址时代为晚更新世。1976年，由
中国科学院古脊椎动物和古人类研究所正式发
掘，获得人类化石9件，石器13650件以及一些
骨角器和20种脊椎动物化石。1977年，第二次
发掘，获得人类化石8件，大量的石器、骨器
和哺乳动物化石。1979年，第三次发掘，获得
人类化石3件。发现石制品14041件，其中石球
1079件，最大的超过1500克，最小的不足100
克，是古人类打猎用的飞索石。

许家窑—侯家窑遗址南北长约2千米，东
西宽约0.5千米，面积约1平方千米，平面呈不
规则的长方形，保存程度完好，是山西人类化
石发现最多的古文化遗址，铀系法测年为距
今10.4万～12.5万年。遗址由73113号地点和

许家窑—侯家窑遗址全景

74093号地点组成，相距约2.4千米。其中，73113号地点为河流相冲积黄土；74093号地点为黄绿色湖相粉砂岩式砂质黏土，含砂砾，上部有砂质结核。

许家窑—侯家窑遗址发现的人类化石材料包括儿童上颌骨1块、顶骨12块、枕骨2块、颞骨1块、下颌骨1块、左上臼齿3枚、下臼齿1枚，共20件，代表十多个不同个体。许家窑人头骨壁相当厚，超过尼人的最大值，达到北京人的平均值而小于其最大值。顶骨的曲度，在横向上没有北京人的弯，但比现代人弯，纵向上则接近北京人，较现代人扁平。顶骨内脑膜动脉分支较北京人丰富，比现代人和马坝人粗，分支也简单。其枕骨圆枕比北京人弱很多，位置不高，不像北京人那样低平，颞骨厚度接近北京人，大于现代人。上颌骨粗壮，外壁不平，吻部前倾程度中等，介于北京人与现代人之间。牙齿较大齿冠咀嚼面纹饰复杂，与北京猿人颇为相似。许家窑人的多数体质特征与早期智人相同，介于直立人与现代人之间。另外，从人骨化石标本上还可以观察到某些病理现象，如可能因缺乏某种维生素引起的"骨小孔病"、由于饮用含氟量高的水而形成的牙齿黄斑等。

发现的动物化石有24个种类，包括软体动物4种、鸟类1种、哺乳动物19种，其中有塔形钻头螺、同形慢行蜗牛、间齿螺、凸圆盘螺、鸵鸟、鼠兔、中华鼢鼠、类布氏田鼠、狼、虎、瑙曼古棱齿象、披毛犀、普氏野马、野驴、河套大角鹿、赤鹿、葛氏梅花鹿、许家窑扭角羊、裴氏扭角羊、普氏原羚、鹅喉羚、羚羊属、原始牛、野猪等。多数为现生种。许

遗址出土石球

家窑动物群中，绝大部分是适应寒冷条件的种类，其中野马、披毛犀、河套大角鹿、赤鹿、原始牛等均为末次冰期常见化石种。从动物生态来看，既有适应森林、灌木、野草丛生环境的动物，如虎、野猪、赤鹿等；也有适应沙漠、草原和丘陵环境的鸵鸟、蒙古马、野驴、中华鼢鼠、似步氏田鼠、原羚、鹅喉羚等；还有能适应草地和森林边缘的动物，如葛氏梅花鹿、河套大角鹿、原始牛等。由此推断，许家窑人生活在干凉气候下的森林、灌丛和草原环境中。

文化遗物包括石制品和骨角器两类。石制品数以万计，极为丰富。石器原料以脉石英和燧石为主，分别占32.26%和30.22%。打片方法为锤击法和砸击法，以锤击法为主。发现的石核有大有小，最大的石核重537克，最小的重9克，可分为原始棱柱状和盘状石核两类。原始棱柱状石核多为打制台面，少数为自然台面。贾兰坡认为是细石器重锥形石核的母型。盘状石核，以砾石和石块沿周边交互打击剥片，在中国其他旧石器时代遗址中亦有所见。石器包括刮削器、尖状器、石锥、雕刻器、砍砸器和

遗址出土人类化石

遗址采集化石标本

石球6类。刮削器又分为直刃、凸刃、凹刃、两侧刃、龟背状、复刃以及短身圆头刮削器。其中以直刃刮削器数量最多，短身圆头刮削器与细石器组合中常见的"拇指盖刮削器"很相近，被认为是"拇指盖刮削器"的母型。尖状器数量仅次于刮削器，均为小型，分为齿状、椭圆形、鼻形、喙形和两面加工尖状器5类。共同特征是，从石片的底端（台面一端）沿两侧边缘向上把尾端加工成尖。石锥以小石片为毛坯，错向加工，尖端细锐。雕刻器分为屋脊形和斜边雕刻器两种，数量少，体积小。砍砸器是用较大的厚石片加工而成，亦可能是大型直刃刮削器。石球是许家窑—侯家窑遗址最具特色的工具，数量很多，共1073件，最大的重1500克以上、直径超过100毫米，最小的重量不足100克、直径在50毫米以下；有的滚圆，有的是半成品和毛坯，清楚地显示出石球制作的全过程。研究者推测，中等大小可作为飞索石，小的可作扣环，大的则作为投掷武器。石片一般较小，均使用直接打制法加工。

发现的动物化石中，有大量骨片边缘具锋利刃口，并有反复加工痕迹，因此推测许家窑人将骨片制作成骨器。依制作方法分为铲式工具、三棱尖状工具、刮削器和用雕刻器法打制成的尖状器。此外，发现带头骨的黄羊角心，研究者认为是一种挖掘工具。

许家窑文化与北京猿人文化、东谷坨文化，表现出旧石器时代晚期石器工业的某些风貌，反映出细小石器系统的文化特色。许家窑—侯家窑遗址与小长梁、东谷坨都不同程度地表现出地质时代较早而石器技术进步的倒挂现象，是一个值得深究的问题。许家窑文化在"北京人文化—峙峪文化"小石器传统中占有极为重要的地位，上与北京猿人文化、东谷坨文化，下与峙峪文化均有着密切的渊源关系，弥补旧石器时代早期北京人与旧石器时代晚期峙峪人之间的空白。

1982年，侯家窑遗址被河北省人民政府公布为省级文物保护单位。1986年，许家窑遗址被山西省人民政府公布为省级文物保护单位。1996年11月20日，许家窑—侯家窑遗址被国务院公布为第四批全国重点文物保护单位，编号4-0002-1-002。许家窑—侯家窑遗址的管理分别由所在地的阳高和阳原两县文物管理机构承担。2002年8月27日，山西省人民政府划定遗址的保护范围。遗址的"四有"档案保存于山西省古建筑保护研究所。

鸡公山遗址 是长江流域旷野型旧石器时代石器加工场遗址，位于湖北省荆州市荆州区纪南镇郢北村，地处长江左岸的一座小土岗中部偏西侧最高处，与周围平地的相对高差约7米，面积约1000平方米。

1984年，在荆州城区的太湖砖瓦厂发现打制石器，后荆州博物馆到鸡公山调查，发现数量较多的旧石器，并找到原生地层。1992年，荆州博物馆与北京大学考古系对鸡公山旧石器遗址进行抢救性考古发掘，采取大面积揭露的方法，共发掘467平方米。先是在原来发现的砾石石器文化层之上，又发现含小型石片石器的另一原地埋藏的文化堆积，进而在属于下文化层的4B层揭露出约500平方米保存完好的早期人类活动面。

据出露地表的约9米地层堆积情况及钻探资料，可将鸡公山遗址发现的含旧石器的堆积分为两部分，即侵蚀面之下含砾石石器的红褐色亚黏土，为下文化层；侵蚀面之上含小型石片石器的黄色亚黏土，为上文化层。

鸡公山旧石器时代遗址最重要的遗迹现象是在4A层下揭露的面积近500平方米的活动面，东西长20余米，南北宽近20米，平面上布满砾石、石核和各类石器，其密集程度要远超过4A层，石制品分布最密集的部分是在遗址的中、北部，绝大部分石制品的棱角分明，刃缘锋利。一部分受到较重风化的标本，则与岩性有关。石制品与未经加工的砾石大小混杂堆

积，没有定向排列的现象，显然没有经过流水的搬运与分选作用。与4A层不同的是，在4B层活动面上，石制品及砾石的分布疏密相间，一些迹象应与人类活动有关。人类活动迹象可分为两类。一类是由石片、石核、砾石等石制品密集混杂堆积而形成的"石堆"，在此类区域内相对集中地分布着数量众多、大小不一的诸如加工失败的大尖状器、砍砸器和其他石器的半成品等加工石器的副产品，并遗有石锤或石砧等加工石器的工具，显示当时的遗址占有者在此类区域内的主要活动应当是石器加工。另一类是由几个中间有少量加工好的石器或完全是空白区的"石圈"组成。石圈情况比较复杂，主要有两种：一种是石圈的直径稍小（直径1.5~1.8米），在圈内的空白区有成品石器（如数件砍砸器、尖状器）发现，而空白区的外围则是密集的砾石或是石核、石片、碎屑等加工石器的副产品的分布带，宽度约1米，或更宽并与前述的石堆相连，剖面可见厚度一般为10~20厘米。另一种的直径虽大（2~2.5米），圈内空白区也宽敞，但空白区内却不见任何遗物。周围石制品与砾石的分布情况与前一种没有明显区别。

鸡公山旧石器时代遗址下文化层与上文化层分别属于砾石石器和石片石器两种不同的旧石器加工方法，性质相异，差别较大。下文化层属于典型的砾石石器工业，石制品形体粗大，主要采用砾石原料加工而成，从石制品的自身特点及埋藏状态分析，当时人类并不是直接在河滩砾石层上加工石器，且石料主要来源于附近河滩。石料岩性比较复杂，以石英岩砾石为主，其次为易风化的火成岩砾石，

另有石英砂岩、细砂岩等，燧石、石英等优质原料很少见到。剥片与修理石器的技术主要是石锤直接打击。石片的数量很多，石片中多是自然台面，部分石片背面不同程度地保留着砾石皮。下文化层发现的石制品数量和种类非常丰富。在活动面上分布着数以万计的人工产品，包括从加工石器的初级产品石核、石片及大量碎片，一直到各种类型的石器。石器在

整个石制品中所占的比例很少。石制品种类有大尖状器、砍砸器、原手斧、石球、重型与轻型刮削器等。其中数量最多、最具特色的是大尖状器。大尖状器在长江中游地区早期的网纹红土堆积中有发现，但鸡公山下层的发现数量很多，且形制统一，加工方法固定。尖状器长约15厘米，宽7～8厘米，厚约4厘米，尖部长约6厘米。多数是将一个长条形的砾石从一侧

鸡公山遗址 1992 年考古发掘"石圈"遗迹

面的中间剖开，然后在其一端的两侧向背面加工，修出一个三棱状的短尖；也有的直接用长条形砾石原有的平面，向另一面加工，修出一个同样的三棱短尖。砍砸器的数量很多，可分为边刃与端刃两式。刮削器的体积与重量相差悬殊，轻型刮削器有一定数量，其中有的标本刃口修理得很匀称，显示出较高的修理技术。其他石器类型的数量比较有限。上文化层的石器工业与下文化层完全不同，属于典型的小型石片石器。石制品的分布范围有限，分布较密集，在20余平方米的堆积中发现数百件，主要集中于2A层，多数石制品断口保存完好，风化和磨蚀程度轻，表明遗物未经搬运且大部分被较快覆盖埋藏。从石制品在剖面上分布较集中、文化层较薄等情况看，当时人类在此活动的时间可能没有持续很长。石料来源主要是附近河滩的砾石，也有的可能运自较远处的燧石结核。石制品的原料中，石英岩较多，也有部分石英砂岩，燧石占20%，其他岩性则很少使用。石器制作技术比较简单，使用石锤直接打击法进行打片和修理石器。打片时用砾石或结核的自然面直接打击，在保留台面的石片中，半数以上的标本为自然台面，还有近半数的标本是在剥片后的石片疤上继续打片，没有见到修理台面的标本。石器第二步加工的方向以正向为多，反向加工者也有三分之一，修理瘢痕多很细小，形状不十分规则，修理出的刃口及石器的整体形状不规则。总之，在上文化层没有出现修理精致、比较定形的石器。石制品中以石片数量最多，居半数以上，其次是数量较多的石核与断块等。石器数量不多，主要为单直刃和单凹刃的刮削器，有直刃和凹刃结合的

鸡公山遗址1992年考古发掘出土石器

复刃器，尖状器、雕刻器极少，可见到具有使用痕迹的石片。石器形体均很小，长度和宽度多为2～3厘米，大于5厘米者基本不见。

鸡公山遗址的发现，在长江中下游平原地带首次揭示出多层旧石器时代不同文化类型地层叠压关系，清楚地反映华南地区旧石器文化晚更新世早期的典型砾石石器到晚更新世晚期的石片石器或非典型砾石石器的历史发展进程；鸡公山遗址下文化层活动面的发现，在中国首次揭示旧石器时代人类在平原活动的历史遗迹，为研究当时人们的生产生活提供了宝贵资料。鸡公山遗址的发掘采用大面积平面网格发掘方法，是中国旧石器时代考古学学科发展的一个有益尝试。

1987年，鸡公山遗址被江陵县人民政府公布为第二批县级重点文物保护单位。1992年12月16日，鸡公山遗址被湖北省人民政府公布为第三批湖北省文物保护单位。1996年11月20日，鸡公山遗址被国务院公布为第四批全国重点文物保护单位，编号4-0003-1-003。荆州博

物馆负责鸡公山遗址的保护管理工作。2000年，湖北省人民政府划定鸡公山遗址的保护范围和建设控制地带。2004年，建立"四有"档案，存放于荆州博物馆。

海城仙人洞遗址 是东北地区著名的旧石器时代晚期文化遗址，距今约8万～1.7万年。位于辽宁省海城市孤山镇孤山村，地处青云山山脚下，海城河上游河谷。

1975年2月4日，海城发生强烈地震，地质工作者在小孤山进行考察时意外地在山洞内发现动物化石。后经考古工作者数次考察和试掘，确认是一处古人类遗址。1981年10月25日至11月10日，对海城小孤山遗址进行试掘。在更新世地层发现大量脉石英为原料的打制石器和一批晚更新世动物化石。1983年，对小孤山仙人洞遗址进行正式发掘，共挖去350立方米堆积物，约占整个洞内堆积的70%。从更新世地层出土约1万件石制品、丰富的动物化石和一批精美的骨角工具和垂饰、人工砸碎的兽骨以及灰烬、炭屑等用火证据。1990年，为配合北京大学研究生实习和海岫铁路修建，对小孤山遗址进行一次短期发掘，又获石制品千余件。2007年，进行一次小规模发掘，出土石器100余件。

遗址主要分布在仙人洞洞内及洞口周边，洞口西南向，洞厅最宽处5.8米，由洞口向内延深19米，洞厅面积约90平方米。遗址保存有完好的洞穴堆积，最厚达6米。1983年发掘遗址时，将发掘区剖面分为自下而上五个文化层。第五层为黑褐色黏土质粉砂土含白云质大理岩角砾层，出土物从新石器时代的红烧土、陶器、磨光石斧到清代的铜钱、银币以至现代人活动的遗迹、遗物；第四层为褐色黏土质粉砂土层，出土少量石制品和动物化石；第三层为角砾夹黄褐色粉砂质黏土层，出土一些石制品、骨角制品和动物化石；第二层为角砾、砾石夹黄褐色黏土质粉砂层，小孤山遗址的动物化石和文化遗物（包括灰烬）主要出自此层；第一层为砂砾层，出土一些动物化石和石制品。对五层堆积物分别采用了碳十四、热释光和光释光测年，共获得了各种年龄数据27个。根据数据，可以得出洞穴遗址堆积物的基本年代框架：第一层堆积物为河流相，年龄大约为8万年；第二层堆积物开始堆积的时间为5.6万

仙人洞遗址洞内状况

仙人洞遗址
出土骨针

仙人洞遗址出土装饰品

年，到上部的3万年；第三层堆积物的年龄为3万～2万年；第四层堆积物的年龄约1.7万年；第五层为全新世堆积物。

小孤山仙人洞遗址出土有大量的旧石器时代石器、动物化石、骨角装饰品等。其中石器最多，1万余件，动物化石共有7目14科28属38个种。除此还出土一批精美的骨角制品。

1982年，海城市文物保护所成立，负责全市各级文物单位的保护和管理工作。1988年，辽宁省人民政府公布小孤山仙人洞遗址为省级文物保护单位。1993年，辽宁省政府《关于公布一百五十九处省级以上文物保护单位保护范围和建设控制地带的通知》，公布小孤山仙人洞遗址保护范围和建设控制地带。2001年6月

25日，海城仙人洞遗址被国务院公布为第五批全国重点文物保护单位，编号5-0023-023。2005年，辽宁省文物考古研究所编制、保存文物保护档案。海城仙人洞遗址有专人负责日常的看护工作，洞内及洞口发掘部分均用黄土进行回填保护。

白莲洞遗址 是华南地区具有代表性的旧石器时代至新石器时代的洞穴遗址，距今37000～7000年，位于广西壮族自治区柳州市鱼峰区白莲街道大桥社区柳石路的白面山南麓的西侧底部白莲洞。

1956年，中国科学院古脊椎动物研究室华南调查队在裴文中、贾兰坡率领下，在广西调查巨猿和人类化石时发现白莲洞遗址，在洞内

白莲洞遗址远景

扰乱土层中发现4件石器，1件骨锥和1件骨针。1965年，裴文中《柳城巨猿洞的发掘和广西其他洞的探查》一书称白莲洞发现有磨光石斧。1973年8月22日，柳州市博物馆对该洞东北部螺壳堆积物进行清理，发现1件砾石打制的石器，木炭颗粒、烧骨与烧石等用火遗迹以及猕猴、果子狸、竹猴、鹿、羊等5种动物牙齿化石和鱼的喉齿。1979年6月22日至7月底，柳州市博物馆对东部扰乱层进行清理，共发现石器87件、残石料11件，原料大多为砾石，并有少量黑色燧石。此外还找到了猪、牛、羊、鹿等破残的哺乳动物化石，在扰乱层中出土1件穿孔砾石。1980年2月，柳州市博物馆在遗址的西部扰乱层进行清理，在洞内及洞口外侧各开一小探沟进行试掘，在第四层中采到人牙化石1枚、石器与残件150件，用火遗迹和烧骨、烧石等以及大熊猫、熊、竹鼠等各类动物化石19种。1981年4月和1982年3月，北京自然博物馆和柳州市博物馆对白莲洞遗址进行联合发掘，获得更多种类的哺乳动物化石以及文化遗物，清理出遗址的剖面，搞清堆积的层位关系。发掘后的遗址保留较多的原生堆积，层序清晰、年代分明，是一处有科研价值的洞穴遗址。

白莲洞遗址在白面山南麓的西侧底部，高出地面约27米。洞口朝南，洞高5～6米，外厅为半隐蔽的岩厦式洞窟，洞内宽约18米，面积约150平方米。白莲洞遗址的文化堆积层厚3米，堆积物自下向上：东侧区可划分为8层，西侧区可划分为10层，东侧区第7层与西侧区第3层底部至第4层顶部在洞穴中部相连接，形成横贯全洞室的钙化板层。堆积中包含五个不同阶段的文化期，时间跨度为距今

37000～7000年。

第一期文化遗存堆积为不含螺壳的红褐色或黄褐色亚黏土堆积，钙质胶结较疏。出土人牙化石2枚、人类用火遗迹2处及各类石器207件。石器可分为燧石和砾石两大类，以燧石小石器占主要地位，或直接使用石片作器，或加工成刮削器，占石制品总数的94%；砾石石器仅占石器总数的6.0%，包括砾石石核和石片制作的砍砸器、刮削器。年代为距今37000～26000年，代表旧石器时代的晚期前段文化。

第二期文化遗存堆积为含少量螺壳的亚黏土堆积与薄层钙华板交织互现的堆积层，钙质胶结紧密。出土石器102件，包括石锤、砍砸器、刮削器、切割器、尖状器、雕刻器及石片、石叶、石核、断块等。燧石小石器日趋带有细石器的特点，出现细石叶。大型砾石工具数量增多，但基本保持第一期器物的特点，并出现一端呈尖锥状或棱脊状的敲砸器。此外，出现工艺原始的磨削技术。年代为距今26000～20000年，代表旧石器时代晚期后段文化。

第三期文化遗存堆积含大量螺壳，含少量动物化石碎片、烧骨及燧石石块。出土遗物包括骨角器2件、石器47件。石器包括石锤、砍砸

白莲洞遗址出土人牙化石

白莲洞遗址出土石器

器、刮削器、穿孔石器、尖状器、切割器、石片、石核、石片等。绝大多数为砾石工具，但仍存一定数量的燧石小石器，出现磨尖和磨刃制品、穿孔砾石制作。出现粘赭石粉的两侧经过局部磨制的碾磨石。年代距今20000～12000年，代表由旧石器时代晚期向新石器时代早期过渡的文化（中石器时代文化）。

第四期文化遗存堆积层中螺壳密集，含大量动物化石以及磨光石器、穿孔砾石、打制石器、烧骨、炭粒等；其中，东2层为乳白色钙华板与钙质胶结亚黏土层，构成文化堆积的"盖板"，钙华板下为灰褐色钙质胶结亚黏土，含少量螺壳及骨骼化石，当为文化堆积层。出土石器51件，包括石锤、砍砸器、刮削器、穿孔石器、穿孔小砾石、石斧、切割器、石片、石核、断块等。仍以砾石打制石器为主，仅发现少量燧石石片。出现石斧、双刃切割器等，通体磨光石器，作为重石的穿孔砾石，不仅打磨其孔壁，器身也经磨过。此外，还有经磨制并穿孔的小砾石装饰品。年代距今11000～9000年，代表新石器时代早期前段文化。

第五期文化遗存堆积顶部为2～4厘米薄层状钙华板数层，中部为灰褐色钙质胶结亚黏土，含螺壳及少量灰岩角砾，最大厚度28厘米，层底悬垂若干小钟乳，与下层相隔，形成一较明显分层界线，局部与下层紧密接触。文化堆积由于挖岩泥破坏殆尽，出土极少量燧石石片。此外，本文化层顶部出土有少量的原始陶片，部分夹在钙华板中、部分附着于钙华板上。年代距今7000年前后，代表新石器时代中期后段文化。

白莲洞遗址经历次发掘，共发现人类用火遗迹火坑2处，出土人类牙齿化石2枚，石器500多件，陶片若干，动物化石3000多件，动物牙齿化石300多枚。研究表明，白莲洞遗址堆积拥有连续完整的层位，是华南地区洞穴遗址群中的晚更新世至早、中全新世标准剖面和地点，是旧石器时代晚期向新石器时代过渡的重要遗址。

白莲洞遗址采用碳十四年代测定法，特别是应用AMS碳十四测定法获得的30多个很有价值的年代数据，遗址内涵丰富，出土石器的发展脉络清晰，时间跨度约3万年，构成一个从旧石器时代晚期到新石器时代早、中期的发展的完整序列，成为华南地区旧石器时代晚期向新石器时代过渡的标尺，为中国南方中石器时代文化的探索提供了珍贵的材料。白莲洞遗址反映的古气候、伴生动物群与孢粉谱所反映的

59

古生态环境表明，遗址成为南亚热带罕见的晚更新世玉木冰期全球性古气候信息的储存库，为探讨华南地区原始农耕与动物驯养活动的产生提供了重要的古环境依据。

1961年，白莲洞遗址被柳州市人民委员会公布为柳州市文物保护单位。1985年，成立白莲洞洞穴科学博物馆，负责遗址的保护管理工作。白莲洞遗址前的坡地作为恢复原始生态环境的"史前动植物园"予以开放。1996年，被柳州市人民政府重新公布为柳州市文物保护单位。2000年7月，被广西壮族自治区人民政府公布为自治区文物保护单位。2003年，广西壮族自治区人民政府公布白莲洞遗址的保护范围和建设控制地带。2006年5月25日，白莲洞遗址被国务院公布为第六批全国重点文物保护单位，编号6-0169-1-169。2010年、2013年先后制定《白莲洞遗址保护规划》《白莲洞遗址环境整治方案》，并按国家文物局的批复实施。柳州白莲洞洞穴科学博物馆完善白莲洞遗址全国重点文物保护单位记录档案，存放于柳州白莲洞洞穴科学博物馆、柳州市文化局。

萨拉乌苏遗址　是中国最早发现的旧石器时代遗址之一，位于内蒙古自治区鄂尔多斯市乌审旗和鄂托克前旗的萨拉乌苏河两岸，由当地人称为"沟湾"的多处河曲组成。河谷宽约300～1500米，深达60～80米。地处鄂尔多斯高原南端的毛乌素沙漠腹地，沙丘遍布，风蚀严重，地形起伏，海拔1300米左右。

萨拉乌苏遗址所在的河流段发育在海拔1100～1600米的第四纪松散堆积层中，地层极易被冲刷切割，从而出露一套厚达数十米的湖相堆积层，堆积层由细砂、淤泥和风成沙丘构成。第四纪地层特别是晚更新世的地层特别发育，含动物化石丰富的地层，被称为苏拉乌苏组，是华北晚更新世的标准地层剖面。人类化石和文化遗物主要埋藏在苏拉乌苏组地层中。文化遗物有石制品、炭屑和人工打击过的动物骨骼。

萨拉乌苏遗址远景

民国11年（1922年），法国天主教神父桑志华在萨拉乌苏沿岸发现大量动物化石，在大沟湾发现人骨化石、石器。在整理动物化石时，意外地发现一枚幼儿的牙齿，这是在中国境内发现的第一件有准确出土地点和地层记录的人类化石。加拿大人类学家步达生命名为鄂尔多斯牙齿，德日进等人命名苏拉乌苏出土人类化石为鄂尔多斯人。民国12年（1923年），桑志华和另外一位法国古生物学家德日进在杨四沟湾进行发掘，发掘面积约2000平方米，出土200多件石器和骨角器及大量动物化石。20世纪40年代，中国旧石器时代考古学家裴文中首先用"河套人"对译"鄂尔多斯人"，国内学术界采用"河套人"的命名。1956年、1960年和1962年，内蒙古博物馆先后三次到萨拉乌苏河谷调查，发现一处包含人类活动遗物的地点——范家沟湾地点，采集多件包括头骨和大腿骨等人类化石。1963～1964年，中国科学院古脊椎动物与古人类研究所对萨拉乌苏进行科学考察与试掘。1978年、1979年，中国科学院兰州沙漠研究所在杨四沟湾考察，从萨拉乌苏

萨拉乌苏遗址出土河套人面骨化石

组下部地层发现人骨，解决多年来河套人所在地层问题。1980年，中国科学院古脊椎动物与古人类研究所、兰州沙漠研究所和伊克昭盟文物工作站，对萨拉乌苏进行一次综合考察和研究，7～8月对范家沟湾地点进行发掘，出土石制品195件。1988年，伊克昭盟文物工作站、乌审旗文物保护管理所、鄂托克前旗文物保护管理所在文物普查工作中，对萨拉乌苏河流域进行全面调查。2004年，内蒙古自治区文物局与中国科学院等单位进行综合科学考察。2006年，中国科学院古脊椎动物与古人类研究所和内蒙古博物馆联合对范家沟湾进行发掘。2013～2017年，鄂尔多斯市文物考古研究院对萨拉乌苏河开展系统的调查工作。90多年的发掘和调查，共发现人骨化石23件，石制品500余件，动物化石45种，从而建构起华北晚更新世典型剖面。在萨苏拉乌苏河沿岸约40千米的范围内发现至少10个较为集中的化石出土地点，分别为范家沟湾、杨四沟湾、杨树沟湾、刘家沟湾、巴图湾、米浪沟湾、曲家沟湾、邵家沟湾、嘀哨沟湾、清水沟湾等。

发现的河套人化石有头骨（额骨、顶骨、枕骨、下颌骨、门齿）、椎骨、肩胛骨、肢骨（肱骨、股骨、胫骨、腓骨）等。人类化石的体质已经接近现代人，但还保留头骨和股骨骨壁较厚，骨髓较小，头骨缝简单，下颌骨较粗壮，颏孔位置偏低，牙齿比较粗大等原始特征，铲形门齿和枕鳞上有印加骨等头部特征与现代蒙古人种相近。体质特征属晚期智人阶段。

沿萨拉乌苏河沿岸，石料匮乏，可利用均为小型河卵石，致使萨拉乌苏遗址石器细小，多数石器长2～3厘米，宽1厘米，最大长度为

5.5厘米，重量多在1～2克。石制品以石英岩和燧石为主要原料。石器中数量最多的是刮削器，其次是尖状器，还有少量雕刻器、钻具、锯齿刃器等。以锤击法为主要方法剥取石片，打片和修理方法使用直接打击方法。萨拉乌苏河沿岸发现的旧石器时代遗存被命名为萨拉乌苏文化。

萨拉乌苏遗址石器细小，以发达骨器作为补充。有的鹿角截去枝杈，只保留基部和部分主干，可能作为挖掘工具使用。人工打碎的动物骨骼数量众多，羚羊的肢骨和角最多，羚羊是当时人们主要狩猎对象，河套人也因此被学者称为猎羊人。

萨拉乌苏河第四纪晚更新世地层特别发育，作为华北晚更新世的标准地层剖面。在萨拉乌苏发现的45种脊椎动物中，哺乳类34种，鸟类11种。哺乳动物种类主要有披毛犀、诺氏古菱齿象、纳玛象、原始牛、王氏水牛、野马、野驴、普氏羚羊、赤鹿、河套大角鹿、虎、狼、鬣狗、野猪、骆驼、鼠、兔、刺猬等，鸟类有鸵鸟等，被学术界命名为萨拉乌苏动物群，代表华北晚更新世动物群。以食草动物为主，反映当时草原环境。象类和水牛的存在，表明当时气候温暖湿润，有森林和水域存在。

萨拉乌苏遗址经测定，处于中国旧石器时代中期。从凹缺器、边刮器、端刮器、钻具、锯齿刃器、雕刻器、微型砍砸器、微型手斧和勒瓦娄哇尖状器的工具组合上看，显示其具有明显的欧洲旧石器中期文化的特色，与欧洲的莫斯特文化具有一定渊源关系。

萨拉乌苏遗址是中国境内最早经过系统发掘和研究的旧石器遗址之一，它的发现和发掘，标志着中国旧石器时代考古学研究开始，其丰富的文化内涵为世界旧石器文化对比研究提供丰富资料。萨拉乌苏遗址是萨拉乌苏文化的命名地，层位清楚，内涵丰富，对中国乃至世界旧石器时代考古学、人类学领域均具有重大影响，对于研究旧石器时代中期向晚期过渡的文化类型和特征以及晚期智人的体质特征等均有重要价值。

1992年，由乌审旗人民政府公布为旗重点文物保护单位。1987年，成立鄂托克前旗文物管理所；1994年，成立乌审旗人民政府委派乌审旗文物管理所，具体负责遗址保护事宜。2001年6月25日，萨拉乌苏遗址被国务院公布为第五批全国重点文物保护单位，编号5-0013-1-013。2002年，乌审旗人民政府成立萨拉乌苏遗址保护与开发建设领导小组。2008年，国家文物局审批通过《内蒙古自治区萨拉乌苏遗址（乌审旗段）保护规划》，并于2009年9月修订完成，确定保护范围与建设控制地带。2013年编制《内蒙古鄂尔多斯萨拉乌苏考古遗址公园规划（2013～2030）》，正在进行遗址公园建设。"四有"档案存放于乌审旗文物管理所和鄂托克前旗文物管理所。

水洞沟遗址 是中国早期发现并确认的旧石器时代遗址之一，位于宁夏回族自治区灵武市临河镇下桥村。水洞沟属黄河一级支流边沟流域下游，沟道宽120～230米，深10～19米，沟道自然弯曲，比降1/200，范围南北宽680米，东西长730米，总面积约0.5平方千米。

民国9年（1920年），比利时神父肖特在水洞沟东5千米横山堡一处冲沟边的黄土峭壁中，发现一个披毛犀头骨和一件经人工打击的石英岩石器。1923年，法国古生物学家德日进和桑志华在水洞沟发现5个旧石器地点，通过发掘获得大量打制石器和少量破碎的动物化石。1960年，中国和苏联组建的中苏古生物考察队对水洞沟遗址进行发掘，出土约2000件石制品。1963年，考古学家裴文中率队，在原址东侧进行系统发掘，第一次明确水洞沟遗址"包含旧石器时代和新石器时代两个不同时代的遗存"。1980年，宁夏回族自治区博物馆和宁夏地质局组织为期一个多月的第四次考古发掘，除进行旧石器时代考古学和第四纪地层学研究外，还开展了碳十四年代测定和孢粉分析。第四次考古发掘出土古生物化石67件和各种打制石器、石片、刮削器、石箭头、石叶及大量镶嵌工具的刀片6700多件，其中仅旧石器时代晚期层位出土的石器有5500余件。

水洞沟遗址发现的石制品原料以硅质灰岩为主，其次是石英岩，再次为砂岩、燧石等。石器绝大部分用石片或长石片加工而成，以背向加工为主，也有向破裂面加工和错向、对向或交互加工的。石器类型以刮削器居多，尖状器，砍砸器很少。在遗址中发现新石器时代骨器有用动物骨片磨制成的骨锥；装饰品以鸵鸟蛋壳穿孔而成，边缘略加打磨；用火痕迹等。历经5次考古发掘，基本探明遗址的主要分布区域。2003～2004年进行第5次考古发掘和调查，其中八号、九号、十号遗址和十一号遗址位于遗址保护区外，七号遗址位于保护区内。

一号遗址（F1），位于长城断裂处东部偏南46°方向345米处边沟北侧土崖上，是发掘次数最多的遗址点，所存遗址剖面为1980年发掘，发掘面积约52平方米。二号遗址（F2），位于F1的南侧115米处边沟南岸，与F1隔岸相对。现存2个遗址发掘区（T1和T2）。2003年发掘T1完整探方剖面，发掘面积约42平方米，深度14.7米。第二发掘区（T2）位于T1北侧10米处，其中2003年发掘第1文化层，面积约18平方米，深0.12米，包括上部地层3.25米；2004年完成T2探方第2、3文化层，面积约34平方米，深1.6米。三号（F3）、四号（F4）和五号遗址（F5），位于F1南部约0.5千米处。三号和四号遗址在民国12年（1923年）首次发现时就部分侵蚀毁坏。2004年8～10月，考古工作者在这一段进行了抢救性考古发掘，共发现人类文化活动层面和1077件人工制品及242件化石。七号遗址（F7），位于F1的

水洞沟遗址远景

110°方向(边沟上游)411米处的边沟南岸，2003年发掘第1文化层的上部，面积约23平方米，深0.46米，包括上部地层6.9米；2004年继续发掘了第1文化层，面积约23平方米，深0.8米。八号遗址（F8），位于F1的120°方向(边沟上游)1323米处边沟北岸，发掘面积约16平方米，深0.6米，2003年发掘。九号遗址（F9），位于横山堡北面272米冲沟拐角右侧，F1南部偏东39°方向2804米处。2002年5月3日在该遗址点发现犀牛上颌骨碎块及牙齿碎片3件，猛犸象掌骨碎块5件，鸵鸟蛋皮碎片3件，1件石片断片和1件刮削器。十号遗址（F10），紧靠长城断裂处东侧，F1西部偏北40°方向640米处，该处遗址2002年5月5日调查发现，2003年4月15日复查确认。十一号遗址（F11），紧靠长城断裂处西侧的河流拐弯处，F1的西部偏北42°方向1175米处。

水洞沟遗址是中国较早发现的旧石器时代遗址之一，有着极为丰富的文化内涵。水洞沟遗址先后出土文物超过4万件，其中绝大多数是石制品，为研究中国旧石器时代文化、探讨和解决东亚地区古人类起源提供大量翔实的资料。出土的石叶所占比例之大尚未见于中国其他旧石器时代文化遗址，是石叶文化最典型的代表。从石制品加工方法中可以看出水洞沟文化遗址与中国发现的其他旧石器文化遗址存在着巨大的差异。从对水洞沟文化研究中可以发现，其具有欧洲旧石器文化传统。国内学者更明确地认为这是文化交流的结果，是西方莫斯特和奥瑞纳技术传播到河套地区的结果。

水洞沟的石制品大致分两类：一类属于欧洲旧石器中期的莫斯特文化和奥瑞纳文化技

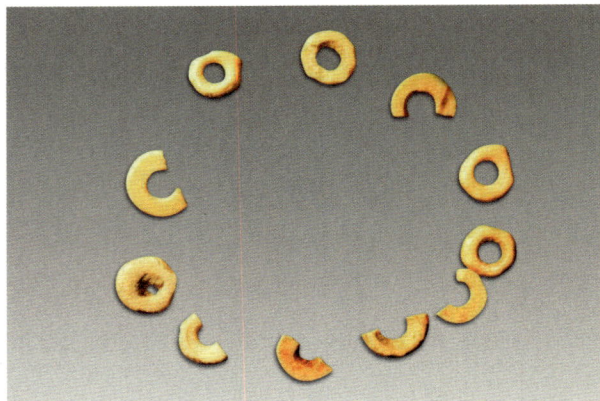

水洞沟遗址出土鸵鸟蛋皮串珠

术传统的类型，代表物有大量石叶与石叶工具，如尖状器、圆头刮削器等；另一类石制品则秉承了华北旧石器中的小石器传统，代表物有雕刻器等。此种东西方文化类型共生的现象在中国考古遗址里非常独特。就数量而言，水洞沟遗址出土的石制品多数属于前一类，即风格和技术非常接近欧洲的莫斯特文化或奥瑞纳文化类型。水洞沟出土的工具中以尖状器、端挂器、部分边刮器、厚背石刀、磨石等最有特征，是水洞沟文化区别于中国其他旧石器文化的代表性器物。

水洞沟遗址是中国华北第四纪晚期（距今3万年）以来的标准剖面，对研究中国华北地区地质地貌、生态环境有着重要科研价值。首先水洞沟遗址剖面沉积物具有广泛对比性，在F2坡面下部有2米左右的灰绿色与灰黑色粉砂土。此层系距今30000～23000年冷温环境下形成的湖沼相沉积，该层系末次冰期盛冰期前形成，以含较丰富云杉的孢粉组合为特征。此层上覆5米以上的灰黄色粉砂土，在F1层中含有一些钙结核，是水洞沟含旧石器主要层位，为末次冰期盛冰期干冷环境下形成，与黄土高原马兰黄土中上部可比，距今约2万～1万年，在第一地点此层之上为砂砾形成的侵蚀面，侵蚀形成的沟谷中堆积有含石棒与石磨盘等新石器的全新世河流与湖沼沉积，以中部含泥炭层为标志的全新世中期沉积（距今8000～3000年），而其上覆土为冲积相为主的全新世晚期沉积（距今约3千年）。其次水洞沟遗址之剖面的第二个特点是层位关系清楚。晚更新世晚期沉淀以侵蚀不整合与其早先的地区分开，晚更新世晚期与全新时期的侵蚀不整合接触关系一目了然。腐蚀面即安特生所讲的板桥期腐蚀。水洞沟为论证华北晚更新世与全新时底层间有侵蚀不整合面提供一个新的十分清楚的证据。侵蚀不整合面反映距今1万年前后有急剧的气候地质事件发生，对催生新石器文化有着十分重要的意义。水洞沟遗址的可广泛对比性，无论对华北地理、古环境、古文化的理论探讨或解决工程实际问题发挥着重要作用。

水洞沟遗址是中国最早发现、发掘和进行系统考古研究的旧石器时代晚期文化遗址，经碳同位素方位测定距今约3万年，是中国旧石器时代晚期最有代表性的重要遗址之一，在东、西方旧石器文化对比研究中占有极其重要的地位，也是宁夏境内迄今发现最早的人类活动遗址，对研究中华民族文化起源具有重要历史价值、科研价值、艺术价值和社会文化价值。水洞沟遗址第四纪标准的地层剖面，为研究古人类生存生态环境的演变和人类进化提供科学依据，为第四纪环境演变提供参考的依据。

1961年，水洞沟遗址被宁夏回族自治区人民委员会公布为自治区文物保护单位。1988年1月13日，水洞沟遗址被国务院公布为第三批全国重点文物保护单位，编号3-0185-1-005。

1992年，灵武县人民政府公布水洞沟遗址保护范围和建设控制地带。2001年灵武市在水洞沟设立水洞沟保护管理所，负责遗址日常看护保护工作。"四有"档案保管于灵武市文物管理所。

柿子滩遗址 是典型的旧石器时代晚期遗址群，位于山西省吉县城东南15千米东城乡西村南清水河下游沿岸的二级阶地上，东城口至柿子滩之间东西长约15千米。

1980年，吉县文管所发现柿子滩遗址，并进行考古试掘；1989年发表研究报告，通过对石制品的分析，认为柿子滩遗址属于中石器时代文化。2000年，柿子滩考古队对清水河流域展开拉网式调查，初步探明柿子滩遗址群范围。2000～2001年，在调查的基础上，选取20个点进行定量阶梯式探沟发掘，厘清遗址群内文化层的时空分布，确认探沟所在地点的遗址埋藏性质，发现以高楼河沟口为中心的人类活动的区域。2001～2004年，在高楼河中心遗址区选取第9、第12、第14地点实施连续的、一定规模的发掘，发现大量的石制品和动物化石、制作精美的装饰品等。柿子滩遗址出土的文化遗物包括石制品、石磨盘、动物化石、装饰品以及岩画等。

1980年出土的石制品将柿子滩文化分为上、下两层。下层文化石制品粗犷硕大，加工粗糙，与上层文化明显不同。上层的石制品分为细石器和石片石器两类。细石器以燧石、石英岩、水晶、角页岩为主要原料，按其形态及工艺分为细石核、细石叶、细石叶歪尖尖状器和细石叶侧刮器。细石核体积均较小，类型有楔状、船底形、漏斗状等，全部以直接打击法预制为核坯，再以间接打击法产生细石叶，故均留有细长石叶疤。凡以直接打击法产片修制成器或以间接法压制修理的工具及与之有关的石核、石片皆划归石片石器类。此类石料大部分为石英岩，角页岩和燧石占少数。石器有刮削器、尖状器、石镞、雕刻器、锥钻、石锯和琢背石片等。无论是石片石器还是细石器，从表面上看虽然属于不同的工艺传统，但从预制或器坯到压制石叶或修理成器，工艺是相同的。石片石器主要原料为石英岩，石英岩料在河滩随处可见。石器的制作是专门拣选一些小而长的砾石，采用砸击法将其一剖为二，然后由劈裂面向背面修理，背面大多都保留部分砾石面。刮削器、尖状器大多采用此法。此种特点在内蒙古中部和山西西北部黄河畔的石器、蒲县薛关细石器中的部分石片石器有更多的一致性，表明在文化方面的共同性，是黄河中游

别具特色的文化。所有尖状器的底端，大都制出扁平面，可能是作为投枪头便于绑缚而特制的。刮削器量多而别致，其中圆盘形刮削器、卵圆形刮削器是具有代表意义的器物。工具的多型化在某种程度上反映当时人们谋生手段的多样化。柿子滩遗址上层文化的内涵及形制，有五个特点：典型细石器是文化形制的主体；石片制器是文化的性质特征；单项打击修理是工艺的重要方式；石片石器和细石器是表异里同的结合体；器物组合反映社会形态和工艺传统的进步性。

出土石磨盘4件，S1地点2件，S9地点2件，均以厚板细砂岩打制而成。其中一件长35厘米，周边经打制，平面大体呈椭圆形，表面平整，中心呈马鞍形内凹。出土石磨棒2件。出土的动物化石较破碎，计有田鼠、鼢鼠、黑鼠、虎、鹿、牛、羚羊、猪、犀、马、鸵鸟

2009年柿子滩遗址发掘时全景

柿子滩遗址 S1 地点出土石尖状器

等。出土旧石器时代装饰品4件，为蚌壳穿孔制作。在S1地点西北侧石崖南端"岩棚"下，发现两幅岩画。虽因年深日久风化严重，但赤铁矿的赭红色及绘画形象，仍依稀可辨。

2000年以来，柿子滩考古队最大限度地获取古人类多方面的行为信息，其中第9、12、14地点发现大量的用火遗迹以及石制品碎屑区是采用新方法获取的。

第14地点发掘面积近40平方米，新发现4处用火遗迹。石、骨制品等文化遗物分布于烧土或灰烬的上面和周边，埋藏状况显示基本上是一次性使用的用火遗迹。生活面上发现几处石器加工证据，同一种质地、大小相仿的燧石碎屑集中分布，反映压剥法加工石器的行为信息，没有发现相应的成品石器，说明该工具被带离现场。第12地点发掘面积60平方米，新发现10余处用火遗迹。其中有6处分布在同一层面上，距离很近。在每一处炭屑集中区域内，均包含有石制品碎屑、破碎的化石、烧骨等，有的还包含烧石。很明显是一处原始的篝火群，反映远古人类群居的生活场景。

柿子滩遗址是距今2万～1万年，遗存面积较大、遗物类型最多的原地埋藏遗址。遗址堆积厚、文化层位多，每一层均有石制品和动物化石。既可为文化的发展研究提供宝贵资料，又能分层年代和孢粉分析，进而有助于确认中国北方旧石器时代晚期至新石器时代早期文化的转换证据和环境的演化脉络。

1981年，成立吉县文物管理所，负责柿子滩遗址的保护管理工作。1986年8月18日，山西省人民政府公布柿子滩遗址为省级文物保护单位。2001年6月25日，柿子滩遗址被国务院公布为第五批全国重点文物保护单位，编号5-0008-1-008。2002年，山西省人民政府划定柿子滩遗址保护范围和建设控制地带。2012年，国家文物局批准柿子滩遗址保护规划项目立项。遗址的"四有"档案保存于山西省古建筑保护研究所。

穿洞遗址 是旧石器时代晚期至新石器时代早期的洞穴遗址，距今约16600～8500年，位于贵州省普定县城关镇青山村穿洞村民组后山孤峰山腰上。洞南北对穿，高出地面26米，洞长30米、宽13米、高9米。

1978年，发现穿洞古遗址。1979年，进行试掘，获得一批珍贵资料，是年11月，中国科

穿洞遗址内景

穿洞遗址出土古人类头骨

穿洞遗址出土骨铲

学院裴文中和张森水到普定考察，肯定穿洞遗址发现的重要意义。1981年，中国科学院古脊椎动物与古人类研究所、贵州省博物馆、普定县文化馆组成发掘队，对穿洞进行系统发掘，获得丰硕成果。1983年，由张森水和曹泽田主持，对穿洞进行第二次系统发掘。两次发掘共出土石器2万件，骨器1000多件，20多种哺乳动物化石200多件，古人类头盖骨2个，还有下颌骨、桡骨、胫骨、臼齿等，发现多处灰烬，烧骨等用火遗迹。遗迹和遗物的发现，说明穿洞遗址在史前考古上具有极重要的价值、地位及意义。

穿洞古遗址已发掘的文化堆积可分为10层，上部层（1～4层）属猫猫洞文化类型，石制品以大中型居多，打片主要用锐棱砸击法，石器形制规则、美观，主要是向破裂面加工而成，最大特点是出土大量磨制精美的骨器，有骨铲、骨锥、骨针、骨棒。下部层（5～10层），属于小石制品文化类型（在西南方或许可称为富林文化类型），石制品基本上是小型的，打片主要用锤击法，石器不多，加工粗糙，以向背面加工为主。

在同一遗址里发现两种截然不同的文化

类型遗物，在国内较为罕见，早晚文化层的差异，所反应的很可能是新族群的进入，不同文化的碰撞与交流，对探讨华南地区现代人类起源和不同族群的迁徙扩散具有重要价值。出土人类化石之多，为中国同时代之冠。人类化石出在上部地层，依碳十四年代测定，其年代距今约1万多年。已发现的人头骨2件，下颌骨1件，还有桡骨、胫骨、牙齿，儿童头骨碎片，脊椎等几百件，数量上属最多的遗址，对探讨旧石器时代晚期的人类体制差异具有极其重要的价值。穿洞古遗址出土1000多件遗物。世界罕见的出磨制骨器的史前遗址，对探讨南方骨角器的起源扩散意义重大，对进一步了解骨角器的制作流程、加工对象以及在整个器物组合中的地位和作用都是重要的实物材料。遗址上层堆积在时间上已进入中石器时代或北方新石器时代早期，但其文化面貌既无中石器时代的典型制品，也无新石器时代的典型器物，而完全是旧石器时代的文化面貌，此种独特的文化现象，张森水称之为"类旧石器文化"，对探讨低纬度高海拔喀斯特山区古人类采取的独特适应性策略具有重要价值。

考古学家认为，穿洞遗址是中国西南地区

发现的旧石器时代晚期到新石器时代早期的重要的古人类遗址，堆积的科学内涵很丰富，具有较高的研究价值。

1985年，普定县人民政府划定穿洞遗址的保护范围和建设控制地带。1988年1月13日，穿洞遗址被国务院公布为第三批全国重点文物保护单位，编号3-0186-1-006。1996年1月13日，成立普定县文物管理所，负责遗址的保护管理工作。各类档案资料保管于普定县文物管理所。

落笔洞遗址　是岭南史前时期的洞穴遗址，也是海南岛最早的古文化遗存，位于海南省三亚市吉阳区良坎坡村，遗址处于一座石灰岩孤峰——落笔峰南壁下。落笔洞东南、西北保留三个古河床，古河床上为积水塘。

1983年4～5月，广东省考古工作者在文物普查中于崖县（三亚市崖州区）落笔洞洞穴，发现包含蚌壳、螺壳及小型哺乳动物化石的灰色胶结层堆积。1992年3月，中山大学人类学系举办的海南省文博专业班的学员复查落笔洞遗址，在洞内后部右壁的灰色胶结层断面上，采集到5枚人类牙齿及少量鹿、麂、豪猪、鸟类等脊椎动物化石。1992年12月，经国家文物事业管理局批准，由海南省博物馆、三亚市博物馆和中国科学院古脊椎动物与古人类研究所三方组成考古发掘队，对落笔洞遗址进行为期3周的发掘，共清理11个探方，发掘面积40平方米，出土7枚人牙化石和石制品、共生的哺乳动物化石以及灰烬、炭、烧石和烧骨等。1993年10～11月，第二期发掘，共清理10个探方，发掘面积30平方米，出土2枚人牙化石和石制品、骨角制品以及共生的哺乳动物化石，发现较多灰烬、烧石和烧骨等。

落笔洞属自然形成的石灰岩洞，呈不规则形，洞口朝东南，内宽9米，进深16米，顶高约13米，遗址面积约110平方米。遗址的堆积层次，自下而上可分为三层：第一层为黄色砂质黏土，含少量哺乳动物化石；第二层为文化层，灰色或灰黄色沙质土，厚约3～4米，含人类化石、石器以及大批动物化石；第三层为黑色土壤（青土层），含历史时期的文化遗物。

文化层中出土有石制品和骨、角、牙、蚌器等。石制品包括成品、半成品及废弃石料共200余件，原料以火山岩、黑曜石为主，约占86%，其他有石灰岩、水晶石、燧石、石英、脉石英等。石器以打制石器占据绝大多数，多

落笔洞遗址

为砾石石器，多为单向打击，双向加工极少，个别有二次加工痕迹；器类包括砍砸器、敲砸器、石锤、刮削器、石核及石片等。出土少量磨制穿孔石器，均在器身中部对钻一孔，磨制较粗糙。另有骨、角、牙、蚌器，以骨器最多，角器其次，少量牙、蚌器，器形不规整，加工技术不精，除个别器物在器身磨制修理外，多数仅在刃部加工磨制；器类有骨铲、骨锥、骨镞、骨矛形器、骨尖状器、骨匕、骨管、角铲、角锤、角锥、角尖状器、蚌尖状器、牙制品等。

遗址共发现14枚人牙化石，属于智人个体，共生有大量动物化石，其中哺乳动物化石23科40属45种，鸟类6目9科14属，贝类等水生动物7目15科24种，其中螺壳数量7万多个。文化层中发现一处烧火堆积和分布稍广的灰烬层。烧火堆积是用三块不规则的砾石搭置而成，略呈三角形，中间堆积的烧质土发红，包含烧黑的螺壳和黑色胶结炭状物。灰烬层分布不规则，夹杂少量烧土块、炭屑，局部胶结，发现较多脊椎动物烧骨及烧黑的螺壳和少许烧石，个别石制品、骨角制品也有经火烧黑的痕迹，表明当时已较广泛地使用火。落笔洞动物群的地质时代属于更新世末期或全新世初期，文化上处在旧石器时代向新石器时代过渡时期。第二层螺壳标本经中国社会科学院考古研究所实验室和北京大学考古学系年代测定实验室测定，其碳十四测年数据为10890±100年。

落笔洞遗址是海南省早期一处石器时代洞穴遗存，也是中国石器时代遗址分布最南端的年代比较明确、时间最早的一处文化遗产，具有较高的历史价值和科学价值。落笔洞遗址发现的打制石器和骨、角器的制作加工技术基本承袭了华南石器时代的技术传统，属于岭南洞穴文化遗存，处于旧石器晚期向新石器时代早期演变的一个发展阶段，具有明显的过渡文化性质，对探讨海南新石器时代文化的来源具有一定的意义。落笔洞遗址是海南最为丰富的脊椎动物化石地点，与人类化石共存的亚洲象及华南虎等动物在海南岛属首次发现，为研究海南动物群的由来及海南岛古地理、古气候的变迁提供珍贵的科学依据。根据落笔洞遗址堆积的地层时序及动物群组合分析，对于更新世与全新世的分界具有较为重要的学术研究价值。

1993年，三亚市人民政府划定落笔洞遗址的保护范围与建设控制地带。2001年6月25日，落笔洞遗址被国务院公布为第五批全国重点文物保护单位，编号5-0098-1-098。落笔洞遗址由三亚市博物馆负责管理。《落笔洞遗址保护规划》由国家文物局审核通过。

玉蟾岩遗址 玉蟾岩（原名蛤蟆洞）遗址，是中国南方旧石器时代向新石器时代过渡的全新世早期遗址，年代距今1.8～1万年，位于湖南省道县寿雁镇白石寨村西南。洞口朝向东南，洞厅宽约12～15米，进深6～8米。遗址

玉蟾岩遗址

堆积物主要分布在洞厅内。

1984年，文物普查时发现玉蟾岩遗址。是年7月，中国科学院古脊椎动物与古人类研究所专家对遗址进行考察，采集少量标本，经分析鉴定，确定为晚更新世贝丘遗址。1985年6月，中国科学院古人类与古脊椎动物研究所、湖南省博物馆考古部、零陵地区文物工作队、道县文化馆文物组联合对遗址进行实地调查。1988年，湖南省文物考古研究所在道县举办湖南省洞穴遗址调查培训班，组织学员对遗址进行考古调查，确定玉蟾岩遗址为旧石器时代向新石器时代时过渡的洞穴遗址。1993年11月，湖南省文物考古研究所第一次正式发掘遗址，首次采取洞顶吊线定位的办法，发掘面积22平方米，发现古栽培稻遗存和原始陶片，引起学术界的关注。1995年10月，湖南文物考古研究

所聘请农学专家和环境考古专家，实行多学科合作，对遗址进行第二次发掘，发掘面积24平方米，再次发掘出原始陶片和水稻谷壳。2004年11月，经国家文物局、外交部、安全部等14个部委联合批准，中国、美国、以色列专家组成的联合考古队对遗址进行第三次发掘，测定年代选点50个。此次发掘发现7颗原始水稻。

历次考古调查和发掘表明，玉蟾岩遗址堆积厚1.2～1.8米，除上部有近代墓扰乱外，地层保存基本完好。文化性质比较单纯，地层变化复杂，纵向剖面多呈灰黑色烧灰土和白色灰土相间的层序，横向平面通常呈间断小块的交错土层堆积。自然堆积层次近40层。考古发掘显示，遗址原始地貌西高东低，大石密布。人们最初住进时，在参差的石缝间铺垫碎石，扩大有限的生活平面。在以后的长期生活中，不

玉蟾岩遗址1995年发掘现场

断地铺垫灰白色、灰黄色石灰质土灰。这种铺垫既可以平整地面，又可起到防潮作用。

生活遗迹主要为烧灰堆。无明显的灶坑，只有平地烧火的灰堆。灰堆一般直径约40～50厘米，厚不足10厘米，位置不固定。灰堆中富集炭屑和动物烧骨。有一种位于巨石旁的较大的灰堆，厚度15厘米以上，伴有大量角砾碎块，可能作压火保留火种之用。

遗址的原始基面呈西高东低的状态，文化堆积物也呈西高东低倾斜。西部堆积物混杂，颜色斑驳，文化遗物、烧火遗迹及白灰土铺垫均集中于此，说明西部是人们主要活动区。东部地层多呈颜色单纯的斜平地层，富含碎骨，伴有较多的小螺，表现为伴有人工作用的自然沉积，局部积水。说明东部不是人们主要生活区，仅个别层面具有短时活动的迹象。

遗址出土的生产工具主要是石制品和骨、角、牙、蚌制品。

石制品近千件，全部为打制，没有磨制石器。石制品以砾石为原料，石料的岩性主要为砂岩，少量石英；石器制作粗陋，多不规整，形状多变；以小型石器为主，有一定数量的中型石器(约占30%)，少大型石器，中型石器长径一般约12厘米，直接用砾石锤击而成，小型石器多为石片略作加工，或直接使用小石片；加工技术简单，基本上采用锤击法，第二步加工的石器很少，并局限于单面加工，往往由腹面向背面加工；石器的组合主要为刮削器、砍斫器、锄形器、石锤，有少量的尖头器、亚腰斧形器、苏门答腊式石器，其中锄形器是玉蟾岩遗址富有特征的工具。

骨器种类有骨铲和骨锥。骨铲是用动物的长骨纵向裂成两半，一端可能打击成刃使用，磨蚀得非常光滑，应是长期作用于细软物质磨蚀而成。骨锥一般用鹿类动物的骨骼纵向分割成骨杆，然后进行磨制加工。有的骨锥通体磨光呈细长圆柱状，尖部为圆锥刃。有的骨锥仅将尖部磨成圆锥刃，柄部仍保持骨杆的原始形状，或只稍稍磨圆棱脊。角器仅见角铲，往往以角环部为柄部，以角干折断斜面为刃部，刃部可能是打击加工而成。角铲刃部均因使用磨蚀比较光滑。

穿孔蚌器数量较少，且均为残片。蚌器上的圆孔，均是将蚌的外表磨薄之后，再击穿而成。穿孔蚌器的功能是起刮削和切割作用。

遗址发现用动物的犬齿制作的装饰品，如鹿类和小型食肉类动物犬齿制作的牙饰。是在犬齿的根端刻一周凹槽，用于拴绳佩带。

玉蟾岩遗存的文化面貌表现出一种由旧石器文化向新石器文化过渡的特征。打制石器基本上承袭华南旧石器文化传统，新出现锄形器、亚腰打制石斧、尖头器、苏门答腊式石器等，均具备新石器时代盛行的磨制斧、锛、矛、铲等工具毛坯形态。遗存中含有一定数量的骨角器，表现出磨制工艺在骨角制品上的运用，是继承旧石器时代晚期骨角加工传统。骨角加工传统一直盛行于新石器文化鼎盛阶段。

遗址中同时伴出大量的动植物化石。由于石化程度不深，为半化石。动物化石大体分为哺乳动物、鸟禽类、鱼类、龟鳖类、螺蚌、昆虫等。哺乳动物达28种，数量最多的是鹿科动物。食肉类多为小型动物，种类较多。以上化石种类，绝大部分与人类狩猎经济相关。

鸟禽类的骨骼占动物骨骼的30%以上。经

鉴定有27种属，其中与水泊环境相关的水栖种类18种，反映玉蟾岩附近曾有着宽阔的水环境。鱼类化石有鲤鱼、草鱼、青鱼、鳃鱼等。龟鳖类有鳖、隐颈龟。螺蚌的富集构成洞穴堆积的时代特征。细小螺壳有淡水环境的，也有陆生环境的，反映堆积物的埋藏环境。大型螺壳基本为淡水环境，显然与人们捕捞食用相关。经鉴定螺壳种类有26种以上，其中人类食用的有5种；蚌类7种，均为淡水生活种类。

在文化堆积中经过筛选、漂洗收集大量的植物果核，初步分选有40多种，能鉴定到种属的有17种，其中可食用的4种。朴树籽在遗址中最为丰富。

玉蟾岩遗址最为重要的发现是水稻遗存。1993年，在漂洗遗址近底部的文化层土样中发现2枚稻壳，颜色呈黑色。1995年在层位稍上的文化胶结堆积的层面中又发现2枚水稻，颜色呈灰黄色。两次出土稻壳的颜色存在差别，是因为标本所处的埋藏环境不同。两次发掘送测的土样均发现双峰乳实形态特征的稻属植硅体。1995年发掘的土样中发现有扇形、哑铃形的植硅体，由于形态腐蚀不甚清楚，有待更进一步分析，暂定为稻亚科。中国农业大学张文绪对两次发现的稻谷进行电镜分析鉴定，认为已具栽培稻的性质，推定玉蟾岩出土稻谷是一种兼有野、籼、粳综合特征的从普通野稻向栽培稻初期演化的最原始的古栽培稻类型，定名为"玉蟾岩古栽培稻"。玉蟾岩古栽培稻在栽培稻的起源和演化研究中具有重要的地位和作用。

玉蟾岩遗址另一个重要发现是原始陶片。在整个文化堆积中，极少见到陶器碎片的散布。反映出当时陶器稀少，尚未广泛流行的状

玉蟾岩遗址出土陶釜

况。1993年在接近基底的地层中意外发现3块较大的原始陶片。1995年又在相距1米左右的地方发现约30厘米×30厘米的一堆陶片。出土时，陶质非常疏松，一碰即碎，表明火候很低。陶器制作粗陋，陶胎厚薄不匀，厚者达2厘米。火候不匀造成黑褐色、红色陶胎，近口沿部分夹炭，为石英砂。陶片内外均有纹饰。1993年出土陶片纹样类似绳纹，显得粗松模糊，可能是植物茎藤滚压而成。1995年出土陶片内外饰绳纹，相对细密一些。两次发掘出土的陶片分属2件陶器个体。1995年出土陶片已复原为一件釜形器。侈口、圆唇、斜弧壁、尖圆底，口径31厘米，通高29厘米。可能采用泥片贴筑方法手捏制成。外壁饰绳纹，纹样右斜走向。外壁局部可见表层脱落的内层面上也有绳纹痕迹，说明在已经制好饰纹的陶器上局部贴泥进行整形修理的工序。内壁凹凸不平，所饰绳纹近水平走向，下部纹样可能因为收分手抹而不清楚。唇部也有纹样印痕，与外壁走向吻合。1993年出土陶片大致可复原成一件釜形器，形态类同，个体略小。通过电镜扫描对1995年出土陶片做初步的化学成分分析。结果表明陶片表层与内胎的化学成分重量比率

不一样，其中钙磷的重量比率在陶片表层和内胎显示截然相反。钙的富集显然为石灰岩洞穴碳酸钙的渗透凝聚，磷的富集与文化堆积中大量动物骨骼的分解相关。陶土中硅的含量在49.5%以上，铝的含量30.3%，助溶剂镁的含量6.75%。玉蟾岩陶器所采用的原料属于高铝质的耐火黏土。北京大学碳十四实验室对1993年出土的玉蟾岩陶片进行质谱加速器碳十四年代测定，其中用陶片上腐殖酸测定年代距今12320±120年；用陶片基质测定年代距今14810±230年；用同层位的木炭测定年代距今14490±230年。

从出土的动植物标本判断，玉蟾岩遗存的经济形态，是以狩猎捕捞和采集相结合为主体的生产方式。玉蟾岩遗存中出现了一批新类型的生产工具，如锄形器、苏门答腊式石器、亚腰打制石斧等，显然不只是适应采集经济的变化，而可能与原始农业相关。同时，遗存的栽培水稻，表明处在水稻农业的最初萌芽阶段。

玉蟾岩遗址是世界范围内保存最好且最早的古栽培稻遗存地，发掘出土的少量原始陶片是中国最原始的陶制品之一，在学术界引起了轰动。玉蟾岩遗存文化单纯，内涵丰富，对研究1万年前中国华南旧石器文化向新石器过渡阶段的文化特征、经济生活、演化规律具有重要的价值。遗存含有大量种类丰富的动、植物标本，为研究更新世末期至全新世早期的生态、气候环境和探索生物演化历史提供了重要的科学资料。遗址的环境选址包含山地、丘陵、盆地和湖沼水域等地理与生态因素，为研究新旧石器文化转换的居住环境和生产方式提供了典型实例，有助于深化古人类从狩猎时代

过渡到水稻栽培时代的研究。

1996年1月，玉蟾岩遗址被公布为省级文物保护单位，并划定保护范围。2001年6月25日，玉蟾岩遗址被国务院公布为第五批全国重点文物保护单位，编号5-0091-1-091。编制的《玉蟾岩遗址保护总体规划》，2007年由国家文物局批复同意，2010年由湖南省人民政府公布实施。2011年成立道县文物管理局，负责玉蟾岩遗址的保护、管理工作。

仙人洞、吊桶环遗址 是从旧石器时代晚期至新石器时代早期过渡时期的重要遗址，位于江西省万年县县城东偏北约12千米。仙人洞是一石灰岩溶洞，洞口向东南，洞口开洞并向前伸展成岩厦状，剖面成弧形，洞口外较平坦。洞穴距文溪水约70米，高出水面约3米，文化堆积主要在洞口开阔地，面积约250平方米。吊桶环遗址是一高出盆地约60米的山顶溶蚀形岩棚，因形似一农村打水的吊桶环而得名，原生堆积约500平方米。

1962年春，江西省文物管理委员会的考古工作者根据万年县文化馆提供的线索，对仙人洞遗址进行勘察，并在洞口发现了文化堆积，里面包含有蚌器、骨器、陶片、烧土、炭屑，

吊桶环遗址外景

还有大量的碎兽骨、螺蛳壳、蚌壳等遗物。在一些蚌器和骨器上还有圆孔。骨器磨制光亮。粗砂红陶片上饰篮纹或粗绳纹。1962年3月和1964年4月，江西省组织的考古队先后对仙人洞进行了两次发掘，发掘面积为69平方米，出土各类文化遗物900余件，还发现了3个灰坑和22处烧火遗迹。1993年和1995年由多个科研机构合组的中美联合考古队对遗址进行了两次发掘。1999年，江西省文物考古研究所和北京大学考古文博学院联合再次发掘。根据各层出土遗物的分析排比，大体判断仙人洞遗址存在上、下两个不同时期的文化堆积，即上层为新石器时代早期堆积，下层为旧石器末期堆积。有石器、骨器、穿孔蚌器、陶片和人骨标本以及数以万计的动物骨骼碎片，同时发掘出栽培稻植硅石等。2009年，江西省文物考古研究所专家与北京大学、美国哈佛大学学者，在重新

仙人洞遗址出土粗砂红陶片

清理出来的考古地层剖面上采集了系列碳十四测年样品和地层微结构样品，证实仙人洞遗址出土陶器的年代有可能早到距今2万年，是目前世界上已发现陶器的较早年代。

仙人洞、吊桶环遗址是中国华南乃至全国罕见的从旧石器时代晚期至新石器时代过渡时期的重要遗址，有着世界上发现较早的陶器标本之一和栽培稻遗存。

1985年，仙人洞遗址由万年县人民政府公

仙人洞居住遗址洞口

布为县级文物保护单位。1987年，仙人洞遗址由江西省人民政府公布为省级文物保护单位，同时公布保护范围。1999年前，仙人洞、吊桶环遗址由大源镇政府和县博物馆共同进行保护管理，并委托洞前敬老院负责日常管理，后成立县文物局与博物馆合署，保护工作由大源镇与文物局共同负责。2001年6月25日，仙人洞、吊桶环遗址被国务院公布为第五批全国重点文物保护单位，编号5-0054-1-054。仙人洞遗址免费开放，遗址公园内分为遗址区、陈列馆区、野生稻观赏区、现代农业的观光区、古村游览区五大景区。

南庄头遗址 是太行山东麓重要的新石器时代早期遗址，距今约1万年，位于河北省保定市徐水区南庄头村北2千米处，地处太行山东麓前沿与华北冲积大平原的西部边缘的交会处，地势平坦开阔，总面积约2万平方米。

1986年，徐水县文化局调查发现南庄头遗址。随后，保定地区文物普查队会同徐水县文化局、文物管理所对遗址进行调查，在取土区北部进行小规模的试掘，距地表2米左右发现文化层堆积，出土大量的兽骨、禽骨、鹿角、木炭和少量陶片。1987年，北京大学、河北大学、河北省文物研究所、保定地区文物管理所联合对遗址再次进行试掘，发掘面积51平

南庄头遗址出土陶片

方米。出土有兽骨、鹿角、蚌、螺壳、木炭、种子等，出土陶片1片。遗址堆积共分六层，属湖相地层。文化遗存在第六层，下为马兰黄土。1997年，河北省文物研究所会同保定市文物管理所、徐水县文物管理所对遗址进行第三次试掘，发掘面积75平方米，清理灰沟1条，灰坑2个、用火遗迹2处，出土40余片陶片以及兽骨、禽骨、鹿角、蚌壳、螺壳、木炭、种子和鹿角器、石器等。出土陶片的陶质均系夹砂陶，颜色不纯，灰色或褐色，质地疏松，火候低，器表除素面外，还有绳纹、附加堆纹和刻划纹等纹饰。可辨器形有平底直口或微折沿的罐类。石器主要有磨盘、磨棒。骨器以磨制精致的骨锥为代表。动物骨骼多为肢骨碎片，推测为人类食用。

经北京自然博物馆、中国科学院地质研

南庄头遗址

南庄头遗址出土骨锥

究所和北京大学实验室数据认定，南庄头遗址晚于山顶洞人，早于磁山文化，距今10500～9700年，是中国重要的新石器时代早期遗址，填补中国北方旧石器时代晚期文化至磁山、裴李岗新石器时代早期文化之间的空白。南庄头遗址的发现，对研究新石器早期人类的生存方式、陶器和农业的起源、家畜饲养业等有极为重要的意义。

1988年5月10日，徐水县人民政府将南庄头遗址公布为第一批县级文物保护单位。1993年8月，河北省人民政府将遗址公布为河北省第三批省级文物保护单位，划定遗址的保护范围及建设控制地带。2001年6月25日，南庄头遗址被国务院公布为第五批全国重点文物保护单位，编号5-0003-1-003。2004年9月，徐水县文物管理所编制"四有"档案，并负责管理。2015年4月，徐水县改为徐水区，遗址管理机构为徐水区文物管理所。

八十垱遗址 是长江中游重要的新石器时代较早阶段的聚落遗址，位于湖南省澧县梦溪镇五福村。八十垱遗址分布范围南至双堰北岸，北至南夹河北岸，东至双堰东岸温家垸，西至村小桥西约25米处。平面形状近似于南北向不规则四边形，南北长约270米，东西宽约180米，面积约4.8万平方米。

八十垱遗址于1986年文物普查时发现。1993～1997年，湖南省文物考古研究所先后对遗址进行五次较大规模的考古发掘，发掘探方50个，揭露面积约1200平方米，出土彭头山文化时期遗迹、遗物和旧石器时代打制石器。考古发掘表明，遗址西、北、南三面均有古河道环绕，其走势大致与遗址现代三面所见环状

八十垱房址

水域相近。文化堆积层较厚，平均厚度约1～2米，在遗址西部发掘的古河道其文化层厚度达5米。埋藏较深，地层复杂，遗迹现象丰富。遗存分为上、下两层，上层遗存为新石器时代彭头山文化层，距今8500～7800年；下层遗存为旧石器时代打制石器遗存，命名为八十垱下层遗存，距今20000～15000年。

八十垱遗址上层共发现各类建筑遗迹24处，有地面式、半地穴式、干栏式、高台式四种。1号房址系高台式建筑，建筑形状独特，平面呈海星状，四边内弧。修筑方法为先在地面挖一基坑，内夯土，再在其上堆筑土台，最后在台面周围立柱。在1号房址中心柱立柱时举行过某种祭祀活动，在柱头底部发现有石棒饰、陶棒饰和大量动物遗骸，以牛牙居多。

遗址共发现各类墓葬98座，多为二次葬，有长方形、椭圆形浅坑墓和椭圆形深坑墓，墓葬中随葬有陶盆、陶支座、陶罐、陶钵、穿孔石配饰、石片、兽牙等器物。

陶器主要以罐、盆、钵、盘、支座居多，其次还有双耳罐、釜等，另有少量矮足器等，器物多为圆底。陶器成形以泥片贴筑法为主，个别小型器物直接手捏成形。陶器质地大致有

八十垱遗址出土红陶双耳罐

八十垱遗址出土炭化稻

四类，包括夹炭羼砂陶、夹炭羼稻陶、夹炭陶、夹砂陶。以褐色为基调的陶器最为常见。纹饰主要包括绳纹、戳印纹、按压纹、按窝纹、镂孔等，其中尤以出土的陶支座纹饰最为复杂。

石制品主要有打制尖状器、雕刻器、砍砸器、磨制石斧、石锛及石棒饰、穿孔石佩饰、穿孔石链、穿孔绿松石串、翡翠石饰、石塑人头像等。

木制品及编织物集中发现在古河道内。木器有耒形器、手形器、铲形器、钻、锥、杵等，木构件有粗放性榫卯结构、凿孔结构、捆绑结构，另外有大量钻孔牌饰、木板及木料。遗址古河道内出土不少编织遗物。主要有两类：一类是芦席，个别为竹席；另一类是绳索，质料种类较多。遗址古河道出土的稻谷稻米有9800余粒。

八十垱遗址发掘的彭头山文化遗存，为洞庭湖区文化序列的衔接，提供重要素材；在聚落边缘发现较为明显的墙垣和与之配套的壕沟，证实长江中游区域墙、壕聚落雏形在七八千年前即已出现，为区域城址与文明起源

的研究提供重要线索；发现大量聚落遗迹，包括灰坑、墓葬、海星式高台建筑以及堆放大量破碎陶器及动物遗骸的灰坑等，遗迹可能与宗教祭祀有关；发现数以万计的新鲜稻谷和稻米、种类繁多的植物籽实以及大量木制品和动物骨骸，为开展稻作农业、生态环境等众多课题的综合研究，提供一批重要资料；八十垱下层石器遗存的发现，为学术界长期争论不休的新、旧石器过渡问题提供参考线索。

1991年12月5日，八十垱遗址被澧县人民政府公布为县级文物保护单位。2001年6月25日，八十垱遗址被国务院公布为第五批全国重点文物保护单位，编号5-0093-1-093。2011年，《八十垱遗址保护规划》和《八十垱遗址环境整治与展示利用方案》经国家文物局批复。是年，湖南省人民政府划定并公布八十垱遗址的保护范围和建设控制地带。2011年，成立八十垱遗址管理所，负责遗址的保护管理工作。

顶蛳山遗址　是岭南新石器时代顶蛳山文化具有代表性的聚落遗址。位于广西壮族自治区南宁市邕宁区蒲庙镇新新村九碗坡东面顶蛳山台地，地处泉水河与八尺江交汇形成的三角

嘴第Ⅰ阶地，北至八尺江右岸边，东至泉水河左岸边，南至清泉路的北侧界，西至顶蛳山西侧第一道分水脊线（鱼塘的东驳岸）。

1994年，邕宁县文管所对遗址进行调查。1996年秋，中国社会科学院考古研究所广西工作队、广西壮族自治区文物工作队和南宁市博物馆、邕宁县文物管理所组成联合考古队对遗址进复查，并于1997年4～7月对遗址进行发掘。发掘区分别位于遗址的北部、东部和中部，揭露面积500平方米。1998年10～12月，联合考古队对顶蛳山遗址进行第二次发掘，发掘面积450平方米。1999年10月至2000年1月，联合考古队对顶蛳山遗址进行第三次发掘，发掘面积225平方米。历次考古发掘出土陶器、石器、骨器、蚌器等1000余件；墓葬人骨400多具；以及人类食后遗弃的大批水、陆生动物遗骸。

顶蛳山遗址是一处保存较好的新石器时代内河流域淡水性贝丘遗址，文化堆积以淡水性贝丘为主，保存基本完整，地层叠压关系清晰，最上部为黄褐色或灰褐耕土层，厚约10～35厘米；其下为二至七层灰黄色、红褐色或棕灰色土，厚约90～300厘米，含有丰富的陶片、石器和蚌品等；再往下为黄色生土层或石灰岩层。

根据各探方地层堆积情况和遗物的特征，自下而上分别属于四个文化时期。

第一期文化遗存，为棕红色黏土堆积，不含或少含螺壳。出土少量陶片及石器。陶片为夹石英碎粒的绳纹粗陶，灰黄陶，胎黑，质粗松，器物口沿捺压花边，沿下有附加堆纹。可辨器形为釜或罐类。石器有较多的细小石片石器及一些剥落细小石片石器后留下的石核，个别穿孔石器等，另外有少量天然玻璃陨石。距今年代约1万年，属新石器时代早期文化。

第二期文化遗存，堆积以螺壳为主，出土的遗物有陶器、石器、骨器、蚌器等。陶器数量明显增多，以夹砂灰褐陶为主，夹砂红陶

顶蛳山遗址远景

次之，器物火候低，夹粗石英砂，灰褐色陶，器形为直口、敞口或敛口的圆底罐。表饰篮纹和中绳纹。石器数量较少，器类有通体磨制的斧、锛和穿孔石器、砺石等。蚌器数量较多，制作较精。器类仅穿孔蚌刀一种。骨器数量较多，制作较精。种类有斧、锛、铲、镞、锥、针等。发现少量葬式为仰身屈肢、侧身屈肢、俯身屈肢、蹲踞等竖穴土坑墓葬，未见葬具，少数墓随葬1～2件石器、骨器或蚌器。

第三期文化遗存，堆积仍以螺壳为主。出土陶器、石器、蚌器和骨器文化遗物。陶器火候较高，以夹细砂红褐陶为主，少量灰褐陶、黑陶，数量、器类较第二期增多。新出现敛口、直口的釜和高领罐。器表饰中、细绳纹。石器数量较第二期多，器类有磨制的斧、锛及

砺石，蚌器和骨器发现较多，蚌器器类有刀、铲等。不少蚌刀平面略呈三角形，有穿孔和不穿孔二类。骨器器形有锛、镞、锥、针、矛、鱼钩、装饰品等。发现较多墓葬及少量灰坑，墓葬葬式除与第二期相似处，还发现数量较多的肢解葬。

第二期、第三期堆积是顶蛳山遗址主要堆积，文化面貌总体比较一致，代表同一个考古学文化中不同的两个发展阶段，距今8000～7000年，为新石器时代中期文化。

第四期文化遗存，主要分布在遗址东部，文化堆积叠压在螺壳层上，不含螺壳。出土的文化遗物有陶器、石器、骨器等。陶器是以夹植物碎末红褐陶为主，夹砂红褐陶次之。新出现橙黄陶，黑陶数量也较第三期多。夹植物碎

顶蛳山遗址发掘现场

顶蛳山遗址出土墓葬人骨

末的陶片器表纹饰模糊不清。新出现泥质陶纹饰以中绳纹为主，次为细绳纹。陶器均为手制，但已出现轮修技术。部分器物火候较高，器类有高领罐、圜底罐、釜、杯等。石器数量较少，器类有斧、锛、砺石三种，斧、锛均通体磨制，但大部分仅刃部磨得较精。骨器制作较精致，器类有斧、锛、矛、锥、针等。距今年代约6000年。属新石器时代中晚期文化。但文化遗存的性质及归属有待研究。

与顶蛳山遗址第二、三期面貌相同或相近的文化遗存，在南宁地区有着广泛的分布，如南宁豹子头、横县西津、扶绥江西岸、扶绥敢造、邕宁长塘等遗址，均属以螺壳为主要堆积的贝丘遗址，相对集中，地理位置相似，器物组合相同，具有相同的埋葬习俗及相同的经济活动和生活习惯。顶蛳山遗址的发掘，使得对于该类遗址的类型及文化内涵有了更为清晰的认识。依据考古学文化命名的原则，学术界将以顶蛳山遗址第二、三期为代表的，集中分布在南宁及其附近地区的南方淡水流域，以贝丘遗址为特征的遗存命名为顶蛳山文化。顶蛳山遗址为其代表遗址，其中以顶蛳山遗址第二期为代表的遗存属新石器时代中期早段，而以顶

蛳山遗址第三期为代表的遗存属新石器时代中期晚段。顶蛳山遗址是中国原始文化序列中第一个以广西地名命名的史前文化。

1997年，顶蛳山遗址被邕宁县人民政府公布为县文物保护单位。2000年7月，顶蛳山遗址被广西壮族自治区人民政府公布为自治区文物保护单位。2001年6月25日，顶蛳山遗址被国务院公布为第五批全国重点文物保护单位，编号5-0101-1-101。2003年，国家文物局拨出专款，编制保护规划，制定顶蛳山遗址的保护方案。2003年1月2日，广西壮族自治区政府印发《关于广西农民运动讲习所旧址等20处文物保护单位保护范围和建设控制地带的通知》，公布顶蛳山遗址的保护范围及建设控制地带。2006年，邕宁县文物管理所更名为邕宁区文物管理所，继续承担顶蛳山遗址的保护管理，并建立、完善、保管遗址的全国重点文物保护单位记录档案。

跨湖桥遗址 是杭州湾区域最早的新石器时代遗址之一，距今约8000年，位于浙江省杭州市萧山区湘湖村。跨湖桥为古湘湖狭隘处连接东西两岸的古桥。遗址位于桥南700米处，西、北依山，东南面水，坐落在从西北山麓向东南延伸的第四纪黄土层上，土层层表为末次冰期暴露于地表的铁质风化壳。遗址东部边缘与西部山脚相距350米，其间的坡度落差仅5米左右，地势比较平缓。

遗址经过三次发掘。1990年，文物部门进行第一次考古发掘，在遗址中心区域，发现木构建筑、橡子储藏坑等遗迹，年代距今8200～7200。2001年，进行第二次考古发掘，一大批出土陶器得到修复，文化面貌有更

跨湖桥遗址的独木舟遗迹

全面的呈现，碳十四测定数据确认遗址年代上限距今8000多年，属新石器时代文化。2002年9～12月，浙江省文物考古研究所与萧山区博物馆合作，对遗址的残余部分进行再次发掘，发现中国古老的独木舟。

遗址埋藏在深厚的海相层之下，底层海拔-1.2～-0.9米。发掘出土骨、木、石、陶器500余件。陶器的基本组合为釜、豆、罐、钵、甑以及釜支座、纺轮、线轮；石器以斧、锛、凿、杵及磨盘为主；骨器见有耜、梭、叉、三孔和双孔的哨等；木器中包括各种规格的石锛柄、独木梯和大量的小型器具。骨木器中包含原始纺织的器件。彩陶及骨、木器上的刻画装饰引人注目。彩陶分薄彩、厚彩两种，薄彩施于豆盘内底，一般为红彩；厚彩施于外壁，触摸有明显隆起感，易脱落，一般为乳白

色。纹样见有太阳纹、垂帐纹、火焰纹等。发现中国最早的漆器（弓）等重要文物。

遗址保存大量的动植物标本。动物标本包括32个种属，有螃蟹、鲤鱼（科）、乌鳢、龟、扬子鳄、天鹅、鸭、鹰、雕、丹顶鹤、灰鹤、海豚（科）、鼠、貉、狗、獾、虎、豹猫、犀、猪、麋鹿、梅花鹿、小型鹿科、水牛、苏门羚等。植物标本包括1000多稻谷、稻米和谷壳，其中稻米369粒、稻谷196粒、谷壳498粒。稻谷与稻米的粒形显示出栽培稻的特征，与现代籼稻相似，相应的植硅体形状却接近粳稻。同时还存在粒形和野生稻相似的稻谷，说明跨湖桥遗址的稻谷可能驯化自本地的野生稻，是尚未完全分化的原始栽培稻。

独木舟残长5.6米，西南—东北向摆放。东北端保存基本完整，船头上翘，比船身窄，

宽约29厘米，离船头25厘米处，宽度突增至52厘米。船体制作光整，内侧有多处黑焦面，当是借助火焦法挖凿船体的证据。离船头42厘米、67厘米、110厘米处有三组横向裂纹，可能是翘起的船头受力下沉所致。从残破面上测量，船体较薄，底部与侧舷厚度均约为2.5厘米。考虑到船体的收缩、变形因素，实际尺寸应该更大些。经检测，制作独木舟的木材是马尾松。独木舟存在于相关的遗迹现象中。船体的东南舷侧，并列打入多根木桩，分柱桩与板桩两种，基本呈等距分布，经过解剖的两根木桩均深入生土；船体的西北舷侧也发现木桩及柱洞。在离船头20厘米的底部，压有一根横木；中部的一根木桩旁，另有一根横木似被船体压断。独木舟当时是固定在由木桩、横木构成的架子上。独木舟的东南侧堆放着许多基本与船体平行木料与木板，其中四根带树皮的木料明显是由一根原木剖凿而成，木料长达2.8米。船体两侧发现两件未见使用痕迹的木桨和数件石锛柄、石锛、石器崩片、砺石。应该是一个与独木舟的制作、修理相关的加工现场。

据北京大学文博学院考古实验室的碳十四年代测定，跨湖桥遗址的校正年代为距今

跨湖桥遗址出土太阳纹形彩陶

8200～7200年。由于其文化面貌十分特殊，不同于附近地区的河姆渡文化、马家浜文化，考古学家认为是一种新的考古学文化类型。独木舟的测定年代为距今8000年，船史专家认为是中国发现的最早独木舟。遗址发现的漆弓也是中国发现的最早的漆器之一。

2004年，杭州市园林文物局将跨湖桥遗址公布为杭州市文物保护点。2005年，浙江省人民政府将跨湖桥遗址公布为第五批省级文物保护单位。2006年5月25日，跨湖桥遗址被国务院公布为第六批全国重点文物保护单位，编号6-0082-1-082。2009年，成立萧山跨湖桥遗址博物馆，负责遗址的保护管理工作。2014年，浙江省人民政府划定跨湖桥遗址的保护范围和建设控制地带。2007年7月，建立跨湖桥遗址"四有"档案，由杭州市萧山区博物馆保存。

兴隆洼遗址 是中国北方地区新石器时代聚落遗址之一，位于内蒙古自治区敖汉旗宝国吐乡兴隆洼村东南1.3千米。地处努鲁儿虎山脉北麓，大凌河上游支流牤牛河上游，南为群山区，北面视野开阔，为浅丘陵地貌。遗址坐落在低丘陵西缘上，东高西低，高出附近地面约20米，西南坡下有泉水。

1982年秋冬，中国社会科学院考古研究所内蒙古工作队与敖汉旗文化馆在敖汉旗东南部进行文物普查工作，发现兴隆洼遗址，面积约4万平方米。1983～1986年、1992年、1993年、2000年，中国社会科学院考古研究所内蒙古工作队先后进行七次发掘，共揭露面积3万余平方米，发掘出兴隆洼文化聚落环壕1条、房址180余座、墓葬30余座、窖穴和灰坑400余座，出土大量陶器、石器、玉器、骨器以及动

物骨骼和植物果核，另外还有少量红山文化和夏家店下层文化遗存。

兴隆洼遗址地层关系简单，房址、窖穴与灰坑、围沟、室外墓葬等遗迹大多开口于耕土层下，直接打破生土。遗迹间打破关系较少，兴隆洼文化有房屋打破围沟、房屋打破房屋、室内墓葬打破房址等打破关系，也有红山文化和夏家店下层文化灰坑和围沟分别打破兴隆洼文化房址。文化层厚约1～4米。

根据兴隆洼遗址兴隆洼文化遗存特征，可分为早、晚两期：早期聚落分布在遗址东南部；晚期聚落分布在遗址西北部。

早期聚落周围环绕围沟，围沟内分布排列齐整的房屋。围沟内房屋共有11排，均呈西北—东南向分布，其中有8排贯通，3排为夹排，每排3～7间不等，最大两座的房址面积达140余平方米，位于聚落中心，用于集会、议事或举行某种仪式的公共场所。大部分房址的面积为50～80平方米不等，用于起居和生活，居住面多为生土砸实而成。陶器烧制火候较低，陶质疏松，胎体厚重，纹饰排列不甚规整。

晚期遗存有的打破早期围沟，有的营建在围沟的内侧，有的营建在围沟的外侧，房屋的方向朝向坡下西南，排列不规整，布局不再成排分布。房址面积较小，一般在20～50平方米，居住面经过抹泥。陶器烧制火候较高，陶质较硬，胎体较薄，纹饰排列规整。

兴隆洼文化围沟呈不规则圆形，东南—西北宽166米，东北—西南长183米，宽1.5～2米，深0.55～1米。出入口寨门位于环壕西北

兴隆洼聚落遗址

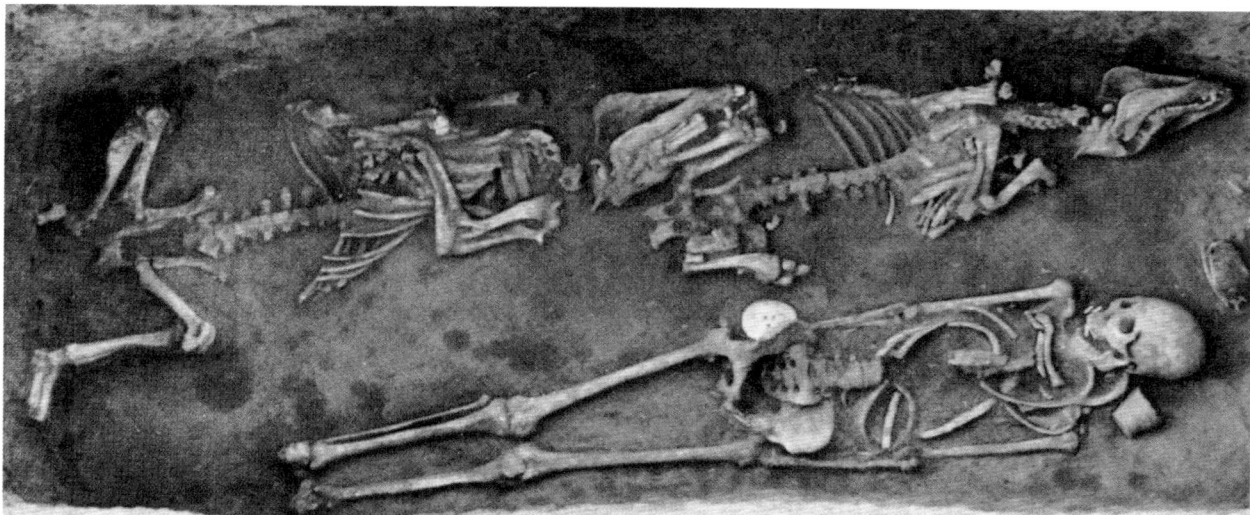

兴隆洼遗址人猪合葬墓

最高处。

兴隆洼文化房屋均为半地穴式建筑，平面呈圆角长方形，没有门道。穴壁多为褐黄色生土，少数为熟土穴壁，残高0.1～1米。居住面多系将生土底砸实而成，少数的经过抹泥处理，平整而坚硬。灶位于居住面中部，圆形直壁平底，个别底部铺有石块。柱洞分布在穴内，分为单层柱洞和双层柱洞两类。单层柱洞有4个或6个柱洞，均匀地分布在灶与穴壁之间。双层柱洞的数量10～20个，外圈沿四壁里侧排列，内圈分布在灶的周围。居住面上遗物较多，种类和数量多寡不一，多达几十件，少则一无所有。

兴隆洼文化窖穴主要分布在房屋周围，也有少部分分布在室内。圆形直壁平底坑占绝大多数，还有少量袋形坑和椭圆形、长方形和不规则形坑。

兴隆洼文化墓葬分室内葬和室外葬两种，室内葬占绝大多数，个别为室外葬。室内葬的墓壁的一侧依房内壁下挖，打破居住面或压在居住面之下，打破生土。均为长方形竖穴土圹墓。以单人葬为主，双人葬占少数，仰身直肢。墓主头向依墓葬在房址中位置不同而有别，一类向西北，一类向东北。大多数墓葬有随葬品，数量不等，种类有陶器、石器、玉器、骨器、蚌器等。118号墓为180号房址内的室内葬，人骨右侧放置两只完整猪，人猪合葬现象既体现对祖先灵魂的祭祀，也是对猎物灵魂的祭祀。

兴隆洼文化陶器均为夹砂陶，较大的陶器夹粗砂，较小的陶器夹细砂。大多数陶质质地疏松，胎厚重，烧制火候不高；少部分陶质质地较硬，胎较薄，烧制火候较高。器表呈褐色，内壁多呈黑灰色，少数浅黄色。绝大多数陶器外表饰满纹饰，个别陶器为素面。纹饰制法以压印为主，还有少量压划和戳印。纹饰布局多为三段式，少为两段式和一段式。三段式布局的上部是凹弦纹带，中部为细泥条附加堆纹或凸泥带，上饰短斜线交叉纹、平行短斜线纹、折线纹、指甲压印窝纹、三点式篦纹等，下部主体纹饰常见短斜线交叉纹、横"人"字纹、席状纹、网格纹、"之"字纹等，近底部部分为素面。均为手制,采用泥圈套接法。器形以筒形罐为主,钵、碗、杯、盅数量较少。

兴隆洼文化石器分为打制、磨制、琢制和压制四种,器形有锄形器、铲形器、斧形器、饼形器、斧、凿、刀、磨盘、磨棒、磨石、砥石、砍砸器、盘状器、管、石叶等。玉器有玦、匕形器、弯条形器、斧、锛等。骨器有笛、锥、针、镖、刀等,蚌器多为饰品。

兴隆洼文化发现有鹿、猪、熊、牛、狍、雉、鼠等等大量动物骨骼,植物有胡桃楸果核、枣核等。动物骨骼多为零散分布,也有聚组摆放兽头的现象,以鹿和猪头骨为主,额头正中钻有圆孔。

红山文化遗存分布在东南梁,有房址40余座,房址为方形半地穴式建筑,遗物有泥质红陶黑彩钵、夹砂红褐陶"之"字纹筒形罐等。夏家店下层文化遗存位于西北侧,有两个圆形土筑围墙,西墙外侧为墓地。

兴隆洼遗址的兴隆洼文化有12个碳十四前测年数据,年代为公元前6200～前4200年。

兴隆洼遗址发掘确立了兴隆洼文化,使辽西地区新石器时代上溯至8000年前,填补辽西地区新石器时代序列空白。从遗迹间的打破关

兴隆洼遗址出土陶器

系可以确定兴隆洼文化早于红山文化,夏家店下层文化晚于红山文化,对探讨红山文化源流意义重大。兴隆洼遗址发掘进一步明确西辽河流域是一个独立文化区,与黄河流域新石器时代考古学文化谱系有别,平行发展、相互影响的历史地位。对兴隆洼遗址七次发掘,首次全面揭露出早晚两处兴隆洼文化聚落址,为研究兴隆洼文化家庭组织、社会组织结构和社会演变过程提供了丰富资料。

1986年,兴隆洼遗址被敖汉旗人民政府公布为旗级文物保护单位,是年成立敖汉旗博物馆,负责兴隆洼遗址的保护管理。1993年,被赤峰市人民政府公布为市级文物保护单位。1996年11月20日,兴隆洼遗址被国务院公布为第四批全国重点文物保护单位,编号4-0006-1-006。兴隆洼遗址的发掘区已全部回填保护,对1992和1993年发掘的80余座半地穴房址采取保护。"四有"档案保存于敖汉旗博物馆。2014年,国家文物局批准《内蒙古自治区敖汉旗兴隆洼遗址文物保护规划(2014～2030)》,确定保护范围与建设控制地带。

后李遗址 是后李文化的发现地和命名遗址,内涵比较丰富,先后有后李文化、北辛文化、商末周初、春秋战国、汉、北朝、隋唐、宋金、元明清等不同时期的人类活动遗存。位于山东省淄博市临淄区齐陵镇后李官庄村西北约500米处、淄河东岸一片呈半岛状外凸的二级台地上,西北与临淄齐故城隔河相望。

由于淄河的冲刷,后李遗址的西北和西部、南部受到严重侵蚀,形成了10余米的断崖,崖面随处可见残存的灰坑、墓葬、水井和

后李遗址

后李、北辛文化）和"晚商"时期的遗存。此后，山东省、市、区文物部门对遗址进行多次现场调查和遗物采集。1987年，为配合济青高速公路建设，山东省文物考古研究所派员对遗址进行局部重点勘探和小规模的试掘，进一步认定其为大汶口文化和两周时期的遗址。1988～1993年，后李遗址连续五次发掘，揭露总面积约6900平方米，共清理各类墓葬193座、水井43座、灰坑和窖穴3764个、房址9处、陶窑6座、大型车马坑2座、大型围壕一座。

陶片等遗迹、遗物。遗址范围东西约400米、南北约500米，总面积约15万平方米。根据现代地貌形态和遗址残存的平面形状观察，估计其原有面积约30万平方米。

1965年，山东省文化局临淄工作队在考古调查中于淄河东岸发现"新石器时代遗址"。是年秋，北京大学历史系考古专业师生在遗址西南部进行试掘，证实有大汶口文化（实为

后李遗址属河岸岗地地貌，根据钻探和发掘的情况观察，遗址的中心部位最高（相当部分被河水冲掉），文化堆积最厚，可达2～5米。经发掘的40余口水井的深度一般可达14米，其底部高程比淄河河床低3～5米。东部和北部文化堆积较薄，一般在2～2.5米。后李遗址面积大，延续时间长，地层叠压打破关系复

后李遗址发掘现场

87

杂。全部文化堆积可以概括为七个大的历史段落：第10～12文化层及相关遗迹为后李文化的遗存，有2个中期阶段标本的碳十四测年数据，分别为距今8160年和距今7850年（均经校正）；第9文化层及相关遗迹为北辛文化晚期的遗物，距今6100～5900年；第8文化层及相关墓葬为商末周初遗存；第6～7文化层及相关遗迹为东周时期的遗存，大约自春秋中期一直延续到战国晚期；第5文化层及相关遗迹为汉代遗存；第4文化层及相关遗迹，约为北朝、隋唐、宋金时期的遗存。第3文化层及相关遗迹，约为元明清时期的遗存。

从整个发掘区揭露的情况看，汉代、宋金及明清时期的遗存相对集中于遗址的东部；东周时期的活动中心在遗址的中西部，大型墓葬分布于遗址的东部边缘；商末周初的墓葬主要分布在遗址的中部略偏北；新石器时代的遗存在整个发掘区均有出露，因后期遗存干扰过甚，其中心部位不易确定。

后李文化发现有灰坑、墓葬、烧灶、房址、陶窑等。灰坑为圆形、椭圆形和不规则形。墓葬有小型土坑竖穴和土坑竖穴侧室两种形制。房址为半地穴式，不规则圆形，地面为夯土，坚实较硬。陶窑为竖式陶窑，分窑室、火膛和泄灰坑三部分。由于后期遗存干扰过甚，上述遗迹大多残缺不全，保存较好的陶窑，只剩下窑箅和火塘，上部完全被晚期灰坑打掉。窑箅直径84厘米，有7个分布不规则的火孔。火塘口两壁竖直，顶部塌陷。墓葬发现较少，111号墓为一竖穴侧室墓，保存较完整，长方形竖穴，侧室是在竖穴北侧掏挖的长条扁洞，头宽脚窄，贯通竖穴东端。随葬3个陶支脚和1件大蚌壳。竖穴侧室墓葬未见于其他后李文化遗址，在后李遗址仅此一例。出土遗物有陶器和骨器。器形有钵、双耳罐、釜、盂、器盖及陶支脚等，以深腹圜底釜最为常见，另有少量平地器、圈足器和乳丁足器。陶质均为夹砂陶为主，不见泥质陶；陶色以红陶、红褐陶居多，有少量黑褐陶和黄褐陶。纹饰有附加堆纹、指甲纹、压印纹和乳丁纹。骨角蚌器多为凿、匕、锥、镖、刀、镰等。有少量石器，以打制为主。种类有锤、斧、铲、磨盘、磨棒、刮削器、尖状器等。

后李遗址的第9层为北辛文化遗存，内涵比较单纯，时间跨度不长。陶质有夹砂陶和泥质陶，泥质陶占相当大的比例，部分陶器夹蚌壳末

后李遗址北辛文化遗存陶盆

后李遗址北辛文化遗存陶罐

后李遗址春秋时期殉车马遗存

和云母颗粒。陶色以红陶为主，灰陶和黑陶次之。主要器类有鼎、盆、钵、罐、盘、壶等，以鼎为主要炊器。石器有斧、铲、磨盘、磨棒及各种磨石。另有骨锥、蚌镰等，石骨器多通体磨光，制作精致。发现半地穴式房址。墓葬为土坑竖穴式。其年代相当于北辛文化晚期。

商末周初平民墓，是当时齐国故城及其周边首次发现的成规模的同期墓地，随葬品的主要组合为鬲、罐、簋，包含有殷商和西周文化因素，而以土著因素为主，是研究姜齐受封立国、族群融合等历史课题的珍贵实物资料。

春秋战国时期的主要遗存有大墓、车马坑、水井、窖穴、陶窑、灰坑等。其中158号墓为春秋中期大墓，有1座车马坑，平面呈不规则长方形，内殉车10辆，32匹驾马，车马配套，由北向南排成一排。车具多为青铜构件，马饰有贝壳、青铜泡、珠和象牙等，构图精美细致，是山东地区首次发现的春秋车马配套殉葬的大型车马坑。

汉代遗存主要为地层和大型灰坑；北朝、隋唐和宋金时期遗存分别为围壕、墓葬等；元明清时期的遗存分别为地层和墓葬。

后李文化距今约8500～7500年，是山东地区最早的新石器时代文化，对于探讨细石器与新石器时代早期文化的过渡及其发展具有十分重要的意义。

后李遗址发掘后，早期文化遗存被命名为后李文化。发掘的一、二号车马坑被原址保护，并以此为基础设立中国古车博物馆。2006年5月25日，后李遗址被国务院公布为第六批全国重点文物保护单位，编号6-0114-1-114。2013年，经山东省人民政府授权，山东省文物局公布后李遗址的保护范围和建设控制地带。后李遗址的管理机构为临淄区文物管理局。

大地湾遗址 是渭河上游地区新石器时代的大型聚落遗址，距今约7800～4800年，位于甘肃省秦安县五营乡邵店村东南冯家湾村西，文化遗存主要分布在渭河的二级支流清水河南岸的二、三级阶地以及相接的缓坡山地上。范围北起河边阶地，南至山顶堡子，东西两侧分别为冯家湾沟和阎家沟溪流，总面积约275万平方米。

1958年，甘肃省文物管理委员会在泾渭流域组织文物普查时在名为大地湾的山坡地带发现仰韶晚期遗存，并由此命名。1977年，在兴建公社卫生院和小学时，陆续发现仰韶文化墓葬、房址，同时出土一些陶器，引起文物部门的重视。1978～1984年，甘肃省博物馆文物工作队进行大规模的考古发掘，1995年，做补充发掘，先后发掘10个区域、163个探方、6个探沟，总共发掘面积14752平方米。相继清理新石器时代房屋遗迹240座、灶址98个、柱基2处、灰坑和窖穴325个、墓葬65座、窑址35座以及沟渠12段；出土陶器4147件、石器1931件、骨角牙蚌器2227件、兽骨17000多件以及

大地湾遗址远景

数十万残陶片。

大地湾遗址文化层堆积较厚，大多为1～2米，少数地段厚达3米许。依据地层关系及出土物，划分为五个文化期：主要包括前仰韶文化、仰韶文化早中晚期和常山下层文化。

第一期文化遗存可称为前仰韶文化，距今7800～7300年。聚落建于较低的河旁二级阶地。房屋系地穴较深的圆形半地穴建筑。陶器以夹细砂褐陶为主，大多为圜底器、三足器，多饰交错绳纹，钵形器口沿内外常饰红色彩带。石骨器种类较少，磨制较粗，有一定数量的打制石器。

第二期文化遗存属于仰韶文化早期，可称作大地湾二期类型，距今6500～5900年。聚落由二级河边阶地扩展到三级阶地，由壕沟围成椭圆形，中心系广场和公共墓地，房址以广场为中心呈扇形多层分布。房屋为半地穴建筑，大多为长方形或方形。居住面为草泥土。发现15座成人墓葬、6座儿童瓮棺葬。陶器以细泥、夹砂红陶为主，典型器物为圜底钵、叠唇或卷唇盆、葫芦形口尖底瓶、侈口双唇深腹罐、弦纹浅腹罐、敛口瓮、尖底缸等，彩陶主要为黑彩，图案有宽带纹、生动活泼的鱼纹及

各种直线、圆点、弧线构成的几何纹。有成套的农业加工工具如碾磨石、棒、盘，磨制较精的如石铲、石斧。极少量的玉凿、玉锛此时已出现。骨器以骨笄、骨镞、骨锥为大宗，骨体石刃器独具特色。二期遗存与陕西关中的半坡类型大同小异。

第三期文化遗存属仰韶文化中期，距今5900～5500年。聚落已扩展到河边三级阶地后缘以及山脚下。房屋仍为长方形或近方形半地穴建筑。袋状窖穴较前增多。陶器以细泥红陶、夹砂红陶为主，有少量的泥质橙黄陶和灰陶以及夹砂褐陶。典型器物有敛口平底钵、曲腹彩陶盆、双錾盆、双唇口尖底瓶、腹饰弦纹、绳纹的鼓颈罐和短颈罐、大口小底缸、曲

鱼纹彩陶盆

腹瓮等。彩陶发达，绝大多数为黑彩，偶见红、白彩，图案绚丽精美，线条生动活泼，有弧边三角纹、勾连纹、花瓣纹、豆荚纹、网格纹等，主要由圆点和弧线组成。彩陶与豫晋陕交界区的庙底沟类型在陶器形制和彩陶花纹上存在较明显的差别。

第四期文化遗存为仰韶文化晚期，距今5500～4900年。聚落主体坐落在背山面河的山坡上，山坡中部以901号、405号、400号房址等构成的大型原始宫殿式建筑作为公共活动中心，周围分布着数个房址密集的居住区，形成众星捧月的格局。房屋均为平地起建的长方形或近方形建筑，平面大多呈"凸"字形或"吕"字形，居住面有草泥土、料姜石、白灰面、以轻骨料、砂石、料姜石粉混凝而成的类似现代水泥地面等。901号房址以长方形主室为中心，主室面积131平方米，东西中轴线长16米、南北中轴线宽8米。以901号房址为中心，两侧扩展为与主室相通的东西侧室，左右对称；主室后面设单独的后室，前面有附属建筑，前后呼应、井然有序、主次分明，形成一个结构复杂、布局严谨、占地总面积达420多平方米的建筑群体。其居住面大部分保存完好，以轻骨料、砂石、料姜石粉混凝而成的类似现代水泥地面极具特色。901号房址应是大地湾乃至清水河沿岸的原始部落的公共活动中心——一座宏伟而庄严的部落会堂。灰坑形制种类复杂多样，袋状窖穴内常出有成组器物和炭化粮食。陶质分为泥质、夹砂两大类，陶色有红、橙黄、灰、红褐、黄褐、灰褐等。以敛口钵、平底碗、浅腹盆、平沿或喇叭口尖底瓶、矮颈或高细颈壶、侈口夹砂罐、尖唇或方唇或圆唇缸、圆唇夹砂瓮、四足鼎等为主要器形。夹砂陶器多饰附加堆纹带。彩陶以黑彩为主，少量为红彩，出现白色、朱红色彩绘；图案以圆点、弧线和少量直线构成，有弧线三角纹、花瓣纹、漩涡纹、网格纹、平行线纹等，有个别的蛙纹、写实动物纹。部分石器制作相当精细，石刀大量增多，新出现较多"T"字形铲。陶刀、陶环和陶角数量和品种比前成倍增加。总体文化面貌接近关中西部，但彩陶比例大于关中等地，应命名为大地湾四期类型。

第五期文化遗存为常山下层文化，年代大约在距今4900～4800年，仅出土少量遗迹遗物。这类遗存在渭河流域是首次发现，主要分布在海拔1550米以上的半山地区。房址为平地起建的白灰

F901 房址

大地湾遗址出土人头型器口彩陶瓶

面建筑。陶器以敛口钵、平底碗、平沿盆、浅腹平底盘、小口鼓腹壶、桶腹罐、单耳罐、尖底瓶等为主要器形，开始使用横篮纹。第五期是仰韶文化向齐家文化的过渡性遗存。

2006年6月至2015年1月，中国科学院古脊椎动物与古人类研究所、甘肃省文物考古研究所、兰州大学对遗址进行多次小规模的考古发掘，发现旧石器时代遗迹和遗物，再度确认大地湾遗址新石器时代层位下有连续的旧石器时代遗存。

大地湾遗址发现房址240座，为中国史前建筑研究提供了珍贵的资料。房址类型多样，发展变化复杂，时间跨度约3000年。大地湾遗址考古发现，表明渭河上游是中华文化和文明的发祥地之一。大地湾四期聚落的宏大气势显示出作为清水河沿岸中心聚落的性质，标志着原始社会正处在向文明社会转折过渡。距今7000多年前的一期半地穴圆形房址，是中国考古发现时代最早的一批房址，代表着中国土木建筑的源头。四期901号房址是中国新石器时代面积最大、工艺水平最高的房屋建筑，体现中国传统土木建筑的特点，开创后世宫殿建筑的先河。

1961年，大地湾遗址被秦安县公布为县级保护单位。1981年，被甘肃省人民政府公布为省级文物保护单位。1988年11月13日，大地湾遗址被国务院公布为第三批全国重点文物保护单位，编号3-0189-1-009。2003年，甘肃省人民政府公布大地湾遗址的保护范围和建设控制地带。甘肃省大地湾文物保护研究所承担大地湾遗址的保护、管理、研究和利用工作。大地湾博物馆、301号房址原始村落遗址和901号房址原始宫殿遗址均免费开放。建立"大地湾遗址记录档案"，保管于大地湾文物保护研究所。

磁山遗址 是新石器时代较早阶段的大型聚落遗址，也是磁山文化的命名地点，距今7500～8000年，位于河北省武安市磁山镇磁山二街，主要分布于村东南约1千米的洺河北岸台地上。

磁山遗址平面呈不规则长方形，东西长412米，南北宽380米，面积约13万平方米。结构类型以磁山文化为主，有商、周、宋、金等时期遗存组成的五期文化类型。

磁山文化类型分布在遗址的大部，西南部沿河一带比较丰富，灰坑及粮食窖穴比较密集，共发现灰坑及粮食窖穴200余座，出土发霉粟经计算折合成现代重量有10万余斤，出土数量较多的有代表性器物如陶椭圆形盂、倒靴形（鸟头形）支架、小口瓶、深腹罐和石磨盘、石磨棒以及半地穴式房基等。出土的陶器

磁山遗址远景

均为手制,火候较低,质地粗糙,以夹砂红陶为主。纹饰有剔刺纹、篦点纹、划纹等。出土有骨器、蚌器等。商、周文化层出土有陶器、石器等,器形有罐等,纹饰有细绳纹、浅细绳纹等,石器有石斧、石铲等,磨制不精。遗址在1995年最后一次发掘后进行回填,恢复为耕地,表面平坦。遗址未发掘区均为耕地,保存状况良好。遗址西南1980年建团球厂一处,后被拆除恢复为耕地。

20世纪70年代以来,磁山遗址断断续续进行3次大规模发掘。

1976年冬至1978年,第一次发掘,前后分为两个阶段:1976年冬至1977年6月为试掘阶段,省文物管理处委托邯郸市文物保管所进行;1977年7月至1978年为正式发掘阶段,省文物管理处和邯郸市文物保管所联合进行。共揭露面积2579平方米,清理半地穴式房基2座,灰坑474个,长方形窖穴360个(内储存有粮食的88个),陶石器组合物45组,灰沟3条,出土残碎陶片数万片,其中完整和可复原文化遗物2000余件,有部分胡桃、榛子、小叶

朴和兽、禽、蚌等动植物标本,并发现有大量人工培育的"粟"和人工饲养的猪、狗、鸡等家禽家畜遗骸。

1985~1989年,第二次发掘,由河北省文物研究所牵头,组成省、地、县联合考古队进行发掘。最初起因是为配合原磁山二大队砖厂用土,后来转为主动性发掘。此次发掘共揭露面积2713平方米,清理半地穴式房址1座,灰坑及窖穴331个,灰沟2条,陶石器组合物65组,出土陶、石、骨、蚌器等遗物2000余件和部分动植物标本。

磁山遗址出土陶盂

磁山遗址出土石磨盘和石磨棒

1994～1995年、1997～1998年，第三次发掘，由省文物研究所、邯郸市文物管理处（后更名为邯郸市文物保护研究所）联合进行。此次发掘共揭露面积1850平方米，发现房址4座，疑似房址2座，灰坑及窖穴244座，陶石组合物近10组，出土文物千余件。

磁山遗址三次发掘面积共7142平方米，占遗址总面积的5.5%。发现清理灰坑及窖穴约1049个，房址7个，疑似房址2个，陶石器组合物120多组，灰沟5条，出土文物5000余件，发现大量人工培育的粟和人工饲养的猪、狗、鸡等家禽家畜遗骸。

严文明在《考古》杂志1979年第1期发表论文《黄河流域新石器时代早期文化的新发现》，首次提出磁山文化的命名，得到大多数专家学者的认同。磁山文化内涵丰富，在新石器时代诸文化中独树一帜，为研究当时的经济类型及发展水平提供科学依据。经中国社会科学院考古研究所实验室测定，磁山文化遗存的年代距今7335±105年，加上树轮校正值，实际年代达8000年以上，属新石器时代早期文化，突破仰韶文化的考古年代，早于仰韶文化约1000年。

磁山遗址出土的古粟，将中国人工种植粟的历史追溯到8000多年前，同时证明中国是世界上人工种植粟最早的国家。磁山遗址出土的家鸡，年代距今8000年以上，时间之早大大超过印度。磁山遗址出土的核桃，证实磁山是核桃的最早产地。过去一般认为核桃是西汉时期张骞出使西域时由西域引入内地的，故又名"胡桃"，磁山遗址炭化核桃的发现，使人们对核桃的产地及时间有了新的认识。磁山遗址中发现长方形窖穴345个，粮食窖穴占长方形窖穴的80%以上，是为中国最早的粮食窖穴，说明当时农业经济有较大的发展。石磨盘、石磨棒是磁山遗址中石器的典型器物，是一种类似面板和面杖、依靠搓磨进行脱粒的粮食加工工具。磨盘一般长约45厘米，宽约20厘米，通高约5厘米，磨棒呈圆柱体，长25～40厘米，形制特殊，前所罕见，是发现的人类历史上最早、最原始的脱粒工具之一。

1982年，河北省人民政府公布磁山遗址为河北省重点文物保护单位。1983年，武安县人民政府颁发《武安县磁山文化遗址保护管理暂行条例》。1988年1月13日，磁山遗址被国务院公布为第三批全国重点文物保护单位，编号3-0188-1-008；保护范围及建设控制地带随之由河北省人民政府公布。1995年，武安市正式成立磁山文化博物馆，暂时由武安市文物保管所代管。2002年，武安市人民政府公布《磁山遗址保护管理办法》。2011年磁山博物馆新馆建立，正式归武安市文广新体局管理，兼管遗址保护工作。磁山遗址建立有标准档案。

查海遗址 是新石器时代大型聚落遗址，距今约8000多年，位于辽宁省阜新蒙古族自治县沙拉镇查海村西南约2.5千米，距阜新市区

1994年查海遗址发掘现场

约25千米。

1982年，在全国第二次文物普查时，阜新市文物普查队在查海村"泉水沟"北坡的向阳扇面台地上发现新石器时代遗存，并由此命名。1986年起，辽宁省博物馆文物队开始对查海遗址进行试掘。1987～1994年，辽宁省文物考古研究所对查海遗址进行正式发掘，七次发掘总计揭露面积5800平方米，清理新石器时代遗迹有房址、灶址、柱洞、灰坑、窖穴等，出土遗物有玉器、陶器、石器、骨角器以及炭化物等。

查海遗址文化层堆积较薄且单一，一般在80～100厘米不等。距地表20～30厘米可见遗迹遗物。遗物主要出土于房址。依据房址特征、建筑方法及出土遗物，可分为早、中、晚三期聚落文化。

早期房址数量少，共计5座，排列规整，

在房址南面东端有向外突出的半圆体。室内单灶，灶内有铺石现象，个别室内有大型窖穴，室外窖穴成排分布。生产工具以铲形石器、斧、磨棒、敲砸器、研磨器常见。其中铲形石器一般刃部打制，不经加工细磨。陶器数量少，器形较单一。

中期房址数量多于早期，共计15座，少见外突半圆体式房址，室内有的筑有二层台，有的居室内有墓葬，室内未见大型窖穴。室外

查海遗址出土石铲

95

查海遗址出土C‖式鼓腹罐

窑穴零星分布在房址旁边。石器种类与早期基本一致，小型石斧、石凿增多，铲形石器的腰部明显，造型一般有棱角，少数出现对器身和刃部的加工磨制。从出土的玉器看，当时钻孔技术已很先进，磨制技术加强。陶器内壁一般呈黑灰色，器表色不匀，有大片斑驳，常出现从底部往上逐渐加重，到口部多呈黑灰色的现象。纹饰开始增多，出现新纹样，以草划交叉纹为主，窝点纹、锥刺纹、网格纹、人字纹、弦纹、短斜线纹次之。一般不规整。附加堆纹带下移到陶器的颈部。开始流行几种纹饰并施于一器，以下移的附加堆纹带为界，采用三段式施压的做法，短斜线方向左斜压。偏晚阶段出现几何纹、草划"之"字纹，并发现少量灰褐陶。

晚期房址数量最多，共计35座，排列整齐，房址规格差别明显，少见外突半圆体及二层台式房址。有居室墓和室内窑穴，室外窑穴分布在房址一侧，室内有双灶现象，生产工具种类与前两期基本一样，但数量明显增多，发现用石器铺垫灶底的现象。石器通体磨光者增多，双孔圆形刃器增多，一般石器的形状都棱角清晰、刃口锋利，有的制作相当精细，少数

铲形石器刃部经过加工磨制，个别铲形石器形状特别。陶器以夹砂灰褐陶为主，火候较高，陶质比较坚硬，完整器较多。陶器内外表面较光滑，纹样更加增多，而且规整化。器身纹饰主要以压印"之"字纹及几何纹为主，网格纹、"人"字纹、短线纹、菱格纹、锥刺纹次之，盛行几种纹饰并施于一器的三段式做法。早、中期流行的素面、窝点、草划纹基本消失。器类仍较单一，只是陶器的数量增多，质量增高，斜腹罐少见，鼓腹罐增多，直腹罐仍占据主导地位，杯、钵小型器增多。但器口从直敞口式逐渐向外移，向喇叭口式发展。

查海遗址出土的玉器大都是真玉，为透闪石软玉，是全世界已知最早的真玉器。考古学家苏秉琦认为查海玉器能够解决玉器的认识、加工和使用等三个问题。玦是人耳部的一种佩饰，玉玦在东北亚多有发现，有其自身的演进轨迹，玉玦的起源与传播路线，应从中国的辽河流域、大凌河流域进一步探求。

查海遗址的制陶业处在手工制作的发展阶段，以泥条盘筑的方法，完成陶器的基本雏形，再以刻划、压印、浮雕手法对陶器进行外表装饰，后入窑烘烧，形成当时制陶工艺的特有风格。分析表明，陶器的装饰方法对后来红山文化的彩陶图案起源产生重要影响。

查海遗址是中国东北地区发现的较早的新石器时代中期大型聚落遗址，是中国远古文化的重要发祥地之一。查海遗址的石塑龙是人工的，是中国发现的年代最早、形体最大的龙的形象，它对探讨中国龙的起源及辽河流域的原始文明有着重大的意义。

1992年9月，阜新市人民政府成立查海遗

址博物馆。1993年，辽宁省人民政府重新划定查海遗址保护范围。1996年11月20日，查海遗址被国务院公布为第四批全国重点文物保护单位，编号4-0007-1-0007。保护规划已经编制完成且已上报辽宁省政府。"四有"档案在不断补充。

裴李岗遗址　为中原地区新石器时代较早阶段文化的典型遗址，位于河南省新郑市区西北约7.5千米的新村镇裴李岗村西侧，双泊河（古洧水）河湾中部的岗地之上，高出河床25米。

1958年，裴李岗村群众耕作时拣选到陶、石器，发现裴李岗遗址。1972年，裴李岗村在遗址中部修建南北向水渠一道，把遗址分为东西两部分。20世纪60～70年代，多次出土石磨盘、磨棒、人骨、陶器，初定为原始社会末期遗物。1977～1979年，开封地区文物管理委员会、新郑县文物管理委员会、郑州大学历史系考古专业、中国社会科学院考古研究所等单位先后对裴李岗遗址进行大面积发掘，其中1979年发掘面积2157平方米，发掘清理墓葬82座、灰坑3座，出土各种遗物400多件，明确遗址的分布、内涵、性质，确定裴李岗文化在中国新石器文化发展链条中的地位。

裴李岗遗址面积约2万平方米，文化层厚1～2米。东半部为居址区，堆积内含遗物较少，发现不少含有植物秸秆痕迹的烧土，应是房屋墙壁残块；西半部为氏族墓地，墓葬分布密集，排列有序。墓内随葬品多少不一，均为石器和陶器之类的生产工具和生活用具，个别墓葬随葬有装饰艺术品。发现陶窑1座，由窑室、烟道孔、火道等部分组成。其他灰坑22个，分布较分散，形状大多呈不规则圆形，少数呈椭圆形，个别的为圆角方形坑。灰坑中包含物较少，主要有烧土块、木炭屑、陶片、石器、动物遗骨、炭化果核等。出土生活用具主要是陶器，多出于墓葬和灰坑中。以红陶为

裴李岗遗址远景

裴李岗遗址出土石磨盘和石磨棒

裴李岗遗址出土三足陶钵

主，有少量的褐陶，火候较低，陶质疏松。器表多素面，纹饰主要有篦点纹、指甲纹、划纹、乳丁纹等。器形主要有鼎、钵、壶、罐、碗、勺等。生产工具主要是石器，以磨制为主，琢磨兼制次之，打制石器较少。主要有石铲、斧、镰、凿、磨盘和磨棒、弹丸等。其中砂岩琢磨而成的磨盘平面呈椭圆形，或附三足，与磨棒组合，成为裴李岗文化最具特色的标志性器物。装饰品和艺术品主要有骨簪、绿松石珠和陶塑猪头、羊头等。

据中国社会科学院考古研究所放射性实验室对裴李岗遗址出土的木炭标本的碳十四测年数据，裴李岗遗址绝对年代为距今7145±300年、7885±480年。

裴李岗文化是中国新石器时代早期文化的代表，遗存形态映射出氏族部落的族群结构和男女性别的自然分工，出土遗物反映黄淮流域氏族社会的早期农耕文明，在中国考古学史上有着重要的意义和价值。

裴李岗遗址由1983年4月成立的新郑县文物保护管理所负责管理和保护。1986年，裴李岗遗址被河南省人民政府公布为第二批省文物保护单位。2001年6月25日，裴李岗遗址被国务院公布为第五批全国重点文物保护单位，编号5-0064-1-064。2001年，成立新郑市文物管

理局，负责管理和保护。2004年，河南省人民政府明确裴李岗遗址保护范围与建设控制地带。2010年5月，新郑市文物管理局与新郑市旅游局合并成立新郑市旅游和文物局，统一负责裴李岗遗址的保护和管理工作。裴李岗遗址发掘区回填保护，遗址本体基本采取原状保存，文物保护范围内土地作为文物保护用地。遗址"四有"档案完备，存于新郑市旅游和文物局。

贾湖遗址 为中原地区新石器时代裴李岗文化的典型遗址，位于河南省舞阳县北舞渡镇贾湖村。面积约5.5万平方米，文化层厚1.5～2.5米。

1962年，贾湖遗址被发现。1980年，河南省文物工作队调查确认为新石器时代早期遗存。1983～1987年，河南省文物研究所进行6次发掘，发现房基30多座，灰坑300多个，陶窑10座，墓葬300多座，出土陶器、石器、骨器和龟甲等遗物数千件。2001年4～6月，中国科学技术大学科技史与科技考古系和河南省文物考古研究所联合，对贾湖遗址进行第七次发掘。发现房基8座、灰坑66个、陶窑3座、兽坑2个、墓葬96座，发现陶、石、骨等各种质地的遗物数百件，大量炭化水稻稻粒、豆粒等植物种子，各种鱼类、龟、鳖、鹿类、猪、狗等

动物骨骼。2013年9～12月，河南省文物考古研究院与中国科学技术大学联合，对舞阳贾湖遗址进行第八次考古发掘。此次发掘区域位于贾湖遗址中部，实际发掘面积300平方米。共清理墓葬97座、房址9座、灰坑25个、兽坑2个。出土陶、石、骨、角、牙等各种质料的器物600余件及动植物遗存。

贾湖遗址房基均为圆形或椭圆形半地穴式，有单间和多间，每间面积2～6平方米，房间有门槛或隔墙。房基附近的灰坑有圆形、椭圆形和不规则形。有的为窖穴，壁上留有台阶，有的周围还有柱洞。

墓葬均为土坑墓，葬式多仰身直肢，个别为侧身直肢或俯身直肢，多数墓内有随葬品，少者一件，多者数十件。多座墓葬中发现大批绿松石串饰随葬。少数墓中随葬有成组龟甲，龟甲多穿孔，龟甲内装有不同颜色的小卵石，个别龟甲上有契刻符号，还随葬有骨笛。

在制陶技术方面，发现的陶窑均为横穴式，上口近圆形，残存有火门、火膛、火台、窑壁烟道和出烟口。出土陶片中以夹砂陶为主，泥质陶次之，还有夹炭陶、夹云母陶，以红色为主，褐色占一定比例，灰色和黑色较少。由于火候不匀，陶色多不纯正，陶胎多呈灰或黑色。器表以磨光和素面为主，夹砂褐陶和红陶施赭石色陶衣。纹饰有绳纹、划纹、戳刺纹、附加堆纹、乳丁纹、齿状纹、篦点纹和指甲纹等。典型陶器有凿形足盆形鼎、凿形足卷沿罐形鼎、筒形角把罐、束颈鼓腹圜底罐、卷沿深腹罐、折沿深腹罐、折肩壶、圆肩圆腹壶、扁腹横耳壶、敛口钵和浅腹钵。

石器以磨制为主，有少量打制。农业生产工具有刮削器、弧刃斧、斜刃斧、两端弧形刃铲和齿刃镰。谷物加工工具有鞋底状四柱足石

贾湖遗址发掘现场

贾湖遗址出土的甲骨锲刻符龟甲

贾湖遗址出土骨笛

磨盘和石磨棒，还有绿松石饰等。

骨器有骨鱼镖、骨镞、骨针、骨叉形器和条形骨器等。还有骨笛，系用鹤类尺骨钻孔制成，形制固定，多为7孔，有的先刻好等分记号，再钻孔。个别又在第六孔与第七孔之间又钻小孔，制作精致，保存完好。经测音，能发出6声或7声音阶。在个别龟甲、骨器和石器上有罕见的契刻符号。

贾湖遗址出土木炭标本经碳十四测定并经树轮校正，距今约8600~7600年。

贾湖遗址的发掘为研究原始聚落形态、生产力水平、原始宗教和社会性质提供珍贵资料。出土的骨笛是中国最早的乐器，在中国乃至世界音乐史上占有重要地位。出土的甲骨契刻符号，是中国最早的与汉字起源有关的实物资料大量文物的出土，对研究8000多年前贾湖部落的经济结构、人类体质、技术工艺、聚落形态、宗教与音乐文化等都有着重大的意义；为研究中原地区淮河流域新石器时代文化、稻作农业起源、家畜鱼类饲养养殖、音乐起源、酿酒起源、原始宗教与卜筮起源、原始契刻与汉字起源、全新世气候与环境的演变及人与自然的关系等提供重要线索。

1986年，河南省人民政府公布贾湖遗址为第二批省级文物保护单位。1989年，河南省人民政府公布贾湖遗址的保护范围和建筑控制地带。2001年6月25日，贾湖遗址被国务院公布为第五批全国重点文物保护单位，编号5-0065-1-065。

高庙遗址 是沅水上游地区新石器时代贝丘遗址，距今7800~5200年，位于湖南省洪江市岔头乡岩里村三组沅水北岸一级台阶上。范围东至下垅溪石拱桥东岸，南至沅水北岸的河坎，西至下溪西岸，北至湾船，面积30200平方米。

1985年9月，第二次全国文物普查时发现高庙遗址。此后，由湖南省文物考古研究所与怀化市文物处进行三次考古发掘，每次发掘完后全部回填。1991年11~12月，第一次发掘，发掘面积410平方米，发现两具侧身屈肢葬人体骨架等，出土文物总计1000多件。2004年2~4月，第二次发掘，发掘面积100平方米，发现祭祀场、最早的竹制工艺品等。2005年2~8月，第三次发掘，发掘面积1100多平方

高庙遗址

米，发现大型的祭祀场所、夫妻合葬墓、四人合葬墓、多组房址等，为保存祭坛整体布局的完整故未向下发掘。三次发掘均出土有石器、陶器、骨器、白陶及水陆生动物遗骸，其中第三次发掘发现1万余件遗物。水生、陆生动物遗骸种类包括熊、亚洲象、獾、猴、鹿、麂、猪、牛、鱼、龟、鳖等数十种。

高庙遗址分布面积大，文化层的堆积厚度3～6.2米。遗存分上、下两部分：上部遗存为新石器时代偏晚阶段，简称高庙上层遗存，距今6300～5200年，分别属大溪文化和屈家岭早期文化。遗存中，出现较多的磨制石器，但仍以打制石器为主。出现较多的陶器、骨、牙、角、蚌器及水陆动物骨骸。陶器主要为手制，出现慢轮修制的做法，主要器物有釜、罐、钵、盘、碗等。发现部落首领夫妻合葬墓及玉牙钺、玉璜、玉玦及四人合葬。

下部遗存距今7800～6600年，属新石器时代中期偏早，出土大量的砍砸器、刮削器、网坠、陶器、骨器和水、陆生动物骨骸，发现大

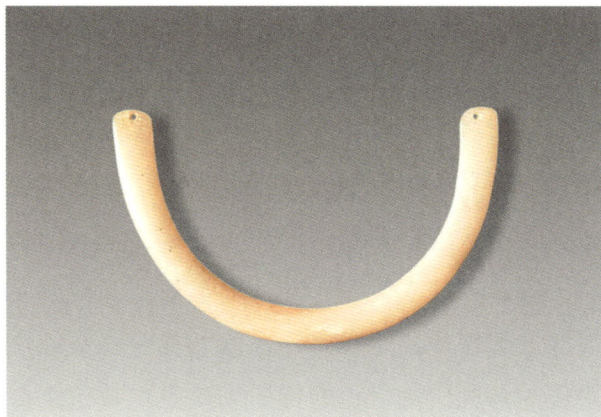

高庙遗址出土玉璜

高庙遗址出土白陶盘

101

高庙遗址出土篦点纹兽面陶器

型祭祀场所及中国最早的竹制工艺品，特别重要的是发现了目前所知中国年代最早的白陶。白陶器物，多用于宗教祭祀，饰有戳印和压印篦点纹组成的太阳、凤鸟、獠牙兽印纹图案，其神秘性和艺术性极高，为中国现知的同时期文化遗存所独有，明显有别于周邻地区，对中国原始宗教的形成与发展、中国文明的起源与形成等课题的研究，具有极为重要的学术价值和意义，被命名为高庙文化。

高庙遗址的科学发掘填补湘西地区新石器时代中晚期区域考古学空白和本区域新石器时代文化谱系的框架与年代序列，揭示了与本区域旧石器时代中晚期文化的源流关系，反映其对洞庭湖区以及长江中下游地区和岭南珠江流域新石器时代同期文化间的相互辐射和影响，被考古学术界公认为中华文明重要发源地。

1986年2月，黔阳县人民政府公布高庙遗址为县级文物保护单位。1998年，成立洪江市文物管理所，负责高庙遗址的保护管理工作。2002年5月，湖南省人民政府公布高庙遗址为省级文物保护单位。2006年，高庙遗址被国务院公布为第六批全国重点文物保护单位，编号6-0165-1-165。

北辛遗址　是鲁中南地区的史前聚落遗址，距今约7300～6300年。位于山东省滕州市官桥镇北辛村北，地处平原与丘陵的交接地带，三面临水，为河旁高地，地势中部隆起，四周缓低，薛河由东北往西南绕行。遗址东西长约500米，南北宽约200米，面积约7.5万平方米。

1964年春，中国科学院考古研究所和滕县文化馆在滕县官桥镇进行考古调查时发现北辛遗址。1978～1979年，中国社会科学院考古研究所山东队和滕县博物馆对北辛遗址进行了调查和两次较大面积的发掘，比较全面地揭示遗址的文化内涵和特征，正式提出"北辛文化"的名称。两次发掘共揭露面积2583平方米。

北辛遗址堆积比较单纯，地层分为4层，除耕土层外，2～4层均为北辛文化层，文化堆积厚1.5米以上。出土遗迹包括椭圆形袋状窖穴2个、灰坑60个、婴儿瓮棺葬2座。灰坑主要是口大底小的椭圆形，少量圆形和不规则形，坑底多圜底。发掘出土北辛文化遗物有陶、石、骨、角、牙、蚌器等。

陶器均手制，分夹砂和泥质两种。夹砂陶绝大多数掺细砂粒，少数掺碎蚌壳。陶色以黄褐为主，色泽不纯正，陶质较软。泥质陶多为红陶。纹饰有堆纹、划纹、指甲纹、锥刺纹等，以数条窄堆纹组成的各种纹饰最具特色。篦纹、压划纹也有一定代表性。器体多采用泥条盘筑法成形。器形有鼎、釜、罐、钵、碗、盆、壶、盘、支脚等。鼎均为釜形，圜底或尖圜底，圆锥或扁圆锥形足，腹上部多饰窄堆纹组成的各种纹饰，也有饰压划纹等。其他典型器物还有底部有粟糠痕迹、外侧有一周划纹的

北辛遗址

红顶钵，敞口的釜，筒形深腹圜底罐，小口短颈双耳罐和各种形式的支座等。

　　石器分打制和磨制两种，主要由矽质灰岩制成。打制石器主要有斧、敲砸器、盘状器和小铲等。其中斧和敲砸器数量较多，其次为盘状器和小铲等。打制石器制作较简单，但是器形相当规整。有的是利用磨制的石铲等大型器物的残片为原料，再加工打制而成。磨制石器有铲、刀、镰、磨盘、磨棒、斧、锛、凿、匕首、棒形器等，尤以铲最多，仅残片有千余块。铲的器形有略呈长方形或长梯形、圆角方形、舌形等几种。石铲一般器形较大，通体磨光，制作比较精致，有使用痕迹。磨盘呈三角形的为多，有的略呈长方形，有的带有矮足。磨棒以横断面呈半圆形和圆角长方形的为多。

　　骨、角、牙器器类复杂，有镞、凿、匕、刮削器、鹿角锄、针、锥、笄等。其中以镞、针、笄最多。鱼镖发现不多，但较有特色。蚌

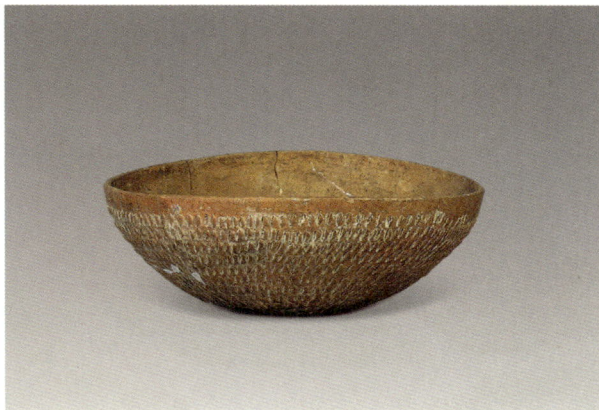

北辛遗址出土陶钵

北辛遗址出土陶鼎

器发现镰、铲、镞、蚌饰等。蚌铲呈长方形，上部有对称的缺口。

通过北辛文化的发掘，确定其年代早于大汶口文化，为大汶口文化找到了渊源，完善山东地区的史前文化序列，将鲁南、苏北、皖北地区的史前考古向前推进一大步。北辛文化的发现对于研究黄淮下游地区的自然环境、经济形态、社会状况等具有重要价值。

1980年，北辛遗址被枣庄市人民政府公布为市级重点文物保护单位。1991年，山东省人民政府公布为省级文物保护单位。2006年5月25日，北辛遗址被国务院公布为第六批全国重点文物保护单位，编号6-0105-1-105。2012年，编制完成《北辛遗址保护规划》。2013年，滕州市人民政府成立了滕州市薛国故城前

掌大遗址保护管理所，其管理范围包括北辛遗址。滕州博物馆内设立有遗址出土文物的展示。2014年，滕州市文物局建立有全国重点文物保护单位记录档案，划定遗址保护范围和建设控制地带。2014年，完成《北辛遗址保护与展示设计》。

新乐遗址　是辽河中下游地区新石器时代的聚落遗址，距今约7200年。位于辽宁省沈阳市皇姑区黄河北大街新开河北部的黄土高台地上。新开河系一条由东向西横贯沈阳市区北部的河流，亦有考证其为浑河的古道。新乐遗址正处在浑河古河道北岸的二、三级台地上。遗址范围东起黄河北大街，西至长江街，北至红线规划路，南至龙山路；东西长约350米，南北宽约150米，总面积约52500平方米。

新乐遗址远景

1973年6月，沈阳市文物管理办公室对新乐地区进行调查，发现五处文化堆积并进行试掘，确定新乐遗址上下两层文化。1978年5月进行第二次发掘。1980年5月至1982年10月，因新乐遗址遭到破坏，进行第三次抢救发掘。1982～1988年，为配合基建，对新乐遗址建设控制地带进行考古调查和发掘。1991～1993年，经国家文物局批准由辽宁省考古研究所组织对新乐遗址进行第五次考古发掘。2014年6月，经国家文物局批准，由沈阳市考古研究所对新乐遗址考古发掘预留区进行小面积补充发掘。

经过六次的考古发掘，新乐遗址发掘面积5000平方米，清理新乐下层文化房屋遗迹47座，新乐上层文化房址1座。出土石器、陶器、玉器、骨器、煤精制品等遗物2178件，其中陶器134件、石器1702件、玉器24件、煤精制品215件、骨器20件、木雕艺术品1件。清理灰沟6条，墓葬6座，灰坑38个，辽代墓葬2座。

依据地层关系和出土物，确认新乐遗址存在着上、中、下三层文化堆积。新乐上层文化以磨制石器和素面陶器、鬲、甗等为主要代表，距今4000～3000年。新乐上层文化在沈阳地区分布较广，也较发达，可能处于父系氏族公社的盛期，在考古调查中发现的新乐上层文化青铜斧和青铜刀，表明新乐上层文化的后期已进入青铜时代。三足陶器大量存在，从陶器器形到烹调习俗与中原同期文化保持一致性。

新乐中层文化为偏堡子文化类型，以磨制石斧、细石器和附加堆纹陶罐、壶、钵为主要代表，距今5000年。新乐下层文化，以打制石器、磨制石器、细石器、煤精制品、压印"之"字纹深腹罐为主要代表，距今约7200年。

新乐下层文化为新乐遗址的主要代表，主要是居住址及房址内出土的各类遗物为主要特征。已发掘半地穴式建筑房址40座，其中大型房址有3座均约为100平方米，小房址约为20平方米。居住址为不规则圆角长方形半地穴建筑，房址中间均有椭圆形火塘。

新乐下层文化陶器以夹砂红褐陶为主，少量烧成黑色。泥质陶很少。器物火度较低，胎质松软。陶器器形比较单一，均为深腹罐和少量的斜口器和高足钵。所有陶器器表都饰有压印"之"字纹，有横压和竖压两种，器物口沿多用一至三圈凹带纹装饰，在凹带内刺划有斜线及横向"人"字纹。石器，可分为细石器、打制石器和磨制石器。其中细石器器形有石

新乐遗址出土煤精制品

新乐遗址出土深腹陶罐、斜口陶器

新乐遗址出土木雕鸟

叶、尖状器、石镞等。磨制石器器形有石斧、石凿、磨盘、磨棒、磨石、石镞等。打制石器器形有刮削器、敲砸器、石网坠等。煤精制品，主要是用煤精原料磨制成圆泡形、圆珠形、耳珰形器，在文化层中发现有碎煤精原料，有的可见明显的切割加工痕迹。当时人类可能是将煤精原料作为一种乌黑发亮的石料采集，因其质软便于加工而将其制成不同形状的工艺品的。除上述下层文化器物外，还发现有一件鸟形炭化木雕艺术品，其雕刻的线条及纹饰十分流畅，被抽象化的图案更是举世罕见，成为艺术瑰宝。

新乐遗址的发现，填补辽河流域中下游地区新石器时代较早文化的空白，将沈阳地区有人类活动的历史从原来的5000年前推溯到7200年前，是辽沈地区的历史和考古研究的重大突破，是东北地区新石器时代极具代表性的一种文化类型，命名为新乐文化，具有较高的历史价值、科学价值和独特的文化艺术价值。

1982年，新乐遗址被沈阳市人民政府公布为市级文物保护单位。1984年9月16日，成立新乐遗址文物管理所，1986年更名为新乐遗址博物馆。1988年，辽宁省人民政府公布新乐遗址为省级文物保护单位。1993年，辽宁省人民政府调整新乐遗址的保护范围和建设控制地带。1994年，遗址区十座半地穴原始建筑得到复原，使古老村落的面貌得以再现。2001年6月25日，新乐遗址被国务院公布为第五批全国重点文物保护单位，编号5-0024-1-024。新乐遗址博物馆设立专门国保单位档案室。

北首岭遗址 是新石器时代仰韶文化聚落遗址，位于陕西省宝鸡市金台区金陵河西岸台地上，面积约6万平方米，文化层厚1～5米。

中华人民共和国成立之初，宝鸡市文化局发现遗址，随后陕西省文物管理委员会、西北文物清理队和中国科学院考古研究所宝鸡发掘队等单位对遗址进行调查。1958年8月至1960年12月、1977年10月至1978年6月，中国科学院考古研究所（1977年转隶属于中国社会科学院），先后七次对遗址进行发掘，共揭露面积4727平方米，清理出房址、灰坑、墓葬、陶窑等遗迹，出土大量的陶、石、骨器等遗物。

发现房址50座，呈南北相对的两部分，中部为一广场。其中22座残损严重，形制不清，其余皆半地穴式建筑，平面绝大多数呈方形，面积大多为12～30平方米。有门道，个别有台阶。墙壁垂直稍外斜，多涂有草泥和料礓石浆。居住面为踩踏而成的硬面，部分经火烤。房址内有灶坑，大多有柱洞。方形、椭圆形和不规则形灰坑共75座，结构有袋状、筒状、锅底状。窑址发现4座，保存状况差，平面呈葫芦形，由火口、火膛、火道和窑室组成。墓葬共451座，其中土坑墓385座，瓮棺葬66座。土坑墓绝大多数为长方形竖穴式，个别发现有二层台。部分墓葬发现有葬具痕迹。葬式有单人葬和合葬墓，其中仰身直肢葬是最

北首岭遗址远景

常见的葬式，另外还有侧身葬、俯身葬、屈肢葬、二次葬等。墓向多朝西北。多数墓葬发现有随葬品，常见钵、碗、壶、瓶、盂、鼎等。遗址出土物以陶器为主，另外有石器、骨器，器类涵盖生产工具、生活用具及装饰品。陶器的陶质以泥质红陶和粗砂红陶为主，另有粗砂红褐陶、细泥灰陶、细泥黑陶等，纹饰以绳纹和素面抹光为主，还有弦纹、附加堆纹、指甲纹、戳刺纹、划纹、席纹和彩绘；器形有三足鼎、碗、钵、罐、盂、尖底瓶、壶、盆、杯、瓮等；陶器制法以手制为主，有手捏和泥条盘筑，少数器物经轮修。

根据出土物遗存特征，北首岭遗址可分为下、中、上三层，分别对应老官台文化北首岭下层类型、仰韶文化半坡类型及仰韶文化晚期遗存。遗址下层的陶器以红陶为主，有相当数量的灰陶，主要器形有三足器、钵、罐、三

联鼎、杯等；另出土有石斧、锛、刀、砍砸器等。中层出土陶器中红陶占绝对多数，灰陶相对减少，主要器形有尖底瓶、尖底罐、罐、瓮、钵、盆、小盂、壶、器座、环等。上层出土陶器以红陶为主，主要器形有尖底瓶、罐、瓮、钵、盆、器盖等；同出有磨光石斧、锛、铲、磨石、磨棒、石球及骨镞、铲、锥、针、珠、鱼叉等。

北首岭遗址墓葬

北首岭遗址的发掘，丰富关中仰韶文化的研究资料，为研究仰韶文化的发展脉络提供重要线索。

1992年4月，北首岭遗址被陕西省人民政府公布为第三批陕西省文物保护单位，同时公布保护范围和建设控制带。2000年9月28日，北首岭遗址陈列馆正式开馆。2006年5月25日，北首岭遗址被国务院公布为第六批全国重点文物保护单位，编号6-0193-1-193。2011年12月，北首岭遗址陈列馆更名为北首岭博物馆，负责北首岭遗址的日常管理。

河姆渡遗址 是中国南方新石器时代较早阶段（距今约7000～5000年）遗址，位于浙江省余姚市河姆渡镇芦山寺村浪墅桥自然村，地处四明山脉北麓低山丘陵和姚江河谷平原的过渡地带。地势南高北低，西面紧邻姚江，东南有芝岭溪，源于四明山区，自南向北注入姚江，姚江自西向东流经遗址南部，并可能冲刷掉部分文化层，遗址东面沿姚江边分布着一大片低山丘陵。遗址北侧平原地势低平，地表平均海拔约2.3米。遗址分布范围长宽均约为200米，总面积约4万平方米，文化堆积保存良好。

1973年，发现河姆渡遗址。1973年6月进行试掘，确认在宁绍地区首次发现新石器时代遗址；下半年由浙江省博物馆负责进行第一期考古发掘，发掘面积630平方米，出土有干栏式建筑和木构水井、储藏坑等生活遗迹，有夹炭黑陶器、骨耜等文物1600多件，有包括大量稻谷壳、炭化稻米的大量动植物遗存。1977年下半年，进行第二期发掘，发现大片干栏式木构建筑遗迹，零散墓葬27座，灰坑28个，出土各类遗物4700多件。

两次发掘总共出土大量的村落生活遗迹以及陶器、石器、玉器、骨器、木器、编织物等

河姆渡遗址发掘现场

河姆渡遗址出土猪纹陶钵

河姆渡遗址出土双鸟朝阳纹象牙蝶形器

各类文物6300余件，还有极其丰富的动植物遗存。河姆渡遗址形成于距今7000～5300年，文化层自上而下分四层，总厚度4米。其中第二层距今约6000～5500年，发现零星建筑残迹、一口木构水井、数座简单的墓葬和灰坑。第三层距今约6500～6000年，包含物非常丰富，很多排列无序的木桩、木柱、木板及木柱垫板等建筑构件和一些墓葬、灰坑等遗迹，出土遗物种类多、数量大，有石器、骨（角）器、木器、陶器等器物和丰富的稻谷与其他动植物遗存。第四层距今约7000～6500年，有大片的木构建筑遗迹、灰坑、墓葬和石器、骨器、木器、陶器等遗物和大量的动植物遗存。

由于遗址的下部文化层，海拔很低（仅海平面上下），长期浸泡在弱碱性的丰富地下水里，使文化层很大程度上与空气隔绝，地下遗存得以很好地密封起来，而且越往下密封程度越好，包括木头在内的各种各样有机质遗物异常丰富，保存良好。

当时河姆渡遗址的周围自然环境应是平原、湖沼、海边滩涂、陵丘、山地和草甸、水草丛、疏林灌丛、密林等地貌、植被类型的交接、混合地带，具有难得的多样性景观优势。

发掘出土的丰富动植物遗存表明，河姆渡先民的生业手段（生产方式）仍以传统的狩猎、采集为主，以骨耜作为主要翻土工具的稻作农业已比较成熟但不太稳定，家畜饲养不发达，仅部分饲养猪和狗，水牛是否饲养还不确定。

建筑形态是干栏式木构建筑，以密集的桩木作为承重基础，在桩木上面架铺大、小横梁（地龙骨）以承托地板构成纯木构架空基座，然后在基座上再立柱架梁盖顶。此种结构特征，应由原始巢居直接继承和发展而来，建筑的特殊形式是环境选择和文化创造共同作用的结果，具有环境适应性强、防潮湿利健康、避虫兽保安全方面的明显功效。其中的榫卯技术在河姆渡文化中出现。

日用陶器以夹炭黑陶和夹砂灰黑陶为基本陶质，器形种类丰富，凸脊与刻划装饰发达；石器古朴，骨、角、牙器与漆木器制作发达。河姆渡先民艺术水平高超，刻纹陶器、木器与象牙器独特而精美。刻划猪纹、稻穗纹的陶器，各种材质的象牙蝶形器、鸟形器，木筒形器等为河姆渡文化独有的器物。骨耜，是河姆渡先民最主要的一种农具，两次发掘共出土骨耜170余件，多数保留着肩胛骨的自然形态，均取材于当时猎食的大型偶蹄类哺乳动物的肩胛骨。将肩胛骨安装上长木柄之后与铁锹的功能一样，可用来翻耕土地、修筑田埂、开沟排水等农活。多角沿陶釜，夹炭黑陶，略敞口，深腹，腹外侧设一圈多角沿、圜底，底外饰绳纹，是当时最常用的炊器。猪纹陶方钵，夹炭黑陶，近直口，俯瞰形状为圆角长方形，直腹，长边两侧器表各刻划一只似猪的动物，大体表明猪在当时已成为与先民生活密切相关的一种动物。瓜棱形朱漆木碗，用整段木头镂挖、剡出，口残，弧腹，器表有多条瓜棱形特征，矮圈足，高5.7厘米、口径10厘米左右。出土时器表保存较鲜艳的红色涂料，经鉴定红色涂料为最早出现的红漆。蝶形器，出土近20件，一般由象牙做成，质地细腻，色泽柔润，多数制作精细，大多呈圆角倒"凸"字形，正面多刻重圈纹、多重弧线纹组合图案，也有的以鸟形图案作为主题，用途众说纷纭，其中一件编号为T226③B：79的象牙蝶形器，整体近半圆形，器身宽大，精刻"双鸟朝阳"形纹饰，象征的观念意义应非同一般，宽16.6厘米、残高5.9厘米、厚1.2厘米，上下部已略残损，两角圆弧，正面磨光后镌刻阴线图案一组，其正面雕刻着昂首相望的两只隐身巨鸟和一轮以"火焰"纹表现热力升腾的红日。

1976年4月，杭州河姆渡遗址第一期考古发掘座谈会将河姆渡遗址第三、四层遗存命名为河姆渡文化。河姆渡文化碳十四测年数据距今7000年，其丰富内涵，改变江南史前文化发展较晚的传统观点，证明在长江流域同黄河流域一样是中华远古文化的发祥地，是20世纪70年代中国新石器时代考古史上的突破性成果之一。

1973年发现发掘后，浙江省文物考古部门建立河姆渡工作站对遗址进行管理。1981年4月，遗址被公布为浙江省省级文物保护单位。1982年2月23日，河姆渡遗址被国务院公布为第二批全国重点文物保护单位，编号2-0049-1-004。1992年，成立余姚市河姆渡遗址博物馆，负责遗址的保护管理工作，并向公众开放。1999年，在遗址保护区的原两期考古发掘现场开发建设河姆渡遗址发掘现场和原始聚落展示区。2002年，在遗址北侧开辟出近50万平方米的河姆渡古生态复原区。2003年编制河姆渡遗址"四有"档案，由河姆渡遗址博物馆保管。2009年，浙江省人民政府公布实施《河姆渡遗址保护规划》，确定保护范围和建设控制地带。

龙虬庄遗址 是江淮东部地区新石器时代的聚落遗址，距今7000～5000年。位于江苏省高邮市城区东北约8千米的龙虬镇龙虬村。

20世纪60年代，村民开挖鱼塘时，挖出大量陶器残片以及少量完整陶器、石器和动物骨骼。20世纪70年代，南京博物院调查，确认是一处新石器时代遗址。为配合苏、鲁、豫、皖地区古文化课题研究，1993～1996年先后对遗址进行四次考古发掘，并命名为龙虬庄遗址。

龙虬庄遗址的出土遗物主要分为生产用具、生活工具和装饰工艺品，按质地可以分为陶器、骨角器、石器和玉器。陶器主要有斧、鼎、钵、豆、匜、盉、罐、盆、碗、盂、壶、杯等，骨角器主要有斧、凿、刀、纺轮等。玉器器形主要有璜、坠等。龙虬庄遗址出土最为珍贵的文物是在遗址地层中出土了大量的炭化稻米和古文字陶片。

龙虬庄遗址远景

龙虬庄遗址文化层堆积可分为八层，其中第4～8层为新石器时代文化层，依遗址古文化堆积又可分为两个发展阶段：第一阶段为遗址的第7～8层，为江淮地区早期新石器时代文化，距今约7000～6300年；第二阶段为遗址的第4～6层，为江淮地区晚期新石器时代文化，距今约6300～5500年。另在遗址东部边缘发现距今5500～5000年前的局部文化堆积。遗址中部偏东为生活区，生活区中部底层堆积

丰富，有5个新石器时代文化层，离地表深约1.8～2.0米，北部文化层堆积较差，只有1～2层的新石器文化层。遗址中部偏西为墓葬区，墓葬较为密集，主要分布在第4～6三个文化层中，尤以4层墓葬区面积最大。根据墓葬分布情况分析，有从南向北，从西向东逐渐扩大的趋势。墓葬中心区紧靠河塘。遗址居住遗迹主要有干栏式建筑和地面建筑，地面建筑呈长方形，表面为红烧土，下铺垫蚌壳层，墙基用植

龙虬庄遗址出土成组猪形陶壶

111

龙虬庄遗址出土二流壶、三流壶

物的茎干两边抹泥再烧烤而成。

　　龙虬庄遗址的发现和发掘填补江淮东部地区新石器时代古文化遗址的空白，证实在距今7000～5000年前江淮流域存在着一支文化面貌独特、文化系列完整的原始文化。龙虬庄遗址的发现，为研究江淮地区的古文化提供丰富的实物资料。龙虬庄遗址出土的文物具有鲜明的地域特色，对于系统全面认识江淮东部的原始文化，重新进行时间与空间的界定起了重要的作用。稻作遗存的发现，对于研究江淮东部的史前经济生活、稻作农业的起源和在江淮东部的发展，对于全面研究中国稻作农业发展史有着积极意义。类古文字刻划符的发现对于研究中国文字的起源和发展有一定意义。在墓葬区发掘中，出土墓葬不仅数量多、排列整齐，而且人骨基本完整，在全国同类墓葬发掘中不多见，对于研究比较人类学以及龙虬人的变迁具有极为重要的意义。

　　1994年，高邮市人民政府公布龙虬庄遗址的保护范围和建设控制地带。1996年，江苏省政府公布龙虬庄遗址为省级文物保护单位。2001年6月25日，龙虬庄遗址被国务院公布为第五批全国重点文物保护单位，编号5-0038-1-038。2004年龙虬庄遗址博物馆一期工程完

成。龙虬庄遗址的全国重点文物保护单位记录档案由高邮市博物馆负责保护管理。

　　罗家角遗址　是长江流域新石器时代较早阶段的典型遗址之一，位于浙江省桐乡市石门镇颜井桥村罗家角以北。遗址北濒大运河，南依罗家角，西缘达陈家村，东北抵北罗村，遗址四周全为台墩，遗址总面积约12万平方米。

　　1956年，当地村民在整治水田时挖出大批兽骨和陶片。1979～1980年，浙江省文物考古所进行发掘，发掘面积1338平方米，清理灰坑53座，获得小件编号器物794件，陶片5万余片，兽骨1千多千克，还有稻谷等植物遗存和一批有榫卯的建筑木构件。

　　遗址范围东西长400米、南北宽300米，文化层厚2～3米，分四个文化层。各文化层出土石器有斧、锛、凿、刀、钻；骨器有镞、耜、锥、针；陶器以夹砂、夹蚌陶为主，第四、第三层有少量的夹炭陶；器形有釜、罐、盆、盘、钵、豆、盉、支座等；制法采用泥条圈筑法，第一、二层陶器在素面上往往施红色陶衣，镂孔和捺窝纹较多见，在第四、第三层有少量陶釜的腹部拍印绳纹，部分陶器刻划米点纹、斜线纹、弦纹、三叶纹、陶纹和戳印圆圈纹。

　　釜是罗家角遗址陶器中的主要器种，占陶容器总数的66.9%，可分为带脊釜、筒形腰沿釜和弧腹腰沿釜三个类型。带脊釜总数不多，在陶釜总数中仅占13.9%，主要发现在第四层（32.6%）。筒形腰沿釜是马家浜文化的一种基本釜形，在罗家角遗址各层中所占比重变化不大。弧腹腰沿釜是本遗址陶釜中的主要釜型，数量上占陶釜总数的49.4%，由第四层的32.4%递增到第一层的71.2%。鼎未见有完整

罗家角遗址远景

器，仅有少量圆锥形和圆柱形鼎足。主要见于第二、一层。盉数量不多，其特征是流、嘴与把手呈直角方向安装。盘各层均有发现，占陶容器总数的3.7%。有平沿盘和多角沿盘两种。第二层还出土数件白陶标本，白陶尽管都是残器，数量又少，但却有过烧的窑渣废品，证明是当地烧造。经理化测试发现其胎泥并非为瓷土或高岭土，而是一种氧化镁含量较高的陶土，可作为罗家角遗址制陶工艺最高水平的代

罗家角遗址出土陶釜

表作，白陶工艺显示与长江中游之间的文化交流。第四、第三文化层出土稻谷，有籼、粳两个品种。

第四、第三文化层出土一批加工方正的榫卯建筑构件，其中有明显加工痕迹的有20件，木构件往往分布在灰坑的附近，3～4件为一堆倾倒于灰坑之中。木构件有转角柱、带梢钉孔的榫、带企口构件、带凸榫柱头、栏杆横梁、锯缺形木板。另外，尚有2件"拖泥板"状木器，可在沼泽地上拖曳运物。

据第四文化层H16芦苇的碳十四测年并结合多件陶片的热释光测定，树轮校正后距今约7000年。罗家角遗址四个文化层之间，是一个连续发展和渐变的过程，均属于马家浜文化遗存。罗家角遗址第四、三层中相当数量的黑灰色陶、刻划纹以及带脊釜的消失和第二、一层中灰白色陶的剧增以及弧腹腰沿釜的出现为标准，将罗家角遗址的四个文化层划分为二个大

的发展阶段（或类型）。将第四、三层划为罗家角遗址的早期阶段，第二、一层划为罗家角遗址的晚期阶段。罗家角遗址的早期（第四、三层）应该作为马家浜文化的早期，亦称为马家浜文化的罗家角类型，代表马家浜文化的若干个不同发展阶段。

罗家角遗址的发掘是浙江省继余姚河姆渡遗址之后浙北新石器时代考古的又一新收获，再一次丰富和加深对于马家浜文化的认识，以罗家角遗址早期的第四、第三文化层为代表的遗存，也可称之为马家浜文化罗家角类型。

1961年，罗家角遗址被浙江省人民委员会公布为省级文物保护单位。1994年，浙江省人民政府公布遗址的保护范围和建设控制地带。1995年起，石门镇文化站负责罗家角遗址的保护管理工作。2001年6月25日，罗家角遗址被国务院公布为第五批全国重点文物保护单位，编号5-0039-1-039。2004年，建立"四有"档案，存放于桐乡市博物馆。

大汶口遗址 是黄河下游地区新石器时代的大型聚落遗址，距今6400～4500年。位于山东省泰安市，分布于大汶河两岸的二级阶地上，平面为略呈东南—西北向的圆角长方形。大汶河自东向西，把遗址分成南、北两部分，河北岸属岱岳区大汶口镇，河南岸属宁阳县磁窑镇。遗址总面积约45万平方米。

1959年，配合津浦铁路复线工程，在汶河南岸宁阳堡头村村西，由山东省文物管理处和济南市博物馆主持对遗址东南部进行首次发掘，发现133座墓葬，出土一批特征明显的随葬器物，并命名为"大汶口文化"。1974年，山东省博物馆主持对大汶口遗址进行第二次发掘。1978年，山东省博物馆对大汶口遗址进行第三次发掘，发掘工作在泰兖公路汶河桥北

大汶口遗址远景

端引桥的东西两侧进行，与1974年发掘区相连。2009年，为配合大汶口遗址保护规划的制定，山东省文物考古研究所对大汶口遗址进行全面考古勘探，发现5处地势低洼地区，6处居址区，4处烧土密集区，3处墓葬密集区。2012～2016年，山东省文物考古研究所逐年对大汶口遗址进行考古发掘，重要的收获是揭露出一片较完整的大汶口文化早期阶段居住区，共清理大汶口文化房址12座。

大汶口遗址堆积较为丰富，依据地层和出土遗物，可划分为北辛文化晚期、大汶口文化、龙山文化三个时期。

第一期为北辛文化晚期，遗迹现象包括房址、墓葬、灰坑和窑址等。北辛文化房址共发现13座，房基有半地穴式、浅穴式和地面起建等不同结构，平面形状有圆形、近椭圆形和方形等，多为小型单间建筑，面积大多在5平方米左右。北辛文化墓葬发现10座，大多为长方形土坑竖穴墓，长1.7～2.3米，宽0.4～0.7米，都是小型墓，少见葬具。葬式多为单人仰身直肢葬，头向85°～130°。大多数墓葬无器物随葬，少数墓葬的随葬品也不过1～3件。另发现残窑址1座。

北辛文化的陶器以夹砂红褐色为主，泥质红陶次之，有少量灰陶和黑皮陶，粗陶中有少量夹蚌陶。器表以素面为多，鼎类器表常饰锥刺纹、划纹等组成的各样图案，泥质红陶多施红色陶衣。器类以鼎、钵、壶、支座、三足碗等为代表。其中鼎类尤为发达，形式多样，演变轨迹清楚，钵类器中的彩陶钵和红顶钵较有特色，壶类器以小口、矮颈、溜肩、圆腹下垂、大圆底、梭形双耳为典型，陶器的鲜明

大汶口遗址出土八角星纹彩陶豆

特点是三足器、圜底器多，少有平底器。石器数量少，以打制石器为主，磨制石器少，罕见通体磨光石器。骨、角器相当发达，常见锥、矛、镞和两端有刃等器类。

根据不同单位的层位关系和出土遗物，可将大汶口遗址的北辛文化晚期遗存分为早、晚两期，早期的年代距今6470～6210年，晚期距今6210～6100年。

第二期文化为大汶口文化，遗迹包括房址、墓葬和灰坑等。20世纪70年代的两次发掘，曾发现不少大汶口文化时期的柱洞、柱洞坑和三座房屋残基，房屋分布零散，房屋之间距离较大未能看出原来聚落的布局。2012～2016年，清理大汶口文化房址12座，分布错落有致，间距相当，整体性强。房址上均堆叠大量烧土块，一般稍大于房址实际范围，中部较四周边缘处略高，烧土块堆积内均夹杂较多陶器、石器。12座房址的形制规模基本一致，呈方形，属于地面式建筑，四周可见排列有序的柱洞，室内地面较为平整，有的经过烧烤，局部区域放置数量不等的陶、石、骨器。大汶口居址中出土的器物应是古时人类生活实

用器物，其中陶器最多，玉石器和骨角器仅占小部分。陶器的质地有夹砂和泥质两种，另有少部分夹蚌陶和夹云母陶，陶色以红色为主，灰黑陶数量较少。器表多为素面，泥质陶多经过打磨，表面平滑，有部分施以深红色或橙红色陶衣，常见的装饰纹样有划纹、锥刺纹、附加堆纹、弦纹等，另有少量彩陶。陶器种类以鼎、三足钵、三足碗、盆、钵、壶和缸等实用器为主。石器种类有斧、锛、刀、镞、弹丸、纺轮和砺石等工具，另有少量小型装饰品。骨器种类多为锥、凿、镞和雕刻器等。从出土遗物的形态和组合观察，12座房址的年代应属于大汶口文化早期阶段。

大汶口遗址出土墓葬近200座，墓葬数量多、埋藏丰富，延续时间长，几乎横跨大汶口文化发展的全部过程，其中20世纪70年代在汶河北岸发掘的46座墓葬多属于大汶口文化早期阶段，50年代在汶河南岸发掘的133座墓葬多属于大汶口文化中、晚期阶段。近200座墓葬的基本特征是一致的，墓向大多朝东，多为60～100°；形制以长方形土坑竖穴为主，有的墓葬内筑有二层台等；墓室规模以长2米、宽约1米为主，但大型墓葬和多人墓葬的规模

远超于此，流行拔除一对上侧门齿和头骨人工变形的习俗。尤其值得注意的是，墓葬的平面分布有集群分组埋葬的迹象，同一墓组内会埋葬不同时期的死者，其规模存在明显差别，不同规模墓葬中的随葬品数量和种类差距悬殊。

墓葬中的随葬品以陶器最多，玉石器和骨角牙器占有相当比重。陶器的质地有夹砂、泥质和细泥质等，以泥质陶为主，夹砂陶次之；陶色以红色和红褐色多见，灰陶和黑皮陶次之；器表装饰上，夹砂陶多素面，器表经过打磨，部分器腹饰附加堆纹，泥质陶器表面光滑或施陶衣，有的豆、杯饰有多种纹样，如镂孔、刻划、凹凸弦纹等；还有少量彩陶，常见纹样有平行线纹、宽带纹、八角星纹、云雷纹、太阳纹、花瓣纹和漩涡纹等。随葬陶器种类丰富，早期墓葬常见器类有鼎、豆、壶、三足钵、觚形杯和高柄杯等，中晚期常见器类有鼎、豆、壶、罐、杯、鬶、盉等。石器种类有厚体斧、扁平穿孔斧、钺、锛、凿、刀、砺石、纺轮和镯、璜形器等，在大墓中，常以厚体斧和厚体锛组合随葬，磨制精致的扁平穿孔铲也只见于墓葬随葬。骨角牙器常见有矛、

大汶口遗址出土彩陶壶

大汶口遗址出土彩陶钵

镞、锥、凿、鱼镖、针、棒坠、束发器、獐牙钩形器、坠饰等。此外，有部分墓葬用猪的头骨、下颌骨和肢骨随葬，还有墓葬中随葬獐牙或獐牙钩形器。

从大汶口文化早期开始，大汶口遗址墓地中出现墓葬分化现象。同一墓地墓葬的大小、随葬品的种类和数量有明显甚至悬殊的差别，随葬品少者1~2件，多者百余件。

山东地区很少发现像大汶口遗址那样分布集中、格局清晰的房址群，也很少发现像大汶口墓地那样出土如此高规格的陶器、玉器、象牙器等具有礼器性质的随葬品，此种现象表明，大汶口遗址应是当时汶河流域重要的中心聚落。

第三期文化为龙山文化，遗迹较少，仅有少量灰坑。出土遗物以陶器为主，陶系有夹细砂灰黑陶、泥质黑灰陶和细砂红陶等，纹饰有凹弦纹和少量附加堆纹，器类有甗、鼎、鬹、罐、瓮、杯和盆等用具，另有一些镞和纺轮。根据弧裆甗、鸟首形鼎足、卷沿浅腹平底盆、细砂红陶白衣鬹、单把杯等特征性器物判断，属龙山文化中期偏早阶段的遗存。

大汶口遗址作为新石器时代文化遗址，是黄河下游区域考古学文化发展谱系的重要环节，在中国史前文化研究中具有不可替代的作用。大汶口遗址的发掘，从地层关系和出土文物等方面，为大汶口文化的认定提供了明确直观的依据。遗址内涵丰富，延续时间长久，文化序列完整，不仅包含大汶口文化早、中、晚三个发展阶段，还首次提供北辛文化晚期向大汶口文化过渡的地层依据。大汶口遗址的房屋建筑结构合理，房址布局清晰似经过规划，成

为史前建筑史研究的重要范例。墓地中反映出的集群分组埋葬模式以及贫富差距、阶级分化等现象，可能暗示着大汶口文化处在新石器时代社会变革的敏感时期，对于认识大汶口文化的聚落形态和社会结构有极为重要的意义。大汶口遗址出土大量陶器、玉石器、骨角牙器，涵盖生活用器、生产工具、装饰品等各方面，种类齐全且制作工艺先进，可见大汶口文化时期的农业、家畜饲养业、渔业和手工业已有较发达的水平。

1982年2月23日，大汶口遗址被国务院公布为第二批全国重点文物保护单位，编号2-0048-1-003。2011年，成立大汶口文化风景名胜管委会及大汶口国家考古遗址公园管理委员会，负责遗址保护、利用与管理工作。2013年，山东省人民政府公布《大汶口遗址保护总体规划》，划定大汶口遗址的保护范围与建设控制地带。

半坡遗址 是新石器时代仰韶文化大型聚落遗址，位于陕西省西安市灞桥区红旗街道办半坡村北、浐河东岸二级台地上，面积约5万平方米，略呈南北较长、东西较窄的不规则圆形，文化层最厚处约2米。

1953年春，西北文物清理队调查时发现。是年9月，中国科学院考古研究所陕西省调查发掘队对遗址进行调查。1954~1957年，先后进行5次发掘，揭露面积约1万平方米，清理出房址、灰坑、墓葬、窑址等多处，出土有大量的陶、石、骨器，器类涵盖生活用具和生产工具。1971年后，半坡博物馆对遗址做了多次局部发掘。

半坡遗址分聚落居址、墓葬和制陶作坊

三个区域，共有房址46座、灰坑200多座、墓葬250座、陶窑6座，另有围栏2个、大围沟1条、小围沟2条。居住区以围沟围绕，墓葬区位于沟北，陶窑位于沟东。主要遗存为半坡类型，另外有少量的庙底沟类型和半坡晚期类型遗存。半坡类型遗存最为丰富，包括所有房址、全部墓葬。半坡类型房址主要位于大围沟以内，处于聚落中心位置。按照平面形状可分为圆形、方形或长方形；按照房屋建筑方式分为半地穴式和地面建筑。房址基本结构为半地穴式房址有斜坡门道，在门道与房屋之间有门槛，房址中心位置有灶坑，灶坑周围有柱洞，数量1~6个。多数房址墙壁用密集插排的木柱编篱而成，内外涂有草拌泥，部分经过火烤；

居住面和半地穴式房址墙壁也涂有草拌泥。圆形房址共31座，除个别面积较小外，一般直径约5~6米，大多数为地面式建筑。方形或长方形房址15座，面积约20~40平方米，个别小的仅10平方米，面积最大的可达160平方米，多为半地穴式建筑。

墓葬包括有174座成人墓葬和76座小孩墓。成人墓位于沟北，均为浅竖穴墓坑，多为仰身直肢单人葬，头向西北。小孩墓有瓮棺葬73座，土坑葬3座；除6座在居住区外，其余67座均分布于居住区内房址周边，葬具大多以陶瓮、陶罐为棺，陶盆或陶钵为棺盖。

陶窑数量较少，集中分布在大围沟以东，分横穴式和竖穴式两种，窑室直径约1米。

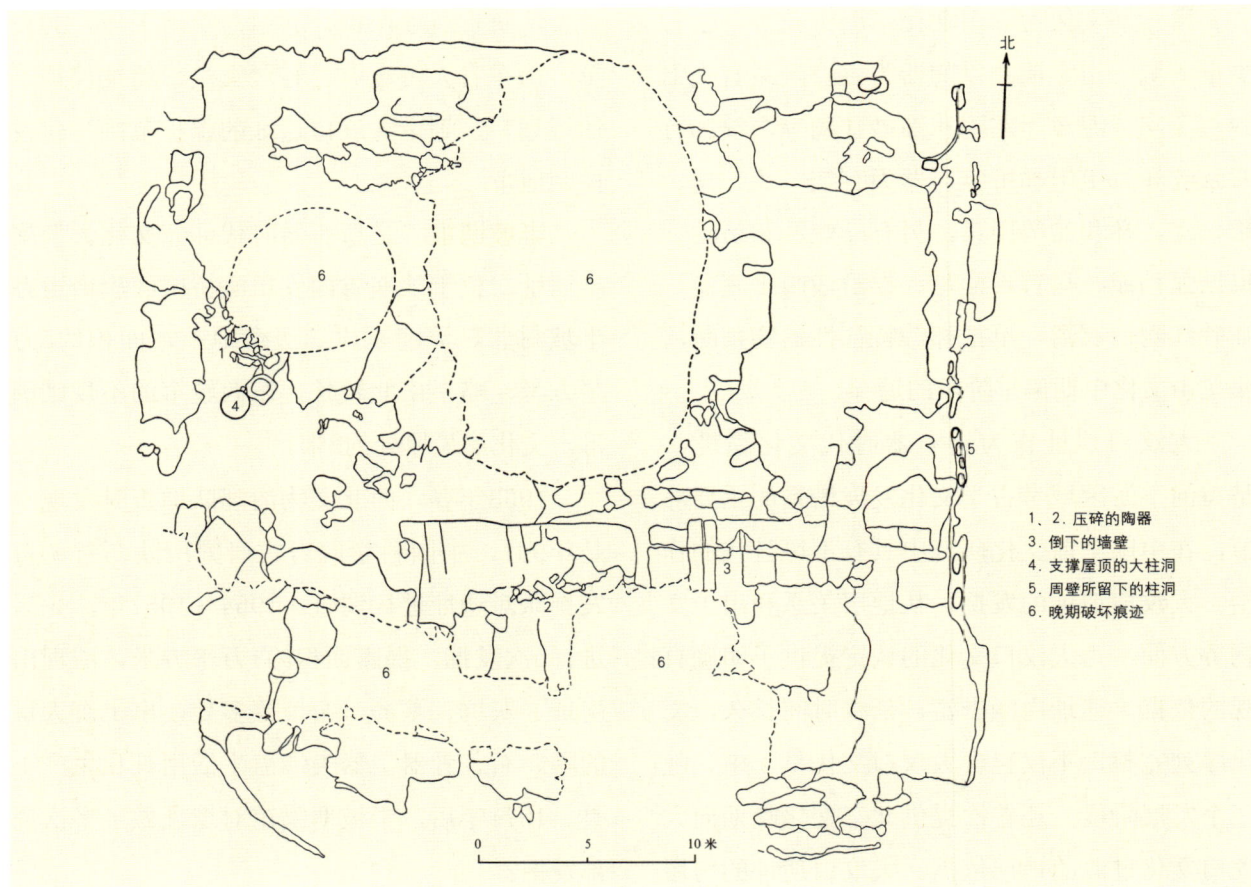

1、2. 压碎的陶器
3. 倒下的墙壁
4. 支撑屋顶的大柱洞
5. 周壁所留下的柱洞
6. 晚期破坏痕迹

半坡遗址第24号方形房址平面图

半坡遗址

灰坑密集地分布于居住区内，与房址交错分布，平面形状有圆形、椭圆形、长方形和不规则形，结构有筒状、袋状等。

遗物主要包括生产工具和生活用具，共计陶、石、骨等质地器物6000余件。生产工具5000余件，主要用于从事农业生产，有开垦耕地、砍斫用的石斧、石锛、石铲、石锄等，收获作物的石刀、陶刀，加工谷物的石碾、石磨、石磨棒等，发现多处粟粒遗存以及少量炭化的种子。渔猎工具有石镞、骨镞、石网坠、石矛、骨鱼钩、骨鱼叉等。另外发现有纺轮、骨针等。生活用具主要是各类陶器和装饰品。陶器从陶质上可分为泥质陶和夹砂陶，陶色可分为红陶、灰陶和褐陶，纹饰有素面、彩绘、绳纹、线纹和弦纹等；完整器和可复原器物近1000件，器形主要有钵、盆、尖底瓶、粗砂陶罐等。彩绘是半坡类型陶器最突出的特点，常见红地黑彩，主要有人面纹、鱼纹、人鱼合体纹、鹿纹、羊纹等动植物纹图案和宽带纹、竖条纹、三角纹、波浪纹等几何图案花纹。彩绘纹饰一般绘于器物口沿、颈肩或腹部，也有少量绘于器物内壁上。刻划符号在陶器上也有发现，共113个，合22种，主要刻划于绘有宽带黑彩的钵的口沿上，被认为可能是最早的文字渊源之一。装饰品有用石、骨、陶、蚌磨制成的环、璜、珠、坠、耳饰、发饰等。

半坡遗址出土人面网纹彩陶盆

半坡遗址是中国史前考古学上第一次大面积揭露的较完整的新石器时代聚落遗址，也是黄河流域母系氏族社会聚落遗址的典型代表。完整的聚落布局，反映6000多年前人们的居住形式，为研究新石器时代的历史文化提供翔实的资料。半坡遗址的发掘和研究，开创中国聚落考古学和环境考古学的研究先河，确立仰韶文化半坡类型，是中国新石器时代考古学文化区、系、类型研究的开端。

1958年，建成西安半坡博物馆，负责半坡遗址的保护管理工作。1961年3月4日，半坡遗址被国务院公布为第一批全国重点文物保护单位，编号1-0139-1-004。1992年4月，陕西省人民政府公布保护范围和建设控制带。半坡遗址"四有"档案现由西安半坡博物馆保管。

姜寨遗址 是新石器时代仰韶文化环壕聚落遗址，位于陕西省西安市临潼区，分布于骊山街办姜寨村西南临河东岸二级台地上，面积约5万平方米，文化层最厚处约4米。

1972年春，村民平整土地时发现。是年3月，组建临潼姜寨考古队，负责遗址的发掘工作。1972年4月至1979年11月，先后进行11次考古发掘，揭露面积17084平方米，清理出房址、灰坑、窑址、墓葬等多种遗迹类型，出土有大量的陶、石、骨器，器类涵盖生活用具和生产工具。

姜寨遗址文化堆积以仰韶文化半坡类型为主，另有史家、庙底沟、半坡晚期及少量龙山文化客省庄二期遗存。

姜寨遗址半坡类型的聚落平面呈不规则圆

姜寨遗址发掘现场

姜寨遗址出土鱼蛙纹彩陶盆

姜寨遗址出土五鱼纹彩陶盆

形，面积2万多平方米，分为居住区、墓葬区及制陶作坊三个区域，共发现有房址120座、灰坑297座、墓葬380座、窑址3座，另有牲畜圈栏遗址2个、畜场2个、壕沟4条、道路2条以及广场1处。广场位于聚落的中心位置，周围分布有5个居住群体，每个群体有一座面积达80平方米的大房子及10余座或20余座面积约20平方米的中小房屋，门均朝向中心广场。除房址外，居住区内分布有灰坑、家畜围栏、瓮棺葬及窑场。

房址处于聚落的中心位置。按平面形状可分为方形、圆形以及不规则形，方形和圆形最为常见；按建筑方式可分为地穴式、半地穴式和地面木架结构三种，半地穴式和地面建筑两种建筑方式在圆形、方形两种平面形状的房址中均可见到，地穴式建筑方式仅见于圆形房址。方形房址55座，中小型房址居多，面积约20平方米；最大可达128平方米，最小约4～5平方米。圆形房址65座，平面直径以4～5米多见。灰坑比较密集地分布于居住区内房址附近，个别分布于墓葬区边缘。根据平面形状及结构特征可分为圆形袋状、方形袋状、圆筒状、圆形锅底状及不规则形等。窑址数量较

少，破坏严重，均为横穴式陶窑。

墓葬区主要分布在壕沟外。其中半坡类型的墓葬380座，史家类型的墓葬294座。半坡类型的墓葬包括有174座土坑墓和206座瓮棺葬。土坑墓多为成人墓葬，主要分布于遗址东部墓葬区，葬式多为单人仰身直肢葬，也有少量的二人合葬和二次葬；瓮棺葬绝大多数分布于居住区内房址周边，少量分布于墓葬区。史家类型的墓葬大多叠压或打破半坡类型的墓葬，包括191座土坑墓和103座瓮棺葬。土坑墓葬式上以多人合葬最多，单人二次葬较少，单人仰身直肢葬最少。

遗物主要包括生产工具和生活用具，共计陶、石、骨等质地器物1万余件。生产工具主要有用于农业和日常生产活动的石斧、石铲、石锛、石凿、石刀、敲砸器、砍伐器、骨铲、骨凿、角铲、角凿、磨盘、磨棒，用于渔猎的石镞、石网坠、骨镞、骨矛、骨鱼叉、角镞、角矛，另外还有刮削器、纺轮、陶锉、骨针等。生活用具主要是各类陶器和装饰品。陶器从陶质上可分为泥质陶和夹砂陶，泥质居多；陶色以红陶居多，褐陶、灰陶所占比重很小；纹饰以素面较多，绳纹次之，另外还有彩绘、

线纹和弦纹等；器形主要有钵、碗、盆、尖底瓶、葫芦瓶、盘、杯、罐等；陶器制法以手制为主，主要是泥条盘筑和手捏而成，个别器物口沿有轮修痕迹。彩绘多绘于陶器外壁，以红地黑彩为主，常见几何纹、人面纹、动物纹等。刻画符号也有发现，共30种102个，其中少数为初次发现。装饰品主要由石、骨、陶、蚌、牙等材料制成，器类可见笄、珠、牙饰、坠饰等。所出的陶器中，半坡类型的鱼、蛙和人面纹陶盆堪称原始艺术的珍品。另外，史家类型的鱼鸟纹彩陶葫芦瓶及石砚、砚盖等绘画工具，也为首次发现。遗址中还出土一件黄铜片和一件黄铜管状物，值得关注。

姜寨遗址是中国保存较为完整、发掘面积最大、揭露较完整的一处新石器时代仰韶文化聚落遗址，为研究关中地区新石器时代仰韶文化发展序列提供可靠的地层依据。发现的大量遗迹、遗物，不仅丰富仰韶文化的内涵，较全面地揭示原始社会生产方式、生活水平、社会组织形式及科技水平，也为研究渭河流域仰韶文化的发展序列提供重要实物资料。

1983年，姜寨遗址被公布为县文物保护单位。1984年，成立临潼县姜寨文管所，负责姜寨遗址的保护管理工作。1992年4月，陕西省人民政府公布姜寨遗址为第三批陕西省文物保护单位，同时公布保护范围和建设控制带。1996年11月20日，姜寨遗址被国务院公布为第四批全国重点文物保护单位，编号4-0020-1-020。

西水坡遗址 为豫北地区新石器时代重要的聚落遗址，位于河南省濮阳县城西南隅五代城墙北侧。

1987年，调查探明遗址面积约6万平方

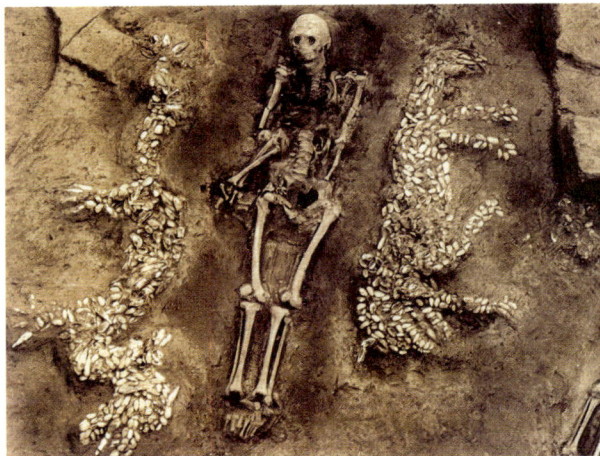

西水坡遗址出土蚌塑龙虎图

米，文化层厚约1.3～2.85米，内涵有仰韶、龙山、东周、汉代时期的文化层堆积，而以仰韶时期遗存为主。1987年5～11月，发现3组仰韶文化时期蚌壳摆塑的龙虎图形。1988年3～9月，河南省文物研究所主持，北京大学、郑州大学、濮阳市文物部门参加，对遗址进行大规模发掘，发掘面积5000平方米，发现遗迹有房址7座、窑址5座、灶址2座、墓葬114座、瓮棺葬71座、灰沟4条、灰坑339个，出土陶器、石器、骨蚌器等生活用具、生产工具和各类装饰品计291件及大量残陶片。研究表明，其文化内涵属于仰韶文化后岗类型。

西水坡遗址房址早期以方形为主，中晚期演变为椭圆形或圆形。灰坑早期以椭圆形为主，晚期以圆形为主；灰坑结构多为斜壁的平底或圜底坑，也有一些直壁坑。墓葬以单人仰身直肢葬为主，另有多人合葬、二次葬、屈肢葬、俯身葬、灰坑葬等。瓮棺葬多成群分布，墓圹以圆形为主，葬具多为鼎钵相扣，瓮棺放置方式绝大多数为竖立。陶器以泥质红陶为主，泥质灰陶、夹砂褐陶（夹蚌褐陶）次之，另有少量的泥质黑陶、泥质白陶等。

西水坡遗址的发掘表明当时除去经营农业之外，畜养、渔猎和采集在当时的经济生活中也占有一定的比重。遗址出土较多的狩猎、渔猎工具，如石、骨、蚌、角及陶质的镞、矛、弹丸、网坠等。也出土有大量的陆生或水生动物骨骼。

西水坡遗址45号墓发现的蚌壳摆塑的龙虎图形，在中国考古史上尚属首次。濮阳古称帝丘，是传说中的"颛顼之墟"，有关龙文化的底蕴深厚。西水坡遗址的发现，将中华民族作为龙的传人的历史提早到距今5000多年前的仰韶文化时期，对研究仰韶文化时期的社会性质、探索中华文明的起源都具有重要意义。

1997年，成立濮阳县文物管理所，负责西水坡遗址的保护管理工作，"四有"档案存放于文物管理所。2000年西水坡遗址被公布为市级文物保护单位，2006年被公布为省级文物保护单位，2008年，河南省人民政府划定西水坡遗址的保护范围与建设控制地带。2013年5月3日，西水坡遗址被国务院公布为第七批全国重点文物保护单位，编号7-0298-1-298。

仰韶村遗址　为黄河中游地区新石器时代大型聚落遗址，是中国最早确认的新石器时代遗存，也是仰韶文化的命名地点，位于河南省渑池县城北约9千米的仰韶镇仰韶村南台地上。遗址东北—西南走向，长约900米，宽约300米，总面积近30万平方米。

民国9年（1920年），中国地质研究所刘

仰韶村遗址全貌

仰韶村遗址出土彩陶盆

长山等在仰韶村采集许多陶片、石器等遗物，视为对仰韶村遗址的首次调查。次年，瑞典学者安特生与中国学者袁复礼、陈德广等对仰韶村遗址进行首次发掘，历时一个月，发掘点17个，获得了丰富的实物资料，证实为新石器时代的文化遗存。依据考古惯例，以首次发现地命名为仰韶文化。1951年6月28日至7月初，考古学家夏鼐等率中国科学院考古研究所河南调查团到仰韶村进行第二次发掘，开挖探沟一道，揭露9座墓葬，出土红底黑彩、深红彩的陶罐及陶钵、小口尖底瓶、灰褐夹沙陶鼎等文物，发现有龙山时期的磨光黑陶、方格纹灰陶等，认定仰韶村遗址内涵为仰韶和龙山混合文化的遗存。1980年10月至1981年4月，河南省文物研究所、渑池县文化馆联合对遗址进行第三次发掘，计开挖探方4个，探沟4条，面积共200多平方米，发现房基4处、窖穴41个，出土一批遗物，证实遗址含有仰韶和龙山两个考古学文化、四个不同发展阶段的地层叠压关系。

仰韶村遗址出土石器有斧、铲、刀、凿、镞、网坠、弹丸、犁形器以及刮削器、砍砸器等。陶器数量很多，以泥质红陶和夹砂红陶为主，器形有鼎、灶、釜、甑、钵、盆、碗、壶、罐、瓮、尖底瓶等。纹饰有线纹、绳纹、篮纹、弦纹、划纹、附加堆纹等。彩陶以黑彩最多，图案有圆点纹、弧线纹、带状纹、直边或弧边三角纹、月牙纹、网状纹等。彩陶，是构成仰韶文化的最显著的特征之一，代表仰韶文化时代的社会文化意识和艺术发展水平。龙山文化陶器则以灰陶最多，器形有鬲、鼎、罐、盆、缸、豆、碗、斝、杯、器盖等。

仰韶村遗址的发掘，宣告中国现代考古学的诞生。仰韶文化的命名，是中国新石器时代考古和现代田野考古学的发端。形成以黄河中游为中心的广大地区内分布广泛、延续长久、内涵丰富、影响深远的一支原始文化主干。展现中国母系氏族制度由繁荣到衰落时期的社会结构和文化成就。仰韶村因此也被誉为中国考古学的"圣地"。

1961年3月4日，仰韶村遗址被国务院公布为第一批全国重点文物保护单位，编号1-0038-1-003。1985年，设立渑池县文物保护管理委员会办公室，负责全县文物保护管理工作。2004年，河南省人民政府划定仰韶村遗址的保护范围与建设控制地带。"四有"档案存于渑池县文物保护管理委员会办公室档案室。

西阴村遗址 是山西境内新石器时代重要文化遗址是中国学者第一次实施考古发掘的地点，位于山西省夏县城北6千米的西阴村。

民国15年（1926年）2月22日，清华国学研究院人类学教师李济与中国地质调查所的袁复礼在考察传说中的诸夏王陵途中，路经西阴村，发现西阴村遗址，采集86片陶片。同年10月15日到11月初，李济与袁复礼第一次发掘西阴村遗址。此次发掘是中国人首次独立主持的考古工作，发掘采用探方法，获得一批陶片，共装60箱。遗址发现有窖穴。另有半个人工切割下来的蚕茧，于民国17年（1928年）被带到华盛顿检验，是家茧的老祖先，证明蚕丝文化是在中国发明并发展的。

　　1959～1963年，山西省文物工作委员会与中国科学院考古研究所合作在晋南考古工作期间，再次调查西阴村遗址，遗物包含有庙底沟类型、庙底沟二期文化、三里桥类型三个时期的文化遗存。1994年10月12日至11月28日，山西省考古研究所第二次发掘西阴村遗址，发掘面积576平方米，发表《西阴村史前遗存的第二次发掘》一文，对西阴村遗址的年代与性质，认为由晚到早为：二里岗文化，相当于东下冯Ⅴ期；庙底沟二期文化，处于偏早阶段；西王村三期文化，仰韶时代晚期的较晚阶段；西阴文化即庙底沟文化类型。西阴村遗址坐落于西阴村之西北鸣条岗下作舌状凸出的一处高

地上。因灰土堆积十分丰富，俗称灰土岭。遗址南至西阴村南嫘祖庙（原为关帝庙）一带，东至村东一条南北向小路附近，遗址东西长600米，南北宽500米，总面积30万平方米。

　　西阴村遗址发掘房址两座，编号F1、F4。F1号房址保存相对完整，位于B区中部南侧，为半地穴式圆角长方形房屋，直接起建在生土之上，先挖口大于底的基槽，口与槽底间以阶梯状过渡，槽口南北长7.40米、东西宽6.10米、深0.6米。三开间，柱洞径0.2米、深0.16米，内填以经夯打的烧土块。三层地面均由红烧土块经夯打加工，层面十分平整、光滑、坚硬，可能系前后三次使用，最下层红烧土厚6厘米，中间层厚1厘米，上层厚5厘米。在柱洞西侧有较规整的直径4米的圆形火烧面痕，作用类似于火塘。房内东北角覆扣一红色泥质圆底陶钵，其下有一器盖，钵底刻意打穿出两洞，盖之纽尖正好伸入稍大的洞内，是其使用

西阴村遗址全景

西阴村遗址第二次发掘现场

时的遗物，或与某种宗教仪式有关。踩踏面上有0.15米废弃后的堆积物，灰土或黄土中夹杂着大量红烧土块，其上为近现代灰褐色土堆积，含有不少瓷片。

陶窑一座，编号Y1。为窑腔居上、火膛居前下方的竖穴式。窑腔为圆形，上部已毁，由上部渐内收推测应为穹隆顶。口内径0.86米、底内径0.94米。无窑算，有一顶部直径约0.6米、底部约0.8米、高0.3米左右的放置陶器的圆台，自平台顶部起的窑腔残高0.28米。窑腔之西隔火门为火膛，大体为东西圆角长方形，口底相若，唯近内侧底部略外扩，火膛长0.66米、宽0.36米、深1.16米，四周用草拌泥敷抹加固。火膛西侧又有草拌泥入燃料口，横截面似"凹"字形，东西长0.26米、南北宽0.78米、厚0.10米，废弃后又用草拌泥将凹缺部分填塞。另外，窑腔之南又有一火膛设置，发掘时火门已用一残一完整的两件葫芦口瓶堵塞并以草拌泥敷抹间隙，反映此窑曾多次利用。填土中包含物有泥质彩陶盆、盆、钵、敛口钵、葫芦口瓶、尖底瓶、圆唇厚沿钵及各类夹砂罐等。

灰坑共24座。分为圆形、圆形袋状、椭圆形、长条形和不规则形五种。

陶器位于陶窑附近，残次器较多。复原百余件，种类较齐全。夹砂陶器，因夹砂质地粗糙，极易破碎，陶色不均匀，多红褐色或灰褐色，亦有兼而有之者，除素面外一般拍印散乱线纹，代表器形有釜、釜形鼎、灶、鼓腹罐、折沿罐、小深腹罐、素面深腹罐、瓮形罐、盆形罐、缸、盆、钵、器盖、杯、纺轮、陶球、陶饼等。泥质陶器质地坚硬，陶色纯正，多经磨光处理，以红陶较多，灰陶较少，个别有红色或白色陶衣。纹饰以彩陶为主，大多为黑彩，偶尔也见红彩或白彩，饰线纹或旋纹者极少，代表器形有葫芦口瓶、尖底瓶、圆底瓶、盘形钵、钵、曲腹钵、带流钵、敛口折沿钵、彩陶盆、盆、鸡冠耳盆、彩陶罐、壶、瓮、甑、陶镯、陶环、纺轮等。

骨、蚌器发现数量不多。代表器物有骨笄4件，用动物肢骨磨制而成，两端较尖锐，中部剖面为扁圆形；骨锥2件，用鸡上肢骨磨制而成，一端斜磨出锥头；骨镞，用动物角部磨制而成，均为柳叶形；兽牙、动物獠牙，剖面为三角形；蚌1个，为较小的河蚌壳。

石器有较多发现。以研磨棒、磨石、石刀、石铲、石斧、石镞最常见，岩质以砂岩多见，另有石灰岩、泥岩、千枚岩、板岩、大宝斑岩、辉绿岩等。

西王村三期文化曾归入庙底沟文化系统，也有归入庙底沟二期文化的。西阴村遗址本阶段的文化堆积很少，第二次发掘仅发现H37。另据调查，西王村三期文化分布较密集地区在村东北一带，并采集到陶器盖1件。

庙底沟二期文化，有房址3座，编号F2、F3、F5，都是圆形半地穴式房屋。2号房址位于Ⅱ区中部北侧，打破4号房址。平面近圆形，除西南侧外，口皆小于底，呈袋状。口径2.75～3米，底径3～3.75米，深1.1米。门道在正南方向，长0.65米，宽0.95米，仅一级台阶，距房内地面深0.75米。门道之东侧有一壁龛，口部形状为缺角梯形。穴壁及房内地面经锤打加工，壁面规整，地面平坦坚硬。门道之北偏西2米处为圆心点，有一直径0.45米的黑色烧土面，作用类似于火膛。2号房址内以灰土、浅灰土堆积为主，含较多杂质如白灰块、红烧土等，陶片较少，器形有灰陶夹砂罐、泥质器盖等。

灰坑3处，编号H8、H36、H38。均为口小底大圆形袋状坑。

庙底沟二期文化出土遗物以陶器为主，石骨器较少。陶器以夹砂陶为主，约占70%，泥质陶为30%。陶色以灰陶为主，约占80%，红陶或红褐、灰褐色陶占20%。纹饰以篮纹、绳纹为主，比例基本相当，而大多在纹饰器物上

西阴村遗址出土彩陶盆

西阴村遗址出土
葫芦口陶瓶

都有数周附加堆纹。器形有夹砂瓮、罐、釜灶和泥质壶、盘、豆、钵等。石器有石纺轮、石刃、石锛等。石纺轮，浅灰色粉砂岩，圆角方形边缘，中孔对穿。石刀，浅灰色泥岩，圆角长方形，双面刃，对穿孔，孔侧有横向深磨槽。石锛，圆角长方形，单面刃，仅经打、琢。骨角器出土鹿角2枝，未经加工使用。

西阴村遗址的考古发掘，是中国人第一次独立主持的一次现代考古工作，发掘工作所使用的探方法、三点记载法与层叠法一直在考古发掘中普遍使用，尤其是依据土色及每次所动土的容积定分层的厚薄，是现代考古学中地层学的精髓。西阴村遗址的发现，增添研究中国历史上新石器时代文化的实物资料，将中国考古学研究的目标设定为揭示及研究历史，是多

学科研究中国考古学遗存方法的开端。

1959年，西阴村遗址被列为夏县重点文物保护单位。1965年，西阴村遗址被山西省人民委员会公布为省级文物保护单位。1996年11月20日，西阴村遗址被国务院公布为第四批全国重点文物保护单位，编号4-0005-1-005。2002年，山西省人民政府划定了西阴遗址的保护范围和建设控制地带。2013年，国家文物局批准《西阴村遗址保护规划》立项。西阴村遗址的安全保卫工作主要由西阴村委及文物保护员负责。西阴村遗址的"四有"档案保存于山西省古建筑保护研究所。

庙底沟遗址 为黄河中游地区新石器时代仰韶文化的典型聚落遗址，位于河南省三门峡市区西部青龙涧河南岸的二级阶地上。

庙底沟遗址鸟瞰

庙底沟遗址出土红地黑花大口彩陶罐

庙底沟遗址出土彩陶钵

遗址区地势较为平坦，分布范围近似菱形，东西长650米、南北宽560米，面积约36.4万平方米，文化层厚1.5～3米。1953年秋，中国科学院考古研究所河南考古调查队首次调查发现。1956年秋至1957年春，文化部和中科院联合组成黄河水库考古队对遗址进行首次发掘，发掘面积约4500平方米，发现房基3座，灰坑194个，墓葬146座，陶窑1座，出土仰韶文化陶器690余件，多为夹砂或泥质红陶。器形有釜、灶、甑、鼎、尖底瓶、罐、盂、盆、钵、盘、杯等，其中尤以曲腹盆、碗形器为最多。彩陶仅限于细泥红陶，深红色陶衣较多，富有光泽，有的仅施陶衣而不加彩绘。彩绘的颜料以黑色为主，主要绘在器腹及口沿上，其图案条纹、花瓣纹、花叶纹、圆点纹等是庙底沟遗址的显著特征，故命名为仰韶文化庙底沟类型。上层是接近龙山文化的遗存，发现半地穴式圆形白灰面房基、窖穴、陶窑等，出土陶器多灰陶，器形有鼎、罍、豆、罐、盆、灶、杯等，多饰篮纹，有类似蛋壳的陶片，确定为庙底沟二期文化，属仰韶文化向龙山文化过渡期遗存。

2002年6月，为配合310国道三门峡市城区段道路拓宽工程，河南省文物考古研究所会同三门峡市文物考古研究所及郑州大学考古专业等单位，对庙底沟遗址进行又一次大规模的抢救性发掘，发掘面积1.8万平方米，共发现仰韶文化庙底沟类型时期及庙底沟二期文化时期的灰坑和窖穴800多座，陶窑近20座，保存较为完好的房基10余座，墓葬1座以及残破的房基硬面数处，壕沟3条。同时还发掘清理近200座唐宋元明时期的墓葬，出土大量陶、石、骨、蚌及铜、瓷等不同质料的文物。

庙底沟遗址的发现、发掘和研究是中国20世纪考古学上的一项重大成就，确定仰韶文化和龙山文化承先启后的发展关系，明确仰韶文化向龙山文化过渡的历史进程，显示以原始农业为基础的氏族社会高度发展与繁荣，揭示中华五千年文明孕育与滋生的源头。

1963年6月20日，河南省人民委员会公布庙底沟遗址为第一批省级文物保护单位。2001年6月25日，庙底沟遗址被国务院公布为第五批全国重点文物保护单位，编号5-0068-1-068。遗址本体进行回填保护。2000年12月26日，三门峡市人民政府印发《三门峡市古代大型遗址保护管理办法的通知》。2002年8月26

日，三门峡市人民政府公布《庙底沟遗址保护管理办法》。建立遗址"四有"档案，保管于三门峡市文物局。

北庄遗址　是胶东地区新石器时代的大型聚落遗址，距今约6000～4500年，位于山东省长岛县大黑山岛北庄村的东北部。南北宽180米，东西长140米，总面积约27000平方米。

1980年，北京大学考古实习队、烟台地区文管会和长岛县博物馆对山东长岛县史前遗址进行全面调查，于大黑山岛东边的北庄遗址发现丰富的史前遗存。1981～1987年，先后进行5次发掘，揭露面积近4000平方米，发现5个时期的文化遗存，最上一层为战国墓葬，其下分别是岳石文化、龙山文化、北庄二期和北庄一期文化遗存。其中最重要的收获是发现一批史前不同时期的96座房屋基址和200多个灰坑及100余座墓葬，并获得石、骨、陶器等7000余件。其中北庄一、二期遗存最为丰富，时代前后相继，文化特征清楚，大体反映半岛地区距今五六千年前后史前文化的面貌。

北庄遗址发现的主要遗迹有房屋基址、灰坑和墓葬。房屋一般圆角方形或长方形，半地穴式，一般由居住面、墙基、灶、门道、柱洞等组成。居住面系用灰黄土铺垫而成，部分地方经火烤成红烧土硬面。有的房屋居住面东部有东西向的箕形灶，包括灶面、灶坑和灶圈三个部分。房屋的墙和中部一般有圆形柱洞，门道处亦有发现，说明有伸出式的门棚。灰坑的形状有圆形、椭圆形及不规则形。圆形坑又可分为直筒平底坑、口小底大的袋形坑和斜壁锅底形坑三种。椭圆形和不规则形坑一般多斜壁锅底状。墓葬多为长方形土坑墓，一般为仰身直肢葬，个别屈肢葬，头向东。随葬品有石、骨、牙、蚌、陶等几种。石器有斧、锛、镞、

北庄遗址全景

北庄遗址发现的房址

砺石；骨器有锥、笄；蚌器有匕、镞；陶器有鼎、豆、壶、罐、钵等器类。个别墓葬还发现有随葬獐牙。随葬品的质量和数量差别不大，多者30余件，少者六七件，陶容器一般为两三件，最多5件。

北庄一期的陶器以泥质和夹砂灰褐陶为主，也有少量泥质黑皮陶。夹砂陶中常掺有滑石末，纹饰以附加堆纹和刻划纹为主，也有少量锥刺纹。刻划纹中的常见图案有席纹、横"人"字纹、叶脉纹等。泥质陶常有红陶衣，一般饰黑彩，个别饰白衣和黑、红二色彩。常见纹饰有波浪纹，亦有少量花瓣纹、连栅纹和八角星纹等。陶器多三足器和平底器，少量圈足器，主要器形有鼎、鬶、罐、钵、筒形罐、觚形杯、豆、钵等。石器多刃部磨光，器身多为琢制，个别器物如凿为通体磨制，常见器形有斧、锛、凿、砺石、磨盘、磨棒和网坠等。其中斧的断面为椭圆形，弧刃。网坠似长方形秤砣，上部穿孔，下部有被碰撞的痕迹，是当

地特有的一种形态。骨器主要有锥、镞和鱼钩等。蚌器主要有刀和镞。动物骨骼以猪和鹿最多，另有许多贝壳。

北庄二期陶器以泥质红陶和夹砂灰褐陶为主，也有泥质灰陶和黑陶。夹砂陶中常掺石英砂或滑石末。多素面，泥质陶打磨光滑。纹饰主要有附加堆纹、刻划纹和少量镂孔。刻划纹中有波浪纹和带形网格纹等。彩陶比较少，一般红陶衣上饰黑彩，也有红彩和白彩。有的泥质陶上有多道细而均匀的堆纹，较有特色。器形仍以三足器和平底器为主，鼎、鬶等的器身多变为平底，此外还有少量圈足器。器形主要有鼎、鬶、罐、筒形杯、觚形杯、豆、钵等。

从文化特征上看，北庄一期和北庄二期一脉相承，是同一文化的两个发展阶段。学界一致认为，北庄遗址与鲁中南地区的大汶口文化具有很大的相似性，又有自身的特点，同时还包含一部分辽东半岛的文化因素。这表明北庄遗址与两者具有频繁的文化交流。该遗址是

北庄遗址出土鸟形陶鬶

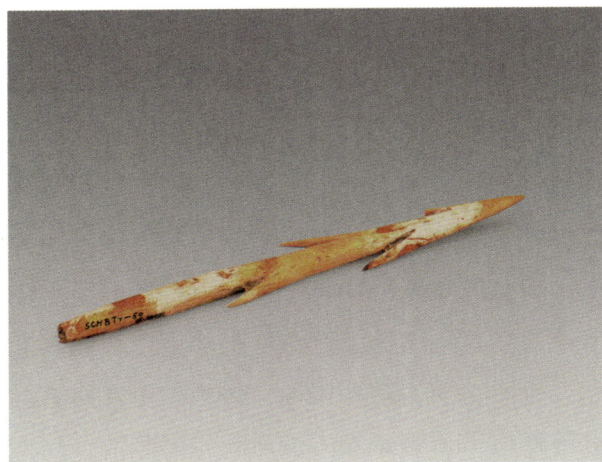

北庄遗址出土鱼镖

中国首次在海岛发现的史前村落遗址，具有重要的学术价值。同半坡遗址相比，北庄遗址是山东沿海发现最完整的聚落遗址，在考古界有"东半坡"的美誉。

1996年11月20日，北庄遗址被国务院公布为第四批全国重点文物保护单位，编号4-0010-1-010。2000年，建成北庄史前遗址博物馆，负责遗址的保护管理工作。2009年，长岛县人民政府划定北庄遗址的保护范围和建设控制地带。

西寨遗址 是在滦河流域发现的新石器时代遗址，距今6000余年，位于河北省迁西县罗屯镇西寨村东，分布于西寨村东偏南的台地上，地势北高南低，滦河自西向东流经遗址南侧，南北长200米，东西宽150米，遗址总面积3万平方米。

1985年，迁西县开展文物普查，县文物管理所确认遗址并定名为西寨遗址。随后，河北省、唐山市文物部门对西寨遗址进行详细调查，采集到大量实物标本。调查采集的遗物共521件（片），分为石器和陶器两大类。石器分为打制和磨制两类，包括工具及石雕。其中有一件砾石石雕，长14.7厘米，高7.8厘米，厚4厘米，上部刻条带状图案，下部保留着较粗糙的自然岩面，所刻花纹图案连成一体。该石刻构图别致，刻迹粗犷、流畅，为研究中国刻石工艺的发展史提供新的实物资料。陶器均为生活器皿，完整并能复原的很少，绝大部分为残片。

1988～1993年，湖北省、唐山市、迁西县文物部门连续对西寨进行考古发掘，发掘面积合计1212.2平方米，发现新石器时代祭祀地、房址、器物堆积群等重要遗迹，出土完整或可复原的遗物3500余件。

西寨遗址文化层厚薄不一，中部文化层堆

西寨遗址发掘现场

西寨遗址出土双人头石雕

西寨遗址出土太阳纹刻石

积厚1～2米，西部最厚处3米以上。根据地层的叠压关系及出土典型器物群的不同，可根据遗迹遗物特点将西寨遗址分为第一期西寨文化遗存和第二期西寨文化遗存。

第一期西寨文化遗存，以夹砂陶为主，泥质陶很少。陶器的颜色不纯正，以夹砂黄褐陶和夹砂红褐陶为主，夹砂陶内多羼有云母或滑石粉。器物的表里都经过磨抹，绝大多数器表都满施纹饰，素面者极少。陶器的纹饰一般可分为上下两部分，构成形式较固定的复合纹。主要有压印的"之"字纹、戳压条（点）纹、刮条纹、斜线三角纹、篦点纹及附加堆纹等。第一期西寨文化遗存的年代应稍晚于兴隆洼文化，与上宅中期早段及新乐下层文化年代大体相当。

第二期西寨文化遗存，陶器以夹砂陶为主，泥质陶明显增多，羼云母或滑石粉陶器数量锐减。陶质中以夹砂红褐陶为主，其次为夹砂黄褐陶、夹砂灰褐陶。泥质陶中大多是红顶钵（碗）类残片。陶器外表一般仅口部磨抹，纹饰显得比第一期要施得随意而显粗糙。主要纹饰有刻划的平行斜线纹、"人"字纹及压印的"之"字纹、篦点纹，另有一些由直线和弧线组成的几何纹，素面较少。一部分筒形罐的

底部压印有叶脉纹或编织纹。器底有平底、圈足和凹底等。此期西寨文化遗存与赵宝沟文化有着许多的共性，如圈足碗、盘及由直线或弧线组成的几何纹等，其时代应大致相同。

第一期和第二期的文化遗存，无论在陶质、陶色及纹饰等方面都表现出较大的差别，而且第一期的器类明显比第二期少，因此区别是主要的，从中反映地区史前文化不同发展时期的差异。

通过西寨遗址的发掘，获得一大批富有鲜明特征的陶器和石器，为研究滦河中下游流域的史前文化提供较为丰富的资料。

西寨遗址的主要遗迹有祭祀地、房址、灰坑和陶器堆积地。祭祀地位于西寨遗址的东南侧，东西长18米，南北宽12米，分为五个大组，每组均放有大小不等的红顶钵和筒形罐、碗，一些相同类型的大小陶器均套放堆积在一起，围成直径约2米的圆形器物群，全部背山面河，有些陶器内置一枚经打磨的圆形石球，有的残存幼猿的牙床骨。西寨遗址祭祀地点的发现，展示西寨人浓烈的宗教意识，对研究古代宗教具有重要意义。

西寨遗址的保护管理机构为迁西县文物管理所。1987年7月25日，迁西县人民政府公布

该遗址为县文物保护单位。1993年7月15日，河北省人民政府公布西寨遗址为河北省第三批省级文物保护单位，划定西寨遗址的保护范围和建设控制地带。2001年6月25日，西寨遗址被国务院公布为第五批全国重点文物保护单位，编号5-0004-1-004。西寨遗址记录档案，保管于迁西县文物管理所。

岱海遗址群　是新石器时代遗址群落，包括王墓山遗址、园子沟遗址和老虎山遗址，分布在内蒙古自治区凉城县岱海周围。

王墓山遗址位于六苏木乡泉卜子村南约2千米的王墓山西北坡上，西北距凉城县城约17千米，北距岱海南岸约2.5千米，南距明长城约300米。遗址地处岱海南岸的丘陵山地，北坡之下为岱海滩地，西山坡下为季节性河流步量河，由南向北流入岱海，山坡南部有一条自然冲沟，由东向西注入步量河。遗址所在地势东高西低，坡势较缓，西隔步量河与狐子山遗址相望。王墓山坡下遗址分布在王墓山西北坡下部，东距王墓山坡中遗址约150米。遗址南北长约350米、东西宽约200米，面积约7万平方米，自然冲沟将其分割为北（Ⅰ）、南（Ⅱ）两区。

1982年、1983年、1985年，内蒙古文物工作队进行三年发掘，1986年，内蒙古文物工作队更名为内蒙古自治区文物考古研究所，继续进行发掘。总发掘面积4000余平方米，发掘和清理房址70座、灰坑38座、灰沟2条、窑址6座、墓葬8座，出土一批陶器、石器、骨角牙器等。遗址内文化层均为新石器时代遗存。环绕遗址周围的围墙，多处被破坏，总长约1300米，围墙汇合处的山顶平台有方形石圈相连。

城墙下部分为土建，上部分为石筑。下土部分用黄土层层铺垫、砸实，形状不规整，高低不一，墙体基宽0.5～1.5米，保存最高在1.5米。上石筑部分用自然石块交错垒砌而成，石缝间垫有碎石和黄土，内壁不整齐，外壁较垂直平齐，宽0.7米，残高0.3～0.5米。在居住区有8个较宽平的台地，房址主要分布在台地上。房屋平面为"凸"字形，部分房屋有窖穴，圆形火膛位于居住面中部，居住面抹草泥后抹白灰。房屋呈半地穴式，面积一般在10～15平方米。窖穴和灰坑平面有圆形、椭圆形、不规则形等，剖面有袋状平底、直壁平底、锅底状等。窑址区分布在遗址西南部石墙外较陡峭的山坡台地上，在房屋周围散布有零星陶窑，均为竖穴窑，窑室呈馒头形，由火门、窑腔、窑箅、火眼、窑门和工作间组成。墓葬发现在居住区，土坑竖穴，单人葬，仰身直肢，无随葬品。陶质中夹砂陶占多数，泥质陶数量较少。以灰色为主，褐色数量较多，灰皮和黑皮褐胎数量最少。器表纹饰陶多于素面陶，纹饰以篮纹数量最多，其次是附加堆纹和绳纹，还有少量方格纹、镂孔等纹饰。器形有素面罐、斝、高领罐、敛口瓮、矮领罐、大口尊、豆、斜腹盆等。石器以环、刀、镞、斧数量最多，其次是矛形器、刮削器、磨盘、球，还有杵、石核、纺轮、砺石、铲、抹子、磨棒、钻、网坠等。

1989～1992年，内蒙古自治区文物考古研究所前后三年共发掘和清理面积2428平方米，发掘和清理房址24座。出土陶器305件、石器98件、骨角器7件，均属于新石器时代遗存。房屋均为半地穴式建筑，保存较好的房屋穴周均有台面。房屋平面除一座为不规则形以外，其余平面呈"凸"字形，居住面抹草拌泥。长条形门道位于前中部，朝西或西南方坡下。近门道处有圆形或圆角方形灶坑，多与门道相连。有的室内角落有窖穴，绝大部分为圆形或椭圆形袋状平底。面积分大、中、小三个级别，大型房屋仅有1座（编号ⅠF7），半地穴面积62.1平方米，加上穴周台面积达90.3平方米。中型18座，半地穴面积10～25平方米，加上穴周台面积达17～40平方米。小型房屋2座（编号ⅠF18、ⅠF21），半地穴面积6.5～8.1平方米。在北区发掘一条道路，铲探长110米，揭露长度85米，西北—东南走向，宽4.1～5.5米，用灰褐色花土铺垫，是联系各房屋的主要道路。灰坑多数为圆形和椭圆形，少数为圆角方形，一般为直壁平底，制作规整，大部分为室外窖穴。陶器分为泥质和夹砂两类陶质，两者比例相当。陶色以红色和褐色为大宗，灰色较少，个别的为橙色。器表纹饰陶器最多，素面数量较少。纹饰有绳纹、弦纹、附加堆纹、浅窝纹、指甲纹、乳丁纹、戳印纹、刻划纹和彩陶。彩陶以黑彩占多数，还有少量红彩，个别为紫彩，图案有黑彩带、花瓣纹、网格纹、圆点纹、弧线三角纹、变体鱼纹、鱼鳞纹等。泥条盘筑制作陶器。器形有重唇口小口尖底瓶、火种炉、彩陶钵、大口瓮、中口罐、曲腹盆、器盖等。石器中大型石器以磨制为主，其次为琢制，打制最少。石器以磨盘、磨棒、刀和砺石数量最多，其次是镞、斧、锉、刮削器、凿、纺轮、臼、双刃器、石叶数量最少。王墓山坡下遗址新石器时代遗存被命名为王墓山坡下类型，属于庙底沟文化，年代

为公元前4200～前3000年。

王墓山坡中遗址，分布在王墓山西北坡中部，东距王墓山坡上遗址约120米，海拔1287～1293米。自然冲沟破坏遗址南侧一小部分，主体分布在一座环壕内，面积约4000平方米。1991年，内蒙古自治区文物考古研究所对遗址进行钻探，发现环壕长50米。1992年10月26～30日，内蒙古自治区文物考古研究所对遗址进行进一步钻探，查明环壕全貌。在遗址西部发掘2座房屋。1991年和1992年解剖面积约110平方米，发掘面积110平方米，总共试掘面积220平方米，出土陶器32件、石器9件、玉器2件。经钻探，均为新石器时代文化层。环壕平面大致呈椭圆形，东西长约80米，南北宽约50米，南部被自然冲沟打破。环壕上宽下窄，上口宽0.6～1.1米，底宽0.1米，深0.6～1.5米。在东、北两侧各发现1座门址，东侧门宽0.8米，北侧门宽1.5米。门的两侧沟口逐渐加宽至2.5米左右。门的路面垫有黑花土，呈层状，厚0.1～0.5米，自沟起垫。房屋均为半地穴建筑，居住面铺垫白泥土。门向东南，有一级台阶与门外活动面相接。圆形坑灶位于居住面中部，正对门道。F1号房址为"凹"字形，进深3.9米，间宽3.5米，面积约13平方米。在后壁偏南部位有圆形浅坑状附灶，主灶两侧各有一个柱洞。F2号房址平面呈"凸"字形，间宽与进深均2.8米，面积7.8平方米。陶质以泥质陶最多，夹砂陶其次，砂质陶最少。陶色以灰色为主，褐色、红色居次，还有少量黑皮灰陶和黑陶。素面陶多于纹饰陶，纹饰种类主要是绳纹和线纹，还有少量附加堆纹和指甲纹。彩陶中黑彩居多，红彩、褐彩和紫彩数量较

少，图案平行横带纹、鳞纹、双钩纹等。器形有小口双耳罐、筒形罐、钵、器盖、纺轮、环等。玉石器有璧、刀、斧、锛、凿、磨棒、砺石、锉、石叶等。王墓山坡中遗址新石器时代遗存属于海生不浪文化庙子沟类型早期，年代为公元前3500～前3300年。

王墓山坡上遗址，分布在王墓山西北坡上部，东距石虎山遗址500米，海拔1300～1310米。遗址面积1.1万平方米。1987年，内蒙古自治区文物考古研究所发现遗址，并做小范围的清理。1989年，发掘部分房址。1992年，对整个遗址进行全面钻探与部分试掘。1995年8月1日至9月5日，内蒙古自治区文物考古研究所与日本京都中国考古学研究会共同发掘。四次发掘房址21座、灰坑（窖穴）29个、墓葬3座，遗物200余件。除1座房址和3座墓葬为清

代以外，其余均为仰韶时代晚期遗存。房屋均为半地穴式建筑，平面为"凸"字形。间宽3.2～5米，进深3～4米，面积在10～23平方米。长条形门道，多为斜坡式，少为阶梯式，带有门斗。主灶为圆形坑，位于居住面中部，附灶在主灶后部，多数为圆形、长方形坑灶，个别为地面灶。居住面铺垫一层白色黏土，坚硬，平整。灰坑平面有圆形，方形和不规则形等，剖面多直壁平底，少数为袋状平底，个别为不规则形。陶质以夹砂陶为主，泥质陶其次，砂质陶数量很少。陶色多数为灰陶，褐陶次之，橙黄、橙红、黑、红数量少。器表纹饰和素面平分秋色，纹饰多见绳纹，还有少量附加堆纹、方格纹、篮纹等。器形有小口双耳罐、筒形罐、侈口鼓腹罐、钵、盆、漏斗形器、壶、杯、碗、刀等。石器有磨盘、磨棒、

王墓山坡上遗址房址

园子沟遗址出土陶斝

老虎山遗址石围墙

斧、刀、锛、凿、环、镞、纺轮等。王墓山坡上遗址属于海生不浪文化庙子沟类型中期和晚期，年代为公元前3300～前3000年。

园子沟遗址，位于三苏木乡园子沟村北100米，西南距县城约10千米。地处蛮汗山余脉胡龙背山的东坡，坐落在岱海盆地中部的北缘，分布在由两条构造断陷浅沟谷隔开的三个山坡上，山坡基岩上覆盖的黄土最厚50米以上。坡前为园子沟河河床，东南距岱海5.5千米。园子沟遗址分南坡、中坡、北坡遗址，海拔分别为1340～1375米、1335～1380米、1330～1360米。每座山坡面积约10万平方米，总面积在30万平方米。1986～1989年，内蒙古自治区文物考古研究所进行大规模发掘，发掘面积约4000平方米，文化层厚0.2～4.5米，共发现房址132座、窖穴和灰坑16座，发掘房址85座、窖穴和灰坑14座、窑址5座，出土一批陶器、石器和骨器。房屋均面朝坡下，顺坡沿等高线成排分布。房屋一般由后部的"凸"字形主室和前部的长方形外间组成，与院落相连。主室掏挖在黄土内，为窑洞式建筑，外间多破坏。面积在6～21平方米。大部分墙裙和地面抹有草拌泥，再涂白灰，个别为垫土居住

面。主室圆形或圆角方形。火膛位于居住面中部，有的火膛周围抹一圈黑彩。窖穴和灰坑为圆形袋状平底状和圆角方形直壁平底状。陶窑分布在外间屋内，竖穴窑，由火门、窑膛、窑箅、火眼组成，窑室呈馒头形，直径1.6～2.2米。陶质以夹砂陶为主，泥质陶数量较少。陶色灰陶占多数，褐陶居次，有少量灰皮和黑皮褐胎陶。器表纹饰和素面数量相当，纹饰种类以篮纹最多，绳纹其次，附加堆纹、方格纹、镂孔等数量较少。大部分器形是泥条盘筑法制作，三足器的足为模制，小型器为捏制。器形有斝、素面罐、直壁缸、矮领罐、大口瓮、斜腹盆、大口尊、敛口钵、豆、纺轮等。石器以斧、刀、纺轮最多，锛、抹子、凿、砺石和球居次，磨盘、杵、镞、矛等数量少。园子沟遗址的新石器时代遗存属于老虎山文化，年代为公元前2500～前2000年。

老虎山遗址，位于永兴乡毛庆沟村西北1千米，东距凉城县城约25千米。地处蛮汗山余脉老虎山南坡，在岱海相邻的永兴盆地北缘，东去岱海约30千米。山坡西侧老虎沟内有丰富泉水，向南流注入浑河，汇入黄河。基岩之上覆盖黄土，最深达50米。遗址主要分布在西

北—东南走向的两个山脊之间，并沿山脊修筑有石围墙，两侧略延伸到山脊之外，主体呈三角形簸箕状，中央一道大冲沟将其分为北高南低两大部分。总面积约13万平方米。

岱海周围除王墓山、园子沟、老虎山新石器时代遗址外，还有石虎山、红台坡、东滩、狐子山、板城、西白玉、面坡等新石器时代遗址，年代为公元前7000～前4000年，相当于仰韶时代至龙山时代。经过发掘的石虎山遗址、王墓山遗址、老虎山遗址分别被命名为后岗一期文化石虎山类型、庙底沟文化王墓山坡下类型、老虎山文化，石虎山类型和王墓山坡下类型分别代表后岗一期文化向西扩张、庙底沟文化向北扩张的岱海地区的类型，老虎山文化为具有岱海地区特色的考古学文化。通过岱海新石器时代遗址群调查和发掘，基本建立起内蒙古中南部地区新石器时代文化序列，大面积揭露遗址，为新石器时代聚落研究提供丰富资料，尤其园子沟遗址大规模的窑洞式建筑，是内蒙古发现最早的窑洞式建筑。

1986年1月，成立凉城县文物保护管理所，负责岱海遗址群保护和管理工作。1990年，经国家文物局批准，凉城县政府投资实施园子沟遗址保护工程，主要是修筑园子沟遗址防水墙、排水渠及钢混结构护顶及钢铁门。2001年6月25日，岱海遗址群被国务院公布为第五批全国重点文物保护单位，编号5-0014-1-014。2002年10月20日，凉城县人民政府印发《关于划定全国重点文物保护单位——岱海遗址群保护范围的通知》，划定岱海遗址群保护范围和控制地带。2003年3月30日，乌兰察布盟行政公署公布岱海遗址群保护范围。2013

年9月，国家文物局批准《内蒙古自治区岱海遗址群保护规划（2013～2025）》，各项保护工程正在实施中。

马家浜遗址 是长江下游地区一处新石器时代聚落遗址，也是马家浜文化的命名地点，位于浙江省嘉兴市南湖区城南街道天带桥村，所在地块为嘉兴市经济技术开发区西南片区辖地。遗址地处江南水网地区，地势较低，地表海拔2.2～3.0米，多为水田和桑地，基本保持原有的生态面貌。

经过历年的调查勘探，确认马家浜遗址的堆积范围，大致呈西南—东北走向的不规则长方形，埋藏深度大约在地表0.5米以下，部分低洼水田耕土之下即为遗址堆积。遗址文化堆积主要分布在九里港以南、坟屋浜以东、马家浜村原址以北的区域，分布面积约1.5万平方米。

1959年发现马家浜遗址，进行第一次发掘，确认有上、下两个文化层堆积，发现墓葬30座，房屋遗迹1处。墓葬较密集，盛行俯身直肢葬，多数无随葬品。墓葬中出土和采集的器物种类有陶釜、豆、罐、石斧、石锛、玉璜、玉玦以及骨针、骨镞、骨管等。石器以顶端斜背的舌形刃石斧、弧背石锛为特点。陶器

马家浜遗址墓葬集群分布

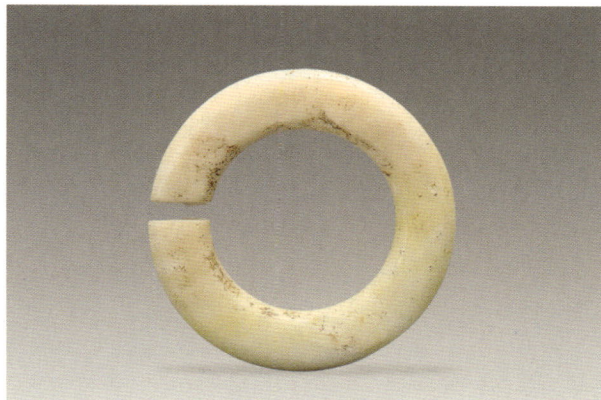

马家浜遗址出土玉玦

马家浜遗址出土陶豆

以夹砂红陶和泥质红陶为主，泥质陶中以外红里黑胎为特征，陶器器形以腰沿釜和牛鼻形耳罐为主，玉器以玉玦为主，还有少量玉璜。地层中还出土了大量兽骨。20世纪70年代，考古学家夏鼐命名马家浜文化。

2005年11月，为进一步明确遗址文化堆积的分布范围，浙江省文物考古研究所对原划定的遗址保护范围和建设控制地带进行钻探。2009年4月，浙江省文物考古研究所为配合马家浜遗址公园和马家浜遗址博物馆的前期建设工作，再次在遗址保护范围内进行钻探调查。通过一系列的调查勘探，基本明确遗址的堆积范围以及分布结构。2009年11月至2011年1月，第二次发掘，由浙江省文物考古研究所主持，发掘区域位于第一次发掘区西北的高地，发掘面积300平方米。第二次发掘共清理马家浜文化墓葬80座，并发现其他遗迹现象。由于计划发掘区将用作马家浜遗址博物馆现场展示的区块，因此，发掘以保护性发掘为主，大部分仅清理到马家浜文化堆积的层面。发现的墓葬大部分都清理出长方形竖穴土坑，个别墓葬留存木质葬具，绝大部分墓葬都保存人骨遗骸，葬式以俯身葬为主，与第一次发掘所见相

同。个别有侧身葬和仰身葬，极大地丰富马家浜文化以俯身葬为主的葬制葬俗资料。墓葬中出土的玉器、骨器、石器、陶器等随葬品，扩大人们对马家浜文化器物组合的认识。

1981年马家浜址被公布为嘉兴县级文物保护单位；1989年被公布为浙江省级文物保护单位。1996年，浙江省人民政府划定马家浜遗址的保护范围和建设控制地带。2001年6月25日，马家浜遗址被国务院公布为第五批全国重点文物保护单位，编号5-0040-1-040。2003年起，嘉兴市文物保护所负责马家浜遗址的保护管理工作。2013年被公布为第一批浙江省级考古遗址公园。遗址以南的马家浜自然村已经整体搬迁，原有在遗址周围的马家浜、坟屋浜、九里港等水系维持原状。遗址整个地表区域基本维持水稻、蔬菜、桑树等浅表性种植，遗址周边地块已由政府征用划归嘉兴市经济技术开发区，用作马家浜遗址公园建设用地。档案保管机构是嘉兴市文物保护所。

汤家岗遗址 是包含汤家岗文化和大溪文化两个阶段遗存的聚落遗址，也是汤家岗文化的命名地点，位于湖南省安乡县安全乡刘家村，坐落在一个名为汤家岗的不规则岗地上。

汤家岗遗址远景

汤家岗遗址祭祀坑

岗地四周低斜，除东南侧地势较高外，余均低于汤家岗1～2米。

1977年夏季，汤家岗遗址被湖南省亦工亦农训练班学员发现。1978年，湖南省博物馆对其进行首次发掘，揭露面积308平方米，发现灰坑12个，建筑遗迹（烧土面）2处，红烧土坑6个，墓葬12座。《湖南安乡县汤家岗新石器时代遗址》将遗址定性为新石器时代大溪文化。1990年，湖南省文物考古研究所再度对遗址进行发掘，揭露面积460平方米，共发现灰坑16个，居址10处，墓葬99座。根据墓葬随葬器物组合特征，学术界提出汤家岗文化的命名。2007年，湖南省文物考古研究所对遗址进行第三次深度勘探和发掘，揭露面积337平方米。

遗址现存面积约3万平方米，文化层堆积保存尚好，但厚薄不均。岗地中心部位文化层堆积较薄，厚0.5～1.2米；岗地边缘区域偏厚，1～2米不等。

在1978年和1990年两次发掘中，基本揭露一处距今约6500年的汤家岗文化的墓地。墓地位于遗址西部，在500平方米的发掘面积内，共揭露汤家岗文化墓葬104座，出土陶器400余件。从墓葬分布来看，可划分为南、北两墓区，中间有近10米的空白区划。每一墓区还能分成若干组。南区明显有三组，呈"品"字形排列；北区亦可划分为西北和东南两并列组，各组内墓葬又大致呈东北—西南方向排列。由此推断，汤家岗墓地具有墓区、墓组、墓列等分层结构。墓地另一显著特点是，随葬陶器几乎都是按照统一的要求和模式摆放的，而且随葬器物组合稳定，随葬数量等级严格。

2007年的发掘在遗址东北和东南部发现聚落壕沟。壕沟开口均在大溪文化早期文化层之下，打破生土，年代距今约6000年。沟壁规整光滑，沟底较为平坦。沟壁两侧均有护坡堆积，靠近遗址一侧发现一级生土台阶。沟口宽5～8米，深1～1.2米。沟内淤土出土大批可复原陶器及大量动物遗骸。陶器主要以罐、釜、钵、盘、碗、器盖为主，动物遗骸经初步鉴定主要有猪、牛、鹿、羊、兔等。沟内出土陶器时代基本为大溪一期和汤家岗文化时期，故推断该沟时代不晚于大溪一期。遗址西北侧有一条古河道，已被村民开垦为鱼塘，古河道自东北向西南方向经遗址西北边缘而过。壕沟与古河道相结合，完美地构筑聚落防御体系。遗址东南拐角处地势最高，壕沟最窄，应是聚落内、外的主要通道或出入口。在东南发掘区壕沟内侧坡顶之上，发现人工堆筑形成的低矮土垣。初步推测，应系人们开沟之时，把所挖之土有意堆筑而成，目的在于增加壕沟的相对深度，进而达到壕沟防御的最佳效果。围壕设施应是后期城壕之雏形，可视为洞庭湖地区环壕聚落向城壕聚落演变的过渡形态。

遗址中南部发现大量其他生活遗迹。房址是地面式建筑，一般都残存有柱洞，少数保存红烧土居住面。房址形状主要有不规则长方形、不规则圆形或椭圆形两种类型，且以后者为多。灰坑数量较多，大致可划分两类。一类形体较大，不规则形，坑的修筑较为随意，坑壁一般不见加工痕迹；另一类较小，但较规则，一般以圆形或方形见多，修筑讲究，加工痕迹明显，可能具有某种特殊意义。柱洞发现数量最多，且多有叠压或打破。洞内一般填有红烧土块及少量陶片，少数柱洞在底部可见大块砾石和红烧土块作为柱础。除少量有一定的排列组合关系外，大多分布较为零乱。此外，还发现大量可能与建筑有关的红烧土坑。土坑一般呈不规则圆形或椭圆形，大小不一，大者

直径2～3米，坑内填充大量红烧土块，陶片及其他包含物较少。

考古发掘表明，汤家岗遗址先后经历汤家岗文化和大溪文化两个不同的文化发展阶段。汤家岗文化阶段，发现的聚落材料较少，除少量灰坑外，主要以墓葬为主。墓葬一般不见墓圹，骨架腐朽殆尽，可能以二次葬居多。随葬器物一般为釜、盘（碗）、钵等三类器物，高等级墓葬常见白陶盘或白衣红陶盘。陶器以红陶为主，拥有较多泥质酱褐色胎的黑皮陶，白衣红陶和夹细砂白陶成为其特色器类。陶器装饰重点为圈足碗和圈足盘，重点装饰部位是器物的盘壁。一些罐、釜虽继承皂市下层文化以器物上腹部为装饰重点的传统，但无论数量、种类，还是纹饰组合的密集程度，都不如之前。弧形锯齿状附加堆纹是遗址的创新。陶器虽仍以圆底和圈足为主，但器类组合稳定，特征鲜明，常见釜、罐、碗、盘、钵等五类器物，另有少量小口彩陶罐、双耳罐、器盖及支座等。磨制石器出土较多，石器打磨、抛光及钻孔工艺更为娴熟。生产工具的进步，表明农业生产能力有较大发展。除采集、渔猎等方式

汤家岗遗址出土白陶盘

汤家岗遗址出土石斧

外，稻作农业可能已进入重要发展阶段，澧县城头山遗址发现汤家岗文化时期水稻田就是很好的佐证。

大溪文化阶段表现出来的文化特征以早期特点为主，基本维持汤家岗文化的整体特征，显示出二者在文化发展演变进程中几乎没有缺环。汤家岗文化流行的各类釜、罐、碗、圈足盘、折腹钵等，在大溪文化早期同样存在，并在陶质、陶色及装饰手法上，均沿袭汤家岗文化特有的风格。与此同时，文化变异的新气象、新因素层出不穷。最为突出的变化是器类组合及形制发生翻天覆地的变化，大量新器类的出现寓示着一种新的文化横空出世，而大量素面红衣陶及彩陶的出现更是此阶段最为显著的特点。

白陶和白衣陶是汤家岗遗址代表性遗物。洞庭湖及其周围地区是中国史前白陶的起源和传播中心。汤家岗遗址是洞庭湖地区出土白陶最为集中的遗址，尤其是以印纹白陶盘和八角星纹为代表。大量使用各种预制图案或图形单元模具进行模印而成的几何印纹（如八角星纹）以及由这些纹饰组成的寓意诡谲、形同浮雕的图案，不仅制作精致，纹饰多变、新颖，而且寓意深刻，其精湛工艺及审美艺术得到了充分展现。

汤家岗遗址是汤家岗文化的命名地，而汤家岗文化又是洞庭湖地区新石器文化发展的重要转型期，同时也是大溪文化的主要来源，因此，汤家岗遗址是环洞庭湖地区新石器文化发展序列中的一处关键遗址。汤家岗遗址是研究聚落形态及文明复杂化过程的典型遗址，也是研究史前社会结构及社会组织的重要素材。

研究表明，汤家岗文化是一支介于皂市下层文化和大溪文化之间并与大溪文化有较多联系的独立的考古学文化，年代距今7000～6500年。汤家岗遗址不仅发现大溪文化和汤家岗文化的地层叠压关系，而且发现汤家岗文化时期的房址。因此，汤家岗遗址既是解决大溪文化与汤家岗文化分界最为关键的遗址，同时也是深入研究汤家岗文化的最为重要的遗址。

汤家岗文化以印纹白陶盘和白衣红陶盘为代表，提供一条清晰的影响轨迹：往南沿沅水经由西江传播到珠江三角洲及邻近海岛，向东沿长江而下影响到长江下游及邻近海域，往北经由柳林溪文化为中介，传播至汉水流域，并最终到达陕西汉中盆地属于仰韶文化半坡类型的龙岗寺。

遗址地表耕作较浅，基本未伤及文化层。1978年与1990年两次发掘的探方作回填保护。1990年安乡县文物管理所成立，与汤家岗遗址业余保护小组负责遗址的保护管理。1996年1月4日，湖南省人民政府公布汤家岗遗址为湖南省文物保护单位，并划定保护范围。2013年5月3日，汤家岗遗址被国务院公布为第七批全国重点文物保护单位，编号7-0358-1-358。2015年，《汤家岗遗址保护规划》编制完成。2015年完成汤家岗遗址"四有"档案。

红山遗址群 是新石器时代至青铜器时代文化遗址群，为中国北方新石器时代重要遗存，位于内蒙古自治区赤峰市红山区红庙子镇西水地村，地处英金河东南岸，与赤峰市区东北部街区相连。

红山遗址群地处红山的低山、丘陵地带，红山有大小山头47个，其中有凤凰峰等5个主

红山遗址群分布示意图

峰，最高峰海拔746米。红山西部岩石裸露，以燕山期花岗岩、钾长石居多，呈红褐色（红山因此而得名），山体陡峭。红山往东和往南多为坡地，上面覆盖有一层较厚的砂质黄土，冲沟较多。经过调查或发掘过的遗存多分布在红山东侧和南侧的坡地上，也有的分布在山梁顶部。

清光绪三十四年（1908年），日本人鸟居龙藏调查赤峰城北英金河畔几处新石器时代遗址。民国13年（1924年），法国人桑志华和德日进调查红山前新石器时代遗址。民国19年（1930年），中国考古学家梁思永到英金河北岸和红山嘴一带进行调查，这是国内学者首

次到红山遗址做考古工作。民国22年（1933年），日本人牟田哲二把红山一带出土文物当礼品赠给日本帝国大学的上治寅次郎，引起日本考古学界对红山地区的关注。之后，日本考古学者牟田哲二和鸟取森南、金子键儿等人把获得的大批红山一带的文物赠给到赤峰发掘的日本东亚考古学会。是年秋季，以德永重康为首的第一次满蒙调查团到达赤峰，八幡一郎在红山周围采集一些文物并发掘几座石棺墓。民国24年（1935年），日本东亚考古学会组织调查发掘队，由滨田耕作领导，对红山遗址调查、发掘，发掘墓地和第一居住址以及第二居住址。第二居住址和采集的彩陶器被命名为

"赤峰第一次文化——彩陶文化"，属于新石器时代；第二居住址和墓地被命名为"赤峰第二次文化——红陶文化"，属于秦汉时期。民国32年（1943年），佟柱臣到赤峰地区考察。1954年，考古学家尹达在其《中国新石器时代》一书首次提出红山文化的命名。1955年，内蒙古自治区博物馆对红山遗址进行调查，采集到一批细石器标本。1956年，北京大学考古专业对红山前的三个地点和红山后的一个地点（北大沟住地）进行调查和试掘，获得一批重要的实物标本，认为赤峰第一次文化是彩陶、细泥红陶和细石器共存。1960年发掘的夏家店和药王庙遗址证实，日本人滨田耕作和水野清一著《赤峰红山后》，提出所谓"赤峰第二期文化"实则包含有夏家店下层文化和夏家店上层文化两种不同文化的遗存。至此，对红山遗址群的文化性质得到科学的认定。1995年，赤峰市红山区文化局系统地调查红山地区。2003年，中国社会科学院考古研究所内蒙古第一工作队与红山区文化局联合对红山遗址群进行周密调查和重点测量，探明不同文化时期遗存的分布和保存状况，新发现一处保存完整的夏家店下层文化祭祀遗址，深化了对红山遗址群内涵的认识。

红山地区遗址分布密集，主要以红山文化、夏家店下层文化和夏家店上层文化为主，红山文化居住遗址主要有2处、夏家店下层文化祭祀遗址有2处、具有叠压打破关系的夏家店下层文化和夏家店上层文化居住遗址主要有2处、夏家店上层文化石棺墓地主要有2处。

红山文化居住遗址，在红山第二峰东南侧的坡地上，东侧为西水地村，西南部地势较高，东北部渐低，总面积约有2万平方米，是一处文化性质单纯的红山文化居住遗址，红山文化由此得名。1935年日本人发掘时称为第二住地，2003年复查时确定遗址的分布范围，采集到一批具有红山文化典型特征的陶片和石器标本。文化层厚约1.5米，发现积满草木灰的灶址，房址顺坡势沿西北—东南向排列。出土遗物十分丰富，主要有陶器、石器、骨器、角器、蚌器、动物骨骼等。陶器分为泥质与夹砂两类，主要器类有钵、敞口罐、小口双耳罐、敛口深腹罐、瓮、纺轮等。器表纹饰主要有"之"字纹、压划线纹、附加堆纹、叶脉纹

红山文化居住遗址第一地点采集陶片

红山文化居住遗址第一地点采集石耜

等。彩陶多为红地黑彩，主要纹样有平行短斜线纹、弧线三角勾连纹、菱形格纹、三角纹等。石器加工方法分为打制、磨制、琢制、压削四种，打制石器有长方形或梯形斧、铲等，磨制石器有尖弧刃耜、梯形斧、桂叶形刀等，琢制石器有磨盘、磨棒、饼形器等，压削石器有三角形平底、凹底镞和长条形石叶等。骨器有锥、匕等，属于红山文化遗存，年代为距今6700～5000年。

在龙王庙庙址东侧较平缓的台地上，1956年北京大学考古专业师生曾试掘一处地点，2003年复查时采集到红山文化的陶片，是一处文化性质较单纯的红山文化居住遗址，总面积约有1万平方米。表土层下有一层深灰土，灰土层底部出有红山文化陶片、石器、蚌器和骨器，文化层厚约1米。陶片分为两类，一类为夹砂灰褐陶，均为筒形罐的残片，器表施以压印"之"字纹和压划线纹；另一类为泥质红陶钵残片。石器仅见长条形石叶，还出有圆角长方形刻纹蚌饰和鹿角各1件，属于红山文化遗存，年代为距今6700～5000年。

夏家店下层文化祭祀遗址，在红山区武装部大楼西南侧的山丘顶部，地势西高东低，呈斜坡状，总面积约2万平方米。遗址外围北侧和东侧为缓坡，南侧为陡坡，西侧为断崖，下临英金河，正南方向与海拔746米的红山最高峰遥相对应。2003年调查时首次发现并确认为夏家店下层文化祭祀遗址。遗址的外围筑有石墙，采用石块叠砌法垒成，墙体依山势走向分布。主墙的外侧筑有弧形的护坡，自北至南共有9道，均用大型自然石块垒砌而成，墙面齐整，所存高度约2～4米。护坡之间砌筑有附

夏家店下层文化祭祀遗址第一地点1号祭坛

墙。石墙内分布有18个圆形的祭坛，分成两级阶面。另外，北侧石墙东段外侧分布有1个祭坛，南侧石墙外三道自然石竖脊下方的陡坡处各分布有1个祭坛，略呈弧形排列。祭坛的形制分为两类，一类用自然石块层层垒砌，明显高出地表；另一类是在地表砌筑出一周石圈，圈内较平整。直径大小不等，4.5～15米。地表陶片多为夹砂灰陶或灰褐陶，胎质较硬，可辨器形有罐、鬲、盆等。纹饰以细绳纹居多，还有凹弦纹、凸弦纹、附加堆纹等，少量素面。石器有打制石铲、磨制磨石等，属于夏家店下层文化，年代距今4000～3500年。

在红山北部第一峰东侧山坡顶部，地势西高东低，1995年红山区文化局调查时发现，2003年复查时予以确认，是一处文化性质较单纯的夏家店下层文化祭祀遗址。遗址的外围依山势走向筑有石墙，全长125米，面积约2万平方米。主墙的外侧筑有弧形的护坡，护坡之间砌筑有附墙。地表分布有圆形祭坛30余个，可分成西北和东南两组，均呈西北—东南向排列，用自然石块垒砌，靠近祭坛东北侧和东侧下坡处多砌筑有连弧状的护坡，或砌筑石墙，将祭坛分隔开。一类祭坛用自然石块层层垒砌，明显高出地表；另一类是在地表砌筑出

一周石圈，圈内较平整。祭坛直径为4.5～15米。山峰顶部有三处人工开凿的凹坑，周围自然石面磨光。地表陶片均为夹砂灰陶或灰褐陶，器表施以细绳纹或附加堆纹，可辨器形有罐、鬲等。石器有圆窝石器、石刀等。

在红山第二峰东侧，通往西水地村公路南侧较平缓的台地上，文化层厚约2米，总面积约为1万平方米。1935年日本人发掘时称为红山后第一住地。包含有夏家店下层文化和夏家店上层文化两种遗存。发现残居住面和灶址。所见遗物分为两类，一类属于夏家店下层文化，多为陶罐残片或鬲足，呈灰色或灰褐色，器表施以细绳纹、凹弦纹、凸弦纹或长窝纹。石器有长条形石斧、饼形器等。另一类属于夏家店上层文化，多为夹砂红褐陶、红陶、灰褐陶等，器表素面，可辨器形有罐、钵等。石器较少，发现有杵、砍砸器等。

在红山北侧第一峰东侧和东南侧的坡地上，通往西水地村公路的北侧。西北部地势较高，东南部渐低，总面积约为3万平方米。包含有夏家店下层文化和夏家店上层文化两种遗存。1956年北京大学考古专业师生曾清理3座夏家店上层文化的灰坑。从遗址东南侧冲沟断面看，堆积层较厚，上层堆积呈灰褐色，下层呈灰色，最深处可达2米。地表采集遗物分为两类，一类为夏家店下层文化陶罐残片或柱状鬲足，多呈灰色或灰褐色，器表纹饰以细绳纹居多，还有凹弦纹、附加堆纹等。另一类为夏家店上层文化陶罐、钵残片，还有尖锥状鬲足和1件小盅，多为夹砂红褐陶或红陶，器表均素面。石器有锤斧、刀等。

红山第二峰北侧和东北侧，通往西水地村公路南侧的山坡或坡顶部，是一处分布密集的夏家店上层文化石棺墓地，总数有300余座。1935年日本人发掘26座，1956年北京大学考古专业师生发掘6座。墓主人多为成年人，少数为儿童，以仰身直肢葬为主，头向朝东或略偏东南。随葬品有陶罐、钵、纺轮、穿孔石斧、青铜镞、环、圆形铜泡、骨镞、锥、玉珠等。还有些墓葬内随葬狗、羊等动物骨骸。在红山北部第一峰东侧，通往西水地村公路北侧较平缓的台地上。1935年日本人发掘4座石棺墓，2003年调查时在东侧和南侧冲沟的断面上发现有5座石棺墓，由此确认是一处夏家店上层文化石棺墓地。墓主人头向朝北或略偏东北。随葬品有陶罐、穿孔石斧、青铜刀、镞、骨镞等。红山第二峰和红山北部第一峰两处墓地石棺墓均呈长方形，四壁立置石板，顶部搭盖石板或石块，底部较平整，多数为生土墓底，少数墓底铺有石板；石棺墓长2～2.5米、宽0.7～1米、高0.3～0.5米；都是一次葬，均为单人葬，以侧身屈肢为主，还有少量仰身直肢，个别俯身直肢；随葬品数量少，一般1～3件。

红山遗址群分布面积大，地形复杂，文化内涵丰富，是红山文化的命名地，还包含夏家店下层文化的祭祀址和夏家店上层文化的墓地以及夏家店下层文化和夏家店上层文化的居住址等。红山文化的命名对于中国史前考古学框架体系的构建、中国文明起源和早期社会发展进程的探索、东北亚地区史前文化交流关系的研究均具有重要意义。夏家店下层文化的祭祀址对研究西辽河流域早期国家阶段宗教理念、社会形态、建筑技术等问题具有极高的学术价值。夏家店上层文化石棺墓地对于研究夏家店上层文化时期的埋葬习俗、人口规模、社会结构等方面均将产生重要影响。

1991年9月，成立赤峰市红山区红山文化遗址管理所，负责红山遗址群的保护、管理。1992年，红山遗址群被赤峰市人民政府公布为赤峰市重点文物保护单位。1996年，红山遗址群被内蒙古自治区人民政府公布为自治区重点文物保护单位。2002年，赤峰市红山区人民政府印发《关于红山文化遗址保护区管理办法的通知》，划定红山遗址群保护范围和建设控制地带。2006年6月25日，红山遗址被国务院公布为第六批全国重点文物保护单位，编号6-0029-1-029。2015年3月，编制《内蒙古赤峰市红山遗址群环境治理规划设计方案》。内蒙古文物保护信息中心编制《内蒙古自治区赤峰市红山遗址群文物保护规划（2013～2030年）》，获国家文物局批准。"四有"档案保存于红山区文物管理所。

牛河梁遗址 是新石器时代红山文化的大型祭祀遗址群，位于辽宁省朝阳市凌源市与建平县交界处，遗址区面积约50平方千米。遗址由坐落在丘陵山冈上的多处遗址点组成，正式命名的有16个地点，除第一地点女神庙、第十三地点为金字塔式特殊建筑外，其他地点皆为积石冢遗存。

1981年4月，第二次全国文物普查时发现遗址。1983～2003年，辽宁省博物馆文物队和辽宁省文物考古研究所对第一、十三地点作试掘，对第二、三、五、十六地点进行发掘，出土大量的泥塑、陶器和玉器等遗存。2008年开始的第三次文物普查又在遗址区内发现27处红山文化遗存。

第一地点由女神庙及北侧山台组成。女神庙包括北多室和南单室两部分。北多室为南北长、东西短、多室连为一体的结构，可分出中室、北室、东室、西室和南部的三室，总体南北长18米，东西最宽9米，最窄2米，中室与其他各室有通道相连。南单室位于北多室南部2.65米处，穴口横长6米、最宽2.65米，总面积约75平方米。在北多室的主体部分和附属的南单室外发现有炭化木柱围绕于穴口边缘以外，墙壁和仿木建筑构件上多有捆束的禾草一类植物的印痕，墙面抹多层草拌泥，较为光滑。试掘发现人像群、鸟兽动物像和仿木构件等泥塑品，有熏炉式器盖、镂孔彩陶器等陶祭器。其中相当于真人三倍的陶耳、鼻残件位于主室中央，主室西侧出土相当于真人原大的一尊较完整的女神头像，眼眶内嵌玉为睛，形象写实而神化。庙北8米处为一处由三个单元、

女神庙全景

呈"品"字形布局的大型山台，台边缘人工砌筑的石墙方向与"女神庙"相同，山台北墙外发现与"女神庙"出土者相近的泥塑人体和仿木建筑残块，仅规格略有差异。

第二地点位于第一地点南侧的东西向山梁顶部，是牛河梁遗址区内规模最大的积石冢，由上、下二层积石冢构成。下层积石冢较为简单，皆为一墓一冢，长方形土坑墓室位于积石冢中央，随葬品多为陶器，少见玉器，墓上堆积碎石，冢界外缘使用彩陶筒形器环绕。上层积石冢规模大，一冢之下有多个墓葬。墓葬大小规模略有差异，积石冢可见圆形和方形两种。墓上筑冢台，外封土积石并砌冢界。石砌墓室有中心大墓、大型土圹墓。玉器有龙、凤、龟、蚕蛹、蝗虫等动物形玉。方圆形璧、勾云形器和斜口筒形器等，具有鲜明地域特色；彩陶器多作为墓上遗存出现，除下层积石冢常见的筒形器外，塔形器等也成为彩绘纹样的重要载体。第二地点上下层积石冢的确认为牛河梁遗址红山文化遗存的分期提供地层依据，为探讨牛河梁遗址红山文化社群埋葬方式的变化提供线索。

第三地点位于第二地点南侧山梁顶端，为一处圆形单冢，冢体所在的山冈顶部及四周地表上散布有石灰岩石块和泥质红陶筒形器残片，发现墓葬11座，以7号墓为中心排列，外侧边缘有圆环形封闭的壕沟。墓葬皆为长方形土圹砌石墓，土圹较浅，在土圹内部贴边缘立置石板，其上盖石板或规整石块，底部不铺石板，为生土底。墓葬出土遗物多见玉器，可见镯、环、斜口筒形器及璜等，其中9号墓出土的玉臂饰最为精美，器身作弯板状，一端宽而另端窄，宽端有直边，窄端为弧边。直边的两侧向外有对称凸出部分，将臂饰分为宽直边与窄弧边两段，器身外弧的外表磨出减地阳纹式的五道"回"字形瓦沟纹，瓦沟线条整齐而沟面匀称。

第五地点位于第二地点西南侧山梁顶端，由下层遗存、下层积石冢和上层积石冢组成。下层遗存为第五地点的早期阶段，以灰坑为主要遗迹，在灰坑和地层中出土大量石器、陶器等日常生产、生活遗物；中层遗存为第五地点的下层积石冢阶段，主要遗迹为东西排列的两个积石冢和祭祀坑，积石冢用碎石堆砌；上层遗存为第五地点的上层积石冢阶段，主要遗存为积石冢和祭坛，是在原有的两个积石冢之上营造新的、规模

牛河梁遗址出土女神头像正面

牛河梁遗址第二地点二号冢

牛河梁遗址出土玉器

更大的积石冢。第五地点的积石冢在形制上发生很大变化，开始用大石块垒砌冢体，冢体增大增高。墓葬规模大，随葬玉器较多较精。在两个积石冢之间修建了一个长方形祭坛，形成两个积石冢分别位于遗址的东、西两侧，中间为一祭坛的两冢一坛的布局。

第十六地点位于牛河梁遗址区的西侧，1979年文物普查时发现，并在同年进行试掘。发现随葬玉器丰富的墓葬，2002年又对第十六地点进行发掘，发现夏家店下层文化遗存与红山文化遗存的叠压关系，有效解决红山文化的年代争议问题。十六地点积石冢群的发掘，发现第十六地点积石冢的建造和使用过程。十六地点中心大墓的发掘更是出土有玉人、玉凤等

精美红山文化玉器。

牛河梁红山文化遗址是中国新石器时代晚期发展水平最高的遗存之一，是中国发现最早、保存最完整的集坛、庙、冢为一体的大型宗教祭祀遗址，对中国上古时代社会发展史、思想史、宗教史、建筑史、美术史的研究有极为重要意义。

1983年，牛河梁遗址被辽宁省人民政府公布为省级文物保护单位。1988年1月13日，牛河梁遗址被国务院公布为第三批全国重点文物保护单位，编号3-0195-1-015。1993年，辽宁省人民政府公布牛河梁遗址的保护范围和建设控制地带。朝阳牛河梁遗址博物馆为遗址的保护机构。

东山嘴遗址　是新石器时代红山文化的祭祀性遗址，位于辽宁省喀喇沁左翼蒙古族自治县兴隆庄乡章京营子村东山嘴屯、大凌河西岸缓平突起的台地上。

1979年，第二次全国文物普查试点时发现东山嘴遗址。1979年、1982年，辽宁省博物馆文物工作队对遗址进行两次考古发掘。2009年全国第三次文物普查时复查。2009～2011年辽宁省文物考古研究所和美国匹兹堡大学联合对大凌河上游流域红山文化进行调查时，对东山嘴遗址进行调查。

东山嘴遗址为一处石构建筑基址，长约60米，宽约40米，发掘揭露面积2250平方米，依布局可分为中心、两翼和前后端等部分。中心部分为一座大型长方形石砌基址，东西长11.8米、南北宽9.5米，墙基垒石保存完好，砌石多经加工，外墙边缘整齐划一。基址内的底部为平整的黄土硬面，间有大片红烧土和成组的锥状立石。在长方形基址的两侧各有一条整齐的石基带。遗址的前端清理出3个相互关联的圆形台基址，正圆形，直径约2.5米，周边用白色硅质石灰岩石板镶边，以河卵石铺砌基址的台面。遗址内的全部石构遗迹组成为坐

东山嘴遗址出土的
陶制塔形器

北朝南、东西对称、主次分明的建筑群址。在圆形台基址附近出土2件小型陶塑人像，残高分别为5.8厘米和5厘米，均为裸体立像，通体光滑，腹部凸起，臀部肥大，整体特征表现的是孕妇形象。此外还有相当于真人二分之一的大型人物残件，盘腿正坐，双手交叉于腹部，是一种特定姿态的表现。方形基址内外皆出的双龙首玉璜、绿松石鸮，其造型、雕刻技法在中国新石器时代已发现的同类作品中都属高水平。此外，遗址内还出土大量陶器、石器。陶器有用于祭祀的彩陶筒形器、镂孔塔形器类，生活器中的泥质红陶钵、盆、瓮、小口罐类，器身压印"之"字纹的夹砂直腹罐等红山文化典型器物。石器以磨制石器、打制石器与细石

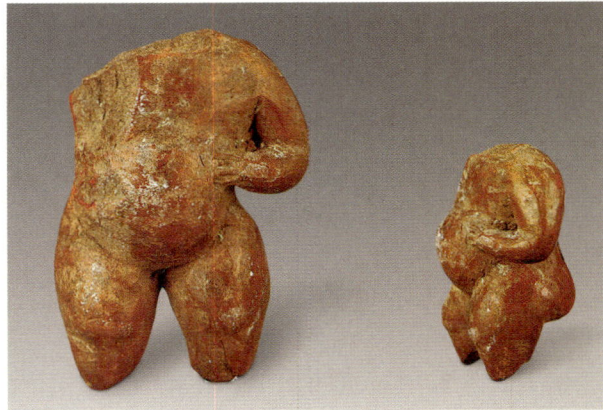

东山嘴遗址遗迹细部

东山嘴遗址出土的陶塑孕妇像

器共存为特点。其中，石磨盘、石磨棒，大型砍砸器和石斧，磨制精细的小型石锛和凿，三角凹底石镞，刮削器，石核等，都为红山文化遗址所常见。

东山嘴遗址是中国北方新石器时代红山文化的大型祭祀建筑遗存之一，碳十四测定年代为距今5485±10年，遗址内石建筑基址在石材加工、砌筑技术上相当讲究。尤其在总体布局上，按南北轴线分布，注重对称，前后方圆对应，是具有中国传统特色的建筑群址。遗址选择在面对开阔河川和高山山口的傍河谷台地上，从成组立石组成的石堆，陶塑人像群、彩陶祭器出土等方面分析，东山嘴遗址是当时人们包括祭祀在内的社会活动的一个中心场所。东山嘴遗址的发现，显示出西辽河和大凌河流域，在中国文明起源史上占有重要地位。

1983年，发掘后的遗址实施原址保护，由喀左县博物馆负责保护与管理。东山嘴遗址免费对外开放。1988年，公布东山嘴遗址的保护范围和建设控制地带。2001年6月25日，东山嘴遗址被国务院公布为第五批全国重点文物保护单位，编号5-0025-1-025。2015年，国家文物局批准，对遗址本体进行抢险加固工程。

凌家滩遗址 是巢湖流域新石器时代晚期的大型聚落遗址，位于安徽省含山县铜闸镇凌家滩自然村。文化遗存主要分布在裕溪河中段北岸的岗地和滩地，遗址核心区坐落在一南北走向的长条形高岗，地貌为岗丘和滩地农田，总面积约160万平方米。

1985年秋，凌家滩村村民耕作时挖出一批玉环、石凿、石钺等，经安徽省文物考古研究所派员现场调查，确认为一处新石器晚期遗址。1987～2014年，安徽省文物考古研究所与含山县文物部门等先后对遗址进行7次考古发掘，发掘总面积约3000多平方米。共发现新石器时代大型祭坛1处、祭祀坑3座、积石圈4个、墓葬68座、房基2处、大型红烧土块堆积1处、壕沟2条，出土陶器、玉石器等各类文物约2000多件。

凌家滩遗址文化堆积主要分布在中部高岗及两侧的沟谷坡地，其中高冈地带发现的重要遗迹有祭坛、墓葬、大型红烧土块堆积等。祭坛、墓葬坐落在遗址中部的高冈上，墓葬打破祭坛。祭坛呈长方圆角形，西高东低，面积约1200平方米，高差约1米，上有积石圈和祭祀坑，是继南方良渚文化、东北红山文化祭坛

凌家滩遗址远景

发现之后又一重要发现，表明凌家滩先民已进入相对于自然和图腾崇拜更高阶段的文明社会，对研究原始宗教的起源发展具有重要价值。发现的墓葬均围绕祭坛遗迹分布，规模大小不一，排列有序，大墓一般位于中间或显著位置。墓葬随葬品存在多寡不同，重要墓葬则以玉石器随葬为主。其中07HLM23号墓随葬精美的石器、玉器、陶器等达300多件，应为氏族显贵大墓，这反映了当时的氏族社会已出现私有制、贫富分化和等级阶层。大型红烧土块遗迹位于在遗址高岗的南部，呈梯形分布，由一块块大小不规则的红烧土块加少量黏土铺筑而成的，南北长90米、东西宽33米，总面积约3000平方米，平均厚度1.5米，推测可能与大型建筑或神庙的遗迹有关。2条壕沟均为东西向横贯遗址，分别将祭坛和墓葬、大型红烧土块堆积围合中间，与裕溪河闭合，周长超过2000米，最宽处达30米，一般深约2米，个别地段最深达6米以上，具有防洪、防御功能，属于当时氏族的大型公共工程。高岗两侧的沟谷滩地是当时的氏族生活居住区，有红烧土房基、文化层等遗迹分布。遗址内发现玉石器作坊、石墙等遗迹。在文化堆积中发现有石块、碎骨以及可见明显的稻壳印痕。

凌家滩遗址出土的文化遗物大多是墓葬随葬品，有陶器、玉器、石器，以玉石器为主。

凌家滩遗址 M23 号墓揭露情况

陶器以泥质灰陶、红褐陶为主，亦有彩绘陶，其中墓葬出土的陶器火候较低，质地酥松。主要器形有三足鬶、罐形鼎、盘形鼎、钵形鼎、小壶、豆、杯、盆、背水壶、长颈壶、鸡形壶、豆柄壶、罐、钵等，觚形杯、陶纺轮等，具有明显的地方文化特征，同时具有南方崧泽文化、皖西南薛家岗文化的影响。石器有斧、铲、锛、凿、钺等，形制规整，磨制精致，大多无使用痕迹，其中乳丁头螺纹石钻为史前考古重要发现。玉器占大宗，有1000多件，主要有璜、玦、环、镯、璧、瑗、管、珠、铲、斧、钺、各类饰件及玉料、玉芯等。玉器质地有阳起石、透闪石、玉髓、玛瑙、石英、水晶

凌家滩遗址出土玉鹰

等。玉璜种类达20多种，造型各异，十分精美。尤其是玉龙、玉鹰、玉虎、玉人、玉龟、刻纹玉版、玉筒形器与玉鉴、玉长柄勺、玛瑙斧等，大多为国内首次考古发现，造型逼真，构思奇巧，寓意神秘，工艺精湛，技艺高超。

根据考古发掘的材料和碳十四测定，凌家滩遗址可分为早、晚两期，早期为距今约5800～5500年；晚期材料最丰富，距今约5500～5300年，凌家滩文化主体略晚于辽宁红山文化遗址，而早于浙江的良渚文化遗址，是长江下游地区最重要的新石器时代遗址之一。凌家滩文化有别于良渚文化，异于红山文化，彰显出强烈的自身个性，其显现的文化进程领先于同期的其他文化，是中华文明的重要起源地之一。凌家滩遗址是巢湖流域一处十分重要的、高规格的中心聚落遗址，它开启了中国史前江淮区域以大量使用玉、石礼器为特征的时代，对研究东西南北文化的交流与碰撞，探索史前治玉工艺技术、氏族社会结构变化、原始宗教信仰演变、中国文明起源等具有重大意义。

1987年，凌家滩遗址被含山县人民政府公布为县级文物保护单位。1998年5月，安徽省人民政府公布为第四批省级文物保护单位。2001年6月25日，凌家滩遗址被国务院公布为

凌家滩遗址出土玉人

第五批全国重点文物保护单位，编号5-0045-1-045。2004年含山县文物管理局建立凌家滩遗址"四有"档案。2004年，《凌家滩遗址保护规划》获国家文物局批准，2012年5月由安徽省人民政府公布实施，划定凌家滩遗址的保护范围和建设控制地带。2013年12月，凌家滩遗址列入国家考古遗址公园立项名单，编制《凌家滩国家考古遗址公园规划》。2013年，含山县成立凌家滩遗址管委会，负责遗址的保护、管理。2016年，安徽省颁布《凌家滩遗址保护条例》。

屈家岭遗址 是长江中游地区的新石器时代大型聚落遗址，距今5900～4300年，是屈家岭文化的发现地和命名地。遗址位于湖北省荆门市屈家岭管理区屈岭村，坐落在两条丘陵冈地之上，其中心区域为青木垱河和青木河所环绕。遗址四周除西南为较平坦的区域外，其余均为或聚或散的山前丘陵。

1954年冬，在修建石龙过江水库干渠时发现屈家岭遗址。1955～1957年，中国科学院两次考古发掘，确定屈家岭文化为长江中游新石器时代考古学文化。2007年10月，湖北省文物考古研究所对屈家岭遗址及其周边区域作系统的调查和勘探，以屈家岭遗址为中心聚落，

在周边新发现钟家岭、冢子坝、殷家岭、九亩堰、大禾场、土地山、杨湾、熊家岭、东湾等12处遗址点为一体的新石器时代大型环壕聚落遗址。1989年，湖北省文物考古研究所开展第三次考古发掘；2015年，开始第四次考古发掘，调查清屈家岭遗址的文化内涵，包含油子岭文化、屈家岭文化和石家河文化依次演变发展的不同阶段，涵盖江汉平原史前文明的主要发展阶段。

屈家岭遗址分为连续发展的六个时期。第一期，距今5900年前后，屈家岭的先民开始在此世代长期定居，此时期尚处于以公有制为经济基础的母系社会发展阶段，此期遗址是一个"母系家庭"的定居遗址。第二期，距今5650年前后，此时屈家岭这一"母系家庭"已掌握快轮制陶技术，开始进入屈家岭文化时代的初期。第三期，距今5580年前后，从这时期墓葬的情况看，原来这个"母系家庭"已由公有制发展为私有制，瓦解分化为若干个不同的"父系家庭"，遗址的先民已进入以私有制为经济基础的父系社会发展阶段，属屈家岭文化时代的"早一期"。第四期，距今5320年前后，属于屈家岭文化时代的"早二期"，遗址在第二次发掘的遗物中发现这一时期的"陶祖"

屈家岭墓葬发掘现场

屈家岭遗址出土石斧

屈家岭遗址出土陶纺轮

屈家岭遗址出土红陶杯

这种"父系社会"的典型标志物。第五期，距今5000年前后，属屈家岭文化时代的"晚一期"，遗址上开始出现少量的彩陶纺轮这种最早的原始货币，说明原以物易物的物质交换，已发展出有货币这种等价物的商品经济；同时，遗址上发现有死后一无所有的墓主，说明同一遗址上已出现贫富分化。第六期，距今4695年前后，属屈家岭文化时代的"晚二期"，遗址上出土了大量彩陶纺轮原始货币。同时存在"一无所有"的"穷匮者"。

石家河文化时期，距今约4500～4300年，为第四次考古发掘新发现并确立的史前阶段。屈家岭遗址出土大量厚胎泥质灰陶器、夹砂红陶缸以及喇叭形红陶杯等代表性器物，其造型和制作工艺与江汉平原诸遗址同时期遗物基本一致，表明屈家岭遗址已经融入江汉平原乃至整个长江中游地区一体化大格局中，是研究文明起源不可或缺的一部分。

屈家岭遗址出土大量陶器、纺织工具、磨制石器和炭化稻谷等。陶器以生活用具为主，个别为生产工具，器类有鼎、甑、壶、碗、罐、盆、纺轮等。屈家岭文化陶器制作规整，胎壁均匀，代表了长江中游新石器时代陶器制作的最高水平。有些杯和碗，胎壁薄如蛋壳，

需要很高的技术才能成形和烧制出来。纺轮，出土数量大，花纹形式丰富多彩，别具一格，陶色有黑、灰、红、黄、黑褐和红褐色等；花纹图案有直线横竖垂直四分纹、弧线横竖垂直五分纹、漩涡纹、麻点对三角纹、蝌蚪纹、十字含麻点四分纹、同心弧线纹等。这些出土的纺织工具不仅具有实用价值，还是能反映原始人类审美情趣的工艺品。磨制石器均为生产工具，种类以斧、锛为主，兼有凿、铲、镰刀、钻等。其中斧、锛、铲、镰是家具，凿、钻是手工工具，镞是狩猎器具。

屈家岭遗址出土的炭化稻谷反映了原始农业的进一步发展。1956年发掘屈家岭遗址时，在800多平方米的范围内，发现一片面积约500平方米，体积约200立方米的红烧土遗迹。红烧土中，包含大量的稻壳，密结成层。从稃毛、粒形和标本测定，谷粒当属于粳稻，是比较大粒的粳稻品种，与现代栽培的粳型品种最为相近。说明约5000年前就已开始普遍种植水稻。

屈家岭遗址的发现与发掘，使屈家岭文化成为长江中游最早命名的原始文化。屈家岭遗址也是研究屈家岭文化形成和发展的代表性大遗址，为建立长江中游地区新石器时代的考古

学文化谱系结构提供关键支撑。

1956年11月，屈家岭遗址被湖北省人民委员会公布为第一批省级文物保护单位。1988年1月13日，屈家岭遗址被国院公布为第三批全国重点文物保护单位，编号3-0194-1-014。2004年，京山县文体局建立全国重点文物保护单位屈家岭遗址记录档案。2011年12月，成立荆门市屈家岭遗址管理处，负责屈家岭遗址的保护管理工作。2012年4月9日，国家文物局批复同意屈家岭遗址保护规划；2012年7月25日，湖北省人民政府公布实施《屈家岭遗址文物保护总体规划》，划定了遗址保护范围约284.27万平方米，建设控制地带约921.65万平方米。2016年，国家文物局将其纳入《大遗址保护"十三五"专项规划》。2016年4月，屈家岭考古遗址公园启动建设。2017年，屈家岭遗址国家考古遗址公园获国家文物局立项。

崧泽遗址 是长江下游环太湖流域的新石器时代遗址，也是崧泽文化的命名地点，位于上海市青浦区赵巷镇崧泽村，东距北干山5千米。

1957年，上海市文物保管委员会在青浦县进行考古调查时，在长宽各约90米、高约4米的假山墩上采集到数片新石器时代的夹砂红陶和泥质灰陶陶片。1958年，在崧泽村北挖掘鱼塘发现鹿角、陶片和石器，认定有古文化遗址。1960年11月，上海市文管会在假山墩内试掘后，于1961年、1974～1976年、1987年和1994～1995年，进行四次发掘，面积合计1031平方米。发掘探明在假山墩内有三层文化堆积，上层是春秋战国时代遗存，中层是新石器时代的墓地，属于一种新的文化类型，十分典型，被命名为崧泽文化；下层是新石器时代马家浜文化的村落遗址。

在上层发现春秋战国时代的硬陶豆、硬陶罐、原始瓷盒与瓷豆，以及拍印"回"字纹、曲折纹、斜方格纹、米筛纹和"米"字纹等印纹硬陶陶片，与金山区戚家墩遗址出土的陶瓷器特征大致相似。

下层的村落遗址是崧泽遗址的一项重要发现。发现古人使用的石斧、玉玦和夹砂红陶釜、陶炉箅以及泥质红陶豆和盆等器物。所见石斧厚实，方梯形，底边从两面磨出刃口，器身中间琢一孔，制作技术比较原始；玉玦环形，一侧开一缺口，是耳上佩带的饰件；陶釜作圆筒形，敞口，深腹圜底，肩部有一对小方耳，耳下突出一周宽沿，可以搁置在灶眼上炊煮；炉箅长方形，中部有5根炉条，两侧各有一竖耳；陶豆和陶盆均为素面，器表有红褐色陶衣。器物都显示出马家浜文化的特征。此外在一灰坑中，发现人工培植的粳稻和籼稻谷粒与草茎；发现两口圆筒形土井，是中国已知年代较早的水井之一。下层的碳十四年代测定为距今5985±140年。据孢粉分析，为中亚热带温热潮湿的气候，比现代年平均温度高2～3℃。下层马家浜文化的发现，将上海地区

崧泽遗址博物馆

古史研究的年代提早到6000年前。

中层发现的墓地是崧泽遗址的另一项重要发现。发现136座墓葬，按墓位分布现象有东北部、北部、西北部、南部和西部5个墓群，是一处氏族墓地。每一座墓基本葬1人，葬2人的仅2座。埋葬方式是将人体平放在地上，堆土掩埋，与黄河流域挖土坑埋葬的习俗不同。人骨仰身直肢，头向东南，周围放置数件生前使用的斧、锛等石器和鼎、豆、罐、壶、杯等陶器。有的人骨口内还有玉玲，颈部佩戴玉璜，手臂上有玉镯。出土的陶器以灰黑色为主，使用泥条盘叠加轮修方法制成。器上的纹饰盛行压划编织纹，镂刻圆形和凹弧边三角形的镂孔，彩绘宽带纹、波浪纹等红褐色图案以及饰锯齿形的堆纹。

陶器的种类有鼎、釜、豆、碗、盆、瓶、壶、杯、舟、匜、罐和沉滤器等。其中扁铲形足或凹弧形足的罐形鼎，小口折腹小平底、腹部有一周锯齿形堆纹的罐，把手很高、把手上部作多节形、下部有圆形和弧边三角形镂孔的豆，瓦棱形腹、花瓣形圈足的壶和杯，均被列为崧泽文化的主要特征。

玉器以装饰品为主，种类有璜、镯、环、坠，另有个别玦。其中璜数量最多，是一种项饰，可分为两类，一类为拱桥形或半璧形，另一类为环条形，均在两端各钻一孔，便于佩戴。

陶器的器壁上常见稻壳和草屑的印痕，在陶制器皿中又有较多淘米使用的沉滤器，可见古人以稻米为主食，种植水稻已是主要生产活动。生产工具只见斧、锛、凿，大致尚未脱离锄耕农业阶段。崧泽文化晚期出现少量石犁，说明原始农业开始进入犁耕阶段。在墓葬或遗址中发现的动物骨骼有许多家猪的牙床和骨骼，猪的饲养成为生产活动的一部分。

在136座墓葬中，随葬器物种类和数量无很大差异。当时氏族成员还是实行共同劳动，平均分配。

经对人骨架保存较好的50座墓中的52具人骨作年龄和性别鉴定，两座2人合葬墓是女性与儿童合葬，反映子女从母的习俗；从随葬器物的数量看，男性平均每座5～6件，女性每座6件，略多于男性，并且有玉器和彩绘陶器等随葬，说明当时尚处于母系氏族社会阶段。从人骨的年龄分析，属于老年4人，中年16人，成年14人，青年9人，儿童8人，大部分死亡在中青年阶段。

崧泽遗址出土陶器

崧泽遗址出土竹节形陶瓶

中层的碳十四测定年代为距今5860±245和5180±140年。孢粉分析,早期属中亚热带温热湿润气候;中期为温带的温凉气候,比现代气候清凉干燥;晚期为中亚热带温热湿润气候,比现代温度高约1~2℃。

崧泽遗址中层墓葬所出土的遗物还普遍发现于长江三角洲地区的其他遗址中,发现的类似遗址有50余处。崧泽遗址中层墓葬所代表的遗存,既不同于马家浜文化,也与良渚文化有较大差别,文化面貌独特,自身特点鲜明,广泛分布于长江三角洲地区。因为崧泽遗址的发现具有典型性,考古学界将此类的文化遗存命名为崧泽文化。考古发掘显示,崧泽文化早期与马家浜文化在地层上相接,文化特征比较相近,是一种继承与发展的关系。崧泽文化晚期文化特征则被良渚文化更多地保留,显示出两者之间的亲密性。因此,在长江三角洲地区的新石器时代文化谱系中,崧泽文化是联结马家浜文化和良渚文化的重要环节,开创承上启下的崭新时代。

1959年,崧泽遗址被列为青浦县级文物保护单位,1977年,崧泽遗址被列为上海市古文化遗址保护地点。2013年3月5日,崧泽遗址被国务院公布为第七批全国重点文物保护单位,编号7-0134-1-134。由上海市青浦区文广局负责管理。2014年崧泽遗址博物馆建成并对公众免费开放。

薛家岗遗址 是新石器时代晚期至商周时期聚落址,位于安徽省潜山县王河镇薛家岗村,北距潜山县城直线距离约10千米,东临长江支流潜水约300米。遗址分布在一条东西走向、宽窄不一的狭长的土丘岗上。土丘岗长约1400米,东端宽约200米,西端宽约400米,中间一段窄面宽度约50米,面积约10万平方米。四周分布着农田和少量屋舍,相对农田高度3~8米,属典型的傍水台地型遗址。

1977年12月,潜山县文化局文物普查时发现薛家岗遗址。1978年5月,通过现场勘察和地面采样,发现遗址在新石器文化区系分布中呈现出的不同于周边地区其他文化的独特面貌,引起省内考古界的重视。1979~2000年,安徽省文物考古研究所与当地文物部门先后进行过6次发掘,揭露面积计2332平方米,发现房址、灰坑及墓葬等多处遗迹,出土各类遗物3000余件。发掘结果表明,遗址以新石器时代晚期、夏商文化遗存为主,北宋末年遗址上曾建有永明寺,遗址边缘有唐宋时期的土垣(寨墙)等遗迹。

薛家岗遗址新石器时代文化遗存包括六期,可分为早晚两个大的时期。早期包括一至五期,发现有红烧土残房基及150座墓葬,在红烧土中发现稻壳痕迹,表明当时的人们过着临水而居的农业经济生活。墓葬为长方形土坑墓,大小不一,尸骨及葬具无存,随葬品多寡不均,主要有陶器、石器和玉器,并有猪下颚骨随葬,反映当时的氏族社会已出现新的社会分工、私人占有、贫富分化、等级划分等文明进程的萌芽。

早期陶器以夹砂红陶、夹细砂或泥质灰陶、泥质黑衣陶为主,另有少量夹植物壳或夹蚌末陶。器形以鼎、豆、壶、鬶、碗或盆为基本组合,纺轮、陶球也是常见的器物。器物具有较强的自身特点:鼎足以凿形、鸭嘴形、枫叶形最具特点;豆柄的上部呈算珠形或足沿

薛家岗遗址发掘现场

陡折成台状为典型特征；壶以球腹或扁腹为主；鬶则以长颈喇叭口、凿形足、扁长三角形或麻花形的把手为主要形态。陶球表面常有镂孔或戳印纹，并按经纬线的形式构成复杂而精美的图案，摇之有声，清脆悦耳，是薛家岗文化最具特征的器类之一。石器有刀、钺、锛、斧、凿、镞等，通体精磨，棱角分明，对面钻孔，少数刀、钺的孔眼周围还绘有红色花果形图案，古朴典雅。其中以奇数相列的一至十三孔石刀尤为特殊，十三孔石刀长达51.6厘米，为国内外考古罕见。玉器以礼器、装饰品为主，有钺、璜、镯、环、管、饰片和半球

薛家岗遗址出土陶壶形器

薛家岗遗址出土陶高柄杯

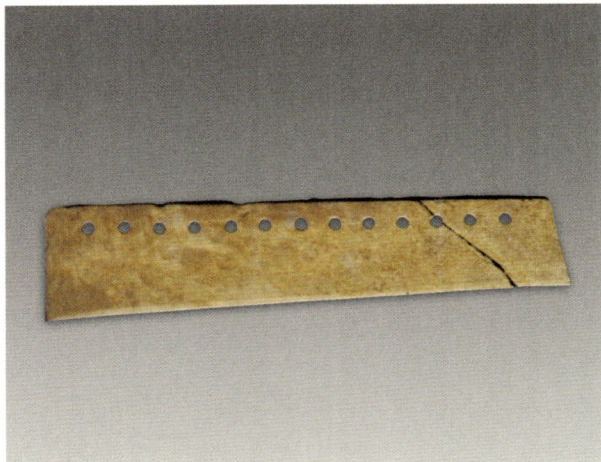

薛家岗遗址出土十三孔石刀

形玉饰，还有小玉琮。这些玉器雕琢精美，图案对称，工艺水平很高。其中"风"字形钺、半璧形和器体瘦长的桥形璜、弓背形璜以及半球形玉饰特征明显。薛家岗遗址早期文化距今5500～4800年，其内涵丰富、特征明显，被考古界命名为薛家岗文化。

新石器时代晚期遗存为薛家岗第六期文化，文化遗存较少，仅见于零星地层，发现土坑墓1座。主要遗物有夹砂红陶圆腹罐形鼎、扁足深腹罐形鼎、广肩罐、钵形豆、长颈红陶鬶、黑陶高柄杯等，器表多饰弦纹、篮纹等。文化特征与安庆张四墩遗址出土物相似，距今约4600年。

薛家岗遗址发现的夏商时期文化遗存比较重要。夏代文化以H25、T48K2、H30、H35等为代表，陶器中的侧装带按窝鼎足的鼎、扁平足罐形鼎、鼎式鬲、深腹罐小盘凸柄豆、斝、爵等与中原二里头文化晚期同类器皿风格接近。商代遗存主要有锥足鬲、假腹豆、甑形带把盉、附耳甗、盆、簋、罐等，还有坩埚、细方格纹、叶脉纹等原始瓷片和铜削等，与郑州二里岗商文化接近。薛家岗遗址夏商文化与江淮中部同期文化存在差别，又具有皖西南地方特色。

薛家岗遗址是薛家岗文化的典型代表及命名地点，遗址发现有房址、墓葬、灰坑等多种考古遗迹，遗物十分丰富，是了解当时的氏族经济、社会组织结构、文化面貌等历史信息的重要资料，在长江流域新石器时代考古研究中占有重要地位。薛家岗遗址面积大，年代延续时间长，文化内涵十分丰富，地方特征明显，对探索皖西南及长江中下游地区史前聚落形态及发展、玉石器制作工艺水平、区域史前文明化进程以及夏商时期考古学文化面貌等具有重要学术价值。

1978年，薛家岗遗址被潜山县人民政府公布为县级重点文物保护单位。1980年，成立潜山县文物管理所。1981年，薛家岗遗址被安徽省人民政府公布为第一批省级文物保护单位。1983年，成立县博物馆。1996年11月20日，薛家岗遗址被国务院公布为第四批全国重点文物保护单位，编号4-0009-1-009。1996年，成立薛家岗遗址管理所，负责遗址的保护管理工作。建立"四有"档案，由潜山县文物局办公室负责保管。2007年9月，国家文物局印发《关于薛家岗遗址保护与展示工程设计方案的批复》，原则同意薛家岗遗址保护与展示工程设计方案。2012年，安徽省人民政府公布《薛家岗遗址保护规划》，确定遗址的保护范围和建设控制地带。

马家窑遗址 是新石器时代晚期到青铜时代的聚落遗址，也是马家窑文化的命名地点，位于甘肃省临洮县城西南10千米处西坪乡马家窑村西南、麻峪沟北侧，地处洮河西岸的二、三级阶地上。

民国13年（1924年），瑞典考古学家安特生首次发现并发掘，"马家窑文化""马家窑类型"均由此遗址而得名。自1957年起，甘肃省文物工作队进行过多次调查，1964年试掘，发现马家窑文化马家窑类型叠压在仰韶文化庙底沟类型之上的地层关系，发现有马家窑文化的半山类型和马厂类型以及齐家文化、辛店文化、寺洼文化等遗存，其中马家窑文化的遗存内涵最为丰富而复杂。马家窑遗址是一处以马家窑文化为主、齐家文化和寺洼文化共有的遗存。

遗址地表为较为平坦的耕地，南北皆为冲沟，西面为山地。东至台地边沿，西至瓦家大山，东西长约350米；南至巴马尾沟沿，北至寺沟，南北宽约280米，总面积约为98000平方米。遗址内涵丰富而复杂。在遗址中部巴郎沟西侧断崖上暴露有灰层，内有陶片、红烧土块、炭粒等，厚0.3～4米，距地表0.7～1.5米。

由于历史的原因，以前的试掘资料基本无存。为配合马家窑遗址大遗址保护规划的开展，2014年9～12月，甘肃省文物考古研究所和中国社会科学院考古研究所合作，又对马家窑遗址进行了发掘。发掘区域为遗址冲沟东侧中部两级台地，发掘面积约200平方米。清理庙底沟类型、马家窑类型、齐家文化及寺洼文化等各时期遗迹14个，包括房址5座、灰坑7个、灰沟2条，初步统计出土各类陶片10万余件，器形主要包括瓶、盆、钵、罐、瓮、碗及器座等，出土陶、石（含绿松石）、骨、角、贝等各类小件200余件组。此次发掘清理马家窑类型房址5座，以1号房址为例，为白灰面房址，残存白灰面范围约2平方米，中部有一灶，圆形，平地起建。2～5号房址只发现柱础遗迹。清理马家窑类型灰坑7个，以1号灰坑为例，圆形，筒状，出土较多彩陶片，第1～3层基本为马家窑类型彩陶，第4层、5层堆积开始出现类似庙底沟类型弧边三角纹彩陶片，初步证明庙底沟类型向马家窑类型演变的规律性特点。

2015年7月初至10月中旬，进行第二年度的发掘工作。次发掘区域位于瓦家坪台地南侧边缘，发掘面积500平方米，分东、西两个区域布方。发掘表明，东区为马家窑和齐家文化居址区，西区为齐家文化居址区，并分布个别祭祀坑。此次发掘共清理马家窑文化房址2座，齐家文化灰坑25个、灰沟2条、祭祀坑1座，出土大量马家窑及齐家文化陶器残片，彩陶占一定比例，少量可复原陶器，另出土大量

马家窑遗址远景

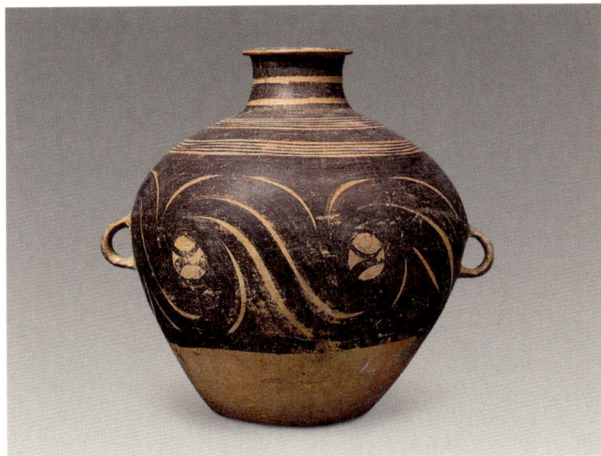

马家窑遗址出土旋涡纹双耳彩陶罐

马家窑遗址出土的彩陶片

陶、石、骨、贝等类小件300余件组。陶片以红陶和橙黄陶为主，有泥质和夹砂两种；制法以手制为主；器形主要有碗、钵、盆、罐、壶、豆、瓶等；纹饰有绳纹、划纹、附加堆纹等。彩陶非常发达，花纹全为黑色。生产工具以磨制石器为主。通过发掘，可以基本了解瓦家坪台地南侧的文化层堆积及遗迹分布，进一步厘清马家窑遗址文化堆积的性质和内涵，同时增加一批齐家文化资料，丰富马家窑遗址文化内涵。马家窑时期房址、灰坑等遗迹的发现和确认，进一步提供了马家窑类型遗存聚落形态的资料，对马家窑文化内涵特征、聚落布局及社会结构等方面的研究具有重要意义。

马家窑类型的陶器主要为盆、钵、壶、瓶、瓮、盘及带嘴锅等。夹砂陶多饰绳纹。彩陶为橙黄泥质陶，打磨光滑。彩陶中内彩发达，利用多变的线条绘出由平行线、曲线、交叉线、同心圆、涡形花纹等组成美丽而流畅的花纹图案。彩陶的制作方法为在未干的陶坯上施彩，然后经滚压打磨使颜料渗入陶坯内部，颜色鲜艳，牢固，不易脱落。

马家窑遗址是马家窑文化及马家窑类型的

命名地，前后延续2000多年，历经新石器时代晚期及青铜时代，对建立洮河流域乃至甘青地区的史前文化序列，探索中华文明发展进程有十分重要的价值。

1981年，马家窑遗址由甘肃省人民政府公布为省级文物保护单位。1988年1月13日，马家窑遗址被国务院公布为第三批全国重点文物保护单位，编号3-0190-1-010。1999年，甘肃省人民政府公布遗址的保护范围。遗址发掘后进行回填，处于自然开放状态。马家窑遗址由临洮县博物馆管理，成立马家窑遗址保护小组。2004年，建立全国重点文物保护单位记录档案，保管于临洮县博物馆。

庙子沟遗址 是内蒙古中南部地区发掘面积较大、遗迹保存较完整、出土遗物较为丰富的新石器时代遗址，位于内蒙古自治区察哈尔右翼前旗新风乡庙子沟村，北距黄旗海7千米，西北距土贵乌拉镇约12.5千米。地处黄旗海南岸的丰镇丘陵地带，遗址分布在山东坡上，遗址东侧有一条河沟——庙子沟，沟内常年流水，由南向北注入黄旗海。遗址所在山坡地势西南高，东北低，呈缓坡状。

遗址包括村南Ⅰ区和村北Ⅱ区,当地村民取土时对Ⅰ区遗址有所破坏,残存面积约3万平方米,后进行大规模发掘。Ⅱ区面积约20万平方米,未经发掘。1985年10月10日至11月5日,内蒙古文物工作队进行钻探,钻探面积3万平方米,清理发掘1500平方米。1986年7月28～10月14日,内蒙古文物考古研究所对遗址进行第二次大规模的发掘,发掘地点主要集中在遗址的南半部,发掘4100平方米。1987年5月7日至9月20日,内蒙古文物考古研究所对遗址进行第三次大规模的发掘,发掘地点主要集中在遗址的中北部和北部边缘,清理发掘面积4900平方米。三年共清理发掘约10500平方米,发现房址52座、灰坑(窖穴)139个、墓葬42座。出土完整和可复原陶器664件,石器518件,骨、角、蚌器81件,还有大量的陶片和动物骨骼等。

遗址南部地势略缓,地层堆积保存较好,北部坡势较陡,地表水土流失严重,地层堆积保存较差,许多遗迹暴露于地表,部分房址仅残存灶坑底部的红烧土和柱洞。北部略靠近中部的地区岩石裸露,无遗迹可寻。遗址地层堆积简单,耕土层下为两层堆积,上层为黑花土层,下层为黄生土层,其下为黄砂岩。所有遗迹均开口于耕土层下,打破黑花土层,无此层处则直接打破生土层或黄砂岩。遗迹间未见叠压打破关系。

房屋依等高线方向次序排列,均为半地穴式建筑。平面呈"凸"字形,前部有长条形短门道。一般间宽大于进深,门道东向或略偏北。面积多数不足15平方米,最小的2号房屋仅8平方米,最大的10号房屋23平方米。门道东向略偏北或略偏南,多为50～100°。门道位于房屋前壁的中部,呈斜坡状或台阶状。半

庙子沟遗址29号墓全景

庙子沟遗址房址 F15

地穴保存高低不等，最高在0.7米，其上墙体为木骨泥墙。房屋居住面下垫一层黑花土，居住面用黄白色草拌泥抹成，与四壁草拌泥相连接。绝大多数房屋内位于居住面中部只设一个灶，少数还设有附灶。多数灶为圆形或圆角方形坑灶，少数为地面灶。大部分房屋的居住面上有5～9个柱洞，多分布在房屋的四角附近及门道内侧的两端。在灶和后壁之间常设有地臼，平面为圆形，周边和底部垫有碎陶片或小石块。多数房屋在拐角处建有窖穴，少数房内建有多个窖穴，多为圆形直壁或袋状平底坑，少为长方形直壁平底状。在房屋周围也建有窖穴，多为长方形直壁平底，或略呈袋状，少数圆形窖穴很有可能是房屋内的窖穴由于上部半地穴被破坏掉以后形成室外窖穴。灰坑也散布在房屋附近，有的是窖穴废弃后被作为垃圾坑使用。

没有发现专用埋葬的公共墓地，除22号墓为较为正常的埋葬外，其余人骨均是利用室内外窖穴、房屋居住面、灶坑进行埋葬或随意弃置，属于非正常埋葬。埋葬人数有单人葬、双人葬和多人葬，多见侧身屈肢，其次是仰身屈肢、侧身直肢、俯身直肢、俯身屈肢，仰身直肢数量最少。多人葬的尸骨葬式各异，与正常死亡埋葬者有很大的差异。墓葬内出土遗物多寡不一，少者仅几块陶片，多者可达10余件，多数是日常生活用品。女性多佩戴环饰和螺、蚌类装饰品，幼儿佩戴小的璧环和蚌饰。墓葬内遗物还有陶器、石器、骨器等，由于死者多葬于窖穴内，窖穴内的遗物部分属于原储藏物品，不属于随葬品。共发现78例人骨个体中男性27例、女性30例、性别不详的10岁以下幼童20例，性别年龄不详者1例。年龄集中在15～35岁，儿童死亡率明显较高，年龄超过40岁的仅有9人。而且经常把不同年龄、性别的人葬在一处，女性多于男性葬在房内，儿童则常见葬在灶坑中。对于死人的非正常埋葬，学者研究认为可能是由于瘟疫造成的，当瘟疫突然来袭，人口大量死亡，生者无力将死者送往公共墓地，先利用房屋周围的大型窖穴草草埋葬；瘟疫继续肆虐，当无法有序的埋葬时，死者被随意弃置窖穴中；瘟疫继续猖獗，许多人倒在房屋内的居住面和灶内，生者匆忙逃离。

陶质以夹砂陶最多，泥质陶次之，砂质陶最少。多数陶火候较高，陶胎坚硬，少数火候较低，陶胎较为疏松。陶色以红褐色为主，其次是灰陶和红陶，黑陶和黑褐陶数量较少。纹饰陶略多于素面陶，纹饰种类中绳纹数量最多，其次是附加堆纹，还有少量方格纹、凹弦纹、划纹、彩陶等。彩陶分为红、黑、紫单色和其中两种色彩兼用的复彩，图案有鱼鳞、网格、三角和成组平行直线、曲线等几何图案。图案繁缛，线条流畅。绝大多数陶器采用泥条盘筑法，少数陶器口部经慢轮修整。器形有小口双耳罐、筒形罐、侈沿罐、平口罐、敛口曲腹盆、敞口折腹钵、曲腹钵、偏口壶、漏斗等。以磨制精致石器为主，部分为打、琢、磨兼制，器形有窄首窄刃和窄首宽刃石斧、单孔宽弧刃石铲、长方形穿孔石刀、椭圆形石磨盘、月牙形石磨棒、梯形石锛、条形石凿等。磨制骨器有骨柄石刃刀、骨柄石刃剑、尖状铲

庙子沟遗址出土鼓腹彩陶罐

形骨器、骨锥等。

庙子沟遗址的发掘为河套地区新石器时代研究提供了丰富资料，有助于当地考古学文化序列建立。遗迹间没有叠压打破关系，遗迹分布有致，表土下为房屋和窖穴，房内和窖穴内有成套的生产工具和生活器皿及各类装饰品，有助于聚落形态研究。庙子沟灾难性的毁灭有助于研究新石器时代灾变的研究。以庙子沟遗址为代表的遗存，有学者命名为庙子沟文化庙子沟类型，有学者命名为海生不浪文化庙子沟类型，其年代为公元前3500～前3000年。

遗址的发掘部分已经回填。庙子沟遗址保护管理工作由察哈尔右翼前旗文物保护管理所负责。1989年，建立内蒙古文物考古研究所庙子沟遗址工作站，参与庙子沟遗址保护管理工作。1993年，察哈尔右翼前旗政府公布庙子沟保护范围与建设控制地带。2001年6月25日，庙子沟遗址被国务院公布为第五批全国重点文物保护单位，编号5-0015-1-015。2013年，国家文物局批复《内蒙古自治区庙子沟遗址文物保护规划（2013～2025年）》。"四有"档案保存在察哈尔右翼前旗文物保护管理所。

青墩遗址 是长江下游地区新石器时代聚落遗址，位于江苏省海安县城西北约28千米，南莫镇西北1.5千米的青墩村，南距长江约60千米。遗址四面环水，绿树成荫。东西两面分别为东塘河和西塘河，北边为北大河，南边为青墩南河。

1973年8月，海安县沙岗公社青墩大队挖掘青墩新河时发现大量的陶、石、骨器和麋鹿角、兽骨等古代遗物。1976年春，南通博物馆派人调查、采集和征集一些出土遗物。1977年

青墩遗址发掘现场（1979年）

11月，南通博物馆试掘，面积25平方米。1978年4～5月和1979年4～5月，南京博物院先后对遗址两次发掘，发掘总面积490平方米。

遗址东西长300米、南北宽250米，面积约7万平方米。遗址除中部开挖过一条新河外，其余部分均保存完好。遗址上部为村民住宅，绝大多数为平房，对文化层基本没有造成破坏。由于地理环境的优越和上部为民居等原因，遗址得到较完好的保存。

青墩文化遗存大体可分为三期。第一期、第二期遗存文化遗迹和文化遗物十分丰富，具有明显的江淮地域文化特征，代表一个新的考古学文化类型；第三期遗存既有江淮地区的文化特征，又具有江南早期良渚文化和淮北大汶口文化的特征。三期文化遗存序列完整，基本反映江淮东部原始文化的发展轨迹。

遗址的年代经碳十四测定，下文化层距今5035±85年（树轮校正值5645±110）；中文化层为距今5015±85年（树轮校正值6525±110）。经考古学研究，三期的年代大致相当于江南崧泽文化早期至良渚文化早期。

青墩遗址出土大量的文化遗物，如穿孔石斧、石锛、红陶纺轮、灰陶纺轮、红陶弹丸、红陶壶、红陶豆、灰陶豆、单耳红陶碗、灰陶夹砂碗、红陶钵、单耳红陶钵、红陶夹砂钵、红陶罐、单耳黑陶罐、灰陶罐、鼎等陶器，骨耜、鹿角、鹿角锥、骨簪、骨叉（有刻纹）、骨刀等骨角器，砺石等石器以及琮、璧、瑗等玉器。其中，出土的带柄穿孔陶斧、神秘的鹿角刻划纹、炭化稻、陶器上发现的五等分圆，具有较高文物考古和科研价值。带柄穿孔陶斧第一次以实物资料解决穿孔石斧和柄如何结合，这一考古学界多年悬而未决的研究课题；神秘的鹿角刻划纹被认为是八卦的起源；炭化稻是继河姆渡之后的又一重要发现；陶器上发现的五等分圆代表原始社会时期几何图形的较高水平。

青墩遗址地处江淮之间，对于研究新石器时代江南和淮北地区之间诸考古学文化的发展关系提供了新的实物资料。

1980年，成立青墩遗址保护管理小组，负责遗址的保护管理工作。1983年6月，青墩遗址被公布为南通市文物保护单位。2002年10月，青墩遗址被江苏省人民政府公布为江苏省文物保护单位。2006年5月25日，青墩遗址由国务院公布为第六批全国重点文物保护单位，

编号6-0075-1-075。2011年《青墩遗址保护规划方案》编制完成，确定保护范围和建设控制地带。2007年8月，海安县文管办建立青墩遗址的全国重点文物保护单位记录档案。

尉迟寺遗址 是皖北区域保存较为完整、规模较大、以大汶口文化为主要内涵的聚落遗址，位于安徽省蒙城县许疃镇毕集庄东。遗址总面积约10万平方米，其中中心部位为高2～3米的岗堆，面积约5万平方米，岗堆周围为平地。

1986年，蒙城县文物普查时发现该遗址。1988年，安徽省文物考古研究所对尉迟寺遗址进行调查，确认为新石器时代遗址。1989～1995年、2001～2003年，中国社会科学院考古研究所对遗址进行两个阶段13次发掘，揭露面积10375平方米。发现大汶口文化晚期的环壕聚落1座、大型红烧土排房14排18组共

尉迟寺遗址大汶口文化祭祀坑

尉迟寺遗址出土器物

尉迟寺遗址瓮棺葬

78间、墓葬300余座以及大量的灰坑、祭祀坑、广场、围壕等遗迹，出土石器、陶器、骨器、蚌器各类遗物近万件。遗址分为两期，第一期为大汶口文化，第二期为龙山文化，遗址年代距今约4800～4000年。

尉迟寺遗址大汶口文化晚期遗存主要有围绕遗址外围的环壕。环壕一圈南北长230～240米、东西宽约220米，壕宽约25～30米、深4.5米。发现的房址均围绕遗址中心分布，分别以2间、4间、5间为一排，呈东南—西北走向四面排列。房址为浅穴式建筑，一般面积为10平方米，大者近30平方米。墙体为木骨泥墙，与地面同时经烧烤，墙面光滑，有的抹有一层白灰面。在遗址中央发现一个用红烧土粒铺设而成的大型中心广场，面积1300平方米。大汶口时期的墓葬集中分布在遗址北部，共清理284座，有成人土坑墓和儿童瓮棺葬，其中瓮棺葬的数量占墓葬总数的80%以上，随葬品有多寡之分，从中可以看到，尉迟寺聚落内部已经出现财富和社会地位的两极分化。尉迟寺大汶口文化聚落遗址外围有环绕的椭圆形大型围壕，遗址内所有房址成排成组，分布有序，中心为

广场，明显体现出整个聚落是经过统一规划、精心设计的，为一个严谨的整体。

在遗址内发现不少兽坑，经鉴定，兽骨有鹿、猪、羊，还有家养的黄牛和水牛。在遗址中发现粟和水稻农作物的遗存。在广场东部的地层中出土一件陶质鸟形神器，通高59.9厘米，很可能是一种与聚落有关系的鸟图腾，为国内首次发现，对研究聚落考古史、宗教、图腾等方面有重要意义。

尉迟寺遗址出土的大汶口文化遗物，主要有陶器、骨角器、蚌器和石器等，以陶器为主。常见陶器有鼎、鬶、罐、壶、杯、豆等组合。作为儿童葬具的大口尊，共有7件，刻有"日""月""山"等陶刻符号，部分涂朱，符号与山东境内大汶口文化晚期发现的符号相同。尉迟寺大汶口文化与山东境内大汶口文化相似，文化特征明显，属于大汶口文化晚期一个新的地方类型，即尉迟寺类型，距今4800～4500年。

尉迟寺遗址龙山文化遗存十分丰富。第13次发掘中，发现一排2组共4间红烧土排房建筑，其内出土一组罕见的七足镂孔器。墓葬

有24座，灰坑104座。墓葬基本为土坑墓，成人、儿童均有。文化遗物有陶器、石器、骨角器、蚌器等，陶器主要有鼎、罐、碗、盘、盆、鬶、豆、杯等。总体文化特征与山东龙山文化关系密切，有一定的地方特点，年代为距今4000年。

尉迟寺遗址首次揭露出中国迄今规模大、保存完整、建筑风格独特的红烧土建筑遗存，也是尉迟寺遗址中的主要文化内涵，代表黄淮地区大汶口文化一个新的类型，为全面研究大汶口文化和深入研究史前聚落考古提供重要资料，具有重要的学术价值。

1987年9月，尉迟寺遗址被蒙城县政府公布为县级文物保护单位。尉迟寺遗址由县文物管理局负责保护、管理。1998年5月，被安徽省人民政府公布为第四批省级文物保护单位。2001年6月25日，尉迟寺遗址被国务院公布为第五批全国重点文物保护单位，编号5-0046-1-046。2015年编制的《尉迟寺遗址保护规划》经国家文物局批复，确定保护范围和建设控制地带。

页河子遗址 是渝河北岸新石器时代的大型聚落遗址，距今约5500～4900年，位于宁夏回族自治区隆德县沙塘镇和平村。文化遗存主要分布在和平村以北的二级台地上，范围东临

页河子遗址与北源遗址正射影像图

阳洼沟，西界命二沟，南起北源头，北至北峰渠，总面积75225平方米。

1984年，在文物普查时发现页河子遗址。此处背风向阳，靠近水源，是早期人类生活的理想处所。遗址表面裸露有大量的陶器残片，有不少磨制石器和少量的骨器、蚌壳等。其中有通体磨光的玄武岩和辉长岩石斧、刀、杵、研磨器和打制的尖状器、砍砸器和细石器等，还有骨锥、骨笄等。

1986年，北京大学考古系与宁夏固原博物馆对遗址进行发掘，首次发掘面积400平方米。页河子遗址的文化层堆积比较单纯，是新石器时代的文化堆积层，最厚处约5米。三个

页河子新石器遗址远景

页河子遗址出土石琮

页河子遗址出土卜骨

发掘区可明显分为两期：第一期为仰韶文化晚期遗存，主要在第二发掘区；第二期为龙山时代遗存，在第一、三发掘区，发现圆形或方形的白灰面房基6处，有的房址白灰面竟达四层厚，发现灰层和袋状、釜底形状坑150多处。灰坑灰层中除含有大量红烧土和烧焦的炭渣、石块外，还发现动物的骨架和成人、小孩的头骨、骨骼。废弃的窖穴在当时用于埋葬死人。出土陶器100件、石器10余件、骨器70件以及骨器作坊、排水沟等遗迹多处。其中，大量出土的陶器表明页河子遗址早期人类生活用品主要是陶器，以夹砂陶为主，泥质陶较少。陶器质地疏松、渗水性强，陶胎较厚，全为手工制作。纹饰多变，有素面、绳纹、篮纹、乳丁纹、剔刺纹、附加堆纹等。彩陶主要用黑彩，花纹结构以多条弧线、弧边三角、漩涡状圆点

为母题组成宽面图形，彩绘也饰于器物内壁。泥质陶一般表面打磨光滑，有的还涂一层红色或橙黄色陶衣，多有彩绘。遗址内涵丰富，经碳十四测定年代为距今5500～4900年。发掘结束后，遗址保护性回填，为基本农田，重要文物分别陈列于宁夏回族自治区博物馆、固原博物馆及隆德县文物管理所。

2013年，宁夏文物考古研究所对页河子遗址进行钻探，钻探面积60000平方米，发现灰坑36处，房址23处，窑址3处，墓葬2处。

页河子遗址为陇东地区仰韶晚期文化遗存与齐家文化遗存的典型代表。页河子仰韶晚期遗存与秦安大地湾第九区仰韶晚期遗存面貌基本相同，二者有着共同的器物组合，均以盆、钵、罐、瓷缸类为主，陶色均以橘黄和橘红色为主，彩陶占有一定的比例，都以变体鸟纹、

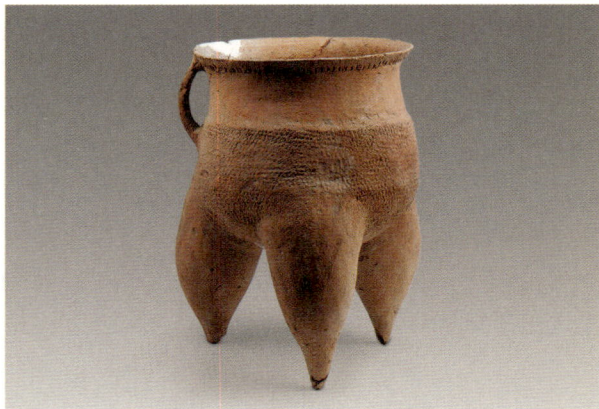

页河子遗址出土大玉璧

页河子遗址出土陶罐

弧线三角纹为主要花纹母题。遗址中出土有些陶器带有马家窑型文化因素，如钵口内附泥棱、罐和瓮缸类口内侧抹泥加厚的鸡冠耳等做法常见于马家窑文化中，有些同类器物形制亦接近或相同。与半坡晚期遗存相比较，页河子仰韶晚期遗址中彩陶明显多于半坡晚期遗存，也是陇东地区仰韶晚期遗存的特征。页河子龙山时代遗存其年代相当于秦魏家和皇娘娘台为代表的齐家文化的年代，如页河子龙山时代遗存高领折肩罐、双耳罐和皇娘娘台秦魏家高领折肩罐、皇娘娘台双耳罐和秦魏家、皇娘娘台双大耳罐形制接近或相同，是由于二者时代相同产生的共性或影响。在页河子龙山时代遗存中占绝大多数的颈饰横篮纹的高领折肩罐、颈部饰横篮纹的夹砂侈口深腹罐、口外侧饰一周附加堆纹的侈口罐以及麦粒状粗绳纹、沿下贴泥条等做法则不见于同一时代的齐家文化之中。甘肃东部、宁夏南部已发掘的西吉兴隆遗址，固原店河及海家湾墓葬以及镇远常山遗址的年代当早于页河子龙山时代遗存而又有承袭关系。页河子遗址区出土的龙山遗存与海原菜园遗址关系密切，应是齐家文化的源头之一。

页河子遗址出土的各种生产、生活用具、兽骨等遗存，对了解5000多年前的原始社会文化面貌和社会经济形态有重要意义。一是体现在生产工具和加工工具，主要有石斧、石纺轮、石钵、骨镞、骨锥、骨针、石镰、石刀等，在生产工具中，农业生产工具占着重要的地位，反映当时农业生产发展的制度，狩猎工具有骨镞、石矛等，说明狩猎生产仍然是一个辅助的经济部门，生产工具中的石纺轮、骨锥、骨针等用以进行原始的纺织和缝纫。二是

生活用具方面，主要有彩陶罐、瓶等，说明由于定居和原始农业的开始，人们为满足日常炊饪、炊食、取水、贮藏等生活的需要，陶器制作应运而生，得以发展。三是已出现装饰品，如出土的蚌饰、骨饰等，说明人类审美意识早期的萌芽。

1988年，页河子遗址被宁夏回族自治区人民政府公布为第二批自治区文物保护单位。1989年1月，隆德县文物管理所成立，为文物保护管理、专职机构。2013年3月5日，页河子遗址被国务院公布为第七批全国重点文物保护单位，编号7-0485-1-485。2014年，宁夏回族自治区人民政府公布遗址的保护范围、建设控制地带。"四有"档案保存在隆德县文物管理所。

福泉山遗址 是长江下游环太湖流域的新石器时代遗址，位于上海市青浦区重固镇西侧。遗址中心福泉山，是一座东西长约94米、南北84米、高约7.5米的大土墩。福泉山遗址

福泉山遗址地层

福泉山遗址发掘现场

范围大体以福泉山为中心，东西长约500米、南北约300米，面积约15万平方米。

1962年，上海市文物保管委员会开展文物普查时发现福泉山土墩中藏有古文化遗存。1977年，当地学生在土山东侧劳动时掘出崧泽文化的陶罐与陶壶。1979年，上海市文物保管委员会进行试掘。1982年，配合当地挖土筑路工程，对福泉山进行第一次发掘。1983～1984年、1986～1987年，做第二、第三次发掘。发掘面积共2235平方米。发现崧泽文化的居住遗迹1处，墓葬19处，良渚文化墓葬30座，有吴越文化墓2座、楚文化墓4座、西汉墓96座、唐墓1座、宋墓2座，出土石器、玉器、骨角器、陶器、瓷器、铜器、铁器、漆器等各类文物

2800余件，文化内涵极为丰富。

发掘表明，福泉山是新石器时代良渚文化古人在崧泽古遗址上堆筑的一座高台墓地，包含几类文化堆积，自上而下有以早期圜底印纹陶和拍印各种带形云雷纹的灰陶瓿、觯、簋、豆为特征的马桥文化层；以鱼鳍形足或"T"字形足鼎、双鼻壶、阔把翘流壶、竹节把豆、三鼻簋等为特征的良渚文化层；以扁铲形足或扁凿形足鼎、折肩折腹壶和罐、底附垂棱把饰圆形与弧边三角形组合镂孔的豆以及花瓣形足杯为特征的崧泽文化层；最下还有以腰沿釜、牛鼻耳罐、外红内黑豆以及长条炉箅等为特征的马家浜文化层。

崧泽文化居住遗址，地上残留四块木柱的

垫板和一些小树条；居址的西南角有一堆废弃物，内有灰烬红烧土、陶器碎片、残玉璜、陶网坠、骨锥以及食后丢弃的猪、鹿、鱼、龟等动物的碎骨。居址的东北有一个灶塘，圆形灶穴，一端有一条出灰口，灶塘内壁被火烧红，并充满炭灰，灶旁有一件破碎的烹饪用的盆状角尺形足大陶鼎。居址的北侧是17座墓葬，南侧仅见1座，埋葬方式与崧泽遗址墓地相同，多数为单人在平地上堆土掩埋，但有2人和3人合葬墓各1座，挖土坑用棺具的2座。如第16号墓的2具人骨，是男女合葬，东为成年男性，仰身直肢，面向左侧；西是成年女性，侧身，面向右侧。随葬器物4件，1件夹砂灰褐陶大鼎置于两者的头前，2件陶网坠在两者中间腰下，1件骨镞在女性头骨的左上角。随葬品的位置说明财产男女共有。第23号墓的3具人骨架，是子女从父合葬。中间为成年男性，仰身直肢，头向左侧，两侧各依附1个儿童。左侧儿童仰身直肢，右侧儿童侧身，与成年男子骨

架贴身，墓中未见随葬器物。男女合葬与子女从父合葬实例，说明当时上海地区正由母系氏族社会向父系逐步过渡。

良渚文化大墓的发现，是福泉山遗址三次发掘最突出的收获。30座墓葬都埋葬在人工堆筑的高台墓地上，与良渚平民都葬于平地的不同，中心部位是二组上下层层叠压的墓群，其他墓葬分布在周围。葬式是挖土坑埋葬，并有凹弧形大木上下相结合的棺具，棺内有斧、钺、琮、璧、锥形器、冠形器、半圆形器、带钩、纺轮以及珠、管、坠、环、镯等玉、石器随葬，棺外有鼎、鬶、豆、盘、壶、杯、罐、盒、簋、熏炉等陶器。墓坑外靠近南壁往往有1件祭祀用的大口尖底缸。出土的玉器和陶器，工艺水平很高，如青玉鸟纹神像琮，玉质淡绿色，半透明，琮的四角以角线为中心，各雕琢一神像，神像的上下四角细刻四只飞鸟，纹饰有主纹和填纹，有浅浮雕和线刻，呈现极高的雕琢技巧，器表还作细致抛光，反射出一

福泉山遗址出土玉钺、玉琮

种玻璃般的光泽。1件黑衣灰陶阔把翘流壶，造型类似立鸟，器表乌黑发亮，显现金属般光泽，通体细刻曲折纹和鸟纹，也是良渚黑陶工艺的代表作品。高规格的埋葬，反映墓主人具有特殊地位。在土墩中心墓群的上面，有燎祭的祭坛。祭坛南北长7.3米、东西最宽处5.2米，为阶梯形。自北而南、自下而上，有三级台阶，每级周围散乱地堆积经过切割的土块，形成不规则的方圆形，最高一层的东南角，有一块长1米、宽0.4米、厚约0.1米，上下面平整的土块平台，平台下有1件祭祀用的大口尖底陶缸。土块都被大火烧红，每一层台面都撒有介壳屑，但未见残留的草灰，在土墩的北坡上，有一个大灰坑，坑长约19.25米、宽约7.5米，四边较浅，中间较深，坑中心有一个略呈圆形的小土台，径约1米、高1.15米，坑中填满纯净的草灰，而坑壁、坑底，连同中间土台，无任何火烧痕迹，坑中积灰为山上燎祭后清扫堆积。在土墩东山脚下，还有一堆从海岸堆积冈丘上取来的介壳屑。土墩中心部位的二组墓群中，出现用人殉作祭祀的现象；139号墓的棺内人骨架，是成年男性，仰身直肢，头向南，随葬器物数量多，且很珍贵，头骨口内有玛瑙玲1件，上下肢骨上分二行放置石、玉钺12件，手臂上有玉镯，头前有玉锥形器，身上有玉管和小饰片多粒，足后棺外有一堆精致的陶器。而在墓坑和木棺的东北角上面，另有1具人骨，是青年女性，屈身，上下肢弯屈而分开，似跪着倒下的样子，头向西北。头顶上有玉环1件，面颊骨有玉饰片1粒，颈部和下肢骨上各有玉管2件，是在墓主掩埋后，以人牲作祭祀的现象。145号墓，在长方形的墓坑北端，另有一个长0.97米、宽0.8米、深0.37米的小坑，坑内有2具人骨，一为青年女性，一为少年，都是头向东，屈身屈腿，双手朝后，面颊向上，呈反缚挣扎状，身旁无任何随葬器物，当是145号墓主的人殉祭祀坑。福泉山是一座人工堆筑的良渚文化显贵墓地，发现的各种迹象是研究中华文明起源的重要资料。

此外，发现战国时代的吴越文化墓2座，特征与金山戚家墩遗址出土的吴越文化器物相似，应是上海吴越族人的遗物。战国晚期楚墓4座，显示楚灭越后上海地区出现的楚文化面貌。西汉墓葬96座。宋墓3座。

福泉山遗址完整保留6000年以来上海地区各个时期文化叠压遗存，内有丰富的新石器时代马家浜文化、崧泽文化、良渚文化与战国至唐宋时期遗存。福泉山遗址的发现和研究受到学术界的广泛关注，促进长江下游环太湖流域史前考古的研究。其中，人工堆筑的良渚高台墓地不仅为探讨良渚大墓的特点、性质提供新材料，也为后来许多的发现提供经验和线索——长江三角洲地区以"山"命名的土墩，很可能就是良渚贵族墓地所在地。20世纪80年代后期，浙江杭州的良渚遗址群内陆续发现反山、瑶山、汇观山等著名遗址，从而开启了良渚文化研究新的历史，学者们逐渐认识到良渚文化是探寻中国文明起源问题的重要文化形态。

2001年6月25日，福泉山遗址被国务院公布为第五批全国重点文物保护单位，编号5-0037-1-037。上海市青浦区文广局负责福泉山遗址的保护管理工作。

卡若遗址 是西藏自治区历史上首次科学发掘的新石器时代遗址，位于西藏自治区昌都市卡若区卡若镇卡若村。遗址分布于卡若村西南约100米，澜沧江西岸卡若河口的二级阶地上，高出江面约60米，东北紧邻214国道，西南500米处为卡若村，南依扎日山，北接子隆拉山，面积约1.5万平方米。

1977年发现卡若遗址。1978年、1979年两次发掘，发掘面积1800平方米，主要部分全部揭露。2002年进行第三次发掘，出土文物3万余件。卡若遗址的文化堆积，大体分为南、北两区：南区文化堆积分二层，厚70～150厘米，深约250厘米；北区文化堆积分四层，厚130～200厘米，深约320厘米。两区文化堆积虽存在厚薄及土质、土色的差异，但文化面貌有一致性，文化发展的早、晚期非常连贯。遗址延续年代较久。建筑遗存十分密集，上下重

叠，左右相并。其类型也比较复杂，有房屋、烧灶、圆形台面、道路、石墙、圆石台、石围圈和灰坑等。三次发掘共发现房屋遗址31座，道路3条，石墙3段，圆石台2座，石围圈2座，灰坑20处，水沟1条。出土石制品9000余件，其中打制石器占85%，磨制石器、细石器各占近7%；出土陶片2万多片，均夹砂陶，以灰黄色为主，器形以罐、碗、盆等小平底器为主，不见三足、圈足器；除素面陶外，有刻划纹、压印纹、绳纹及少量彩陶；出土骨、石、贝质的笄、璜、珠、镯、牌、坠等饰品近百件；文化堆积中发现有炭化粟类粮食颗粒。卡若遗存年代为距今5500～4000年，可分为早、晚两期：早期遗存约距今5500～4500年，晚期遗存约距今4500～4000年。

卡若遗址 F12 发掘现场

卡若遗址出土双体陶罐

卡若遗址文化内涵与黄河上游及川滇高原的新石器文化有较密切的关联，是西藏自治区历史上首次科学发掘的古文化遗址，对于认识和探究高原史前时期人类文明及其所处环境具有重要史料价值。卡若遗存的生态环境、物质文化、生产技术、经济模式等诸多特征，对于研究高原民族的谱系结构和文化传统，具有重要的资料价值和文化意义。卡若遗存鲜明的高原文化特征，对于认识距今5000年的西藏原始社会状况、探究青藏高原和相邻地区古代部族的交融和发展等，都具有重要的学术研究价值。

1979年8月18日，西藏自治区人民政府公布为自治区文物保护单位。1996年11月20日，

卡若遗址出土骨针与骨锥

卡若遗址被国务院公布为第四批全国重点文物保护单位，编号为4-0019-1-019。1997年，在昌都地区文化局设立文物管理科，直接负责卡若遗址的日常管理。卡若遗址档案由昌都市文物局建立并存档。2007年，西藏自治区人民政府划定卡若遗址的保护范围及建设控制地带。2010年卡若遗址文物保护规划列入"十二五"重点文物保护项目。

丹土遗址　是鲁东南沿海地区新石器时代的大型聚落遗址，距今约4800～4100年，位于山东省五莲县潮河镇丹土村。文化遗存主要分布于丹土村及其周围，范围北起河边阶地，西部和南部至低矮山地，两城河自遗址西部绕北部向东流过。总面积约40万平方米。

丹土遗址于清末（约1900年）由学者王献唐之父王廷霖发现。民国23年（1934年），在王献唐提议下，中央研究院历史语言研究所的王湘、祁延霈先生调查山东沿海地区，正式确认五莲丹土遗址。

1954年，山东省文物管理处进行调查，采集部分遗物。1957年，山东大学进行调查，采集石器、玉器、陶器等标本。1989年，潍坊市文物管理委员会对遗址小范围试掘，出土少量器物。1995～2000年，山东省文物考古研究所先后进行4次考古发掘，发掘面积1400平方米，共清理房址46座，灰坑160余个，墓葬33座，其中大汶口文化墓葬18座、龙山文化墓葬15座。确认大汶口晚期至龙山中期三圈城墙与城壕，包括城门通道、蓄水池、排水口等设施。

丹土遗址文化堆积较厚，多数为1～2.5米，少数地段厚达4米。依据地层关系及出土物，划分为大汶口文化晚期晚段偏早、大汶口

丹土遗址西城门东侧房址

文化晚期偏晚与龙山文化早、中期及晚期早段五个文化期。

第一期文化遗存属于大汶口文化晚期晚段偏早，聚落位于丹土村北部，遗存被后代大规模破坏，由于发掘面积限制，文化遗存发现较少，发现3座墓葬。陶器器类较少，器形较小，有泥质和夹砂两类，灰、黑陶占大多数，少量罐、鼎呈红褐色。装饰较为简单，大部分为素面，仅高柄杯、豆等见镂孔装饰，鬶见附加堆纹，个别器物见弦纹装饰。石器以磨制石器为主，较为精致，骨器数量较少，有少量玉器。另外发现有4件刻划图像陶文和符号的大口尊残片。

第二期文化遗存属于大汶口文化晚期偏晚，出现由城墙、壕沟围成的长方形城址。城址平面略呈椭圆形，东西长400余米，南北

宽近300米，城内面积约9.5万平方米。G8号城壕宽约10米，开口至底深约2.5米；夯 I 号城墙仅存墙基部分，墙体残宽约5米、残高约1米。发现墓葬15座。出土陶器泥质黑陶的器类增多。火候较低，常见泥质黑陶表皮脱落，陶胎里表颜色不一致。出现扁腹杯、小口大圆腹壶、高领罐、尊形罐、折沿斜壁平底盆等。镂孔和弦纹是主要的装饰，器表磨光的器物增加。高领罐、平底盆上有篮纹装饰；在壶腹上新出现竖向细密凹弦纹装饰；高柄杯的覆碗形器座消失，均为直壁形柄，近底部略呈喇叭形；鬶的颈变细矮，裆部变高；鼎的足跟部有按窝。

第三期文化遗存属于龙山文化早期，城墙、壕沟在第二期的基础上进一步扩建，城址平面略呈椭圆形，东西长450余米，南北宽300

丹土遗址出土玉刀

余米，城内面积约11万平方米。G7号城壕宽约20米、开口至底近3米；夯Ⅱ号城墙建在大汶口文化城壕沟之上，仅存墙基部分，墙体残宽10米、残高1.5米。发现13座墓葬。陶器种类进一步增加，出现单耳三足杯、盂形罐、深腹盆，高颈、扁圆腹壶。陶器以黑陶、灰陶为主，红褐陶的数量减少，灰陶数量增加。鼎的折沿较宽；出现铲形鼎足，陶色为灰陶，颜色均匀；斝形杯折腹明显，下腹部内曲；高柄杯变为碟形口，柄上粗下细，上为三角形细密小镂孔。

第四期文化遗存属于龙山文化中期，城墙、壕沟在第三期的基础上向南进行扩建，平面呈不规则刀把形，北部略呈椭圆形，西部、南部向外凸出。东西长500余米，南北最宽400

余米，城内面积约23万平方米；G3号城壕宽约28米、开口至底深约3米；夯Ⅲ号城墙建在龙山文化早期城壕之上，残存宽约12米、残高1.6米。西南、西、北、东面共发现四个城门通道，其中西城门通道靠内一侧发现东西向长方形房基，面积约6平方米，有垫土和柱洞。发现的陶器较少，出现三足浅盘，鬶变为粗颈，颈部与腹部分界已经不明显，袋足肥大，分档较高；甗为方唇、短颈、略分档，颈下有一对盲鼻，腰下部饰一周附加堆纹；鼎为扁鼓腹，鼎足为三角形鸟喙形足，正面加有泥条装饰。新出现凸棱装饰。

第五期文化遗存属于龙山文化晚期早段，此时第四期城的壕沟虽然尚未废弃，但是第四期城墙已经彻底废弃。丹土遗址由城址降为一般聚落。发现1座墓葬。发现的器物较少，罐形鼎腹部更加扁圆，底部直径大于口部；出现子母口鼎、大型盆形鼎。鼎的陶色以灰色、黄褐色居多，陶质坚硬，火候高。

丹土遗址的发现促进鲁东南地区史前考古的研究。丹土遗址出土的史前玉器30多件，玉器的种类有钺、刀、铲、琮、璧、璇玑、镯、五边形环、鸟形饰、管、坠等。丹土遗址玉

丹土遗址出土薄胎高柄杯

丹土遗址出土陶鬶

丹土遗址出土玉璇玑

器、刻画符号大口尊残片、三圈城墙与壕沟等考古发现，表明鲁东南沿海地区是中华文化和文明的重要发祥地之一。丹土五期聚落的宏大规模显示出作为鲁东南沿海区域北部中心聚落的性质，特别是从一般中心聚落到城的变化，对史前城市发展和文明起源过程等研究具有重要意义。

1989年成立五莲县文物管理所，负责丹土遗址的保护管理工作。1996年11月20日，丹土遗址被国务院公布为第四批全国重点文物保护单位，编号4-0011-1-011。2013年，山东省人民政府划定丹土遗址的保护范围及建设控制带范围。

柳湾遗址 是一处新石器时代至青铜时代遗址，位于青海省海东市乐都区高庙镇东约2千米处的柳湾村。

柳湾遗址于1974年被发现，经青海省文物考古队、中国科学院考古研究所、北京大学历史系考古专业、西北大学历史系考古专业、甘肃省博物馆文物工作队5年的发掘，清理墓葬1714座，出土珍贵文物4万余件（其中陶器1.7万余件，石器、骨器1300余件，装饰品1.8万余件），反映当时农业、手工业的分工和制陶

手工业已达到一定水平。柳湾聚落遗址发掘的房址和灰坑、灰沟属马家窑文化马厂类型三、四期与齐家文化早、中期。2000～2001年，青海省文物局组织文物考古部门进行调查，确定柳湾聚落遗址分布在沙沟以西、柳湾村二社、三社和四社所在的湟水河北岸的二级台地上。2000年11月至2001年4月，为配合柳湾彩陶博物馆建设，青海省文物考古研究所对该馆建设区进行抢救性发掘，发掘面积1000平方米，发现保存较好的房址3座，灰坑78个，灰沟6条。出土铜器、玉器、石器、骨器、陶器等器物200余件，发掘遗址大致为马厂类型晚期至齐家文化早中期。

遗址包括规模宏大的史前聚落遗址和公共墓葬区。聚落遗址位于湟水北岸第二台地，是与墓群相对应的新石器时代晚期至青铜时代早期的遗址。其范围东以柳湾沙沟为界，南以湟水北岸的第二台地的前沿，西以柳湾村庄道路为界，北以大峡直渠为界，面积约为28万平方米。公共墓葬区在柳湾遗址北600米左右处，其范围为东起柳湾大堂沟西坡沿，西为柳湾沙沟东坡沿，北为大顶制高点，南到大峡直渠，其面积为20.25万平方米（东西450米，南北

柳湾遗址远景

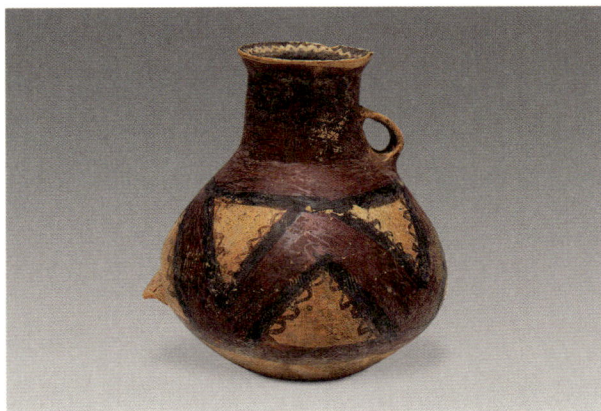

柳湾遗址出土彩陶壶

柳湾遗址出土彩陶罐

450米）。墓葬分布在不规则的七个自然形成的台地上，整个地形北高南低。

柳湾墓地是原始社会晚期的大型公共墓地，东西长450米，南北宽250米，占地面积11万平方米，发掘马家窑文化半山类型墓葬257座、马厂类型墓葬872座、齐家文化墓葬367座、辛店文化墓葬5座，以马厂类型墓数量最多，占总墓葬的60%，墓穴内多有木棺，有单人墓，有两人以上合葬墓。在各类墓葬中，小型墓的随葬陶器10～30多件，中型墓随葬器则达五六十件。大型墓最典型者为M564号墓，墓室全长5米、宽3米、深3米，随葬有石刀、石斧、石凿、绿松石装饰品，另有陶器91件。部分墓葬有人殉现象。

半山类型墓葬主要分布在东区第一台地上。多为长方形土坑墓，普遍使用木棺葬具。葬式有单人葬、多人葬（2～7人），有仰身直肢、侧身直肢、俯身葬和二次葬。随葬器物有生产工具、生活用品及装饰品等。

马厂类型墓葬主要分布在中部、东区及西区北部。以长方形土坑墓较多，有带有墓道的"凸"字形墓，多使用木棺葬具。葬式有单人葬、多人葬，多人葬为2～6人，以二人合葬居

多。有仰身直肢、屈肢、二次葬等。随葬器物有生产工具、生活用品及装饰品等。

齐家文化墓葬主要分布在墓地西部台地上。有长方形土坑墓和带墓道的"凸"字形墓两种。大部有木棺葬具。葬式有单人葬及合葬，有仰身直肢、俯身、断肢、二次葬等。随葬器物有生产工具、生活用品及装饰品等。

辛店文化墓葬均分布在墓地北部山顶上，大部为圆形土坑墓。葬式有仰身直肢葬和二次葬，随葬器物有陶器、打制石器等。

柳湾遗址延续的历史距今4500～3600年，从半山文化类型至辛店文化类型，前后延续1000多年，文化遗存有马家窑文化半山类型、马厂类型与齐家文化、辛店文化。柳湾墓群第一次搞清了马厂类型和齐家文化的关系问题，是中国黄河上游最大的一处氏族社会公共墓群。柳湾墓群是湟水流域延续时间最长的一处史前文化遗存，墓葬间的打破关系使考古工作者确认了马家窑文化半山类型和马厂类型两个相继发展的文化类型的演变关系。

柳湾遗址具有面积大、时代早、文化类型多、内涵丰富、保存完好等特点，发现极为罕见的锻造铜镞1件，骨刀及骨叉等。在此前

发掘的1730座墓葬中从未发现任何铜器。所出土的精美彩陶及器形和纹饰的演变规律性强，在中外考古界有很深的影响，为研究中国古代社会进程提供反映当时私有制的产生、阶级起源、贫富分化等现象的资料，是研究河湟地区史前文明必不可少的重要资料。

柳湾遗址出土的两万多件文物有很高的艺术价值。彩陶中，以马厂类型最丰富、珍贵，数量多，器形主要有盆、壶、罐、瓮、豆、碗等，彩陶纹饰以蛙纹、圆圈纹、几何纹为主，最典型者为人面纹彩陶盆、彩塑人像陶壶等，陶器造型之美、花纹之繁缛，在青海省史前文化遗址中首屈一指。其中，裸体人像彩陶壶、彩陶靴、人头像壶、提梁罐、鸮面罐等，是中国远古彩陶艺术中不可多得的珍品，充分展示中国西部原始社会文化鼎盛时期的风貌，艺术价值极高。

2001年，设立中国青海柳湾彩陶博物馆，负责遗址的保护管理工作。2004年，乐都县社会发展局、乐都县城乡建设和环境保护局联合划定柳湾遗址保护范围和建设控制地带。2006年6月25日，柳湾遗址被国务院公布为第六批全国重点文物保护单位，编号6-0211-1-211。

钱山漾遗址 是环太湖地区新石器时代晚期文化遗址，位于浙江省湖州市吴兴区八里店镇潞村村百廿亩自然村，钱山漾的东南部。遗址分布范围呈狭长的南北向长条形，南北长约550米、东西宽110～130米，面积近7万平方米。主要为稻田，夹杂部分种植桑树的岗地。

民国23年（1934年）大旱，潞村人慎微之在钱山漾湖底采集到大量石器，发现遗址。民国26年（1937年），慎微之在《吴越文化论丛》上发表《湖州钱山漾石器之发现与中国文化之起源》一文。1956年春和1958年2～3月，

钱山漾遗址 F3 发掘清理后现场

浙江省文物管理委员会对钱山漾遗址进行第一、二次发掘，发掘面积共计731.5平方米，文化层堆积分上、下两层，其中下层出土的绸片、丝带、丝线等织物，经浙江丝绸工学院、上海纺织科学研究院切片检测，绸片和丝带被确认为人工饲养的家蚕丝织物。钱山漾遗址因而引起学术界广泛关注。

2005年3～6月和2008年3～5月，浙江省文物考古研究所和湖州市博物馆联合对遗址进行第三、四次发掘，发掘面积合计1772平方米，共出土陶、石、玉、骨和木等各类器物近千件。第三、四次发掘将钱山漾遗址的文化堆积分为三期，即属于新石器时代晚（末）期的第一、二期文化遗存和属于青铜时代的第三期文化遗存。其中钱山漾一期文化遗存，经专家论证，认为可以命名为钱山漾文化，钱山漾二、三期文化遗存分别为广富林文化和马桥文化。

清理的钱山漾文化时期遗迹有居住遗迹3处、灰坑5个、灰沟4条和器物组3组。其中的器物组是指发现于营建层层面、分布相对集中的成组器物。出土遗物种类有陶器、石器、骨器、木器和其他有机质遗物等。陶器质地常见的依次有夹砂红陶、夹砂灰陶、泥质黑陶、泥质灰陶和泥质红陶。陶器以素面为主，装饰方法有压（拍）印、刻划、堆贴、剔刻、按捺和镂孔等多种，其中，压（拍）印纹样有绳纹、篮纹、弦断绳纹、弦断篮纹、方格纹、条纹、交错绳纹和少量条格纹等；刻划的纹样有直线纹、弦纹、水波纹和"八"字纹等。陶器器形有鼎、甗、豆、盆、罐、簋形器、盘、尊、壶、钵、杯、瓮、缸、碗、器盖、圆盘形器、纺轮和网坠等，其中弧背鱼鳍形足鼎、细长颈袋足鬶、装饰有弦断绳纹和水波纹的罐、腹部遍饰弦断绳（篮）纹的瓮和尊等都是钱山漾文化代表性的陶器。石器器形有钺、锛、凿、刀、犁、镰、矛、砺石、石球和石器半成品等，其中弓背石锛、长梯形斜刃石刀和三棱形前锋石镞较具代表性。骨器仅见三棱形前锋镞。出土的1件木杖形器，下端稍宽似柄，上端被加工成玉端饰状，形态少见。其他有机质遗物包括有2件竹编和1件麻葛类编织物。

广富林文化时期的遗迹有居住遗迹2处、墓葬1座、灰坑14个。其中1号墓为东西向的长方形竖穴土坑墓，随葬品有陶器3件，即扁足鼎、罐和钵，人骨已朽。居住遗迹3号房屋为一建筑面积290平方米、一栋八室的地面建

钱山漾遗址M1出土陶器

钱山漾遗址出土陶鬶

筑,在环太湖乃至国内同时期遗址中罕见,为研究中国史前建筑提供珍贵的资料。出土遗物种类有陶器、石器、玉器和骨器等。陶器质地常见的依次有夹砂红陶、夹砂灰陶、泥质灰陶和泥质黑陶等。陶器以素面为主,装饰方法有压(拍)印、刻划、堆贴、戳刻、按捺和镂孔等多种。其中,压(拍)印纹样有绳纹、篮纹、弦断绳纹、弦断篮纹、交错绳纹、方格纹和条纹等;刻划、戳刻的纹样有单线或复线组合刻划纹、水波纹、弦纹和圆圈纹等。与钱山漾文化时期相比,弦断绳纹,弦断篮纹及水波纹数量明显减少,附加堆凸带纹、刻划"八"字纹等则已基本不见,而以单线或复线相交形成的各种刻划纹突然流行。陶器器形有鼎、釜、豆、盆、罐、盘、尊、钵、杯、器盖和纺轮等,其中侧扁足鼎、釜、炬形细高柄豆和肩部常饰组合刻划纹的罐等是代表性的器物。石器器形有斧、锛、刀、犁、镞和砺石等,其中半月形石刀是新出现的一种器形。玉、骨器比较少,其中的1件玉凿颇具特点。

马桥文化时期的遗迹有居住遗迹2处、灰坑191座、灰沟9条和水井7口。其中灰坑发现数量多,根据形状和坑内堆积不同判断有不同

的功能和用途。水井J8土坑内另有拼接的圆筒状木质井壁。出土遗物种类有陶器和原始瓷器、石器、玉器、绿松石器、木器和其他有机质遗物等。陶器陶色丰富,质地多样,火候也各不相同,比较常见的依次有夹砂灰黄陶、夹砂红陶、泥质灰陶、夹砂橘红陶、灰褐色硬陶、夹砂灰陶和泥质橘红陶等。原始瓷器发现数量不多,是马桥文化时期新出现的器物质地。陶器的装饰方法多种,有拍印、滚印、压印、刻划、戳刻、剔刻和镂孔等。拍印或滚印的纹样按流行程度依次为绳纹、叶脉纹、方格纹、篮纹、条格纹、折线纹、条纹、席纹、交错绳(篮)纹、云雷纹和少量菱格纹等,有部分两种或两种以上的拍印组合纹样;压印的纹样主要有云雷纹、圆圈纹、鱼鸟纹等。据统计,有拍印或压印纹样装饰的陶片约占陶片总量的41.5%。刻划陶文比较发达,共发现有75个,多出现在陶器沿面。陶器器形有鼎、甗、豆、盆、罐、簋形器、三足盘、瓦足皿、觚、觯、袋足盉、壶、钵、杯、碗、甑、器盖、支座、陶拍、纺轮、网坠等。其中,鼎、甗、罐、豆、盆是最常见的器物。石器器形有斧、锛、凿、刀、镰、犁、双肩石器、镞、矛、

钱山漾遗址出土陶豆

钱山漾遗址出土陶鼎

戈、砺石和石器半成品等。半月形石刀盛行，器身被故意琢打成糙面的厚实石斧，也是这个时期石斧的特点。

根据钱山漾遗址第三、四次发掘采集标本测定的年代数据，将钱山漾遗址的钱山漾文化遗存的绝对年代定在距今4400～4200年，广富林文化的绝对年代定为距今4000年前后，马桥文化的绝对年代定为距今3500～3100年。另，经过比较确认，钱山漾遗址第一、二次发掘的下层堆积属于钱山漾文化。

钱山漾文化是环太湖地区一种崭新的新石器时代晚期考古学文化，填补原来序列中从良渚文化到广富林文化之间的缺环，从而使环太湖地区史前文化发展序列更趋完整。钱山漾遗址第一、二次发掘的下层堆积（钱山漾文化）中出土的绸片和丝带，距今已有4400～4200年历史，是世界上迄今发现的最早的家蚕丝织品。钱山漾遗址因而被称为"世界丝绸之源"。

1961年，钱山漾遗址被公布为市县级文物保护单位。1995年，湖州市人民政府划定钱山漾遗址保护范围和建设控制地带。2005年，被公布为第五批浙江省文物保护单位。2006年5月25日，钱山漾遗址被国务院公布为第六批全国重点文物保护单位，编号6-0086-1-086。2007年，建立遗址"四有"档案，由湖州市文物保护管理所保管。2013年起，湖州市文物保护管理所负责钱山漾遗址的保护管理工作。2015年3月18日，国家文物局批准《钱山漾遗址保护规划》编制立项。

马厂塬遗址 是马厂类型或马厂文化命名的地点，位于青海省民和县川口镇边墙村二、三合作社西北部，湟水河南岸二级阶地前缘台地上，呈东西向不规整的长方形。

民国12年（1923年），瑞典学者安特生应邀考察甘青地区古代文化，首次对马厂塬遗址进行调查。1957～2005年，北京大学、中国科学院考古研究所（1978年后隶属中国社会科学院）、西北大学、青海省文物考古研究所，先后对马厂塬遗址进行20余次考古调查和勘探。马厂塬遗址东以边墙小学西面围墙北端向北直线延伸至台地根部，向南直线延伸至小水渠；南以边墙村清真寺南边从西向东流的小水渠为界，西从东塬村四社、五社之东的石头沟向南延伸至东塬村至边墙村的水泥路，向北延伸至湟水河南岸；北从湟水河南岸即该遗址北端二台地根部东西延伸至东西面界点以内形成的闭合区域。遗址面积约18万多平方米。马厂塬遗址表土层厚0.3～1.00米，文化层厚0.15～1.5米，遗存内涵为马家窑文化马厂类型、齐家文化、辛店文化和唐汪式陶器类型四种，主要以马厂类型为主，是马家窑文化马厂类型的命名地。马厂塬类型年代晚于马家窑类型和半山类型，早于齐家文化，具有重要的传承意义。

马厂塬遗址既有聚落遗址，又有墓地。以马家窑文化马厂类型、齐家文化居住遗址为主，还包括有马家窑类型、马厂类型、齐家文

马厂塬遗址甲区

化、辛店文化和唐汪式陶器等多种文化遗存和辛店文化石棺墓地，延续时间长、文化堆积厚，是民和县已知的马厂类型遗址中面积最大的一处，也是青海地区史前最大的遗址之一。遗址因多年的水土流失及河流冲刷，遗址周围形成参差交错的沟岔，即石头沟。石头沟将遗址分割为五个台地，便于研究和保护，人为划分的五个分布区：甲区为居住区；丙区以居住区为主，并含有少量墓地；乙、丁、戊区为墓葬区，格局和功能分布明显。遗址断面暴露有灰坑，地面散布大量陶片。马厂塬遗址出土的彩陶绘制中以类似毛笔的工具作为主要的绘画工具，以线条作为造型手段，以黑色作为主要基调，代表了中国画发展的历史基础与以线描为特征的基本形式。马厂塬遗址出土彩陶上的图案多样，题材丰富，构思巧妙，花纹精美，彩绘用黑红两色。纹饰有圆圈纹、旋涡纹、贝纹、菱形纹、网格纹、三角纹及象征性的蛙纹等；加砂陶的附加堆纹逐渐由繁变简，非常流行四个连续的蜗形带锯齿纹，丰富的图案构成了典雅、古朴、雄浑的艺术风格。

马厂塬遗址出土的陶器上有狗类动物雕塑，出土的大量的畜类遗骨种类包括猪、牛、羊、鸡等；遗址出土的石器工具有石斧、石锛、石凿、石刀等，形制多样，数量较多，反映出当时农业的不断发展和农耕技术水平的提高。

马厂塬遗址是马家窑文化马厂类型的命名地。马家窑文化是中国西北地区重要的考古学文化，被誉为"黄河流域史前时期第三个彩陶中心"，是中国彩陶源流之大轮廓建构的重要一环，马厂塬遗址的发现，为"中国彩陶西渐说"提供有利证据，在中国史前文化西渐中扮演了重要角色。

考古界普遍观点认为，马家窑文化由仰韶文化庙底沟类型西渐后的石岭下类型发展而来，继而发展为马家窑类型、半山类型、马厂类型，时间上有先后序列关系。马家窑文化马厂期逐步衰落，演化成两种不同的考古学文化，一为河西走廊地区的四坝文化，另一种为甘青地区的齐家文化，辛店文化继承发展齐家文化的文化要素，辛店文化晚期出现唐汪式陶器。马厂塬遗址的地层叠压关系证明此地区文化发展序列的先后关系，是研究西北地区文化谱系重要的实物资料，也对研究黄河上游新石器时代和青铜时代各文化内涵之间关系和史前文化序列具有重要价值。

1985年，成立民和县博物馆负责遗址的保护、管理工作。1988年1月13日，马厂塬遗

马厂塬遗址乙区

马厂塬遗址丙区

址被国务院公布为第三批全国重点文物保护单位，编号3-0191-1-11。2000年以来曾对遗址实施护坡保护工程，遗址"四有"档案存于民和县文物管理所。

昂昂溪遗址 是嫩江流域新石器时代晚期聚落遗址群，也是昂昂溪文化的命名地点，距今约4000年，位于黑龙江省齐齐哈尔市昂昂溪区，由22处遗址和17处遗物点共同组成。昂昂溪遗址中的标志性遗址昂昂溪五福遗址位于黑龙江省齐齐哈尔市昂昂溪区西北五福车站东南500米处，其余各处遗存主要分布在嫩江中游左岸昂昂溪区下辖的昂昂溪镇、水师营镇和榆树屯镇等三个镇区之内，各遗址总面积约690万平方米。

民国17年（1928年）9月，中东铁路俄籍雇员路卡什金发现五福遗址（五福A地点）。次年春，路卡什金在五福遗址西南1千米处发现第二处遗址（五福C地点）。同年6月，路卡什金试掘3个地点。民国19年（1930年）9月梁思永对昂昂溪附近的遗址和墓葬进行科学的调查和发掘。民国21年（1932年），路卡什金在俄国人墓地附近发现额拉苏遗址。次年7月，日本学者水野清一、驹井和爱调查嫩江左岸的沙丘遗址和额拉苏遗址。民国29年（1940年）夏季，日本学者奥田直荣旅行到齐齐哈尔市昂昂溪地区，在昂昂溪火车站北部和西部发现A、B、C、D、E五个细石器时代遗址，并对遗址进行详细调查，同时对C、D地点的文化堆积层进行试。民国30年（1941年）8月，苏联学者马卡洛夫开始对昂昂溪地区进行考古调查。

昂昂溪遗址发掘现场

昂昂溪遗址出土环状石器

昂昂溪遗址出土陶塑鱼鹰

1960年，黑龙江省文化局组织专业人员对牡丹江和嫩江流域进行系统调查。1963年5月、1964年4月，黑龙江省博物馆先后对昂昂溪地区的26处新石器时代遗址进行复查。1979年，齐齐哈尔市文物管理站对胜利三队一号遗址进行抢救性清理，面积为50平方米。1980年，黑龙江省文物考古工作队会同齐齐哈尔市文物管理站发掘滕家岗遗址，面积230平方米。1983年、1994年和1997年，齐齐哈尔市文物管理站在滕家岗遗址上分别清理3座墓葬。2010年中国社会科学院考古研究所和黑龙江省文物考古研究所联合对滕家岗遗址进行发掘，发掘面积为411平方米。

昂昂溪遗址所在地土壤主要为第四纪的江河冲积湖积物，多黄褐色亚黏土、亚砂土，砂性较强，风沙侵蚀对各遗址的破坏都较为严重，已使得区域绝大多数的遗址文化层被剥蚀殆尽，遗迹大多出露于表层土下，通过层位关系对遗址进行分期研究显得极为困难。从已发掘、清理、调查的多处遗址来看，遗址群中的诸遗址文化内涵基本相近。

房址为简陋的圆角长方形半地穴式建筑，围绕房址周围有数量不等、规格不一的灰坑零散分布；墓葬全为面积狭小的长方形土坑竖穴墓；遗址内常有环壕类防御工事。在众多遗址的堆积中，鱼骨、蚌壳等水生生物遗骸出土极多。

遗物类型较少，种类有陶器、石器、骨角器、蚌器等，多为生活工具和生产工具。陶器多为夹细砂和蚌末的黄褐陶、灰褐陶，火候中等，泥片套接成形，全为手制，纹饰不发达，纹饰种类有指甲纹、附加堆纹、刻划几何纹、戳印纹等，常见器形有大口深腹小底罐、筒形罐、带流碗等日常用具。石器的种类较多，在数量上占据各遗址出土遗物总数的绝大多数，石材多选用燧石、玛瑙等优质原料，器形主要有压制的石刃、凹底石镞、圆头刮削器、尖状器、石钻、石刀等，另有少量的石锛、石斧、磨盘、磨棒等磨制石器。骨角器多为通体磨制，常见有骨锥、骨镞、骨梗石刃刀、骨枪头、骨鱼鳔、骨鱼钩、骨针、角锥等。蚌器较少，仅有少量的蚌刀、穿孔蚌饰出土。

1980年，齐齐哈尔市人民政府将昂昂溪遗址（五福遗址四座沙岗、昂昂溪胜利三队一号遗址）公布为市级重点文物保护单位。1981年，黑龙江省人民政府将昂昂溪五福遗址的四座沙岗，以昂昂溪遗址的名字公布为省级文物保护单位。1988年1月13日，昂昂溪遗址被国务院公布为第三批全国重点文物保护单位，编号3-0196-1-016。同年2月9日，黑龙江省文物管理委员会印发《关于落实第三批全国重点文物保护单位保护措施的通知》，昂昂溪遗址由原来的昂昂溪五福遗址四座沙丘变为整个昂昂溪区内的39处遗址、遗物点。保护较好的遗址土地使用权收归文物部门管辖，地表退耕还草实行原址保护，已发掘过的区域实行回填保护。1989年成立昂昂溪区文物管理所。1989年，齐齐哈尔市昂昂溪区人民政府划定遗址群的保护范围和建设控制地带。2005年，昂昂溪区文物管理所制定昂昂溪遗址群的全国重点文物保护单位记录档案。

齐家坪遗址　是新石器时代晚期到青铜时代早期遗址，位于甘肃省广河县齐家镇园子坪村齐家坪自然村为中心的周边台地上。遗址地处洮河西岸二级台地，是一处以齐家文化为主、兼有马家窑文化遗存的大型聚落遗址。

民国13年（1924年），瑞典学者安特生等人首次发现并发掘，以遗址名称命名为齐家文化。1958年7月和1962年1月，甘肃省博物馆文物队曾先后两次进行复查。1975年，甘肃省考古队在该遗址上进行大面积发掘。1982年，临夏州"四有"工作组进行复查。1987年，临夏州考古队在"二普"中进行了复查。

遗址东西宽600多米，南北长约1000米，其范围东至台地边缘，西至大山洼根，南至齐家沟，北至二郎庙沟。遗存丰富，遗址断崖中暴露有陶片、白灰面、灰层等。1975年，甘肃省文物工作队进行大面积的发掘，共清理墓葬117座，房址两座和多处灰坑，出土有陶器、石器、玉器、骨器及铜器等千余件。房屋基址多为半地穴式白灰面建筑。居址旁有公共墓

齐家坪遗址地貌

齐家坪遗址出土玉璜

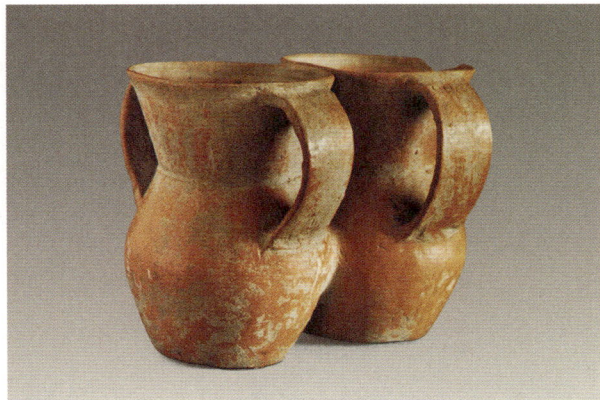

齐家坪遗址出土双联罐

地，均为竖穴土坑墓。出土物以陶器为主，多为泥质和夹砂红陶，少量灰陶，彩陶少见，器形多为侈口高领罐、双耳罐、双耳折肩罐、陶鬲、带柄陶盉等。器表素面饰篮纹、绳纹及附加堆纹等。生产工具以磨制石器、骨器为主。磨制石器有斧、刀、锛、凿，还出土有玉璧、玉琮和陶、石纺轮等，骨器常见有锥、针、刀、镞等，制作精细。尤其是发掘出土了一批小型铜器，有铜刀、铜镜、铜斧等。其中，青铜镜是中国发现最早的铜镜之一；青铜斧长15厘米，有长方形銎，刃部锋利。

齐家坪遗址是齐家文化的命名地，是齐家文化的代表性遗址之一。齐家文化是中国西北地区最早跨入青铜时代的史前文化。齐家坪遗址是典型的聚落遗址，既有房址、灰坑，又有墓葬，出土各类遗物上千件，较全面地揭示齐家文化的面貌，其中铜镜、玉琮、三足鬲、带柄陶盉等遗物为研究早期青铜文化提供不可多得的实物资料。齐家坪遗址出土的青铜器确凿无疑地表明齐家文化已进入青铜时代，深入研究齐家坪遗址丰富的文化内涵，对探讨华夏文明起源有着十分重要的意义。

1963年，齐家坪遗址被甘肃省人民委员会公布为省级文物保护单位。1996年11月20日，齐家坪遗址被国务院公布为第四批全国重点文物保护单位，编号4-0021-1-021。1999年，甘肃省人民政府印发《甘肃省人民政府关于公布我省全国重点文物保护单位保护范围的通知》，公布遗址的保护范围。2008年，成立齐家坪遗址管理所，隶属广河县文化广播影视新闻出版局。已编制有全国重点文物保护单位记录档案。

喇家遗址　是以齐家文化为主，兼有马家窑文化、辛店文化等阶段遗存的史前聚落遗址，距今4200～3800年，位于青海省民和回族土族自治县官亭镇喇家村，东西长约880米，南北宽约750米，占地面积约67.7万平方米。

1981～2015年，四川大学考古系、民和县博物馆等单位，对喇家遗址先后开展多次田野考古调查、发掘工作。1999年，喇家遗址开始发掘，探明为面积为20万平方米的齐家文化中心聚落。2000～2001年两次大规模发掘。在遗址中心区外围发现一条环壕，沟宽10米、深3～4米，沟环绕成长方形，长600米、宽200米。其内分布有成排的半地穴房址。房屋地面、四壁用白灰抹平，内有圆形灶坑，房内掩

喇家遗址 F4 号房址

埋有人的尸骨，最多者达14人。同时，还发现大量陶、石、玉、骨等珍贵文物，特别是反映社会等级和礼仪制度的"黄河磬王"、玉璧、玉环、大玉刀、玉斧、玉锛等玉器。喇家遗址发掘发现还确认了结构比较完整的窑洞式建筑遗迹。

从分布面积、遗迹规模及反映社会等级制度的遗物来看，喇家遗址应当是齐家文化时期官亭盆地的一个中心聚落。据发现的面条和人工培育的苜蓿来分析，它以种植业（粟）为主要经济来源，有发达的制陶、制石、制骨等手工业，更有制作精美玉器的作坊。

喇家遗址的发掘发现了有可能属于4000年前的地震、黄河大洪水以及山洪袭击的多重

喇家遗址出土陶盉

喇家遗址出土陶仓形器

灾难的遗迹，是中国考古发现并经过科学论证的第一处史前灾难遗址。喇家遗址发现了丰富的遗物遗迹，如窑洞式建筑、祭坛、广场、墓葬、玉石器等，具有极高的艺术历史价值，对研究齐家文化、聚落考古、探索黄河上游早期文明及人类发展过程有着极高的研究价值。

2001年6月25日，喇家遗址被国务院公布为第五批全国重点文物保护单位，编号5-0126-1-126。2006年、2010年，分别被列入国家"十一五"规划、"十二五"规划期间国家大遗址保护名录。2012年，被列入国家文物局建设第二批国家考古遗址公园立项名单；成立喇家遗址博物馆负责遗址的保护管理工作。

朱开沟遗址　是内蒙古中南部夏商时期文化遗址，位于内蒙古自治区伊金霍洛旗纳林陶亥镇朱开沟村三社东北。朱开是蒙古语，意为"心脏"之意，也写作"珠儿开"或"朱日很"。遗址地处鄂尔多斯高原东部，分布在沟壑纵横的朱开沟沟掌处东北台地的山峁上，主要集中于山峁的西南坡和山脊周围，在东西长约2千米、南北宽约1千米的范围内，断断续续都有遗迹分布，面积约2平方千米。

1974年夏，内蒙古文物工作队在伊克昭盟举办文物干部培训班时，学员田野调查时发现朱开沟遗址，并进行试掘。1977年，内蒙古文物工作队和伊克昭盟文物工作站首次进行正式发掘；1980年、1983年和1984年，先后对遗址进行大规模发掘。发掘面积2700平方米，加上清理的灰坑和墓葬等遗迹，共揭露面积4000平方米。发现夯土墙3段、灰沟1条、房址83座、窖穴和灰坑207个、陶窑3座、墓葬329座、瓮棺葬19座，可复原陶器510件、石器270余件、骨器420余件、铜器50余件以及大量陶片和动物骨骼等。

由于水土流失严重，遗址所在地被数条宽大的冲沟分割成若干个相对独立的小台地。

朱开沟遗址远景

朱开沟遗址 M5013 墓葬

凡是背风向阳适宜人类居住的地区，文化层较厚，分布着较为密集的房屋、灰坑等，也有零星墓葬分布。在居住区外围，集中分布着大量墓葬群，表土之下便是墓圹。文化层堆积时断时续，或厚或薄，有的遗迹直接暴露于地表，文化层厚在0～3.5米。

朱开沟遗址发掘者将遗存分为五段，年代在龙山文化晚期至商代早期，认为是文化性质一脉相承，属于相同的一种文化，被命名为朱开沟文化。重新研究朱开沟遗址遗存，可区分为两类遗存，文化特征、年代均不相同，应该属于两种不同性质的考古学文化。第一类遗存以单把鬲、双鋬鬲为代表，主要是朱开沟遗址第一段至第四段遗存，与白敖包遗址主体文化性质相同，年代为龙山文化晚期至夏代早期，命名为白敖包文化，第二类遗存以蛇纹肥袋足鬲为代表，主要是朱开沟遗址第五段遗存，年代为夏代晚期至商代早期，命名为朱开沟文化。

朱开沟遗址白敖包文化的房址为半地穴式、浅地穴式、黄土砸实地面式、木骨泥墙地面式建筑，平面形状以方形为主，圆形数量少，部分居住面抹白灰面。以圆形筒状坑数量最多，其次是圆形袋状坑，还有少量椭圆形筒

状坑、方形直壁状坑、圆形锅底状坑、方形覆斗状坑、不规则形状坑等。墓葬分布密集，排列井然有序。均为土坑墓，部分有生土二层台。部分墓葬有一个壁龛，大多在左侧壁（东壁）上，少部分在右侧壁（西壁）上。大部分墓葬填土未经夯打，少部分填土经过夯实。多数墓长2米左右，有一些墓长不足1米或超过4米的。少部分墓葬有木质葬具，平面以长方形为主，还有少量梯形。以单人葬为主，少量为合葬墓（2～4人合葬不等）。绝大多数为仰身直肢葬，少量侧身直肢和侧身屈肢，个别为俯身直肢。头以北（西北、北、东北）向最多，东南向较少，个别为南向或西南向。面向上占多数，面向两侧的数量较少。合葬墓有男女成人双人合葬、女性成人双人合葬、男性成人双人合葬、男女成人儿童三人合葬墓、女性四人合葬为成年2人青年1人儿童1人。异性双人和三人合葬墓中，男性都为仰身直肢葬，多面向上，女性为侧身直肢、侧身屈肢、俯身直肢葬，多面向男性。少数男女面面相对或男性

朱开沟遗址 F1018 房址

背对女性。个别女性面相上，男性面对女性。同性合葬墓中多数葬式和面向相同，少数葬式有别，面向各异。绝大部分墓葬有随葬品，放置在墓底和壁龛内，1～10件不等，多为陶器，少数有石器、骨器、青铜器等。陶器种类有单把鬲、双耳罐、单耳罐、豆、盉、壶、大口尊、高领罐等，石器有石刃刀、镞、松石珠等，骨器有管、针、环等。个别墓葬随葬铜臂钏、环、镞等小件铜器和海贝等。殉牲墓葬数量较少，殉牲种类有猪下颌、羊下颌、狗、兽下颌等，放置在墓穴足端的填土中、壁龛中或墓底。瓮棺葬平面墓穴呈长方形或弧角长方形状为多数，少数为椭圆形和圆形，分别用2或3件陶器作葬具，器形有三足瓮、敛口斜腹瓿、盆、单把鬲等。陶器以泥质灰陶占大宗，以绳纹和篮纹为主，方格纹占有一定比例。卜骨只灼不钻。相当于龙山时代晚期至夏代早期，年代为公元前2300～前1800年。

朱开沟遗址朱开沟文化的房址平面均呈方形，分为半地穴式、浅地穴式、黄土砸实地

朱开沟文化白敖包遗址出土陶鬲和瓿

朱开沟遗址出土青铜短剑和青铜刀

面式建筑，居住面用黄土铺垫而成。以圆形筒状坑为主，圆形袋状坑数量居次，椭圆形筒状坑、方形覆斗状坑数量再次，圆形锅底状坑、方形直壁状坑、不规则形状坑等数量最少。墓葬多数分布零散，多呈单个分布，间距较大。均为土坑竖穴墓，大多数墓葬长度在2米左右，最长不过3米，还有一些长不足1米。绝大部分为单人葬，个别为双人合葬墓。以仰身直肢葬为主，个别俯身屈肢葬。头向以西北向和东北向为主，其他方向较少。多面向上，少量面向左或向右。有随葬品的墓葬不足一半，陶器组合最多2件，种类为蛇纹鬲、带钮罐、豆、簋、矮领罐等。少数墓随葬青铜器，种类有刀、戈、短剑等生产工具和兵器，铜鍪防护用具，耳环、项饰、铜牌等装饰用品。个别墓随葬梯形弯形石刀、石斧等石器。个别墓葬用羊下颌骨作为殉牲。瓮棺葬墓穴平面多为长方形或弧角长方形状，少量为圆形和椭圆形。用1～3件陶器作葬具，器形有肥袋足鬲、敞口盆形瓿、带钮罐、敞口盆等。陶器中有较多的砂质灰陶和灰褐陶，以绳纹为主，少见篮纹和方格纹。卜骨有灼有钻。相当于夏代晚期至商代早期，年代为公元前1800～前1300年。

朱开沟遗址面积大，堆积较厚，资料丰富，为河套地区新石器时代至青铜时代考古研究提供丰富的资料。朱开沟遗址是朱开沟文化命名地，众多叠压打破关系对河套地区建立考古学序列和厘清文化谱系意义重大。在朱开沟遗址朱开沟文化墓葬中发现北方青铜器，年代上推至夏代晚期至商代早期，这是发现有明确地层关系的最早北方青铜器，对研究北方青铜器的起源和中国北方与中原以及欧亚草原青铜器交流有重要意义。

1984～2004年，伊金霍洛旗纳林陶亥乡人民政府委派乡文化站全权负责朱开沟遗址的保护工作。1987年1月成立伊金霍洛旗文物保护管理所作为业务指导，协助开展朱开沟遗址的系统保护工作。伊金霍洛旗人民政府印发《关于成立朱开沟遗址保护管理机构划定保护范围和建设控制地带的通知》，划定遗址的保护范围和建设控制地带。2004年，正式确定伊金霍洛旗文物保护管理所负责朱开沟遗址的保护、管理工作。2004年，伊金霍洛旗人民政府公布朱开沟遗址为旗重点文物保护单位。2006年5月25日，朱开沟遗址被国务院公布为第六批全国重点文物保护单位，编号6-0031-1-031。"四有"档案保存在伊金霍洛旗文物保护管理所。

东下冯遗址 是晋南地区最早确认的二里头文化时期的大型遗址，位于山西省夏县城东北向15千米埝掌镇东下冯村青龙河南北两岸的台地上，青龙河由东向西自遗址中部穿过。

1959年春，中国科学院考古研究所山西工作队和山西省文物工作委员会在调查涑水河流域文化遗址时首次发现东下冯遗址。1963年夏和1973年秋末冬初，先后经过两次复查。1974年秋

东下冯遗址中部断崖暴露灰坑

至1978年冬，由中国科学院考古研究所（1977年后隶属中国社会科学院）、中国历史博物馆与山西省文物工作委员会联合进行发掘。

东下冯遗址，是夏商时期晋南地区的典型遗址群。遗址总面积约25万平方米，以东下冯类型遗存和二里岗文化时期的遗存最为重要，其年代大约为公元前19～前16世纪。东下冯类型时期发现有里外两层沟槽，平面呈"回"字形，沟壁上发现有窑洞式房子和储藏室等。二里岗时期发现有城址，城址南部呈曲尺状，城墙保存较好。城外有城壕。在城内西南角发现

东下冯遗址陶窑

东下冯遗址出土石镰　　　　东下冯遗址出土陶鬲

一组排列有序的圆形建筑，遗物有陶器、骨器、蚌器、铜器、石器、卜骨等，其中以石范和石磬尤为重要。东下冯遗址的文化分为六期。Ⅰ～Ⅳ期一脉相承，属于东下冯类型，其文化面貌与二里头文化的面貌基本一致，同时也存在着一定的区别。二里头文化东下冯类型（东下冯类型文化）以此遗址得名。Ⅴ～Ⅵ期为二里岗文化阶段。

东下冯遗址是山西省首次大规模科学发掘的一处商代遗址，位于传说中的夏墟。东下冯遗址的发现与发掘对于探讨夏时期晋南地区的文化面貌具有重要意义。二里岗时期发现有城墙等遗迹，城址和建筑群的出现证实中国古代城市的形成，标志着进入国家阶段，反映出东下冯遗址具有特殊意义。东下冯遗址的发掘与研究将有助于中国古代城市形成与发展、夏商文化变迁的研究。

2001年6月25日，东下冯遗址被国务院公布为第五批全国重点文物保护单位，编号5-0009-1-009。2002年，山西省人民政府印发《关于公布太原晋阳古城遗址等102处全国重点文物保护单位保护范围的通知》，划定遗址的保护范围和建设控制地带。2003年，成立夏县文物旅游服务中心和夏县博物馆负责遗址的保护管理工作。东下冯遗址的"四有"档案保存于山西省古建筑保护研究所。

架子山遗址群　是由数十处不同性质和不同阶段的遗址构成的大型遗址群落，位于内蒙古自治区喀喇沁旗永丰乡和牛营子镇的交界地带，半支箭河与锡伯泊河之间，分布区间约33平方千米。

架子山遗址群由架子山聚落、大山前聚落和西南沟聚落三个遗址群组成，三者中心距为3～3.5千米，总面积约30万平方米，发现42处遗址。

20世纪70年代，喀喇沁旗文物部门发现大山前聚落遗址。1986年，喀喇沁旗文物管理所进行文物普查时发现架子山遗址群。1996年，中国社会科学院考古研究所、内蒙古自治区文物考古研究所和吉林大学考古系联合组成的赤峰考古队，实测大山前聚落址地形图，第一次发掘了第KD1号遗址，试掘了第KD2号、KD4号遗址；并在附近展开调查，发现了架子山等诸聚落遗址。1997年，继续发掘大山前聚落址的第KD1号遗址，同时对架子山和大山前两聚落址进行航空拍摄，测绘架子山聚落的19个遗址。1998年，正式发掘大山前聚落址第KD4号遗址，继续对半支箭河中游遗址进行调查。1999年，对半支箭河中游220平方千米范围内的先秦遗址进行全面系统的调查和复查。采用GPS定位系统，在万分之一航片上标注遗址位置和范围。同时，中美联合考古队区域性调查的范围也涉及架子山遗址群。解剖大山前聚落址第KD4号遗址的外侧围沟。2000年春夏，实测架子山遗址、城子顶遗址和水泉沟的2处遗

架子山遗址群 KJ7 遗址

址。四年来，发掘清理面积3000多平方米，清理房址、灰坑、墓葬、祭祀坑等遗迹数百座，出土陶、石、骨、蚌、铜等遗物7000余件。

架子山群落位于架子山及其附近山头，发现30个遗址。其中KJ7遗址占据架子山制高点，面积达8万平方米。随山势修筑9层平阶，外围修筑围壕。山梁和平阶上可见50余个石头砌筑的圆圈，多为单石圈，直径3～11米。东侧山顶附近有4个石圈形制略为特殊，圈外均接有一段用石块砌筑而成的长条形石墙。在坡地西部还有一道西北—东南向石墙，长35米、宽3～5米、残高约0.5米。地表散见陶器残片和零星石器。KJ26号遗址点其间环抱一处面积约200平方米、深约5米的坑。其他遗址分布在较矮的山上，规模较小，遗迹较少。

大山前聚落，位于半支箭河与其支流清水河交汇处的山冈南坡，在西南起自大山前自然村、东北至窑上自然村约1000米长的山坡上，共发现7处遗址。其中KD1号、KD4号遗址点面积较小，堆积深厚，围沟宽深，形成突起的高台状，表现出祭祀的特点。而第KD2号、KD3号、KD5号遗址则面积较大，文化层较薄，遗迹分散，仅见房址、灰坑和围沟，其居住特点

相当明显。

西南沟聚落，位于架子山东北主梁北麓，西南沟中段，其北面与大山前聚落隔川相对。发现5处遗址，分布比较集中。其中KX2号遗址点位于临沟的坡岗上，略呈圆台形，面积近4万平方米，文化层达7米，遗物相当丰富。四周是围墙，土筑，略呈椭圆形，东西长约180米，南北宽约150米。墙外侧有围壕，宽10～15米，深约3米。KX1号遗址位于城子顶北侧的山丘及坡岗上，丘顶修整为长径约50米的椭圆形平台，二层平阶上可见石头砌筑圆圈形建筑基址，北侧下缘可见围沟痕迹，东北侧相连的坡岗，顶部仍为圆台状，北侧修筑围沟，南坡分布着大面积的房址、灰坑遗迹，文化层较薄。

架子山遗址群包含有赵宝沟文化、红山文化、小河沿文化、夏家店下层文化、夏家店上层文化、战国时期等遗存。经过发掘的大山前遗址以夏家店下层文化堆积最厚，遗存最为丰富。夏家店下层文化主要遗迹有房址、灰坑、沟等。房址分半地穴和地面建筑两种结构，房址层层相叠，多系在同一处连续修建。遗物中陶器占大宗，石器数量较多，还有少量骨器。陶器有夹砂

大山前夏家店下层文化砌石房址

架子山遗址群局部航拍图

和泥质两大类，灰陶占多数，褐陶数量较少。制法以手制为主，采用泥条盘筑和泥圈陶接制作陶器，一些器物口沿上有轮修痕迹。纹饰多为绳纹，附加堆纹数量较多，弦纹、篮纹、方格纹数量少，个别有彩绘。器形主要有尊形鬲、深盆形甗、罐形鼎、盆等。石器中重要的发现有石磬和石钺，此外出土有卜骨，均有钻，有的还留有灼痕。夏家店上层文化遗存的遗迹主要是灰坑，部分袋状灰坑中均发现有人骨，分层埋葬，最多的一个灰坑中有22具个体。出土遗物以陶器为大宗，均为夹砂陶，陶质较疏松，陶色呈红褐色，不均匀。以素面为主，一些器物表面施红陶衣。手制陶器为主，主要采用泥圈套接法，大型器物分段制作，然后接合成形，套接处常做出齿状槽以加固。器形有直腹鬲、罐形鼎、浅腹豆、直口盆等。

架子山遗址群遗址数量多，类型丰富，既有坡岗类型遗址，也有山顶类型遗址。延续时间长，包括新石器时代、青铜时代，还有战国时期遗存，主要是夏家店下层文化和夏家店上层文化遗存，为辽西先秦时期考古学文化研究提供了丰富资料。

1997年，喀喇沁旗人民政府公布大山前遗址为喀喇沁旗文物保护单位。2001年6月25日，架子山遗址群被国务院公布为第五批全国重点文物保护单位，编号5-0016-1-016。2002年，喀喇沁旗人民政府印发《关于划定架子山遗址群保护范围的通知》，公布架子山遗址群保护范围和建设控制地带。2004年成立的喀喇沁旗文物管理局，负责架子山遗址群的保护和管理。

城子山遗址 城子山山城是夏家店下层文化中心性祭祀遗址，是辽西地区出现早期国家的实证，位于内蒙古自治区敖汉旗萨力巴乡哈拉沟村东南4千米的东山上，南距旗政府所在地新惠镇21千米。处于浅山丘陵区，南北两端分别从狐狸山至孙家水泉隆起，形成南北走向的一组群山，地处科尔沁沙漠南缘，城子山为最高峰，海拔855.6米。遗址分布在11个山头上，以最高的城子山山城为中心，范围在6.6平方千米。

1982年，文物普查时敖汉旗博物馆工作人员发现遗址。1990年夏天，中国社会科学院考古研究所专家进行考察。11月，敖汉旗博物馆对1号山城遗址进行平面实测。1994～1996年，北京大学考古系、地理环境系组织调查。2000年6月，中国社会科学院考古研究所与敖汉旗博物馆进行联合调查、测绘，对1号城址的原测绘图进行实地校核和拍照，对2号遗址、10号遗址部分祭坛、积石冢进行实测和拍照。

1号遗址为山城，分布在主峰顶部，依据山形地势，用石头砌筑城墙。平面呈现不规则的"亚"字形，西北至东南最长478米，东北至西南最宽340米，周长为1418米，总面积约15万平方米。东侧和东南侧墙体保存较好，西侧和北侧墙体石块多已散落。石头上下压缝，墙面砌筑平整。宽1～2米、高0.5～1米。城墙上已经确定的城门有9个，除南墙有3座城门外，西、北、东三墙上各有2座城门，门道宽3～12米不等。在城墙下部，利用自然石块砌筑护坡，呈鱼鳞状和圆弧状，宽度为1～2米、高0.5～1米。城内以石墙分隔出6个区，最高处为中心区，其他为东、西、南、北、东南5区，各区之间以门道相通，石墙宽和高均为0.5～1米。每个区以石墙分隔若干单元，单元内分布1～2个石砌建筑。

中心区地势明显高于其他各区，砌筑有"回"字形石砌围墙，平面呈圆角方形。外围有一圈较宽的石砌围墙，边长88～93米，保存较好的部位高1米左右，东侧和西侧各有两个门道，北侧有一个门道，宽4～12米。中部凸起，砌筑方形石墙，边长30米，其内分布10个圆形石砌建筑基址。内外两层石墙之间有38个石砌建筑基址。

城内有石砌建筑基址228个，在城外有4

城子山遗址城墙

个，其中1个位于西北侧墙外，其余3个位于东南侧墙外。绝大部分是圆形，少部分是方形，边长在1～13米。从地表上看，石砌建筑基址分为四种形制。第一种建筑基址为用石块砌筑成圆形，部分表面石块摆放呈同心圆状，部分表面石块呈凌乱状，数量较多，直径2～3米居多。第二种建筑基址是外围砌筑石块，形成圆形石头圈，内为隆起土丘，数量最多，直径多为4～6米。第三种建筑基址是外围砌筑方形石头墙，内为填满碎石，数量较少，边长多为8～10米。第四种建筑基址是外围用大型自然石块围砌成圆圈，中间是隆起的土丘，中心位置立一块较大的石块，数量少，直径多为10～13米。

在西南墙上有一座巨型石雕猪首像，用巨型火山晶屑熔岩雕琢而成，猪首顶部留有小块磨光痕，两侧有数道弧形人工雕琢痕。猪首像朝向正南方的鸭鸡山，猪首长9.3米，吻部宽2.1米，额头宽7.5米。推测城子山遗址与鸭鸡山祭祀遗址的建造当有统一的设计构想。

在东墙中部南侧城门外山坡上分布着砺石群，由三块大型平台状自然山石组成，呈东北—西南向排列。表面由于人长期踩踏而形成

城子山遗址门址

光面。中间一块石头平台最大，长3.5米，宽2米，其上各有1个方形和圆形洞以及若干浅窝，推测该平台是观星台，浅窝可能是观测的星图。

2号遗址位于1号遗址东南侧山顶，多边形石围墙内有石头圈，石头圈直径5米。3号遗址位于2号遗址东南侧山顶，外侧砌筑一周近椭圆形的石头墙，将整个山头围合，内有一座石头圈。4号遗址位于1号遗址西南侧上坡处，有石头圈1个，直径约2米。5号遗址位于1号遗址西侧山顶，有一段弧形石墙和2个石头圈。6号遗址位于4号遗址南侧山头上，山头周围筑石头围墙一周，椭圆形，内有三个石头圈，直径约3米。7号遗址位于2号遗址东北侧山头上，

城子山遗址圆形石砌遗迹

有两个石头圈，直径约2米。西侧有石护坡，呈弧形，多层叠砌而成。8号遗址位于7号遗址东北侧山头上，石墙沿山头周围砌筑，内有4个石头圈，直径约2米。9号遗址位于8号遗址东北侧山头上，有石头圈1个，直径约2米。10号遗址位于9号遗址北侧山梁上，有石头圈1个，直径约10米。11号遗址位于10号遗址东侧山梁上，有多段石砌护坡和2个石头圈。

地表散布有陶片、石器等。多夹砂陶，泥质陶少见。以灰色为主，少量为褐色和黑色。纹饰有绳纹、篮纹、弦纹、附加堆纹等，主要器形有鬲、甗、鼎、罐、盆等，石器有打制亚腰石铲、砍砸器、磨制长条形斧、三棱刀、小型锛、琢制磨棒、饼形石器等，属于夏家店下层文化遗存。

城子山遗址作为夏家店下层文化（距今4000~3500年）山城遗址的代表，对于研究辽西地区石城间的性质、社会功能分化、等级差异等方面具有积极作用。城子山遗址规模宏大，功能区分明显，对于夏家店下层文化聚落群等级划分、群组关系、社会结构等研究，具有重要的意义。城子山遗址作为大型祭祀遗址群，祭坛数量最多，层次分明，对于研究夏家店下层文化宗教信仰提供丰富资料。

1987年，敖汉旗人民政府公布为旗级文物保护单位，确定保护机构为敖汉旗博物馆。1992年，赤峰市政府公布为市级文物保护单位。1996年，内蒙古自治区政府公布为自治区级文物保护单位。2000年，敖汉旗人民政府印发《关于加强城子山遗址保护工作的通知》。2001年6月25日，城子山遗址被国务院公布为第五批全国文物保护单位，编号5-0018-1-018。城子山遗址

"四有"档案保管于敖汉旗博物馆。2013年11月，国家文物局批准《内蒙古自治区敖汉旗城子山遗址文物保护规划（2013～2030）》确定保护范围与建设控制地带。

白金宝遗址　是嫩江下游地区青铜时代的大型聚落址，距今约3800～2000年。位于黑龙江省肇源县民意乡大庙村北。遗址所在地东距嫩江与第二松花江交汇的河口处约15千米，西南隔嫩江与吉林省的大安县为邻。文化遗存主要分布在白金宝屯北侧高出江面20余米的二级台地上，台地西北较高，东南平缓，平面呈不规则矩形。西南紧临省水产养殖场，嫩江自遗址南面由西向东蜿蜒流过。范围南北长约450米，东西宽约400米，总面积约18万平方米。

1964年，黑龙江省博物馆对嫩江下游左岸地区进行考古调查时发现白金宝遗址。1974年8～10月，黑龙江省文物考古工作队对白金宝遗址进行首次发掘，发掘区位于遗址的东南部，面积150平方米。清理房址2座，灰坑10个，窑址1座。发掘报告，依据出土的陶、铜、骨、蚌、石等器物群具有鲜明的文化特征提出白金宝文化的命名。1980年，对遗址的中部偏西部分进行第二次发掘，揭露面积350平方米，清理房址1座，灰坑37个，窑址1座；出土陶器、骨器300余件。1986年6～9月，黑龙江省文物考古研究所与吉林大学历史系考古专业合作进行第三次发掘，发掘区选择在遗址的东部偏南，实际发掘面积1053.6平方米，清理房址54座，灰坑327个，灰沟3条，隧道3段，出土完整和可复原陶器400多件，出土有石、骨、蚌、陶、铜质料的工具和饰品。

白金宝遗址文化层堆积较厚，大多为1.5～2米，少数地段厚3米。依据地层关系及出土物，划分为小拉哈文化、古城类型、白金宝文化、汉书文化四个文化期。

第一期文化遗存属于小拉哈文化，碳十四测年数据经校正约为距今3830～3405年，时代为夏至商早期。房址23座，为圆角方形半地穴式建筑，依西北—东南向成排分布，面积在10平方米左右，最大不超过20平方米。大多数的房址没有门道，仅见有灶坑和柱洞，结构简单。灰坑116个，以长方形为主，并有少量的方形、圆形、椭圆形等不同形制。陶器以砂质灰褐陶、灰黑陶为主，手制，泥片叠筑套接成形。口沿少修饰，器底多不平整。以素面为主，流行在器物口沿或肩贴筑对称的乳丁或泥饼。纹饰见有篦纹、刻划纹和戳印纹等。造型以大口、弧腹、平底为特征。器类有罐、盂、

白金宝遗址全景

1986年白金宝遗址发掘现场

杯、壶、钵、瓮、碗、盆、盅、鬲、带流器11种，其中以大口深腹罐、双耳罐、盂、柱状柄单耳杯、双系壶、腰鼓形瓮为典型器类。石、骨、蚌、铜器种类较少，铜器仅见一个形体微小的节状饰件。

第二期文化遗存属于古城类型，碳十四测年数据经校正约为距今3310～3210年，时代为商代晚期。房址12座，为圆角长方形、"凸"字长方形半地穴式建筑，依西南—东北向成排分布。房址后半部设有专门储藏物品的地区，前半部及灶坑附近是供饮食起居活动的空间，在平面使用上明显划分为不同的功能区。灰坑45个，有长方形、圆形、椭圆形等，以袋状坑体为主。其中有的坑底设有放置盛贮器的凹窝，估计有相当数量的是窖穴。陶器以砂质黄褐陶为主，手制，泥片叠筑套接成形。大多数

陶器口沿经慢轮修整，口沿饰对称乳丁、器壁钻孔缀合裂缝等做法普遍，有刮抹或打磨痕迹。纹饰有绳纹、篦纹、附加堆纹、指甲纹和戳印纹等，绳纹开始出现，纹理有细密和粗散之分。篦纹多为几何纹样，纹理较浅，构图整齐，规范性强。器类以大口深腹罐为主，其他依次为单耳杯、壶、钵、碗、盆、瓮等，新增高领鬲、单耳钵、高领罐等新器形。石、骨器种类极少。

第三期文化遗存为白金宝文化。碳十四测年数据经校正约为距今2890～2770年，时代为西周至春秋初期。房址19座，为长方形半地穴式建筑，规模明显增大，一般约30平方米。房址中部偏后部竖立两个大主柱，柱础经特殊加工十分坚固，系支撑屋顶的主承重立柱，在墙壁四周并排列有小型的壁柱。灶址居中或

偏于门道一侧，窖穴的位置较为固定多位于后部，门道或出入口（无明显门道者）均朝向东南。灰坑141个以圆形为主，次为椭圆形，长方形或不规则形极少，以袋状坑体为主，绝大多数灰坑属于窖穴性质，灰坑有成群分布的现象。隧道是特殊的遗迹现象，结构是竖井式横巷道，具体用途不清。陶器资料最为丰富，陶质分砂质、泥质和夹砂三类，其中大多数为砂质陶，次为泥质陶、夹砂陶。陶色以黄褐陶为主。手制，泥片叠筑套接成形。修整方式有拍打、按压、刮抹、打磨等。纹饰陶比重较大，常见纹饰有绳纹、篦纹、指甲纹、附加堆纹、戳印纹和贴塑饰物。绳纹一般排列紧密，纹理较深，主要饰于筒腹鬲、大口深腹盆和鼓腹罐、单把杯上，往往略有交错并多与附加堆纹配合使用。篦纹是第三期陶器最有特点的纹饰，主要饰于筒形罐、折腹钵和部分壶上。此类纹样可分两类，一类是结构严谨图案繁缛的几何纹，另一类是形象逼真的动物纹。贴塑饰物有乳突、泥饼、盲耳。器形按类别分为鬲、罐、钵、杯、壶、盆、碗、甑、瓮、盏和支座共11类，其中筒腹鬲、筒形罐、折腹钵、单耳杯约占出土陶容器总量的60%。制作生产工具

的原料或材质以骨、角、蚌、为主，石质类少见，其中能确认的农业生产工具不多，各种磨制精巧的骨鱼镖、骨矛、骨镞、蚌刀和石镞、陶网坠等渔猎工具最为常见。渔猎经济的高度发达是白金宝文化的重要特征之一。

第四期文化遗存属于汉书二期文化，时代为战国至西汉时期。发现的遗迹数量少且单一，仅见灰坑20座，其中以圆形为主，椭圆形、长方形、方形较少。灰坑分布稀疏，无打破现象，大多坑体浅，出土遗物不丰富。陶器仍以砂质黄褐陶为主，灰褐陶减少，红陶增多。夹砂陶多饰绳纹，绳纹极细，呈束状分布，每束6～8根，排列稀疏。除绳纹外，还有少量的指甲纹、戳印纹等。在装饰风格和手法上，流行在器口沿饰切口的花边纹、器表排印的细绳纹及色彩鲜亮的红衣陶和绘红彩的陶器都与上期遗存迥然有别。完整和可复原陶器较少，结合残片可识别的器形有鬲、鼎、罐、壶、盆、钵、碗、杯、舟形器和支脚。另有少量的在造型和组合上都与实用器基本一致的小型明器出土。第四期的文化面貌与白金宝文化有某些相近的特点，但器物组合的主体成分已发生较大的变化，如花边口沿鬲、圜底鼎、花

出土的陶罐

出土的陶鬲

边口沿大口罐、红彩陶壶、舟形器、喇叭形支座等都是白金宝文化中所不见的新器形。石、骨器种类极少。

白金宝遗址是嫩江下游地区发现的保存面积最大、延续时间较长、保存基本完好的大型古人类居住址之一，遗存丰富，地层明确，出土的各类器物群的文化特征鲜明，对研究嫩松平原古人类文化具有重大意义。

1980年，肇源县人民政府批准公布白金宝遗址为县级文物保护单位。1981年，黑龙江省人民政府批准公布为省级文物保护单位。1985年，成立肇源县文物管理所。1996年11月20日，白金宝遗址被国务院公布为第四批全国重点文物保护单位，编号4-0023-1-023。1999年

肇源县博物馆成立，负责域内遗址的保护、管理工作。1997年，建立白金宝遗址"四有"档案；2005年，肇源县文物管理所进一步完善白金宝遗址的全国重点文物保护单位记录档案。2005年，肇源县人民政府重新公布白金宝遗址的保护范围和建控地带。

大甸子遗址 是中国北方地区早期青铜时代文化的遗址和墓地，年代为距今3700～3450年，属夏家店下层文化，位于内蒙古自治区敖汉旗宝国吐乡大甸子村东南侧，西距新惠镇约60千米。

遗址地处大凌河支流牤牛河上游，分布在台地上，高出周围地表2米以上，海拔460米。大甸子聚落西部为居住址，东部分布有墓地，

大甸子遗址墓地北区东部

大甸子遗址嵌贝彩绘陶鬲

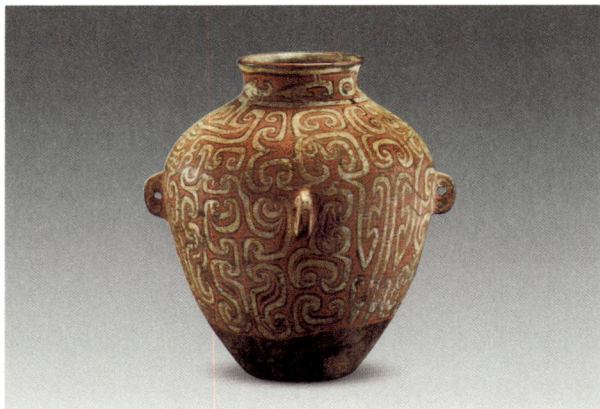

大甸子遗址出土彩绘陶罐

两者以冲沟相隔，总面积12万平方米。居住址所在台地当地称"城子地"，平面大致呈圆角长方形，南北长约350米，东西宽约200米，总面积达7万平方米。遗址西侧和北侧为冲沟，东边和南边为陡坡。

1974年秋，中国科学院考古研究所内蒙古工作队进行第一试掘，发掘墓葬57座。1976年发掘墓葬233座。1977年发掘墓葬385座，以及居住址220平方米，对城墙、围壕进行局部解剖，清理少量房屋和灰坑。1983年发掘墓葬129座。

居住址位于遗址西部，文化层厚约2～3米。城外环绕城壕，城壕已经填平，宽约10米。城平面大致呈椭圆形，东北部被水冲沟冲毁。西北—东南走向长约350米，宽近200米。夯筑土城墙，基宽6.15米，残高2～3米，夯土层厚6～10厘米，圆形夯窝直径7～8厘米。有三个门道，位于南墙的门道两侧垒砌石块，底宽2.25米，在门道地面中央有一条碎石块铺砌的路面，路面宽1.25米。房屋为半地穴式建筑，有圆形、方形和圆角方形三种结构。出土大量陶器、石器以及骨、牙、蚌质器。陶器以夹砂灰陶、夹砂褐陶为主，泥质灰陶次之，有

少量的夹砂和泥质黑陶。器表以绳纹和绳纹加划纹为主，有少量篮纹、附加堆纹、弦纹、篦点纹。主要是手制，多用泥条垒筑，口沿经过轮制或轮修，空三足为模制。器形有罐、盆、鬲、甗、鼎、豆、甑、尊、碗、盘等。打制石器数量多，磨制石器数量少。器类有斧、锛、镰刀、长条形刮刀、铲、镢、盘状器、臼、门轴、石核等。骨器有锥、匕、铲、笄、镞、针及卜骨等。

墓地位于遗址东部，面积约5万平方米，墓区的南部被现代民居破坏。发掘墓葬804座，分布密集，井然有序。在墓地中间和偏南各有一条无墓地带，两条地带大致平行，都是东西方向，南北宽约4米。空白地带将墓地分为北、中、南三个墓区，每个墓区中又据随葬器物差别分为若干小区，聚族墓埋葬。墓葬均为长方形竖井式土圹，最短1米左右，最长达4米，一般墓长2米左右，浅者骨骼已被耕耘破坏，深者距地表达8米。墓内填土有夯打痕迹。头向西北，大多数在300～320°。半数以上墓葬有壁龛，内放置随葬品。壁龛的数量在多数墓中只有一个，少数也有2～3个壁龛，挖在脚端壁上，龛门有障蔽物。个别墓葬有侧

洞室，洞内放置尸骨。一部分墓葬有木质葬具，少量用生土二层台支撑覆盖物作为葬具，个别用土坯垒砌葬具。流行单人葬，还有少量成人和儿童合葬墓，没有异性成人同葬一穴的现象。成人下葬经过捆绑，侧身直肢是一种普遍葬式。随葬品以陶器数量最多，种类有鬲、罐、鼎、鬶、盉、爵、壶、尊、盂、簋、钵、豆、小罐等，常见鬲和罐组合。墓中随葬品少者1件，多者12件，以两三件者最多，超过5件的墓数量甚少。器表多彩绘装饰，颜色艳丽，纹饰繁缛。贝和仿贝、石和玉器数量多，金属器、漆器和编织器数量少。石和玉器中种类有斧、钺、纺轮、磨石、杵、臼、珠、管、坠、玦、璧、璇玑等。玉器雕琢技艺和造型风格等方面与红山文化玉器具有鲜明共性。金属器质地有金、青铜、铅三种，器形有铜帽、铜镞、铜杖、铜杖首、铅杖首、金耳环、铜耳环、铜指环等，虽然没有发现盛容器皿，但已具有芯范，使用了外范对合铸法，已经达到可以灌铸容器的技术水平。男性随葬石斧、石钺、骨匕、骨镞，女性随葬石纺轮。各家族茔域随葬有简约与丰厚的差别以及等级差别，反映各家族在村寨中的社会地位。埋葬墓葬所见殓葬过程的痕迹，随葬物品与生活器的差别以及随葬物品种类、数量的差别等级，表明夏家店下层文化已经有丧葬方面的礼制，是周礼来源之一。

碳十四测年约为公元前1600年前，相当于夏末商初，属于夏家店下层文化，年代为距今4000～3500年。

大甸子遗址由围墙的村寨住址和附近墓地组成，是一处夏家店下层文化人们生活死葬之所。对大甸子遗址发掘，是首次对夏家店下层文化大规模的发掘，有助于全面了解夏家店下层文化的内涵及其年代分期，为探讨辽西地区与中原地区文化关系提供珍贵资料。对大甸子城址的解剖，为夏家店下层文化城市结构的研究提供新资料。对大甸子墓地的全面揭露，揭示出夏家店下层文化实行族葬制，进而明确各家族在社会中的尊卑地位。

1974年，大甸子遗址被敖汉旗人民政府公布为旗级文物保护单位。1982年被赤峰市人民政府公布为市级文物保护单位。1986年成立敖汉旗博物馆，负责大甸子遗址的保护管理工作。1996年，内蒙古自治区人民政府公布大甸子遗址为自治区级文物保护单位。1996年11月20日，大甸子遗址被国务院公布为第四批全国重点文物保护单位，编号4-0022-1-022。2002年10月15日，敖汉旗人民政府印发《关于重新划定大甸子遗址保护范围及建设控制地带的通知》，重新划定并公布保护范围和建设控制地带。大甸子墓地经发掘后大部分已经回填，只是1983年发掘的130余座墓葬未能回填。大甸子遗址"四有"档案保管于敖汉旗博物馆。

石佛洞遗址 是澜沧江流域规模较大的洞穴遗址，属新石器时代晚期，位于云南省临沧市耿马县的东南部，遗址距县城约25千米，西距沧源佤族自治县勐省镇2千米，行政区划隶属耿马县四排山乡勐省村。遗址位于小黑江（属于澜沧江流域的南碧河水系）北岸半山腰的石灰岩溶洞穴内，洞口高出江面约80米，小黑江从洞口下蜿蜒东流而去。连接临沧市与沧源县的314省道从洞口下经过。洞口宽约80米、高约30米。洞内的地势呈东北高西南低的特点，文化堆积主要在洞口宽敞明亮处，保存面积3000平方米。

1982年，在云南省文物普查工作中发现，命名为石佛洞遗址。1983年4月由云南省博物馆文物工作队对石佛洞遗址进行第一次试掘。2003年6～8月，云南省文物考古研究所、中国社会科学院考古研究所、成都文物考古研究所、临沧市文物管理所等单位组成联合考古队进行考古发掘，发掘点选择在洞穴靠洞口的西北、东南、西南部，发掘面积750平方米。经发掘发现文化遗存有两部分：遗迹有古墓葬1座，窖穴、灶坑各1个，建筑遗迹柱洞近400个，出土遗物1145件；遗物有生产用具、生活用具、装饰品、动物骨骼、炭化稻粒、蚌壳、果核、种子、红色颜料团。

石佛洞遗址依据地层叠压关系和出土遗物的变化，文化遗存分为早、晚两个时期，其中早期遗存可分为早、晚两段；晚期遗存可分早、中、晚三段。

第一期文化遗存堆积丰富，文化特征鲜明。依据地层叠压关系和出土遗物变化可分为早、晚两段：早段遗存以第9层和第8层以及叠压于第8层下的遗迹和遗物为代表；晚段遗存以第7层、第6层及叠压于第7层、6层下的柱洞和蚌壳堆积为代表。

早段遗存遗迹仅见灰坑1个和墓葬1座。墓葬未见葬具和随葬品。灰坑形制规整，出土少量石器和1件陶罐。出土的器物与同段地层堆积中出土的同类器物相同或接近。遗物以陶器为主，以夹砂黑褐、灰褐、褐、灰陶常见，

石佛洞遗址发掘现场

泥质陶少见，磨光黑陶、灰褐陶、灰陶等常见。纹饰以绳纹、弦纹、草叶纹、附加堆纹等常见，复合纹饰带少见。器形以钵、豆、碗、釜、花边口罐、高领罐、器盖、罐形器、盆形器、壶形器等常见，圆陶片、纺轮、尊形器等少见，不见簋形器。口沿装饰有抹断绳纹或压印锯齿纹的花边口罐是该段一大特色。石器的特点是数量出土较少，打制和磨制石器共存，磨制石器占主流，石器的体形较大，大型石器器形不太规整，周身布满打制痕迹，小型石器相对较少，表面磨制精致，器形规整。常见有斧、锛、凿、网坠、研磨器、砺石、箭镞、环、星状器、璧、矛、坯料及一些半成品等。骨、牙器的数量和种类出土较少，有骨镞、骨饰、牌饰、牙饰等。

晚段遗存遗迹仅发现少量柱洞，分布无规律可循，其结构和营造技术不明。遗物以陶器为主，数量众多，种类丰富。陶质以夹砂陶最多，黑褐、灰褐、褐陶较常见；泥质陶数量相对较少，以黑褐、褐、灰褐常见。陶器为手制，多经过快轮加工，部分泥质陶质地细腻，器表多经过磨光处理，这在钵、豆、釜、罐等器物上表现突出，另外钵、釜、豆等器物肩部以上普遍经过磨光处理。陶片表面多施有纹饰，素面陶少见，常见的纹饰的装饰手法有压印、刻划和戳印；纹饰种类有绳纹、弦纹、草叶纹、水波划纹、"S"状篦点纹带、条形篦点纹带、花瓣纹、变形鸟纹、蓖点纹、芒纹、羽纹、圆形捺窝"三点"纹等，其中绳纹、弦纹、草叶划纹最多，其次为由圆圈纹、弦纹和压印鱼鳞纹组成圆形和变形鸟纹复合纹饰，复合纹饰开始较为流行。器形以圜底器和平底器

居多，另有少量的圈足器，不见三足器。常见器形有钵、碗、盆形器、豆、圈足盘、釜、器盖、尊形器、壶形器、高领罐、罐形器、纺轮等。绳纹花边口沿罐、瓮形器、器流、簋形器等少见。其中圈足盘、"E"形釜、器流、支脚为新出现器物特征所在。绳纹花边口沿罐、器盖、碗、高领罐等，瓮形器、盆形器等少见，簋形器、杯形器等不见。石器数量多，种类较为丰富，以磨制石器为主，打制石器非常少见，大型石器相对少见，中、小型石器居多。石器的表面磨制精致，器形规整。石器以生产工具为主，次为渔猎工具、生活用具、装饰品等、常见器形斧、锛、凿、网坠、研磨器、研磨砺石、箭镞、环、星状器、璧、半成品等，新出现角状璧形器、铲、网坠、印模、切割器、磨盘、磨棒、石臼、石球、砍砸器等器物，其中斧、网坠、锛、凿、箭镞等数量剧增。骨、牙器的数量和种类相对较多，有骨匕、骨刀、骨镞、骨针、骨漂、穿孔牙饰、牙锥等。骨器系用动物肢骨或骨片磨制而成，器表磨制精细，以加工和装饰品为主，另为制陶工具和渔猎工具。另外，晚段堆积中出土该遗址唯一的一件青铜器，具有重要的意义。

第二期文化遗存堆积的文化内涵较为丰富，文化特征及文化面貌联系紧密，可分为紧密相连的早、中、晚三段，早段遗存以第5、第4D、第4C层以及叠压于第5层和第4D层下的遗迹和遗物为代表；中段遗存以第4B、第4A层及叠压于第4A层下的遗迹与遗物为代表；晚段遗存以第3B、第3A层和第2B层以及叠压于第3A和第2B层下的遗迹与遗物为代表。

早段文化遗存遗迹发现大量分布密集的

柱洞，其中可分辨其平面形状和构造的有7座建筑遗存，建筑的构造形式均为柱洞式建筑，平面形状以长方形居多，另有少量的圆形，柱洞的柱子以竹柱常见，木柱少见。建筑在修建前，经过平整地面。出土大量的陶片，器形和种类均较为丰富。夹砂黑褐、红褐、灰褐陶多见；泥质黑褐、红褐、灰褐陶少见，泥质陶质地细腻，火候较高，器物肩部以上普遍都经过磨光处理。器物为手制，多经过快轮加工，钵、豆、簋形器、B型和D型釜的肩部都经过磨光处理。器类以圆底器最常见，其次为圈足器和平底器，不见三足器。钵、豆、簋形器、釜、盆形器、高领罐、罐形器、瓮形器、尊形器、器盖、纺轮、陶拍、支脚等是常见器形，其中钵、豆、釜、高领罐、罐形器等大量集中出现，种类较为丰富；新出现了錾耳罐、簋形器、纺轮、空心支脚、缸、马鞍形支脚、陶玩具等；碗、簋形器等器物；绳纹花边口沿罐、缸、尊形器、盆形器等少见；碗、尊形器、杯形器、壶形器等不见。陶器主要的装饰手法以压印、刻划、戳印常见，许多器物上往往是多种装饰手法复合使用，如在豆、釜形器、子母口罐等器物上压印、刻划以及戳印往往在不同

石佛洞遗址黑褐陶罐

部位同时使用。纹饰种类较为繁缛，以绳纹、弦纹、芒纹、圆圈纹、水波纹、草叶划纹、栉纹、篦点纹、附加堆纹、花瓣纹、网格纹、麦穗纹、"Z"形纹以及菱形方格纹、条形划纹等多见，复合纹饰发达，在豆和釜形器肩部上弦纹、"S"形纹、压印椭圆形捺窝纹、变形鸟纹等复合纹饰常见。石器出土数量最多，而且种类也最为丰富，以磨制石器为主，打制石器非常少见（多为坯料或半成品），多仅打制周缘，表面未进行深加工，仍然保留岩石自然面。石器岩性中玄武岩最多，其次为砾岩、砂岩、闪长岩、硅质岩、板岩、千牧岩、泥岩、页岩等。大型石器数量较少，小型石器数量和种类均较为丰富。磨制石器的表面磨制精致，

石佛洞遗址出土石矛

石佛洞遗址出土石贝

器形规整。石器以生产工具为主，次为渔猎工具、生活用具、装饰品等，常见器形有斧、锛、凿、网坠、研磨器、砺石、箭镞、环、星状器、璧、印模、半成品等，新出现锄、穿孔重石、锥形器、镐形器、石臼、石球、砍砸器等器物，其中斧、网坠、锛、凿、箭镞等数量和种类最多。骨器数量较多，种类相当丰富，多系用动物肢骨和骨片磨制而成，器物普遍磨制精细。常见的器形有骨锥、耳玦、环、戒指、骨匕、圆形骨片、"马鞍"形骨饰、鱼钩、角锥、扳指、骨矛等，骨锥的数量最多，其中鱼钩、角锥、矛等为新出现的器形。

中段文化遗存遗迹有柱洞，是发现最多的遗迹，其中可辨认形状建筑遗迹的1座，平面形状呈长方形，修建于斜坡上，推测其构建营造方式可能为干栏式建筑。陶片数量相对较多，质地以夹砂黑褐陶为主，其次为灰褐、红褐、褐、黄褐陶；泥质陶数量有所增加，黑褐陶多见，次为灰褐、红褐、褐、灰陶等。钵、豆、釜、罐形器等依然常见，簋形器、带流钵形器、瓮形器、器盖、圆陶片、碗、支脚等少见，杯形器、盆形器、尊形器、壶形器等不见。颈部与肩部为二次对接而成是多层陶器制作技术一大特色，在釜、罐形器特别突出。陶器上纹饰繁缛，素面陶较少见，仅占14.1%；装饰手法以压印、戳印和刻划为主，在同一器物的不同部位常常发现两种以上的装饰手法。常见的纹饰种类有绳纹、弦纹、芒纹、圆圈纹、篦点纹、麦穗纹、花瓣纹、附加堆纹、草叶纹、"X"形纹、指甲纹等；复合纹饰依然发达，如由压印鱼鳞纹与弦纹组成的复合纹饰，如变形鸟纹、"W"形纹、"Z"形纹等。

石佛洞遗址出土石星状器

石器全部为磨制石器，磨制精致，器形规整。大型石器较少，体形普遍修长，石器体量普遍较小，其中尤以斧体形瘦长。石器岩性仍然以玄武岩为大宗，其他有砾岩、闪长岩、硅质岩、页岩、大理石、砂岩等。常见器形有斧、锛、凿、网坠，其中斧和网坠数量较多；另有砺石、印模、星状器、纺轮、贝饰、半成品。玉器仅见1件灰绿色玉锛。骨器出土的数量和种类均较少，仅见骨锥和耳玦两种，骨锥磨制精细，锋部磨制尖锐。

晚段遗存遗迹主要为柱洞，分布凌乱，无规律可循。陶片出土较少，陶片以夹砂黑褐、红褐为主，其次为灰褐、黄褐、褐陶；泥质陶的数量相对较少，颜色仍然以黑褐为主，其次为灰褐、红褐、黄褐陶。钵、釜、罐形器多见，其中釜、钵、豆、罐形器等器物肩部或颈部普遍都经过磨光处理。平底器最为常见，另有少量圆底器、圈足器。颈部与肩部二次对接制作的情形较为少见，器物的体形普遍较小。陶器上的纹饰制作手法以刻划和压印多见，另有少量的戳印和剔划。纹饰种类以绳纹、蕉叶纹、芒纹、凹弦纹、水波纹、篦点纹、草叶纹、栉纹、网格划纹、戳印圆圈纹，圆圈纹以及变形鸟纹等常见，复合纹饰相对较少见，但仍占有一定比例。钵、釜、豆、簋形器、碗、带流钵形器、高领罐、瓮形器、盆形器、尊形器少见，另有支脚、陶拍、带孔陶器、盆形器、瓮形器，圆陶片等，不见杯形器、尊形器、壶形器等器物。石器数量和种类相对较少，仍然以磨制石器为主，少见打制石器。大型石器数量较少，普遍为小型石器。石器岩性以玄武岩为主，其他有砾岩、角闪片岩、硅质岩、砂岩、板岩等。斧、锛、凿、网坠多见，其他为砺石、磨盘、研磨棒、石锥等。以生产工具和生活用具多见，其次为渔猎工具和装饰品。骨器无论数量或种类均较少，仅见鱼钩和骨针，鱼钩均为骨片磨制而成，磨制精细，为实用器；骨针系用骨条磨制而成。

石佛洞遗址经碳十四年代测定，时代为距今3500～3000年。

石佛洞遗址考古遗存是一种分布于澜沧江中下游地区的重要考古学文化类型，除上游的卡若类型和中游地区的新光类型及芒怀类型外，在滇西南地区发现的新石器时代晚期（或早期青铜时代）文化类型的重要发现。

1996年11月20日，石佛洞遗址被国务院公布为第四批全国重点文物保护单位，编号4-0018-1-018。1997年，耿马县人民政府划定石佛洞遗址保护范围和建设控制地带。2005年建立档案，存于临沧市文物管理所。2015年，成立耿马县文物管理所，负责遗址的保护管理工作。

姜里城遗址 是豫北地区新石器时代至周代遗址，位于河南省汤阴县韩庄镇。遗址北濒姜水，南临汤河。遗址呈土台状，高出地表5米左右。南北长106米、东西宽103米，面积10918平方米。

姜里城演易坊

羑里城演易亭

民国24年（1935年），中央研究院历史语言研究所曾对该遗址进行过考古调查，并初步确认其考古价值。从遗址断面暴露出的文化堆积并综合钻探资料得知，文化层厚约9.8米，内涵较丰富，可分上、中、下三层。下层为龙山文化层，袋形灰坑中有泥质灰、黑陶片，能辨器形的有龙山文化的鼎、鬲、罐、盘等，纹饰有细绳纹、篮纹、方格纹、附加堆纹等，多为轮制，胎壁厚薄均匀，陶色纯正，烧制火候较高。此外，还出有骨针、蚌镰、石镰、石铲、石杵等生产、生活用具及多种动物骨骼。遗址西南隅断面的暴露部分，可见有数层叠压的白灰居住面、红烧土灶面及灰坑等遗迹。其中白灰居住面残长5.05米，灶面直径约1.1

米。中、上两层为商、周文化遗存。有罐、盆、鬲、豆等陶器碎片出土。1979年，在遗址东南约500米处出土爵、觚、鼎、簋等4件殷商时期青铜器。春秋、战国及汉代以后的古代遗物在遗址范围内也有出土，表明羑里城文化遗址延续时间较长。

羑里城是文献记载中商末帝辛（纣王）囚禁周文王（姬昌）之地，是中国历史上有文字可考的第一座国家监狱遗址。《史记》记载商末纣王"画地为牢"，"囚西伯羑里"，时间长达七年；"文王拘而演周易"，周文王姬昌身处逆境，发愤治学，将伏羲先天八卦进一步推演为六十四卦，使之成为六经之首的《周易》。羑里城也因之被称为《周易》的发祥地。后人为纪念姬昌在羑里演易八卦的事迹，在羑里城遗址上修建文王庙。文王庙始建年代，尚待进一步考证。据北魏《水经注》、明《河南通志》载："文王庙在汤阴县北八里羑里城中，昔文王演易之所，后人因建庙焉。岁时有司致祭，三岁一遣使祭享。"清乾隆《汤阴县志》载："文王庙在汤阴县羑里城。元大德年间（1297～1307年），邑人许仪重修。"之后，明成化四年（1468年）知县尚玑、嘉靖二十四年（1545年）巡抚魏有本、天启三年（1623年）知县杨朴，清顺治八年（1651年）知县杨藻凤、雍正九年（1731年）知县杨世达均有修葺。然天灾人祸，屡修屡毁。遗址上现存明嘉靖二十一年（1542年）重修的文王庙、演易坊以及禹碑、文王易碑等明、清碑碣十余通。

1963年6月，羑里城被河南省人民委员会公布为第一批省级文物保护单位。1987年11月，汤阴县公安局、汤阴县文化局联合发布《关于保护姜里城遗址的通告》。1993年，成立汤阴县姜里周易博物馆，负责遗址的保护管理工作。1996年11月20日，姜里城被国务院公布为第四批全国重点文物保护单位，编号4-0014-1-014。"四有"档案已建立，由汤阴县姜里周易博物馆、汤阴县文物保护管理所保管。

夏家店遗址群 是北方长城地带两种青铜时代文化夏家店下层文化和夏家店上层文化的命名地，位于内蒙古自治区赤峰市松山区王家店乡三家村夏家店自然村北的平顶山南坡，南距英金河0.5千米。

清光绪三十四年（1908年），日本人类学家鸟居龙藏在内蒙古东南部英金河畔调查。1958年，当地农民挖水渠时，曾经在夏家店遗址的南端挖出一些陶器和石器，水渠剖面上出露出许多遗迹。1959年，中国科学院考古研究所内蒙古工作队在夏家店遗址做短期调查。1960年春，中国科学院考古研究所内蒙古工作队在夏家店遗址群的第一、第二、第三、第四地点进行试掘，揭露面积共270平方米，将夏家店遗址堆积的下层遗存命名为夏家店下层文化，将夏家店遗址的上层遗存命名为夏家店上

层文化。2004年夏，松山区文物管理所对夏家店遗址做全面调查，获得较为完整的资料。2009年，内蒙古自治区文物考古研究所赤峰市长城普查队在夏家店遗址群第二和第八地点发现燕长城遗迹。

夏家店遗址群遗址分布密集，从夏家店村东开始向西，共9个孤立的缓坡山冈均有遗址分布。遗址以居住址为主，每个独立的山冈都有共性又各具自己的特点。文化层堆积非常深厚，平顶山山顶南侧边缘部分，从东向西并列分布有多处石头圈基址和石砌平台址，由于开山采石，破坏相当严重。可辨认出的石圈址和石砌平台址有六处，其余均被采石破坏。文化类型主要包括红山文化、夏家店下层文化、夏家店上层文化和战国时代等。

夏家店第一地点位于夏家店村偏东，遗址面积8万平方米，主要分布于山冈中部和南坡，南坡已辟为梯田，地表暴露遗物十分丰富。文化堆积层厚，有的厚达4米以上。一处试掘点在山冈南面坡上，试掘面积55平方米。一处试掘点在山冈的东侧下坡，临涧沟边，发掘面积共90平方米。

夏家店遗址群远景

夏家店第二地点位于第一地点西侧，山冈为西北—东南走向，山冈细而长，当地称土龙山，中部略高，形成一个小土台，台地下有一周凹带。总面积6万平方米。地表遗物非常丰富，以夏家店上层文化绳纹灰陶片为主，夏家店下层文化素面红陶片次之，最集中的地方是中部的台地上。

夏家店第三地点位于第二地点西南，略呈西北—东南走向，冈顶浑圆，坡势平缓，当地称"蜘蛛肚山"。遗址总面积约4.5万平方米。地表暴露多处成片的灰土，散布大量遗物，以战国和夏家店上层文化遗物为主，夏家店下层文化遗物次之。

夏家店第四地点位于第一地点东侧，为遗址群的最东边，是9个山冈中海拔最高的山冈。总面积6万平方米。山冈的中心位置有一个大石堆，直径约10米，高约2.5米。地表散布遗物较少，主要是夏家店上层文化和夏家店下层文化陶片。1960年在山冈西侧下坡，临沟涧边，发掘10平方米，文化层厚约0.7米，发现灰坑2个，为夏家店下层文化遗存。

夏家店第六地点与第一地点同在一个山冈，位于山冈的北端，地势高于第一、第五地点。中心位置有一个凸起的大石堆，直径约为9米，高约2.5米。地表散布遗物较少，主要是夏家店上层文化的夹砂红陶片。

夏家店第七地点位于第三地点西北侧，面积有4.5万平方米。地表散布的陶片较多，多见战国、夏家店上层文化陶片，夏家店下层文化陶片数量少。在山冈东侧修道时发现多处石板墓，道路两侧断面上暴露有文化层。

夏家店第八地点位于蜘蛛肚山的西侧，地势北高南低，总面积约6万平方米。在东南部边缘的断层上发现三个灰坑，深度约1.5米，包含有夏家店上层文化夹砂红陶片和人的头盖骨等。地表散布陶片和石器，主要散布在山冈中部，北部和南部稀少。遗物以夏家店上层文化夹砂红陶片为主，战国和夏家店下层文化遗物较少。

夏家店第九地点位于第八地点西侧，杨家营子东北部，此土冈呈东北—西南走向，西南部台面缓平，总面积3万平方米。地表发现遗物较少，采集有红山文化"之"字纹褐陶片和石耜等以及夏家店上层文化夹砂红陶片。

祭祀地点分布于平顶山山顶南侧边缘，共调查六处，从东向西依次编号为1~6。1号祭祀地点发现石头圈基址三处，直径3.5~3.9米，附近一自然石块上，发现一人工磨制的小型浅圆窝，直径12厘米，深10厘米。2号祭祀地点发现一个半圆形石筑平台，直径4.4米。台基平面呈方形，边长6.7米，高1.1米。外围台基南面贴近向下延伸的沟涧顶端。3号祭祀地点有一个石圈基址，直径5.4米。4号祭祀地点位于一沟涧顶端，为祭祀平台址，平面呈方形，边长9.4米，石砌外围边长11.6米。5号祭

夏家店遗址群第1祭祀地点地表

夏家店遗址群祭祀遗址石圈

祀地点为祭祀方形平台，边长8米，石砌外围边长10米。6号祭祀地点为一座规模较大的石堆址，紧邻东侧有一个石砌方形平台，边长12米。石堆附近亦发现一人工磨制的圆窝石。

发掘的夏家店遗址文化堆积深浅不一，最深达4米。地层堆积分为四层，第1层属于表土层，第2层、第3层属于夏家店上层文化，第4层属于夏家店下层文化层。

夏家店下层文化以夹砂灰陶为主，泥质灰陶和夹砂褐陶次之，红陶和黑陶数量少。烧制火候较高，陶质坚硬。手制，多用泥条盘筑，空三足器足采用模制。器表多饰纹饰，少部分为素面或磨光，纹饰多见绳纹，还有少量附加堆纹、戳印坑纹。器形有尊形鬲、深盆形甗、罐形鼎、侈口罐、敞口盆、直腹尊、钵、瓮、纺轮等。石器分为打制和磨制两种，器形有亚腰形铲、杵、球等。骨器有针、锥、卜骨、管等。

夏家店上层文化发现的遗迹有房屋、灰坑、石砌台阶和墓葬等。房屋分为地面式和半穴式两种。地面式建筑已经被破坏，平面形状不清，墙壁是黄土筑成，地面由黄土夯打而成，居住面上有柱洞。半地穴式平面为圆形，墙壁抹泥。居住面填土经过夯打，部分抹有草拌泥。居住面中部有圆形柱洞，坑壁抹有泥皮。居住面一侧有地面灶，灶址旁遗留有鬲、豆等生活用具。灰坑平面多圆形，剖面分为袋形坑和筒形坑两类形制，有些袋状坑的坑口部用石块垒砌，有的坑壁留有工具痕。石砌台阶系用天然石块横拦着山坡砌造，揭露长3.6米、宽0.8米、高0.5米，可能是在陡峭的山坡上为平整筑造居住面而砌造。墓葬形制分为石椁墓、长方形土坑竖穴墓和圆形土穴墓三种，个别灰坑和住址有埋人现象。葬式多数为仰身直肢，头向西北、南、东皆有。石椁墓有的为木质葬具，长方形土坑竖穴墓都有木质葬具，葬具和圹壁间填土夯打或填塞石块。葬式以单人葬居多，合葬数量较少。圆形土穴墓骨架保存不好，男女成人和儿童均有，葬式为仰身直肢，无随葬品。石椁墓、长方形土坑竖穴墓随葬品数量也较少，种类有陶器、骨器、铜器等。随葬物均属于实用功能的生活用具和装饰品，不同性别的随葬品有明显的区别，女性随葬骨针、陶纺轮和装饰品等，男性多见铜镞和骨镞。陶器为夹砂陶，颜色多呈红、褐色。为手工制作，泥条盘筑，空三足为模制。火候偏低，质地疏松粗糙。器表多为素面，表面多经压磨，少数施有附加堆纹等。陶器器形有直腹鬲、附加堆纹甗、鼓腹罐、浅盘豆、钵、纺轮、陶坠等。石器数量较多，大多先打制成形，再经磨制和琢制加工而成。器形有斧、刀、锤、杵、臼、磨石和石范、盘状器、环形器等。骨器种类较多，有三棱锥形镞、锥、针、匕、珠等。铜器较少，器形有刀、锥、扣、镞、双尾铜饰和联珠形铜饰。还发现许多羊、牛、马、狗、猪、鸡等的骨骼，其中猪、狗的骨骼最多。

夏家店遗址是北方长城地带两种青铜时代文化夏家店下层文化和夏家店上层文化的命名地，对于中国考古学体系的构建、中国文明发展进程的探索、东北亚地区文化交流的研究均拥有不可替代的地位。夏家店遗址群面积大，文化层非常深厚，包含多处文化类型的聚落遗址和墓葬，对于研究红山文化、夏家店下层文化、夏家店上层文化、战国时期的人口规模、社会结构、生活习俗及埋葬习俗等方面具有极高的考古研究价值。

1987年，成立松山区文物管理所，负责夏家店遗址群日常管理工作。同时，建立区、乡、村三级文物保护网。2004年，赤峰市人民政府公布夏家店遗址群为赤峰市第四批文物保护单位。2004年，内蒙古自治区人民政府根据《内蒙古自治区人民政府关于公布王昭君墓等五十二处重点文物保护单位保护范围与建设控制地带的通知》，公布夏家店遗址群保护范围和建筑控制地带。2006年5月25日，夏家店遗址群被国务院公布为第六批全国重点文物保护单位，编号6-0030-1-030。"四有"档案保存在松山区文物管理所。

旌介遗址 是新石器时代和商代、汉代的聚落址，位于山西省灵石县静升镇旌介村东约500米处的静升河北岸的台地上，处于山西省中部，晋中地区西南端，地处黄河支流汾河的中游，太原盆地与临汾盆地之间。面积约0.5平方千米。

1976年，山西省灵石县旌介村村民在村东修建窑洞时，发现商墓一座，编号为M3，出土铜器十余件，山西省考古研究所进行抢救性发掘。1985年初，山西省考古研究所在村东正式发掘两座商代铜器墓，编号为M1、M2。M2号墓居中，M1号墓在其南4米，M3号墓在其北50米

旌介遗址局部

处。在旌介村西到集广村有厚达3米的仰韶—龙山文化堆积，村东主要是东周时期的文化堆积，村内东部及村外以东地区是墓葬区，主要是汉代以后的墓葬。

商代墓葬的墓室为长方形竖穴土坑，木质葬具，一椁三棺或一椁两棺。墓主为男性，仰身直肢葬。身旁女性尸骨作侧身葬，均面向男性墓主。有殉人、殉狗现象以及杀牛祭祀。清理过程中，椁盖上发现有席子和丝织物的痕迹，丝织物上有用红、黑、黄等色绘制的彩色图案，都叠压在铜礼器下面。据此推知，棺椁上可能有画幔，画幔上置放器物，器物上盖有席子。随葬器物共51件，以青铜礼器数量最多，保存比较完好。填土中有矛。南部以墓主人头部为中心，放置觚、爵等饮酒器，西南角有鼎和斝等。在男主人的脚部放置卣、尊、

旌介遗址出土铜爵

旌介遗址出土铜鬲

簋、鼎等，椁室西北角有罍等。在男女墓主人的头部或腰部放有玉器。墓底椁室外东北角处放有一个用鳄鱼皮蒙面的鼍鼓。

旌介遗址含有商代晚期墓地。旌介遗址M1号墓出土铜簋外侧底部有动物图案，学者认为驴、骡传入内地的历史应至少提前到殷商晚期。根据旌介M1号墓中出土编号35的铜簋外侧底部的动物图案，考证为马羌人的图腾。根据灵石旌介商墓随葬品多，族徽多的特点，研究晋陕高原青铜文化的归属，认为旌介商墓为商文化的一个地方类型。

1996年11月20日，旌介遗址被国务院公布为第四批全国重点文物保护单位，编号4-0024-1-024。2001年，成立灵石县文物管理所，负责遗址的保护管理工作。2002年，山西省人民政府划定遗址的保护范围与建设控制地带。旌介遗址尚未对外开放。"四有"档案保存于山西省古建筑保护研究所。

金沙遗址　是长江上游地区成都平原商代早期至西周时期十二桥文化的一处中心聚落，是三星堆文明衰落后又一个古蜀王国都邑所在地，距今约3700～2700年。遗址位于四川省成都市区西部二、三环路之间，跨青羊区金沙村和金牛区黄忠村。遗址主体内部地势平坦，西

旌介遗址发掘现场

北高，东南低，摸底河由西向东横穿遗址中部，将遗址分为南、北两半。探明遗址面积约5平方千米。

1995~2000年，成都文物考古研究所在遗址范围内的黄忠小区、三合花园、金都花园等地点进行考古勘探与发掘，发现商周时期的大型房址、窑址、灰坑、墓葬等遗存，陶器以尖底盏、尖底杯、圈足罐、高领罐、簋形器等为代表，性质为成都平原先秦文化十二桥文化，时代约为商代晚期至西周早期，遗址命名为黄忠村遗址。2001年2月初，金沙村一组施工中发现大量象牙、金器、铜器、玉器、石器等珍贵文物，成都文物考古研究所对施工区域进行大面积的勘探与发掘。考古人员将金沙与黄忠村遗址联系起来，认为应是同一大型遗址的不同组成部分。考虑到发现大量珍贵文物的金沙村地点特别引人关注，根据考古学对遗址命名的基本原则，将包括黄忠村在内的遗址命名为金沙遗址。2001年之后，成都文物考古研究所在遗址范围内的兰苑、金沙园、燕莎庭院、将王府邸、芙蓉苑、博雅庭韵、春雨花间等70多个地点进行考古勘探与发掘，发掘面积20多万平方

金沙遗址"梅苑"地点地层关系图

米，发现房屋、祭祀坑、灰坑、水井、窑址、墓葬、古河道等各类遗迹3000余个，出土金器、铜器、玉器、石器、漆木器、骨角器、陶器等大量珍贵文物，还有数以吨计的象牙、数以千计的野猪獠牙、鹿角以及数万件残陶片。

金沙遗址文化层堆积深厚，大多在2米左右，最厚5米多，延续时间从新石器时代宝墩文化至春秋时期。

第一期文化遗存属于成都宝墩文化时期，距今约4000年，集中分布在遗址东南部。置信金沙园一期地点发现有房址、灰坑、墓葬、窑址等遗迹，陶器中夹砂陶多于泥质陶，夹砂陶以灰褐陶为主，泥质陶以灰白陶较多，制作方法为泥条盘筑加慢轮修整，圈足和器底为二次黏接，器形有绳纹花边口沿罐、尊形器、豆盘、喇叭口高领罐、窄沿罐、窄沿盆、曲沿罐、矮领圆肩罐、器盖等，仅见平底器和圈足器，不见三足器和圜底器，陶器纹饰种类较多，有绳纹、附加堆纹、水波划纹、戳印纹、弦纹、印纹、瓦棱纹等。石器以磨制的锛、斧、矛、凿、端刃形器为主，形体越小，磨制越精；玉器可辨器形有玉锛和部分玉料。主体文化遗存时代大致在宝墩文化三期，

铜立人

金沙遗址出土金太阳神鸟

大金面具

其丰富的遗存展现新石器时代晚期成都平原早期小型居址形态，对研究宝墩文化时期聚落形态、社会组织、经济生活、丧葬习俗等具有十分重要的意义。

第二期为金沙遗址的主体文化期，相当于商代晚期至西周，年代距今约3700～2700年，文化层堆积深厚，分布面积广，其中有4处重点堆积区。遗址东北部三和花园地点大型房屋建筑居址区，总面积在2000平方米以上，由5座大型木（竹）骨泥墙房址组成，每座房址长度均在25米以上，其中6号房址揭露长度达54.8米，宽近8米，至少有5个开间。建筑基址面积大，布局规律性强，在中国西南地区尚属首次发现，推测是早期金沙遗址的宫殿建筑。

遗址东部梅苑地点为祭祀区，文化堆积面积约15000平方米，堆积最厚5米多，文化层可分为19层，是遗址内堆积最复杂、遗存最多、等级最高的一个区域。由于文物需要即时进行保护，发掘工作从2002年开始暂停，大量探方只做到西周晚期的地层。依据地层关系及包含物，从上到下分可为近现代耕土层、明清时期、唐宋时期、汉代、春秋时期、西周晚期至

春秋时期、商代晚期至西周早期、商代晚期，其中商代晚期至西周为遗址的主体文化层。已发现建筑遗迹、金玉器堆积、象牙堆积、石璧堆积等各类祭祀遗迹62处，出土包括"太阳神鸟"金饰、金面具、青铜立人、玉琮、踞坐石人像等珍贵文物6000余件，还有数以吨计象牙、数以千计的野猪獠牙、鹿角和陶器等，种类有金器、铜器、玉器、石器和石雕、骨角器、漆木器等，其中"太阳神鸟"金饰图案于2005年8月16日，被确定为中国文化遗产标志。考古发掘与研究确认，梅苑地点是一处使用500余年的专用滨河祭祀场所，包括商代晚期至春秋早期三个阶段。

遗址中南部兰苑地点文化堆积面积约20000平方米，发现大量的规模较小、结构简单的房屋建筑、红烧土堆积、成排的窖穴、400余个灰坑、90余座墓葬、3座陶窑等，出土大量的日用陶器，推测应是居住区和墓葬区。

遗址中部体育公园地点面积约为36000平方米，发现大量房屋建筑、墓葬等遗迹。墓葬分布密集，排列规律，推测是一般居住区废弃后成为墓地。遗址内发现墓葬2800多座，其中

燕沙庭院墓地587座，千和馨城墓地137座，阳光金沙墓地288座，金牛区城乡一体化拆迁房安置房5号墓地1153座。墓葬时代跨度很大，从商代晚期延续至春秋中期。墓葬大都为竖穴土坑墓，以长方形为主，有少量的方形，少数墓有二层台；葬具不清；葬式大都为仰身直肢，有少量的俯身葬，也有二次迁葬。墓与墓之间绝少打破关系，有的墓地有成排分布的现象，似乎有一定规划。在西周晚期之时，开始出现独木棺葬具，开启古蜀文化在春秋战国时期独木棺（主要是船形棺）葬盛行的先河。有少量的合葬墓，多为一男一女，可能是夫妻合葬墓。

大量的考古发掘和研究基本确认5平方千米的金沙遗址内，存在着复杂的布局结构，有大型建筑基址区、祭祀区、一般居住区、墓地等几大功能分区，有大量的礼仪性用器。表明金沙遗址是一处大型古蜀文化中心聚落遗址，是继广汉三星堆都城衰落后古蜀国又一个都邑所在。

第三期绝对年代距今约为2700～2400年，相当于春秋时期。遗址中部国际花园地点文化堆积面积约2万平方米，发现墓葬62座，均为

跪坐石人像

竖穴土坑墓，个别墓室有生土二层台；墓室有长方形和方形两种，以一次仰身直肢葬居多，少量俯身葬，墓葬填土青膏泥的墓葬多为木制船棺葬具，填土为灰褐色砂土的则无葬具，无葬具墓葬早于船棺葬，出土有磨石、三角援青铜戈、柳叶形铜剑、铜兵器饰件、纺轮、陶瓮、敛口弧腹尖底盏、石璋等。墓葬属于金沙遗址所代表的十二桥文化向东周蜀国的转变性遗存，其发现对于研究成都平原西周晚期至春秋时期的丧葬习俗提供重要的考古材料，特别是一批早期船棺葬的发现有利于川西平原地区船棺葬源流及发展演变的研究。

金沙遗址的发现极大地丰富古蜀文明的内涵，推动商周时期成都平原考古学文化序列的建立与完善。金沙遗址与成都平原史前古城址群、三星堆文明、战国船棺遗址等共同构建起古蜀文明从起源、发展到消亡的全过程。金沙遗址功能分区布局对研究成都市城市发展史有着极为重要的意义，也为研究商周时期都邑的布局结构和功能分区提供新的材料。金沙遗址祭祀区是发现的中国商周时期规模最大、保存最完整的与祭祀有关的遗存，有助于破译古代先民神秘的宗教信仰和宗教礼仪活动。金沙遗址宫殿区是中国西南地区商周时期规模最大的建筑遗存，其木骨泥墙式建筑结构是中国西南地区乃至南方地区最典型的建筑形式之一，是研究先秦古建筑的重要实物资料。金沙遗址出土的金器、玉器、石雕像等文物工艺精湛，技术先进，艺术表现力极强，体现古蜀人高超的工艺技术和非凡的艺术创造力，是探讨中国先秦时期冶金、制玉及石雕工艺的重要实物资料，也为研究古蜀文明与中原、长江下游、东

南亚等周边考古学文化的关系提供了新线索。

2003年，成立成都金沙遗址博物馆，负责金沙遗址的保护管理工作。2004年8月20日，四川省人民政府批复同意四川省文物局编制的《金沙遗址保护总体规划》，确定保护范围与建设控制地带。2006年5月25日，金沙遗址被国务院公布为第六批全国重点文物保护单位，编号6-0178-1-178。是年又被列入国家大遗址保护名录，与三星堆、商业街船棺遗址一起被列入世界文化遗产预备清单。2014年9月，成都博物院建立"四有"档案，保存于金沙遗址博物馆。

西团山遗址　是松花江流域青铜时代的大型聚落遗址，年代相当于西周至战国时期。遗址位于吉林省吉林市船营区欢喜乡吉兴村北部的西团山上，处于西团山地势较为平缓的西南坡，东临松花江，南1千米处为松花江支流温德河，西南连接蜿蜒起伏的漫冈。遗址南北长约100米，东西宽约400米，总面积约4万平方米，地表散布较多石质和陶质遗物。

20世纪30年代，日本学者三上次男、左竹仲匕和中国考古学者李文信等对西团山遗址进行首次调查。民国37年（1948年），东北大学（1950年改称东北师范大学）历史系师生对西团山遗址进行首次发掘，共布探沟14条，发掘石棺墓18座，出土石器129件、陶器9件、兽骨多种。1949年，东北大学进行第二次发掘，发掘地点在遗址西南麓的第一墓区，布探沟9条，发掘石棺墓9座，出土石器41件、陶器112件、兽牙兽骨7件、白石管181枚。1950年，由裴文中带领的东北考古发掘团对西团山遗址进行第三次发掘，布探沟11条，发掘石棺墓19座，出土石、陶器138件。在《吉林西团山石棺墓发掘报告》中，佟柱臣将遗存命名为西团山文化。1953年，吉林省博物馆在西团山遗址发掘石棺墓1座。1956年东北人民大学（1958年改称吉林大学）历史系师生发掘石棺墓2座。1962年吉林大学、吉林市博物馆联合发掘灰坑1座。2015年，为配合西团山遗址南坡断崖保护加固工程，吉林省文物考古研究所对遗

西团山遗址远景

址南部边缘暴露出的6座墓葬进行清理，出土石镞、纺轮、陶片等遗物40余件。

西团山遗址包括墓地和居住址。墓地主要分布于西团山的西坡，以石棺墓葬为主。墓葬均埋在山坡地表以下，最深可达2米左右，地面不见封堆。石棺所用石材多为花岗岩，以板石或块石砌成长方形石棺，再用板石作为棺盖。从砌筑方法上可分为板石立砌墓和块石垒砌墓。板石立砌墓是用长方形或近方形的板石立置对砌石棺棺壁，此类墓葬多在墓室的尾端或一侧另砌专门放置随葬陶器的副棺；块石垒砌墓是用较为规整的块石垒砌石棺棺壁。两种类型的石棺，有的用板石铺成棺底，有的则直接将石棺墓建在花岗岩之上。墓的排列方向因山势而定，基本是头朝山顶，脚向山下。葬式多仰身直肢，有少数侧身屈肢。墓葬中的随葬品主要有杯、罐、瓶、壶、碗、纺轮、网坠等陶质日用器具，镞、斧、刀、锛等磨制石质工具以及白石管、野猪牙等装饰品。随葬品的摆放位置与组合有一定规律，白石管、野猪牙等饰物多位于人骨的头部和胸部附近，石斧、石刀、石镞等多放在盆骨和股骨右侧，陶壶、陶罐、陶碗等多放在足下或副棺中。随葬品中有纺轮者无石镞，随葬品基本组合一般为石斧、石锛、陶壶、陶罐。居住址与墓地毗连，主要分布于西团山的南坡，地表可见灰坑、红烧土等遗迹以及石器和陶片，房址为圆角方形半地穴式建筑。西团山遗址出土的陶器均为手制素面夹砂褐陶，器形简单，典型陶器有筒腹锥足鼎、分裆鼎足鬲、桥状横耳壶、罐等，陶钵、陶碗上多见疣状把手。此外，石质工具以双孔半月形石刀、长身棒状石斧、石镞为主，反映

西团山遗址石棺墓

出当时人们主要从事原始农业兼营渔猎、牧畜等生产活动。

西团山遗址是吉林省境内最早进行考古发掘和研究的青铜时代遗址，为了解西团山文化的面貌，研究其文化内涵、族属及丧葬习俗、生业模式等提供丰富的资料。西团山文化是东北地区最早命名的青铜时代考古学文化，在东北考古学史上占有重要的学术地位。

1961年，西团山遗址被吉林市人民委员会公布为市级文物保护单位。1985年起，西团山遗址由吉林市郊区文物管理所具体负责保护管理。1987年，西团山遗址被吉林省人民政府公布为省级文物保护单位。1992年起，由吉林市文物管理处负责保护管理。同年，吉林省文化厅印发《关于公布我省境内全国及省级文物保护单位保护范围的通知》，划定西团山遗址的保护范围。1996年，吉林市文物管理处为其建立科学记录档案，保管于吉林市文物管理处。2001年6月25日，西团山遗址被国务院公布为第五批全国重点文物保护单位，编号5-0027-1-027。

岳公台—西黑沟遗址群 是春秋至战国时期古代游牧民族大型聚落遗址群，位于新疆维吾尔自治区巴里坤哈萨克自治县。遗址分布于巴里坤山北麓的山前缓坡地带，呈西南—东

北向，遗址群西达西黑沟，往南进入天山北麓峰谷之间，东至县城正南的岳公台山峰，北以兰州湾子村为界。由双闸鄂博遗址（石筑高台）、高家鄂博遗址（石筑高台）、倪家鄂博遗址（石筑高台）、兰州湾子石结构遗址、兰州湾子遗址、兰州湾子岩刻画、西黑沟遗址、西黑沟古墓葬、西黑沟岩刻画、弯沟古墓葬、岳公台岩刻画等遗址组成。

1983～1984年，新疆文物考古研究所东疆队调查，发掘兰州湾子石结构建筑遗址；1984年发掘弯沟口内4座古墓。2001年7月西北大学考古专业和哈密地区文管会的工作人员对岳公台—西黑沟遗址群进行初步考察。2002年7～8月，对遗址地表遗迹进行全面的调查和测绘。经调查，遗址南北宽约3千米，东西延续约5千米，共发现石筑高台3座，石围居住遗迹120余座，石结构墓葬300余座，刻有岩画的岩石

倪家鄂博遗址远景

1000余块。其中在遗址群西部，西起西黑沟、东到兰州湾子村以南的山前缓坡地带，主要以石结构建筑基址为主，其间散布有墓葬和少量岩画，其中小沟口外山麓地带分布着上百幅岩画。在遗址群中部的弯沟口外两侧山坡上，集中分布着数百墓葬，在遗址群东部的弯沟到岳公台的山前坡地上，分布着数量众多的岩画，湾沟口外和大直沟口外山坡上岩画分布最为密集。通过调查确认石筑高台、方形和

岳公台—西黑沟遗址群远景

岳公台—西黑沟遗址群兰州湾子石结构遗址遗迹

兰州弯子岩刻画大角羊、人骑马

长方形石围基址、不起堆的方形和长方形石结构墓、静态剪影式的岩画等遗迹之间具有共存关系。石结构建筑、石筑墓葬、岩画之间的共存关系也见于甘肃、新疆草原地带所调查的其他遗址。

岳公台—西黑沟遗址群规模巨大，遗址群内各类遗迹的数量多、规模大，其中最大的石围基址面积900平方米。岳公台—西黑沟遗址群有可能是某一游牧部族的政治中心——夏季王庭所在地，对研究西北草原地区古代游牧民族文化具有十分重要的意义。

1978年哈密地区文物管理所成立。1990年，兰州湾子石结构遗址被新疆维吾尔自治区人民政府公布为第三批自治区级文物保护单位。1996年，巴里坤县文物管理所成立。1999年，兰州湾子遗址被新疆维吾尔自治区人民政府公布为第四批自治区级文物保护单位。2005年，巴里坤县文物管理所更名为巴里坤县文物局，专职负责岳公台—西黑沟遗址群的日常保护和管理。2009年9月22日，巴里坤哈萨克自治县县人民政府印发《关于划定巴里坤县自治区级和县级文物保护单位保护范围和建设控制地带的通知》，划定并公布岳公台—西黑沟遗址群保护范围和建设控制地带。2013年3月5

日，岳公台—西黑沟遗址群被国务院公布为第七批全国重点文物保护单位，编号7-0493-1-493。2014年11月，建立岳公台—西黑沟遗址群全国重点文物保护单位记录档案，存放在哈密地区文物局。

万发拨子遗址 是鸭绿江中上游地区新石器时代至明代晚期的大型聚落遗址，位于吉林省通化市东昌区金厂镇跃进村与环通乡江南村交界处。旧通（化）集（安）公路从遗址中间穿过，将遗址分为东西两部分。遗址西部为相对高度约15米的小山丘，东部为东北西南走向的平缓山脊和连绵丘陵，南侧为现代村落。距离遗址东南250米处有浑江的主要支流金厂河。遗址东部是墓葬的主要分布区，西部多见生活居址。文化遗存主要分布在东西长750米、南北宽200米的区域内，遗址总面积15万平方米。

1956年3月，吉林省文化局组织吉林省东南部考古调查时发现王八脖子遗址。1960年，吉林省第一次文物普查时复查遗址，建立王八脖子遗址文物档案。1985年，吉林省第二次文物普查，通化普查队对遗址及其周围区域进行复查。1987年，吉林省文物考古研究所在王八脖子进行第一次发掘。1996年11月，国家文物局批准考古项目时，更名为万发拨子。1997年4月至1999年11月，吉林省文物考古研究所对万发拨子遗址进行第二次发掘，发掘面积6015平方米，发现新石器、商周、春秋战国、两汉、魏晋及明代六个时期遗存，发现房址22座、灰坑137个、墓葬56座（包含3座近代墓）、灰沟9条、环山围沟1条；出土陶、石、骨、青铜、鎏金、银、瓷、铁器共计6942件。

万发拨子遗址文化堆积分为13层，堆积最厚处3.12米。依据地层关系及出土物，遗存大致可以分为新石器时代、商周、春秋战国、两汉、魏晋及明代等六期。六期遗存出土遗物较为丰富，器物组合关系较好，具有浓郁的地域特征，大致涵盖吉林省东南部、辽宁省东部及朝鲜半岛西北部的古文化遗存。

第一期遗存仅发现生活居址。房址为圆形浅地穴式，以条石垒砌方形灶。陶器以筒形罐为主，陶器纹饰中所见的退化"之"字纹与其刻划"人"字纹的共生关系，为解决"之"字纹的消亡年代提供了重要证据，考定其年代距今6000～5000年。

第二期遗存仅发现生活居址。陶器以罐、壶、钵、碗为主要器类，以素面为主，多夹砂陶，小口罐流行在口沿部饰小乳丁耳或錾耳，陶器多为圆底、大平底或平底微内凹，其年代为商周时期。

第三期遗存堆积最厚，包含物最为丰富，包括生活居址和墓葬，房址大多呈长方形，部分呈不规则圆形，均为浅地穴式。陶器以罐（横桥耳罐、竖桥耳罐、錾耳罐、饰鹰嘴錾和桥耳的罐、无耳罐）为主，另有碗、壶、豆。地层中还可见少量鬲足、鼎足、圆鼓腹弦纹罐、甑等。墓葬包括土坑墓21座、石棺墓6座、大盖石墓4座。其年代为春秋战国时期。个别石棺墓和大盖石墓的年代下限已至西汉早中期。

第四期遗存包括生活居址和墓葬，房址为长方形浅地穴式，用石头垒砌或用土夯筑墙基，地面经火烧处理，较为坚硬。墓葬包括石棺石椁墓1座、石棺墓5座、大盖石积石墓2座、无坛石圹积石墓1座。遗址中出土陶器主要有碗、罐、豆及各种手捏小陶器（杯、盅）

万发拨子遗址西部山脊发掘现场

万发拨子遗址 F19

万发拨子遗址出土双耳陶罐

等为主。石器、骨器种类与第三期变化不大。第四期出土了第三期所不见的铁器，主要为铁镞。墓葬中随葬陶器以壶、罐为基本组合。根据文献记载，第四时期正处在高句丽建国前后，其地望亦正与文献中的高句丽初建的统治区域相吻合，初步判断第四期遗存应为高句丽早期的土著遗存。

第五期遗存包括生活居址和墓葬。房址均为半地穴式。穴壁多直接利用凿掘的土坎，少量沿着土坎砌筑石墙。居住面多利用自然地面平整而成，未经烘烤。室内均设有曲尺形或半环形火炕，是国内发现的较早的火炕遗迹。遗址中出土陶器主要有陶壶、陶罐、陶碗、陶豆，手制小陶器数量较多，有小陶碗、小陶杯、小陶盘等。以泥质陶为主，多黑陶和黄陶，器表抹光或磨光，个别夹砂陶。第五期还发现少量釉陶器（釉陶罐）和青瓷器盖。青瓷器胎色灰白，釉色青绿，为典型的晋瓷。

第五期墓葬仅发现1座，为方坛积石墓，墓葬设三级阶坛，在第三级阶坛上砌筑长方形墓圹。墓葬北部设祭坛。第五期年代大致为魏晋时期。

第六期遗存仅包含12座墓葬，墓葬均未发现葬具，墓坑非常窄，宽度仅容纳一具人骨。

推测当时挖好墓坑之后，直接将尸骨放入墓坑内，再用沙土进行掩埋。葬式均为仰身直肢葬。出土数量较多的为铁器，还有铜器、骨器和少量瓷器。年代为明代晚期。

万发拨子遗址中墓葬较有特色，分为土坑墓、石棺墓、石棺石椁墓、大盖石墓、大盖石积石墓、无坛石圹积石墓、方坛积石墓等七种，发现以女性为主体的包含35人的多人合葬土坑墓，反映由石棺墓至大盖石墓至积石墓的演变序列与传承关系。积石墓、方坛积石墓是高句丽时期的一种特殊墓葬形制，万发拨子遗址中包含高句丽早期的积石墓和高句丽时期墓葬，两者存在传承关系，对研究高句丽墓葬的起源具有极为重要的作用。在遗址中与这两种墓葬同时期的生活居址亦有发现，二者相互印证可较全面地反映出高句丽早期及先高句丽时

万发拨子遗址出土青铜短剑

期的社会生活，对高句丽起源的研究产生重大影响。

万发拨子遗址作为中国东北东南部地区年代跨度大、文化性质复杂、文化堆积厚、文物丰富的一处文化遗产，具有重要的历史价值、科学价值和独特的文化艺术价值。

1961年，吉林省人民委员会公布遗址为省级文物保护单位。1992年，吉林省文化厅公布遗址的保护范围和建设控制地带。2001年6月25日，万发拨子遗址被国务院公布为第五批全国重点文物保护单位，编号5-0028-1-028。通化市文物管理所负责遗址的保护管理工作。2004年建立万发拨子遗址档案，保存于通化市文物管理所。遗址发掘区已大部分回填保护。

可乐遗址　是西南地区战国秦汉时期大型聚落遗址，位于贵州省赫章县可乐乡可乐村、农场村等广大区域。遗址主要分布在可乐河南北两侧的阶地和土丘上，包括有夜郎时期地方族群墓地、汉文化墓葬，居住遗址和窑址等。

夜郎时期地方民族墓地遗存，集中分布在可乐河南侧的祖家老包、锅罗包、罗德成地和顺山等缓坡丘陵地带；汉文化墓葬主要分布在可乐河西北侧的官山、园田、中寨、马家包包、猪市包和可乐河北侧的陆家坪子、水营、许家包包、小河等土丘和坡地；居住遗址包括

位于可乐河北侧的柳家沟遗址和廖家坪子遗址，位于麻腮河与可乐河汇合处三角形台地上的粮管所遗址；窑址位于可乐河南岸三家寨附近的多倮沟口。此外，在可乐坝子周边，尚零星分布有一些遗存。核心区遗存分布面积近5平方千米。

1960年发现可乐遗址。1960年11月至1961年1月，在可乐河西北侧的官山、园田等地发掘汉墓7座。1976~1978年，在可乐河北岸发掘汉墓10余座，在可乐河南侧的锅落包、祖家老包等发掘出地方土著族群墓葬100余座，发现全国仅见的"套头葬"。1988年、1992年，分别对粮管所遗址进行发掘，初步确认是一座重要的官署类遗存，极有可能是西汉设立的汉阳县县治。2000年，又在锅落包、罗德成等地发掘墓葬111座。2012年，发掘可乐廖家坪遗址，清理2座大型墓葬。贵州文物考古部门对可乐遗址进行数次不同规模的发掘与清理，共清理墓葬374座，出土陶、铜、铁、玉、骨、漆等各类文物3000余件。

根据墓葬和出土文物研究表明，可乐是贵州境内重要的战国秦汉时期遗址，既包含有战国至秦汉时期夜郎族群的大量遗存，也包括两汉时期外来汉文化（中原文化）的大量遗存，地方族群遗存文化内涵独特，有学者将其命名

可乐遗址地貌

可乐墓地发掘现场

为可乐文化。可乐遗址文化遗存丰富，在探讨夜郎文明和中华文化多元一体格局的形成中有着重要的价值和地位，其研究和保护受到考古、历史和民族学者的极大关注，其中"套头葬"等还成为学界关注的焦点。可乐遗址是贵州夜郎考古取得的重要成果，是贵州地区遗址规模最大、遗存内容最丰富的战国秦汉时期遗址，是汉王朝势力进入滇东黔西前古夜郎国的重要邑聚，是纳入汉王朝版图后的汉朝中央政府的一个县级行政单位的城址。可乐遗址为探索古代夜郎的历史，为考察云贵高原战国秦汉时期文化的演进和中原化的过程，提供重要的

可乐遗址出土画像砖

可乐遗址出土铜带钩

227

实物资料。

可乐遗址自1960年调查发现至今，始终得到较好的保护。1984年12月，赫章县文化局内成立县文物管理所，负责对可乐遗址和墓群的管理。2001年6月25日，可乐遗址被国务院公布为第五批全国文物保护单位，编号5-0108-1-108。2003年，成立赫章县文物事业管理局，主管可乐遗址。2008年，贵州省人民政府公布实施《可乐遗址保护规划（2006～2020年）》，划定保护范围。赫章可乐遗址被批准为国家考古遗址公园建设项目。档案资料由赫章县文物股进行管理。

尼雅遗址 为汉代"精绝国"故地，主要是魏晋鄯善国时期的遗存，是古代丝绸之路上重要的城址。位于新疆维吾尔自治区民丰县尼雅乡卡巴克阿斯坎村北32.3千米处，尼雅河下游尾闾地带、塔克拉玛干大沙漠腹地。遗址距尼雅河最末端的绿洲28千米，南距民丰县城100千米。

据考证，尼雅遗址在公元前1世纪至公元5世纪初繁荣昌盛，是《汉书·西域传》中记载的"精绝国"故地。据文献记载，"精绝国，王治精绝城，去长安八千八百二十里，户四百八十，口三千三百六十，胜兵五百人"。精绝国位于昆仑山下，塔克拉玛干大沙漠南缘，接受汉王朝西域都护府统辖，国王属下有将军、都尉、驿长等。精绝国位于丝绸之路上的咽喉要地，地理位置十分重要，在当时东西方文化交流等方面起着举足轻重的作用。东汉明帝时期，尼雅遗址所在的绿洲被东部强国鄯

尼雅遗址全景

尼雅遗址房址

尼雅遗址1号墓地出土"五星出东方利中国"锦护膊

善所兼并，成为鄯善国之下的一个州——"凯度多"州；3世纪初，开始受魏晋中央王朝节制；5世纪初，在诸多因素的影响下，尼雅遗址被最终废弃。

清光绪二十七年（1901年），英国人斯坦因首次发现尼雅遗址，之后出版《古代和田》《西域考古图记》《亚洲腹地》等考察报告。1959年，新疆维吾尔自治区博物馆进入尼雅遗址调查，清理居住址10处和墓葬两处，其中发掘一处东汉夫妇合葬木棺墓，出土大量的丝绸、木器、棉布、料珠等重要文物。1988～1997年，中日尼雅遗址学术考察队在尼雅遗址进行连续9次考古调查，对尼雅遗址地面遗存的各类遗址进行详细测绘，并进行部分发掘，获得大量考古学的珍贵资料。

尼雅遗址考古百年以来，尤其是1991～1997年中日合作考察，发现许多重要古文化遗迹和珍贵文物，为尼雅遗址聚落的考古学研究提供了重要的材料。尼雅考古工作还发现大量佉卢文，为古代西域语言学研究领域增添了新的内容。

尼雅遗址分布范围南北长约25千米、东西宽约7千米。尼雅遗址是以佛塔为标识中心而南北松散分布。

遗址内残存程度不一、规模不等的众多房屋建筑遗址、佛塔、佛寺、古桥、果园、田地、道路、陶窑、冶炼遗迹、墓地、供水系统（灌溉渠道、水池）、古城址及作坊遗迹，发现各类遗迹点总数已逾百处以上。其中典型遗址有地方长官衙署的N3、佛教寺院址N5、出土有"大王""王""少大子""且末夫人""大宛王使羡左大月氏（使）上所"等字样汉简的N14和被誉为佉卢文简牍"档案室"的N24、南部古城址、佛塔、95MN1号贵族墓地、葡萄园址等。多数遗址点被茫茫黄沙湮没，只暴露出干枯梁柱的顶端；或被高大红柳沙包覆盖；或被风沙吹蚀殆尽；一些棺木也因风沙肆虐而被从地下吹出，尸骨暴野。

尼雅遗址发现的遗存大多属东汉魏晋时期，中原文化、印度—希腊化的犍陀罗艺术在尼雅接触、交会，成为沟通东西方文化的重要的桥梁。尼雅遗址考古所获翔实材料，对塔克拉玛干沙漠腹地的考古及其他科学的研究有着重要学术价值，对于揭示汉晋时期人居文化和生态环境变迁之间的关系意义重大。尼雅遗址出土佉卢文简牍和汉文木简，为人们提供弥足

229

尼雅遗址佛塔

珍贵的史料。尼雅考古调查、发掘的收获与成果，有力地推动了中国西域史、丝绸之路史、历史地理及古代东西方文化交流史等诸多领域研究的深入。尼雅遗址已成为研究丝绸之路、精绝王国历史、人与自然关系的遗址博物馆。

1962年，尼雅遗址被新疆维吾尔自治区人民委员会公布为第二批自治区级文物保护单位。1979年，和田地区文物保护管理所成立。1996年3月，尼雅遗址保护管理站成立，专职负责尼雅遗址的日常保护工作。1996年11月20日，尼雅遗址被国务院公布为第四批全国重点文物保护单位，编号4-0041-1-041。1999年8月，民丰县文物管理所成立，负责尼雅遗址的保护和管理。2004年，针对尼雅遗址佛塔部分坍塌，进行临时加固。2004年12月，建立尼雅遗址全国重点文物保护单位记录档案，档案资料存放在和田地区文物保护管理所。2005年12月，和田地区文物保护管理所更名为和田地区文物局，负责尼雅遗址的保护和管理。2007年，对佛塔进行加固维修，并修建尼雅遗址看护房。2009年7月22日，新疆维吾尔自治区人民政府印发《关于公布新疆维吾尔自治区全国重点文物保护单位保护范围、建设控制地带的通知》，对尼雅遗址保护范围进行公布。2012年9月，尼雅遗址保护规划通过国家文物局审核批准。2014年3月，新疆维吾尔自治区人民政府批准公布《尼雅遗址保护规划》，2015年7～10月，实施尼雅遗址文物保护设施建设工程。

三江平原汉魏时期遗址 是东北地区汉魏时期的聚落群遗址。位于黑龙江省的佳木斯市、双鸭山市、集贤县、宝清县、友谊县等市县区。

各聚落根据有无防御设施可分为"城址"和"遗址"两大类。其中城址多为山地城址，少有平原城址，城址在其险要或中心处往往设有一至四道数量不等的掘土堆筑形成的低矮城垣，形制以椭圆形或近圆形为主，有一定数量的不规则形。城址规模大小不一，以中小型为主流，大型或超大型少见。从功能上划分，遗址群中除数量众多、规格不等的居住址之外，还有少量的祭祀址、防御址和瞭望址等其他功能的遗址类型。已知较为重要的遗址（点、群）包括：佳木斯市前董家子城址，双鸭山市仁合遗址群、宝清县炮台山城址、青龙山城址、民富遗址群、集贤县滚兔岭城址、东辉遗址，友谊县凤林城址和兴隆山遗址群、长胜遗址群等。

凤林城址，位于友谊县成富乡凤林村西南约1.4千米的七星河左岸二级台地上，西南约1.65千米隔七星河与宝清县炮台山城址相望，二城当地俗称对面城。总体呈不规则形，构筑方式为掘土为壕、堆土为垣。外垣周长6300余米，总面积约1136250平方米。全城以第七城区为中心，共分为9个城区，似"九曲连环城"。第一城区位于城址的西北部，平面略呈圆形，三垣二壕，北城垣有一宽约10米门址，面积约121500平方米；第二城区在第一城区南面，东接第四城区，平面略呈梯形，三垣二壕，面积约55750平方米；第三城区北接第二城区，东邻第四城区，平面略呈半圆形，三垣二壕，南端以七星河为界，面积约68000平方米；第四城区位于第一、二、三城区之东，

凤林城址 15 号房址

231

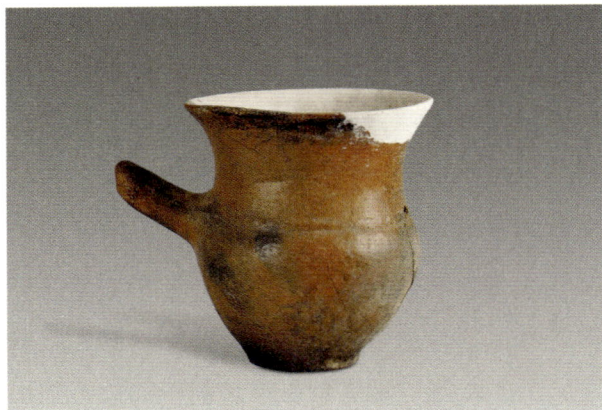

凤林城址出土陶单把罐

凤林城址出土陶马

第五城区之西，平面呈不规则形，三垣二壕，南端一段以七星河陡岸为界，面积260250平方米；第五城区位于第六、七城区周围，西接第四城区，东南与第八城区相连，东北接于第九城区上，平面略呈梯形，三垣二壕，总面积约为286000平方米；第六城区在第五城区内中部偏北，南连第七城区，平面呈耳郭形，单垣单壕，面积18500平方米；第七城区位于第五城区中部，北接第六城区，平面近似正方形，边长112～124米，单垣单壕，垣顶宽近3米、基宽15米、高近4米，壕上宽15米、下宽3米、深约4米，城墙中部各有一马面，四角处各有1角楼，东垣部分区段遭到破坏，仅存4座角楼、3座马面，面积约14000平方米；第八城区位于城址东南部、西北与第五城区相接，平面略呈半圆形，三垣二壕，面积82750平方米；第九城区城址东北部、西南与第五城区相接，平面略呈圆角方形，三垣二壕，北城垣有一宽12米的门址，面积214750平方米。凤林城址的地势较为平坦，根据遗物和地层堆积可将凤林城址中的出土物分为早、晚两个时期的遗存，早期遗存中的房址多为圆角方形，面积较大，多在50平方米以上，最大者面积680平方米。居住

面上常有纵横成排的大柱洞，门道少见，但常有储藏使用的窖穴。出土物以陶器为主，全为褐色砂质陶，其次为红衣陶，手制，纹饰以素面为主，另有少量的附加堆纹、凸弦纹等。可辨器类有单把罐、大口深腹瓮、红衣壶、敞口斜壁碗、敛口深腹钵等；石器种类有刀、镞、刮削器、磨盘等；铁器有刀、镞、甲片等。遗存类型属于汉代的滚兔岭文化。晚期遗存中的房址多为圆角长方形的半地穴式建筑，面积不大，多在9～25平方米，部分房址室内设有曲尺形火炕，四壁有直径较小的柱洞分布，门道少见，不见室内窖穴。遗物以陶器为大宗，以砂质陶为主，其次为泥质细砂陶，器表多呈黑褐、灰褐色，少量黄褐、红褐色，另有少量的红衣陶、黑皮陶。多数陶器器表颜色斑驳不一。多手制，器形不甚规整。泥片分段套接成形，在衔接部位常见按压、刮抹的痕迹，小型器物则直接捏制成形。器表多有拍打、按压、刮抹、打磨等加工痕迹。少量器物上有附加堆纹、弦纹、指甲纹、戳刺纹、拍压纹、彩绘和贴塑饰物。典型容器有瓮、罐、豆、钵、碗、器盖、盆、杯、甑、盅等种类，此外，有一定数量的陶纺轮、陶网坠、陶塑动物、陶砖、陶

饰件及小型儿童玩具。骨器、石器、金属器等的数量也不少，种类有骨纺轮、骨镞、骨笄、骨锥、卜骨、穿孔骨器、石磨盘、石磨棒、石管、石刀、铁刀、铁镞、铁甲片、铁镊、铁锥、铜镯、铜铃等。凤林城址以其独特的形制、险要的地理位置、复杂的文化内涵深深地吸引着国内和国际范围的诸多关注目光。保存完好、类型丰富和文化内涵单纯的七星河流域汉魏遗址群，是十分难得的聚落考古研究对象，为三江平原汉魏遗址群的考古工作奠定坚实的基础。

滚兔岭城址，位于集贤县福利镇福兴村东南约1150米处的滚兔岭上，东侧紧临安邦河。遗址所在山岭的南坡和西坡分布有近百个半地穴坑，分布面积近7万平方米。边缘清楚的半地穴坑呈阶梯状分布在山岭上，彼此间不相连属。在遗址的东西两端各有一个高约3米、直径40～50米略呈圆形和椭圆形的小城，两者间距160米，城内也分布有数目不等的半地穴坑。岭的西端残存一道墙垣，残长250米。1981年，双鸭山市文物管理站进行考古调查时发现滚兔岭遗址，1984年6～8月，黑龙江省文物考古研究所对其进行发掘，揭露面积约1500平方米，清理出圆角方形半地穴房址14座，出土陶、石、铁质文物60余件。发现的房址有大、中、小三种规格，大的边长9.5～10米，中型边长7.8～8.5米，小型边长5米。四壁及居住面皆为花岗岩基石，居住面经过特别加工，非常坚硬，在房址四壁发现有排列密集小柱洞和沟槽，说明原来墙壁立有木板或木柱。多数房址无门道，即使有门道者也很短小。陶器以夹砂褐陶为主，其次为红衣陶，手制，器

壁厚薄不均，纹饰以素面为主，并少见有锯齿状附加堆纹、凸弦纹等。可辨器类有罐、瓮、壶、碗、钵等。石器多为磨制，有少量打制和压制石器，种类有刀、镞、刮削器、磨盘等；铁器有少量的刀、镞、甲片、带扣等。此外在房址中发现较多的炭化种子，经鉴定为大麻（俗称线麻）。黑龙江省文物考古研究所编写的《黑龙江省双鸭山市滚兔岭遗址发掘报告》，首次提出"滚兔岭文化"。

炮台山城址，位于宝清县七星泡镇平安村东北5千米，北距七星河200米，面积约48万平方米。与友谊县凤林城址隔河相望。炮台山城址于民国5年（1916年）已见载于《宝清县志》："七星泡以东的十里之地，七星河南北岸各有一座古城，俗称对面城子，城内红褐陶片居多，不晓建于何年，废于何时。此地远在唐虞时期有肃慎人生息，亦是肃慎地。"其后湮灭无闻。直到20世纪80年代佳木斯文物管理站在宝清县进行文物普查工作，重新发现、识别出炮台山城址遗迹。1986年宝清县水利局对炮台山城址进行初步测绘。2000年6～7月，黑龙江省文物考古研究所对炮台山城址中层城区的东部和东南部进行考古发掘，发掘面积583.5平方米。炮台山城址整体呈覆斗形，自上而下人为修理成三层台阶状，从山顶至山脚设有上、中、下三重城垣，城垣为掘土堆筑而成。上层城垣位于顶部，平面呈东北—西南向的圆角长方形，长65米，宽35米，周长200米，墙外侧高1～2米，内侧高0.5米。修整后的城内地表较平缓，多处裸露山体基岩。有大小不一的半地穴坑8个，大者直径约8米，小者直径约6米。偏北处保留有一长19米、宽

炮台山古城遗址

14米、高0.5米的长方形低矮土台。中层城垣位于山腰处，平面略呈东北—西南向的椭圆形，长径155米、短径115米，周长约450米，墙垣外侧高1～2米。除在北部有一块修出的缓台之外，再无任何遗迹。下层城垣位于山脚下，平面略呈椭圆形，长径650米、短径530米、周长2000米，墙外侧高1～1.5米、基宽15米、顶宽8米，城垣外侧有宽3米、深0.8米的护城壕，存4座门址，东侧有两门，西北侧、西南侧各有一门，宽约8米。每座门址的两侧均有高台，西北、西南两门址的门道前分别设有堵墙，类似瓮城。城内地势较平缓，在西、南、北三面发现半地穴坑39个，大者坑径约10米，小者坑径约4米。城外南部偏东处有一依附在该城上平面略呈圆角长方形小城，长约300米，宽约125米，西、南两侧设有宽3米、深0.8米的护城壕。另外，在城外西北残存有数道低矮残墙，似为附在大城上的小城，已很难辨识。根据遗物和地层堆积可把炮台山城址分为早、晚两个时期的遗存，早期遗存只发现圆角方形半地穴房址一座，其规格东西长15.4米、南北宽14.9米、深0.5米，面积约230平方米，居住面上分布纵、横各4排直径0.2～0.3米的柱洞，四壁内侧有一周浅槽。室内设有窖穴，但无门。遗存类型属于汉代的滚兔岭文化。晚期遗存只发现圆角方形、长方形灰坑3个。陶器主要为灰褐、黑褐色夹砂陶，另有极少量的黄褐、黑色泥质陶，器表多素面，部分陶器饰有红衣，纹饰有指甲纹和圆点纹。多为平底器，少量为圈足器。可辨器形有瓮、罐、钵、碗、豆等，另有少量柱状和角状把手。另有少量的石、骨、铁、铜器等。遗存类型属于南北朝时期的凤林文化。

前董家子城址（原名前董家子古山寨），位于佳木斯市郊区长发镇前董家子村东南3千米，长虹村西南3.3千米的古城山上，面积约24万平方米。1980年，佳木斯市文物管理站沿松花江中游南岸进行普查时，发现前董家子城址。2002年4月27日，佳市文管站春季文物普查时发现董家子二号城址。前董家子一号城址沿古城山山顶设置，平面呈椭圆形，城内地势呈西南—东北递增态势。城垣依山势用扁石条砌筑，周长450米，南垣和西北垣外高4～11米、内高1～1.5米、上宽1.5～2米、基宽6～8米，城内分布100多个排列有序、直径3.5～10米不等的半地穴坑，城中心有3座南北长10米、东西宽8米、深3米的椭圆形半地穴坑，其四周有8个小半地穴坑。城垣外南坡分布有大小不等的半地穴坑30多个，北面山梁上也分布有大量的半地穴坑。前董家子二号城址在一号城址西北1千米处，平面呈椭圆形，城垣为石土混筑，顶宽1.5米，基宽5.6米、内高1～1.5米，周长450米。地表现存有50多个直径6～8米、深0.5～1米的半地穴坑。

青龙山城址，位于宝清县小城子乡青龙山村南约1千米处的小百石河、宝石河汇流处北岸的青龙山上，面积约5万平方米。城址城垣为石块垒砌而成，整体呈不规则形，顶部城垣长265米，西侧城垣长106米，东侧城垣长187米，城墙高度4～6米，墙顶宽1～3米，墙基宽10～15米。城内西端和城垣北坡岗梁上分别设有三处圆形瞭望台基，城南山坡上，分布有百余处的半地穴居址坑。青龙山城址属宝石河流域汉魏时的头城及瞭望城址。

东辉遗址，位于集贤县福利镇东辉村五队西北250米处的山顶上，面积4.6万平方米。遗址形制独特，结构复杂，整体呈蝶形，由东西两座相对的城址构成，二者相距110米。东城址由上、中、下三层城垣组成。上层城垣位于山顶，平面近似圆形，直径20米，周长65米，墙外侧高6米，城内半地穴坑呈椭圆形，坑径5米、深0.9米，周长14米；中层城垣位于山体的中上部，与上层城垣间隔3～4米，平面呈半椭圆形，长径15米，宽3米，周长40米，高度0.5米；下层城垣位于山脚下，与中层城垣相距15米，平面呈椭圆形，长径约75米、宽10米，周长160米，高1米。城内分布有半地穴坑4个（2大2小），均呈椭圆形，坑径5～8米，深0.5～0.6米。在下层城垣的东南边缘处，见有2段残断墙垣，短者90米，长者160米，与城址的整体关系不明。西城址平面近似圆形，直径40米、周长130米、城垣外侧高4米，东南处有一宽约4米的城门，城内分布有圆形半地穴坑2座，直径5～8米、深0.5～0.7米。在东城址的东、南、西三面山坡及西城址的四周处分布有圆形或方形半地穴坑102个（圆形坑直径3～10米，方形坑，边长5～10米），依山势密集排列。

仁合遗址群，位于双鸭山市宝山区七星镇仁合村附近，面积约50万平方米。遗址群由12处城址、11处居住址和1处祭坛址所组成，行政归属于宝山区七星镇仁合村、保安村、哈建村、下七星村、园林村和七星煤矿。遗址群分布在完达山余脉的龙头山和耷拉腰山上，七星河在龙头山东侧的山脚下由南向北蜿蜒流过。遗址群中包含的具体遗址有龙头山城址、孤山城址、狼洞沟城址、仁合西山城址、仁合南山城址、腰山东城址、耷拉腰城址、耷拉腰北城址、馒头山城址、下七星城址、保安东城址、保安东北城址、龙头山遗址、龙头山西遗址、龙头山西南遗址、园林队东遗址、园林队西遗址、仁合东南山遗址、仁合南山遗址、孤坟山遗址、滨南遗址、七星矿东遗址、七星矿水塔遗址、狼洞沟西遗址。1999年5~6月，黑龙江省文物考古研究所选择保安东城址作为"七星河考古计划"的试掘点，揭露面积约340平方米。清理出半地穴房址3座、灰坑1个，出土陶、石、骨和铁器等遗物100余件。根据层位关系与遗存特征分析，文化堆积分为早、晚两个时期。早期遗存的房址为圆角方形半地穴建筑，东西长8.6米、南北宽7.9米，面积约68平方米。居住面上纵横排列着12个直径0.5~0.6米的柱洞，灶址位于房址中部偏北处，窖穴紧邻南壁，四壁上未见门道。文化类型属于汉代的滚兔岭文化。晚期遗存的房址均为圆角方形半地穴式建筑，面积24.5~94平方米，围绕四壁分布一周直径在0.15米左右的小柱洞，灶址位于房址中部偏北处，门道和室内窖穴都未见。遗物中陶器以褐色夹砂陶为主，泥质陶次之，器表多素面，少量的装饰手法包括彩绘、磨光、按压、刻划、戳坑及贴塑。彩绘颜色为黑灰色，以窄条带纹、垂镞纹组成复合纹饰，施于器物的口部和上腹部；多平底器，少量为圈足器和假圈足器。陶器均手制，多为套接而成。器类有瓮、罐、壶、钵、盆、碗、杯、豆、器盖等。文化性质属于南北朝时期的凤林文化。

民富遗址群，位于宝清县七星泡镇民富村附近的东、北、南三面低矮山丘上，分布于东西长6.5千米、南北宽约5千米的范围内，遗址群总面积33万平方米。遗址群由8处城址、22处居住址和1处祭坛址所组成，行政归属于黑龙江省双鸭山市宝清县七星镇七星泡镇的民富村、永安村、永利村、永泉村、畜牧场村。遗址群分布在完达山余脉的无名山丘上，七星河的支流大马蹄河在遗址群的西侧由南向北蜿蜒流过。遗址群中包含的具体遗址有畜牧场南遗址、永安南山遗址、永安东南山遗址、永安东平山遗址、永利东南山祭坛址、永利西南山遗址、永利西南坡遗址、永利东坡遗址、永利北山城址、十四队南城址、民富南城址、民富南山岗遗址、民富南遗址、民富南山包遗址、民富东遗址、民富长条山遗址、民富东条山城址、民富东城址、民富东南山遗址、民富东平山遗址、畜牧场西遗址、民富南坡遗址、永泉南遗址、永泉炮台山城址、永泉西南遗址、畜牧场北山城址、畜牧场北山遗址、畜牧场东遗址、永利北坡遗址、永利北山遗址。

长胜遗址群，位于友谊县兴隆镇长胜村南侧的低矮浅山上，分布在范围南北长约10千米、东西宽约9.5千米的区域内，遗址群总面积62.22万平方米。遗址群由13处城址和29处居住址所组成，行政归属于友谊县兴隆镇的长胜村、猴石村、和平村、兴胜村、新民村、兴隆村、中兴村。遗址群分布在完达山余脉的长胜东山、长胜西山、猴石山、上九家山和下九家山上，扁石河在遗址群的中部由南向北流淌而过。遗址群中包含的具体遗址有平台遗址、干滴溜山遗址、猴石西遗址、库北遗址、和平城址、长胜西山城址、长胜城址、老牛圈城址、兴胜西山城址、波南城址、北沟遗址、兴胜西北山遗址、新民西山城址、挂画山遗址、长胜东山遗址、长条山遗址、葡萄园城址、坡北城址、西坡遗址、二道岗遗址、长胜西南山遗址、猴石山城址、猴石山北城址、中兴址、上九家遗址、下九家遗址、园西遗址、苍蝇山遗址、猴石北遗址、长爱城址、长胜北山遗址、大架山遗址、猴石山遗址、道边遗址、东坡遗址、平岗遗址、新民东山遗址、秃包遗址、东沟遗址、长胜西北山遗址、长条山东北遗址、长胜东南山遗址。长胜遗址群自发现未进行过正式的考古发掘,只是进行过简单的地表调查,采集到少量的遗物标本,从已获得的遗物标本初步来判断遗址群的文化属性应是汉代的滚兔岭文化类型。

兴隆山遗址群,位于友谊县凤岗镇西南约7千米的低矮山丘上,总面积约24万平方米。遗址群由9处城址和6处居住址所组成,行政归属于友谊县凤岗镇、兴盛乡的兴隆山村、春胜村、德胜村、幸福村、十三队牧羊场等。遗址群分布在完达山余脉的兴隆山、王勃脊山、东架子山、西架子山和张凤岭山上,七星河在遗址群的南侧由西向东流过。遗址群中包含的具体遗址有尖山城址、阎四地城址、西架子山城址、东架子山城址、王勃脊一号城址、王勃脊二号城址、王勃脊遗址、张凤岭遗址、石头山城址、石头山遗址、幸福东山城址、幸福遗址、幸福西城址、牧羊场东遗址、牧羊场西遗址。该遗址群自发现以来尚未开展正式的考古发掘工作,只是进行过简单的地表调查,采集到少量的遗物标本,从现已获得的遗物标本初步来判断该遗址群的文化属性应是汉代的滚兔岭文化类型。

三江平原汉魏时期遗址群的发现与研究确认在曾被视作开发很晚近的北大荒,至少从汉魏时期起就已经产生比较繁荣的文化与文明。正是这一区域经济、文化的发展与积淀,为此后唐代渤海国和女真族的兴起奠定了基础。

三江平原汉魏时期遗址分布范围广泛、数量众多,考古工作与保护管理的基础也存在着一定的差异,其中多数代表性遗址曾先后被所在县市以及黑龙江省公布为相应级别的文物保护单位,并依照要求建立"四有"档案。2001年6月25日,凤林城址、炮台山城址、滚兔岭城址、前董家子城址、东辉遗址、仁合遗址群、民富遗址群、长胜遗址群、兴隆山遗址群等,以"三江平原汉魏时期遗址"为名被国务院公布为第五批全国重点文物保护单位,编号5-0034-1-034。2006年5月25日,青龙山城址被国务院核准公布归入第五批全国重点文物保护单位三江平原汉魏时期遗址。2008年黑龙江省各属地政府划定了遗址的保护区划。

嘎仙洞遗址 为北魏拓跋鲜卑先祖所居石室,位于内蒙古自治区鄂伦春自治旗阿里河镇西北10千米,地处大兴安岭北段顶巅之东麓,属嫩江西岸支流甘河上源。

"嘎仙"一词系鄂伦春语,与满语"嘎珊"相通,意为村屯。嘎仙洞为一天然山洞,洞口在高出平地约25米的峭壁上。主洞长92米,宽27～28米,面积约2000平方米,最高处20多米。西北有一向上坡度约20°的斜洞,斜洞长22米、宽9米、高6～7米。主洞中部放置一块约3米见方的天然石板,下用大石块支撑。洞壁平整,青苔滋生,地下堆积较厚。

1959年，内蒙古文物工作队在呼伦贝尔盟孔赍诺尔发现鲜卑墓群，拓跋鲜卑起源遂成学术界关注的热点。1980年7月30日，内蒙古及呼伦贝尔盟考古工作者在嘎仙洞进行考古调查时，发现北魏太平真君四年（443年）太武帝拓跋焘委派李敞等人到嘎仙洞祭祀祖先时凿刻在石壁上的祝文。这篇祝文已被苔垢大部覆盖，刻于距洞口15米的西侧石壁上，高度与视平线相齐，经过清洗苔垢，祝文得以重见于世。刻辞为竖行，通高70厘米、通宽120厘米，实际共有19行，其中有12个整行（每行12～16字不等），其余为半行，多为抬头另行与题名，全文共计201字。石刻文字古朴雄健，书法风格介于汉隶、魏碑之间，近似汉隶八分书。释读为"维太平真君四年癸未岁七月廿五日，/天

子臣焘，使谒者仆射库六官、中书侍郎李敞、傅㝹，用骏足、一元大武、/柔毛之牲，敢昭告于/皇天之神：启辟之初，祐我皇祖，于彼土田。/历载亿年，聿来南迁。应受多福，/光宅中原。惟祖惟父，拓定四边。庆流/后胤，延及冲人，阐扬玄风，增构崇堂。克翦凶丑，威暨四荒。幽人忘遐，稽首来王。始闻旧墟，爰在彼方。悠悠之怀，希仰余光。王业之兴，起自皇祖。绵绵瓜瓞，时惟多祜。/归以谢施，推以配天。子子孙孙，福禄永延。荐于/皇皇帝天，/皇皇后土。以/皇祖先可寒配，/皇妣先可敦配。/尚飨！/东作帅使念凿。"

这是1500多年前保留下来的"原始档案"，内容与《魏书·礼志》所载内容基本相同，证实嘎仙洞即拓跋鲜卑旧墟石室，嘎仙洞

嘎仙洞外景

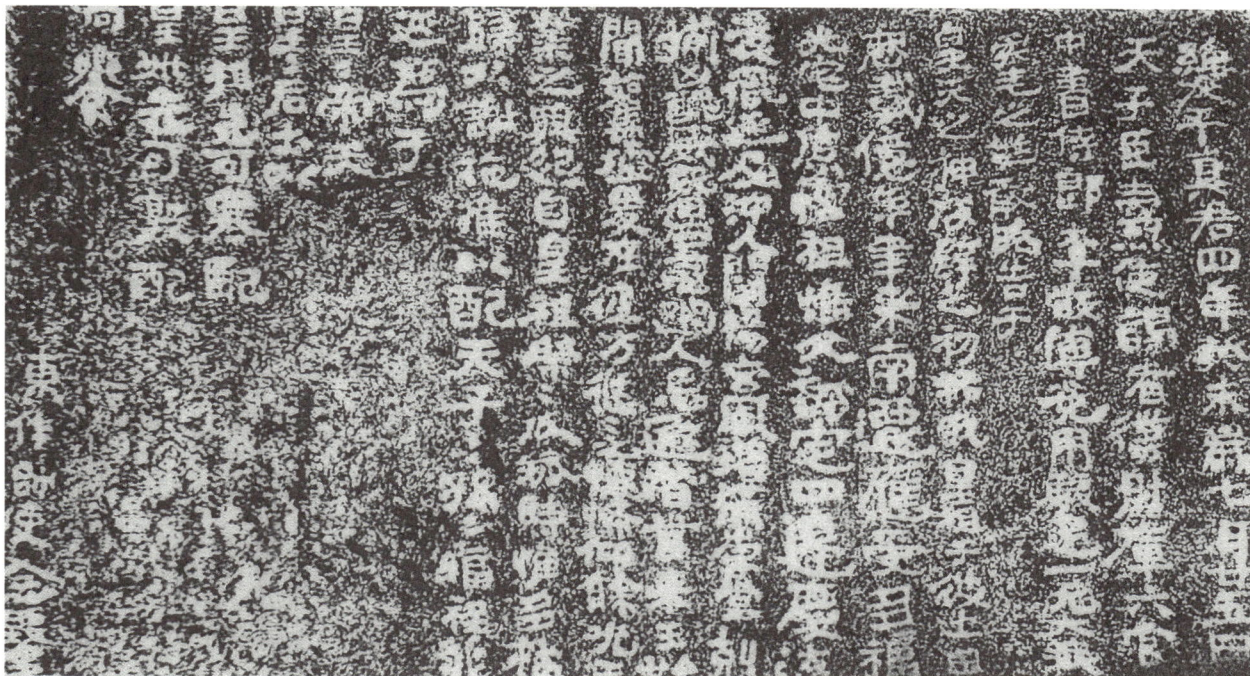

嘎仙洞石刻祝文拓片

对研究中国疆域史具有重大政治意义，也对研究鲜卑民族起源具有重要学术价值。考古学家夏鼐先生认为此发现"解决了鲜卑族的发源地问题"。

此后，鄂伦春旗、呼伦贝尔盟、内蒙古自治区、国家文物局先后组织赴嘎仙洞考察，并拨专款对嘎仙洞遗址进行科学保护和维修。在维修工程中，考古工作者又发现嘎仙洞内的

嘎仙洞所在区域猎人居住的仙人柱

文化层厚度约1.5米，采集有打制石器、细石器、牙饰、骨器、陶器、青铜器、铁器和野生动物骨骼化石，证明嘎仙洞不仅是鲜卑先祖石室，而且是一个长期居住着古代人类的巨大洞穴遗址。

为保护嘎仙洞遗址，避免潮湿侵蚀和自然风化，内蒙古自治区文物局组织文物保护专家与地质专家对嘎仙洞遗址进行细致勘察，制订并实施精细的保护方案，拆除原有铁门及栅栏，清理洞内积土及自然脱落的杂石，修建排水工程，加固部分危岩。1986年，内蒙古自治区人民政府发布文件，将嘎仙洞遗址公布为自治区（第二批）重点文物保护单位。1988年1月13日，嘎仙洞遗址被国务院将公布为第三批全国重点文物保护单位，编号3-0214-1-034。

第二节　古城址

城头山遗址　是长江中游地区新石器时代重要的古城址，距今约6300～4500年，位于湖南省澧县城头山镇城头山村。文化遗存主要分布在城头山村徐家岗南部东端由环形护城河及夯土城墙构成的古城内，总面积约18.7万平方米。

1979年，湖南省博物馆与澧县文物管理所考古人员对澧阳平原中部名为"城头山"的台地进行调查踏勘，确认为一座古城。1991～2002年，湖南省文物考古研究所连续12年进行发掘。2011～2014年，又进行多次抢救性补充发掘。总发掘面积约9000平方米。

通过历次考古发掘，特别是通过对城墙和护城河（环壕）的多处解剖式发掘研究，精确地掌握城头山遗址的地层关系，确认有4次筑城。其中第1期城墙所取标本经中国地质科学院碳十四实验室测年并经树轮校正为距今5920±110年，为大溪文化一期；第2期城墙为距今5730±100年，实际是第一期城墙略为加高；第3期城墙距今约5300年；第4期城墙距今约4800年。同时在城内东部，城墙叠压地层下

城头山遗址航拍图

城头山房址

城头山遗址西城垣剖面

面发现了距今约6500年汤家岗文化时期的古稻田及附属的灌溉设施。发现用纯净黄土夯筑，面积超过250平方米的不规则椭圆形祭台，属大溪文化一期，距今约6000年，并延续使用至大溪文化二期。在南门环壕内，发现用木桩、芦席共同构成的护坡设施，在静水沉积中发现木桨、木梢以及可能是船构件的带榫眼的木板，还有数以十根长4～5米的圆木，其中有的圆木上每隔50厘米有砍削痕迹，可能是木排的组成部分。同时还发现象、鹿等动物骨骼20多种，芦瓜、黄瓜、冬瓜等植物籽实70多种。

城头山遗址共揭露清理墓葬790座、灰坑449个、灰沟56条、房址75座、陶窑10座及其他重要遗迹。出土石器1042件、骨器10件、陶器20043件、纺织品5件、木器51件、玉器16件。其中木制船桨做工精细，玉璜、玉玦、玉环十分精美。

出土文物中陶器居多。汤家岗文化陶器基本特征一是印纹陶盘工艺非常先进，二是器物花纹精美繁缛，以篦点、水波或几何形刻划纹为主，三是彩色白陶器皿精美。大溪文化陶器以红陶为主，普遍涂陶衣，亦有外红内黑陶器。主要纹饰有绳纹、弦纹、篦点纹、按窝纹或刻画符号等。有少量彩陶，分黑、红、赭三类，黑彩最多。常见宽带纹、勾曲纹、波折纹、网格纹、圆圈纹等。主要器形有釜、斜沿罐、小口直领罐、壶、盆、钵、豆、簋、圈足盘、圈足碗、筒形瓶、曲腹杯、器座、器盖等。屈家岭文化时期黑陶多，灰陶次之，黄陶和红陶较少，器表以素面为主。以彩陶纺轮、彩绘黑陶和蛋壳彩陶最具特色，陶器的品种丰富，图案美观。石家河文化时期灰陶占大多数，逐次为红、黑、褐陶，并以素面为主。纹饰中绳纹最多，其次是方格纹、戳印纹、弦纹。也有少量红色的陶杯和陶塑。

城头山遗址地面遗存主要为环城一周，周

城头山遗址出土大溪文化陶杯

城头山遗址出土玉璜

长1000米，墙基宽20～30米的城垣遗迹，其外圆直径340米，内圆直径325米。东、南、北各有豁口，疑为城门位置。城垣除因开垦农田遭受过局部破坏外，部分尚留存高低不等的隆起形状，轮廓较清晰，总体格局保存完好。城内地表标高比城外平原地表高出1.5～3米。城垣最高点比城外高约4.5米。城垣外环绕有护城河，长约1255米，宽约30～70米。其中残存护城河长约350米（屈家岭文化时期），2001年根据考古资料恢复905米。从城垣外观和考古发掘情况看，古城址整体格局基本未受破坏。遗迹中大溪文化时期环壕、屈家岭文化时期护城河、各期所筑城垣及东、南、北城门豁口以及城内各个时期考古文化堆积，均基本保存完好。

城头山遗址是中国发现的年代最早、保存完整、内涵丰富的古城址，具有中国早期城址中相对完备的功能分区布局，发展年代谱系清晰，是长江流域城邑文化遗存保留得比较系统、具代表性的遗址，其内部6500年前汤家岗文化时期的古稻田为迄今世界所发现的年代最早的水稻田。城头山遗址对研究早期新石器文化、史前聚落、农业的起步和发展、中国早期从环壕到筑城的技术演变、前国家时期的社会

组织和文明因素的形成等重大课题，提供了考察平台和实体例证，并对长江中游史前文化谱系和编年研究提供帮助。

1996年11月20日，城头山遗址被国务院公布为第四批全国重点文物保护单位，编号4-0017-1-017。2001年，国家文物局批准《湖南省澧县城头山古文化遗址总体保护规划》。2002年，成立澧县城头山古文化遗址管理处（2017年更名澧县城头山国家考古遗址公园管理处），负责城头山遗址的保护管理工作。2006年，湖南省人民政府批准颁布实施《湖南省澧县城头山古文化遗址总体保护规划》，划定城头山遗址的保护范围与建设控制地带。2016年6月7日，城头山国家考古遗址公园正式建成开园。

西山遗址　是黄河中下游交界地区新石器时代仰韶文化晚期的城堡形聚落遗址，位于河南省郑州市惠济区古荥镇西山村西枯河北岸的二级台地上。

1983年文物普查时初次发现西山遗址。1993年秋至1996年春，国家文物局第七、八、九期考古领队培训班先后在此开展田野考古实习，对遗址进行大规模的考古发掘，发掘面积6385平方米，发现并确认为一座仰韶文化晚期的城址。

城址平面形状近于圆形，直径约180米，推断城内面积原有2.5万平方米。据对西山遗址环境考古研究结果，遗址南部的枯河历史上曾有两次北袭侧蚀遗址的过程，特别是在距今3300～3000年枯河的第二次北袭破坏城址的南部，造成城圈已不能封闭。所存半圆形城墙残长265米，若以西城门和北城门为界，可将城

墙划作西墙、北墙、东墙三段，南墙已不存。所存三面城墙全部埋藏于今地表以下。其中西墙自西门南壁至南部断崖，遗存城墙长24米，墙宽6～6.25米，存高约2.55米。北墙自西门北壁至北门西壁，全长163米，保存基本完整，墙宽3.20～8米，存高1.50米。西北城隅段保存最好，墙呈弧形，基底宽11米，存高约2.50米，现存亮度平面宽约8米，较之北墙中段城墙宽出3～5米，显然是为提高城墙薄弱处的守防能力而加宽加厚的。东墙自北门东壁至南部断崖，所存城墙长50.5米，墙宽0.80～6.10米，存高1.75米。墙外有壕沟环绕，壕一般宽5～7米，深3～4.50米。

城门遗址，在城墙周围发现两座城门遗迹，分别为北门和西门。两座城门的形制、结构有较大区别。西门设在城址西北隅，西墙北段，门道宽约17.50米。西门门道稍偏南处正中，发现城门奠基遗存，分作上下两层。上下层各可分8组，分别以鼎、罐和大口尖底缸、环形平口尖底瓶为葬具，计20余件器物，多件器物内发现有婴幼儿骨骼。北门设在城址东北隅，门道宽约10米，平面形状略呈"八"字形。东、西两侧为附筑的略呈三角形的城台，城台均由各种长方形、梯形、三角形和近于菱形的小板块筑成。在北门外侧正中，横筑一道形如影壁的护门墙。护门墙东西长约7米、宽约1.50米，夯筑十分坚硬。护门墙的作用，遮隔冲突，门之启闭，外不得知，显为增强城门

西山古城西北角城墙平面

的防御功能而设置。北门奠基遗存，位于北门西侧，在城墙收分而成的台阶面上。可分作4组，分别以环形平口尖底瓶和器盖、大口尖底缸及钵和夹砂罐为葬具，其中除夹砂罐外的其他3组内发现有婴幼儿骨骼。在北门偏西的城墙夯土中，还发现有多组分层埋设的包括彩陶钵、鼎、罐在内的奠基遗存。

城门南侧城墙宽约6米，北侧城墙宽9米。在与门道正中稍偏北处相对应的壕沟内外两侧，均挖筑较浅约2.50米，且两侧各向壕沟中伸出直径约3米的半圆形生土台，使得两土台间壕沟的宽度仅2米左右，推测应为便于架设板桥以内外通行的。

城墙的建造方式，是先在拟建城墙区段挖筑基础槽，在槽内经过修整的基底平面上依托基槽内壁分段逐块逐层夯筑建墙，高出基础槽口以后，沿内侧地面展宽筑起。外侧取土而成的深沟即成环绕城墙的城壕。城墙筑造采用先进的方块版筑法。筑墙每版方块的大小并不一致，显示使用模版的长短也不相同。一般每版长1.50～2米、宽1.20米；最大版块长3.50米、宽1.50米。每版的厚度也不相同，以30～50厘米者多见，最薄的版块约20～25厘米。版筑城墙的上下层版块系交错叠压，层间夹垫草类植物茎叶以增加凝结力。版块内夯层厚度一般4～5厘米，中心版块经铺筑的夯层厚度则达8～10厘米。揭示夯窝圆形，直径约3厘米，窝深0.3～0.5厘米，底倾斜不平。从其呈"品"字形分布的较为清晰的夯棍痕迹分析，当为3根一组的集束棍夯。

城内发掘出大批房基、窖穴、灰坑、墓葬、瓮棺等，出土大量陶、石、骨、蚌等器

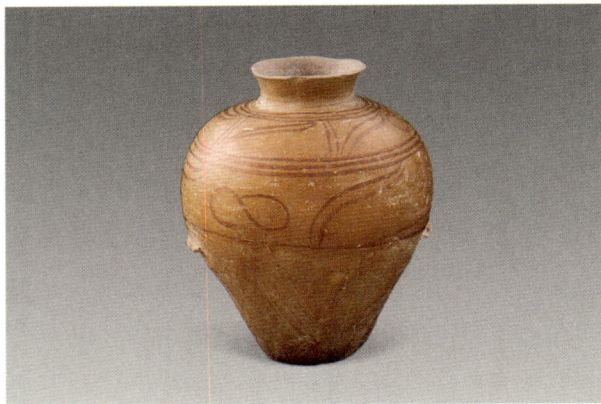

西山遗址出土的彩陶罐

物，据此将西山仰韶文化遗存依前后顺序划分为发展的三期，确认西山城址始建于西山二期晚段，废弃于西山三期晚段，绝对年代依碳十四测定数据为距今5300～4800年。

西山城址是黄河流域发现的年代最早、建筑技术最为进步的早期城址。西山城址将中国古城产生的历史向前推进至仰韶时期，对于探讨中国早期城市的起源、研究华夏早期文明的起源和发展具有非常重要的意义。西山古城创造的城墙版筑法，开启大规模城垣建筑规制的先河，在中国古代建筑史上具有里程碑式的意义。

1996年11月20日，西山城址被国务院公布为第四批全国重点文物保护单位，编号4-0012-1-012。2010年起，郑州市惠济区文化旅游局负责西山遗址的保护管理工作。2014年，国家文物局批准《西山遗址保护规划》，划定西山遗址保护范围及建设控制地带范围。建立"四有"档案，保存于郑州市文物局。

平粮台古城遗址 是新石器时代龙山文化时期的古城遗址，位于河南省淮阳县城东南大连乡大朱庄村西南。遗址为一处高约3～5米的台地，面积5万多平方米。

1979～1985年，河南省文物研究所连续

平粮台古城遗址发掘现场

平粮台古城遗址出土陶甗

多次发掘，发掘面积约3000平方米。确认城址呈正方形，面积3.4万平方米，城墙下宽约13米、高约3米。西南城角保留较好，外角呈弧形，内角较直。城墙采用小版筑法。在南墙和北墙中段发现城南门和北门遗迹。南门内两侧用土坯垒砌门卫房，东门卫房南北长4.4米、东西宽3.3米；西门卫房南北长4.2米，东西宽3.1米。南门道路下有陶质排水管道，残长5米多，管道每节长35～45厘米，直筒形，一端稍细，一端稍粗，节节套合。管道铺成北高南低，便于排水。在城内发现房基10余座，多为长方形排房，以土坯为建筑材料。其中一号房基为平地起建，平面呈长方形，东西长12.54米、南北宽4.34米，室内用两道隔墙把房子分成3室，南开门，房内有红烧土地面及灶基。四号房基为高台建筑，平面呈长方形，东西残长15米、南北宽5.7米，台高0.72米，有3道隔墙，把房子隔成4间，门向南。

2010年勘探确认，平粮台古城遗址周边存在大规模的新石器时代文化遗存。遗存总体分布范围呈椭圆形，东西长860米、南北宽670米，总面积50多万平方米。平粮台是一个大型台地，台地四周边缘被北宋之后的黄河泛滥淤平。台地西自小白楼村西北，距平粮台西墙250米；北至平粮台北围墙400米；东至350米蔡河堤；南至南围墙外100米。此范围内发现仰韶、龙山文化的陶片和灰坑，证明平粮台古城遗址是一座仰韶、龙山文化的大型聚落遗址，平粮台龙山文化古城位于遗址南部正中。

2014年、2015年，河南省文物考古研究院连续两年再次对平粮台古城遗址进行考古发掘，共发掘面积200平方米，在遗址南部发掘龙山文化时期墓地，发现8座墓葬。在南门发掘出龙山文化时期的3组陶排水管道。此外还发现有房基和3眼水井。

城址文化内涵丰富，遗存可划分为前后顺序发展的五期，时代分属于大汶口文化晚期、龙山文化中期、龙山文化中期偏晚、龙山文化晚期及早商时期。出土遗物多陶器，可辨器形有鼎、罐、壶、圈足碗、碟、盘、甗、鬶、澄滤器、豆、盆、器盖及瓮、甑、碗、平底盆和三足皿等。

古城的建筑年代为平粮台第三期即龙山文化中期偏晚，第四期晚废弃。经碳十四测年数据，城址距今4500～4350年。

平粮台古城的发现，对于研究中国古代城市起源、探索早期文明的形成与发展，具有重要的价值。城内陶排水管道发现，是最早的城市排水系统。

1978年，平粮台遗址被河南省淮阳县革命委员会公布为县级文物保护单位；1986年，被河南省人民政府公布为第二批省级文物保护单位。1988年1月13日，平粮台古城遗址被国务院公布为第三批全国重点文物保护单位，编号3-0193-1-013。2000年起，周口市平粮台古城博物馆负责遗址的保护管理工作。依据《平粮台古城遗址保护规划》，调整公布了平粮台古城遗址的保护范围与建设控制地带。

王城岗及阳城遗址　王城岗遗址，以龙山文化晚期遗存为主，核心为一座龙山文化城址，并兼有其他时代遗存的遗址，位于河南省登封市告成镇颍河支流五渡河西岸岗地上。阳城遗址是东周时期郑、韩两国重要的军事要塞阳城故地，以战国时期文化遗存为主，位于告成镇镇东、镇北的广阔地带，隔五渡河与王城岗遗址东西相望。

1954年，登封县文化局调查发现王城岗

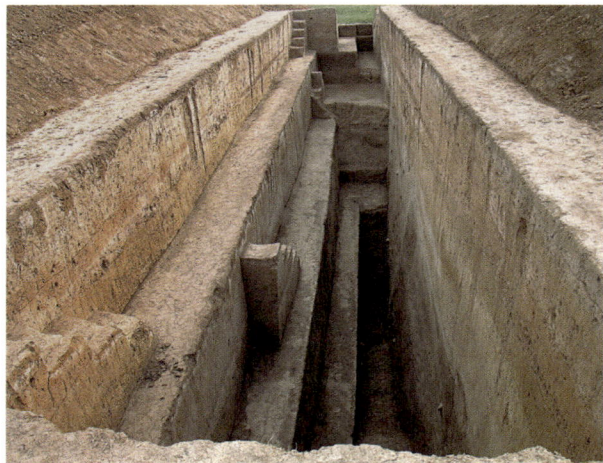

王城岗遗址城墙与城壕发掘现场

遗址，当时命名为八方龙山文化遗址。遗址范围东起五渡河西岸，西至八方村东部，北依王岭尖南缘，南抵颍河北岸，面积约50万平方米。1959年夏，考古学家徐旭生进行"夏墟"调查，确定其为探索夏文化的重要遗址之一。1975年，河南省文化局文物工作队重点对王城岗及其周围一带钻探，发现有丰富的龙山文化及二里头、二里岗和春秋时代的文化遗存。1976年对王城岗及其周围进行试掘。同时，在告成镇北地一带发现东周阳城遗址和遗址南的东周铸铁遗址。1977年春，在王城岗遗址发现并最终确认由两座小型城堡组成的龙山文化城址。1978～1981年，重点发掘王城岗龙山文化遗址和东周阳城内的输水设施遗存。至1981年春，共发掘探方244个、探沟20条，面积8575平方米。1996年后，结合国家夏商周断代工程进行多项调查、发掘、采样及多学科研究工作，2002～2005年，最终发现王城岗龙山城址大城和城壕。

王城岗遗址在1977年发现的小城，由东、西两城并列组成，东城西墙即西城东墙。西城平面呈正方形，保存较好，南墙长82.4米、东端有一宽约10米的缺口，西墙长92米，北墙北段和中段被王岭尖山洪冲毁、仅西段残存29米，北墙西段外侧有一条与城墙平行的壕沟，城内面积近1万平方米。东城大部分被西移的五渡河冲毁，南墙西段残长约30米，西墙南段残长约65米，两者相交近直角，规模可能与西城相似。小城发掘出夯土建筑基址、人牲奠基遗存、灰坑和墓葬，出土有原始青铜器残片、带刻划符号的陶器残片、石骨器生产工具。

2002～2005年发现的大城位于小城西南

王城岗遗址出土鬶口杯

王城岗遗址出土陶杯

部，平面为长方形，北墙残长350米，东墙和南墙被毁，复原后城内面积34.8万平方米。城外有壕，城壕底部发现用于祭祀的人头骨。大城内发现埋有人骨的祭祀坑和玉石琮、白陶器等文物，中部偏北处发现几处大面积夯土基址。

小城和大城均分属于河南龙山文化二、三期，距今约4200～4000年。

阳城遗址地势北高南低，为漫坡地。南临颍河，北接东西起伏的丘陵高地疙瘩坡，东靠发源于疙瘩坡东侧南流的北沟小溪西岸，面积200万余平方米。

阳城遗址中部1976～1982年发现城址一座，城墙呈南北长方形，南北长1850米、东西700米。城墙依山傍河随自然地势修筑而成，北高南低，其中只有北墙的墙体在地面上保存较高，中段有一个宽13米的缺口，其他三面城墙几乎被夷为平地，只有断续几段城墙夯土保留在地面之上。从城墙夯土、发现遗迹、出土陶文看，阳城遗址城址为东周阳城。城内中部偏北处，发现一处大型建筑基址，地面上有成片的铺地砖，并堆积有大量的砖块、板瓦、筒瓦、瓦当等建筑构件和一些陶片。在建筑基址

西侧断壁上，发现地下埋有自西北向东南套接的陶水管道。城内出土有铁器、铜器和大量的陶器。在一些陶豆、陶釜、陶瓮、陶盒、陶罐、陶碗和陶量上，刻印有"阳城""阳城仓器"等戳记和其他各种陶文符号。

东周阳城地望的确定，为探索夏代阳城提供重要线索。而王城岗遗址根据地望、年代、等级、与二里头文化关系以及相关文献记载的综合研究，推定王城岗龙山文化晚期大城应即"禹都阳城"之阳城，早于大城的王城岗龙山文化晚期小城则可能是传为禹父的鲧所建造，从而为夏文化找到了一个起始点。

1963年，河南省人民委员会公布八方遗址为第一批省级文物保护单位。1986年，河南省人民政府公布王城岗遗址为第二批省级文物保护单位。1994年，观星台文物保护管理所负责王城岗及阳城遗址的保护管理工作。1996年11月20日，王城岗及阳城遗址被国务院公布为第四批全国重点文物保护单位，编号4-0013-1-013。2004年，河南省人民政府划定王城岗及阳城遗址的保护范围与建设控制地带。建立有科学记录的文字档案，现存于河南省文物局。

二里头遗址　为已知中国最早的王国都邑遗址，多认为是夏王朝中晚期的都城。位于河南省偃师市西南约8千米的翟镇镇二里头村一带，北临洛河，南距伊河约5千米。

1959年4月，考古学家徐旭生组织进行"夏墟"调查，发现并公布二里头遗址调查成果。1959年秋季开始，中国科学院考古研究所建立工作队，进行发掘和研究工作。此后共进行20余次勘探、50余次发掘，累计发掘面积4万余平方米，取得一系列重要成果。

遗址东西最长约2400米，南北最宽约1900米，面积约300万平方米，包括二里头、圪垱头、四角楼和北许四个行政村。遗址本体全部在地表以下，文化堆积厚1～6米。

遗址中心区由东南部至中部一带的围垣作坊区、宫殿区、祭祀活动区和若干贵族聚居区组成。围垣作坊区位于宫殿区南邻，东墙与宫城东墙成一直线，南墙与宫城南墙平行，在其东北部发现有绿松石器制造作坊，铸铜作坊位于其南部。宫殿区外侧有四条"井"字形道路，最长的为东面的一条，沿围垣作坊东墙、宫城东墙外侧南北延伸，向北已远远超出宫城北墙继续向北，已探明长度近700米。南侧道路中段发现有中国最早的双轮车车辙1处。宫殿区位于遗址中心区"井"字形道路之内，宫殿区内遗迹自东向西约可分为三路：2号基址群位于宫城最东端，1号基址群位于宫城最西端，中部有其他的大型夯土基址和卵石活动面。晚期时在早期"井"字形道路内侧之上修建有宫城城墙，城墙略呈长方形，发现有5处门道遗迹，其中东墙上3处，西墙南端、南墙西端各有1处。祭祀遗存区位于宫殿区之北，

二里头遗址发掘现场

二里头遗址出土绿松石龙形器

东西约二三百米，发现有圆形地面建筑和长方形半地穴建筑及与其有关的墓葬。贵族聚居区位于遗址东部、东南部和中部的宫殿区周围，包括中小型夯土基址和中型墓葬。一般居民区位于遗址西部和北部，包括小型房址和墓葬。与制陶、制骨、制玉等其他手工业有关的遗迹发现较少，作坊的分布情况不甚明了。

遗址已发现的青铜器有五大类130余件，主要有容器鼎、爵、盉、斝等，乐器有铜铃等，武器有钺、戈、戚、镞等，工具有刀、锯、锛、凿、钻、锥、鱼钩等。还有镶嵌绿松石的圆铜盘和铜牌饰等。是中国考古发现最早的一批完整铜器。

二里头遗址出土铜爵

玉器主要有圭、璋、戈、钺、戚、刀、铲、凿、纺轮、镞、柄形器、圆箍形饰、环、坠饰等。绿松石器主要有绿松石龙形器、嵌绿松石牌饰、管、珠、片等。

原始瓷器数量很少，且为残片，胎、釉质地均较好。白陶（有些泛红或呈橙黄色）的胎土和原始瓷器的近同，器类有爵、盉、鬶等，应属高规格陶器。普通陶器数量最多，可复原者近5000件，器类主要有深腹罐、圆腹罐、鼎、甑、盆、刻槽盆、三足皿、捏口罐、大口尊、盉、觚、爵、器盖等。漆器数量和种类也较多，有爵、瓢、豆、钵、筒形器等，多出于墓葬中。石器主要有斧、铲、刀、镰、凿、锛、戈、矛、镞、钺、磬等。骨器主要有簪、锥、针、铲、鱼钩、镖、匕、镞等。蚌器主要有铲、镰、刀、鱼钩、镞等。还有一些子安贝，多是组合成一定图案成为装饰品。

二里头遗址和二里头文化的有关研究较为深入广泛。学界多认为二里头遗址属于可确认的、具有一定规划的、年代最早的王国都城遗址。大多数学者认为二里头文化和王湾三期文化有着密切的关系。多数学者认为遗址遗存

二里头遗址出土兽面纹铜牌饰

全部或部分属于夏文化。学界多把二里头遗址分为四期，分期框架大致相同。年代为距今3800～3500年。关于遗址的性质主要有三种意见：是夏王朝都城；前期是夏王朝都城，后期是商王朝都城；第一期具有都城规格，从第二期到第四期属商王朝都城。学者意见存在较大分歧，有学者持审慎的态度，认为在无可以直接说明其性质的内证性材料出土之前，不宜将其与后世文献记载中的王朝对应。

二里头遗址是公元前18～前16世纪中国乃至东亚地区最大的聚落，拥有所知中国最早的城市道路系统、宫室建筑群和宫城，最早的青铜礼器群、以青铜冶铸作坊和绿松石器制造为代表的最早的官营作坊区等诸多重要遗存，为研究中国城市和聚落布局、城市规划与建筑史、礼器及礼仪制度发展史、手工业和科技发展史、社会生活史、政治结构、文化生活等重要问题提供了珍贵的实物资料。

二里头遗址和以其为代表的二里头文化在中国早期国家和文明形成史上具有重要的地位。二里头遗址多认为是夏王朝中晚期的都城，是探索中国早期文明和国家起源、研究夏文化、夏商王朝纪年及分界的关键性遗址。二里头文化填补考古学上夏文化的缺环，是中华文明形成历史上最早出现的核心文化，与后来的商周文明一道，构成早期华夏文明发展的主流，确立华夏文明的基本特质。二里头文化已进入文明社会，向前追索中国更早时期文明起源问题，二里头遗址是一个最重要的起点。二里头遗址的发现为研究中国早期国家形成与特点提供了可靠依据。

1963年，经河南省人民委员会公布为第一批省级文物保护单位。1988年1月13日，二里头遗址被国务院公布为第三批全国重点文物保护单位，编号3-0197-1-017。2009年7月31日，河南省第十一届人大常委会第十次会议批准，洛阳市人大常委会公布《洛阳市偃师二里头遗址和尸乡沟商城遗址保护条例》，划定二里头遗址的保护范围和建设控制地带。2010年，偃师市文物旅游局负责二里头遗址的保护管理工作。

陶寺遗址 是汾河流域最大规模的史前城址，位于山西省襄汾县城东北7.5千米塔尔山西麓陶寺镇陶寺村南约100米处，分布在陶寺、李庄、中梁、东坡四村之间。

1958年，山西省文物工作委员会在文物普查中发现陶寺遗址。1978年春至1985年春，中国社会科学院考古研究所和临汾地区文化局联合进行发掘，揭露面积7000平方米，清理墓葬1300余座，发现庙底沟二期文化（早期）和中原龙山文化两种遗存。经过研究，确立为中原地区龙山文化的陶寺类型，称陶寺文化。据碳十四测定，前者的年代为公元前3000～前2800年；后者年代为公元前2600～前2000年。2000年6月，中国社会科学院考古研究所山西考古队和山西省临汾市文物局，对陶寺遗址进行春季发掘，重点是寻找能与过去发现的大中型墓葬相对应的大、中型建筑基址或陶寺文化城址。2001年11月，中国社会科学院考古研究所山西考古队，继续开展调查、钻探、发掘，弄清城址的形状，了解城墙的结构。

陶寺遗址南北宽约1500米，东西长约2000米，分布面积约300万平方米。文化层厚2～3米，是黄河中游地区龙山文化时期一个新的文化类型，是探索夏文化及其前期文化的重要研究对象。遗址经中国社会科学院考古研究所发掘，确定其文化遗存分陶寺早、中、晚三期，

发现有房址、窑穴、水井、陶窑、石灰窑、墓葬、灰坑等遗迹，出土大量的陶、木、石、玉、骨器及1件铜铃。

房址多为窑洞式，少数为白灰面居室，多已残破。窑洞房子一般利用自然断面掏窑室而成，有的并排两个。窑室前面有一个低于地面的圆形房子，由院子通向地面，专门设置有斜坡道，窑洞门有朝北、朝东和朝西的，有的作台阶状，门口有土棱状门槛，室内地面多数是褐色烧土，也有少数地面敷有石灰浆。白灰面房子呈圆角方形，门道朝西南，窑室有圆袋形、椭圆形、不规则形等几种。

陶窑11座，均为火膛在前，窑室在后。窑室的窑箅以呈叶脉状的居多，由火膛面向窑室的火道上有一个或两个火眼。石灰窑发现一座，形状同现代石灰窑，前为火膛，后为窑室，窑室底部

陶寺遗址发掘现场

陶寺遗址出土彩陶1

陶寺遗址出土彩陶2

有一个圆形火眼，窑室呈浅盆形。

水井4座，其中3座属早期，1座属晚期。井上口均为圆形，近底处略呈方形，井深距地表16米左右，井底部有护井的木桩或栅栏状的木结构。

墓葬1000余座。皆为土坑竖穴墓，并有大、中、小之分。大型墓发掘6座，呈东西南北排列，稍有错落。一般长2.9～3.1米，宽2～2.75米，深0.7～2.1米不等。大型墓有棺无椁，随葬品十分丰富，一般有成套的彩绘陶器、彩绘木器、玉、石、骨器等。最多的出土近200件，一般的有近百件。中型墓共清理六七十座，一般长2.2～2.5米，宽0.8～1.0米。多数有随葬品10余件至20余件不等。小墓数量最多，多成排、成组。葬式多为仰身直肢，头朝东南，一般无随葬品。

陶寺遗址发现的陶器可分为早、中、晚三期。早期陶器以泥制灰陶和夹砂灰陶为主，其他还有红褐陶、泥制红陶、泥制黑陶，但均较少。器表纹饰以篮纹为主，绳纹次之，其他纹饰还有方格纹、弦纹、附加堆纹，还有彩绘等。在饰有篮纹、绳纹的夹砂罐类器物腹部再

附加条带状堆纹是陶寺文化陶器突出的特点。器形主要有夹砂盆形鼎、尖底罐、深腹罐、直壁罐、高领双耳罐、泥制吸水罐、小口高领罐、浅腹盆、假圈足碗、宽沿盘等。中期陶器以灰陶为大宗，其中夹砂灰陶是泥制灰陶数量的1倍多，纹饰以绳纹为主。陶器制法以手制为主，兼有模制和轮制。器形主要有釜灶、鬲、圈足罐、深腹罐、折肩罐、双腹盆、豆、杯、碗等。晚期陶器中泥制灰陶数量增多，绳纹数量下降，篮纹较为盛行，轮制陶器也在急剧增多。器形盛行各种形态的鬲，有独具特征的直口肥足鬲、绳纹或方格纹单把鬲、双鋬鬲等以及镂孔圈足罐、盆、碗、豆、杯等。晚期的陶器比早、中期均有一个明显的发展。

遗址发现有其他质地的随葬品。其中，木器主要有木案、木瓢、木勺、木杯、木斗、木仓形器、木豆、木盆等。石器有石厨刀、石铲、石凿、石纺轮、石梳等，另有数量较多的石坯。玉器有髻环、指环、颈饰、玉琮、玉瑷等。骨器有骨锥。另有动物獠牙磨制而成的牙器等。

特别引人注目的是6座大墓之中有5座出有鼍鼓、陶鼓和特磬，6座墓中共出有4个彩绘陶

龙盘，反映墓主人的身份相当显赫。

陶寺墓葬所展现的遗存说明当时中原地区的贵族已普遍使用礼器，且种类已相当齐全，并存在某种约定俗成的、严格遵照等级次序使用礼器的规则。通过对陶寺遗址的发掘和研究，不仅在考古学上确定陶寺文化，解决陶寺文化的年代和性质等问题，对于了解晋西南乃至中原地区公元前3000～前2000年的社会历史进程，从宏观上理解和把握龙山时代，研究解决中国文明起源重大理论和历史课题，提供一系列珍贵资料。

陶寺遗址是陶寺文化的命名地，是国内发现的唯一一座城墙、宫殿、王陵、观象台祭祀基址、大型仓储区等各种功能要素齐备的早期都城遗址，在中国古代文明研究中具有重要意义。根据古史传说，晋西南素有"夏墟"之称。以遗址的年代、地理、生产力水平和社会发展阶段以及龙盘所提供的族属信息，加上所代表的具有鲜明性的文化遗存，无疑成为探索夏文化的重要研究对象之一。但对此认识尚有不同意见，一种认为早期遗存可能和帝尧——陶唐氏有关，中晚期可能是夏人遗存；另一种意见认为陶寺遗存同夏人无关，仅与唐尧有关，两种意见需进行深入的研究得到解决。

1987年起，襄汾县文化局（文物局）负责遗址的保护管理工作。1988年1月13日，陶寺遗址被国务院公布为第三批全国重点文物保护单位，编号3-0192-1-012。2002年，山西省人民政府划定遗址的保护范围和建设控制地带。2013年，国家文物局批准陶寺遗址保护总体规划项目。陶寺遗址的"四有"档案，保存于山西省古建筑保护研究所。

石家河遗址 是长江中游地区的新石器时代大型聚落遗址，距今6000～4000年。位于湖北省天门市石家河镇，东南距市区16千米，毗邻镇北，分属土城、芦岭、唐李、东桥四个村。地处长江中游腹地、江汉平原北部与大洪山接合部的山前地带。

1955年，中国科学院考古研究所文物工作队发掘石家河遗址的罗家柏岭、贯平堰、石板冲和三房湾4个地点，初步确认遗址分布广泛、堆积丰厚，是一处大型遗址群落，其文化遗存以新石器时代为主，也有少量周代遗存。1987～1992年，北京大学考古系、湖北省博物馆、荆州博物馆组成石家河联合考古队，先后多次对邓家湾遗址、肖家屋脊遗址、谭家岭遗址进行发掘。1990年、1991年两年春季，先后对石家河遗址群进行有计划的系统的全面调查，发现石家河古城，基本弄清石家河遗址群的分布范围、时代特征及文化面貌。2014～2016年，发现油子岭文化晚期的谭家岭古城，后石家河时期东亚制作工艺最高的精美玉器，印信台遗址发现长江中游规模散大的史前祭祀场所。

石家河遗址标志碑

石家河遗址的主体位于土城村的东西两河之间，东西横跨2千米，南北纵跨4千米，总面积达8平方千米，核心区域的遗址点有40余处。石家河遗址不仅面积广，而且遗址文化层大多堆积较厚，一般在2～3米，城内遗址多厚达6米。依据地层关系及出土物，主要经历油子岭文化、屈家岭文化、石家河文化及后石家河文化四个不同性质文化阶段。

油子岭文化阶段遗存，仅见于谭家岭遗址下层。主要遗迹有土坑竖穴墓20座、瓮棺8座，遗物有陶器及少量石器。陶器前期多为粗泥陶或夹炭陶，以红陶为主，且多涂红衣；随时间推移，红陶渐次递减，灰陶和黑陶显著增多。主要器形有小罐形鼎、折沿罐、瓮、盆、豆、薄胎彩陶碗、高钮器盖、纺轮等。主要纹饰有弦纹、戳印纹、镂孔、按窝纹等。绝对年代距今6000～5100年。

肖家屋脊遗址

屈家岭文化阶段遗存分布较广，基本见于遗址群的中心部分，发掘遗址点有罗家柏岭、肖家屋脊、邓家湾、谭家岭等。遗存类型丰富，是石家河聚落初具规模的重要发展阶段。陶器以泥质灰陶为最多，次为泥质黑陶，泥质红陶和橙黄陶较少，砂质陶极少，以彩陶纺轮和蛋壳彩陶为显著特征，彩绘常用晕染法表现，纹饰除素面外，主要饰有弦纹、贴弦纹、划纹和镂孔，有极少数篮纹，不见方格纹、绳

邓家湾遗址发掘现场

纹。器物造型流行圈足器，又以双弧腹造型最具特色，典型器物有双弧腹鼎、双弧腹豆、双弧腹碗、扁腹壶形器、蛋壳彩陶杯、蛋壳彩陶碗、三足碟形器、网格纹厚圈底缸、高柄杯、盂形器等。绝对年代为距今5100～4600年。

石家河文化阶段是石家河遗址群分布最广的时期，其分布遍及已知的所有遗址点，是屈家岭文化的扩张和外延。陶器以泥质灰陶和泥质黑陶为主，红陶较少，但往后发展夹砂红陶或夹砂橙黄陶比例逐渐增大，晚期在一些遗址占主导地位，泥质灰陶和泥质黑陶反而次之。纹饰在早晚期也有不同，早期以贴弦纹为主，晚期则多见篮纹、绳纹，有些遗址还有较多的方格纹。彩陶少见，有一部分斜直壁平底杯外壁刷红衣。器物造型以三足器、圈足器为多，其次为平底器，尖底器、圈底器较少。早期器类口沿多为圆唇宽弧沿，晚期的鼎口沿流行翘唇窄凹沿，略呈盘口。陶器制法以手制为主，但一些小型平底器则采用轮制。典型陶器有凸棱宽扁足盆形鼎、"麻面"宽扁足罐形鼎、喇叭筒形擂钵、直筒尖底器、腰鼓形罐、厚胎斜直壁平底杯。另外，细长颈鬶，浅盘口圆腹或垂腹罐，敞口弧壁喇叭圈足盘，浅腹粗矮圈足盘，饰篮纹或绳纹的大口缸、缸形器等也属有一定代表性的常见器物。绝对年代为距今4600～4200年。

后石家河文化阶段的遗址数量和分布范围相对较小，主要见于石家河遗址的肖家屋脊、谭家岭、罗家柏岭等遗址。由于埋藏浅，遗迹保留类型有限，多见瓮棺葬。较之于之前的屈家岭—石家河文化，石家河文化面貌发生极大的变化，除陶器组合方面，另外在葬俗方面也

石家河文化晚期
玉人头像

有明显的区分，如成人瓮罐葬的流行，在部分瓮棺中集中发现数量较多的玉器。陶器以黑、灰陶为主，流行方格纹、弦断篮纹、绳纹、叶脉纹。器物的基本组合为广肩罐、扁腹罐、凸底罐、中口罐、三足罐、曲腹盆、平底甑、细高柄带箍豆、大圈足盘、侧装三角形足鼎、盂等。目前，学术界普遍认为，后石家河文化是受到北方中原文化，特别是煤山文化的影响而形成的。绝对年代为距今4200～3900年。

石家河遗址及由它命名的石家河文化代表长江中游地区史前文化发展的最高水平，在中华文明起源与社会经济发展史上占有十分重要的地位。石家河古城是长江中游地区已知最大的史前城址，以古城为代表的遗址群是本地区已知的规模最大的早期聚落群。石家河遗址群一直是屈家岭文化、石家河文化和后石家河文化时期长江中游地区的文化区中心聚落，是探索长江文明进程、长江中游文明起源对中国文明核心形成贡献的关键点。石家河文化独立创造了一套"原始意会符号书写体系"——陶符神徽，为探索汉字起源前期阶段提供重要的研究资料。石家河遗址群出土的陶制乐器、陶塑艺术品、玉器饰品等所特有的程式化艺术表现

技法和造型是原始艺术中的奇葩。

1956年11月15日，湖北省人民委员会公布石家河遗址为第一批重点文物保护单位。1996年11月20日，石家河遗址被国务院公布为第四批全国重点文物保护单位，编号4-0015-1-015。1996年，成立天门市保护利用石家河遗址工作委员会，负责遗址的保护管理工作。2004年12月，天门市博物馆建立石家河遗址全国重点文物保护单位记录档案，保存于天门市文化体育新闻出版广电局。2012年，湖北省人民政府公布实施《石家河遗址保护规划》，划定石家河遗址重点保护范围和建设控制地带。

良渚遗址 是新石器时代晚期良渚文化都邑性遗址群，是良渚文化的中心聚落，位于浙江省杭州市余杭区、湖州市德清县。北至大遮山南麓，南达大雄山北麓，西起瓶窑毛元岭，东至良渚近山，遗址保护面积为约42平方千米，海拔2～30米。

遗址处于余杭所在的C形盆地的北部，西北距杭州市区约20千米，遗址南北分别峙立着大遮山和大雄山两座天目山余脉，西部散布着汇观山、窑山、南山、栲栳山等一系列山丘，向东则是敞开的平原。发源于天目山脉的东苕溪，自西南向东北蜿蜒流过。遗址从民国25年（1936年）发现至今，共调查发现100余处遗址点，已有30余处遗址进行过发掘。2006～2016年的考古调查、勘探和发掘，陆续发现良渚古城及外围水利系统，对良渚遗址的结构、布局和年代有更深入的认识。

良渚遗址由良渚古城核心区、水利系统和外围郊区三部分组成，占地总面积100平方千米，规模极为宏大。其中良渚古城的核心区可分三重，最中心为面积约30万平方米的莫角山宫殿区，其外分别为面积约300万平方米城墙和面积约800万平方米的外郭所环绕，堆筑高度也由内而外逐次降低，显示出明显的等级差异，形成类似后世都城的宫城、皇城、外郭的三重结构体系，是中国最早的三重城市格局，

1987 年揭露的瑶山遗址全景

良渚遗址反山出土冠状玉饰

良渚遗址反山 M12 出土玉琮王

具有重要的开创意义。古城北部和西北部分布着规模宏大的水利系统，水利系统由塘山、岗公岭、老虎岭、周家畈、秋坞、石坞、蜜蜂垄、狮子山、鲤鱼山、官山、梧桐弄等水坝遗址组成，是中国遗存最早的水利系统。古城外围分布有与天文观象测年有关的瑶山、汇观山祭坛以及权贵墓地和广阔的郊区。古城外围水利系统及相关遗址点的新发现使人们认识到整个良渚遗址的分布面积达到100平方千米，远远超过原先定下的42平方千米的保护范围。良渚古城核心区及水利系统均为人工堆筑而成，工程极为浩大，据不完全统计，整个古城及外围水利系统的土石方总量接近1000万立方米，良渚古城建设无疑是一个经历几十年建设过程

良渚遗址反山出土玉琮纹饰

的庞大的系统工程。从良渚遗址的规模、布局及工程量来看，并不亚于同时期古埃及文明、苏美尔文明、哈拉帕文明中的都邑性城址，是实证中国五千年文明的圣地。

遗址内出土大量的陶器、石器、玉器、漆器、木器、骨器及大量动植物标本，其中瑶山、反山、庙前、文家山等8处遗址点出土编号小件文物7700余件，以玉器最具代表性。瑶山、反山是出土玉器最丰富的良渚文化遗址，良渚人创造一套以琮、璧、钺、冠状饰、三叉形器、璜、锥形器为代表的玉礼器系统，同时在良渚玉器上不仅有许多玉器上雕刻有神徽图案、鸟纹、龙首纹等，玉礼器系统及神徽在整个环太湖流域的良渚玉器上表现得极为统一，是维系良渚社会政权组织的主要手段和纽带，显示良渚文化有着极强的社会凝聚力，且存在统一的神灵信仰。良渚遗址内出土的玉器数量多、质量精，代表中国史前玉文化发展的最高峰。这个意义上说，良渚文明堪称玉文明。

1996年11月20日，良渚遗址被国务院公布为第四批全国重点文物保护单位，编号4-0008-1-008。2001年，成立杭州市良渚遗址管理区管理委员会，负责遗址的保护管理工

作，保管遗址的"四有"档案。2013年，浙江省人民政府公布《良渚遗址保护总体规划》，划定良渚遗址保护范围、建设控制地带、环境控制地带。在保护区外建设良渚博物院，作为良渚文化集中展示的窗口。

城子崖遗址 是新石器时代晚期至春秋时期遗址，位于山东省济南市章丘区龙山街道办事处龙山四村东北300米处。

民国17年（1928年），发现遗址。民国19～20年（1930～1931年），中央研究院历史语言研究所进行第一次发掘，发现一种崭新的考古学文化——龙山文化，并在田野工作中第一次发现古城址。1990～1991年，山东省文物考古研究所在遗址上进行大规模的勘探和部分试掘工作，基本证实30年代发现的城址属于岳石文化，并发现龙山文化时期的城址。2013～2015年，山东省文物考古研究所依托"中华文明探源工程"课题研究，除将第一次发掘的部分探沟重新揭露外，又于遗址南部区域进行发掘和钻探，明确发现龙山文化城墙及早晚两期岳石文化城墙。城子崖的城址主要包括三大时期，自新石器时代晚期龙山文化时期始筑城，经岳石文化城址规模扩增并延续，至春秋时期城被废弃。

遗址地貌呈台状，平面近似南北向长方形，除东北角坡度较缓外，普遍高出周边地面约2～3米。南北长约540米，东西宽约430米，面积20余万平方米。遗址包含龙山文化、岳石文化和周代三个时期的城址，发现城垣、城门、城壕、道路等大量遗迹和遗物。

城子崖遗址发掘现场

遗址本体

城垣。龙山文化城垣平面近方形，东、南、西三面城垣规整，北面城垣弯曲，中部呈弧形显著外凸，东北角向内斜收，城墙拐角为圆角。城内东西宽435米，南北长380～530米，面积约19万平方米，文化层厚4～6米。城墙墙体残高2.5～5米，残宽8～13米。城墙夯土用石块夯筑和单棍夯筑，四面墙基完整保存于地下。城内文化堆积丰富，发现房址建在城垣的内坡上，在西城垣北端内侧发掘有水井等遗迹。岳石文化城垣位于龙山文化城垣内侧，平面形状与龙山文化城垣基本一致，城内东西宽约400米，南北长335～475米，面积约16万平方米。城墙平均宽度15米。城址修筑在龙山文化城址之上，层位有早晚之别。城垣采用束棍和夹板挡土的夯筑技术，夯窝密集清晰，夯土坚硬，夯筑规整，是已发现的岳石文化中最大的城址。东周文化城垣叠压在岳石文化城垣之上，已残存无几，只在岳石文化城垣两侧残存少许墙基。

城门。勘探发现龙山文化城垣的南门和北门遗迹，南门位于山城村西北，城墙夯土有缺口，钻探发现的道路连通到缺口上，道路的宽度为5.5米；北门位于北墙中部，连通到此的路土宽度为5米。东墙、西墙未发现城门。

城壕。位于龙山文化城垣外侧，北城壕为

龙山文化城墙（南—北）

与武源河相通的人工河道，地表可见，勘探发现东、西、南城壕埋于地下。

道路。在城垣范围内勘探发现一条连接龙山文化城垣南北门的道路，从北门直线向南，在城中间的地势低洼处的东部穿过，在洼地东南部依地势有一个向西的拐角，之后直线向南，通向南门。路土距地表1.2～1.8米，除个别地方稍宽近10米之外，大部分宽度在5米左右。

夯土。在城垣内勘探发现4处分布有夯土的区域，其中西南部两处，东北部两处。四处夯土与城墙的夯土相连，平面形状都较为规则，呈方形或长方形。勘探过程中除少数探孔钻探到底外，大部分夯土的探孔钻探到夯土面即停止，夯土厚度不明。东北部的两处夯土，一处位于北墙中部内侧，南北长约70米，东西最宽处约60米，为黄褐色夯土；夯土顶部大部分在地表下0.3米，部分区域因破坏埋藏较深，夯土高度在2米以上。另一处位于老济青公路以南的北墙与东墙拐角处，东西长约100米，南北最宽处约60米，黄褐色夯土，顶部埋深距地表0.3～1.4米。西南部的两处夯土，一处位于西墙与南墙的拐角处，南北约60米，东西约30米，黄褐色夯土，顶部埋深距地表0.3～1.2米，大部分夯土高度在2米以上。另一处位于南墙西段内侧，南北约70米，东西约30米，顶部埋深距地表0.3～1.0米。

洼地。城内中部有大片的低洼区域，东西约150米，南北约160米。距地表0.9～1.4米，即见灰褐色淤土，大部分探孔未到底，深度不明。

陶窑。在城垣内西北部与东南部共发现6处陶窑遗迹，其中5处位于城垣附近。3处打破

城垣，2处距城垣较近。

城子崖遗址出土遗物包括龙山文化、岳石文化、商、周等多个时期。出土物以龙山文化、岳石文化、春秋时期遗物为主，商代时期遗物较少。龙山文化的陶器多素面、磨光黑灰陶，器表常饰弦纹、压划纹，流行盲鼻和横向宽鋬。代表器形有白衣黄(红)陶粗颈袋足鬶、素面肥袋足鬲、素面筒腹袋足甗、扁三角形足或鸟首形足的各式鼎及扁足盆、高圈足盘、直腹宽鋬筒形杯等。石器多磨制，有斧、铲、镰、半月形穿孔石刀、镞等。骨角器有锥、针、笄、镞、鱼叉等，还有穿孔蚌刀和带齿蚌镰。岳石文化陶器以中口罐、大口罐、小平底罐形鼎、甗等器形为主，除甗、鼎等器物为素面外，其余多饰交错细绳纹，绳纹多有按压痕迹。器物多为夹砂陶，泥质陶较少，陶色以灰陶为主，红褐陶次之，黑陶较少。石器均为磨

城子崖遗址出土黄褐陶鬶

城子崖遗址出土岳石文化罐形陶鼎

制，有铲、斧、刀、镰、钺、箭镞等。骨器以笄、锥、箭镞最多。商时期出土陶器仅几件，分别为豆、大口缸等器形，石器以刀、砺石为主。周代遗物以春秋时期最为丰富，陶器有罐、缸、盆、豆、鬲、鼎等，多灰陶，少量为红褐陶，另有少量铜质工具。

城子崖遗址地处海岱历史文化区腹地，在鲁中与鲁西的结合部位。2010年以来，沿着泰沂山地北缘山前发现很多龙山文化城址。除最西面位于海岱地区西部的景阳冈龙山城址外，在已知龙山城址中，城子崖遗址属于最接近本地区前沿的城址，是鲁北地区古代社会轴线结构上的重要支点。城子崖遗址既有规模较大、形制比较规整的龙山时期城址，又有岳石文化城址，是中原地区以外唯一可与二里头遗址相对应的遗址。出土遗物规格高，遗址既地处海岱腹地，又比较接近中原，是沟通海岱与中原的关键之地，对于认识海岱地区文明化进程乃至整个中国文明的起源具有重要的意义。城子崖遗址于20世纪30年代中国考古学诞生之初有过两次重要考古发掘，对中国近代考古学的兴起具有重要的意义。城子崖遗址是著名的龙山文化的发现地和命名地，社会知名度高，影响大，具有重要的公众考古和社会宣传价值。

1961年3月4日，城子崖遗址被国务院公布为第一批全国重点文物保护单位，编号1-0140-1-005。2013年，山东省人民政府办公厅印发《关于实施鲁国故城等遗址保护规划的通知》《城子崖遗址保护总体规划（2013～2025）》，划定遗址的保护范围和建设控制地带。2016年，成立章丘市历史文化遗址管理中心，负责城子崖遗址的保护管理工作。

2017年12月，城子崖被国家文物局公布为第三批国家考古遗址公园。

石峁遗址　是新石器时代晚期至夏代早期的大型城址，位于陕西省神木县高家堡镇石峁村，地处黄土高原北端，黄河一级支流秃尾河及其支流洞川沟交汇的台塬梁峁之上，面积达400余万平方米。

石峁以玉器而闻名。石峁遗址玉器的出土，可上溯至20世纪二三十年代。大量的玉器散佚海外，被欧美博物馆收藏。70年代，西安半坡博物馆对遗址进行初步发掘，发现有房址、灰坑以及土坑墓、石椁墓、瓮棺葬等，发现古城址，出土陶、玉、石器等数百件，磨制玉器十分精细，颇具特色。

2011年7月，陕西省考古研究院与榆林市文物考古勘探工作队、神木县文体局组成联合考古队，对石峁遗址进行区域系统考古调查。发现并确认石峁遗址是由皇城台、内城、外城三部分构成。其中，皇城台是四周石砌护坡的台城；内城是以皇城台为中心，沿山势砌筑石墙，围成一个封闭的空间；外城是依托内城东南部墙体向外扩建的一道弧形石墙，形成一个

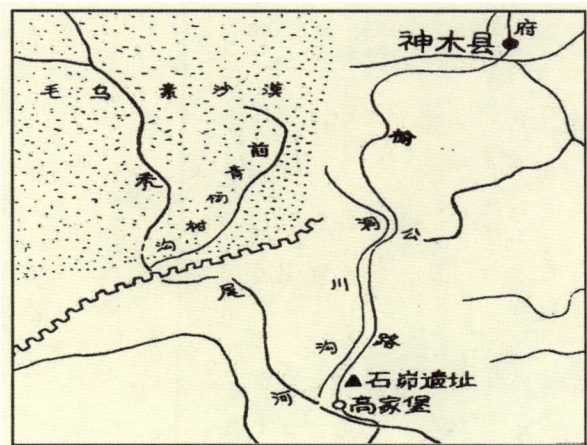

石峁遗址位置示意图

相对独立的外城区域。同时发现皇城台和内、外城城墙上均有城门，内、外城城墙上均有墩台建筑，外城城墙上发现有马面和角楼等设施。发现在城内分布有集中居住区、陶窑、土坑墓区、石棺葬及瓮棺葬等大量遗存，初步判断石峁城址是龙山晚期至夏代早期的一处超大型都邑性中心聚落。

2012年，联合考古队对外城的东门址、内城中的后阳湾和呼家洼地点进行发掘，揭露出一处规模宏大、结构复杂、技术先进的城门址，由城墙、墩台、"门塾"、内外瓮城等设施所组成，并在墙体内和墙壁上发现玉器和壁画残片，在门址的上下层地面出土了大量的陶器、石器和骨器等，在外瓮城和门道入口处的下层地面下发现两处集中埋置人头骨的遗迹。

埋入有24个头骨，摆放方式似有规律，部分头骨明显有砍斫痕迹，个别有灼烧迹象，经鉴定头骨以年轻女性居多，可能与城门修建时的奠基或祭祀活动有关。试掘的后阳湾地点清理方形地穴式房址2座、土坑墓2座、瓮棺葬3座。呼家洼地点发现窑洞式房址4座。

石峁遗址经过区域系统考古调查、勘探、测绘、试掘和正式发掘，揭露出由皇城台、内城和外城组成的一座规模宏大的石城遗址。内城内面积210万平方米，外城内面积190万平方米，城址面积合计400余万平方米，内、外城石砌城墙长10千米。皇城台和内外城有5个城门址，各门址上有门道、墩台、内外瓮城、门塾，城墙上有马面、角台等附属建筑。城内除皇城台外，还分布着不同大小的16个山峁，其

石峁遗址远景

石峁遗址局部

石峁遗址出土玉独目人

石峁征集陶器

上都有居址和墓葬等龙山时代晚期的文化遗存。对皇城台门址、外城东门址及城内后阳湾、呼家洼、韩家圪旦、城外的樊家庄子等地点，已揭露面积1万多平方米。清理出的皇城台门址和外城东门址规模巨大，气势恢宏、建造精良。在皇城台上有大型宫殿及高等级建筑基址和池苑遗址，在其他地点清理出成排、成组分布的窑洞式、半地穴式及地面石墙式房址60多座，大、中、小型墓葬50多座，祭坛（或瞭望设施）1座，灰坑30多个，陶窑1座，灰沟4条及"弃置堆积"1处。出土陶、石、玉、骨质料的遗物特别丰富，发现彩色壁画、苎麻类织物残片等遗迹。从出土陶器的特点及碳十四年代测定的数据来看，城址年代为距今4300～3800年，由龙山时代晚期延续到夏代早期。

石峁城址的发现、发掘在国内外学术界引起强烈的反响。石峁古城雄踞中国北方，跻身于同时期的陶寺、良渚、石家河、宝墩等"邦国林立"的都邑行列，对于探索中华文明起源，理解"古文化、古城、古国"框架下的中国早期文明格局具有重要意义。目前，对石峁城址的考古工作仍在继续发掘中，不断有新发现。

1985年，成立神木县文物管理委员会办公室，负责石峁遗址的保护管理工作。1992年4月，石峁遗址被陕西省人民政府公布为第三批陕西省文物保护单位，同时公布保护范围与建设控制地带。1993年，榆林地区文管办建立石峁遗址"四有"科学记录档案。1998年5月，榆林市文管办受陕西省文物局委托对石峁遗址作保护规划，完成《石峁遗址保护规划》。石峁出土玉器等文物大部分收藏在陕西历史博物馆。2001年，进一步规范、补充、完善"四有"档案。2006年5月25日，石峁遗址被国务院公布为第六批全国重点文物保护单位，编号6-0190-1-190。

郑州商代遗址 是商代早期都城遗址，位于河南省郑州市区偏东部的郑州旧城及北关一带，面积25平方千米。

郑州商代遗址发现于1950年。1952～1953年，郑州文物工作组在二里岗进行大面积考古发掘，发现了丰富的商代遗迹和遗物，并将此类文化遗存命名为商代二里岗期文化。20世纪50年代为配合郑州市城市建设，国家组织考古专业力量在郑州商城遗址及周边展开大规模考古工作。1955年秋，在商代遗址中部白家庄发现夯土墙。1956年，沿夯土层走向进行钻探发掘，查明城址周长近7000米，城内遗存有大面积夯土基址，城址周围发现多处商代青铜冶铸、骨器制作、陶器烧制等作坊遗迹，发现大面积商代墓葬区。1973年夏到1976年11月，在郑州商城东北部和中部偏北的宫殿区发现20多处夯土基址，发掘出3座保存较好的大型宫殿基址。在宫殿区内发现城市供水管道40米。1974年，在张寨南街发现青铜器窖藏，出土两件大型铜方鼎和一件铜鬲。是年，在东里路一条商代壕沟内，发现3堆总数近百人的头盖骨和少量牛骨，不少人头骨上有锯痕。1982年，在郑州商城东南城角外发现青铜器窖藏，出土铜方鼎、铜圆鼎等13件青铜器。1990年，在商城南城墙和西城墙外发现商代外城墙。1996年，在郑州商城西墙外南顺城街发现商代青铜器窖藏，出土鼎、铜、爵、簋、戈、钺等共

12件。2002年，在纬三路、经五路发现郑州商城外郭城北城墙和护城河。2006年，对河南省博物馆旧址进行考古发掘，发现夯土城墙、灰坑、水井、沟、灶、仓、墓葬等遗迹。2007年，配合郑州市金水区房管局住宅楼、"裕鸿商业广场"等工程进行考古发掘，发现夯土城墙、灰坑、水井等遗迹。2009年，在商城路、塔湾路、法院西街等地发现战国陶窑、商代墓葬、灰坑、灰沟、水井等遗迹。2012年，郑州市紫荆山路西侧、商城路北侧发掘清理灰坑、灰沟、墓葬、陶窑、井、水池及夯土基址，时代涵盖商至明清。

郑州商代遗址的核心内涵是规模宏大的郑州商城，包括城墙遗址、宫殿区遗址、手工作坊遗址、青铜器窖藏和墓葬。经60多年持续不断的发掘及研究，已确认郑州商城始建于商代

郑州商城北大街宫殿遗址发掘现场全景

郑州商城

早期的二里岗下层文化时期，至商代中晚期已完全废弃。

郑州商城城墙由外郭城、内城构成。考古发掘和钻探表明：外郭城东起凤凰台，南部穿过货栈街、新郑跸、陇海路，向西折向福寿街、解放路、太康路、北二七路，北部从金水路穿过至纬五路一带折向东，穿过花园路、经三路，东部与古湖泊、沼泽地相接，大致呈圆形。外郭城外是10余米的过渡地带，还有宽约40余米的护城河。

内城呈东北角略有倾斜的南北向长方形，东、南城墙长约1700米，西城墙长约1870米，北墙长约1690米，周长约6960米，面积约2500万平方米。东城墙和南城墙大部保存较好，西城墙和北城墙损毁严重，地面多数残存1～2米高，不少已湮没于地下。四面城墙有宽窄不一的11个缺口。

宫殿区位于内城东北部，略呈东西向长方形，东西长约800米、南北宽约500米，面积约40万平方米。发现夯土建筑基址20多处，面积最大的有2000多平方米，小的有100余平方米，其中C8F10号、C8F15号、C8F16号遗址被断定为宫殿建筑基址。在宫殿区的部分边缘外，发现有夯土墙、石砌水管道、石筑水槽和壕沟等遗迹。水系统既严密又科学，首开城市供水系统之先河。

手工业作坊、墓葬、青铜器窖藏坑分布于内城和外郭城之间。手工作坊有南关外、紫荆山铸铜作坊和花园路制骨作坊、铭功路制陶作坊。南关外铸铜作坊遗址位于陇海马路南侧省运输公司院内，面积约1万平方米。发现遗迹有铸铜场、熔铜炉、窖穴等。遗物也非常丰富，其中有坩埚、熔渣、木炭、陶范和一批陶器、石器、骨器等。紫荆山铸铜作坊遗址位于河南饭店院内，面积800平方米，出土有冶铜坩埚、炼渣及铸造青铜器的陶范。花园路制骨作坊遗址位于新华社河南分社院内，出土上千件骨器成品、半成品和带有锯痕的骨料、废料，还有一批磨制骨器的砺石和加工骨器的小型铜刀。骨器成品和半成品绝大多数为骨簪和骨镞。骨器废料半数以上是人的肢骨和肋骨。铭功路制陶作坊遗址位于十四中学院内，发现14座排列有序的陶窑和10座小型房基。制陶作坊表明，商代中期不但手工业从农业中分离出来，同时手工业内部也有了固定分工。

青铜器窖藏有张寨南街、向阳回族食品厂和南顺城街窖藏坑。1974年、1982年、1996年分别在张寨南街、回民食品厂、南顺城街发现二里岗上层时期的青铜器窖藏坑，出土青铜器13类28件，有大型方鼎、圆鼎、鬲、觚、牛首尊、羊首罍、提梁卣，中柱盂、盘等。其中，"杜岭一号"鼎入藏中国国家博物馆，"杜岭二号"鼎入藏河南博物院。

墓葬有白家庄、杨庄、郑州烟厂、北二七路、人民公园和铭功路等地，尚未发现王陵和

郑州商城商代输水管道

大型奴隶主墓葬。出土有陶器、石器、骨器、角器、青铜器和少量玉器、制作精美的象牙觚和象牙梳、原始瓷尊、夔龙纹金箔、带文字的卜骨（甲）等。

1961年3月4日，郑州商代遗址被国务院公布为第一批全国重点文物保护单位，编号1-0141-1-006。郑州市商城遗址保护管理处负责遗址的保护管理工作。2010年，商城遗址公园列入第一批国家考古遗址公园名单。2010年郑州市人民政府公布《郑州商代都城遗址保护规划》，重新划定郑州商代遗址保护范围与建设控制地带。2011年7月，实施内城垣北段人民广场段城墙维修和展示工程。2014年9月，实施郑州商城紫荆山路城垣断面遗址保护性设

郑州商城出土铜鼎

施建设工程。郑州商代遗址"四有"档案，相关保护管理文书档案、技术档案完善，由商城遗址保护管理处专人管理。

偃师商城遗址 为商代前期都城遗址。位于河南省偃师市市区西部尸乡沟一带，北起大槐树村，南抵洛河北岸，西距洛阳汉魏故城约10千米，西南距二里头遗址约6千米。在城址南部的塔庄村北有一条慢坡低洼地带，横贯东西，群众世代相传称之为尸乡沟遗址发现之初，学术界称之为尸乡沟商城遗址，现在多称为偃师商城遗址。

1983年春末夏初，中国社会科学院考古研究所在勘察拟建洛阳首阳山电厂选址时发现。1983年春夏至1988年春季，进行大规模考古发掘，基本确认偃师商城遗址的形制、布局、时代和性质。根据考古成果首阳山电厂选址进行了避让。1988年秋至1995年冬，主动发掘基本停滞，考古工作围绕配合基本建设，进一步完善了对城址布局的认识。1996～2001年，再次进行大规模考古发掘，在城址年代、布局等方面取得一系列突破进展，提出偃师小城的始建

年代是夏、商王朝更替的标志。

偃师商城遗址是继相邻的二里头遗址之后在河洛中心地区出现的又一座都城。据考古发掘者推断，始建于二里头文化四期晚段，距今约3600年，与商初纪年大致相同。众多的文献资料中所记的西亳，与该城址地望完全符合，学术界多数学者认为，这里应是汤都西亳；也有学者认为是文献记载中伊尹放太甲反省之桐宫或当时商王朝的陪都或军事重镇。

遗址南邻洛河，包括大城、小城。小城于1997年发现，涵盖宫城和府库。小城平面为长方形，南北长约1100米、东西宽约740米，面积80余万平方米。大城则是在小城的基础上建立起来的，南部城墙与小城南城墙相重合，并以此为依据，北延东扩而成，平面呈菜刀形，面积约190万平方米。东、西、南、北四面皆有城墙。东墙残长1640米，西墙残长1710米，北墙长1240米，南墙残长740米，全部夯筑。已发掘城门遗迹4处，应有8座城门，其中北墙1座，

尸乡沟商城宫殿基址

东、西墙各有3座，南墙1座。城外还有宽约5米的顺城路。城墙外侧有护城壕。主水道起自西一城门外古河道，经西一城门、宫城北部池苑和东一城门与城址东南的古湖泊相连。

宫城位于大城的中部偏南，平面为方形，每面长200余米，面积约4.5万平方米。四周有厚2米的夯土围墙，南面正中设有门道。宫城北部是大型池苑遗迹，其南侧为大型祭祀场所。宫殿建筑占据宫城的中南部，分东西两列。西列自南向北是第三、第七、第二、第九、第八、第十宫殿建筑基址，东列自北向南是第五、第六和第四号宫殿建筑基址。位于中部的第一号宫殿建筑基址实为其西侧的第九、第二号宫殿的附属建筑。

在宫城东北面和东南面是另两座小城，面积较宫城小，均呈方形，四周围墙厚约3米，围墙内分布着整齐的排房式建筑基址，为宫城之辅助建筑，应是属于营房和府库。在宫城周围有数十座大、中型夯土建筑基址，应为贵族居住区和衙署所在地。

偃师商城遗址是发现的最早的商城之一。

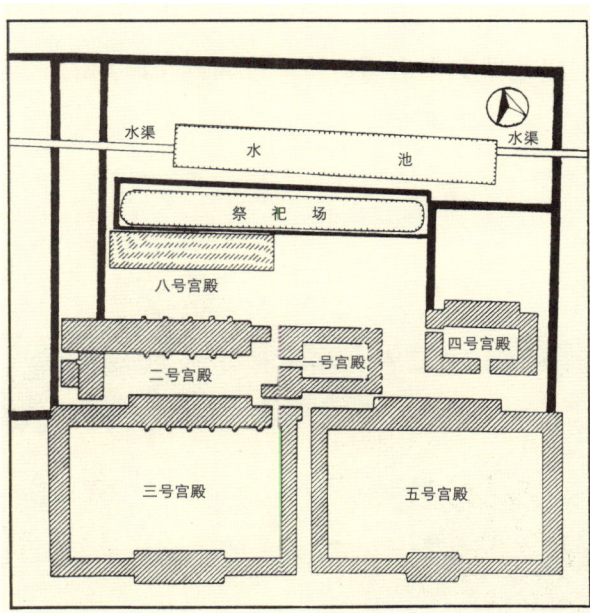

尸乡沟商城宫城遗址平面图

偃师商城遗址出土
大口陶尊

偃师商城遗址不是二里头夏代都城的延续，而是重新选址兴建的一座新的都城，布局更合理，更便于军事防守；并增加了游乐设施，更合于王都的要求。偃师商城遗址的发现与研究，对于研究中国古代的文明和城市的发展历史，具有十分重要的价值。

1988年1月13日，偃师商城遗址被国务院公布为第三批全国重点文物保护单位，编号3-0198-1-018。1989年，河南省人民政府划定偃师商城遗址的保护范围和建设控制地带。2009年7月31日河南省第十一届人大常委会第十次会议通过《洛阳市偃师二里头遗址和尸乡沟商城遗址保护条例》。设立偃师商城博物馆，陈列和展示商城出土文物并对外开放参观。考古发掘记录资料由中国社会科学院考古研究所河南第二工作队保管；遗址保护规划等资料由偃师市文物旅游局保存。

盘龙城遗址　是距今约3500～3200年的商代前期城邑遗址，位于湖北省武汉市黄陂区盘龙城经济开发区叶店村。文化遗址主要分布在府河北岸、盘龙湖西侧的岗地上，部分遗存分布在府河北侧河床及盘龙湖水面之下，并扩展到盘龙湖东岸与北岸。

1954年，发现盘龙城遗址。1963年开始，湖北省博物馆、北京大学考古专业、盘龙城遗址博物馆、湖北省文物考古研究所、武汉市文物考古研究所、武汉大学考古系等单位，相继组织多次考古发掘与调查勘探，发掘总面积1.8万平方米。发现商代城址、宫殿建筑基址、一般居住基址、作坊基址和墓葬等。发掘资料显示，二里头文化晚期此地已有居民，二里岗文化上层时期发展迅速，修筑宫殿与城垣；殷墟文化前期急剧衰落。2001年，在宫城东北、北、西部相距300～500米区域，发现疑似商代外城垣遗迹。2014年，武汉大学考古系对杨家湾西北部的疑似外城垣进行解剖。2001年勘探发现，宫城之外，外城范围内的杨家湾一带高地，有不少的商代大型建筑基址分布。2006～2008年，在杨家湾岗地南坡揭露的4号建筑基址，坐北朝南，方向为北偏东26°。建筑面阔约40.8米，进深10米，与1号宫殿建筑规模相当。残存柱穴直径0.6～1米，底部都有较为平整的块石作为柱础。4号建筑基址年代为盘龙城文化七期，推测应为此一时期的一处宫殿式重要建筑遗存。

盘龙城遗址

盘龙城遗址文化堆积，因水土流失较为严重，大部分埋藏较浅。文化堆积厚度，一般在0.2~0.5米，部分区域为1~2米。学术界将盘龙城文化分为七期。对其分期与年代，一般认为上限在二里头文化晚期或二里岗下层阶段，下限在殷墟文化前期。其中，第一至第三期相当于二里头文化晚期或二里岗下层文化期，第四至第七期相当于二里岗上层文化期至殷墟文化早期。总体上说，自第一至第七期，盘龙城文化一脉相承，中间不存在不同文化性质的变化。

盘龙城文化第一至第三期，主要分布在盘龙城宫城南部及城南临近府河的王家嘴区域。多为灰陶与红褐陶。主要器形有鼎、鬲、罐、盆、瓮、斝、爵、豆、缸等。陶器上有花边、绳纹、编织纹等装饰。有石斧等较少的石器，磨制较粗。

盘龙城文化第四至第七期，分布在整个遗址区。有一个从南向北扩展的过程。在此发展过程中，修筑"回"字形的双重城垣。城外，除城南继续有人活动外，东面长丰港，北面童家嘴、大邓湾，西面车轮嘴与甲宝山之间，亦有一定的居民点与墓葬区分布。第七期晚段遗址分布范围有一定程度的收缩，文化遗物有青铜器、玉石器、陶器、漆木器等多个种类，形制丰富，制作精美。青铜铸造业比较发达。铜器主要有礼器、兵器、生产工具三大类。礼器有鼎、鬲、甗、簋、瓿、爵、斝、盉、尊、罍、卣、盘等，兵器有戈、矛、钺、刀、勾刀、削刀、镞、戣、镦、镈、镦等，生产工具有锸、镢、斧、斤、锛、凿、锯等。玉器玉质多为蛇纹石，少量软玉、绿松石与砂金石。器

盘龙城一号宫殿基址（F1）西北部

类有柄形器、璋形器、璜、璇玑、笄、蝉形饰、鹦鹉饰、蛇形饰、鱼形饰、环、料珠、绿松石管、坠饰、戈、铲、锛、凿、刻刀等。戈的形体较大。李家嘴三号墓出土的一件蛇纹石玉戈，通长94厘米，宽11厘米，厚0.5厘米，是典型的盘龙城文化特色器物。陶器多为灰陶与红褐陶，有鼎、鬲、甗、罐、甑、簋、爵、斝、盉、罍、瓿、尊、瓮、缸、豆、杯、盆等器形。其中的大口缸数量多，体形大，是盘龙城最具地方特色的陶器之一。印纹硬陶占有一定比例，主要有尊、罍、罐、瓮、碗等。

1954年发现的宫城城址，位于府河北岸台地。平面略呈方形。南北约290米，东西约260米，中轴线方向为北偏东20°。城垣至1954年保存还较完好，但在当年取土防汛中遭严重破坏。东垣全毁，仅存基址；北、南、西三面则存高出地面1~3米的夯土城垣。城垣基址宽度约26米。每面城垣中部有一缺口，为城门所在。2014年，对南城门区域进行发掘，南门宽6~7米，城垣基址厚26.5米。南门两侧城垣

陶鼓

青铜钺

不在一条直线，有大约2米的错位。即城门外侧，东侧城垣向内侧凹进约2米，西侧向外凸出约2米；城门内侧则相反。其余各门，也有类似错位现象。错位现象仅见于盘龙城，应与军事防御视角相关。城垣外侧1～5米分布有环壕。环壕宽约5米，深约3～3.5米。北城垣外环壕之外3～5米，有一道长200余米，宽约14米，深4～5米的"壕沟"。应与当时城内人们的储水、取水相关。城内东北部为宫殿区。中及西南部地势低洼。2014年在南垣中部偏西处，发现有不规则块石砌成的排水涵道通向城外。宫城修筑年代，在盘龙城文化第四期。

外城垣基址宽约22米，保存高度20～30厘米。基址外侧，零星散布较多块石，应与城垣护坡相关。外城垣在东部的杨家嘴东北角，北部杨家湾区域，西部艾家嘴区域有断续分布，保存状况极差。其中杨家湾西北段残存长度约150米。外城垣分布范围，东西约800米，南北约1000米，依大致走向构成大城轮廓，囊括整个盘龙城遗址核心区。大城修筑年代为商代前期，尚需进一步明确其具体布局及与宫城之间的早晚关系。

宫城内东北部人工台地上，有宫殿建筑基址分布。1974年、1976年发现宫殿基址三座，属于上层宫殿基址，下面的宫殿基址尚未发掘。上层三座宫殿基址前后并列，坐北朝南，方向为北偏东20°。2号宫殿基址在最南面，1号基址居中，3号基址在北，其中发掘的是1、2号宫殿基址。1号宫殿基址四周有回廊、中为并列四室，由台基、房屋、回廊、檐柱、散水等部分构成。台基东西长39.8米、南北宽约12.3米，高出地面0.2米。建筑以回廊大檐柱柱中为计，面阔38.2米、进深11米。43根大檐柱，檐柱础洞内有石础支撑。四室以木骨泥墙相隔。中间二室面积略大，面阔9.4米；两侧室面积略小，面阔7.55米；进深6～6.4米。各室都在南壁中间开一门，门宽1.2～1.25米。中间二室又在北壁偏东处开一后门，门宽0.9米。2号宫殿建筑位于1号宫殿建筑南面约13米，与1号宫殿处一条中轴线上。夯土台基长29.95米、宽12.7米，高出周边地面约0.2米。台基上是不分间的厅堂式建筑，面阔27.25米、进深10.8米。南面有两个门道，东西两侧各设一个门道。2号建筑基址西侧散水外，发现有11节直径24厘米的圆形陶制排水管道与台基西缘平行埋设。据研究，1号建筑基址并列四室，应为寝殿；2号建筑基址未见分室，可能为朝会布政的朝殿，是一种前朝后寝式的建筑布局。

宫城外的王家嘴、李家嘴、杨家嘴、杨家湾、楼子湾、江家湾，大城外的童家嘴、小王家嘴等处，都有商代墓葬分布。除了小王家嘴可能为专门的墓地外，其余墓葬所在都有居住基址、作坊基址、灰坑等文化堆积。其中，李家嘴与杨家湾岗地南坡为大型贵族墓所在，王家嘴、杨家嘴、楼子湾、江家湾、童家嘴与小王家嘴则分布一般贵族墓葬。杨家湾一带不仅有大型贵族墓葬，也有没有任何随葬品的平民墓葬分布。

发掘商代墓葬80余座，为竖穴土坑墓，大多在墓底中部设有腰坑，部分有二层台。依据墓圹大小与随葬品数量、质量分为四类：高级贵族墓、一般贵族墓、贵族儿童墓和平民墓。

高级贵族墓。李家嘴5座，杨家湾4座。李家嘴2号墓墓室底部3.77米×3.4米，一椁一棺，棺椁板表面均雕花髹漆，有3个殉葬人，

出土青铜器、玉器等文物90余件，其中有四套青铜礼器。杨家湾11号墓，面积2.5米×1.4米，一椁一棺，随葬精美文物57件，有四套青铜礼器。

一般贵族墓。除李家嘴外，各处都有分布。杨家嘴16号墓，面积2.6米×1.2米，随葬铜、玉、陶质文物23件，内含一套觚爵斝青铜礼器。王家嘴1号墓，墓室面积2米×1.2米，随葬铜、陶质文物13件，内含一套觚爵斝青铜礼器。

贵族儿童墓。小王家嘴与杨家嘴有分布。杨家嘴23号墓，面积1米×0.57米，腰坑中随葬玉柄形器1件。

平民墓。楼子湾、杨家嘴、杨家湾等处有分布。杨家嘴20号墓，面积2.04米×0.66米，随葬陶器4件，铜削刀1件。杨家湾14号墓，面积1.5米×0.7米，内无任何随葬品。

盘龙城遗址具有内外两重城垣，宫城与大城内都有大型宫殿建筑基址分布，大型墓葬使用四套青铜礼器，文化具有一脉相承的特点，与中原商文化存在一定区别。说明盘龙城遗址很可能是商时期南方地区一个重要的诸侯方国

盘龙城遗址出土铜鬲

盘龙城遗址出土铜斝

都城遗址，在殷墟文化前期急剧衰落，应与《诗经·商颂·殷武》记述的商人南征荆楚有关。盘龙城遗址对于研究中国古代文化面貌、城市的布局与性质、宫殿的形制及建筑技术，具有极其重要的价值。

1956年11月15日，盘龙城遗址被湖北省人民委员会公布为第一批湖北省文物保护单位。1988年1月13日，盘龙城遗址被国务院公布为第三批全国重点文物保护单位，编号3-0199-1-019。2000年7月29日，湖北省人民政府办公厅印发《关于公布文物保护单位保护范围和建设控制地带的通知》，公布盘龙城遗址的保护范围与建设控制地带。2000年设立"盘龙城遗址文物陈列室"，与商代宫殿区等考古遗址一并对观众开放。2004年7月，盘龙城遗址博物院编制盘龙城遗址的全国重点文物保护单位的记录档案，由盘龙城遗址博物院保管。2009年

4月25日，《湖北省人民政府关于公布荆州城墙等9处全国重点文物保护单位保护规划的批复》批准实施《盘龙城遗址保护总体规划》，根据规划，盘龙城遗址保护区面积3.95平方千米，其中重点保护区面积1.39平方千米，一般保护区面积2.55平方千米。2015年9月盘龙城遗址公园核心区对外开放。2016件，武汉市盘龙城遗址博物馆（筹）更名为盘龙城遗址博物院，负责盘龙城遗址的保护管理工作。

吴城遗址 是长江以南地区首次发现的商代大规模聚落遗址，也是吴城文化的命名地点，距今约3500年。遗址位于江西省樟树市（城区）西南44千米的吴城乡（原山前乡）吴城村，肖江上游的丘陵坡地，遗址中心在吴城村土城内。据吴城1973～2002年考古发掘报告，其面积为61.3万平方米。

1973年8月，为配合兴修吴城水库进行考

吴城遗址东北角

吴城遗址出土
龙足虎耳铜鼎

吴城遗址出土青铜矛

古调查时发现吴城遗址。1974年元月初，江西省历史博物馆试掘吴城遗址后，文物部门与工程部门协商，决定将吴城水库坝址位置上移100米，以避开遗址中心区。自1973年秋季至2002年，考古工作者对吴城遗址先后进行10次科学发掘，共揭露面积6000余平方米。吴城遗址经过科学考古发掘的主要遗迹有商代中期城墙、城壕、房址3座、廊道2条、陶窑12座、墓葬20座、水井2口、灰坑和窖穴92个、铸铜作坊、宗教祭祀场所等，出土较完整的石器、陶器、铜器、玉器、牙雕等5000余件，陶文或符号200余个。

吴城商代城垣遗址保存较好，大部分轮廓形状明晰。由于城外南北两面是低洼稻田，东西两面因建造城垣用土，亦都有宽约60米的低矮地，形成城址整体高出四周2～3米的高地地势，远望清晰可见。北城垣垣面残宽6～22米，底宽约28米，城垣面距城内地表残高5～7米，距城外地表残高7～10米。水库大坝以西部分淹于水下。南城垣垣面残宽不足10米，底宽约15米，城垣顶面距城内地表残高不足2

米，距城外地表残高3～7米，其东南段保存较好，而西南段则有局部坍塌。东城垣垣面残宽5～25米，底宽约27米，城垣顶面距城内地表残高0～3米，距城外地表残高6～6.5米。西城垣垣面残宽5～10米，底宽约21米，城垣面距城内地表残高0～3.3米，距城外地表残高0～9米。在修建水库时局部被取土破坏。

城垣内的黄家岭、河背岭、大蒜院岭、高地岭四大岗地与城咀港、叔古塘港两大水体基本形态保存较好，虽经多年农业耕作，但仍保持其总体关系。城内的高地岭祭祀地、陶窑与黄家岭北部的铸铜作坊区等各种考古地点及城南郊的墓葬区都已按原状覆土保护。1973年城址西南部的正塘山清理5座墓葬，后又发现青铜兵器。经考古确定为吴城遗址墓葬区。其地形为低丘坡地，水土流失严重，已发掘的墓葬均因冲刷暴露于地表，缺乏必要的保护措施。

吴城外东南部的桥背岭，位于吴城城垣遗址外200米，在吴城遗址分布范围内，其北侧修路时曾出土陶器，分析是窑址或墓葬地，这里是缓坡地形，多年为旱作农业区，虽有水土流失现象，但总体保持原貌。总体上，整个吴城遗址基本上保存商代人类利用和开发时的原生地貌，后来的生产和生活对其破坏不大。

吴城遗址的发现，使得"商文化不过长江"的旧史记述被事实改写，南方地区商代考古的年代学"标尺"得以确立。

1984年5月20日，清江县（1988年改樟树市）人民政府公布吴城遗址为县第一批重点文物保护单位，划定以土城为中心周围4平方千米为保护范围。1987年12月28日，江西省人民政府公布吴城遗址为第三批省重点文物保护单位。1996年11月20日，吴城遗址被国务院公布为第四批全国重点文物保护单位，编号4-0025-1-025。2007年3月，樟树市人民政府重新划定保护范围与建设控制地带。2008

年《吴城遗址保护总体规划》经国家文物局批准，2010年由江西省人民政府公布实施。2015年成立吴城文化博物馆，负责吴城遗址的保护管理工作。

殷墟　为公元前14世纪末至前11世纪中叶商代晚期都邑遗址。位于河南省安阳市殷都区西北郊的洹河（安阳河）南北两岸。殷墟以小屯村为中心，东起袁家花园和郭家湾村东一带，向西经高楼庄、薛家庄、王裕口、霍家小屯、梅园庄，折向北经白家坟再转向西北到孝民屯，再向西到北辛庄，东西长约6千米；南起戚家庄、刘家庄一线，向北经苗圃北地、花园庄、小屯村，跨过洹河经大司空村、小司空村、武官村北至侯家庄西北岗一带，向东北转向后小营、三家庄、花园庄、洹上村等，南北

殷墟遗址鸟瞰

宽约5千米，总面积约30平方千米。

《史记·殷本纪·正义》引《古本竹书纪年》记载："自盘庚徙殷，至纣之灭，七百七十三年，更不徙都。"后世学者多以"七百七十三年"讹误，而改为"二百七十三年"。《史记·宋微子世家》记载："箕子朝周，过故殷虚，感宫室毁坏……乃作麦秀之诗以歌咏之。"《史记·项羽本纪》载有"项羽乃与期洹水南殷墟上"。可知到西周初期，殷墟已经宫室颓败，成为废墟，此后沉寂地下数千年之久。

清末，小屯一带经常出土甲骨碎片，清光绪二十五年（1899年），国子监祭酒、金石学家王懿荣开始重金收购，进而考证出这些"甲骨文"是"殷人刀笔文字"。清光绪三十四年

（1908年）前后，金石学家罗振玉经多方探求，始知甲骨出于"滨洹之小屯"，于是多次派人去那里收购甲骨，并对其上文字作一些考释，认为小屯就是文献所记载的殷墟。至此，殷墟遗址第一次被学术界所知。民国6年（1917年），学者王国维对甲骨文上的资料进行考据，整理出商王世系表，进一步证实小屯就是盘庚迁都的都城。商代历史由此成为确凿的信史。

民国17年（1928年），董作宾到安阳小屯主持对殷墟第一次为期18天的考古试掘；民国18年（1929年）春，中央研究院历史语言研究所李济主持对殷墟正式发掘；到民国26年（1937年）抗日战争爆发，共进行15次科学发掘，找到商王朝的宫殿区和王陵区，证实《竹

殷墟宫殿宗庙遗址鸟瞰

书纪年》关于商代晚期都邑地望的记载，使得殷墟遗址曾经是商代晚期都邑成为不可动摇的结论。1950年，武官村大墓发掘，为中华人民共和国成立后首次殷墟发掘。此后，殷墟发掘持续近70年，获得大批惊世新发现。殷墟由此也被视为中国现代考古学发展的摇篮。

1976年，小屯西北地发现商王武丁配偶妇好之墓，出土鸮尊、三联甗、偶方彝等大批青铜器、踞坐玉人等珍贵玉器、嵌绿松石夔鋬象牙杯等珍贵文物。到1986年，对殷墟十几个点进行20多次的发掘。1996年国家夏商周断代工程启动之后，在洹河北岸三家庄，花园庄一带又发现一座面积为4.7平方千米的大型商代城址，发掘者称为洹北商城。

殷墟的整体布局壮观，洹河南岸小屯村东北地是宫殿宗庙区，先后发现50多座夯土基址，排列比较整齐，有些还保留有成排的石柱础或铜柱础。在小屯村北地发现著名的妇好墓。表明在宫殿宗庙区中心地带，埋藏有王室重要成员的墓葬。宫殿宗庙区北面和东面有洹河环绕，西面有一条长1100米的大壕沟，沟北端与洹河相连，南端折向东650米处与洹河相接，起到护卫宫殿宗庙的作用。在苗圃北地、薛家庄、孝民屯均发现有铸铜作坊遗址。在北辛庄、大司空村发现有制骨作坊遗址，应为手工业作坊区。在宫殿宗庙区附近发现有铸铜、制骨及烧陶窑、制玉器的遗存，可能是商王室直接控制下的手工作坊。侯家庄西北岗和武官村北地是王陵区，在王陵区发掘出13座商王大墓和数以千计的祭祀坑，其范围东西长450米、南北宽250米，是中国历史上存世最早的王陵。在后岗发掘出12座较大的墓葬和一个圆

殷墟出土刻辞龟甲

殷墟妇好墓出土嵌绿松石夔鋬象牙杯

殷墟妇好墓出土踞坐玉人

殷墟出土司母戊大方鼎

形祭祀坑，是一处重要的贵族墓地。在郭家庄和花园庄东也发掘有大型贵族墓，在殷墟西区发掘有近千座平民墓。

在洹北商城中部偏南处发现大范围的宫殿区，包括30多处夯土基址，其中最大的一座为"回"字形建筑，面积1.6万平方米。洹北商城与殷墟部分重合，实为同一处遗址，其时代稍早于武丁时期，很可能是盘庚最初迁殷之地。也有学者认为，是河亶甲的相都。

宫殿宗庙遗址区东西宽450米、南北长600米，总面积0.27平方千米。共揭露出基址53座、墓葬264座、窖穴296个、础石703个以及水沟31条。

甲组基址位于遗址区北部，东、北两面濒临洹河，其范围南北长约100米、东西宽约90米，总面积约9000平方米，共发现15座夯土基址。可分为大、小两类，南、北两区：南区有5座（甲十一至甲十五），北区有10座（甲一至甲十）大型基址呈南北向排列，小型基址呈东西向排列。

乙组基址位于甲组基址西南部，东临洹河。南北长约200米、东西宽约100米，共发现夯土基

址21座。以东西向长方形房基为主，房基以南北方向为轴线，呈左右对称布局东西分列。

丙组基址位于乙组基址西南部，有基址17座，呈对称排列，面积较小。

妇好墓，位于殷墟宫殿宗庙遗址区西南，墓长5米多，宽约4米，深7米多，墓上建有被甲骨卜辞称为"母辛宗"的享堂。1976年发掘，提取相关研究资料后，进行回填保护。2003年，根据发掘的资料，在遗址位置处模拟展示妇好墓。

甲骨窖穴即YH127，发掘于民国25年（1936年），之后回填。后又在回填处修建保护厅进行模拟展示。

王陵遗址区，东西长约450米、南北宽约250米，总面积约0.113平方千米。共发掘13座大墓（包括1座未完成大墓）和2000余座殉葬坑和祭祀坑，分为西区墓葬、东区墓葬及祭祀区。西区墓葬有8座4墓道大墓，分成4排，南北分列。东区墓葬有5座大墓，4墓道大墓1座，为M1400；2墓道大墓3座，分别为M1443号墓、M1129号墓和武官大墓（50WGKM1）；1墓道大墓1座，为M260。在王陵遗址区分布着

殷墟出土妇好钺

2000余座小墓葬，其中东区已发掘1383座，西区已发掘104座。墓葬除少数为陪葬墓外，大多是祭祀坑。祭祀坑呈长方形、方形等，集中有序地成组排列。王陵遗址区已发掘的大型墓葬，形制保存完好，格局明确。但大型墓葬被盗掘情况严重，在发掘时墓内随葬物品、棺椁、尸骨等大都破坏严重，甚至无存。已发掘的各类小型墓葬、殉葬坑、祭祀坑比较完整地展示其空间布局。

后冈遗址区，位于殷墟宫殿宗庙遗址区东南的高楼庄北地，面积约0.10平方千米，遗址发掘后已覆土回填保护。民国23年（1934年），梁思永在后冈发现著名的仰韶文化、龙山文化、殷文化的三叠层遗迹，首次确认中国白陶文化（殷文化）、黑陶文化（龙山文化）、彩陶文化（仰韶文化）三者的年代发展序列，解决中国考古学上的一个关键性问题，为中国新石器时代考古奠定了基础。在后冈还发现商代建筑遗迹、贵族墓葬和圆形祭祀坑。后冈遗址的殷商文化承袭中国新石器时代的文化传统，是探索商代文明乃至整个中国古代文明起源的重要线索。

洹北商城遗址区，位于洹河北岸三家庄、花园庄一带。1996年发现。城址平面略呈方形，方向北偏东13°，其南北向城墙基槽长约2200米，东西向城墙基槽长约2150米，占地约4.7平方千米。四周城墙基槽大部分地段宽7～11米、深约4米。洹北商城宫殿区位于城址南北中轴线的南段，发现于宫殿区内的30余处基址都是东西向（东西长，南北宽），南北成排，方向皆北偏东13°左右，相互间没有叠压或打破关系，显示出严整有序的布局。遗址年代初步推测早于殷墟文化，晚于郑州二里岗期商文化。绝对年代距今3300年以上。

殷墟出土遗物极为丰富，包括以司母戊大方鼎为代表的大量的青铜器、玉器、石器、陶器及象牙器等，其中最重要的是甲骨文。自清光绪二十五年（1899年）发现甲骨文后，国内外搜集收藏的甲骨文有15万片以上。其中民国25年（1936年）在小屯村北地YH127甲骨坑出土有17096片，1973年在小屯南地出土4761片，1991年在花园庄东地出土了561片带字甲骨。这些甲骨带字出土地层关系明确，内容丰富，对研究商代社会历史具有极重要的学术价值。

殷墟是中国历史上第一个有文献可考、并为考古学和甲骨文所证实的商代晚期都城遗址，也是中国现代考古学发展的摇篮。殷墟出土遗物极为丰富，其中最重要的莫过于带字甲骨，对研究商代社会历史具有极重要的学术价值。随着考古发现的不断丰富，殷墟研究的范围也越来越宽广深入。从殷墟文化分期到埋葬制度、祭祀制度，从甲骨文字到文化艺术，从人种、人口到诸如地理、地貌、植被、资源、动植物等古代环境，从商代家族社会组织到晚商社会的性质，从建筑业及铸铜、制玉、制陶、制骨等手工业到农业等，商代历史由此更为丰满扎实。由甲骨文、青铜器以及丰富的都城遗存构成的殷墟学，逐渐发展为世界的显学，殷墟由此享誉全世界。

1961年4月3日，殷墟被国务院公布为第一批全国重点文物保护单位，编号1-0142-1-007。2001年，河南省第九届人大常委会第二十四次会议审议通过《河南省安阳殷墟保护管理条例》。2006年7月，联合国教科文组织将其列入世界文化遗产名录。2008年，成立殷墟管理处，作为殷墟遗址保护的常设机构，负责殷墟的保护、展示、监测、综合服务和其他管理协调工作。2010年，殷墟被国家文物局列入中国首批国家考古遗址公园建设名单。2012年，河南省人民政府公布《殷墟遗址保护总体规划（修编）》，确定调整后的殷墟保护区及建设控制地带。殷墟管理处设有专门的档案管理室，保存殷墟遗址的各类文件档案。

三星堆遗址　是距今约4800～2600年的古蜀国都邑遗址。位于四川省广汉市南兴镇境内，东距广汉市区约7千米，南距省会成都市40千米。三星堆遗址总面积约12平方千米，其中古城遗址面积约3.7平方千米。

民国18年（1929年），当地农民在广汉月亮湾车水挖沟时发现的一坑玉石器。民国20年（1931年）春，英国传教士董笃宜组织宣传保护和调查，并将收集到的玉石器交给华西协和大学博物馆保管。民国23年（1934年），华西协和大学博物馆馆长葛维汉在民国18年（1929年）发现的玉石器坑出土地点附近进行三星堆历史上的首次考古发掘，发掘面积百余平方米，出土、采集600余件玉石器和陶器。

20世纪五六十年代，四川省文物管理委员会、四川省博物馆、四川大学历史系考古专业等，在三星堆遗址进行多次调查，并小规模试掘，发现月亮湾地点和三星堆地点都有古文化遗存，出土一批玉石器、青铜器、骨器和陶器标本，进一步弄清遗址的分布范围和文化内涵。20世纪80年代开始，三星堆遗址迎来大规模连续发掘时期，前后长达20年。1986年7月，两处文物埋藏丰富的长方形器物坑被意外揭露出来，共出土金、铜、玉、石、骨器等共计1494件，另出土海贝约4600枚，引起海内外

三星堆城墙现状照

学术界对位于中国西南的古蜀文明的重视。从1988年起，四川省文物考古研究所三星堆遗址工作站为了解三星堆古城的状况，分别对位于三星堆遗址东、西、南三面的土梁埂和中部的月亮湾、三星堆地点进行发掘，确定遗址的东、西、南三道外廓城墙和月亮湾、三星堆两道内城墙。1997～1998年，四川省文物考古研究所三星堆遗址工作站对位于三星堆遗址西城墙外的仁胜村墓地进行抢救发掘，发掘面积934平方米，先后清理长方形竖穴土坑墓29座，出土一批玉石器、象牙、象牙器、黑曜石珠和陶器等。2011年后，四川省文物考古研究院对三星堆遗址展开大规模考古勘探和发掘，勘探面积约10平方千米，发现墓葬、窑址、灰坑、码头等遗存百余处；发掘具有宫殿区性质的最高等级建筑基址3处（F1～F3），F1面积超过1000平方米；新发现青关山城墙、仓包包城墙、真武宫城墙、马屁股城墙和李家院子城墙等5道三星堆时期夯土城墙，在城址范围内发现多条古水道。

三星堆文化的发展历程，可划分为四个大的发展阶段。第一期文化遗存，遍布于整个三星堆遗址，陶器以泥质陶为主，夹砂陶次之，纹饰陶发达，纹饰种类丰富。器类以花边口沿器、宽沿器、大翻领器、圈足器和平底器居多，器形有宽沿平底尊、盘口圈足尊、花边口深腹罐、喇叭口高领罐、绳纹花边罐、镂空圈足豆等。玉石器以小型的斧、锛、凿为主；房屋有干栏式和沟槽加柱式等，建筑密集，并有大型建筑出现。考古认为，这是新石器时代晚期四川盆地一支具有代表性的地方文化，绝对年代距今4800～4000年。

第二期文化遗存分布很广，各发掘地点大多有相应地层发现。陶器以夹砂褐陶为主，泥质陶明显减少，多为素面陶，纹饰数量和种类明显减少，主要有绳纹、附加堆纹、贝纹、云雷纹等。器形除保留有部分绳纹花边罐、喇叭口高领罐、窄折沿盆外，已不见花边口深腹罐、宽沿尊、折沿圈足尊、盘口圈足尊等第一期文化的典型器物。新出现的陶器，主要有敛口圈足瓮、深腹罐、高柄豆、高圈足盘、尊形器、圈顶器盖、盉、鸟头柄器、坩埚等；玉石器仍多斧、锛、凿等小型工具，但也发现石琮、石璧、石矛、石钺以及玉锥形器等礼器，出现青铜器如兽面纹铜牌饰和铜虎等。第二期三星堆遗址开始修筑城墙，出现一些埋存宗教礼仪性器物的祭祀坑，房屋发现有木骨泥墙的成组建筑和大型建筑构件。第二期年代相当于夏代至商代早期，绝对年代距今约4000～3600年。

第三期文化遗存遍布于整个三星堆遗址群，文化内涵特别丰富。陶质以夹砂褐陶为主，泥质陶、纹饰陶比例进一步下降，纹饰主要有粗绳纹、凹弦纹、附加堆纹、云雷纹等。三星堆文化的典型陶器群发展在第三期达到高峰，小平底罐、高柄豆、鸟头形器柄、盉等器物的数量和类型大增，新出现三袋足甗形器、觚形器、厚唇侈口缸、矮领瓮、瓶等器物。第三期出现大批青铜礼器、金器和玉石礼器，成为三星堆文化的又一重要特色。第三期三星堆古城建成，房屋建筑密集，有宫殿般的大型建筑物出现。年代相当于商代早期至商代中晚期，绝对年代距今约3600～3200年。

第四期文化遗存，遗迹现象最突出的是发现两个埋存礼仪性器物的大型祭祀坑。夹砂陶仍占大宗，但泥质灰陶重新增多，素面陶比例增大，绳纹、凹弦纹成为主要纹饰；在原有器形的基础上，又出现一组新的器物，如薄胎尖底杯、尖底盏、尖底罐、器座、高领罐（壶）、矮圈足罐等；石器仍多斧、锛、凿等小型工具，发现有跪坐石人像，新出现柳叶铜剑。第四期时代约相当于商代末期至春秋早期，绝对年代距今约3200～2600年。

四个时期的文化遗存，其文化内涵既有相当大的差别，又相互连接，存在着强烈的承袭因素，自成体系，地域特征鲜明，是同一文化系统不同时期、不同发展阶段的物质文化面貌的具体表现。三星堆遗址确立古蜀文化的文化面貌和发展序列，与其后在四川各地发现和认识的什邡桂园桥遗址、成都平原史前城址群、

十二桥遗址、金沙遗址、雅安沙溪遗址以及三峡地区的哨棚嘴遗址、中坝遗址等一系列相关遗址，共同展现和建立四川地区乃至长江上游地区的古代文化面貌及发展序列框架。

三星堆古城外郭城平面大致呈方形，边长约1800～2000米，由东、西、南、北（青关山城墙—真武宫城墙—马屁股城墙）四面夯土城墙组成，月亮湾、三星堆、仓包包、李家院子等内城墙将古城分割成若干个小城。古城的各道城墙均建成于三星堆文化二、三期。除城墙外，重要遗迹还有仁胜墓地、一二号祭祀坑、青关山大型建筑基址等。

东城墙遗址位于三星堆遗址最东面，略呈东北—西南走向，地面部分总长约1090米，高2～5米，顶部宽20余米。根据解剖及钻探情

三星堆遗址出土青铜面具

况，城墙横断面呈梯形，顶部宽20余米，底部宽40余米，高4～5米，墙体使用分层、分段平夯，堆筑斜夯，砖坯砌筑等多种建筑方法，城墙上部和顶部首次发现成片、成形、成层集中分布、加工规整的土坯砖。西城墙遗址位于三星堆遗址西北部鸭子河与马牧河之间的高台地上，呈东北—西南走向，地面部分总长约600米，顶宽约10～30米，底宽35～50米，高约3～6米。在城墙的中部和北部有一宽20余米的缺口，将西城墙分为北、中、南3段，其中中段南端在缺口处向东拐折延伸约40米，与中段北段略成垂直相接。根据局部试掘情况及夯土内包含物分析，西城墙的结构、体量、夯筑方法和年代与南城墙及东城墙相近。南城墙位于三星堆遗址西南部，呈西北—东南走向，地面部分总长约1150米，顶宽10米以上，下部宽20余米，高近2米。根据解剖及钻探情况，墙体横断面呈梯形，由主城墙和两侧护坡组成。墙体建筑采取无基槽式平地起夯，主城墙和两侧护坡分别采用分层平夯和斜向堆土拍夯而成，结构清楚，夯层明显。三星堆城墙位于三星堆遗址南部，呈西北—东南走向，西北端地面部分长约40米，东南端临马牧河岸缘仅存少许夯土边缘，原城墙分布情况基本依稀可见。根据解剖及调查资料，三星堆城墙残存部分高约6米，顶宽5～7米，底宽40～45米。结构、筑法及城墙内的包含物与东、西、南城墙基本一致，唯顶部宽度不及其他城墙。月亮湾城墙位于三星堆遗址中北部的月亮湾台地东缘，按走向可分南北两段，北段为东北—西南走向，

三星堆遗址出土青铜神树

三星堆遗址出土青铜立人像

南段略向东折，基本上呈正南北走向，整条城墙与西城墙北段基本平行，地面部分总长约650米。月亮湾城墙横断面呈梯形，顶部宽20余米，底部宽40～43米。主城墙墙体高2.8米左右，墙顶与地面相对高差2.5～5米。墙体采取无基槽式平地起夯，由外（东）向内（西）依次分块斜向堆筑的夯筑方法，墙体材料主要为泥土和沙土，局部采用卵石垒筑，支撑。城墙结构清楚，夯层明显，夯筑方法较为特殊。

一、二号祭祀坑位于三星堆城墙东南50余米，两坑相距25米，是三星堆遗址最重要的考古发现之一。两坑坑圹走向一致，均为东北—西南走向，坑口呈长方形，口大底小，坑壁整齐，填土经夯打。一号坑坑口长4.5～4.64

三星堆一号祭祀坑

米，宽3.3～3.48米，深1.46～1.64米，坑口三面各有一条宽约1米，长0.34（残）～3.85米的坑道，呈对称布局向外延伸。二号坑不带坑道，坑口长5.3米，宽2.2～2.3米，深1.4～1.68米。坑室内器物均分层放置，埋藏现象前所未见，大多数器物埋藏时或埋葬前明显经过有意焚烧和破坏，或烧焦、发黑、崩裂、变形、发泡甚至熔化，或残损、断裂甚至碎成数块（段）而散落在坑中不同位置，部分青铜器、头像及面具有口部涂朱、眼部描黑现象。一号坑共出土各类器物567件，其中青铜制品178件，黄金制品4件，玉器129件，石器70件，象牙13根，海贝124件，骨器10件（雕云雷纹），完整陶器39件以及约3立方米的烧骨碎渣。二号坑共出土各类遗物6095件（含残片和残件可识别出的个体），其中青铜制品736件，黄金制品61件（片），玉器486件，石器15件，绿松石3件，象牙67件，象牙珠120件，象牙器4件，虎牙3件，海贝4600枚。两坑出土器物的种类，除部分中原地区夏商时期常见的青铜容器、玉石器和巴蜀文化遗址常见的陶器外，大多是过去从未发现过的新器物，如青铜群像、青铜神树群、青铜太阳形器、青铜眼形器、金杖、金面罩等。

仁胜村墓地位于三星堆遗址西北部（西城墙外）的仁胜村，系首次在三星堆遗址发现成片分布的公共墓地，也是首次在古城以外发现重要文化遗迹。在约900平方米的范围内，发掘29座小型长方形竖穴土坑和狭长形竖穴土坑墓葬。墓葬分布密集、排列有序，墓向基本一致，墓室加工较为考究，绝大多数墓葬有一具人骨架，葬式均为仰身直肢葬。共有17座墓

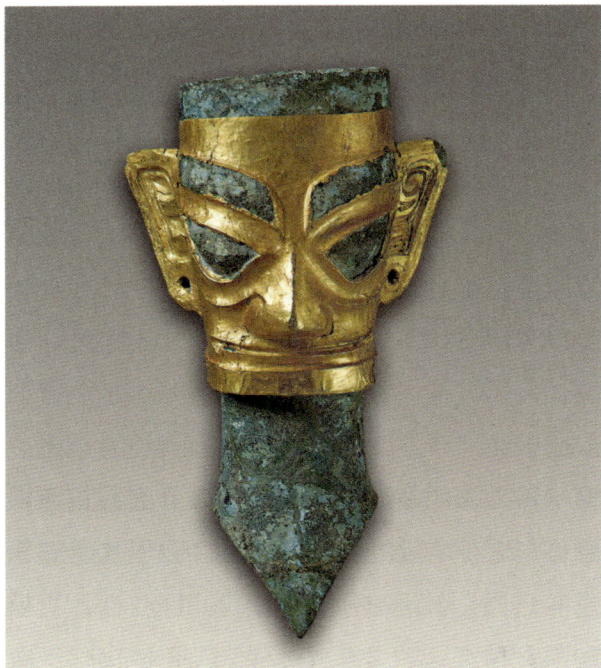

三星堆遗址出土金面罩人头像

葬出土有玉器、石器、陶器、象牙等几类随葬品，其中玉石器大多是三星堆遗址首次发现的新器形，如玉锥形器、玉牙璧形器、玉泡形器、黑曜石珠等，其中玉牙璧形器极为罕见，玉锥形器则明显地具有长江下游良渚文化的风格，引人瞩目。另有1件玉牙璧形器表面钻有9个圆孔，可能与古代占卜术有关。学者认为29座墓葬的下葬年代基本一致，约相当于中原的夏王朝时期。仁胜村墓地的发现，对于进一步摸清三星堆古城的布局，了解三星堆文化的丧葬习俗及占卜礼仪以及与其他地区考古学文化的联系都具有十分重要的价值。

青关山大型建筑基址（F1）位于三星堆遗址区真武村台地，西城墙与月亮湾城墙之间，平面为长方形，纵轴呈东南—西北走向，与城址和一、二号坑走向基本一致。长逾65米，宽近16米，建筑面积逾1000平方米。根据地层叠压关系、墙基内包含物以及建筑形制判断，F1

的使用年代大约为三星堆遗址三期（约相当于二里岗至殷墟时期），废弃年代大致与一、二号祭祀坑同时。这是三星堆遗址发现的面积最大的商代单体建筑基址。

青关山城墙残长约300米，顶残宽约12.8米、底宽逾26.4米、残高1.3～2.4米，始筑于三星堆遗址二期偏晚，斜向堆筑，应为外廓城"北城墙"的西段。真武宫城墙残长逾200米，顶残宽约15米、底宽逾21米、残高1.7米，始筑于三星堆遗址二期偏晚，三期或有补筑。斜向堆筑，与青关山城墙一样有可能是北城墙的一部分。马屁股城墙残长约25.7米，宽15.35～21.9米，残高0.2～1.6米。始建年代为三星堆遗址第三期。堆筑方法与东城墙基本相同，与真武宫城墙区别明显。李家院子城墙残长约115米，顶宽16.2米，底宽20米，残高0.5～2.05米。始建年代为三星堆遗址第三期。堆筑方法与仓包包城墙基本相同，与真武宫城墙和东城墙区别明显。仓包包城墙残长约550米、顶宽约20米，底宽近30米、残高2.7米，始筑于三星堆遗址第三期，堆筑方法与南城墙基本相同，与真武宫城墙区别明显，与东城墙和马屁股城墙亦有所不同。

出土资料表明，三星堆遗址是一处以城址为中心，由居住址、作坊区和公共墓地等组成的遗址群，代表距今4800年～2600年古蜀文化的文化面貌和发展水平，在巴蜀文明乃至中华文明的起源和发展史上具有极其重要和独特的地位。三星堆遗址，尤其是震惊世界的两个祭祀坑，出土大量的精美文物和特殊文物，数量、种类之多、形体之大、造型之奇、文化内涵之丰富、神秘，前所未见，代表当时甚至相当长时间内人类艺术与技术的巨大成就，是长江流域最独特的青铜文明，也是中国青铜文明鼎盛时期的杰出代表之一。

1986年7月，四川省广汉县人民政府公布三星堆遗址为县级文物保护单位。1987年1月，四川省人民政府公布三星堆遗址为省级文物保护单位。1988年1月13日，三星堆遗址被国务院公布为第三批全国重点文物保护单位，编号3-0200-1-020。2002年，四川省人民政府颁布实施《三星堆遗址保护规划》，广汉市政府公布《三星堆遗址保护管理办法（2010年修订）》。2002年7月16日，四川省人民政府办公厅印发《关于公布重新勘定的三星堆遗址保护范围的通知》，重新调整三星堆遗址保护范围和建设控制地带。2003年，国家文物局批准《三星堆遗址保护展示方案》。2004年，四川广汉三星堆博物馆建立并保存三星堆遗址"四有"档案。2006年，广汉市文物局成立，具体负责三星堆遗址保护管理工作。

周原遗址　为周人灭商以前的都邑遗址之一，位于陕西省扶风和岐山两县的北部，面积约24平方千米。

从周太王迁岐至西周灭亡，周原不仅是周人灭商前的都邑（岐邑）所在地，而且也是西周王朝的政治活动场所和重要城邑之一。自清代开始，周原地区曾多次发现重要铜器窖藏。1958年，中国科学院陕西分院考古研究所在岐山礼村一带考古调查和试掘。1976～1979年，陕西省文物管理委员会与西北大学、北京大学考古专业联合进行多次较大规模的发掘。之后，由陕西省考古研究院、北京大学文博学院、中国社会科学院考古研究所等单位联合组成的周原考古队，连续在周原遗址进行考古发掘工作，取得了一系列重要成果。

周原遗址

周原遗址大型建筑基址，具有代表性的主要有凤雏甲组、召陈以及云塘、齐镇建筑基址等。大型建筑均建在夯土台基之上，主要由夯土墙、立柱、横梁、椽檩以及施有板瓦和筒瓦的屋顶构成，房基四周辅以卵石铺成的散水，地下也有排水设施。周原遗址出土的西周瓦是发现的时代最早的瓦类建筑材料。

凤雏甲组建筑基址，1976年2月由陕西省周原考古队在岐山县凤雏村南发现，是一处由庭堂、室、塾、厢房和回廊组成的大型建筑。基址南北长45.2米，东西宽32.5米，面积1469平方米。在西厢2号房中发现的窖穴中，出土大批卜骨和甲骨文字，是研究灭商之前商周关系和周人历史的重要资料。该建筑基址的年代为西周中、晚期，可能是周人的宗庙或宫室建筑遗存。

召陈建筑基址（群），1976年3月发现于扶风县召陈村。发掘的建筑基址有15座，分为上、下两层，其中下层2座，上层13座。上层基址中，3号房址和8号房址保存较为完整，规模较大。召陈下层建筑的修建年代约在西周早期；上层建筑的修建年代约在西周中期，毁弃于西周晚期。

云塘、齐镇发掘的两组大型建筑基址，主体建筑平面均呈"凹"字形。其中，云塘建筑基址由正房、东西厢房、门塾和外围墙组成一个"凸"字形院落；齐镇建筑基址除主体建筑外，没有厢房和外围墙。这两组建筑基址的使用年代均在西周晚期，其性质可能是宗庙类建筑。

周原遗址墓葬，历年发掘数百座周人墓葬，主要分布在岐山贺家、扶风齐家、云塘、强家、黄堆等地，除个别带墓道的大型墓葬

周原遗址1号房址

外，多为长方形竖穴土坑的中、小型墓葬。另外，在黄堆还发现埋葬百匹马的大型车马坑等。这些墓葬多被盗扰，但仍有一些保存较好的墓葬，出土了较多青铜礼器、玉器、陶器等，为研究周代的礼乐制度、墓葬制度及历史考古等提供了重要资料。另外，周原地区还发现有云塘制骨作坊、齐家铸铜和制玦作坊、召陈和任家制陶作坊等遗迹，为研究周原（岐邑）的城市布局以及西周的手工业生产、工艺水平等提供了重要资料。

周原遗址青铜器，自汉代就陆续有出土，见诸史料记载和著录的重要青铜器主要有：西汉宣帝神爵四年（前58年）美阳（今扶风）出土的尸臣鼎；北宋年间扶风出土的东宫方鼎、伯庶父簋等铜器8件；清道光年间岐山礼村出

周原遗址出土史墙盘

周原遗址出土折觥

土的大、小盂鼎以及董家村出土的毛公鼎、大丰簋等；清光绪年间扶风任家村出土的大、小克鼎等器。1949年之后，周原遗址发现的青铜器窖藏更多，其中出土铜器数量较多且带有长篇铭文的重要发现有十多起：1960年在扶风县齐家村南发现出土几父壶、柞钟等39件铜器（其中28件有铭文）的窖藏；是年，在扶风召陈村发现出土散伯车父器等21件铜器的窖藏；1963年在齐家村东发现出土日己方尊、日己方彝、日己觥等器物的窖藏；1974年扶风强家村发现出土师丞钟、即簋等8件铜器的窖藏；

1975年在岐山县董家村西发现出土九年卫鼎、卫盉等37件（带铭文的30件）铜器的窖藏；1976年在扶风县庄白村南发现的庄白一号窖藏，出土史墙盘、折觥、商尊、商卣、折方彝等微氏家族青铜器103件（74件铸有铭文）。青铜器窖藏的年代大都是西周晚期，推测是西周末年犬戎入侵时贵族们仓皇出逃而埋下的。发现的青铜器及其铭文，为研究西周的青铜文化、历史考古、政治制度、军事法律以及土地制度等提供了宝贵的实物资料和文字史料。

周原遗址是西周王朝的形成与早期发展的关键地区，作为西周王朝的发祥地，在国内国外享有很高的声誉。毛公鼎、大盂鼎、大克鼎、史墙盘、散氏盘等国宝级的青铜器相继发现，为西周青铜器的断代提供了可靠的标尺，是研究当时社会的政治、经济、文化等方面的宝贵资料。召陈建筑遗址内发现许多的板瓦、筒瓦及瓦当，将中国的用瓦历史提早到西周时期。周原遗址大量甲骨文的发现是研究西周历史、周人与殷商的关系、周人与周围部族、方国关系等方面的重要史料。

1982年2月23日，周原遗址被国务院公

周原遗址出土疾壶

布为第二批全国重点文物保护单位，编号2-0050-1-005。1992年4月，陕西省人民政府印发《关于公布省级以上重点文物保护单位保护范围的通知》，公布周原遗址的保护范围。2011年1月，陕西省人民政府重新调整周原遗址保护范围。周原遗址由宝鸡市周原博物馆和岐山县周原博物馆两个文博单位管理。

丰镐遗址 西周都邑遗址，位于陕西省西安市长安区。遗址分布在马王镇、斗门镇一带的沣河两岸，地处东北—西南走向的郿坞岭上及周边区域。

据文献记载，周文王作邑于丰，武王建都于镐。"丰邑"位于沣河以西，"镐京"居于沣河以东。

20世纪30年代开始丰镐遗址的考古调查。北平研究院和中央研究院徐炳昶、苏秉琦、石璋如等分别于民国22年、32年（1933年、1943年），沿沣河两岸进行考古调查。期间，陕西陈子怡等于民国24年（1935年）对该遗址进行过调查。考古调查初步确定丰镐遗址的大体方位。

1954年4月，中国科学院考古研究所在沣东普渡村清理两座西周早期的长方形竖穴土坑墓。其中，2号墓出土鼎、簋、鬲、尊、爵等铜器8件，陶簋2件，玉器3件以及贝类等文物。1954年11月，陕西省文物管理委员会在普渡村清理一座西周墓葬，出土铜器、陶器、玉器、石器、骨、贝、蚌饰等文物共计426件。所出青铜器中的"长由盉"，盖内铭文是一则西周穆王时期的重要史料。1955～1957年，中国科学院考古研究所在沣西的客省庄、张家坡和沣东的斗门镇进行连续三年的大规模发掘，揭露遗址面积9300多平方米，发掘墓葬182座，车马坑4座，陶窑2座，并在张家坡村东的发掘中，首次发现西周刻字卜骨。1961～1962年，先后在落水村北、村西及白家庄村北等3个地点进行发掘，揭露西周遗址面积约130多平方米。其中在落水村北发现的一口西周水井内，出土大量西周板瓦碎片和涂抹白灰面草筋泥墙皮土块，应是附近大型西周宫室建筑毁坏后的遗存。白家庄村北发现有西周时期的房址、陶窑、灰坑等。1980～1981年，陕西省文物管理委员会在斗门镇砖厂取土场抢救性清理了12座墓葬和2座车马坑，出土青铜器50余件、玉石器50件以及蚌鱼、贝饰、蛤蜊等。其中形制较大的两座墓葬，均附有车马坑，出土有禽鼎、伯作鼎、婦姒方鼎、言妾簋等带重要

丰镐遗址远景

丰镐遗址出土车马坑

丰镐遗址出土多友鼎及铭文拓片

铭文的青铜器。1983～1986年，中国社会科学院考古研究所在沣西张家坡发掘了390座西周墓葬，包括马坑22座、车马坑3座，其中4座带墓道的井叔家族墓最为重要，出土了大量的青铜器、陶器、玉器、骨蚌器、象牙器、料器以及车辆部件等。1984年，在沣东的普渡村东，发掘西周墓葬39座和车马坑2座，墓葬年代涵盖了整个西周时期。1997年春，中国社会科学院考古研究所在马王镇沣河毛纺厂东侧发现壕沟，时代为先周时期的晚段。

丰镐遗址发掘有夯土基址、陶窑、手工作坊、窖藏、墓葬等遗址，出土有铭文青铜器和其他器物。

西周大型夯土建筑基址。1963年和1975年，中国科学院考古研究所先后在沣东的落水村西及村北，发掘了两座西周大型宫室建筑基址，发现有卵石柱础和较多板瓦碎片。20世纪80年代，在沣西的客省庄发现了14座西周建筑基址和1条道路遗址，其中四号夯土基址规模最大，总面积达1600余平方米。1983～1993年，陕西省考古研究所在沣东的普渡村、花园村、官庄村一带，钻探出11座遭到不同程度破坏的西周夯土建筑基址，并对其中一号、三号、五号基址进行了发掘清理。五号建筑基址规模最大，保存相对较好，平面呈"工"字形，长59米，宽23米，是一座大型西周宫室建筑基址。1986年，陕西省考古研究所在斗门镇长安棉纺厂发掘了一条长25米、宽9米、深约10米的壕沟，出土遗物属西周中期至晚期。

西周手工业作坊遗址，主要有铸铜、制陶、制骨三大类。其中铸铜作坊遗址主要分布在沣西的马王村和张家坡村，出土有陶范及铜料等。制陶窑址在沣西发现11处共52座陶窑；沣东发现6处共29座陶窑。陶窑的形制为竖穴式，由火塘、窑箅、窑室三部分组成。烧制品主要为日用陶器，另外还有板瓦等。制骨作坊在沣西发现5处，分别位于张家坡、马王村、曹家寨、新旺村、冯村等地，发现有骨笄、骨针、骨镞、骨铲及大量骨料。

西周铜器，西周铜器窖藏和零散青铜器，在丰镐遗址中有较多发现。1961年沣西张家坡窖藏出土青铜器53件；1967年新旺村出土盂、匜2件；1973年马王村西窖藏出土青铜器25件，新旺村北窖藏出土青铜鼎、盂2件；1980年新旺村发现史惠鼎等文物；下泉村发现铸有287字铭文的多友鼎；1982年在新旺村南发现重达54公斤的大鼎；1985年斗门镇东南一窖藏中出土鼎、簋、鬲、豆等铜器20余件。

2012年，中国社会科学院考古研究所、陕西省考古研究院在西安市丰镐遗址保管所的配合下，开展"丰镐遗址范围及地下遗存分布状况考古勘探项目"，首次比较准确地确定丰镐遗址的四至范围和现存面积。其中丰邑遗址的分布范围在马王镇的客省庄、马王村、张家坡、大原村、冯村、新旺村、曹家寨一带，总面积约8.62平方千米。镐京遗址汉代修昆明池时遭严重破坏，但大部尚存，大致分布在斗门镇、白家庄、花园村、普渡村、落水村、上泉村、官庄村、下泉村、马营寨、新庄村等范围内，面积约9.2平方千米。勘探项目探明了汉代昆明池的西北部边界，对丰镐遗址地下遗存的分布状况有了一个比较全面的认识。

丰镐两京，是西周王朝的都城，也是从公元前1046～前771年西周政治、经济、文化中心。遗址内发掘多处夯土基址、陶窑、手工作坊、窖藏、墓葬等，出土珍贵的铭文青铜器和其他器物，获得许多珍贵的实物资料。丰京遗址发掘展示的丰西二号车马坑是中国保存最完整的西周车马遗存。丰镐遗址对研究西周历史、礼制、中国早期都城的产生和发展乃至整个中华文明都具有十分重要的意义。

1956年8月，丰镐遗址被陕西省人民委员会公布为第一批陕西省文物保护单位。1961年3月4日，丰镐遗址被国务院公布为第一批全国重点文物保护单位，编号1-0143-1-008。1981年，成立丰镐遗址保管所，负责丰镐遗址的保护管理工作。1992年，根据陕西省人民政府印发《关于划定省级以上重点文物保护单位保护范围的通知》，确定丰镐遗址保护范围与建设控制地带。编制有丰镐遗址"四有"档案，由丰镐遗址保管所保管。

琉璃河遗址　是西周时期燕国都城遗址，位于北京市房山区琉璃河镇东北2.5千米，是北京西周考古发现中唯一一处城址、宫殿区和墓葬区并存的遗址。

遗址地处平原地带，向东、向南为平川，西面为太行山脉，北面为燕山山脉。遗址范围包括董家林村、黄土坡村、刘李店、立教、庄头、回城村等村落。东西长3.5千米，南北宽1.5千米，面积5.25平方千米。

民国34年（1945年），吴良才在琉璃河遗址区域内采集到部分陶片，琉璃河遗址开始为学术界知晓。1958年，北京市进行文物普查时发现遗址迹象。1962年，北京市文物工作队

墓葬与车马坑

琉璃河遗址出土克盉

琉璃河遗址出土伯矩甗

在房山县琉璃河公社北部的洄城、刘李店、董家林、黄土坡、立教、庄头村周围，发现商周时期遗址，在刘李店、董家林村进行小规模试掘，出土鬲、甗、盆、罐、簋、豆等陶器和骨器、角器、蚌器、石器残片及一枚铜镞。1964年，琉璃河黄土坡村发现两件有铭铜器，鼎铭为"叔乍宝尊彝"，爵铭为"父癸"。1972～2002年，北京市文物考古部门共四次对琉璃河遗址进行考古发掘，发现有城址、居址、窖穴、灰坑和墓葬等遗迹。

琉璃河遗址的文化堆积分为早、中、晚三期，分别相当于西周早、中、晚期。早期周文化、商文化、张家园上层文化共生。中期以后，后者逐渐消失殆尽。根据城中夯土台基西周晚期已遭破坏的情况看，城址西周晚期已不再是都城。琉璃河遗址重要遗存主要包括城址即西周燕都遗址、居住址和墓葬区即燕国墓地。

西周燕都遗址。城址位于遗址中部的董家林村及其周围，高于周围地势约1米，略呈长方形，北部保存稍好，南半部被河水冲毁。城址形状呈"冂"字形，大致呈南北向，东西长约829米，南北残长300余米。据城址残存的城

墙内护坡，推测南、北城墙的距离应有700米左右。东、西、北城墙外发现有深约2米的城壕，宽度25米。城墙分为主墙和内、外护坡，城外有宽3米的护城河。东城墙的北端发现一条卵石铺砌的排水沟。城中偏北有夯土台基6处，应为宫殿区。在夯土台基的中部偏西，发现1处平面呈长方形的水井，井四壁皆由方木垒砌，上部发现朽木痕迹。城址内发现有西周时期的板瓦、筒瓦，瓦上一般带有瓦钉，应是大型建筑上的遗存。在宫殿区周围发现西周时期的陶质绳纹水管，证明在燕都城内曾存在过经规划的大型建筑。宫殿区的西南是祭祀遗迹，有的祭祀坑中葬有整头的牛或马，出土有很多经过钻、凿的卜甲、卜骨。

居住址。城内西北部为手工业作坊区和平民生活区。附近发现较多灰坑或窖穴，具有代表性的灰坑有圆形直壁平底坑或袋状坑具，其他还有椭圆形、方形、不规则形等多种。其中有的周壁有等距离的3个柱洞，或为简陋房屋；有的坑口较宽，填土部分经夯打，内含卜骨和原始瓷片等，或为祭祀坑。居址区发现较多青铜容器范，表明存在规模不小的铸铜作

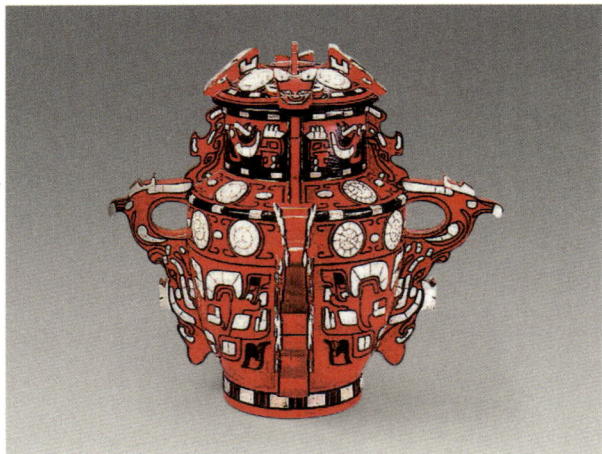

琉璃河遗址出土漆罍

坊。居住址中，有灰坑、房基、窖穴、陶窑。遗物相当丰富，主要有陶器、骨器、蚌器、石器、铜器等。其中1996年发掘清理的西周时期灰坑G11H108中出土的有"成周"等字样的三片刻字卜甲，文字在继承周人传统钻凿做法的基础上又具有自身的特点，为琉璃河遗址的分期断代提供了新的依据。居址中早期文化同时包含商文化、西周姬燕文化与土著张家园上层文化三大因素，构成复杂。

墓葬区。琉璃河西周燕国墓地位于遗址中部的黄土坡村北及古城址以东一带高敞的黄土台地上，京广铁路从墓地中穿过，将墓地分为西（Ⅰ区）、东（Ⅱ区）两部分。1972～2002年先后四次发掘，共发现大中小墓葬300多座。大型墓有南、北两条墓道或一条南墓道，均无腰坑。中小型墓为土坑竖穴墓，部分中小型墓有腰坑。其中大型墓和部分中型墓有祔葬的车马坑，最多的藏有42匹马、14辆车，有的车厢上还有伞盖。随葬品有青铜器、陶器、玉器、骨角蚌器，有些墓还随葬有原始瓷器和成组的漆器。青铜器上大多铸有铭文，其中带有"匽侯"铭的就有十几件，最重要的是M1193

号墓出土的克盉克罍，分别铸有43字铭文，记载周初封燕的史实，应为实际就封燕国的第一代燕侯之墓。小型墓一般随葬几件陶明器。出土铸有铭文的青铜礼器和兵器，其上铭文少则2字，多则40余字。如M52号墓出土的复尊，器底铸有三行17字铭文，反映燕侯赏赐给复男女奴隶和货贝的史实。M251号墓出土的伯矩鬲，通体满饰浮雕牛头纹，是商周青铜器中不可多得的珍品。盖内和器口沿内都铸有内容相同的铭文，记述了伯矩受到燕侯赏赐的情况。M253号墓出土的堇鼎，造型浑厚端庄，纹饰古朴苍劲，内壁铸有四行26字铭文，记述堇奉匽侯之命，前往宗周向太保贡献食物，受到太保的赏赐。同墓所出几件圉器，如圉簋、圉方鼎等，铭文叙述圉曾参加了周王在成周举行的典礼，受到周王的赏赐情况。攸簋以三虎为足，虎头顶承簋之圈足，腹之两侧各附2只象头鋬耳，设计精巧，形制奇特，纹饰庄严华美。此外还有乙公簋等，都是西周青铜器中难得的杰作珍品。此外，在一些盾饰上，发现铸有阳文的"匽侯"或"匽侯舞易"铭文。墓葬区出土部分原始青瓷器、玉器、石器、漆器和象牙器。在贵族墓葬中发现大玉戈，长35.5厘米，与另一座墓出土的镶嵌绿松石的象牙梳是不可多得的珍品。墓中发现有用玉石、玛瑙及其他石料制成的项链，2号墓发现的一串项链，用一千多颗小石珠串成，中间有钻孔，反映当时较高的加工水平。

琉璃河遗址是国内少数具有同时期城址、墓葬、居址的西周早中期遗址，对于研究北京古城建都3000年的历史渊源、西周分封制的政治文化提供重要的资料。一批燕国有铭铜器的出土，为确定琉璃河西周早期燕国城址为周初燕国都城提供重要证据，从而使长期以来关于燕国始封地的争论得到解决。

1979年8月21日，北京市人民政府公布琉璃河遗址为北京市第二批文物保护单位。1987年12月19日，北京市政府同意市规划局、文物局《关于第二批划定120项文物保护单位的保护范围及建设控制地带和第一批划定文物保护单位建设控制地带作一项更改的报告》，公布琉璃河遗址的保护范围及建控地带。1988年1月13日，琉璃河遗址被国务院公布为第三批全国重点文物保护单位，编号为3-0201-1-021。1995年8月21日，北京市西周燕都遗址博物馆建成并对外开放，对琉璃河遗址发掘的墓葬和车马坑共计四座进行原址保存。2006年12月15日建立"四有"档案，存北京市西周燕都遗址博物馆。

曲村—天马遗址 是晋国早期都城遗址，位于山西省曲沃县和翼城县交界处，以曲村—天马一带为中心区域。东距翼城县12千米，西南距曲沃县约17千米，北接襄汾县，南邻绛县。

曲村—天马遗址于1962年被发现，位于晋南汾河下游的侯马盆地东南缘、曲沃县东部和翼城县西部以曲村—天马为中心的地区，分布在曲村、天马、北赵、三张四个自然村落之间。遗址北部是塔儿山，滏河自遗址东南流过，遗址区地面缓向南倾斜，东西向上呈和缓的波状起伏。1963年，进行调查和试掘，并初步确定是一处以西周时期遗存为主要内容的大范围遗址。遗址保存较好，未被破坏。1979年，北京大学历史系考古专业与山西省文物管理委员会合作，在山西省翼城、曲沃两县调查，最后选定曲村—天马遗址，进行复查和再试掘。遗址范围东西3800米，南北2800米，文化内涵及年代自新石器仰韶文化、龙山文化，东下冯类型的夏文化，西周至春秋的晋文化，直至战国秦汉各时代。1980~1989年，共进行6次大规模的发掘，揭露面积16506平方米，其中居住址3712平方米，墓地12794平方米。发现各时期房子6座、灰坑263个、陶窑9座、灰沟16条、墓葬832座、祭祀坑58个、车马坑14座等。1991年，境内北赵村南晋侯墓地因为被盗而被发现。1992~2002年，先后进行7次大规模发掘，发现9组19座晋侯及夫人墓，另有大量的陪葬墓、陪葬车马坑、祭祀坑，出土数千件青铜器、玉器、陶器，获取大量的文物资料和历史信息。

在整个曲村—天马遗址范围内，共发现四个上下叠压的文化层：新石器时代仰韶、龙山文化层；东下冯类型夏文化层；西周至春秋时

曲村遗址全景

曲村—天马遗址晋侯墓地 9 号墓陪葬车坑

期晋文化层；战国及以后各时期遗存。其中，以晋文化最为丰富，有晋侯墓地、贵族墓地、晋文化生活居住遗址、战国城址和祭祀遗址等。通过对其时代、性质及内涵的研究分析，确认该遗址是晋国在西周时期的都城翼、绛的所在地，是晋国的始封地——唐。

遗址区内的仰韶文化遗址有两处：一处位于北部偏东，北距北赵村370米，东南距天马村800米；另一处位于曲村镇东约70米。遗址包括有灰坑、大型窖穴、房址、灰沟等，出土遗物中石器有石斧、石刀、石环、石纺轮等，陶器有折沿罐、敞口尖底瓶、直口缸、陶碗等。文化性质及时代属于庙底沟类型偏晚阶段。龙山文化遗存见于曲村东北，分布不普遍，发现灰坑1座，形状不规整。文化遗物主

要是陶器，陶胎厚重，制作粗糙，纹饰有旋纹、堆纹、划纹、方格纹等，常见器形有釜灶、折腹罐、深腹罐、碗、盆、杯等。文化性质及时代属于龙山文化陶寺类型早期。

晋侯墓地位于曲村—天马遗址中心略偏北，整个墓地东西长约170米，南北宽约130米。共发现有晋侯及夫人墓9组19座，分为三排：北排4组，由东往西依次是M9号、M13号墓组，M6号、M7号墓组，M32号、M33号墓组，M93号、M102号墓组；中排2组，东面是M114号、M113号墓组，西面是M91号、M92号墓组；南排三组，由东往西依次是M1号、M2号墓组，M8号、M31号墓组，M64号、M62号、M63号墓组。除M64号、M62号、M63号墓组是一位晋侯和两位夫人外，其余均是一位晋侯和一位夫

人。各墓均为南北向略偏东，除北排最西一组M102号晋侯夫人墓无墓道，M93号晋侯墓及南排最西一组M63号晋侯夫人墓为南北两条墓道外，其余皆在方形或长方形墓室南面设一条墓道。各组内晋侯及夫人墓墓位安排，除M114号、M113号墓组及M9号、M13号墓组是晋侯墓居右（西）、夫人墓居左（东）外，其余均为晋侯墓居左（东）、夫人墓居右（西）。墓主人的头向，除M91号、M92号墓为头向南外，其余皆朝北。每组墓的东面均有附属车马坑1座，其中，M114号、M113号墓组和M9号、M13号墓组车马坑为南北向（前者车马坑中间有生土隔梁），其余皆为东西向。最大的车马坑东西21米、南北14米，面积300平方米，殉马上百匹，用车25辆以上，是中国所发现的两周时期较大的车马坑。在每组墓的近旁，有数目不等的陪葬墓和祭祀坑，有的祭祀坑打破了墓道

和附属车马坑。9组19座晋侯及夫人墓中有11座保存完好，8座被盗。

晋侯墓地出土有青铜器、玉器和原始瓷器。出土的青铜器上有大量的铭文，出现有5位晋侯的名字，9组19座晋侯及夫人墓是晋国西周时期的9代晋侯，即晋侯燮父、武侯、成侯、厉侯、靖侯、僖侯、献侯、穆侯、文侯。每组晋侯及夫人墓出土大量玉器，玉器有玉仪仗、玉覆面、玉串饰、玉组佩等。玉仪仗有大玉戈，M63号墓出土的一件大玉戈长36.2厘米，通体抛光，内部饰人首神兽纹，雕琢技艺高超，是一件罕见的玉器精品。玉覆面每个晋侯及夫人墓都有出土，有的甚至有2套，眉、目、鼻、口、耳、须栩栩如生。玉组佩是墓中主要玉器，每个墓都有一套或数套，每套是由各式各样的玉件、玛瑙、水晶、煤精石、绿松石的珠、管组成，玉件的种类有璧、环、瑗、

曲村—天马遗址晋侯墓地M31号墓铜器出土现场

曲村—天马遗址晋侯墓地出土铜盉

曲村—天马遗址晋侯墓地出土铜簋

璜以及鱼、雁等，每套组佩由数十件甚至上百件组成。此外，在M63晋穆侯夫人墓中还发现了一个铜盒，在盒内有数十件雕刻精美的像生小玉器，有鹰、马、鹿、牛、羊、熊、螳螂、龟等，栩栩如生，憨态可掬。

邦墓区位于遗址区西偏北，南部被曲村镇北的民宅及粮站、棉花加工厂叠压。墓地范围东西长800米，南北宽600米。已发掘面积13400平方米，揭露出西周、春秋墓葬641座，其中铜礼器墓47座，车马坑6处。墓向以墓主人头向为准，北向者362座，南向者3座，东向者241座，西向者33座，不明者2座。641座墓均为竖穴土圹墓，墓口平面大体呈长方形，有的四角比较方正，有的则呈圆弧形。墓口平均面积约4平方米。墓壁分直壁、袋状、斗状三种。有9座墓有腰坑，8座墓有壁龛，葬具有棺、椁，椁下有垫木。葬式分三类，一类是下肢屈上肢直，共466具；一类是下肢屈、上肢依身体而屈，程度及摆放位置不同，共103具；一类是下肢错乱，有7例，另有葬式不明者65例。随葬品有青铜容器，兵器，车、马

器，玉、石、蚌器，陶器、漆器，贝、毛蛤，殉车等。完整的铜礼器有147件，出土于44座墓葬，有鼎、鬲、簋、盆、爵、觚、尊、觯、卣、盘、壶、钟等18种。铜兵器135件，出土于82座墓葬。工具18件。车马器有镳、衔、当卢等。陶器是大宗，随葬陶容器的墓葬有484座，占全部墓葬的75.5%，共出土陶容器1118件，陶质以夹砂为主，有少量泥陶。纹饰以绳纹常见，陶色以灰色为主。器类有鬲、盆、豆、罐、大口尊、壶、簋等。另有陶工具等。玉石器有璧、瑗、环、璜、琮、圭、璋、版、柄形器等。铜礼器墓葬的时代自西周早期至西周晚期，陶器墓葬时代下限可到春秋时期。

晋文化居址遗存主要分布在曲村东北的发掘区，自1980～1989年共发掘面积约3712.75平方米，各区所见遗迹共296个。文化遗存包括房子5座、水井8眼、陶窑8座、灰坑253座、烧坑7座、灰沟11条。房址JF11为地上建筑，底部保存完好，周壁有夯土墙，北部有门，屋内有灶；其余4座为地穴或半地穴式，营造简陋，形制规整或不规整。从房子的营造规模、

形制和结构看，是社会中下层人士居住。水井均为长方形，东西宽而南北窄，一般周壁光滑，有的抹一层细泥。陶窑可分为两类，一类是半倒焰式馒头窑，一类是升焰窑。灰坑分圆形、椭圆形、长方形、方形、不规则形5种。出土晋文化遗物十分丰富，有青铜器、铁器、玉器、石器、骨器、陶器。典型器物有时代特征很强的鬲、盆、豆、罐等。晋文化居址可分6期12段，时代从西周早期到春秋晚期，其中春秋晚期仅见少许文化层。

春秋战国墓葬有42座，其分布与西周时期墓葬交相错落，均系中小型陶器墓。竖穴土圹墓，形制基本有两类：一类是口底相等的直壁型，仅3座；一类是口大底小的斗状。墓葬规模较同墓区西周墓要大，斗状墓有的有生土二层台，葬具绝大多数是一棺一椁，葬式分为直肢葬和屈肢葬两种，前者占70%，后者占30%，随葬器物比同墓地西周晚期墓所出远为丰富，主要是陶器和各种质料的小件。陶器种类有鬲、鼎、豆、壶、盘、碗、小壶及浅盘豆、罐等，鼎、豆、壶出土数量最多，占陶器总量的

70%，有13座墓不见任何随葬品。陶器多出土于棺椁之间。这批墓葬可分四期，时代自春秋晚期到战国晚期。

三张古城遗址位于遗址南部、滏河北岸的三张村之西，其东部为村落叠压，古城于20世纪60年代发现，做过初步的调查和局部钻探，初步认定其时代为战国时期，内涵有待进一步充实。

祭祀遗址共58座，分布于曲村村北，大体可分为西南、东北向的五列。坑内牺牲有马、牛、羊三种。其中，8座牛坑和4座马坑有玉器和牺牲相伴出土，玉器的器形有璧、璜、龙形佩、钺等。

秦汉时期墓葬96座，位于曲村镇的北门外，与西周时期的晋国贵族墓地大致重合。20世纪90年代在晋侯墓地也发现秦汉时期的墓葬。形制可分为土坑、洞室、砖室三类，此外，有瓦棺墓。随葬品以陶器为主，有鼎、釜、灶、井、壶、钫、茧形壶、罐、盘、杯、樽、斗、俑、动物等。时代从战国末期至东汉晚期。另有极少数的汉代文化层见于部分发掘

曲村遗址晋侯墓地出土玉鹿

曲村遗址晋侯墓地出土玉人

区，发现东汉一座砖窑，陶器残片、筒瓦、板瓦和五铢钱等。

金元时期墓葬发现61座，1座发现于晋文化居住址，其余发掘于晋文化墓葬区。往往打破汉墓、战国墓、西周墓，绝大多数是带墓道的土洞墓和砖室墓，一般坐北朝南，方向或正南或南偏西。随葬器物有陶器、瓷器、铁器、铜器、钱币、瓦符和买地券等。其中，瓷器有白釉、白釉彩绘、黑釉、酱釉、茶叶末釉、钧釉、青釉等。

1996年11月20日，曲村—天马遗址被国务院公布为第四批全国重点文物保护单位，编号4-0026-1-026。2002年，山西省人民政府划定遗址的保护范围与建设控制地带。2005年，国家文物局批准《曲村—天马遗址保护规划》。2012年，国家文物局批准《曲村—天马遗址邦墓区安全防范系统方案》。2012年，国家文物局批准《曲村—天马遗址邦墓区安全防范系统方案》《曲村—天马遗址车马坑本体保护方案》。曲村—天马遗址的"四有"档案、相关保护管理文书档案、技术档案等资料，保存于山西省古建筑保护研究所。

曲阜鲁国故城　是西周至汉代的鲁国都城遗址，位于山东省曲阜市，遗址分布于城区及其周边，泗河支流洙河环绕城西、北部，沂河流经城南。城的东南面是丘陵山岳，西北和西南是一片辽阔原野。

据《史记》《周本纪》《帝王世系》等文献记载，黄帝、神农氏、少昊和舜都于曲阜，为商代奄国故地。《诗·鲁颂·閟宫》《左传·定公四年》《史记·鲁周公世家》《周本纪》等记载周初周公长子伯禽代其父受封于鲁，一般认为即建都于曲阜。另外一说，裴骃《史记集解》引徐广之说："世本曰：'炀公徙鲁。'"则定都曲阜者为伯禽之子，考公之弟，鲁国第三个国君。两者之说相差50年。目前城内最早遗存年代为西周中期早段，分布在城内中北部、西北部、西部，正与"炀公徙鲁"年代相仿。从"炀公徙鲁"至鲁倾公二十四年（前249年）被楚所灭，鲁国以曲阜为都700余年，陆续兴建郭城、宫城及"西郭"等。

民国31年、32年（1942年、1943年），日本学者对鲁故城进行两次考古调查和发掘。1958年，文化部文物管理局和山东省文化局文物干部培训班陆续进行了考古钻探、遗址发掘和墓葬发掘。1977年3月至1978年10月，山东省博物馆对鲁故城开展大规模的考古勘察（包括钻探和试掘），初步查明鲁故城的年代、形制、城市布局和基本文化内涵。

城址由郭城、宫城两重城圈组成。除明故城占压西南部外，城内划分城墙、城门、宫殿遗址、居住遗址、手工业作坊遗址、墓地等36处重点文物保护区。

郭城平面近扁方形，东西最宽3.7千米、南北最长2.7千米，面积约10.35平方千米。四周城垣南面较直，其余三面都成弧形，城墙周长11771米，地面残存4000米，其中东北部城墙保存较好，局部高达10米。城墙宽25～50米，未见明显基槽。城墙可分四至六期，年代包括西周晚期、春秋、战国、西汉时期，有西周前期城墙，但缺乏更多遗物证据。对南东门、北东门及北城墙东段解剖，南东门门址区发现春秋早期M13号墓打破一期城墙，北东门遗址区春秋早期H9号灰坑打破一期城墙，并且夯土内陶片为春秋早期。结合层位关系及夯筑技术，初步推断城墙始建于两周之际或春秋早期。其后春秋中期、晚期、战国早到晚期向外、向上扩建、增筑。夯筑工具由棍夯到金属夯，圆形寰底发展到圆形平底，战国时期出现穿棍技术，采用分段版筑。战国城墙底部内外、顶部外侧有排水沟，墙顶排水沟底叠铺板瓦。

外城壕分战国和春秋两大期。战国城壕斜壁，平底，宽约40米，最深7.1米，又可分三小期，出土战国早至晚期陶片。春秋壕沟被战

国时期城墙叠压、打破，斜壁，底不平，宽约16米、深3.8～5米，出土春秋时期陶片。新发现内壕沟沿城墙内侧一周，与城内水系相连，宽11～28米，时代为战国晚期。

发现11座城门，每边应有3座城门，南墙西部城门被明代城址占压，无法勘探确认。发现10条交通干道，东西向、南北向各5条。南墙东部城门遗址经发掘确定为鲁故城的一座门址所在，规模庞大。门址结构特殊，主要由两侧高大的阙台基及一条门道构成。门道两侧的夯土台基当为门阙的基础，可分两阶段：第一阶段约属春秋时期，夯土台基略小；第二阶

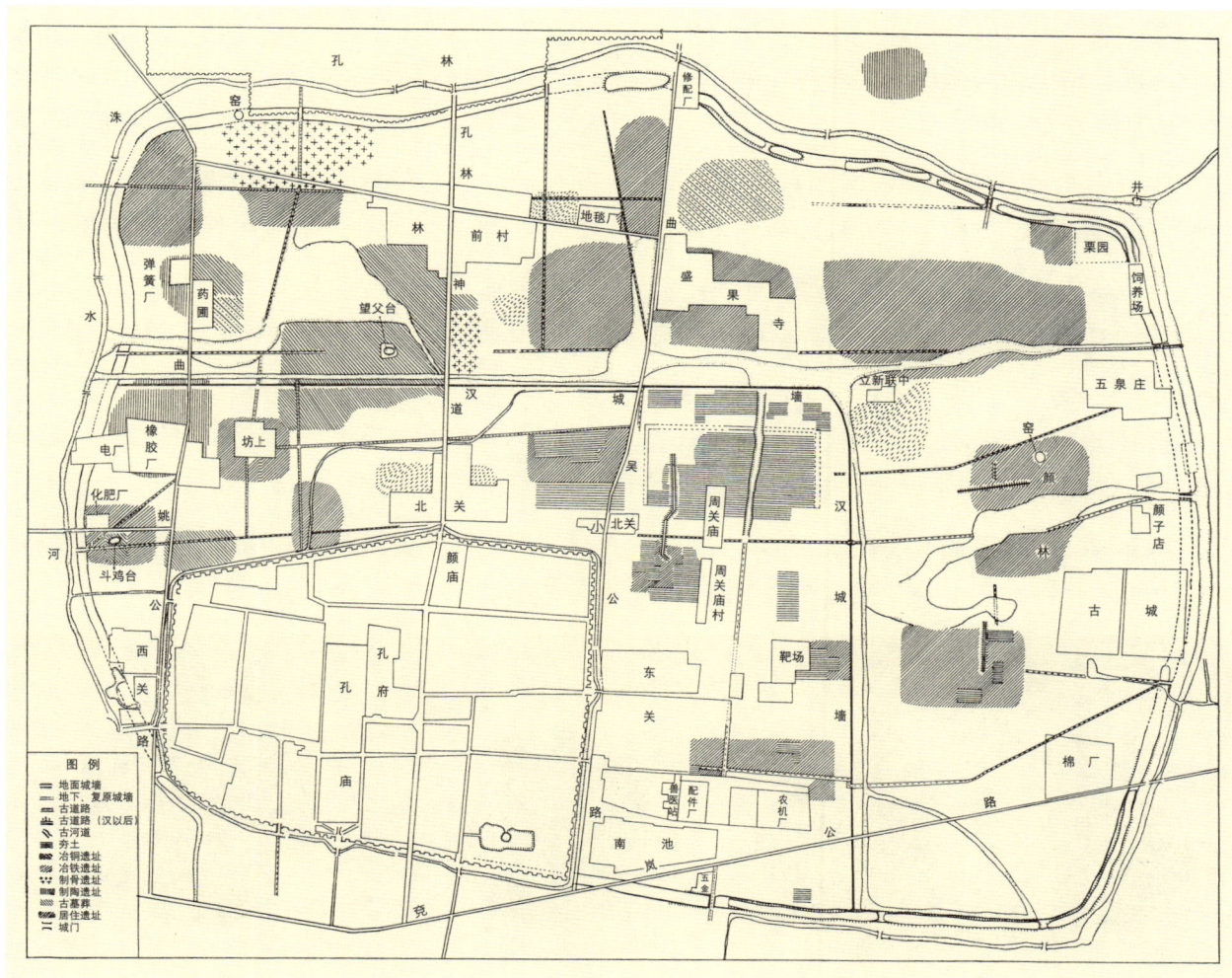

曲阜鲁国故城遗址分布示意图

曲阜鲁国故城出土玉马

段，战国时期，台基增宽筑高。北东门遗址仅
发现宋、元、明、清时期的道路，呈路沟状。
未发现周代路土及与城门相关遗存。尚不能确
定门址是否存在。

宫城位于鲁故城中部，海拔约75米，为
曲阜市内最高处。总体呈长方形，西北角略内
折，城内东西约480米，南北220～250米，城
内面积约12万平方米。发现城墙、壕沟、城
门、道路、陶排水管道、大型夯土基槽建筑基
址等重要遗迹，宫城年代为春秋晚期晚段至战
国中期。宫城城墙仅余基槽，西南部保存最
好，东部和北部被汉代城墙打破严重。宽约13
米，分段夯筑，圜底夯窝。黄褐花夯土内出土

西周晚期和春秋时期陶片。西周晚期H117、
H168号壕被基槽打破。城壕宽约11米，第一期
至第六期填土分别出有春秋晚期至西汉陶片、
瓦。城墙底部预埋五角形陶管道，沟通城内
外，北面为一蓄水池，与管道相连。为战国始
建，延续至汉代使用。

西城门宽约12米，路土时代从春秋时期延
续至唐代，其中东周路土最宽，南侧分布有水
沟，为城门排水设施。

大型夯土建筑基址位于宫城西南部，仅存
墙基部分，平面东西长方形基槽夯土建筑，东
西长85米、南北宽约11.37米、基槽宽2.8～3
米，应是宫城中重要的建筑。

宫城内沟西区发现奠基、墙基和排水管
道。沟东、沟西区均发现两层夯土建筑，早期
属战国时期、晚期属西汉晚期至东汉。

其他遗址6处，包括居住址、冶铜、冶
铁、制骨、制陶遗址等。

药圃遗址，位于鲁城西北部，为制陶、冶
铜、居住址。堆积0.5～3米，年代从周初至西
汉，是鲁故城内最早、延续最长的遗址。冶铜
遗址见于距地表深1.10～1.50米的第四层下，
发现西周晚期的残窑炉一座，其附近的灰坑有
陶范碎块、铜渣、烧土块等遗物。

曲阜鲁国故城出土料珠

斗鸡台遗址，为居住址和墓地，从西周前期延续到西汉，发现有三处较大的夯土遗迹：其一，形状呈"T"形，东西向的长34米、宽10米，南北向的长36米、宽7米，厚1米；其二，呈长方形，长25米，宽13米，厚0.90米；其三，即斗鸡台基址，呈椭圆形，台高3米，长110米，宽55米。

盛果寺居住遗址，位于鲁城的中北部，宫城北部，为鲁故城最大的一处居住遗址，发现8处夯土房基以及居住面、灰坑和路土等遗迹。房基面积最大者约3600平方米，小者120平方米。

盛果寺冶铜遗址，文化层较浅，分别有西周晚期、春秋晚期、战国早期的文化堆积。

立新联中冶铁遗址，面积约5万平方米。钻探发现大量的铁渣、铁块、炼渣、炭灰和红烧土，并在遗址中部发现多座圆形炼炉。在遗址的中部、东北部和西部发现三处夯土建筑基址，面积200~400平方米不等，可能为冶铁作坊的有关建筑。窖穴、夯土等属西汉早中期。

五泉庄西北居住址。堆积较浅，分别有春秋早中期、春秋晚期、战国晚期至西汉的文化堆积。

墓地。1977~1978年发现6处墓地，发掘4处，共计129座墓葬，包括药圃、斗鸡台、孔府后花园和望父台墓地。药圃墓地位于药圃东北，墓葬与遗址形成错综的叠压关系，分布面积约3400平方米，探明墓葬44座，绝大部分进行了发掘，均为小型墓，年代自西周中期至春秋末期。斗鸡台墓地面积不详，已发掘28座小型土坑竖穴墓。部分墓有腰坑，内殉狗。葬具除一座西周墓为单棺外，均为一棺一椁，葬式皆为仰身直肢。时代西周至春秋时期。

望父台墓地分布面积约180万平方米，已初步探明墓葬106座、车马坑6座，其中大型墓在排列上似有一定规律，至少有南北4排，南2排属春秋，北2排属战国，属西周时期中小型墓葬，出土有铭文青铜器等。在林前村南部发掘30余座春秋时期墓葬，出土较多的青铜器，属贵族墓葬。

舞雩台建筑遗址，位于南泉村西南500米，坐落在小沂河南岸，雩河之北，亦称雩坛、舞雩坛。《水经注》称"坛高三丈"。夯土台基近方形，东西长120米，南北宽115米，残高7米。从台基东面的夯土结构和内含遗物观察，台基似有三层：上层夯土时代当属西汉，中层夯土年代当属战国时期，下层夯土只分布于东部，时代当属春秋以前。

曲阜鲁国故城出土玉龙

曲阜鲁国故城出土玉璧

鲁故城内历年共出土陶、瓷、铜、金、银、铁、玉、石、玛瑙、水晶、象牙、骨、蚌等各种质地的器物2400余件，较为珍贵的有错金银铜杖首、银质猿形带钩、铭文青铜器、成组石磬、包金铜贝和各种形制的玉璧等，具有较高的历史价值和艺术价值，是研究鲁国历史和鲁文化的宝贵实物资料。

1956年成立曲阜县文物管理委员会，负责鲁国故城的保护。1961年3月4日，曲阜鲁国故城被国务院公布为第一批全国重点文物保护单位，编号1-0145-1-010。鲁国故城由文物稽查大队、鲁国故城国家考古遗址公园管理处、鲁国故城管理所分工管理。2013年12月经国家文物局评估验收公布为第二批国家考古遗址公园。2013年，山东省人民政府公布《鲁国故城总体保护规划》，划定了保护范围。

临淄齐国故城　是两周至汉代齐国的都城遗址。故城位于山东省淄博市临淄区中部，南距临淄区政府驻地6.5千米。临淄齐国故城东临淄河，西依系水，南望群山，北部为一望无垠的鲁北平原，自古以来拥有优越的地理环境，到春秋战国时期已发展成为东方最发达的大都市，城址的范围面积约15.5平方千米。

公元前11世纪，武王灭商建立西周王朝，姜太公受封齐地，建立齐国，都治营丘。公元前859年，齐国第七个国君齐献公由薄姑迁都临淄，因其东临淄河，故更名临淄。根据考古发掘资料，临淄城最迟营建于西周中期，建城当在献公迁都之前。文献记载，姜氏自太公始，经西周、春秋、战国时期，传位31世600余年，史称姜齐。康公十四年（前391年），大夫田和迁康公于东海，篡权自立；

"康公十九年，田和立为齐侯，列于周室，记元年"。史称田太公，仍都临淄。田氏历经8代君主，173年，史称田齐。周赧王三十一年（前284年），燕将乐毅陷齐70余城，临淄归燕属5年。周赧王三十六年（前279年），田单复齐，襄王法章返都临淄。秦王政二十六年（前221年），秦灭齐，临淄结束作为齐国都城的长期地位。

秦灭齐后，推行郡县制，始置临淄县，属齐郡，治临淄。楚汉之际，韩信封为齐王，踞临淄。西汉沿用秦制，仍置临淄县。汉高祖六年（前201年），再建诸侯王国，封子肥为齐王，衍嗣历哀王、文王、孝王、懿王、厉王等，先后皆治临淄。新朝元年（公元9年），王莽篡汉建国，以境内多齐王陵墓，改称齐陵县。东汉建武元年（公元25年）刘秀灭王莽，复称临淄，再为汉齐国都。三国以后，临淄城长期沿用，至元末圮废。

民国19年（1930年），考古学家李济、吴金鼎受中央研究院历史语言研究所的委派到临淄实地考察。民国23年（1934年）春，在临淄城内刘家寨一带有大量封泥出土，山东省图书馆先后收集"周秦汉晋封泥534枚"，馆长王献唐对封泥文字进行著录研究，赴临淄封泥出

齐国故城大城内居住遗址及墓葬

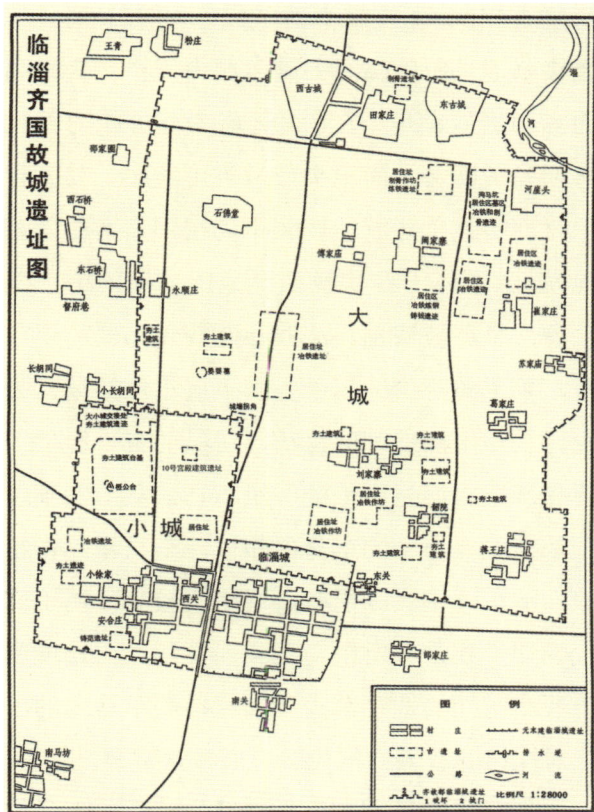

临淄齐国故城遗址平面示意图

土现场进行考证。民国29～30年（1940～1941年），日本学者关野雄曾连续三次到临淄调查，收集瓦当、镜范等文物，同时对地面保留的齐故城城垣进行测量。1964年、1965年，先后对大城南部的刘家寨村南和大城西部辛孤公路两侧进行小范围的试掘工作。1976年春，山东省文化局大型考古培训班与各地市文物干部联合组成的考古队对桓公台宫殿基址、冶炼遗址和河崖头村西南遗址进行大规模的发掘。1981～1984年，山东省文物考古研究所临淄文物工作队对大城西墙及小城北墙、大型殉马坑、4号排水道口、11号和39号重点保护区进行考古发掘。

根据考古调查、勘探、发掘资料，临淄城最迟营建于西周中期，由大城和小城共同组成，但

与一般周代诸侯国都城将小城作为宫城且置于郭城即大城之内的布局不同，临淄的小城基本独立于大城之外，仅东北部嵌入大城西南部。考古发掘资料证明，目前临淄齐故城由大城与小城组成的基本格局是多次扩展的结果，城市的发展大体经历了大城始建、增建、扩建和小城的营建、增建、修补等多个发展阶段。

大城平面近似不规整的缺角长方形：东墙东临淄河，随着河流的蜿蜒曲折而形成多处曲折；西墙南端与小城北墙相交，随着城外系水的弯曲城墙中部略向外鼓，北端稍内收略呈弧形；北墙分东西两部分，在西部与2号排水道相交处有一拐角，拐角以东墙体近直，略向东南倾斜；南墙近直，中部略外弧。1981年、1982年，分别对大城北墙和西墙进行解剖发掘。大城北墙分六期：第一、二期属于西周时期，第一期城墙南部被属于西周中期的墓葬M11打破，时代不晚于西周中期，第二期属于西周晚期；第三、四期属于春秋时期，使用的年代比较长，大约贯穿整个春秋时期；第五、六期属于战国时期。大城西墙分两期：第一期为西墙主体部分，属于大城的始建年代，其上限不早于春秋晚期，下限不晚于战国早期；第二期主要属于战国时期对大城的修补部分。经勘探，大城城门共8处，其中北墙3处，东墙、南墙各2处，西墙1处；南北主干道2条，东西主干道2条，分别与城门相接；主要排水河道有2条，与之相关的排水涵道5处。

大城内文化堆积比较丰富的地区主要在城东北部的阚家寨、河崖头村附近的韩信岭一带。1965年、1971年先后在阚家寨东南部和韩信岭的西南部进行过两次发掘。发现文化层堆

积的厚度2～4米，文化内涵从西周早期一直延续到战国秦汉时期。发现西周早期的遗存，并出土西周早期典型周式陶鬲。1976年、1981年分别在河崖头村西南和村南的韩信岭高地的北部和东北部进行考古发掘。发掘解剖的地层资料，分别属于汉代、战国、春秋、西周时期的遗存。大城南部的刘家寨一带文化堆积主要属于汉代、战国时期的遗存。辛孤公路两侧以路东的文化遗存比较丰富，地层堆积1.5～1.7米以上，主要以汉代和东周时期为主；路西的地层堆积在1.4米左右即到达生土，文化内涵也不如路东丰富，主要为汉代和战国时期遗存。

大城内墓葬主要发掘河崖头和刘家寨两处墓地。河崖头墓地位于大城东北角处河崖头村一带，1～4号墓属于有南向墓道的"甲"字形墓，盗掘严重，4座墓葬规格较高，均采用齐国上层贵族享用的石椁。残存的铜軏首和兽首形带扣与三门峡虢国墓地车马器基本相同，墓主属于春秋早中期齐国上层贵族。河崖头窖藏中铜礼器主要纹饰为波带重环纹和窃曲纹，类似纹饰在曲阜鲁故城望夫台墓地和长清仙人台墓地都有发现，具有鲜明的地域特征，流行于西周晚期至春秋早中期。5号墓是一座带有一条南墓道的"甲"字形大墓，勘探中的北墓道为椁室后部的大型器物坑。5号墓葬周围有大规模的殉马坑，1964年，在北部54米处，清理发现殉马145匹。1972年在清理了马坑西南角处30米，发现殉马83匹。按照马坑的规模计算，殉马在600余匹。1989年为齐故城5号东周墓殉马坑作防水处理时发现3座西周墓，其所出土的铜鼎、铜簋与曲阜鲁故城、宝鸡竹园沟、洛阳北窑墓地所出土西周中期的铜鼎、铜

簋基本相同，3座墓葬时代属于西周中期。河崖头墓地是所知临淄齐国故城内规格等级最高的齐国贵族墓地，5号大墓墓主有可能为春秋时期齐国国君，河崖头一带有可能属于姜齐春秋时期的公墓兆域。1966年，在刘家寨村南墓地发掘4座属于春秋晚期至战国早期的中小型墓葬，墓葬被盗掘。从残存随葬车马器的现象看，墓主的身份应属于齐国下层小贵族墓，为探讨大城南部遗址的性质，居民的身份提供了信息。东古城村出土的一组车马器从形制到纹饰都与殷墟出土的车马器相似，车马器制作精致，铜车踵镶嵌绿松石，规格比较高，属于商代晚期贵族乘车所用。在临淄齐故城内发现属于殷商时期的遗存甚少，高规格的车马器的出土对探讨齐故城的年代及性质非常重要。

临淄城的最大变化是小城的营建，由此构成大小城镶嵌的格局。战国早期，大城延续春秋时期的总体布局。战国中期，齐国的政坛发生重大变动，以田和为相的田氏取代姜氏，并被周王正式立为齐侯。田和作为齐相20余年，国家权力中心的转移，引起临淄城最大、最明显的变化是田氏宫城即小城的兴建。1964年，对小城东、西、北三面城墙进行解剖发掘，证明齐故城小城城垣始建于战国中期，在战国晚期、西汉至东汉时期继续得到沿用，并进行过多次大规模扩建维修，城垣可分五期。第一期为小城城墙的主体部分，均为小城城垣东墙、西墙和北墙划分的最早一期城垣。夯土内夹杂鬲、豆、罐、盂以及绳纹瓦片等，器形多为春秋晚期与战国早期所常见。小城营建年代上限不早于战国早期，下限不晚于战国中期。小城城垣第二期、第三期城墙，均在小城东、西、

北三面城垣的外侧，为城墙外侧的扩建修补部分。在西城墙从外侧有叠压第二期城垣使用时期形成的较厚的堆积层，证明在第二期城墙使用很长一段时间后，又进行的扩建修补。第三期属于对小城一次大规模的修筑扩建。夯土内有陶盆、浅盘豆、直口罐、粗砂平口罐等器物残片。在出土的绳纹或瓦纹的板瓦片中，未见瓦内侧施布纹的现象。第三期城墙的年代上限

不早于西汉早期，下限不迟于西汉晚期。第四期层次极不明显，看不出夯窝，未见使用木骨的现象。夯土内出土遗物有陶豆残片及瓦片等，时代较晚，从出土遗物特征看多属于西汉中晚期的遗物。第四期城墙属于西汉晚期以后对城垣的修补部分，上限不早于西汉中晚期，下限或迟至东汉时期。小城南墙东门与小城南墙同时起建。小城城门5处，其中南门2处，东、北、西城门各1处；城内探明2条南北干道，1条东西干道；有2条排水河道，与之对应的有1处排水涵道。

小城北部以宫殿建筑为主，西北部发现以桓公台为中心的范围较大的宫殿建筑群，南北长约650米，东西宽约500米，面积约33万平方米。桓公台是宫殿区南部的一处高台建筑基址，南北70米，东西86米，高14米。周围宫殿建筑遗迹密布，具有一定规模的大型夯土建筑基址有9处。桓公台东北发掘清理第5号建筑基址，发现宫殿建筑遗迹有上下两层：上层为汉代宫殿建筑，有回廊、散水、石柱础等，天井等遗迹多为砖铺地面，并出土大量圆瓦当；下层有方形台状夯土基址，发现许多排列有序的大型石柱础，属于战国时期的遗迹。桓公台及周围建筑基址应属于战国时期齐国主要宫殿

临淄齐国故城东周墓殉马坑

临淄齐国故城出土瓦当

临淄商王村齐国故城出土战国错金银镶嵌铜牺尊

建筑区。

位于小城东北部第10号建筑基址，占据小城东北部中心位置，俗称"金銮殿"，2012年的发掘表明仅残存夯筑的建筑台基，台基南北87.5米，东西113米，高度3米以上。壁面立柱镶板，装饰完善。出土的彩绘木门以及纹饰繁复的铜构件，反映建筑具有相当高的规格。10号建筑遗址战国夯土台基形状较为独特，南部凸出、北部凹进且东西两翼延展，夯土台外普遍存在的较厚淤泥层证明台基周围长期积水，水域直达夯土台壁面。10号宫殿基址属于夯土高台建筑基址，中心地势较高，周围地势低洼并发现淤土和水浸现象，在功能上可能与桓公台宫殿建筑群有别，或与田齐设立的宗庙礼制建筑有关。

临淄齐国故城是中国古代规模最大的早期城市之一，是古代东方重要的政治、经济、文化中心，在古代都城和周代文化研究中具有重要地位。

1961年3月4日，临淄齐国故城被国务院公布为第一批全国重点文物保护单位，编号1-0144-1-009。1975年临淄区政府设立区文物管理所，负责临淄齐国故城及全区的文物保护

工作。1981～1987年，临淄区文化与公安部门先后印发《关于文物古迹保护管理的通告》《关于进一步加强保护文物古迹的通告》；临淄区人大常委会作出《关于加强文物保护工作的决议》《临淄区文物保护管理细则（1997年）》。2004年3月，成立临淄区文物管理局。2005年，淄博市人民政府印发《淄博市人民政府关于市级以上重点文物保护单位保护范围的通知》，划定保护范围与建设控制地带。2006年，临淄齐国故城列入国家重点大遗址保护名单。2013年，由山东省文物考古研究所编制的《临淄齐国故城考古工作计划》获得国家文物局批复。2013年，《临淄齐国故城保护总体规划（2011～2025）》通过国家文物局审核。2013年7月8日，山东省人民政府印发《关于实施鲁国故城等遗址保护规划的通知》及相关文件，其中包括《临淄齐国故城保护总体规划》。淄博市公布《淄博市文物保护管理办法（2014年）》，山东省公布《山东省文物保护条例（2016年）》。2013年12月18日，临淄齐国故城考古遗址公园获得国家文物局国家考古遗址公园立项。2016年9月，临淄区成立临淄齐国故城考古遗址公园管理处。

蔡国故城 为周代蔡国都城遗址，位于河南省上蔡县城关周围。

《史记·管蔡世家》载："武王已克殷纣，平天下，封功臣昆弟。于是封叔鲜于管，封叔度于蔡：二人相纣子武庚禄父，治殷遗民。"时当公元前11世纪。不久，"武王既崩，成王少，周公旦专王室。管叔、蔡叔疑周公之为不利于成王，乃挟武庚以作乱。周公旦承成王命伐诛武庚，杀管叔，而放蔡叔，迁之，与车十乘，徒七十人从……蔡叔度既迁而死……于是周公言于成王，复封胡于蔡，以奉蔡叔之祀，是为蔡仲"。周贞定王二十二年（前447年），"楚惠王灭蔡，蔡侯齐亡，蔡遂绝祀"。蔡国前后历18代500余年。

城址后世沿革，清康熙二十九年（1690年）《上蔡县志》卷之二《建置》载："上蔡旧城，周围二十五里，盖周初建国所筑也……西汉置县，筑土城于故城址东北隅，环垣仅六里二百步……明正统间知县王雄、

成化十九年（1483年）主簿梁英相继重修。正德六年（1511年）为霸寇所陷。嘉靖二年（1523年），知县傅风翔始甃砖石，拓为九里十三步……万历二十四年（1596年）大水倾城百六十余丈，知县岳虞询补葺之……崇祯十五年（1642年）流寇陷城，拆毁无余……康熙二十五年（1686年），知县杨廷望重建门楼城墙，门阃颓败者修复完固，倾圮者雉堞分明，俱加灰砌，迥异前观。"城址东北隅所筑小城，曾屡毁屡建，作为后世历代县治治所，一直延续使用。

蔡国故城坐落在县城区芦岗的东坡，东自庞庄村至别庄村南北一线，南至别庄村至谢庄村东西一线，西自谢庄村到半截楼村南北一线，北自半截楼村到庞庄村东西一线。城址平面略呈纵向的长方形，南北长2830米，东西宽2460米，四面城墙周长10.49千米，面积约68平方千米。西南城角外突，四城角均为圆转角。残存城墙最高处达15米，最宽处25米，城

蔡国故城北城墙烽火台

307

外有护城河环绕。除东垣北段、北垣东段部分地段被建筑物覆盖外，其余保存完整。

1963～1979年，上蔡县文化馆先后多次组织对蔡国故城的考古调查，并搜集一批重要文物。1979年，驻马店地区文物保护组对蔡国故城的长度及遗址分布进行专题调查。1988年3月，河南省文物考古研究所对故城进行小面积考古发掘，发掘面积约170平方米。1998年，上蔡县文物管理所对蔡国故城的保存情况、长度、遗址分布进行详细的调查核实。

调查发掘表明，蔡国故城宫殿区位于城址中部偏南台地之上，断崖可见大量的板瓦、筒瓦建筑材料及排水管道、古井设施，周围分布着铸铜、制陶、制骨等作坊址。南城墙三处城门址，右侧均内凹，开早期瓮城之先河。北城垣上的烽火台为最早人工烽火台建筑。故城西卧龙岗为春秋战国时期蔡楚两国贵族墓葬区。历年出土有青铜鼎、鬲、敦、簠、方壶、鉴、匜、缶、编钟、甬钟及兵器、车马器；石编磬；金器、玉器、骨器等精美器物。

蔡国故城对研究两周时期蔡国社会政治、经济、文化发展以及春秋列国都城的建制格局、蔡楚关系等具有重要价值。

1963年，河南省将上蔡故城公布为第一批

省级文物保护单位。1996年11月20日，更名为蔡国故城，被国务院公布为第四批全国重点文物保护单位，编号4-0028-1-028。2006年5月25日，国务院核准上蔡楚国贵族墓地归入第四批全国重点文物保护单位蔡国故城。蔡国故城的保护、管理职责由上蔡县文物管理所承担。

薛城遗址 周代及汉代古城遗址，也是两周时期薛国都城。位于山东省滕州市官桥镇和张汪镇之间，是鲁南地区的重要的古代城址，年代为公元前2500年至公元220年。遗址北距滕州市约21千米。遗址东部为沂山余脉，城址内及周围为平原地区，西部为湖洼地带，东南约0.5千米有薛河，西北城墙外有小苏河由东北向西南注入微山湖。遗址大城平面呈不规则扁长方形，东西长约3.3千米、南北宽约2.3千米，总面积约7.36平方千米，城墙总周长约10.61千米。

20世纪40年代初，日本人曾调查薛城遗址。1964年春，中国科学院考古研究所山东队勘察薛故城，首次实测并绘制故城平面图。1973年，在薛城东墙内出土4件带铭文的春秋铜簠。1978年，济宁文物组等单位对故城进行勘察和发掘。此后薛城的考古工作，可分为三个阶段：1984年12月到1986年夏，山东省考古

蔡侯墓

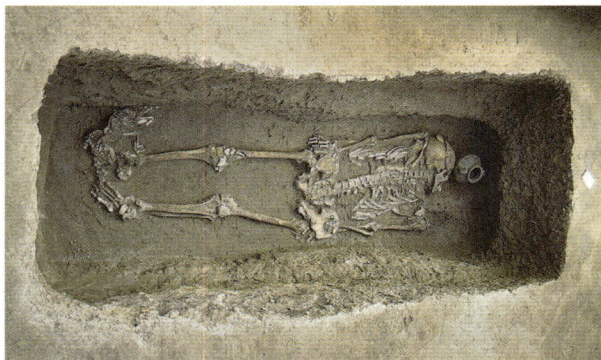
薛城遗址 M18 号墓发掘现场

研究所等单位对薛故城进行勘探发掘，主要成果是在战国汉代城东南角发现一座较小城址，证实是春秋城，城址内有西周早期遗存。1993～1994年，寻找到西周城及龙山文化城的线索。2002年，在原春秋城内又发现一城，为西周时期城址。

薛城遗址最重要的遗迹为城址，包括大城、中城和小城。大城平面呈不规则扁长方形，东西长约3.3千米、南北宽约2.3千米，总面积约7.36平方千米，城墙总长约10.61千米。南墙、西墙保存比较完整；北墙、东墙因烧窑、修路等原因遭到一定程度的破坏。城垣在地面以上保留4～8米。墙基大多宽20～30米。东、南墙和西墙的大部分比较平直，西墙北段和北墙则曲折多弯，西北城角显著偏向东南。城墙四角都是内圆外方。城墙分层夯筑，夯土层一般厚约15～20厘米，夯窝圆形平底，直径6～7厘米。大城东墙中段占压着狄庄村南墓地的部分春秋墓葬，说明大城时代晚于春秋，应为战国城，属田齐薛城之郭城。1964年的调查中，在南墙2号缺口的东侧发现城墙两次修筑的痕迹。城墙内层土质较纯，含有东周陶片；外层含汉代陶片。据出土遗物和上述城墙的结构，大城在汉代沿用并进行过修整。汉代城墙是沿着战国大城增补而成。城墙有27处豁口，其中12处疑为城门，每面疑似城门三座。20世纪80年代的勘探中确定5座城门，东、南、西各一门，北面有二门。有的城门之间有干道连接。大城城墙外侧有护城壕，与城墙走向基本保持一致。城壕距城墙30米左右，宽20～50米，壕内水可能从东北角引东部的古薛河水，流至大城西南角汇入小苏河。大城及周围的文

薛城内城壕沟内废弃的陶水管

化遗迹发现多处，有宫殿区、居住区、手工业作坊区、国君公族墓地及平民墓地等。在大城东南城角外分布有春秋时期居住址。城址北部的沈仓、渠庄村南，文化堆积较厚，分布多处战国汉代居住址。皇殿岗村下及以南高地上，夯土层厚1.2～2米，面积较大，应是一处较大规模的宫殿或居住区。尤楼村南，地面有硫渣、残陶拍等，范围较小，是一处东周陶窑作坊遗址。皇殿岗村东，地面有铁矿石、铁块、炼渣及带"山阳二""钜野"的铸铁陶范，应是大型汉代冶铁、铸铁遗址。村南偏西有较小的汉代冶铁遗址和制骨遗址。陈庄和渠庄之间，有汉代冶铁遗址。尤楼村中及村东、狄庄村南至吕楼村西南是两处春秋时期的墓地，有的墓延至战国时期。其中狄庄南的墓地应是春秋时期薛国国君和贵族的公族墓地。在薛故城东北，狄庄村北，有两个大积石墓，是战国时

薛城遗址出土春秋双鸟纹玉佩

薛城遗址出土铜鼎

期墓葬，未经发掘。尤楼村西南，皇殿岗村东南应是一处汉代墓地。大城西墙外的刘堌堆村南，分布三个堌堆，可能是墓地。

中城，平面呈不规则长方形，东、南墙和大城城墙重叠，城墙较直；西、北两墙外鼓，地下墙基宽约10米。中城城墙周长约2750米，城壕宽15～20米，薛河古道紧贴东墙。四面各一门，门宽8米左右，东、南门通城外，西、北门通大城，东、西门和南、北门之间有道路连接，形成十字交通干道。城内北半部文化遗存较丰富，有面积大小不一的夯土遗迹。西门内干道北贴城垣处墓地属西周中晚期。南半部可分为两部分，北部居中有大面积的长方形居住地；南部则是大片洼地，基本不见文化堆积。中城东南角残垣下原有春秋遗迹，已基本被薛河冲毁。在中城东北部，通过发掘发现龙山文化、岳石文化、西周、春秋、战国和汉代的遗存。20世纪90年代，在中城南门东侧对城垣做解剖，提供西周、春秋、战国、汉代城垣互相叠压的层位关系。证明中城仅是属春秋城，其时代可能早到西周早期。中城北半部的东部至中部地形高起，存在早到西周早期的堆

积，内涵比较丰富，宫殿区似应在此地。

小城，20世纪90年代发现。城垣呈长方形，面积约2万平方米，中间有一宽30米的河道贯穿南北，各垣外侧都有壕沟。根据出土遗物可知小城建于西周时期，春秋末期废弃。外面的壕沟堆积可分十多层，分属战国、春秋、西周、龙山文化时期。在小城城墙解剖的过程中，发现龙山文化、岳石文化夯土的迹象。

薛城遗址坐落于平原地区，地形平坦。城址中部为皇殿岗村，略高于四周，城址的西南部最为低洼，东部狄庄以南亦有一片洼地。由于城址较大，城内文化分布不均，文化堆积较厚、保存较好的区域，主要分布在中城内部、皇殿岗村及村南高地上、皇殿岗村北及村东、北部的沈仓、渠庄村南及东南等。其中，中城北部城墙内侧以内可能是薛城内文化堆积和内涵最丰富的地区，包括龙山文化、岳石文化、晚商、西周、春秋、战国和汉代时期的文化层。

城内出土遗物，陶器主要有鬲、盆、豆、罐、瓦、簋、碗、纺轮等，其中在多件器物上，例如盆口沿、豆柄部发现陶文。铜器主要有鼎、鬲、豆、壶、盆、盘、匜、舟、车軎、

戈、剑等，其中，多件器物上有铭文，器物多为墓葬随葬品。

通过薛城遗址大量的勘探和发掘工作，积累丰富的考古资料，建立比较完整的从西周晚期至战国时期的考古学文化序列，形成该区域器物年代标尺。对薛国城市布局的研究及故城所在区域自然地理环境、经济形态、人口情况及国家关系的研究均具有重要的价值和意义。

1977年，薛国故城被山东省革命委员会公布为山东省第一批省级文物保护单位，名称为薛国故城。1988年1月13日，薛城遗址被国务院公布为第三批全国重点文物保护单位，编号3-0202-1-022。1989年，成立薛国故城遗址文物保护管理所，负责遗址的保护管理工作。2013年12月，山东省文物局印发《关于公布第四批省级文物保护单位保护范围和建设控制地带并调整公布其他省级以上文物保护单位保护范围和建设控制地带的通知》，公布薛城遗址的保护范围和建设控制地带。

淹城遗址 春秋时代古城遗址，位于江苏省常州市武进区湖塘镇淹城行政村。

淹城建于春秋晚期，距今2500余年历史。淹城最早有文字记载的是东汉袁康的《越绝书·吴地传》："故古淹君地也。"宋咸淳《毗陵志》载："淹城或云古毗陵城。"《太平寰宇记》载："（常州府）春秋时为吴国内地，《史记》

淹城遗址全景鸟瞰

淹城遗址内土墩

淹城遗址内古井

云：吴公子季札所居，是为延陵之邑，吴为越灭复属越，至战国时越为楚所灭，复属楚。"《读史方舆纪要》载："淹城，在（常州）府东南二十里，其城二重，濠堑深宽，周广十五里……号曰即汉之毗陵县旧治。"明清常州、武进志均有关于淹城的记载。

民国24年（1935年），中国考古学者首次对淹城进行实地调查，确认淹城为一处古代居民活动遗存，引起广泛关注。20世纪50年代和60年代，在淹城内河出土了一批文物，首次展示淹城遗址独特的文化面貌和内涵，引起社会和学术界的轰动。至1991年，先后进行五次正式的考古发掘，其中城内遗址部分发掘面积1797平方米，进行部分钻探，清理土墩墓两座。

经考古发掘确认，淹城遗址东西长850米、南北宽750米，总面积约65万平方米。其建筑形制为三城三河形制，由子城、子城河、内城、内城河、外城、外城河及外城郭相套组成。淹城的子城，俗称紫罗城，呈方形，周长500米；内城，俗称里罗城，近似方形，周长1500米；外城，俗称外罗城，呈不规则椭圆形，周长2500米；此外，有一个外城郭，亦呈不规则椭圆形，周长3500米。正好和《孟子》

"三里之城、七里之郭"的记载相印证。三道城墙及外郭剖面呈不等腰梯形，残高3～10米余，墙基宽30～45米。三城均有护城河，子城河已湮没为农田，但河形仍然十分清晰；内、外城河保存完好，最宽处约有60米，一般为50米。三城各有一门，外城门西北向，内城门西南向，子城门正南向。

外城墙、内城墙、子城墙均出土原始青瓷豆等春秋晚期遗物。外城、内城的地层堆积较为纯净，在耕土层下难见到陶片，也未发现建筑遗迹。子城的地层分五层，其中第三、四、五层属于春秋晚期堆积。在淹城内城河中，先后出土4条独木舟。其中，长11米和4.2米的两条独木舟，分别收藏于中国国家博物馆和南京博物院。另两条收藏于武进淹城博物馆，其中一条长7.45米，经碳十四测定，距今约2800年的历史，是中国发现的保存最完整、最古老的独木舟，有"天下第一舟"的美称。此外，淹城遗址还出土青铜器20多件、原始青瓷器和几何印纹陶器。其中，青铜器主要器形有尊、盘、匜、簋、鼎、钩鑃、剑等；出土的原始青瓷器，不仅种类繁多，而且大多造型规整，施釉均匀，制作水平较高，主要器形有豆、碗、杯、鼎、盂、簋等；几何印纹陶器是淹城遗址所出文物中的主要器物，且又以几何印纹硬陶器为主，主要器形有瓮、罐、盆、瓶、缸、坛等。

淹城遗址是地面保存最为完整的春秋时期的城池遗址，历史悠久，形制独特，文物珍贵，引起国内外专家的关注和重视。淹城遗址及其出土文物，对研究中国的城市建筑发展史有着重要的学术价值，是研究江南先秦史，特别是吴文化的重要实物资料。2004年的苏州世界遗产大会上，淹城遗址被赞誉为"冷兵器时代的城防标本，吴越争霸的军事堡垒"。

1985年起，武进县淹城博物馆、武进县淹城管理委员会负责淹城遗址的保护管理工作。1988年1月13日，淹城遗址被国务院公布为第三批全国重点文物保护单位，编号3-0203-1-023。1992年，武进淹城博物馆建立淹城遗址的全国重点文物保护单位记录档案。1996年，江苏省文化厅划定淹城遗址的保护范围。2007年12月，淹城博物馆与原武进区博物馆合并。2008年，国家文物局批准《淹城遗址保护利用总体规划》。

龙湾遗址　是东周时期楚国离宫和城邑遗址，距今2500多年，位于湖北省潜江市龙湾镇、张金镇。遗址分东、西两大区：东区文化遗址在龙湾镇的瞄新村、郑家湖村、双丰村、红石村、沱口村、陶新村，面积63平方千米，根据史料记载和考古发现相印证，为春秋时期楚王离宫章华台遗址；西区文化遗址在张金镇化家湖村、东湖村、巩心村、三定村，面积37.9平方千米。

1984年4月，潜江文物普查，在幸福渠边捡到第一块绳纹陶片，经鉴定为东周遗物，随后在放鹰台、荷花台、水章台、打鼓台等地，约4平方千米的范围内发现大量东周时期的筒瓦、板瓦片和鬲、盂、罐、豆等残片。根据遗址规模和文物标本的时代，将遗址命名为章华台遗址。同年，普查队在张金镇黄罗岗村发现东周时期的筒瓦、板瓦、鬲、豆、鼎、罐等残片，确定面积400万平方米，在河渠断面发现有大量的灰坑，并征集到镇墓兽鹿角、铜剑、铜匕、铜勺等文物。因地而名黄罗岗遗址。1987年3～6月，荆州博物馆主持章华台遗址试

龙湾遗址放鹰台宫殿基址东、南台壁

掘工作，发现楚王宫基址，揭露的遗址为东周时期楚国大型离宫遗址。1987年10~12月，郑家湖渔场对郑家湖改造时，发现湖底有周代文化层，发掘出13个灰坑，出土铁器、青铜器和大量的陶容器等。1988年3月，发现楚墓6座，出土文物有陶鼎、簋、豆、盘、匜等。1998年10~11月，在0.9~1.2米的淤泥层下发现新石器时代灰坑4个、水井1口、房子1座、东周墓葬1座。出土了陶钵、罐、釜、鬶、豆、杯、盆、甑、壶形器、纺轮、折腹碗、折腹豆和石刀、斧、锛等文物，为石家河早期文化遗存。折腹碗、折腹豆等又具有屈家岭文化特征。

1999年4~5月，对放鹰台3号台基进行试掘，发掘面积100平方米，发现3号台回廊和天井局部及早期灰坑2个，水井1口，出土有陶罐、鬲、盂、豆、盆、甑、筒瓦、板瓦等。第1~4层为现代至宋明时期堆积，第5层为战国中期堆积，第6层为ⅢF3天井，第8层为春秋中期，第9层为春秋早期。对水章台新建居民取土处发现并抢救性发掘148平方米，发现灰坑9个、灰沟1条、水井1口。1999年11月至2000年1月，对放鹰台Ⅰ号台进行发掘。发掘面积

龙湾遗址小黄家台出土漆木豆

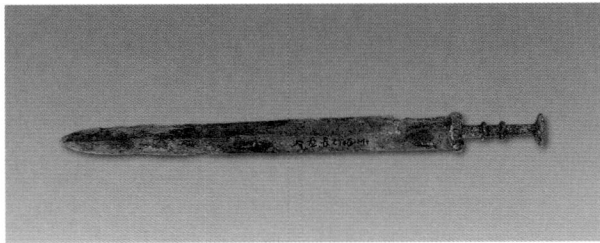

龙湾遗址长章台出土青铜剑

1000平方米，全部揭露Ⅰ号宫殿基址的第三层台，局部揭露出一、二层台，发现的遗迹有贝壳路、台阶、曲廊、门、天井、回廊、地下排水管等。

2000年7~8月，考古工作者对黄罗岗遗址进行勘探和试掘，黄罗岗遗址平面略呈长方形，斜切角，方向14°，城垣四角与南城垣高于城内地面约1米。考古勘探表明，东城垣长1250米；南城垣长1300米；西城垣长1335米；北城垣长1265米。城址面积1.7平方千米，墙体宽70~80米，黄土夯筑，在南城墙上叠压有战国时期的灰坑和房基。从城内断面观察，西部地势较高，分布有大片夯土台基，城内其他地点发现有大量西周至春秋时期的灰坑。在城南的化家湖村、西南的巩心村、西北的东湖村均发现有大片周代遗址和墓地。

2014年，在龙湾遗址长章台东，发现东周墓葬群，暴露70余座，抢救性发掘唐、宋、东周墓30座，出土了一批丝麻织品、青铜器、漆木器、陶器等近300件。青铜器有鼎、壶、剑、箭镞、戈、矛、车马器等，漆木器有豆、剑盒、剑鞘、耳杯、瑟等，陶器有鼎、豆、壶、匜、敦、盖、镇墓兽等。

2015~2018年，湖北省文物考古研究所在龙湾遗址放鹰台遗址群的Ⅰ、Ⅱ号台基间进行考古发掘，发掘面积2500平方米，发现大型宋

代寺庙建筑遗址，东周时期廊道柱洞、柱坑，出土大量东周筒瓦、板瓦、瓦当等遗物。

龙湾遗址分布有遗址和墓地46处，其中新石器时代遗址6处，周代遗址26处、西汉至宋代遗址8处，东周墓地6处，以周代楚文化遗址和墓地较多，内涵最丰富。遗址分布东西两区，东区以龙湾放鹰台宫殿基址群为主体，由22座夯土台基组成龙湾楚宫殿基址群，西区以黄罗岗古城址为主体，结合附近周代遗址和墓地，组成黄罗岗周代楚文化遗址群，东西两区为冯家湖相隔，但地质、地貌及文化内涵完全一致，是一个统一的文化体。其地层堆积基本为：自上而下分别为耕土层、明清层或淤泥层、唐宋文化层、汉魏层、东周文化层、西周文化层、新石器时代文化层。

龙湾遗址楚章华台宫殿基址群的发现与发掘，对古章华台的地望、建筑规模、规格及建筑布局、风格等以实物资料做出全面的诠释，为楚国行宫章华台的复原研究提供丰富而珍贵的资料，为楚文化遗址的考古分期断代提供重要标尺，对整个楚文化研究，特别是古建筑学的研究，具有重要价值。

章华台遗址和黄罗岗遗址发现后，1984年分别被公布为潜江市第二批重点文物保护单位。1992年12月6日，章华台遗址以"龙湾放鹰台遗址"为名，被公布为湖北省第三批重点文物保护单位。2001年6月25日，章华台遗址和黄罗岗遗址合为龙湾遗址，被国务院公布为第五批全国重点文物保护单位，编号为5-0085-1-085。2002年，潜江市人民政府组织编制完成《湖北省潜江市龙湾遗址放鹰台遗址群保护规划》《湖北省潜江市龙湾遗址放鹰台

遗址群保护工程（一期）设计方案》。2007年12月，龙湾遗址放鹰台遗址群（一期）保护工程正式启动。2012年11月，成立潜江市龙湾遗址文物管理处，负责文物保护与管理、考古与研究、利用。2013年，龙湾遗址被国家文物局列入国家考古遗址公园立项名单。2015年5月5日，湖北省人民政府办公厅重新修订公布龙湾遗址的保护范围和建设控制地带。

郑韩故城 春秋战国时期郑国和韩国的都城遗址，位于河南省新郑市城区双洎河（古"洧水"）和黄水河（古"溱水"）之间的三角地带，依自然地势构筑。

西周晚期，原初封于西华县、地近镐京的周宣王之弟郑桓公，为避祸，将部族财产东迁于虢、郐之间。至春秋初年，桓公之子武公随平王东迁，因功准于（黄）河、颍（河）之间建立封国。周平王二、四年（前769、前767年），郑武公先后灭掉郐及（东）虢两国，占领郑州、开封、许昌等地大片土地，于平王六年（前765年）在有熊之墟创建新都，仍称郑国，为别于京畿之郑，即称新郑。《竹书纪年》曰："晋文侯十四年，郑人灭虢。十六年郑迁于溱洧。"战国时期，周烈王元年（前375年），韩哀侯灭郑，将韩国都城从阳翟（禹州市北）迁至新郑。《史记·韩世家》载："哀侯元年，与赵、魏分晋国。二年灭郑，因徙都郑。"直至公元前230年秦灭韩，郑韩故城逐渐废弃。自郑至韩，新郑作为春秋战国时期两国都城，历时535年。

民国12年（1923年），新郑县城南门的李家楼村村民因菜地打井盗掘一座春秋大墓，出土青铜器700多件，以莲鹤方壶最为精美。20世

纪60年代，通过郑韩故城内外钻探普查，发现郑、韩两国的宫殿宗庙基址、铸铁遗址、制骨遗址、战国冷藏室遗址及多处夯土台基等。70年代，先后发掘白庙范铜兵器坑、大吴楼、后端湾、仓城春秋高级贵族墓地、梳妆台遗址、花园村宫城遗址等。80年代，配合基建发掘河李、李家、新郑药厂、人民路、阁老坟村西宫殿遗址等数十个遗址和墓葬区。90年代，先后发掘东、北城墙，新华路、毛园隔城城墙、金城路、城市信用社和中行遗址等10余处遗址。2001～2002年，郑国公族墓地北端发掘春秋大型车马坑1座，清理出各式葬车22辆；发掘国君"中"字形大墓1座。2002年9月，新郑市能人路基建工地发掘战国时期大型官营制陶遗址。2006年10月至2009年4月，南水北调中线工程干渠抢救发掘项目之胡庄墓地，河南省文物考古研究所发掘12000平方米，清理春秋墓35座、战国墓276座、战国韩王陵1处2墓。

郑韩故城城址平面呈不规则长方形，状如牛角，俗称四十五里牛角城。城墙东西长约5000米、南北宽约4500米，周长19000米左右，面积1600万平方米。城址中部有一道南北向的隔墙，《新郑县志·山川志》称为分国岭或分国城，当地群众称为分金岭。隔墙将郑韩故城分为东、西两大部分，东城面积大于西城近一倍。西城为韩的宫殿和宗庙所在地。东城内手工业作坊较多，主要有春秋时期郑国铸铜作坊遗址，战国时期韩国的制骨、制玉、铸铁、制陶、铸钱等作坊遗址。故城内外还有郑韩两国大型贵族墓地。

西城，平面略呈长方形，北墙西起双洎河东岸，东到竹园村北，长约2400米，除几个自然大缺口外，几乎全保留于地面上，墙高10～19米、基宽40～60米。北墙外侧尚存3处马面。隔墙北头与北墙东端相接，南到前端湾村南，长约3500米、残基宽10～40米，保存较

郑国祭祀遗址发掘现场全景

差，仅有几段墙体残存，绝大部分墙基埋于地下。南墙和西墙保存较差，大部分墙基尚未找到。西墙仅在双泊河西岸与东岸的北墙相照略偏南处有一段夯土墙，形如墓冢，东西长12米、南北宽10米、高4.5米，由此处往西南的地下，有54米长的墙基与地上墙体相连。南墙在双泊河以南，大部分无存，仅在双泊河南岸的凤台寺南百余米许，残留有一段夯土墙，俗称望母台，长20米、宽10米、高4米。在此东南的侯家台村下，埋有一段夯土台基，长约350米。

东城，平面呈不规则的长方形，北墙西起竹园村北，东到边家村西，长约1800米。东墙依黄水河走势略微弯曲，东墙与北墙东端相接，至裴大户寨村西折向东南，在豫新药厂东北又南折，沿黄水河西岸直抵双龙寨村南，至黄水河与双泊河交汇处止，长约5850米。南墙大部分在双泊河南岸，东起双龙寨，西到前端湾村南长约2900米、基宽约20米、残高3～5米不等。除南墙部分墙基埋于地面下外，北墙和东墙大都遗留在地面之上，保存较好。多年考古调查和发掘证明，北、东和双泊河以南的城墙为春秋时期郑国所筑，即文献所记载的郑国都城的"郭城"；战国中期韩国沿用东、北城墙，放弃双泊河的南城墙，增筑河北与隔城墙，形成战国时期典型的西王城东郭城的布局。《史记》《左传》等文献记载郑都城门有14个之多。考古发掘证实确为城门的有4个，分别位于西城墙中部、隔墙北段和中部、东城东墙北段裴大户寨附近。

宫城遗址，位于西城中部，东西长约500米、南北宽约320米，四周有夯土墙环绕，墙基宽10～13米，全部埋于地面之下，已钻探发现推测是宫城北门和西门的遗迹，宫城中部偏北处发现大型夯土建筑台基。西城北部以阁老坟村为中心的范围内夯土建筑基址分布密集，已发现1000余处，有的面积达12000平方米，并发现上下两层夯土建筑基址的叠压打破关系。其中一处地面高台建筑，俗称梳妆台，南北长135米、东西宽80米、高8米，台上发现用陶井圈构成的水井和埋入地下的陶排水管道。台基四周地面下，发现夯土筑成的围墙遗迹。台基筑于春秋时期，战国时期继续使用。宫殿区内发现地下冷藏设施遗址，位于阁老坟村东，形制为口部略大于底部的长方形竖穴，南北长8.9米、东西宽2.9米。室内东南角有自上而下一阶梯式南北通道，共13级。底部西边为地坪，东边有南北成行的5眼旱井，用陶井圈逐层叠筑而成。冷藏室填土中出土的禽兽骨骼约占整个出土遗物总数的一半，以牛、猪骨最

郑韩故城出土青铜莲鹤方壶

多，马、羊骨次之，并有少量鹿、鸡骨。据遗物特征，冷藏设施时代为战国晚期，这一发现对于研究中国古代建筑史及古代食品的冷藏技术具有重要价值。

郑国祭祀遗址，位于新郑市区新华路与金城路之间，紧邻实验中学周边。1993年6月在郑韩故城东城中部的金城路，发现青铜礼乐器坑3座和殉马坑2座，出土青铜礼乐器60余件。1993年12月至1995年3月，在郑韩故城东城西南部的新郑市城市信用社基建工地，发现青铜礼乐器坑6座和殉马坑56座（其中4座被盗），出土青铜礼乐器57件。1996年9月至1998年10月，在郑韩故城东城西南部的中国银行新郑支行基建工地（新郑市新华路中段南侧），发现青铜礼乐器坑17座，殉马坑44座，出土春秋时期郑国公室青铜重器348件。其中青铜礼器坑7座（其中1座被盗），出土鼎、簋、鬲、鉴、壶、豆等142件；青铜乐器坑11座（其中2座被盗），出土编钟26套，其中镈钟9套36件，钮钟17套170件，计206件，与之伴出的还有悬挂编钟的木架6套和吹奏乐器陶埙4件。青铜礼器坑的发现填补周代社祭遗存的空白。

郑国贵族墓地，位于新郑市文化路南段，属郑国贵族墓群，面积约16万平方米，已探明不同规模的车马坑23座，墓葬3000座以上，其墓葬数量在全国已发现的春秋墓地中为最多。其中，一号车马坑葬有多种豪华、实用的车辆22辆和40余匹马；郑公"中"字形墓葬规模巨大，为三椁一棺或重棺，并带有南北斜坡墓道，墓道内葬有形式多样的车辆，其中南墓道40辆，北墓道5辆。

韩王陵，位于新郑市郑韩故城四周，是战

国时期韩国（前375～前230年）九世侯（王）的陵墓，有11处28座陵寝：辛店镇许岗村东4座，辛店镇冢岗村南1座，观音寺镇王行庄村北4座，观音寺镇柳庄村东北3座，城关乡苗庄村南2座，城关乡暴庄村西5座，城关乡胡庄村北1座，梨河镇宋庄村西2座，梨河镇冯庄村南1座，新村镇七里井村西北3座，西亚斯工商管理学院内2座。每座陵墓周边都发现有不同规格的车马陪葬坑，形成庞大的陵墓群。从调查看，墓葬均为南北向，墓冢除宋庄1处是南北排列外，其余10处均为东西排列。墓葬形制绝大部分平面呈"中"字和"舟"字形，个别呈"甲"字形，另大部分墓葬均有陪葬坑。墓葬的共同特点是均有封土，并且夯筑，夯层厚10～20厘米，夯窝为圆形平底。

作坊遗址，主要分布在东城区，有大吴楼和小高庄铸铜作坊遗址、张龙庄和人民路制骨作坊遗址、热电厂和能人路制陶遗址、仓城铸铁遗址。东城东部吴楼村北春秋战国时期铸铜作坊遗址，面积10余万平方米。东城偏北张龙庄村南春秋战国时期制骨作坊遗址，面积2万余平方米。东城西南部仓城村南战国时期铸铁作坊遗址，面积约4万平方米。东城东部大吴楼村东北、与铸铁作坊相邻，1972年发现制陶作坊遗址。东城东北角战国时期大型制陶作坊遗址，清理出大型作坊6座、陶窑5座与许多制坯流程工作台池，完整地再现当时大型官营制陶作坊的场景，可填补制陶工艺的一些学术空白。

战国兵器窖藏，位于故城东南部的白庙范村，1971年11月发现，出土戈、矛、剑等铜兵器180件。其中170余件兵器上带有铭文，少者1字，多者33字。这批铜兵器铭文对研究战国

郑韩故城郑国祭祀遗址出土青铜钟

春秋郑国 1 号车马坑

时期韩国的历史地理、文字演变、冶铸官署设置、兵器形制及铸造工艺具有重要意义。

1961年3月4日，郑韩故城被国务院公布为第一批全国重点文物保护单位，编号1-0148-1-013。2002年对郑国贵族墓地郑公一号墓、一号车马陪葬坑、三号车马陪葬坑等遗迹发掘清理后，建成遗址博物馆对外开放。2008年，国家文物局批复同意《郑韩故城遗址保护规划》。2010年，郑州市人民政府划定郑韩故城遗址的保护范围与建设控制地带。2012年，成立郑韩故城保护管理处，专职负责郑韩故城日常保护工作。2013年，郑韩故城遗址公园获得国家文物局"国家考古遗址公园"立项。2014年，河南省十二届人大常委会第十一次会议审议并批准《郑州市郑韩故城遗址保护条例》。已完成郑韩故城国保档案的编制，分别存于新郑市旅游和文物管理局。

禹王城遗址 为东周及汉代城址，位于山西省夏县县城西北方向约7.5千米的禹王乡。

禹王城遗址包括禹王村、庙后辛庄、郭里村三个自然村，城外边有司马、秦寺、司马堡等自然村，因为传说夏禹曾在这里居住过，故俗称禹王城，古称安邑。东周时为魏国国都，是其政治、经济、文化中心。战国末年被秦占领，秦出其居民，募秦民并赦文免罪人迁徙安邑居住。秦始皇二十六年（前221年），置河东郡，治所即安邑。汉代亦为河东郡郡治所在地，经济发达，是当时全国的经济中心之一。汉武帝时设铁官，是全国各郡县中设铁官最多的一郡，另因盐业发达而设有盐官，安邑的制陶业、铸币业等也较发达。东汉末年汉献帝曾临时定都安邑，时间近一年。

1959年、1961年和1962年，中国科学院考古研究所山西工作队和山西省文物工作管理

禹王城遗址龙凤门近景

委员会曾对禹王城遗址进行三次详细的调查。1967年对中城南部汉代冶铁遗址进行发掘。1971年，山西省文物工作管理委员会考古队，对城中部（小城北墙之外）汉代冶铁遗址进行发掘。20世纪90年代，山西省考古研究所对禹王城遗址进行调查、钻探和发掘。

禹王城遗址分大城、中城、小城和禹王庙（又称禹王台、青台）四个部分。小城在大城的中央，禹王庙在小城的东南角，中城在大城内的西南部。除大城东墙因青龙河的缘故，而在地面看不到痕迹之外，其余城垣皆保存完好，最高处高出地面8米左右，三重城垣皆有阙口，有的可能原为城门。

大城平面略呈梯形、北窄南宽，周长约15.5千米，面积约13平方千米。四面城墙皆版筑夯打而成，底部一般宽10～12米，西城墙北段宽达22米，夯层厚6～8厘米，外侧有护城壕。北城墙、西城墙和南城墙西段保存较好，一般高出地面1～4米，南城墙和东城墙保存较差，东城墙南段已没有一点痕迹。其中，东城墙长1530米，西城墙长约4980米，南城墙长3565米，北城墙长2100米。除北城墙外，其余城墙都不直，西城墙随地形起伏而曲折，是四个城墙中弯曲度最大的。大城没有经过发掘，文化堆积一般厚2米左右。城北部有战国时期的灰坑和灰层。城中部偏东的庙后辛庄以北，调查发现一处战国□晚期的手工业作坊，文化遗物有锛、锄、镢、斧等器具的陶范，平首布陶范以及陶罐、陶盆、铁锛等。据实物和文献考证，大城是战国时期的魏都安邑。

中城为方形，周长约6.5千米，面积约6平方千米。其西、南两城墙分别是大城西城墙和

禹王城遗址出土五铢钱范

南城墙的一部分，北城墙长1522米，残高1～5米不等，东城墙存长960米。城墙夯筑，宽5～7米，夯层厚约10厘米。城内遗物丰富，堆积层厚2米左右，有战国时期的遗存，但主要是汉代遗存。遗物有汉代卷云纹瓦当、"长乐未央"瓦当、"海内皆臣岁丰登熟道无饥人"铭砖、"半两"钱范、五铢、货泉、货布等钱币以及盆、罐、瓮等陶器。采集的一件泥质灰陶钵，腹壁外拍印"安亭"两字。中城稍晚于大城，应为秦汉时期的河东郡治。

小城形状为长方形，周长约3千米，总面积75.4万平方米。东南角呈缺角状，有一个方

禹王城遗址出土短剑

形夯土台基，每边长约70米，高约8米。上部为近世禹王庙废墟。下部夯土层厚6～9厘米，夯窝直径4～5厘米，含少量东周陶片。城墙保存完好，西城墙长930米，北城墙长855米，残高1～4米不等，宽5～6米。夯层土质厚薄不一，可能经多次修筑。小城高于周围地面，地势西高东低，堆积层厚3米左右。1990年秋试掘，出土遗物有罐、盆、甑、釜、碗等容器及陶范；阴文铭"东三"的铲范、铧范、六角承范、圆形承范、花纹范等；板瓦、筒瓦和瓦当，瓦当多为云纹圆瓦当；此外有五铢钱、半两钱、铁渣等。小城的使用时间最长，建于东周，沿用至北魏。可能原为安邑的宫城，沿用至隋以前，或即北魏之北安邑县城。

禹王庙亦称禹王台、青台，在小城西南角的方形夯土台上，系近代建筑，民国时毁于战争。

从发掘情况和出土文物来看，禹王城遗址内的手工业作坊从东周一直延续到东汉，作坊规模极大，分工很细，工艺水平极高，应是当时一处极重要的官营手工业作坊。禹王城址保存较为完整，东周时魏国在此经营200余年，秦汉时为河东郡郡址所在地，是当时全国的经济中心之一，对全面认识东周、秦汉文化内涵具有重要意义。尤其是禹王城被废弃后，历代再也没有在此举行大规模的活动，其文化面貌纯粹而全面地保存下来，在全国同类遗址中极为罕见。

1988年1月13日，禹王城遗址被国务院公布为第三批全国重点文物保护单位，编号3-0205-1-025。1993年，山西省人民政府划定遗址的保护范围。夏县博物馆负责遗址的保护管理工作。2012年，国家文物局批准禹王城遗址保护规划项目。2013年，《山西省夏县禹王城遗址保护规划》由山西省人民政府公布实施。2014年，国家文物局批准山西省古建筑保护研究所设计的禹王城青台修缮方案。禹王城遗址的"四有"档案、相关保护管理文书档案、技术档案等资料保存于山西省古建筑保护研究所。

侯马晋国遗址 为春秋时期古城群落遗址，位于山西省侯马市中西部的汾河和浍河交汇处的三角地带。

晋国遗址自1952年被发现以来，经过60余年不间断的考古调查、勘探和发掘工作，发现古城址、手工业作坊址、墓地和祭祀遗址等众多遗存，通过对其时代、性质及内涵的研究分析，确认晋国遗址是春秋时期晋国最后一个都城新田所在地。

晋国遗址发现平望、台神、牛村、白店、呈王、马庄、北坞、凤城等8座古城。前7座古城分布相对集中，年代基本一致。其中，平望、台神、牛村三座古城呈"品"字形分布。

白店古城位于白店村北约350米处，地势北高南低。古城呈长方形，南北长约1000米，东西宽约740米，总面积74万平方米。南城墙全长740米，西城墙全长约1000米，北城墙全长745米，东城墙全长约980米。四面城墙外皆有城壕。白店古城整体质量较差。

牛村古城为竖长方形，西北角斜折内敛。东城墙全长1390米，北城墙长955米，西城墙长1050米，南城墙长1070米。四面城墙外皆有城壕。古城存在内城，内外城呈"回"字形布局，内城仍为竖长方形。东、北城墙分别长665米和530米。西、南城墙均只残存一部分。内城西北部仍存高于地表的夯土台基，为边长52.5米的正方形。顶部北高南低，高于地表6.5米，台基西部在汉代已遭破坏。台基上部有近1米厚的建筑物坍塌堆积，以板瓦和筒瓦为主。城内近百处夯土遗迹呈密集分布状有5处，且发现有多条道路，或贯穿南北，或连接建筑物。城东南部有铸铜、制陶与制石圭场所。

平望古城大致为竖长方形。在地表下0.4~0.8米可见夯土城墙，东城墙在东北部凸出，呈曲折状，全长1340米；南城墙长860米；西城墙长1286米。北城墙地下保存长度1086米，东北部不明。四面城墙外皆有城壕。古城南北正中稍偏西北部有高于地表的大型夯土台基，分三级，第一级为边长75米的方形，南部有宽30米、长20米的凸出部分；第二级较第一级收缩4~12米不等，南部正中45米宽与一级坡状相接；第三级坐落于第二级北半部，南北宽35米、东西长45米，高于地表8.5米，顶部覆盖约1米厚的瓦类建筑物坍塌堆积。从布局和规模分析，大型夯土台基为主体宫殿区，是城内主要建筑群；西北区的夯土基址规模较小但分布密集，为一般建筑区；西南区出土有陶范、坩埚等残片，是一处作坊区。

台神古城大体呈横长方形，西城墙全长1250米，南城墙全长1660米，与东城墙交会后又继续向东18米。东城墙仅存东南角北去350米。北城墙只西段保存1100米。城壕仅在西、南城墙外发现。古城外西北角，有三座高于地表的大型夯土台基，中间大而两侧小，间距40米，中间者约为圆角长方形，南北长80米，东西宽约60米，高于地表8米左右。

北坞古城埋于地下1米处，由东西并列的

两座城组成，两城间隔8米，为南北向通道。西城平面近方形，南北长约328米，东西宽约372米，城内发现建筑基址12座，多分布在中部和东南部。东城平面呈长方形，南北长约570米、东西宽约493米，城内发现大型建筑基址23座，多分布于中部和南部，形状规整，排列有序，从形制结构分析，中部25号建筑基址应为主体建筑。通过对东、西两城出土陶器的分析，北坞古城先建西城，东城系扩建而筑，两城相较，东城规模大且布局严谨，为古城繁荣时期，北坞古城经大规模考古发掘，出土大量遗物，以陶器为主，骨、铜、玉石器较少，陶器以生活用具和建筑材料瓦最多。

呈王古城是遗址诸城址中保存最差的一座。在古城中部经钻探发现一东西向的夯土城墙，证明呈王古城系由南北两座古城组成。北城东城墙长约167米，南城墙长396米，西城墙总长168米，北城墙存东、西两段，东段残长105米，西段由西北城角东去80米后北折24米，又向东延伸50米后情况不明。南城城墙已无迹可寻，通过其残存的城墙、城角可大致看出，南城呈长方形，东西长214米，南北宽105米。二城城角除北城东南角为钝角外均为直角。城内仅在北城中部发现两处夯土遗迹。

马庄古城由东大西小相邻两个竖长方形小城构成。二城的北城墙处于同一直线，西城东城墙与东城西城墙北段共用，方向北偏东9°，城墙在地表不存，地表下0.3~0.5米处可见保存甚好的墙基。东城南北长350米，东西宽265米；西城南北长250米，东西宽60米。四面城墙外皆有城壕。西城东北角有高于地表的大型夯土台基，南北长26米，东西宽20米，

侯马晋国遗址铸铜遗址发掘现场

高于地表6米，方向与古城一致，可分二级台基，在地表以下部分南北长38米，东西宽32米，地表下尚有1.5米深。马庄古城内未做发掘工作。

凤城古城坐落于浍河北岸的二级台地上，地势平缓，北高南低。古城分外城、内城两重。内外城的南部皆被浍河水冲毁，外城仅残存北城墙和西城墙，北城墙残长3100米，在东部残留长约300米、宽9米的城垣于地表；西城墙残长2600米，城外有宽25米、深3米的城壕，内城位于外城中部略偏东南，北城墙长1100米，东西城墙分别残存600米和1000米，地表以上存高1～3米、厚12米的城垣。

通过考古发掘和分析研究，遗址的8座古城，牛村、台神、平望三者规模较大，且牛村、平望古城内存在大型夯土台基，应为宫城。公元前500年前后为其繁荣期。三城始建年代或有先后，但都存在较长的共同使用期，废弃年代约在周贞定王十六年（前453年）前后。马庄、呈王、北坞三座古城，规模相近，均由两座小城构成，与牛村、平望、台神古城的规模相差甚远，可能是卿城（内卿大夫居住的城邑）。白店古城应是晋国迁都新田之后的古城。凤城古城内、外城的营筑年代偏晚，它兴起于另7座古城废弃之时，一直沿用至汉代。

发现手工业作坊遗址有铸铜、制骨、制陶和制石圭四类，尤以铸铜遗址的规模和范围最大。手工业作坊主要集中分布于牛村古城周围。

铸铜遗址出土大量用于铸造铜器的陶范及相关遗存，统称为铸铜遗址。最主要的为牛村古城南铸铜遗址，总面积5万平方米以上，发掘面积7000余平方米。其中有两处遗址出土陶范最为丰富。此外在白店村西南和西北一带，出土有铸铜用的陶范、熔炉残块和空首布芯，另在北西庄、呈王路庙寝建筑遗址、北坞古城、平望古城等地点发现有陶范。

牛村古城南铸铜遗址，地势平坦，地层堆积单纯，自上而下依次为耕土层、近代层、东周文化堆积层和原生土。东周文化堆积层的形成，主要与铸铜作坊的生产、生活活动有关。包含的遗迹现象非常复杂，发现房子68座、水井38个、灰坑636个、窖穴56个、活动硬面2

层、道路及墓葬37座。出土的文化遗迹主要有铸铜生产的陶范、熔炉和生活陶器等。早期文化层为红褐色土，细密纯净，杂质较少，出土陶范等铸造遗物少；中期文化层为黄褐色或浅褐色土，含铸造遗物较多；晚期文化层为黄褐色或灰黑色土，较松软，出土铸铜遗物甚多。铸铜遗址的年代为春秋中期偏晚到战国早期，相当于约公元前600～前380年。而大量的铸造铜器的年代应在晋景公迁都新田，即晋景公十五年（前585年）之后。侯马牛村古城南铸铜遗址的发掘，说明当时铸铜作坊规模巨大，在铜器类型和工艺流程中，各遗址有一定的分工，其制作工艺的规格化、系列化及批量生产，表明这是晋国一处官营手工业作坊遗址。而北西庄、白店、呈王路等遗址，因出土陶范数量较少，可能属于新兴贵族所有的私营手工业作坊遗址。

各期陶器，陶质、纹饰、型式的变化比较明显。陶器以灰陶为主。早期多呈青灰色或灰黑色，胎较均匀，制作规整；中期多呈青灰色，制作较规整；晚期多呈浅灰色，胎厚薄不匀，表面多旋棱，制作粗糙。各期陶器纹饰以中等粗细的绳纹最多，早期多较紧而深，排列规整；中期较松，交错排列；晚期浅而乱，且粗绳纹数量较多。早期磨光器物较多，磨光面积大，暗纹图案规整；中期磨光器物减少，磨光面积较小；晚期磨光器物少，暗纹少且粗放。各种遗迹以房子变化较为显著。从构筑方法上，一类是全地穴式，屋室全部或大部分在地下掏挖而成；另一类为半地穴式，屋室在地面以上另加顶盖。从其结构、大小分析，房子有两种用途：形制规整，底面平坦，墙面经修

整者，供人生活居住；建筑简陋，洞室低矮，四壁不规则者，系工作场所。

陶窑遗址，共发现3处。1956年在牛村古城东南的西侯马村发现一处陶窑遗址，共发掘陶窑6座。陶窑间距极近，无叠压和打破现象。窑体结构大体一致，大小相近。窑体口径1.6～2米、深1.35米、底径1米，壁上有宽30厘米的窑门。陶器以豆、盆、钵、杯、罐等为主，并有骨钗、铲、匕及铜、铁、蚌、石质制陶工具。其使用年代为侯马铸铜遗址中晚期。1985年在今新田市场发现一处陶窑遗址，发掘陶窑5座，其中Y2号陶窑中发现炉条残段，Y2号陶窑又与洞穴式（制陶取土而致）F1号房址、F2号房址连为一体，陶器以曲颈盆为最多，小口高领罐次之，豆、盆、鬲又次之，但这些之和尚不及瓦类构件，大量的筒瓦、板瓦是此遗址的特点，另外还发现了瓦和其他陶器的干坯。通过遗址出土陶器的分析，其使用期约在春秋晚期至战国初期。晋国遗址制陶作坊中陶炉条的应用是中国制陶史上的一次飞跃，它改变了传统的窑算的形式，延长了窑体的使

侯马出土陶模

用寿命。另外1996年在牛村古城东南还发现3座烧制陶豆的窑址。

石圭作坊。1处，1964年在牛村古城南发现，面积近5000平方米。发现大量的石片、石料、刀具、磨石及石圭残段等生产遗物。遗址内发现的遗迹有道路、房址、灰坑、墓葬四类。遗物除发现130余件陶范和少量坩埚、炉圈外，石圭生产遗物超万件。石圭出自中晚期文化遗迹中，石料以青灰色为主，多有两面对应锯割痕迹；绛紫色石料用来制造刀具，磨石由砂岩制成共166件，中间均被磨得下凹，有沟槽，石圭制作有选料、整料、制坯、定型四道工序。作为一种礼器，石圭在晋国遗址春秋和战国初期的墓葬中大量使用。石圭生产活动开始于牛村古城遗址中期，晚期废弃，其上限在春秋、战国之交，下限在战国中期。

制骨作坊。1957年，在牛村古城东南约1.5千米处发现一处制骨作坊遗址，但已被破坏殆尽。1959年，在侯马铸铜遗址北端又发现一处，以兽骨、鹿角为原料，堆积中除大量被截锯的废料外，尚存不少半成品和成品。从切、凿、琢、磨痕迹来看，制作水平极高。另外1985年和1990年分别在农贸市场陶窑遗址之南和铸铜遗址以北发现有制骨作坊遗迹，骨料有鹿角和兽骨。晋国遗址中发现的大量骨器，有梳、笄、刀、叉、耳勺、带钩、珠、管、镳、钉等，种类众多，工艺精美，说明晋国发达的制骨工艺和水平。

祭祀遗址。发现11处地点。按发现及发掘的先后顺序依次为北西庄、牛村古城南、盟誓遗址、煤灰制品厂、呈王路、省建一公司机运站、省地质水文二队、西南张、原祁、呈王古城和西高等。北西庄共发现40余座祭祀坑，清理其中13座，皆为圆角长方形，口大底小，坑壁规整，牺牲以马居多，而牛、羊少。牛村古城南发掘总面积1675平方米，发现的夯土建筑基址由坐北向南的主体建筑及环绕基址的北、东、西三面围墙构成；主体建筑基址南有祭祀坑59座，坑口以圆角长方形为主，少数呈椭圆形，皆土坑竖穴，多数口大底小。盟誓遗址位于秦村西北约500米的浍河北岸台地上。发现长方形竖坑401个，发掘其中的326个，多为长方形，极少数为椭圆形。出土盟书的坑共40座，发现书写文字的玉石器5000余件，文字可辨者656件，用毛笔书写，字迹多为朱红色，少数为墨色，篇幅长短不一，少者数字，多者220余字，根据其内容可分为宗盟类、委质类、纳室类、诅咒类、卜筮类和其他类共六种，年代属春秋晚期，盟誓遗址的发现，证实侯马即晋都新田的所在地。煤灰制品厂发现祭祀坑156座，发掘57座，长方形土圹竖穴，多数口大底小。呈王路祭祀遗址发现夯土基址近百处，祭祀坑130座。发掘清理基址26处，祭祀坑62座。大致可定为晋都新田时期晋国的宗庙遗址。省建一公司机运站祭祀遗址发现祭祀坑140座，发掘128座，大多为长方形竖穴土坑，个别为小方形坑和椭圆形坑，坑壁光滑平整，口大底小，坑底多较平坦。省地质水文二队祭祀遗址发现祭祀坑400余座，坑口皆为长方形，竖穴土坑，多数口大底小，皆无壁龛。西南张祭祀遗址清理22座祭祀坑，形制为圆角长方形，竖穴土坑，口大底小，皆无壁龛。

呈王古城袋子祭祀遗址发掘清理祭祀坑42座，东西排列、南北成排，共4排。

虒祁祭祀遗址清理祭祀坑约3478座。祭祀区排列规整，全为南北向，东西成排。出土少数玉器上有用毛笔书写的黑墨色字迹，从字体结构或书法艺术角度看，与侯马盟书相近。虒祁祭祀遗址的时代大约处于晋都新田时期的最晚阶段。

西高祭祀遗址清理祭祀坑733座，多南北向，形制均为土圹竖穴，平面形状以长方形居多，圆角长方形次之，椭圆形少见。四壁规整平滑，多为平底，少数为图形或有生土台。推测为东周时期，祭祀者可能是晋国贵族。

大型墓地。侯马晋国遗址迄今为止共发现上马、柳泉、下平望、牛村古城南、东高、秦村六处大型墓地。其中上马墓地的上限早于晋都新田约200年使用，在春秋战国之际废弃，其余五处墓地则与晋都新田时期大略同时。在晋国遗址范围内还发现一些零星的新田时期墓

侯马盟书

葬，随葬器物多为陶礼器，是延续时间较短的小型或单一家族墓地。

上马墓地位于上马村东的浍河南岸台地上，东西宽260米，南北长410米，总面积10余万平方米，共清理墓葬近1400座，车马坑3座。其中13号墓被视为春秋中期的典型墓葬。墓内出土的徐国铜器庚儿鼎，是研究晋、吴、徐国关系的重要实物资料。依据墓葬的形制和随葬器物分析，上马墓地始自西周晚期，下至战国初期，前后使用400年。柳泉墓地位于侯马市西南约15千米的新绛县柳泉村南，东西长约5千米，南北宽约3千米，面积约15平方千米。从其形制、纹饰看，年代为春秋晚期至战国之交。其中的镂空鼎系失蜡法铸造。牛村古城南墓地位于牛村古城东南，东西长约1200米，南北宽约800米。共发掘东周墓葬170余座，可分为三类：第一类埋葬婴幼儿的瓮棺葬，20余座；第二类，弃埋4座，人骨为随意埋入灰坑，无葬具和随葬品；第三类，以陶器墓为主，仅4座铜器墓，另有少数仅随葬小件器物和无随葬品墓。多为长方形土圹竖穴墓，个别长方形洞室墓，葬具均腐朽，多一棺一椁或单棺，少数一棺二椁或双棺。根据随葬器物的差别，牛村古城南东周墓葬大致可分为三个等级：第一等级，随葬铜鼎2或1件和一套仿铜陶礼器的墓；第二等级，随葬日用陶器和仅随葬小件器物的墓；第三等级，无随葬品的墓。分属士、庶人和贫民三个阶层。其墓地的使用者应系手工业作坊的手工业者，年代为春秋中晚期至战国中期。下平望墓地位于平望古城西部，东西宽约500米，南北长约800米。共清理土坑竖穴墓40余座，墓葬形制均为长方形土坑

327

竖穴，依据规模可分为三类；第一类，墓葬形制较小，四壁垂直，平整，填土经夯打者较少；第二、三类，墓口略大于底者较多，口底同大者较少，墓内填土经夯实。年代应在春秋中晚期至战国中期，墓主人可能相当于士及大夫阶层。东高墓地位于台神古城以西约1500米处。墓地东西长约1000米，南北宽约500米，面积约50万平方米。墓地时代主要为战国早期阶段，部分墓葬属春秋晚期。秦村排葬墓地位于秦村北的山西省建筑公司八局安装二处，其南、北均有祭祀遗址分布。先后清理墓葬552座，均为长方形土圹竖穴墓，形制规整，大多口大于底。年代为战国初期，墓主人应是战争牺牲的一般战士，这是一处晋国晚期阵亡战士集体埋葬墓茔。

晋国遗址作为晋国最后一个都城的遗存，包括城址、墓葬、宗庙、祭祀和手工业作坊等，涉及社会生活的各个方面，且相互关联，城址已突破方块城市的思维束缚，手工业作坊、祭祀遗址、墓地均有统一安排，形成自己的特点，并对战国时期的城市产生了巨大影响，是已发现的东周时期内容丰富，布局清楚的一座都城遗址。晋国遗址的发现为研究春秋时期晋国的历史提供了重要资料。

遗址中出土的"侯马盟书"，记载晋国六卿之间的联合与斗争，是研究中国奴隶社会向封建社会过渡和盟誓制度的珍贵资料。此外，在浍河南岸有上马和柳泉两处古墓群，上马十三号墓出土的大铜鼎，大方壶绚丽多彩，其中一对铭文相同的徐王庚儿鼎，是研究东海之滨徐国历史的实物佐证。

1961年3月4日，侯马晋国遗址被国务院公布为第一批全国重点文物保护单位，编号1-0146-1-011。1993年，山西省人民政府划定遗址的保护范围与建设控制地带。2004年，成立侯马市文物局古城保护所，负责遗址的保护管理工作。2008年，国家文物局批准《侯马晋国遗址保护规划》。该遗址的"四有"档案、相关保护管理文书档案、技术档案等资料保存于山西省古建筑保护研究所。

秦雍城遗址 是春秋战国时期秦国都城遗址，位于陕西省凤翔县城南，总分布范围达51平方千米，由城址、秦公陵园、国人墓地和郊外宫区等组成。

自秦德公元年（前677年）"初居雍城大郑宫……卜居雍，后子孙饮马于河"起，止秦孝公十二年（前350年）"自雍徙都咸阳"，秦置都雍城327年。秦都咸阳后，雍城作为故都，因列祖列宗的陵寝及秦人宗庙在此地，许多重要祀典仍在雍城举行。

20世纪30年代，北平研究院和中央研究院徐炳昶、苏秉琦、石璋如等，首次以小规模的田野考古调查方式在凤翔郊外的渭水河畔查找秦雍城。20世纪50年代后期开始，中国科学院考古研究所渭水队、陕西省考古研究所凤翔发掘队对雍城展开考古调查和发掘工作。此一时期的工作目标是寻找"城"，当时误把雍水河左岸的"南古城"当作是雍城的宫城所在。1974～1986年，对雍城进行大规模的调查、勘探和发掘工作，初步摸清雍城的位置、规模及城内三大建筑遗址区的相对区域分布，勘探出位于城外的秦公陵园、国人墓葬区及离宫别馆区，发掘秦宫一号大墓和马家庄宗庙遗址等。

20世纪90年代至2017年，秦雍城考古工作开始进入全面整理阶段。这一时期，"微观"工作的方法和理念逐渐引入到遗址的细部研究上，如城址调查，秦公一、六号陵园和穆公坟遗址调查与勘探，秦公一号大墓一号祭祀坑发掘、豆腐村战国制陶作坊遗址考古发掘、孙家南头春秋秦墓地和千河码头仓储建筑遗址考古发掘等。

近期考古调查发现，初期雍城分别由雍水河、纸坊河、塔寺河以及凤凰泉河环围，由于当时的河水丰沛，河谷纵深，自然河流便成为"以水御敌于城外"的主要城防设施。此种情况与礼县大堡子山、圆顶子山秦西犬丘城的防御体系如出一辙，应为文献所载"城堑河濒"的实景解读，体现早期城市以自然环境作为适从条件的普遍原则，反映出秦国面对复杂外部袭扰环境以完备城防设施作为首选的自身特征。

雍城城垣位于凤翔县城中心之南、雍水之北，因地势关系呈南北向不规则四边形，城内占地11平方千米。西垣保存较好，由凤翔县6909库向南，西经气象站、姚家庄村西，到南古城村南，长2990米，西垣墙一般宽13米左右，埋于地下的深度为1.5～2.0米。南垣墙自西往东，沿雍水河北岸修筑，从邓家崖村西起，经河北里、史家河、王家河、海家河到东风水库，长3490米，破坏严重，一般宽10米左右，埋于地下的深3米左右。东垣紧依塔寺河与纸坊河，蜿蜒曲折，由北向南，自凤尾村，经义坞堡、瓦窑头、到苏罗村东南，长3746米，东垣墙一般宽6～10米，埋于地下的深度为2.5～3米。北垣大部分被凤翔县城所压，残长2170米，走向由凤翔县6909库向东，经汽车站、师范学院北墙外、穆公坟北，至凤尾村，

秦雍城遗址南部

秦雍城大墓墓室

北垣墙一般宽度约8米，埋于地下的深度为2米。因城墙破坏严重，无门址发现。仅在东城外有道路，但未见通向城内的门址。雍城城外除东、南以纸坊河、雍水等自然河流为天然屏障外，在城垣外挖掘人工城壕作为防御设施的一部分。

城内道路。20世纪雍城考古队曾做过初期工作，在秦雍城城址北部共发掘出6处古代道路遗迹，提出"四纵四横"的观点。21世纪初考古发掘当时发掘的几段古代道路分别处在不同的层位下，按历年来在雍城遗址确立的地层年代关系，压在第②层下即为明清时期的道路，路面宽4～5米，路土中包含瓷片及明清时期砖瓦碎片等；压在第③层下即为唐宋时期的道路，路面宽3～4米，路土中包含同期瓷片、砖瓦等；压在第④层下即为汉代道路，路面宽18～21米，路土中包含东周时期瓦片、西汉时期砖瓦碎片等。经过对早先曾被认为系雍城时期道路，而现在被重新确认为西汉、唐宋时期的道路遗迹的大规模发掘，发现西汉时期道路的基本路宽为18.3米，接近十字路口处宽度近21米，路土厚度20厘米。车辙宽度分别为1米和1.4米，车辆碾压出的多条辙梁清晰。根据道路发掘的地层叠压关系，在城址内发掘出的西汉时期道路之下没有发现秦雍城时期的路土迹象，说明秦在雍城置都期间该国家大道是从城外穿越的，后来才改道于此。

瓦窑头大型宫室位于城市东南角，2012

年对雍城城址区进行大规模调查时发现，是雍城城址区内最早的宫室建筑。瓦窑头大型宫室建筑残长186米，系组合式结构，显现"五门""五院""前朝后寝"的格局，20世纪80年代在雍城城址中区马家庄发现的朝寝建筑外形相似，但结构复杂，又与岐山凤雏村宗庙遗址四合院式的组合相类。根据文献记载及参阅相关研究，这组建筑由外及里可视为"五门""五院"。有屏、门房、厢房、前殿、大殿、寝殿、回廊、偏厢房、阶、碑、阙等建筑单元。从所处区域地层堆积及采集建筑板瓦、筒瓦判断，遗址应早于马家庄朝寝建筑，晚于岐山凤雏村西周宗庙建筑遗址的年代，属雍城早期宫室建筑。此发现初步显现出春秋早期传承周制，为寝庙合一模式，春秋中晚期发展成庙、寝分开且平行，再演变到后来秦咸阳时期为突出天子之威，将朝寝置于国都中心，而将宗庙置于南郊的情形。瓦窑头可能系雍城营建最早宫区建筑，推断可能为文献所说的"（秦）德公元年（前677年），初居雍城大郑宫"所在。

宗庙区和祭祀遗址位于雍城中部偏南，由4个建筑群组成，最为显著特点是宫殿与宗庙同处在一个区域之内。一号建筑群遗址坐北朝南，平面为长方形，面积约6660平方米，由大门、中庭、朝寝、亭台、东西厢房和围墙等部分组成。整个建筑布局井然有序，规矩整齐。在中庭、东西厢南侧及祖庙、东厢内，发现牛坑、羊坑、牛羊同坑、人坑、人羊同坑、空坑、车坑等各类祭祀坑181个。一号建筑群出土文物主要有各类陶瓦，铜质建筑构件，金器及陶、铁、玉器等，尤其是在各类陶瓦上发现有七八十种之多的刻划陶文。根据遗址祭祀坑中出土的陶器器形，建筑的总体布局及有关史籍的记载，应属宗庙性质的建筑，其建筑年代为春秋中期，废弃时间在春秋晚期。二号建筑群遗址在一号建筑群遗址东15米处，由于破坏严重，仅存有门塾、隔墙、围墙及水井、输水管道等几部分，其时代大约与一号建筑群相当，用途尚待进一步考证。三号建筑群遗址位于一号建筑遗址西约500米处，面积约21849平方米。平面布局严谨规整，四周有围墙。由南至北可分为五座院落和五个门庭组成。遗址内发现有板瓦、筒瓦以及散水石、烧土块、木炭、兽骨等，其年代上限应相近于一、二号建筑群。三号建筑群遗址位于宗庙遗址以东，

秦雍城遗址出土鹿纹瓦当

秦雍城遗址出土金车马饰

秦雍城遗址出土建筑铜构件

秦雍城遗址出土石磬

且时代相近，规模较大，推测应是寝宫所在。四号建筑群遗址位于二号建筑群遗址以东，相距50余米。遗址高于周围地面，破坏严重，散水石到处可见，残存面积约2万平方米。夯土墙基已残缺不全。发现一些祭祀坑，内有动物肢骨、朱砂等。采集到的遗物有各式"凹"字形板瓦、筒瓦、陶水管、散水石等。其时代与一、二号建筑群相同，而性质尚待研究。

马家庄宫区，位于雍城中部偏西。20世纪70年代发现宫殿建筑遗址，发掘出铜质建筑构件窖藏和凌阴遗址等。共计出土64件铜质建筑构件的窖藏遗迹位于上述宫殿遗址附近，其用途在大型建筑上是与木构材料结合使用的。凌阴遗址，位于宫殿遗址的西北，为一平面近方形的夯土台基。夯土基的四边夯筑有东西长16.5米、南北宽17.1米的土墙一周，墙内以细泥抹光。在夯土台基的中部，有一口部东西长10米，南北宽11.4米的长方形窖穴，窖内四壁呈斜坡状，窖穴四周为回廊。通道上有由东向西平行的五道槽门，在第二槽门之西的底部，铺设水道一条，与白起河相通。水道东高西低，显然是窖穴的排水设施。根据窖穴的位置、形制，特别是本身无防潮措施，且有排水

管道与白起河相通等，推断为冰窖，体积190立方米。凌阴遗址中出土的主要遗物有板瓦、绳纹与抹光带纹相间板瓦、排水管道、铜质建筑构件残段及玉璧、玉圭、玉玦等，结合姚家岗一带的遗存整体面貌，春秋遗迹距马家庄宫区很近，综合分析应是其组成部分。

建筑基址位于雍城北部，在铁钩、凤尾村、翟家寺等地曾发现多处战国建筑遗址，出土文物有槽形板瓦、筒瓦和虎雁纹瓦当；在高王寺村发现战国铜器窖藏，出土有春秋晚期鼎、战国早期镶嵌燕射壶、敦、盖豆、盘、匜、提梁壶、瓿等12件铜器，铜壶之上有建筑图样斗拱图形，为发现时代最早的栌斗形象，表现斗拱自身的原始形态。有学者推断可能是秦躁公时期的"受寝"所在。

"秦穆公坟"为高台建筑，位于凤翔城内毡匠巷，曾因清代毕沅根据讹传而写题额得名，近于方形高大夯土台，出土有红烧土、路土、"凹"字形板瓦、筒瓦等，经调查勘探确认，遗址不是"秦穆公坟"，可能是北垣之上墙垛结构，或者为城墙邻近的城内高台建筑，其结构系夯筑，为正方体的内收多级台阶，已知四面底座边长均为38米，土台的用途可能与文献中秦国国

君登高瞭望、迎见礼仪用途有关。

楚国铜器窖藏位于凤翔城以北的小沙凹村，出土楚国宗祠之器，可能是秦国举迁楚国贵族在雍城城外居住的佐证。

"市场"遗址位于雍城北部，经考古勘探，遗址为近似于长方形的封闭空间，四周为一夯墙，四周墙上有门，为露天市场，面积达3万平方米左右。"市"遗址与《周礼·考工记》所记载的"面朝后市"布局基本相同。根据出土文物推断，遗址的年代当从战国早期至秦汉之际。

作坊遗址，在近50年的考古调查中，先后于雍城内外发现多处，如在史家河、马家庄和今凤翔县城北街一带发现青铜作坊遗迹的线索，炼铁作坊在史家河、东社、高庄一带，制陶作坊发现于城内豆腐村、铁丰、瓦窑头以及雍城城外的姚家小村、八旗屯等地，陶制生活用器则发现于邓家崖东岗子一带。

棫阳宫是文献中秦始皇软禁其母之处，为雍城近郊发现的遗址。1962年在南古城东北、马家庄西北与豆腐村南之间发现"棫"字残瓦当，同时发现"年宫"瓦当。1982年在上述地点偏南的雍水南岸的东社村西和村东北角发现成片夯土，并采集到完整的"棫阳""年宫"瓦当各一件。两次实地勘察证实"棫阳宫和年宫殆为秦宫汉葺者"，具体地理位置很可能在雍城南郊的东社、南古城、史家河这一范围之内，纠正了史书记载和近人研究关于棫阳宫位于"扶风说"的不确结论。

秦公陵园，位于凤翔县南塬，总面积21平方千米，是所知最大的秦国国君陵园区，分南指挥陵区和三岔陵区两部分。勘探出49座大墓。根据陵园内的兆沟设置，可分为14座分陵园，每座分陵园由数量不等和类型不同的大墓有机组成。发掘的秦公一号大墓，位于南指挥陵区，平面呈"中"字形，坐西向东，全长300米，面积5334平方米，深24米。墓室由主椁室、副椁室、72具箱殉、94具匣殉等组成。椁室中南北两壁带有柏木榫头的椁木组成长方形主椁，是中国发掘的年代较早的"黄肠题凑"葬式之一。墓虽多次严重盗扰，仍出土金、铜、铁、陶、玉、漆器及纺织品等各类文物3500多件。根据墓中出土的石磬刻文，基本确定大墓的墓主为春秋晚期的秦景公。2006年，在秦公一号大墓西南侧发掘一座祭祀坑。秦公一号大墓是发掘的先秦墓葬中规模最大的一座。与其他先秦诸陵园相比，雍城秦公陵园规模宏大，且布局规整，在中国先秦陵寝考古史上占有非常重要的地位。

雍城是秦国历史上极为重要的一座都城，是秦国历史上的一座里程碑。雍城的考古工作，补充和完善先秦都市考古和中国古代城市制度史研究的实物基础。雍城遗址作为秦国都城的实物及其考古成果，为先秦都市考古乃至中国古代城市制度史的研究提供重要资料。马家庄一号建筑群（秦国宗庙）的发现和发掘，是发现规模最大、保存最好的先秦高级建筑，在商周到秦汉建筑的发展过程中有承上启下的重要地位，对探讨先秦宫室宗庙制度、祭祀仪式及秦国建筑史具有重要意义。与已掌握的先秦诸陵相比，秦公陵园规模宏大，设有隍壕设施，布局东西排列、以右为上，而且与已探明的秦东陵，秦始皇陵园一起，形成具有持久性、继承性、完整性、独特性的秦国陵寝体系，在中国先秦陵寝考古史上颇具特色，对先秦丧葬制度及秦国的社会政治、经济、文化等，具有重要的价值，为确立秦国物质文化分期断代及考古序列奠定了基础。

1978年，成立雍城文物管理所负责秦雍城遗址的保护管理工作。1988年1月13日，秦雍城遗址被国务院公布为第三批全国重点文物保护单位，编号3-0204-1-024。1992年4月，陕西省人民政府公布其保护范围与建设控制地带。2011年1月，陕西省人民政府重新调整秦雍城遗址保护范围。

楚纪南故城　是春秋战国时期楚国的都城遗址，位于湖北省荆州市荆州区。故城南距荆州城5千米，北距纪山约25千米，东北距雨台山1千米，东南距鸡公山遗址2.5千米。

据《史记·楚世家》记载，从公元前689年楚文王"始都郢"，至公元前278年秦将白起"拔郢"，除楚昭王一度迁都外，楚国在郢建都400年之久。纪南城之名，始见于西晋杜预《左传·桓公二年》注："楚，楚国，南郡江陵县北纪南城也。"《诗经·小雅·小旻之什·四月》有"滔滔江汉，南国之纪"句。纪南城之名，理应取义于此。经勘察及与文献对照，郢都在今湖北荆州纪南城。

秦攻取纪郢后，城址毁坏严重。秦于故郢之地设南郡（治所可能在荆州城）、郢县（治所在郢城）、江陵县（治所可能在荆州城），纪南城可能属南郡郢县或南郡江陵县。西汉时除短暂为临江国封地外，其行政隶属关系当与秦代相同。自东汉至隋，属南郡江陵县。唐属江陵（荆州）府江陵县，五代十国属江陵府江陵县，宋属江陵郡江陵县，元属中兴路江陵县，明、清属荆州府江陵县。

20世纪50年代初，湖北省文物部门对遗址进行调查。1965年，对城址进行勘探和测绘，1973年发掘南城垣水门。1975年开始对城址进行全面钻探，历时4年。为配合农田水利建设，1975年、1976年和1988年先后对城址进行

楚纪南故城北城垣

多次较大规模的发掘工作。

考古勘探和发掘表明，楚纪南故城规模宏大，平面略呈长方形，南面有一段向外凸出，东西长4450米，南北宽3588米。周长15506米。城的四周有夯土城垣，除东垣北半部被襄(阳)沙(市)公路压盖外，大部分高出地面3.9～7.6米，底宽30～40米，顶宽10～14米。发现城门7座：东垣1座，其他三垣各2座。西垣北门为3个门道，门内两侧有门房，北垣和南垣古河道入口处均为水门，南垣水门主体建筑系4排木柱直立而成，每排10根，形成3道门，水门缺口东侧城垣上有一夯土台基。城垣四周环绕有护城壕，一般宽40～50米，最宽处达100米，最窄处也有10米。

城内已探出东周夯土台基84座，以中部偏东南处最为密集，当为宫殿区。其东侧和北侧还探出墙基遗址，东墙长750米，北墙长690米，宽约10米，相交成曲尺形，东墙外有壕沟。宫城内台基规模较大，分布有序，呈中轴线排列，最长130米，宽100米，已发掘的宫殿基址有成排的础墩、柱洞和隔墙，并有散水和下水管道等。城内有古河道3条，与现代河道走向基本一致。

冶炼作坊区在城西南部，宫城以西的陈家台发现2座铸炉，炉底和附近发现有锡渣、铜渣、鼓风管和残陶范等。

宫城北面的龙桥河两侧，发现窑址、水井以及墙基、散水、下水管道等遗迹，有大片瓦砾堆积，应是当时烧制陶瓦、陶用品和市民居住生活的地区。全城发现水井500口以上，以宫城以北的龙桥河两侧最多，有土井、陶圈井、竹圈井和木圈井，多带井圈，井圈一般只

在上半部使用，井壁中部用木架承托，有的井底遗留一大陶瓮，当为冷藏窖。出土遗物以陶瓦的数量最多，有筒瓦和板瓦两类，皆饰绳纹；瓦当有圆瓦当和半瓦当两种，绝大多数为素面，偶饰云纹。陶器多为灰陶，主要有鬲、釜、盆、盂、豆、瓮、汲水罐、长颈罐等。建筑材料除陶瓦、瓦当外，还有陶质空心砖、下水管道以及木质圆柱、方柱、板础和铜质门环等。其他遗物有镰、凹口锄、斧、凿、削、鱼钩和木身铁口耒耜等铜铁工具和铁釜、铜带钩、铜兵器等。

城内有陕家湾墓地、东岳庙墓地、凤凰山墓地。陕家湾墓地位于城西北部徐岗陕家湾南边的小岗地，1965年调查发现4座竖穴土坑墓，年代为春秋早期早段至春秋晚期早段。东岳庙墓地位于城西部的徐岗王家湾东边的岗地，1975年调查发现15座，发掘7座，都是长方形竖

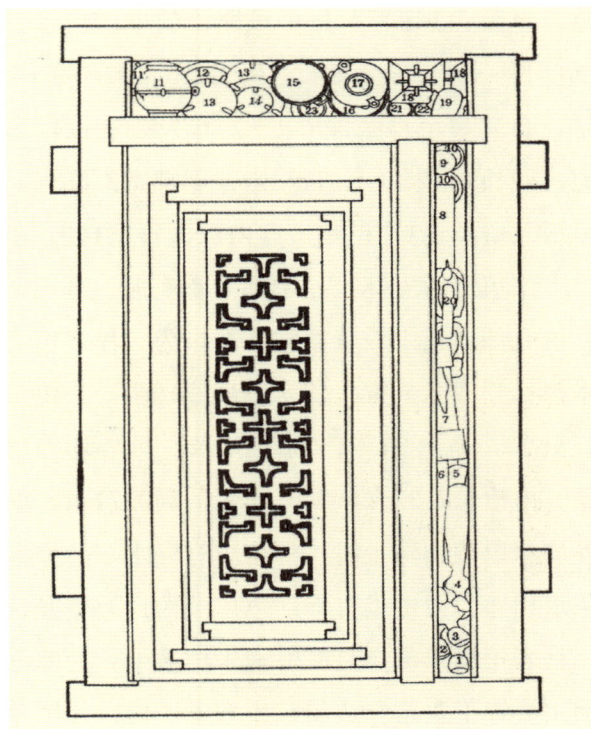

雨台山墓群 M555 平面图

凤凰山 168 号墓出土漆盘

凤凰山 168 号墓出土扁壶

穴土坑，随葬器物主要为陶鬲、鼎、盂、豆、盖豆、敦、罐、壶等，其年代为春秋中晚期至春秋战国之交。凤凰山墓地位于城内东南部凤凰山岗地，为秦汉时期墓葬，分布密集，在已勘探过的凤凰山南部，发现土坑墓194座，墓坑一般为3米×2米，也有大到6米×4米的，据发掘的墓葬资料，时代最早可到战国晚期，最晚可到西汉晚期，著名的凤凰山168号墓发掘于此地。凤凰山168号墓位于凤凰山的中部偏东，墓口长6.2米，宽4.8米，墓底长5.4米，宽3.8米，自墓口至墓底深8.4米，已发掘的西段墓道，残长3.5米，上口宽3米，底部宽2.05米。墓道北壁发现1个壁龛，龛内放大竹笥1件。墓坑上部填土为五花土，中部为青灰泥。墓室在墓坑底部，正中放置棺椁。葬具为一椁二棺。木椁长4.62米，宽3.17米，高2.19米。外棺长2.56米，宽0.97米，高1.02米，里外均涂黑漆。内棺长2.22米，宽0.76米，高0.71米，里外均涂黑漆。出土时，外棺内有浸水，与椁室积水相通。内棺里有绛红色棺液约10万毫升，一具老年男尸仰身直肢浸泡于棺液中。随葬器物主要置于头箱和边箱，少数置于内、外棺及墓道、墓室里。头箱有大批奴婢木俑和车马、

木船，排列井然有序。边箱内随葬生活器皿、酒器、粮食、水果和文书工具。内、外棺主要随墓主衣、冠、裙、鞋、袜以及玉璧和铜带钩等服饰品。死者口中含有玉印一枚。随葬器物563件。其中漆器165件，全部出于边箱，木胎，绝大部分保存完好，如同新作，器形有圆盒、盂、匕、方平盘、圆盘、扁壶、耳杯、耳杯盒、卮、樽、圆奁、几等；木器95件，主要是模型器，器形有俑、避邪俑、车、船、马、牛、狗以及勺、梳等；竹器87件，器形有笥、笭、筒、筷、筷笼、扇、笄、算筹、竹串、天平衡杆、毛笔、竹片等，另有竹牍1件，竹简66枚。陶器18件，器形有仓、灶、釜、甑、盂、罐、壶、瓮、圜底瓮、盘、盆。铜器108件，器形有铜、镜、带钩、削、砝码、半两钱等。丝麻织品11件，残存品种有纱冠、丝鞋、素绢、褐地朱纹锦、麻衣、麻裙、麻夹袜、麻絮等。此外，出土有玉印、玉璧、石砚（附研石）、墨以及杏、桃、粟、鸡蛋、梅、枇杷、李等食物。玉印含于死者口中，呈白色，方形，鼻纽，长1.3厘米，高1.8厘米，阴刻一"遂"字。出土竹牍文字清晰，墨书隶体，竖书4行67字，为死者向阴间报到的介绍文书。竹简顺序

已散乱，简文墨书隶体，竖书，共66枚346字，系随葬器物清单，即遣策。出土男尸是此次发掘最引人注目的发现，据玉印、竹牍记载，墓主名遂，江陵阳里人，生前为五大夫，下葬年代为汉文帝前元十三年（前167年），是继1972年湖南长沙马王堆1号汉墓出土女尸的又一重大发现。男尸身长1.67米，体重52.5公斤，皮肤肌肉等软组织尚有弹性，四肢关节可活动，32颗牙齿齐全而牢固，鼻道畅通，但全身毛发由于棺液的浸泡已溶解消失，解剖发现，脑膜血管清晰，12对脑神经几乎都能辨认，内腔器官保存完好，AB血型，生前患有胆囊炎、胆结石、胸膜炎等疾病，在内脏还发现有血吸虫、人鞭虫、绦虫和华氏睾吸虫等寄生虫卵，终年60岁左右。男尸历久不腐的原因，一是内棺约10万

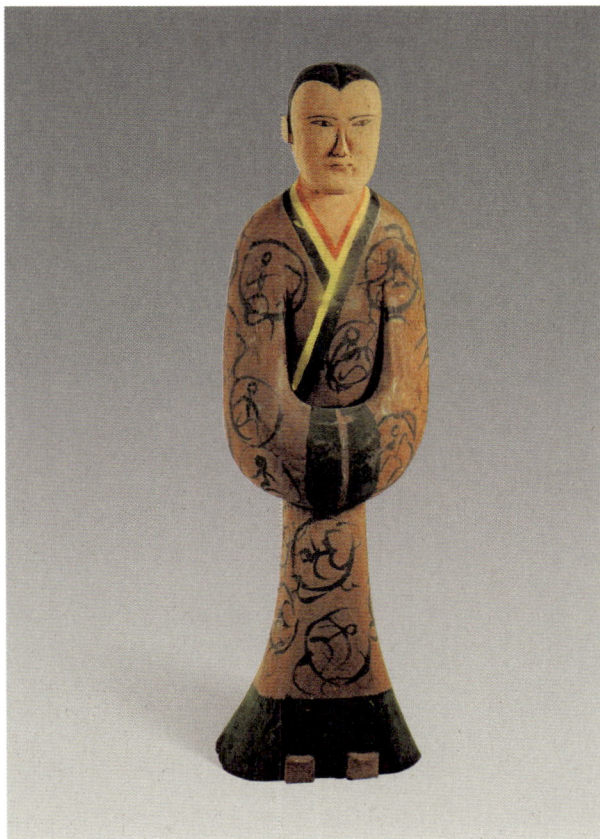

楚纪南故城出土木俑

毫升含硫化汞等成分的棺液，具有抑菌和杀菌作用，二是深达10米的墓坑填土逐层夯结，内棺封闭严密，使古尸长期处在缺氧和恒温的稳定环境中。

城址四周分布着大量楚墓，江陵县境内发现楚墓群30多处（地面有封土堆的大中型墓葬800余座），已发掘千余座，其中少数为春秋中期或更早，多数为春秋晚期至战国中晚期之交，与楚纪南故城的堆积和出土遗物年代基本一致，大体表明楚纪南故城的繁荣时期。

城内夯土建筑的台基十分密集，高低不等，有的高达6米。遗址内遍布古井、窑址等遗迹，遍布筒瓦、板瓦等建筑材料以及东周的文化遗物。在城内东南部发掘的东周时期的房屋，墙基长60米，宽14米，规模较大，应为当时宫殿建筑的组成部分。

纪南城作为当年楚国政治、经济、文化的中心，具有重要的历史、艺术和科学研究价值。纪南城遗址拥有较完整的土筑城垣、护城河以及大量建筑遗址、遗迹，是中国南方迄今发现的保存最为完整、规模最大的古城址之一，在中国都城发展史上占有重要地位。城址建筑方正、规整，在同时期诸国都城中少见，充分体现中国古代"天圆地方"的思想观念。其城垣四角，除东南角为直角外，其他均为切角，亦异于同时期其他诸国都城，既有利于防御，又反映楚人的特殊信仰。城内发现的宫殿区，南北长约1600米，东西宽约1000米，分布有40座宫殿基址，宫殿区面积之大，宫殿基址分布之密集，宫殿排列之有序，在中国先秦都城中罕见。纪南城的修筑充分利用古河道和水利资源，城内外有河道相通，既可防城内洪

涝，又可解决城内生活用水和水上交通问题，水门的设置，亦是楚人的创造，在中国先秦都城中仅见此一例。纪南城作为楚国强盛时期的都城，代表着楚文化的精华，在中国历史研究中，尤其是楚国历史研究中举足轻重。

1956年11月15日，楚纪南故城被湖北省人民委员会公布为第一批湖北省文物保护单位。1961年3月4日，楚纪南故城被国务院公布为第一批全国重点文物保护单位，编号1-0147-1-012。2000年7月29日，湖北省人民政府办公厅印发《关于公布文物保护单位保护范围和建筑控制地带的通知》，公布楚纪南故城的保护范围。2004年，荆州市荆州区文物宗教旅游局制作楚纪南故城全国重点文物保护单位记录档案，由荆州区文物宗教旅游局保管。2014年起，荆州纪南生态文化旅游区负责楚纪南故城遗址的保护管理工作。

鄂王城城址　是东周时期重要的城邑遗址，位于湖北省大冶市金牛镇鄂王城村胡彦贵湾，筑于大冶市金牛镇高河港西岸，东距大冶市城区西南约40千米，距金牛镇西南8千米，为幕阜山脉的北部余脉与梁子湖东南部河流冲积平原的相交地带。城址坐西朝东，依山傍水，其西北至西南为一片海拔40～50米连绵起伏的土丘山岗，山岗地下尘封着墓葬群，城址东南至东北则为低洼开阔的平畈，由南而来的虬川河和高河港经东垣外北流入梁子湖，再从樊口汇入长江。

"鄂王城"之名，始见于清代《武昌县志》。据《武昌县志》卷九记载，鄂王城在武昌县南一百二十余里，周夷王时，楚熊渠封中子红于鄂，鄂王城即楚封子红处，在县西南二里，东西九十步，南北百步。另据《史记·楚世家》记载，周夷王时，楚国国君熊渠封其中

鄂王城城址远景

鄂王城城址西城垣缺口

子红为鄂王，鄂王之都城为鄂，即鄂王城遗址。楚王熊渠及长子先后去世，中子红继承王位为楚王，都城仍立在鄂。其后有六世十多位楚王在鄂建都，直到楚武王熊通时止。楚武王熊通五十一年（前690年）卒，子熊赀立，是楚文王。楚文王初立便将都城由鄂迁到郢。鄂便成为楚之别都和封邑。

1981年，大冶县博物馆在第二次全国文物普查时发现鄂王城城址，采集一批陶、铜、铁、金质文物。1982年，大冶县博物馆对鄂王城西边上邹、下邹村一带进行调查，发现墓葬群。2004年，湖北省文物考古研究所五里界城考古队对城址进行调查。2008年第三次全国文物普查时，在鄂王城周边发现冶炼遗址4处。2013年底至2014年7月，湖北省文物考古研究所组建鄂王城考古队对鄂王城址及周边遗址墓群开展田野考古调查勘探工作，调查面积30平方千米，勘探面积10万平方米，确定鄂王城城址的面积及鄂王城周边墓群及遗址的分布范围、规格、特点、数量及大体年代。2015年3~7月，湖北省文物考古研究所鄂王城考古队，对鄂王城北垣东段缺口进行考古发掘工作，发掘面积100平方米，出土大量板瓦、筒

瓦、陶片、瓷片及清代钱币等文物，此次考古发掘确定北垣的修筑方法及大体年代。2015年12月至2016年5月，湖北省文物考古研究所鄂王城考古队对鄂王城东垣北段缺口进行考古发掘，发掘面积300平方米，出土陶罐、青铜铭文戈、青铜剑柄等文物，采集大量绳纹板瓦、筒瓦、陶片、瓷片等文物。

鄂王城城址由城址及邹村墓群（鄂王城周边墓葬群）两部分构成。城址平面呈不规则长方形，处于高出周围地表约8~15米的台地上，东西长约420米，南北宽约360米，占地面积15万~16万平方米。城垣依地势而夯筑，地面可见护城河和部分城垣、城门及城内建筑基址、窑址等遗迹。东垣部分垣段遭毁，在城垣南端拐角缺口的断面上，可观察到城垣结构呈梯形，上宽7.4米，底宽27米，残高4.7米。城垣断面依土质土色从上至下可分为6层。第1层为浅灰色表土层，土质疏松，厚约0.3~0.4米。第2层为灰黄色夯土层，土质较硬，厚0~0.75米，包含有战国时期的绳纹瓦片。第3~6层为灰黄色土或深灰色土的夯土层，土质较致密，每层厚约0.1~0.15米，各层中均无包含物。南垣仅存西段，东段因修筑水渠时被挖毁；西南拐角处依山丘走向就势修筑，城垣外凸不直，外部城濠则开挖山丘而成，平面呈外凸角状，此处为城址最高点，类似烽火台。西垣南段外貌可见，其余垣段因当地修筑九龙水库，被取土破坏。北垣仅存城垣基脚，主体城垣皆毁于1976年平整土地和修建水利工程。城址的东垣存有3个缺口，分别位于东垣南端、中段和北端。经观察，中段缺口呈"八"字形，内窄外宽，面宽14米，底宽43

鄂王城出土青铜铭文戈

米，高4米，缺口应为城门所在地，亦为城东唯一进出城内的古通道。其他两处缺口可能是城址废弃后，后来人开挖城垣所形成的通道。其他城垣因破坏，尚未见城门遗迹。城垣外的护城河（濠）亦依地势而开挖，护城河皆低于两边农田。东垣外护城河口宽约50米，南垣外护城河口宽约45米，东垣、南垣脚基相距对应的护城河80米。西、北垣外有明显的护城河遗迹，因改田筑坝宽度不明。整个护城河内之水在城东南与高港河相连通，北流入梁子湖，汇注长江。城内地势西南高，东北部低。断面上可见文化堆积层，最厚约0.6米，可分两层：第1层为地表层，包含近现代和战国遗物；第2层为战国文化层，包含有鬲、罐、豆等残片。在南部发现房屋建筑基址，残存有红烧土夯筑墙基，东西长约40米，南北宽约5米，残存面积200平方米。房内用灰白色土铺设地面，地面堆积层内包含有大量的陶质板瓦、筒瓦、半圆瓦当等建筑材料。从城址内发现的文化遗物以及城址周围不同时期的墓葬中出土的遗物，同时结合相关史料的记载，可以发现城址使用的延续时间很长，大体在战国时期已经筑就，汉、六朝、隋以至于唐代都在延续使用。城址

范围内先后通过调查采集出土过楚国金币陈爰、青铜兵器、铁器、陶器、货币、建筑材料等文物。

邹村墓群主要分布在鄂王城城址西部、西北部、西南部的山丘岗地上，海拔38～58米，距鄂王城270～1500米。墓群整体南北长东西短，共划分为21个墓葬区，面积约8平方千米，调查勘探确定229座墓葬。墓葬分布在各墓葬区的岗坡地上，或沿岗岭呈"一"字、"品"字形排列，或沿坡地呈扇形分布。墓葬以封土堆土坑竖穴墓为主，共计180座，另有砖室墓49座。封土堆积规格直径在20米以上的41座，高1.5～3.5米；直径在14～18米的113座，高0.7～1.5米；直径在7～12米的35座，高0.5～1米，其余墓葬封土堆积均被农田改造破坏殆尽。墓葬方向均呈东北西南向。墓葬封土堆积大多为红褐色土，含沙，较疏松，呈颗粒状。填土大多为褐红黄色花土，夹黄色花斑土，湿润，略显黏性。通过调查勘探以及盗墓、改田所暴露的遗物判断，墓葬大致分三个时期：战国晚期、汉代与六朝。其中战国晚期，均为土坑竖穴墓，数量180座；汉代砖室墓43座；六朝砖室墓6座。墓群向西可能延伸至毗邻的武汉市江夏区境内。

关于鄂王城的年代和性质，学术界主要有以下几种观点：西周时期熊渠所治之鄂，即学术界的"东鄂"说，与"西鄂"说相对；《鄂君启节》中"启"之封邑；一度作为楚之别都；楚国军事城堡。

鄂王城城址是鄂东南地区发现较早的东周历史文化古城址，对于研究鄂东南地区东周时期的历史文化发展、演变具有较高的历史、科

研和文化艺术价值。鄂王城城址为楚文化古城遗址代表，对于研究楚族文化具有重要的代表意义。

1985年，鄂王城城址被大冶县人民政府公布为大冶县文物保护单位。1992年12月16日，鄂王城城址被湖北省人民政府公布为第三批湖北省文物保护单位。2001年6月25日，鄂王城城址被国务院公布为第五批全国重点文物保护单位，编号5-0086-1-086。2004年，大冶市博物馆制作了鄂王城城址的全国重点文物保护单位记录档案，记录档案现由大冶市鄂王城城址保护管理站保管。2012年，成立大冶市鄂王城城址保护管理站，负责鄂王城城址的保护管理工作。2015年5月5日，湖北省人民政府办公厅印发《关于公布文物保护单位保护范围和建设控制地带的通知》，公布了鄂王城城址的保护范围和建设控制地带。2016年，国家文物局批复同意《鄂王城城址安全技术防范系统工程设计方案》。

楚皇城城址 是东周时期的楚国故城遗址，位于湖北省宜城市郑集镇皇城村境内，地处汉水冲积平原北端的一级台地上，东部地势明显偏低，东南部及东部原为赤湖和长湖，大部已淤为平地，西部为南北走向岗地；城内地势平坦，唯东北隅为一高台地，高出周围约1~2米。

楚皇城城址始建于东周时期，东汉时仍然沿用，又加筑了内外护坡，东汉以后弃用。在唐代曾名"楚故城"，见载于《新唐书》："开元二十二年（734年），初置十道采访使，朝宗以襄州刺史兼山南东道。襄州南楚故城有昭王井。"五代时，因避后梁太祖朱温父

朱诚之讳，改"城"为"墙"，之后北宋曾巩在《韩公井记》中所载："楚故城今谓之故墙，即鄢也。此记今移在郡廨中。故城改为'墙'者，由梁太祖父烈祖名诚，当时避之，故至今犹然。"明清时期，因音近而讹"墙"为"襄"，复加一"城"字称"故襄城"，清乾隆《襄阳府志》卷五《古迹》即以"故襄城"收录其中："县南十五里。春秋时楚昭王迁郢于都，以定楚国故城也。《括地志》载即古鄢子国。鄢子当作鄀子。若鄀国则在河南鄀城。楚顷襄王时，秦将白起决鄢水灌楚都拔之。以为鄢县。汉初因之。惠帝改鄢为宜城。徙治今之故宜城，后复迁此。"清乾隆《大清一统志》卷二百七十《襄阳府古迹》中将其写为"楚王城"。当地百姓俗称"皇城"，并加一"楚"字，为"楚皇城"。

1956年，襄阳地区文物普查队对楚皇城城址进行第一次地面调查。1962年，武汉大学历史系会同省博物馆专业人员到楚皇城城址实地考察。1976年12月至1977年7月，湖北省博物馆等单位联合组成考古队，对楚皇城城址进行勘探发掘，测绘城址地形图。2001年3~6月，

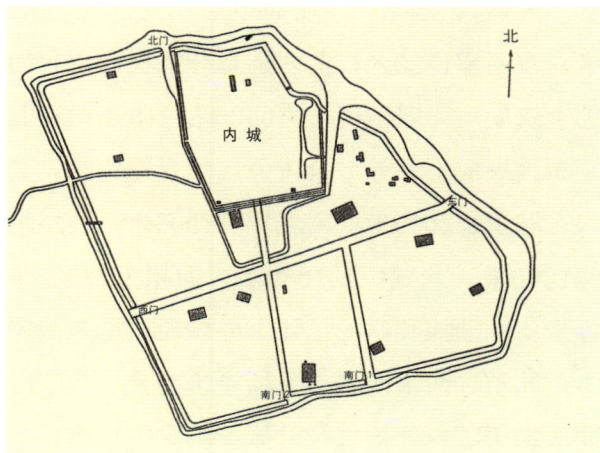

楚皇城城址平面分布图

楚皇城城址南城墙

湖北省文物考古研究所主持对楚皇城城址进行勘探发掘，初步探明楚皇城城址内文化堆积自上而下可分为两汉时期、战国中晚期、春秋战国之际、春秋中晚期。

楚皇城城址分外城和内城两部分，总面积220万平方米，其中内城38万平方米。城内外重要遗存有城垣、护城河、烽火台、夯土台基、人工沟渠、居民区、手工作坊区等遗迹。

外城，平面呈不规则矩形，南北长1840米，东西宽1720米，其四周迄今仍保留有封闭的土筑城垣。城垣周长为6420米，除东垣和北垣东段蜿蜒不齐外，余皆大体呈直线构筑。其中东城垣长2000米，南城垣长1500米，西城垣长1840米，北城垣长1080米，面积为220万平方米。经勘探和试掘已知，外城西城垣为战国中期始筑，西汉增修的城墙叠压其上，东汉时期又加筑了内外护坡。外城城垣主要由墙体和护坡组成。存土筑城垣底宽24～30米、高2～4

米。夯层清楚，为平夯，每层厚8～12厘米；夯窝清晰，为圆形，直径6厘米。外城内有屈家岭文化、春秋中期、春秋战国之际、战国中晚期、西汉、东汉时期的文化堆积；城垣底部叠压有春秋中晚期的地层和灰坑。

城门，外城保存有6处豁口，分别为东城垣和南城垣各2处，西城垣和北城垣各1处；水道城门位于东城垣北段古河道出城口处，经勘探得知，在地表1.8米处的河道中有石质构筑的墩础。推测为原城门位置，包括北门、东北门（水门）、东门、南门、西门。所有城门构造较其他楚城有所不同，北门两侧的城垣在接近城门时变窄，形成内曲折，其余城门两侧的城垣虽无变窄的现象，但两侧的城垣不在一条直线上，形成错位的入城口。

内城，位于外城内的东北隅，其平面呈长方形，整体高出外城1～2米不等，其南北长800米，东西宽480米，面积约38万平方米。经勘探，内城的东南部、南部、西部皆有夯土城垣，城垣宽22米，并各有一个城门；其北部及东北部借用了外城城垣，可初步断定内城与外城是统一规划修建。

护城河，外城有护城河依稀可辨，位于外城垣外14米处，护城河开口地表深1.75米，开口宽15～50米，深2.1米。护城河内堆积分上下两大层，上层为两汉淤泥层，下层为东周积淀层。在内城城垣外侧5～10米处发现有内城护城河。其中，东、南两侧护城河利用外城内的古河道；西侧护城河为人工开凿，其南端与古河道相连，北端与外城护城河相通，形成一个在封闭状态下的循环水系。

烽火台，系当地俗称，实为城垣四角显著隆起，为城墙角楼遗迹。除西北角被破坏外，其余保存尚好。西南角较低，东南角最高，名观楼子，登之可瞭望全城。

古河道，已淤为平地。据勘探和卫星遥感探测，其走向是自外城西城垣中偏北段处入城向东与内城西护城河相通，然后折向南环绕内城南垣外侧，东垣外侧出外城，出城口为运粮河口，即勘探发现的水道城门。古河道宽20～50米。河道内全为黑灰淤泥。河道的方位，流向与《水经注》所载"城西陂谓之新陂……其水自新陂东入城……又经金城（内城）前县南门……其水又东出城"相合。

夯土台基，共发现21座，集中分布于外城内的东部、东南部及内城一带。在夯土台基附近都发现有丰富的文化堆积层，并都伴有灰坑和水井发现。

人工沟渠，位于外城西城垣内侧，为西北至东南走向，其开口距地表深1.8米，沟宽4米，深3米。已探明的长度400余米。据地层层位关系判断，略早于外城城垣的时代，应为早期的引水渠。

居民区，位于外城内东南部，经勘探，发现分布密集的中小型夯土台基，应为居民住宅基址。

手工作坊区，位于外城内西偏中部，在农田基本建设中，发现有陶窑，陶拍和烧坏的陶器残片。

其他遗存有金银冢、散（晒）金坡、白龙池、苑囿等遗迹。

楚皇城城址出土文物千余件，包括铜器、铁器、瓷器、陶器、玉器和钱币等。所出文物时代上自新石器时代，下至魏晋时期，以东周至秦、汉时期的文物为大宗，如春秋早期窃曲纹铜方壶、战国早期弦纹带流铜鼎、战国中期提链铜壶、战国晚期错金嵌玉鳖形铜带钩、战国郢爰、战国楚蚁鼻钱、秦半两、西汉时期的"中左偏将军"铜印、新莽"大布黄千"币、东汉晚期"汉夷邑君"铜印等。

楚皇城城址基本保存完好，城内文化堆积层丰厚，城址周围分布有多处同时期的遗址和墓地，是湖北省境内保存较好的为数不多的楚国早

楚皇城出土战国早期弦纹带流青铜鼎

楚皇城城址出土窃曲纹铜方壶

期都城之一。从地理角度考察，楚皇城所处的位置是连接"周京"所在的关中地区与江汉平原的交通要道，也是早期楚国文化形成和发展的重要地区。因此，楚皇城城址对研究探索楚国历史和楚文化的形成和发展具有重要意义。

1981年12月30日，楚皇城被湖北省人民政府公布为第二批湖北省文物保护单位。1994年之前，楚皇城城址属宜城县（1994年9月，宜城撤县建市）博物馆管理。1994年12月，成立宜城市楚皇城文物保护工作站，隶属于宜城市文化局，专司楚皇城城址的日常保护和管理工作。2001年6月25日，楚皇城城址被国务院公布为第五批全国重点文物保护单位，编号5-0088-1-088。2001年8月，中共宜城市委、宜城市政府成立楚皇城遗址文物保护工作领导小组，办公室设在文化局；8月30日，宜城市

人民政府印发实施《宜城市楚皇城遗址保护管理办法》。2004年3月，宜城市博物馆按要求制作楚皇城城址的全国重点文物保护单位记录档案，存管于湖北省文物局。2012年6月，楚皇城城址保护规划编制立项获国家文物局批准。2015年6月，宜城市楚皇城文物保护工作站并入宜城市博物馆，负责楚皇城城址的保护管理工作。2015年5月5日，湖北省人民政府办公厅印发《关于公布文物保护单位保护范围和建设控制地带的通知》，公布了楚皇城城址的保护范围与建设控制地带。

洛阳东周王城 春秋战国时期东周王室都城遗址，位于河南省洛阳市西工区和涧西区内。

史载西周幽王失国，周平王元年（前770年），平王东迁洛邑，以王城为都计十二世历500余年。西汉后期，整座城池开始荒废，后在此基础上兴建汉代河南县城。

1954年，中国科学院考古研究所通过调查与勘探，在洛阳市西工区王城花园一带发现东周王城遗址。1953年，在东周王城东北城角外铁道北的烧沟村发掘59座战国墓，多数是竖穴墓，十余座是洞室墓。1954～1955年，在配合中州路修建工程的考古发掘中，发掘260座东周时期的墓葬，为东周墓葬的考古学分期提供重要标尺。1955～1957年，中国科学院考古研究所对东周王城的西城墙进行发掘。其后，洛阳市文物工作队又进行过发掘，期间有大量的考古发现。1959～1960年，在汉代河南县城南瞿家屯进行大面积的钻探和试掘，发现大型夯土建筑基址，夯土建筑基址分南北两组。1970～1976年，在瞿家屯建筑基址的东侧钻探出排列密集的东周地下粮仓74座，发掘一座。

1972年，在中州路南侧，发掘一座战国中期车马坑。1974年，在洛阳市政府西南，发掘一座"甲"字形大墓，墓中首次发现楚国兵器。1974年，在东周王城内的东北发掘的战国遗址中发现两罐窖藏空首布。1975年，在东周王城的东北隅，金谷园路的西侧，发掘东周时代的烧窑4座。1981年，在西工区八一路东侧发掘一座被盗的战国初期墓。墓中发现成套的铜甬钟。1982年，在小屯东北一至四号墓30米处，发现一座战国陪葬坑。出土大量的青铜器和成套的乐器。1984年，在东周王城的东南部发现东周墓葬密集区，墓葬成组排列。1991年，在东周王城的东北部发现一座战国早期墓，其中出土的一件铜剑上有铭文"吴王夫差其元用"，与以往所出夫差剑相同。1992年6～8月，洛阳市文物工作队配合洛阳市商业银行营业楼基建工程，在东周王城的东部发掘30余座东周时期墓葬。1994年3月，洛阳市第二文物工作队在纱厂路北侧，东周王城北墙外发掘春秋时期刑徒墓9座。1998年12月，洛阳市文物工作队在洛阳市613研究所发掘春秋战国时期墓葬30余座。1998年10～12月，洛阳市文物工作队在东周王城的北部，纱厂西路南，涧河东岸，发现战国陶窑18座。1998年底，洛阳市文物工作

洛阳东周王城广场天子驾六车马坑

队在东周王城遗址区的东南部清理出一道呈东西走向的夯土隔墙。1999年3～6月，洛阳市文物工作队在行署路与临涧路交叉口西南侧的东周王城遗址内发现大型夯土基址。2002年，配合基本建设发现300余座东周墓葬、天子驾六车马坑及大量陪葬坑。2004年11月至2006年1月，在城址外西南部瞿家屯村发现大型夯土建筑基址。2013年，配合丹尼斯量贩建设对解放路与中州路口西南角进行考古发掘，发掘东周墓葬140座，其中一座墓葬形制特殊。

洛阳东周王城遗址略呈正方形，西北角在东干沟村北，东北角在洛阳火车站东约1千米，西南角在兴隆寨村西北，东南城角已被洛

洛阳东周王城出土虎内铜戈

洛阳东周王城出土错金银带流铜鼎

洛阳东周王城出土玉人

洛阳东周王城遗址出土玉璧

河冲毁，总面积约14平方千米。东周王城重要遗存包括外郭城、宫殿区、仓窖区、手工业作坊和陵墓区。外郭城北墙保存较好，位于纱厂西路一带，总长2890米，宽度一般为8～10米，残高0.8～1.65米；东墙只残存北段，残长接近2000米，一般宽度15米、残高1.5米，估测东墙总长约3000米，其南端应被洛河冲毁；西墙沿涧河东西两岸，呈曲折状，一般宽5米左右、残高1.5米，估测总长约4000米；南墙残存西段，残长约800余米、宽14米左右、最高达1.4米，估测总长约3400米。北墙中段发现北门遗迹，北墙、西墙外发现护城壕，城内发现两条南北向主要道路。宫殿群落位于城内西南隅，为两组南北毗邻的大型建筑基址。北组四周有围墙，平面呈方形，东西长344米、南北宽182米，围墙中部有面积达1680平方米的大型建筑基址；南组建筑单体夯土基址较小，应是北组建筑的附属。城外发现有大型礼制或者馆驿性质的建筑遗迹。仓窖区位于宫殿区东侧，已探出粮窖80余座，均为口大底小的圆形窖穴，口径约10米，深约10米，当为

王城内仓城。手工业作坊区位于城内西北隅，有制陶的窑场，还有制骨、制玉、制石器的作坊，并发现制造铜器的陶范。发现的15座陶窑以生产板瓦、筒瓦、瓦当、瓦钉、井圈及日用陶器为主，制玉作坊出土大量石圭残片。

陵墓区分为王城、金村、周山三个陵区，东周墓葬总体数量有万余座。王城陵区位于城内中东部，曾出土残留有墨书"天子"字迹的石圭，并发现天子驾六大型车马坑遗存。周山陵区位于洛阳市区之西南，东北距离王城遗址约3.5千米。金村陵区位于东郊金村一带，因20世纪20年代金村古墓群出土大量珍贵文物而知名。金村古墓出土的随葬品中，有青铜器、漆器、玉器和金银器等，器物制作极为精美，如错金银的鼎、敦、壶等铜礼器，透雕龙虎大玉璧，错金银狩猎纹铜镜以及铜质和银质人物像等，均为十分难得的艺术珍品。出土的带铭文的器物，显示古墓的年代当为战国时期，下限到战国晚期。从墓葬的形制、规模及出土器物的工艺水平分析，金村古墓当为东周王室墓葬，或为东周王陵。

春秋时期，尽管诸侯称霸，王室衰微，但东周王城作为天子之都的重要意义，远非列国都城所能比拟。在近3个世纪一直为当时东周政治、经济、文化、交通的中心，东周王城遗址的发现，为研究东周的政治、经济、文化和整个城市发展史提供珍贵的实物资料，是中国城市考古的重大收获，具有重要的意义。

2000年9月，河南省公布洛阳东周王城为全省重点文物保护单位。2001年4月，洛阳市文物工作队根据东周王城的相关材料进行"四有"档案工作。2013年5月3日，洛阳东周王城被国务院公布为第七批全国重点文物保护单位，编号7-0310-1-310。2013年9月国家文物局批准《洛阳东周王城保护规划立项报告》，划定保护范围与建设控制地带。2013～2017年，洛阳市文物考古研究院和天子驾六车马坑博物馆负责遗址的保护管理工作。2013年8月，洛阳市文物考古研究院组织人员对东周王城"四有"档案进行完善。

晋阳古城遗址 是东周至五代时期的重要城址，位于山西省太原市西南晋源区晋源街道古城营村周围，西靠龙山，东临汾河，西高东低。南城角村为"L"形，依古城西南角之势建成，古城偏东18°，古城南墙东西残长626.4米，西墙长约2700米，从资料和东城角的方位来看，古城长约4500米。根据夯土质地、色泽和夯法，应是东周时期始建的城址。

据文献记载，晋阳古城建于春秋中晚期（前497年），为晋卿赵简子家臣董安于所筑。春秋时期，晋阳古城面积12平方千米，是

晋阳古城遗址西北墙角发掘现场

晋阳古城遗址出土北齐汉白玉佛像

同时代大型城邑之一，是著名的水灌晋阳之战发生地。

民国29年（1940年），日本人小野靖一等调查晋阳古城。50年代中叶，考古学家宿白调查晋阳古城，1962年，谢元璐、张颔勘探调查晋阳古城，在遗址发现数段城墙和三座小城遗址。1996年，古城遗址出土汉白玉立佛造像。1998年，山西省考古研究所、太原市文物局对遗址部分区域进行勘探、调查。1999年，宿白再次考察晋阳古城。2000年，山西省、太原市、晋源区三级联合考古队开始对晋阳古城遗址进行全面、系统的考古勘探调查工作。近年还发现建筑基础、砖瓦、琉璃构件和石刻造像。在古城附近出现有重要的墓葬遗址，如春秋末期的赵卿墓、北齐娄睿墓、隋代虞弘墓等。在城址的西部地区发现有天龙山石窟、蒙山大佛、圣寿寺、童子寺、开化寺等六朝、隋唐时期的石窟遗存。另外，在古城营村内保存有创建于隋唐，明代重修的惠明寺塔；金代创建，明清重修的九龙庙等建筑。

晋阳古城遗址地处太原盆地北部，依山背水，历史上是中原的北大门、北方军事政治重镇，也是历史上北方游牧文化与中原农耕文化的交汇融合点。晋阳古城遗址是中国城建史上具有代表性的一处文化遗产，具有较高的研究价值。坚固的城建设施和先进的建设技术，对研究春秋战国历史和城建技术有很高的价值。坚固的城建设施和先进的建设技术，对研究春秋战国历史和城建技术发展有很高的价值。

1965年山西省人民委员会将晋阳古城列为省级文物保护单位。2001年6月25日，晋阳古城遗址被国务院公布为第五批全国重点文物保护单位，编号5-0010-1-010。2002年，山西省人民政府划定了遗址的保护范围。2003年起，太原市晋源区文物旅游局负责遗址的保护管理工作。2006年山西省人大常委会通过《太原市晋阳古城遗址保护管理条例》。2011年，国家文物局批准晋阳古城遗址保护规划项目立项。2012年，国家文物局批准晋阳古城遗址西城墙抢险加固项目立项。2013年，山西省文物局批准晋阳古城遗址西城墙抢险加固方案。2014年，国家文物局批准晋阳古城遗址展示方案项目立项。晋阳古城遗址的"四有"档案、相关保护管理文书档案、技术档案等资料，保存于山西省古建筑保护研究所。

戚城遗址　又称孔悝城，为春秋时期卫国的重要城邑，也是《左传》等文献记载的春秋时期各诸侯国曾七次会盟的重要地点，位于河南省濮阳市华龙区京开大道、古城路交叉口西南角。

戚城以发生于春秋晚期卫国王室的一场内乱而知名。《史记·卫康叔世家》详细记载了这场"蒯聩之乱"的始末：先是，卫灵公三十九年（前496年），太子蒯聩欲谋害灵公夫人南子未遂，逃到晋国避难；三年后，蒯聩欲借晋之外力入主卫国，却遭卫人联合发兵抵制。13年后蒯聩潜入戚城，与早已承继王位的其子辄卫出公争国；蒯聩勾结其妹控制了执政大臣外甥孔悝，出公辄被迫出逃鲁国，蒯聩自立为庄公；内乱发生时，孔子弟子子路是孔悝的邑宰，为救孔悝与蒯聩甲士厮杀，子路此战大义凛然，最终正冠结缨战死，著名典故"君子死，冠不免"即出自此。今戚城东北邻的子路坟、蒯聩劫持孔悝强与之盟的蒯聩台与戚城一起，构成一个完整的历史景区。

1963年4月，河南省文化局文物工作队对戚城遗址进行全面系统的调查、勘探，根据对东城墙和南城墙缺口处所见的城墙剖面情况，城墙分上、下两部分：上部包含有汉代遗物，下部包含有周代遗物。1965年11月中旬，北京大学对戚城遗址进行考古调查和试掘。1986年11月，河南省文物研究所对戚城遗址东城墙进行解剖，在城内东北部进行试掘。2007年、2008年、2014年，河南省文物考古研究院、戚城文物景区管理处分别做过发掘及详细调查、勘探。

戚城城垣基本呈正方形，四面周长1520米，面积约16万平方米。残存城墙最高处8.3米、最厚处16.5米。城角圆形，唯西南城角略向外凸。四面城墙各有一缺口，当为城门遗迹。墙外发现早晚期两道护城河，两河相距2米，河宽6.5～7.5米、深2.5～3米。城内发现通向城门的南北、东西向主干道。东北部分布有两处宫殿基址，面积约2100平方米，为高出

戚城遗址城墙

戚城遗址城墙断面

地表约30厘米的高台建筑。城垣东部矗立有两座夯筑而起的高6米、面积约300平方米的长方形高台，两台相距40余米，或为戚城附属建筑。

戚城遗址自下而上依次堆积有裴李岗文化、仰韶文化、龙山文化、两周文化及汉代遗存。春秋时期城址之下，叠压有龙山文化时期的城址。

发现的遗迹有龙山文化城墙，东部1万平方米左右的龙山文化台地、陶窑、墓葬、灰坑、灰沟，西周墓葬，汉代房基、墓葬、道路、水井、水渠，唐宋时期道路等。

1963年6月，河南省人民委员会公布"孔悝城"（戚城遗址）为第一批全省重点文物保护单位。1993年9月，成立戚城文物景区管理处，全面负责戚城遗址的保护管理工作。1996年11月20日，戚城遗址被国务院公布为第四批全国重点文物保护单位，编号4-0030-1-030。河南省人民政府公布戚城遗址保护范围。2017年6月29日濮阳市第七届人大常委会第三十次会议通过《濮阳市戚城遗址保护条例》，2017年7月28日河南省第十二届人大常委会第三十次会议批准实施。戚城遗址"四有"档案，由戚城文物景区管理处办公室保管。

赵邯郸故城　是战国时期赵国都城的遗址，位于河北省邯郸市。故城包括王城、郭城两部分。其中王城位于河北省邯郸市西南，距市中心4千米，东距京广铁路线0.5千米，南临邯郸市南环路，西距西环路1.5千米。遗址西南高东北低，王城东面有滏阳河由南向北流经，渚河由西北向东南穿越王城北部后汇入滏阳河。郭城与邯郸市区相叠压，发源于紫山东坡的沁河即由市西部南北两组低缓丘陵向东流，穿越郭城注入滏阳河，郭城处在河流的两岸。

邯郸之域在西周时属于卫国，春秋时为晋地，当时邯郸已是闻名遐迩的农业、手工业和商业比较发达的城邑。晋定公十二年（前500年），晋国正卿赵鞅（赵简子）将邯郸纳入自己的势力范围，邯郸成为赵氏的世袭领地。战国时，赵敬侯元年（前386年）将赵都迁徙到邯郸，之后邯郸作为赵国的都城，历经八代158年。特别是一代英主赵武灵王，开改革之先河，实行胡服骑射的军事改革，富国强兵，国势大盛，雄踞"战国七强"之列，使赵国成为可与强秦抗衡的国家之一。秦王政十九年（前228年），秦军破邯郸，赵王迁降秦。秦置邯郸郡，邯郸为郡首府。西汉时邯郸与洛阳、临淄、南阳、成都共享五大都会盛名。汉以后逐步衰落。

民国29年（1940年），日本学者对邯郸故城遗址王城区进行考古调查和发掘，主要对赵王城遗址进行了全面调查与测绘，对2号夯土台和梳妆楼、插箭岭两座土台进行发掘。20世纪50年代开始，对赵邯郸故城城址进行初步调查与勘探。20世纪60年代对赵王城进行了全面调查勘探，发现地下夯土基址、道路、夯土墙和门阙等遗迹，明确赵王城由3个小城组成。20世纪70～80年代的建设工程中，在邯郸市区地表下6～9米处发现大量战国及汉代遗存，发现郭城西南城垣8700米，确认邯郸市区下为一城址，称之为大北城（郭城）；对大北城和王城局部地区进行考古清理；在大北城内约400万平方米的范围内纵横调查8条线路，取得重要考古收获。20世纪八九十年代配合城市建设进行考古勘探、清理和小面积的发掘，发现众多遗迹遗物。21世纪对赵王城进行航空摄影，通过对王城城垣的解剖对王城城壕有了清楚的认识，同时，继续配合城市建设以及南水北调工程开展考古工作，发现汉代墓葬、房址、水井、沟渠等大量遗存。

赵邯郸故城包括王城和郭城两个部分。王城于公元前386年赵敬侯迁都邯郸后兴建，郭城则为旧城。约在西汉时期，赵王城逐渐失去功能直至废弃，而郭城（大北城）一直延续使用至今。

王城区由东、西、北三个小城组成，三城各有城垣，呈"品"字形分布。面积5.12万平方千米。各城四面有蜿蜒起伏的城墙，墙上各

赵邯郸故城南城墙遗址

赵邯郸故城出土瓦片

赵邯郸故城排水道

有"凹"字形城门和一些防雨及排水设施。城内地面保留着高大雄伟的建筑夯土基址10座，地下有夯土基址和古道路等遗迹。

郭城整个城池的形制近似不规则梯形，东西最宽处3200米，南北长4880米。西北隅城垣蜿蜒曲折，地势较高，南垣顺应河道微曲折。城址西北隅存断续地面城垣和地面夯土台遗址，其余城址大部分被现代城市叠压。经勘探，城墙墙基宽30米左右。东城垣北段未探明，南段已经探明。南城垣遗址基本探明，北城垣遗址至今不清楚。大北城是赵邯郸故城居民栖居并从事手工业、商业活动的城邑，位于王城区东北约60米处。除西北段存有部分城墙之外，其余遗址大部分淤没在地下6米深处。地上遗迹有王郎城、插箭岭、梳妆楼、铸箭炉、灵山及武灵丛台、温明殿等墙址或建筑基址；地下普遍有战国和汉时期的文化层及冶炼、制陶、水井等遗迹，为地下文物埋藏区。

经考古钻探和局部清理发掘，郭城内地下遗存类型多样且丰富，文化遗存的年代比王城区复杂，持续时间长。20世纪考古工作者在郭城内调查300多处水井和地下线路，确定市区6～9米地下区域有丰富的汉代至战国文化遗存，有的深达12米，发现有制陶、制石器作坊及古井、排水槽道和生活遗址等多处。

赵邯郸故城作为战国时期赵国都城，是公元前4～前3世纪中国最繁荣的重要城市之一，是战国时期黄河北岸政治、经济、军事、文化中心，代表着东方古典时代成熟的城市文化和鲜明独特的城市建设模式，对中国古代社会的政治、经济、军事、文化等诸多方面产生了十分深远的影响。都城城址规模之大、遗存之多有不可替代的历史价值意义。其中的赵王城遗址是保存较为完好的战国王城遗址，因地表之下只有战国时期文化层，没有战国之前和之后文化层的叠压现象，因此具有极高的考古学研究价值。赵邯郸故城为先有郭城后有王城的发展模式，代表中国早期城邑演变为都城的典型形式，是研究古代城市演变的重要实物例证。王城和郭城两部分既各自独立，以利防御，又相互毗邻，便于管理，体现早期都城的建筑模式和特点，是研究中国古代城市规划的重要资料。

1961年3月4日，赵邯郸故城被国务院公布为第一批全国重点文物保护单位，编号1-0149-1-014。1992年，河北省人民政府公布赵邯郸故城遗址保护范围与建设控制地带。1999年，成立赵王城文物管理处，负责赵邯郸故城王城区的保护管理；郭城区由邯郸市文物保护研究所负责保护管理。2002年，邯郸市人民政府印发《赵王城遗址保护管理规定》。2013年，赵邯郸故城赵王城遗址被列入第二批国家考古遗址公园立项名单。相关业务档案由赵王城文物管理处和邯郸市文物保护研究所建立。

燕下都遗址 为战国时期燕国都城之一。位于河北省易县城东南4千米的高陌乡。遗址地处华北大平原，四周地势平缓开阔。北有北易水，南有中易水，西5千米有太行山支脉，北7千米也有山脉。

《水经注·易水》载："其一水东出金台陂……陂西北有钓台高丈余……陂北十余步有金台……台北有兰马台……访诸耆旧，咸言昭王礼宾，广延方士，故修建下都，馆之南垂。"燕下都从燕桓侯元年至七年（前697～前691年），燕桓侯徙临易开始建都（见《史记·燕召公世家》），至燕襄公时（前657～前618年）上都（蓟）成燕国国都。大约燕惠公四年（前541年）后，燕国开始摆脱戎狄各部的包围，到了燕王喜二十九年（前226年）的300多年间，燕下都一直是燕国的首都。燕灭之后失去都城作用，从东汉时期有人在城内居住，城内有两处汉代建筑台基及大量汉代文化遗存。

燕下都遗址很早以来就有文物出土。清嘉庆年间初尚龄《吉金所见录》记载有燕下都经常出土大量货币。民国18年（1929年）11月，马衡、常惠和傅振伦开始对燕下都故城调查。次年春，以马衡为团长的燕下都考古团正式成立。中华人民共和国成立后，随着考古调查和发掘工作的开展，基本摸清了燕下都遗址的分布状况和功能分区。

燕下都遗址平面呈不规则长方形，东西长约8千米，南北宽约4～6千米，中部有一条纵贯南北的古河道，传为运粮河，把燕下都分为东、西城。运粮河东侧有一道与之平行的城垣，西侧尚未发现城垣遗存。东城平面近似方形，中间偏北处有一道东西横贯的城垣，称之为隔墙，把东城分为南、北两部分。城垣大部分湮埋在地面以下，从地面上仅可看到一些隆起的痕迹，除隔墙宽约20米外，墙基的宽度皆在40米左右，发现城垛、城门遗迹各三处。西城在运粮河以西，可称之为郭，可能是当时驻扎军队、保卫都城的地方。西城南、北、西三面城墙仍保存，北面有一段城墙（在城角、军营、燕子村一带）高6.8米，外侧有十分清晰的穿棍、穿绳和夹板夯筑的痕迹。

东城的文化遗存十分丰富，根据遗址分布情况，东城可分为宫殿区、手工业作坊区、居住区和墓区。宫殿区在城址的东北部，根据夯土建筑基址的大小和分布情况，可分为大型

燕下都遗址一号夯土建筑台基（武阳台）

燕下都遗址十一号夯土建筑台基（观音庙台）

主体建筑和宫殿建筑组群。在武阳台和老姆台间分布着一些建筑基址，构成一条明显的中轴线。大型主体建筑均坐落在南北中轴线上，自南而北有武阳台、望景台、张公台，城址外有老姆台。武阳台坐落在宫殿的中心，遗址高11米，分上、下两层，夯筑而成，东西最长处约140米，南北最宽处约110米，在燕下都所有夯土建筑遗址中规模最大。老姆台长宽各95米，高10米，在其附近发现一件青铜铺首衔环，高74.5厘米，重22千克，上面铸有禽兽图，造型精美，形象生动，十分珍贵。

在武阳台东北、东南和西南，有三组宫殿建筑组群，分别由一个大型主体建筑基址和若干处相关联的夯土建筑遗址组成。武阳台东北1000米处，有以小平台为主的建筑组群。小平

台高约5米，底部东西长约53米，在其附近有三处夯土建筑遗址，其中一号夯土建筑遗址状似方形城郭。武阳台东南约1000米处，有以路家台为主体建筑的建筑群体，台南北长12米，东西宽8米，高3米。路家台的北面和西北方向，分布着四组夯土建筑遗址，且有瓦片和纹瓦当等遗物。武阳台西南约200米处，有以老爷庙台为主体建筑的建筑群，基址东西长约57米，南北最宽处约20米，高9米余，附近有两处夯土遗址。

燕下都宫殿建筑以武阳台为中心，围绕武阳台的三组建筑群，与中轴线上的主体建筑构成一个主次分明、布局完整的宏大宫殿建筑体系，以高大的夯土台作为主体建筑基址，是战国中期城市建筑的一个显著特点。

手工业作坊遗址分布在宫殿区周围，自虚粮冢起，向南到高陌村北，折向东到郎井村南一带，散列在一个自西北向东南的弧线上。有冶铁、兵器制造、铸币、烧陶、骨器制造等作坊8处，面积较大，有的达17万平方米。在虚粮冢东一处遗址内发现100多件铜戈，有燕王铭刻。1965年冬，在武阳台附近发现一个丛葬坑，出土遗物1480件，其中铁器占65.8%，如剑、戟、矛及盔甲散片；铜器占32.5%，如戈、弩机、镞、刀币等。有些兵器为纯铁或钢制品，表明中国在战国时期块炼法已经流行，并已创造出以此法得到海绵铁增碳素以制造高碳钢的技术，把中国掌握淬火技术的年代提早了两个世纪。

居住区遗址，共发现17处，大都分布在东城西南、中部和东部，远离宫殿区。地下遗存有大量东周时期常见的陶豆、盆、尊、罐等生活用具。

墓葬，在东城的西北角，有23座古墓，分虚粮冢和九女台两个墓区。虚粮冢墓区有13座古墓，多数有高大的封土，最大的长宽各55米，高达15米，封土四周地下尚有夯土遗存。13座古墓排列井然有序，分为四排。九女台墓区在虚粮冢之南，中间以古河道和隔墙相间，有10座古墓，分为两排。1964年发掘的16号古墓，出土大批的成组陶器，如编钟、列鼎、豆、壶、盘、匜、簋、鉴、尊、皿、方杯等。器型浑厚大方，器足、柄、流、耳、环等多塑成兽面状，器物表面亦都刻划、拍印或赭色彩绘成仿铜器的花纹。此外，出土有成组的石磬等文物。

东城东门位于东垣自南向北的3170米处。

1958年修"五一"干渠时曾发现有路土，石块中有石条块。由于干渠从此通过，以致城门被破坏，城门宽度不得而知。但在城门里75米处发现夯土遗迹，东西长约70米，南北宽35米左右。夯土建筑遗迹可能与城门建设有密切关系。

东城北城门位于北垣自东起的800米处，宽约20米，中间有路土。破坏严重。北城门3号道路，路土明显，宽10米左右，厚0.2～0.4米不等，往北断断续续直通老姆台。

隔墙城门位于隔墙中段，在武阳台西北280米处。城门宽约15米，中间有道路向北延伸直达北门，也是老姆台通向武阳台中心建筑的1条主要道路。

西城仅勘探出1座城门和与其相连的1条道路。西城西门位于西垣的中部，城门阙口宽约30米。道路向西（城外）延伸425米，向城内延长750米，最宽处约7米，最窄处约4米。

19号、20号两个大型建筑基址位于燕下都西城的东南侧，遗址面积分别为800米×300米、320米×125米，文化层厚约1米。土质灰褐色。采集到的文物有战国时期矮柄陶豆、盆、罐、鬲足以及板瓦、筒瓦和半圆形瓦当等。

西城中部辛庄头墓区分布有8座墓葬。其

燕下都遗址出土瓦当

燕下都遗址采集陶壶

燕下都遗址采集铜人

中，辛庄头30号墓是修筑易满公路时发现的，发现时已无封土。1977年冬至1978年春进行发掘，出土大批金、银、铜、铅、玉、石、骨、陶器等。此墓是一座随葬仿铜陶礼器的大型墓，具有战国晚期特征。出土陶礼器七鼎六簋，墓主人应是燕国贵族，所出土的金柄铁剑和金银器饰件上的纹样显示燕文化和北方文化间的密切关系，部分金饰件上錾刻有计重铭文，为研究燕国的衡制提供了可靠资料。

燕下都河渠遗迹共有4处。一号河渠遗迹（传称运粮河）位于东城西垣外，全长6900米。一号河渠沟通北易水和中易水，依北高南低的优势，引北易水入城，向南流入中易水。河渠遗迹北段宽约40米，向南逐渐加宽，中段宽约80米，南段宽约90米；与东城西垣的间距，北段为25米，中段为40米，南段为60米。二号和三号河渠遗迹均在东城内，一号河渠于九女台墓区北侧向东750米处进入东城，分为二号和三号两条河渠。二号河渠折北后，穿过城内隔墙，经虚粮冢墓区东侧折而向东，到张

公台北转南，经张公台东，流入台南的洼地，全长5700米，宽60～80米，形成的内湖直径约260米。三号河渠与二号河渠分流后，稍向南拐，向东直抵武阳台村西550米处，回转南去约800米，复东行，经郎井村北、路家台南，于郎井村东南穿过东城东垣，与城壕相连。全长4200米，宽约40米，在郎井村西北拐弯处宽约150米，往东逐渐变窄，宽仅10余米。四号河渠遗迹位于北垣西端向东约640米处，南北向，将北垣截成东西两部分，向北通往城外，向南通向虚粮冢墓区。宽约38米，已知长度285米。

丛葬墓群位于易县凌云册乡解村、定兴县魏家庄乡中陶沈村一带。易县境内有10处，为东区；定兴县境内有3处，为北区。定兴县内丛葬墓群封土保存较好，高4～6米。研究认为丛葬墓群属战国中期，其墓主人有两种推测：一是死于"子之之乱"的燕国人；二是"乐毅伐齐"战争中被杀的齐国人。丛葬墓群对研究战国时期的燕国葬制、燕国历史具有重大的历

史价值。

燕下都遗址是东周时期燕国的都城，也是战国时期的名都之一，在东周时期各诸侯国的都城遗址中规模最大，保存最好，文化遗存最丰富。燕下都遗址历史悠久，延续时间300余年，遗址的西北、东北、东南仍保存有城外的防护建筑夯土台基6座，城内建筑布局合理，建筑遗迹齐全，既有主体宫殿建筑夯土台基，又有以夯土台基为中心的宫殿建筑群，既有官府手工业作坊，也有居民的居住址，位于东城的西北隅及西城的中部的九女台、虚粮冢、辛庄头三个陵墓区，可能为燕国十八代燕侯（王）的陵墓。城市布局和规划在同类都城中是保存较好的。因其独特的地理位置，燕下都遗址在研究中原文化与北方文化的交流、融合方面也占有重要地位。

1961年3月4日，燕下都遗址被国务院公布为第一批全国重点文物保护单位，编号1-150-5-15。1978年，成立燕下都文物保护管理所，负责燕下都遗址的保护管理工作。1982年，河北省人民政府将丛葬墓群公布为河北省文物保护单位，划定保护范围和建设控制地带。1993年，河北省人民政府划定燕下都遗址的保护范围和建设控制地带。1993年，经国家文物局正式批复，陆续对西城南墙、武阳台、老姆台等多个建筑基址进行保护。《燕下都保护规划》由河北省人民政府公布实施。易县燕下都文物保护管理所2005年编制燕下都遗址"四有"档案，负责档案的管理工作。易县燕下都文物保护管理所2014年编制丛葬墓群国保档案，负责档案的管理工作。定兴县文物保管所负责定兴县辖区内丛葬墓群资料的保管工作。2013年3月，国务院公布第七批全国重点文物保护单位时，丛葬墓群作为合并项目并入燕下都遗址。

中山古城遗址 是战国时期中山国的都城遗址，位于河北省平山县三汲乡与灵寿县交界处，地处太行山东麓丘陵地带，北倚东西林山，南临滹沱河（现黄壁庄水库）。

1973年、1974年，河北省文物管理处组成中山国考古队，正式开展中山国的田野调查和发掘工作。其中以中山王響墓的发掘令世人震惊，出土万余件精美的青铜器、玉器和其他珍贵文物，获得极其珍贵的长篇青铜器铭文和全国第一件兆域图铜版。1980～1987年，对城址内部先后进行9次考古发掘，发掘面积9205平方米，发现铸铜铸铁作坊遗址、制陶作坊遗址、居住遗址、夯土建筑遗址等。1998年，为配合朔黄铁路建设，于灵寿县岗北村，平山县访驾庄村、北七汲村、战国中山王響墓东侧、郭村一带发掘了春秋至宋元时期墓葬、祭祀坑200余座，战国遗址175平方米，出土各类文物

中山王響墓全景

中山古城
蟠虺纹筒形铜器

中山古城鋾蚕圆壶

1000余件。2010年，为配合朔黄铁路三汲货场工程，清理战国、汉、宋等时期墓葬120座，出土随葬品1000多件。2011年，发掘战国中山墓12座。2013年，河北省文研所组成中山古城张家庙台考古队，调查面积300万平方米，勘探100万平方米，试掘6.25平方米，发现遗址6个，时代跨越新石器时代、战国、汉、唐、金、元等数个历史时期。

中山古城遗址主要包括都城区、王陵区、东堡城三部分。

都城区。都城区南北长约4500米，东西宽约4000米，分为东城和西城，东、西城之间有一条南北向夯筑城垣相隔。都城区遗址主要遗存包括城垣、城垣附属建筑、城门及道路、宫殿基址、手工业遗址、居住遗址。东城北垣垣基保存完整，垣基西起访驾庄村东北约200米的隔墙北端，向北120米折向东去，全长2450米，东城垣垣基仅在河曲村断续保存750余米。东城南垣已为滹沱河水冲毁无存。东城和西城之间的隔墙自访驾庄村东北约200米与北城垣相接处向南延伸，至张家庙滹沱河岸，全长约5100米，南段没有筑完，留下一大段空隙，残存隔墙墙基仅2920米；北段隔墙残墙高出地面2米，北段完整的隔墙墙基宽18米，厚3米。完整的隔墙墙基中段最宽25米，厚3.2米。西城城垣已不存，垣基全长4050米。西城北城垣全长约1200米，城垣垣基部宽35米，厚3米。西城的南城垣全长应为2350米，仅残存几段未被滹沱河冲毁的城垣垣基。在城垣垣基的勘察中，发现有四处与城垣垣基相连而外凸或内凹的大型夯筑附属建筑。第一处位于东城北垣西端，为类似城垛的向外凸出约150米、宽70米的夯土建筑高台。第二处城垛式的夯土建筑台，筑于王陵区内西城垣的中部，在城垣上向外凸出约40米、宽50米。第三处城垛式建筑位于西城西城垣的南部，接近于城垣的西南角，夯筑范围南北长140米，东西宽90米。第四处城垛式的附属建筑在西城最南端的城垣上，俗称张家庙台，面临滹沱河，由于河水冲刷严重，除发现一些残瓦外，其夯土建筑仅存一个土台。

能确定为城阙口的有2处。第一处位于北城垣的中部，即俗称簸箕掌城堡建筑的西侧下，也是东城的西北角处。第二处在西城垣中部，穆家庄村西。此处城基夯土原宽约40米，残存厚1.5米，长约80米，地势较高。城内有一宽11米的古道路通往西门阙，古道路往东延伸至940米，横穿九号、十号遗址的中心区，再向东则被压在现代房屋下。由于农村取土，东段古道路遗址已不存。西门阙外即为护城河沟，河坡较缓，西岸有一条直向西门阙的古路沟，东西残长550多米。

宫殿区，大型建筑遗址6处。三号夯土建筑遗址位于东城的东北区，蒲北村西的高地上。仅存遗址的西北部分，南北长200米，东西宽150米，残存面积占原面积的三分之一。七号、八号、十一号夯土建筑遗址位于东城南部，地势较高。后街村全部建在七号建筑遗址的西半部之上，加之取土，遗址大部分已不存，余下的断续不全。八号夯土建筑遗址位于七号建筑遗址的北部，残存东西长170米，南北宽150米。十一号夯土建筑遗址在八号夯土建筑遗址的东北，其间有一条自然河沟相隔。遗址大部被毁，仅残存一些遗址的底部。原遗址范围较大，总面积要大于七号遗址，较为集中的残存遗址东西60米，南北40米，在耕土下即见夯土残迹，但不知其形状；九号、十号夯

土建筑遗址位于西城东部中间，亦相当于整座城址的中央。两处遗址在地域上很接近，出土遗物相同，东西长约750米，南北宽约450米，其北不远为手工业作坊遗址，东部以城址南北隔墙为界。在遗址中部，自东至西贯穿一条11米宽的古道，古路向西延伸940米可直达西城门门阙。根据九号、十号遗址的位置和建筑遗迹的密集程度以及有的遗迹内大量出土使用过的陶碗、牛骨等，加之主要道路从中部通过的现象，判定此区域似为城内的中心活动区及商业活动中心，属城内的"市"。官手工业作坊遗址2处，四号为制陶作坊遗址，五号为铸铜铁器作坊遗址。两处遗址几乎连接在一起。四号制陶作坊遗址位于官手工业作坊遗址区的北部，即东城内西北区。遗址东西200米、南北200余米，文化层平均深度1.2～3米。五号铸铜铁器作坊遗址位于手工业遗址区中部，其北部为制陶作坊遗址。遗址面积较大，南北960米东西580米，文化层深1.2～1.7米，有的炼炉遗迹深2.5米。

居住区发现有三处较大的居住遗址。一号居住遗址位于访驾庄村南，在西城王陵区内，遗址范围南北约600米，东西约470米。文化层

中山古城错银双翼神兽

中山古城错金银青铜龙凤案

中山古城磨光压花黑陶鸟柱盘

堆积不均，其北部文化层厚达4米，南部及边缘区仅1米。遗址的墓葬区在遗址的北部，遗址在建立城址之前已有人在此居住。二号居住遗址位于西城南部，西部为西城墙。遗址东部为上三汲村，部分民居住遗址的东南角。遗址范围南北670米，东西400米。遗址文化层的上层和几处断崖上有大量的瓦块和碎陶片堆积。六号居住遗址位于铸铜铁作坊遗址的西南部，其西部六号遗址与五号手工业作坊遗址连成一片，分界线不甚清楚，仅能划定其四至范围，东西300米，南北180米。根据调查中所采集的遗物和勘探中发现较多夯土建筑残迹、灰坑的资料，初步确定六号遗址主要是居住区。除此之外，在城址东城的河曲村北和西城南端的张家庙附近及西门外还有小片的居住遗址，时代和城址相同，文化层较薄。

王陵区包括城内王陵和城外王陵区各一处。城内王陵区位于东林山南坡下的灵寿城西城内北区。王陵区东、北、西三面利用灵寿城的三面城垣作为陵墙，而南面为了使王陵区与西城南部居住区隔开分别筑东西向陵墙。此陵墙东端与东西城的南北向隔墙相接，西端与西城垣相接，全长1320米，墙基宽19米。南陵

墙已不存，地下墙基深2米。南陵墙自西往东约300米处，筑有长方形夯土台基。台基遭严重破坏，残存东西长77米，南北宽31米，夯土残深约0.7～1.2米。台基南有一段南北向的古道路遗迹埋于耕土以下。古道路宽11米，残长10余米。台基和古道路属王陵区，可能是王陵区南陵墙中间出入王陵区的门阙建筑台基遗迹。两座王墓都筑于台地上。根据王陵的发掘和勘探调查，王墓的排列是先王葬于陵区内的北部，子王葬于南，并且陵丘向西偏移一些。可以初步确定北面为中山桓公墓，其南700米处为桓公之子中山成公墓。城外王陵区位于西城外西1500米的西林山下南坡高地上，矗立着两座东西并列的高大陵墓。西边墓封土丘高16米，呈覆斗形，底边南北长110米，东西宽92米，自上而下分三级台阶面。下层台阶面是卵石铺成的散水，中层台阶面上原建有围廊建筑，清理时壁柱孔、柱础、檐柱础排列有序，上层为主要的殿堂建筑。西边陵墓的东、北、西面共埋有六座陪葬墓，南面夯筑平台上埋有车马坑两座、杂殉坑一座和葬船坑一座。西边陵墓于1976年冬初开始发掘，编号为一号墓。据出土的随葬兆域图铜板铭文所记，一号墓为中山王𰯼墓。东边墓封土丘形制与西边墓相同，只是略为低小一些，为哀后墓，编号为二号墓。东边墓东北角埋有两座陪葬墓，南面夯筑平台上埋有车马坑一座。王墓与后墓均为大型"中"字形墓。根据"兆域图"的规划，中山王𰯼陵有夫人墓地及陵墓建筑等。又据铲探得知，二号墓之东有未及修建的夫人墓穴地，其北侧已埋有四座陪葬墓，王陵区的建筑则未及动工修建。在陵区外围的东面和北面，发现

多座小型土圹竖穴墓。墓不论或远或近和随葬器物的多少，其墓向都是向着王𰘓墓的。王𰘓陵区建筑所以未及修建，可能在中山王𰘓死后不久，赵国发动进攻中山的战争，最后于周赧王十九年（前296年）中山国被灭有关。中山王陵共出土文物1.9万余件。《史记·货殖列传》称中山之地"作巧奸冶""多美物"，王陵的发掘印证古书记载的真实性。出土文物中，青铜工艺品保存着北方民族造型和风格，反映出中山国青铜工艺的族属特点，引起广泛关注。中山王墓出土的错金银铜器，其数量之多、工艺之精令人叹为观止。压划纹磨光黑陶黑亮光泽，花纹典雅，是战国时期中山国高超的制陶技术的代表作，也是研究战国时期中国北方陶器的重要资料。

东堡城区位于都城东部高地上，东西1300米，南北1050米，小城西部中央建有一座夯筑土台，俗称召王台。通过中山古城遗址的考古工作，确认三汲古城遗址是中山国桓公复国后所建立的灵寿城，复原中山国五代国君的世系，补充中山国历史的空白。

1982年，中山古城遗址被河北省人民政府公布为河北省重点文物保护单位。1988年1月13日，中山古城遗址被国务院公布为第三批全国重点文物保护单位，编号3-0206-5-026。2002年起，平山县中山国古城遗址管理所专门负责遗址的管理工作。1997年7月，建立"四有"档案。2012年，国家文物局批复同意《中山古城遗址保护规划》，2013年5月22日河北省人民政府批准公布实施，划定中山古城遗址保护范围和建设控制地带。

秦咸阳城遗址 是战国晚期至秦代都城遗址，位于陕西省咸阳市渭城区窑店镇一带。

秦咸阳城始建于秦孝公十二年（前350

秦咸阳城遗址

秦咸阳城1号宫殿发掘现场

年），次年由栎阳迁都于此，其后咸阳城经过历代秦王多次扩建。至秦统一六国，又仿六国宫殿建六国宫，进一步扩建皇宫咸阳宫。汉高祖元年（前206年），咸阳城被项羽焚毁，历时140余年。

20世纪50年代末至80年代，考古工作者对遗址进行过多次勘探与发掘，确定城的中心位置在窑店镇一带，整个咸阳城遗址区域内发现大小不等的夯土建筑遗址33处，夯土遗迹多在地表以下；只有位于宫城内的8处夯土遗迹中的4处，地面仍保留有夯土台基。城的范围没有找到明显的界线，其大致范围东起柏家嘴，西至摆旗寨村，北到高干渠，南至渭水北岸。宫殿区面积约20平方千米。城址中部偏北发现有平面略呈长方形，东西长860～902米，南北宽436～580米，周长2778米的夯土墙基，应为宫城所在地。

20世纪70～80年代，考古工作者在咸阳宫夯土城墙圈内发掘出1～4号遗址，均属战国时期遗存，应为咸阳宫的早期建筑。宫殿区外的西部有铸铁、冶铜和制陶作坊遗址，南面渭水旁有制陶和制骨作坊遗址。宫殿区东部的柏家嘴、西部的毛王沟分别出土有燕国和楚国瓦当，此地应为六国宫殿遗址。秦咸阳城外西北隅原上为墓葬区，东西长约4千米，历年发掘有战国中期至秦末时期的中小型墓葬700余座，出土各类文物5000余件。秦咸阳城遗址内出土文物以砖、瓦、瓦当等为主，同时出土有陶器、铜器、铁器类，主要为生活用具和工具，除此另有兵器、货币等。

秦咸阳宫宫墙遗址位于窑店镇牛羊村至姬家道一带、整个咸阳城址中部偏北部位。据1960～1973年调查发掘得知，遗址分布整体为东西向平面略呈长方形的夯土墙基城垣，毁坏严重，多处墙基无存。勘探得知，墙基面距地表0.8～3.5米深，墙基宽5.50～14.8米，城墙相接处（拐角）基宽达17米，东城墙复原长426米，南城墙长902米，西城墙长576米，北城墙长约843米，实测宫墙周长2747米。发现南门和西门两处遗迹，在西墙和北墙内外发现有与墙基并行的城壕遗存。1962年在北城墙中段赛家沟一带进行试掘时，发现墙基中夹有数量较多的战国时期的筒瓦、板瓦和少量的罐、盆、釜等陶片，推断宫墙墙址应修筑于战国时期。

秦咸阳宫遗址位于窑店镇牛羊村北约100米处的咸阳头道原南缘，西距秦汉大道约500米、东至姬家道沟以西的咸阳宫宫墙遗址范围内。20世纪70年代至80年代，考古工作者对通过调查勘探发现的8处夯土建筑遗址中的4处，进行考古发掘，得知4处遗址的年代均在战国至秦。

一号建筑遗址位于窑店镇牛羊沟西侧。1973～1982年进行考古发掘，发掘面积15168平方米。遗址为一处夯土高台建筑，四周呈缓坡状，上小下大，东西长约60米，南北宽45米，台基高6米。原建筑分上、下两层。上层有大小房间5间，正中为主体殿堂，东西长13.4米，南北宽12米，面积159.46平方米，是上层建筑最大的一间，中央有直径0.6米的柱础遗迹，地面涂朱红色。殿堂之东有房两间，北边一间与殿堂以门相通，房内有壁炉设备。另外两间位于殿堂之西，与殿堂之间隔一高台。下层台基南侧西部有房四间，东西排列，最东一间保存最好，内有取暖的壁炉及大型的陶制地漏及排水管，推测可能为浴室，最西两间保存最差。台基北侧有房两间，东西排列，

平面均呈东西向长方形，西一间保存较好，东西面宽16.2米，南北进深5.05米，室内面积81.81平方米，东一间保存较差；台基底部北面、西面和南面有回廊，互为贯通，墙廊有柱槽，廊下地面作草泥处理，外缘有方砖镶边和卵石散水，东面为断崖。北回廊东西两侧各有一台阶，间距12.5米，东侧一处保存较好，为六步五级，由回廊通向下层台基北侧东一房屋的踏步。台上、台下均有排水设施。建筑墙壁原绘有壁画，多已剥落，内容有人物、动物、车马、植物、建筑、神怪和各种边饰，色彩有红、黑、白、紫红、石黄、石青、石绿等矿物颜料。一号建筑遗址内出土有大量砖、瓦、陶水管等建筑材料和铜、铁、陶类生活用具。

二号建筑遗址位于一号建筑的西北，西临咸阳市第13号公路，南与三号建筑相连接。1980年考古工作者发掘遗址面积约700平方米，原建筑为多层台榭建筑。基址平面呈东西向刀柄形，西阔东窄，东西长127米，南北宽32.8～45.5米，夯层厚3～9厘米。20世纪50年代，殿址的西半部尚存夯土高台，其后经多次农田基建被夷为平地，至发掘时已变为耕地。主体殿堂在最阔的西半部，呈近方形，东西长19.8米，南北宽19.5米。遗址东半部残存四室，其中两室是地下建筑。台基周围有回廊及排水设施，建筑墙壁上发现有壁画。二号建筑遗址出土有大量空心砖、菱形圆角方砖、板瓦、筒瓦、云纹及葵纹瓦当、陶排水管，同出有兵器、车马用具以及金带钩，铜环、铜钱等。

三号建筑遗址东北距一号建筑遗址10米，西北距二号建筑遗址73米，三者均以回廊相连。建筑基址在发掘前的二三十年间因平整土

地遭到严重破坏，高出地面的基址上为近代村民的墓葬茔地，整个基址已不能复原。发掘前的遗址残存地貌形似龟背，高出周围地面约1.5米。遗址平面呈长方形，东西长123米，南北宽约60米，总面积7380平方米。台面中央的主体建筑无遗存，仅留遗址四隅的部分地面、残墙、柱洞、廊面以及附属于该建筑的台阶、窖藏和排水设施等。尚存周围屋宇基址11室，其中东面和北面各三室，南面5室，房间面积最大者115.2平方米，最小者仅5.04平方米。遗址东侧有一条南北走向的廊道，按两壁对称的柱槽计算，共九间，南北全长32.4米，东西宽5米，廊墙东、西两壁均绘制壁画，内容有人物、车马出行、仪仗、建筑、麦穗、几何纹图案等，色泽艳丽，色彩有石绿、石黄、赭石、朱砂等矿物颜料。三号建筑遗址出土有大量砖、瓦、瓦当等建筑材料及铜带钩、铁环、陶罐等。

四号建筑遗址位于牛羊沟东南沿断崖，与一号建筑遗址东半部南北相连，同三号建筑基址东西对称。遗址东西长100余米，南北宽63.5米。20世纪50年代初，地面遗存有南北向三座高大的夯土台基，殿址地貌南高北低，经

平整后渐趋平缓。为防取土破坏，1974～1975年在靠近殿基东侧断崖处布探方进行抢救性发掘，清理面积100平方米，发掘出草泥处理的回廊地面和回廊外缘方砖镶边遗迹以及排水管道等，出土有筒瓦、绳纹板瓦、云纹瓦当和粉白色墙皮、彩色壁画残块等。

兰池宫遗址位于正阳镇柏家嘴村，与咸阳宫一号建筑基址东西对峙，两者相距约3.5千米。遗址区发现有6处夯筑基址，在相传为戚夫人墓冢以东、以南部位断崖的内侧，均位于地表以下，基址距地表深0.2～2.5米，夯层厚4～10厘米，堆积层中有秦代的绳纹筒瓦、板瓦、铺地方砖、龙凤纹空心砖、云纹瓦当和白灰墙皮、红烧土等。最北一处建筑基址中发现一长6.5米、厚0.02米的红色草拌泥宫室地面。遗址内发现的秦代陶水管道，弯头及变化丰富的云纹、饕餮纹、夔龙纹、蝉纹瓦当，其风格与秦咸阳城遗址出土的相同。另外遗址内曾出土有"兰池宫当"文字瓦当。《元和郡县志》载秦"兰池宫，在咸阳县东二十五里"，与此地位置基本相符。

六国宫室（燕）遗址位于正阳镇柏家嘴村、秦咸阳城遗址北部宫城的东端。遗址区发现有

秦咸阳城遗址出土龙凤纹空心砖拓片

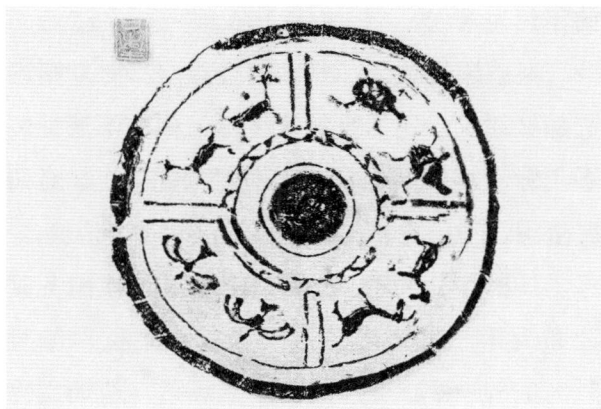

秦咸阳城遗址出土双鹿双龟双犬鸿雁纹瓦当拓片

建筑基址，曾出土燕国形制的瓦当，据《史记》记载，秦每灭一国，即在咸阳仿建一座该国宫殿，此地应为"六国宫殿"中的燕国宫殿遗址。从出土物分析，遗址的年代亦在秦代。

六国宫室（楚）遗址位于窑店镇毛王沟村、秦咸阳城遗址北部宫城的西端。遗址区发现有建筑基址，曾出土有楚国形制的瓦当，应为《史记》记载的"六国宫殿"中的楚国宫殿遗址。从出土物分析，遗址的年代亦在秦代。

长陵车站作坊遗址，位于秦咸阳宫殿区以西约4千米的长陵车站一带，地域较为广阔，发现有制作陶器、骨器和冶炼的手工业作坊遗址等。1959～1963年和1982年，考古工作者围绕长陵车站周围一带进行多次的考古发掘和随工清理工作，累计发掘陶窑6座、窖藏7处、水井27眼、排水管道3处以及20余个灰坑等。位于长陵车站以南、渭水之滨的滩毛村南的制陶作坊遗址是此期间正式发掘的唯一一处遗址，也是秦咸阳城西南隅最大的一处手工业作坊区。陶窑平面形状有马蹄形、长方形和圆形三种，由窑门、火膛、窑床、烟道四部分组成。马蹄形窑发现4座，窑床长2.15～2.23米，宽1.7～2.2米；7处窖藏中有陶器窖藏4处和金属

器窖藏2处，形状多呈不规则形，陶器窖藏出土有盆、罐、瓮、鬲、釜、钵、鼎、盘、茧形壶、器盖、纺轮、镂孔深腹盆等，许多陶器上有地名或工匠姓名的印文，同时出土的还有陶拍、陶垫、陶印章、陶鸟头饰、筒瓦、板瓦、瓦当以及秦半两、铜带钩、铜镞、石刀、骨珠等。金属器窖藏位于长陵车站附近相去不远的3个地点，出土有数量众多的铜器残件、做成圆饼状的铜锭制件、相当数量的铜废料和度量衡诏版、铜人头像、戈、矛、镞、铜半两钱以及魏、燕、楚等国钱币。通过发掘，初步推断，制陶作坊集中分布在遗址区域的南部，制骨作坊分布在遗址区域的中部，冶炼作坊分布在遗址区域的北半部，时代在战国至秦。

聂家沟作坊遗址，位于窑店镇聂家沟村。遗址是一处集烧制砖瓦、冶铜、铸铁三个行业并各自分区的大型作坊遗址。其中，制瓦作坊位于聂家沟以北原头，此处的断崖上暴露有4处烧瓦窑址。在西北断崖上，暴露有约210米长的黄绿色堆积层，出土有铜渣残块、陶具、筒瓦、板瓦残片、铜渣、木炭、烧土块以及铸造铜器所用的陶范残块、坩埚等。在沟头西北，发现遍地的铁渣和大量的铁块、炉渣、红烧土、草木灰等，应为一处铸铁作坊遗址。从出土物分析，遗址的年代为秦代。

胡家沟作坊遗址，位于窑店乡胡家沟村东北、仓张砖厂西侧的原头坡地上。遗址东西长约128米，南北宽约62米，面积7936平方米，发现有为宫廷烧制砖瓦的陶窑29座。遗址中出土的部分残瓦上戳印着与秦咸阳宫1～3号建筑基址出土相同的"周""王""戎"陶文。与陶窑相距不远西北方向作坊内发现素面瓦当、

绳纹瓦及烧结变形的龙凤纹空心砖残件等。从出土物分析，遗址的年代为秦代。

柏家嘴遗址，位于正阳镇柏家嘴村西北约100米处的台塬上。遗址分布范围较广，平面呈南北向椭圆形，南北长约640米，东西宽约369米，面积约23.6万平方米，地表散落有大量残砖瓦、陶片。遗址东北部有东西向长方形高台遗迹一处，东西长90米，南北宽50米，残高1.5米。高台上散落有残砖瓦和陶片。地表遗物以泥质灰陶为主，泥质红陶次之。可辨器形有板瓦、筒瓦、瓦当及陶罐、盆、瓮、钵等；纹饰有粗绳纹、细绳纹和素面。从采集的标本特征分析，发现的器物属秦代遗物。遗址东南部有陶窑遗址，陶窑为土窑，窑室呈半圆形，火道在北，烟道在南，窑顶距地表约2米。断面暴露的陶窑通高1.8米，底部宽1.2米。烟道竖直向上，残高1.2米，下宽0.45米，上宽0.23米。

滩毛村遗址，位于窑店镇滩毛村西约50米处。遗址面积约5万平方米，以铁路为界分为南、北两区。遗址南区为沙壕，内有陶瓦残片，罐、盆等。由于挖沙破坏，沙壕内的断面文化层堆积时断时续。文化层距地表约0.1~0.3米，厚0.1~0.4米，包含物多为筒瓦、板瓦、釜、盆、罐、器盖、云纹瓦当等残片。南区中部、西部部分断崖上暴露有6个陶水井，直径约0.14~0.72米，半圆形麻点纹井圈对接筑成，部分残存井盖。遗址北区为取土场，堆积层距地表约1.5米，厚0.2~0.35米，包含物多为筒瓦、板瓦、罐、盆等残片。在北区的北部、东部断面上暴露有4座陶窑遗址和长约20米的鹿骨堆积层。从出土物分析，遗址的年代为秦代。

秦咸阳城遗址，是中国战国至秦时期秦国的都城遗址，包括宫殿区遗址、作坊区遗址、手工业遗址、墓葬区及其他遗址230处，对研究战国、秦历史、文化、科学具有重要价值。

1988年1月13日，秦咸阳城遗址被国务院公布为第三批全国重点文物保护单位，编号3-0207-1-027；8月，成立秦咸阳宫遗址文物管理所，负责遗址的保护管理工作。1992年4月，陕西省人民政府印发《关于划定省级以上重点文物保护单位保护范围的通知》，划定保护范围与建设控制地带。2011年1月，陕西省人民政府重新调整秦咸阳城遗址保护范围和建设控制地带。"四有"档案由秦咸阳宫遗址博物馆保管。

寿春城遗址 是战国时期楚国都城遗址，位于安徽省寿县城关寿春镇与城南九龙乡境内。遗址范围东至东津渡，西至寿西湖，南至十里头、东西九里沟一线，北至淝水，地势平坦。其南北长约6.2千米，东西宽约4.25千米，总面积约26.35平方千米。其西南约3千米处的小城遗址也是寿春城遗址的组成部分。

根据《史纪》等文献和考古资料，寿春城址早期曾为蔡国迁州来之地。1955年，在寿县城关西门内发掘蔡昭侯墓1座，出土各类文物584件。20世纪80年代，在西圈一带发现春秋晚期至战国早期蔡国墓地1处，发掘3座墓葬及1处车马坑，出土一大批青铜器和陶器。"寿春"名见于战国。战国晚期，楚国春申君于此经营数十年，使之为当时楚国东北部的军事要塞、造船中心、商业都会。《史记·楚世家》记载："（考烈王）二十二年，与诸侯共伐

寿春城遗址

秦，不利而去，楚东徙寿春，命曰'郢'。"从楚考烈王迁都寿春至楚王负刍灭国（前223年），历四世19年。

20世纪50~80年，寿春城遗址相继出土有大府之器错银铜牛、鄂君启金节、春秋铜方壶等。1979~1986年，寿县城南花园村门朝西队、周寨村周家油坊队、东津村严圩队等地，先后出土三批楚金币，计有郢爰、卢金、钣金、饼金等大小186块，总重18636克。寿春城遗址地面遗迹无存，未见城垣。1983年，通过遥感解析和考古勘探、发掘，对遗址有初步的了解。

寿春城旧有城郭、护城河、城内水道系统等，护城河与芍陂、淝水相通，城内呈矩形分成15个区域，每一区域内都系统地规划有水道，供生产、生活和交通使用。在城内各区计发现29座夯土台基，其中城东北部柏家台、邢

家庄、邱家花园和周家油坊一带比较集中，为大型建筑基址群，多为长方形，也有方形和曲尺形。1985年，在城北柏家台发现大型建筑台基。经钻探，台基呈曲尺形，东西长210米，南北宽130米，推测为一组建筑群。在台基西南部发掘1座建筑基址，基址建于夯土台基之上，面阔十一间53.5米，中间五间稍大，每间面阔5.55米，总进深42米，面积2000多平方米。在台基上外围有两排对应的石础，外侧础大，内侧础小。内侧柱础向内1~1.3米处有两排的槽形花纹砖，应为墙体位置，槽形砖内侧为铺排整齐的长方形素面铺地砖。南面、西面有小门。基址上有大量的瓦当、筒瓦和板瓦。瓦当大多为圆形，也有少数半圆形瓦当，纹饰有凤鸟纹、树云纹、四叶纹和云纹等。槽形砖类似空心砖，外侧模印有四叶纹、勾连"山"字纹和几何云纹。2001年，在邢家庄的西北

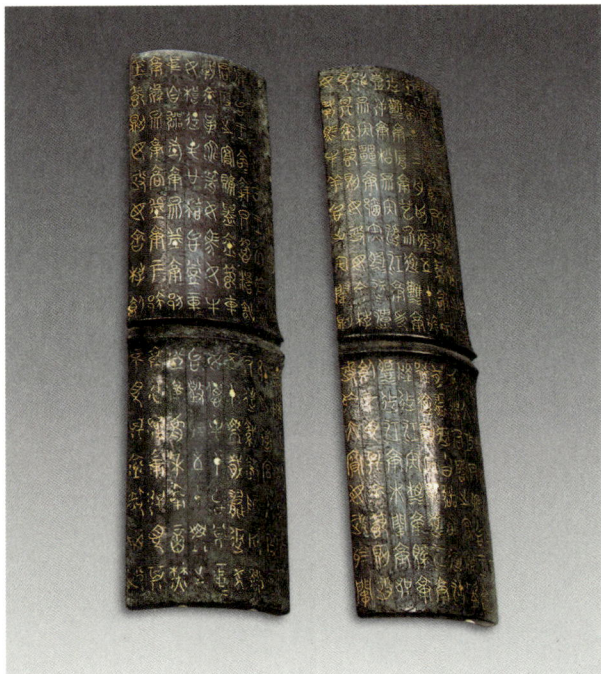

寿春城遗址出土鄂君启金节

面距柏家台建筑南220米处，发现有大量的红烧土，并发现1座房基，编号邢家庄北01F1，在其周围发现2号长方形夯土台基，东西长82米，南北进深约36米，略呈"中"字形。在邱家花园等地陶圈井密集，应为生活区。发掘的两口井，直径0.78米，采用沉井建筑法。根据考古发现，认为寿春城是沿用原蔡国都城下蔡的基础上发展起来的。其范围应在寿县县城城墙以内，南至牛尾岗，属于当时楚国王室成员居住的宫城范围；城东南发现的大型建筑群基址及许多精品重器，属于散居城外的贵族或官僚宅第区。

西南小城，《太平寰宇记》载旧为春申君居所。城垣犹在，东西长约440米，南北宽约420米，残高1～2.5米，略呈正方形，面积约18万平方米。北垣中部有缺口，疑似城门，南垣为农舍，西垣被寿丰干渠破坏，西北角被压在寿邱公路下，城垣保存较好。在寿春城遗址

外围分布有战国墓葬区3处，即城北淝水北岸至八公山南麓为小型墓葬区，城西寿西湖至双桥一带中型墓葬区，城东南15千米的杨庙、朱家集、杨公一带则为大型墓葬区。

寿春城遗址早期为蔡迁州来之地，后经楚国经营成为楚国晚期都城，是战国时期仅次于燕下都规模的诸侯国都城。城内水道系统的规划以及水道在生产、生活、交通方面的运用别具一格，柏家台大型建筑基址规模宏大，相关遗迹、遗物的发现十分丰富，为研究楚国的城市建设、宫殿建设等都提供了重要实物资料。寿春城遗址作为战国时期楚国的最后一座都城，有着丰富的楚文化遗存，集中体现了楚文化的晚期特征，对研究探讨楚国晚期的政治、经济、文化、军事等具有重要意义。

1994年，寿县人民政府印发《关于公布县级以上重点文物保护单位保护范围、建设控制地带和加强文物保护工作的通知》，划定寿春城遗址、古城拐遗址的重点保护范围。1998年5月，寿春城遗址被安徽省人民政府公布为第四批省级文物保护单位。2000年7月30日，安徽省人民政府公布寿春城遗址（含西南小城）的保护范围与建设控制地带。2001年6月25日，寿春城遗址被国务院公布为第五批全国重点文物保护单位，编号5-0047-1-047。2001年，建立寿春城遗址"四有"档案，保存于寿县文物局。2002年，成立寿春城遗址管理处，负责遗址的保护管理工作。2006年《寿春城遗址保护规划》获得国家文物局批准，2012年5月安徽省政府批准公布。2013年，寿春城遗址列入国家"十二五"大遗址重点保护名单，又被列入国家考古遗址公园建设立项名单。

里耶古城遗址　是战国至秦汉时期城址，位于湖南省湘西土家族苗族自治州龙山县里耶镇，处于酉水河西岸Ⅰ级阶地的前缘地带。

里耶古城遗址发现于1996年5月。1997年6月，省、州、县文物部门对遗址进行复查。2000年6月，确认为战国至秦汉时期城址。2002年4月起，湖南省文物考古研究所进行考古发掘。在古城遗址区共开探方220多个，发掘面积5500平方米。

考古发掘和研究表明，里耶古城最早为战国中晚期楚人所筑。城址呈长方形，南、西、北三面有护城河，南北残长210.4米，东西残宽103～107米，残存面积2万多平方米。城内有十字大道南通城外。遗迹发现有城壕、城垣、作坊、道路、水塘、水井、官署、营房建筑等。建筑可能为干栏式和井栏式。秦人进据后，城池作为洞庭郡下辖的迁陵县城所在地，

被继续沿用下来。随着秦末农民战争的爆发，秦王朝的县城随之毁灭，里耶古城第一期的遗存都毁于秦末。第二次筑城可能是汉初在第一期城址的废墟上进行的，应为西汉时期武陵郡下辖的某一个县城，东汉末年被废弃。

城内发现7口古井。特别是1号井，井内堆积分为17层，出土大量文物，包括兵器、中国最早的油漆刷等木质工具、玉器、青铜工具等，其中最为珍贵的是37400多枚的秦代简牍，创下中国一次性出土秦简之最，超过当时全国出土秦简总和。简牍多为木质、毛笔墨书，将近20万字，时代为秦王政二十五年（前222年）至秦二世二年（前208年），一年不少。简牍内容为秦迁陵县官署档案，涉及社会生活的各个方面，包括邮递、军备、算数、官职、记事等，为研究秦代政治、经济、文化、法律等提供极为难得的文献资料，是秦代考古

里耶古城遗址发掘现场

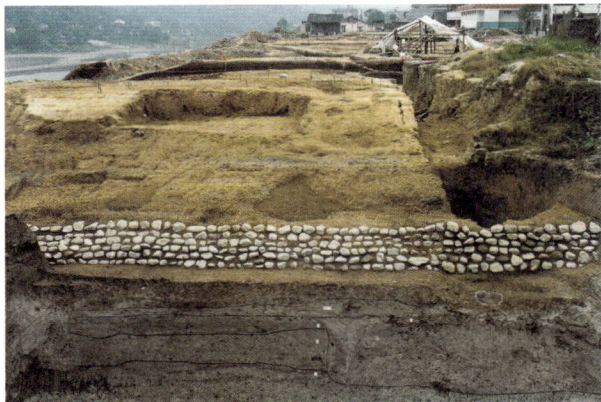

里耶古城遗址北城墙与城壕

最为重要的发现之一。

里耶古城遗址2002年10月被公布为湖南省省级文物保护单位；2002年11月22日，国务院将其增补为第五批全国重点文物保护单位，编号5-0519-1-145。2004年，建立里耶古城遗址"四有"档案；是年，国家文物局批准《里耶古城遗址文物保护规划》，2005年湖南省人民政府公布实施。2005年，《里耶古城遗址本体工程总体设计方案》通过国家文物局审批；是年12月，湖南省人民政府出台《关于调整里耶古城遗址的保护范围和建设控制地带的通知》，将麦茶古墓群、魏家寨古城遗址及古墓群、大板古城遗址及古墓群纳入里耶古城遗址的保护范围及建设控制地带。2006年，《里耶古城遗址文物保护规划补充设计》

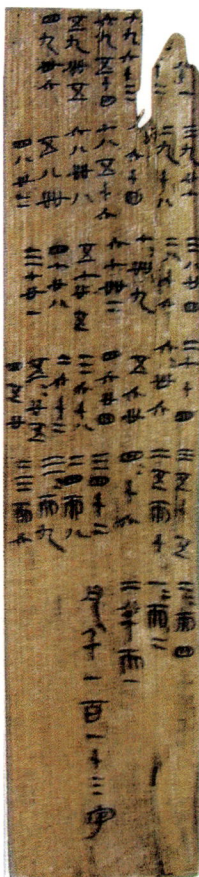

里耶古城"九九乘法口诀表"秦简

通过国家文物局审批，里耶古城遗址被列为国家"十一五"期间大遗址保护重点示范工程项目；是年，成立里耶古城遗址管理处，负责里耶古城遗址的日常保护管理工作。2010年，里耶古城遗址被国家文物局列为第一批国家考古遗址公园立项名单。2011年《里耶古城国家考古遗址公园总体规划》《里耶古城国家考古遗址公园遗址本体保护工程设计方案》通过国家文物局审批。

汉长安城遗址　曾先后作为两汉都城遗址，也是西晋愍帝和前赵、前秦、后秦、西魏、北周等王朝都城的遗址，位于陕西省西安市区西北部，地跨未央区未央宫街道办事处、汉城街道办事处、六村堡街道办事处、三桥街道办事处辖区。地处关中平原中部，北濒渭水，西倚浔河，东南靠龙首原。汉高祖五至九年（前202～前198年），萧何主持在秦兴乐宫基础上营建长乐宫，并新建未央宫，立东阙、北阙、前殿、武库、太仓。《汉书·高帝纪》载：高祖七年（前200年）刘邦"自栎阳徙都长安"。修建长安城的序幕由此拉开。惠帝元年至六年（前194～前189年），征发长安城六百里内14万男女修筑长安城墙，建西市。武帝太初元年（前104年），修建北宫、桂宫、明光宫，于城西修筑建章宫，并开凿昆明池，辟上林苑。至此，西汉长安城规模始定，其后西汉诸帝及王莽时期，仍不断有营建。东汉建都洛阳，自光武帝刘秀始，东汉诸帝仍至长安祭祀高庙和西汉诸帝陵。东汉初平元年（190年），董卓挟持献帝刘协迁都长安。兴平二年（195年），董卓旧部火并，长安城内宫殿、衙署、民居被毁。此后西晋愍帝及前赵、前秦、后秦、西魏、北周，均都于长安城。北周大定元年（581年），杨坚代周建隋，次年即隋开皇二年（582年），在汉长安城东南兴建新都，名大兴城，并于开皇三年（583年）迁都。隋、唐两代，汉长安城旧地为皇家禁苑，宋元之后则废为农田。

1956～1959年，中国科学院考古研究所对汉长安城遗址进行全面勘察、发掘，初步探明全城的布局、城墙和城壕的结构以及街道、宫殿、宗庙、宫苑等主体建筑的位置。据考古资料，汉长安城平面近于方形，面积约36平方千米。因先建长乐、未央二宫而后建城墙，故南城墙有4处曲折，北城墙也因临渭河河道而有多处曲折。城内近三分之二为宫殿区，有东市、西市及制陶、铸币等作坊。城的北部为居民住宅区，由纵横交错的街道分割，形成的单元被称作"里"。未央宫北阙一带，分布少数权贵宅邸，称"北阙甲第"。城内共有8条大街，均宽45

米左右，最长的安门大街长达5500米。20世纪70年代以来，中国社会科学院考古研究所对汉长安城遗址的考古发掘工作一直在进行中。

汉长安城城墙系黄土夯筑，原高约12米，现存高0.8～2米，基宽12～16米；城壕宽约8米，深3米。据实测，东城墙长约6000米，西城墙长约4900米，南城墙长约7600米，北城墙长约7200米。据1994年陕西省测绘局勘测，城墙总长度为25015米。城四面各开三门，每门

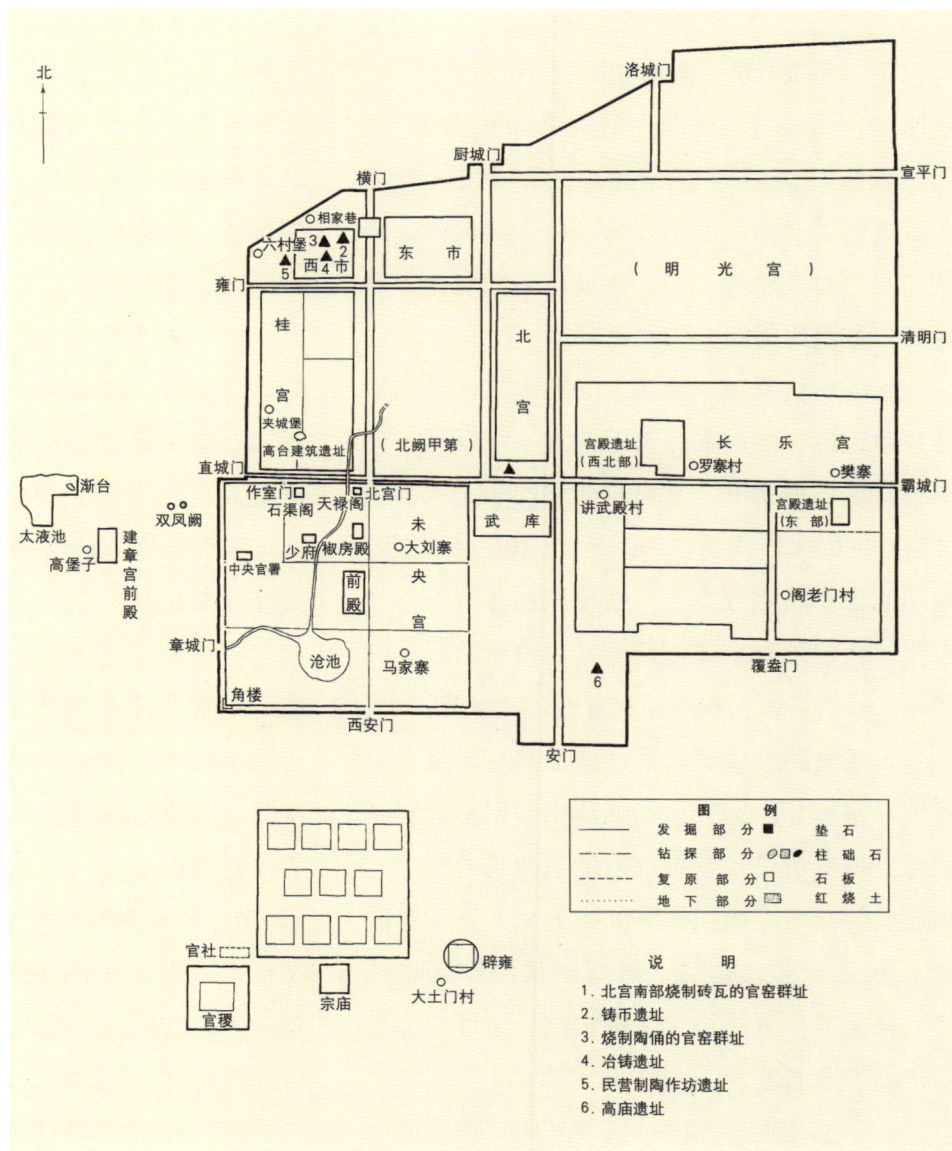

汉长安城遗址平面示意图

汉长安城厨城门遗址

三门道，各宽6米。东面由北至南为宣平门、清明门、霸城门，南面由东至西为覆盎门、安门、西安门，西面由南至北为章城门、直城门、雍门，北面由西至东为横门、厨城门、洛城门。已对其中宣平门、直城门、西安门、霸城门、覆盎门进行了考古发掘。

长乐宫位于城东南隅，又称东宫，汉初皇帝在此理政。经勘探，其平面呈不规则形，周围筑宫墙。据实测，宫垣东西长约2900米，南北宽约2400米，周长1.06万米，面积约6万平方米，约占全城六分之一。宫墙四面各开一门，东门和西门外有东阙、西阙。宫内有前殿、临华殿、长信宫、长秋殿、永寿殿、钟室等。

长乐宫四号建筑遗址，位于汉城街道办事处罗家寨村北，2003～2004年由中国社会科学院考古研究所进行发掘。遗址东西长约80米，南北宽约45米，面积约3600平方米。发现有院墙、夯土台基、庭院、附属建筑给排水设施等。根据其位置并结合文献推测，遗址应为长乐宫临华殿遗址。

长乐宫五号建筑遗址，位于汉城街道办事处罗家寨村东北，2004年发掘。遗址东西长

约41米，南北宽约26米，面积约1070平方米。发现夯土墙、排水道、渗井等遗迹，板瓦、筒瓦、空心砖、陶水管、陶井圈等遗物。推测遗址是长乐宫内一处用于藏冰的"凌阴"遗址。

长乐宫六号建筑遗址，位于汉城街道办事处罗家寨村东北，2004～2006年发掘。遗址东西长约70米，南北宽约30米，面积约2100平方米。遗址由主殿台基、地下通道、附属建筑、庭院遗迹等组成。

在长乐宫遗址范围内，出土错金银铜弩机一件、铜羽人一件。

未央宫，位于城西南隅，又称西宫，惠帝之后诸帝在此理政。其平面呈正方形，四面筑宫墙，东西二墙均长2150米，南北二墙均长2250米，面积约5平方千米。宫墙四面各开一门，东门和北门外有东阙、北阙。宫内有前殿、清凉殿、麒麟殿、椒房殿、白虎殿、天禄阁、石渠阁等40余座殿阁，其中前殿居于中心位置。宫内前殿遗址、椒房殿遗址、少府遗址、中央官署遗址及宫城西南角角楼遗址，已经过考古发掘。

未央宫前殿遗址（未央宫一号建筑遗址），位于未央宫街道办事处辖区的西部，1980年由中国社会科学院考古研究所进行局部发掘。前殿是汉长安城内最重要的宫殿，其台基保存状况最好，东西宽约200米，南北长约350米，由南向北逐渐升高，最高处15米，是汉长安城遗址内最高的夯土台基。遗址内出土有条砖、方砖、绳纹板瓦、筒瓦、瓦当等建筑材料以及铜、铁兵器等。

未央宫椒房殿遗址（未央宫二号建筑遗址），位于大刘寨村西南，1981～1983年发

掘。遗址平面大致呈方形，南北长149米，东西宽130米，面积约1.24万平方米。发现正殿、配殿和附属建筑基址，首次发现巷道（暗道）建筑，出土大量砖、瓦、瓦当，铁、铜质兵器和工具。遗址被村民耕地所覆盖。

未央宫工官官署遗址（未央宫三号建筑遗址），位于卢家口村村北，1986～1987年发掘。平面呈长方形，四面筑墙，东、西墙各长65.5米，南、北各长134.7米。墙内分东西两院，共有房址4排13间。出土有砖、瓦等建筑材料及兵器、车马器等。在房内和墙体附近，还出土以牛骨制成的骨签3万多片，长5.8～7.2厘米，宽2.1～3.2厘米，每片刻10余字，记各地工官向朝廷进贡物品的名称、规格、数量及各级工官和制作人的姓名等，是研究汉代经济的重要资料。遗址被耕地和果园覆盖。

未央宫少府遗址位于柯家寨村西南，1987～1988年发掘。遗址东西长110米，南北宽59米，包括南、北殿堂及东西两侧附属建筑及廊道、院落、水池、水井等遗迹。出土条砖、方砖、空心砖、板瓦、筒瓦和"长乐未央""与天无极"等文字瓦当以及铁钩、锛、镢、带钩、铜构件、铠甲片、封泥等。遗址内还出土了"半两""五铢""货布""货泉"等钱币。

未央宫西南角楼遗址位于车刘村北，1988年发掘。其夯土基址平面呈曲尺形，长7米，宽31米。出土有绳纹板瓦、筒瓦、瓦当、条砖等，还有大量铁剑、刀、箭镞、甲片等。

北宫位于汉长安城内中部偏西，其遗址在六村堡街道办事处六村堡村西，遗存夯土台基一处，东西长约35米，南北宽约25米，高约12米。1957年，在北宫遗址范围内曾发现圆形窖藏坑一处，出土有大量"五铢""货泉"钱币及铜弩机、铜戈等。20世纪70年代，还出土麟趾金2枚、金饼2枚。

武库位于长乐、未央二宫之间，1975～1977年发掘。遗址平面呈长方形，东西长880米，南北宽320米，四面筑墙。墙内有武库7座，每库又分4间库房。其中1号库和7号库已经发掘，1号库址东西长197米，南北宽24.2米；7号库址东西长190米，南北宽45.7米。出土有兵器、钱币、建筑材料、生活用品等。兵器有剑、矛、戟、刀、戈、斧、铠甲等，分铜、铁两种质料。遗址现已回填保护。

在汉长安城遗址内，经过勘察和考古发掘的还有桂宫遗址、明光宫遗址、石渠阁遗址、天禄阁遗址、拜水台遗址、汉俑作坊遗址、砖窑遗址等以及诸多城门遗址等。

汉长安城城墙

在汉长安城城南即安门、西安门外，分布有皇家礼制建筑，多为王莽时期所建。经考古发掘，其遗址可以确定或大致推定的，有辟雍、"王莽九庙"及官社、官稷等。

此外，位于汉长安城西城墙外的建章宫，规模与未央宫相当而宏伟过之。四面筑宫墙，各开一门。宫城内有前殿、骀荡宫、天梁宫、承光殿、奇华殿、神明台、井干楼等，号称"千门万户"。北部为太液池，中有蓬莱、方丈、瀛洲三座神山。

兆伦铸钱遗址，位于户县大王镇兆伦村北侧，为汉代铸钱遗址。从20世纪50年代起，此地不断出土大量钱范和钱币。1994～1996年，西安文物保护修复中心对遗址做全面的考古调查和试掘，确定遗址为汉代钟官铸钱遗址。据《史记·平准书》《三辅黄图》等史籍，钟官为汉代水衡都尉的属官，主掌铸钱，钟官铸钱场即当时的国家铸币中心。兆伦铸钱遗址可分为陶范分布区、陶窑分布区和建筑分布区三大部分，面积近90万平方米。陶范分布区在遗址北部，以新河两岸最为密集，埋藏和分布大量铸钱残范，从断面上可见密集范块的堆积层，厚达2米。在新河东岸发现大面积木炭灰层，其中有大量铜渣，说明为重要冶铸区域。陶窑分布区在兆伦村中及村东南，其大部分覆压在村庄下，历年村民修建房屋，不断发现陶窑，但均已破坏。建筑分布区在两河口以西、兆伦村以北，发现砖、瓦、陶水管道等建筑材料以及云纹瓦当和"上林""千秋万岁""永奉无疆"等文字瓦当。兆伦铸钱遗址发现最多的是钱范。钱范质地以陶为主，铜范极少（仅见2例）。其种类有西汉五铢钱范和新莽时期的"一刀平五千""契刀五百""大泉五十""小泉直一""幼泉二十""中

汉长安城桂宫二号建筑遗址

泉三十""壮泉四十""货泉""大布黄千""次布九百""幼布三百""货布"等多种钱范。有些钱范上刻有文字，如一件大泉五十陶范上刻"钟官前官始建国元年三月工常造"。此外，遗址内出土有坩埚残片、陶拍、定位销、窑垫、青铜工具等以及"八铢半两""四铢半两""五铢"钱和各种新莽时期钱币。兆伦铸钱遗址是迄今发现的汉代最大的铸钱遗址，对西汉和新莽时期的货币制度、铸钱技术以及中国古代货币史，均有很高的研究价值。

汉长安城是西汉时期的政治、经济、文化的中心，是"丝绸之路"的东方起点，与历史名城罗马并称为当时世界上最宏大、最繁荣的国际都会，是人类历史文化的珍贵实物资料。中国古代都城大都为后代建筑所叠压，唯汉长安城遗址因在隋迁大兴城后废弃而保存较好，基本格局清楚，分布范围明确，不少夯土台基仍耸立于地面，是中国保存有城墙的时代较早、规模较大且保存较好的一处都城遗址，对于研究西汉的社会、经济、文化和中国城市的发展、演变以及古代中外文化的交流，具有重要意义。

兆伦铸钱遗址

1956年8月，汉长安城遗址被陕西省人民委员会公布为第一批陕西省文物保护单位。1961年3月4日，汉长安城遗址被国务院公布为第一批全国重点文物保护单位，编号1-0152-1-017。1992年，陕西省人民政府正式公布汉长安城遗址的保护范围与建设控制地带。2001年6月，国务院公布第四批全国重点文物保护单位时，将兆伦铸钱遗址归入汉长安城遗址。2010年8月，陕西省人民政府第十次常务会议审议通过《汉长安城遗址保护规划》。2012年8月，西安汉长安城国家大遗址保护特区领导小组办公室和管委会成立。是年，审议通过《汉长安城国家大遗址保护特区实施方案》。

汉魏洛阳故城（含辟雍碑） 东汉、曹魏、西晋和北魏的都城遗址，位于河南省洛阳市东15千米，洛阳市洛龙区白马寺镇、孟津县平乐镇、偃师市首阳山镇、佃庄镇、翟镇相互毗连处，地处伊河、洛河冲积形成的洛阳盆地中北部伊洛河冲积平原上，地势平坦开阔。城址北依邙山，南临洛河，地势自北向南呈缓坡状逐渐降低。

汉魏洛阳故城的历史，可以上推至公元前11世纪的西周时期。1984年，考古工作者在汉至晋洛阳城的中部，发现并确认一座西周城址，平面大体为方形，范围约合当时的东西六里、南北五里，时代不晚于西周中晚期，疑为西周初年所建成周城，为汉魏洛阳故城创建之始。东周敬王元年（前519年），东周敬王为避王子朝之乱，曾徙居成周城并予以扩修。秦以吕不韦为相国、封文信侯，食洛阳十万户，后更置三川郡，郡治成周城，系沿用东周成周城并向南增扩，初步形成汉魏晋洛阳城的规模。

东汉建武元年（公元25年），东汉光武帝刘秀定都洛阳，改称"雒阳"，在成周城废墟上重建一座规模巨大的都城，东汉都洛165年，此后曹魏、西晋、北魏相继以洛阳为都，历时300余年。东汉末年，大军阀董卓胁迫献帝于初平元年（190年）迁都长安，"悉烧宫庙官府居家，二百里内无复孑遗"。使得东汉王朝苦心经营近200年的繁华洛阳城，顿成焦土。建安二十五年（220年）十月，魏文帝曹丕篡汉称帝，迁都洛阳，仍以汉都为基础，明帝时在城西北角增筑金墉城。至曹魏咸熙二年（265年），晋王司马炎篡权称帝，史称西晋，仍都洛阳，城市、宫殿多袭汉制。西晋末年，贾后乱政，引发宗藩"八王之乱"，长达16年，加之"五胡乱华"，逐鹿中原，使洛阳城再遭浩劫，又成

废墟。北魏孝文帝太和十九年（495年）诏令将都城自山西平城（大同市）迁都洛阳，利用魏晋洛阳城的旧址，在此基础上修建更大规模的都城。至宣武帝景明二年（501年），增筑外郭城，"东西二十里，南北十五里"，由是整个都城由外郭城、内城、宫城组成，城内则首创里坊制，将内城与外郭城之间划分为井然有序的三百二十个里坊。宫殿、苑囿一改秦汉以前的分散布局，而将其集中于宫城内。在城之东、西、南分设大市、小市、四通市，以利工商业发展流通。城外更辟金陵、燕然等四馆以接待商旅，归正、归德等四里以安置南朝各地降人及西域商贾。北魏统治者力倡佛教，广建佛寺，据记载，其时洛阳城内佛教寺院1367所，其中最著名的当属熙平元年（516年）胡太

汉魏洛阳故城城墙遗址

后所立永宁寺。北魏后分裂为东魏和西魏，洛阳兵火连城，战乱20余年。东魏孝静帝天平元年（534年），弃洛迁邺，发洛阳四十万户北徙；次年，更发十万民夫拆洛阳宫殿，料运邺城；其后，高欢与宇文泰屡在洛阳交战，焚城中室屋俱尽，雄伟壮丽的汉魏洛阳城，从此灰飞烟灭。

民国17年（1928年）夏秋之交，因大雨超常，致使位于汉魏故城内城东北隅的大墓墓室塌陷。时加拿大传教士怀履光闻讯前往，觅人盗掘，前后耗时6年，挖掘8座大型单墓道"甲"字形木椁墓，出土数千件珍贵文物，大都被运往国外卖掉，一直流散于世界各地。1954年6月，北京大学阎文儒率队对汉魏故城进行开创性的考古调查，初步踏查汉魏时期洛阳城的位置、面积、城垣建筑的方法和金墉城的位置，绘制第一张有关汉魏洛阳城遗址的实测图。1958年，古文字学家黄盛璋在汉魏洛阳故城区域调查，河南省文化局文物工作第二队对东汉刑徒墓地进行考古发掘。1962年起，中国科学院考古研究所（后属中国社会科学院）派出工作队对汉魏洛阳故城进行考古发掘勘探，工作持续50余年，先后对汉魏洛阳故城内城垣、城内主干大道、河渠、重要宫殿区、官署、东汉刑徒墓地、汉晋灵台、明堂、辟雍、太学、北魏永宁寺、北魏外郭城、内城建春门、一号马面、永宁寺西门、金墉城、北魏宫城阊阖门、二号门、三号门、宫城西墙等遗址进行勘察或发（试）掘，获得许多重要的考古资料。

汉魏洛阳故城所存结构和布局基本上为北魏时期所遗留。整个城址总面积约100平方千米，由外郭城、内城、宫城三重城垣构成，在内城西北角另筑有三座小城南北毗连组成的平面为"目"字形的金墉城。城内外重要遗存还有城垣遗迹、宫殿基址、永宁寺塔基、太学遗址、灵台遗址、辟雍遗址、明堂遗址、东汉刑徒墓地等。

外郭城。北魏宣武帝景明二年（501年），在孝文帝迁洛后依汉、魏、晋故城旧址营建的洛阳城基础上，发畿内夫五万人，筑京师三百二十三坊，形成外郭城。外廓城号称"东西二十里，南北十五里"，东汉、魏、晋旧城由此成为北魏洛阳城的内城。经勘探和发掘，先后确定北、西、东三面城垣，由于洛河改道于城址废弃之后，南城垣尚未发现。三面城垣皆位于地表之下，北城垣残长1300米，宽约6米，西城垣夯土残长4400米，宽7～12米，东城垣残长约1800米，宽8～13米。城门遗址3处，其中西城垣两处，东城垣一处。

内城，即东汉、魏、晋时期的洛阳城，北魏时因外郭城增筑成为内城，为不规则的长方形。东、西、北三面城垣遗迹保存较好，残高1～7米不等，南城垣因洛河北移被冲毁。东城垣残长3895米，宽14米，西城垣残长3510米，宽约20米；北城垣残长2820米、宽约25～30米。南垣以东、西垣间距计算约为2460米。如加上东、西墙南段被洛河冲毁的墙垣，整个城垣周长近14千米，大致合汉晋时期的30里，符合许多文献中汉晋洛阳城南北九里、东西六里的记载。内城三面城垣上探出城门缺口10座，其中西垣5座、北垣2座、东垣3座。在北墙东段和西墙北段，勘探发现7座马面遗迹。西墙北段4座，北墙东段3座，马面间隔110～120米。

汉魏洛阳故城阊阖门基址西侧墁道及西门道

东城垣的北魏建春门遗址和北城垣的一号马面遗址已发掘。发掘得知建春门整体略呈长方形，南北长30米、东西宽约12.5米。门之南北两侧，横截城墙夯土以为壁，其间布置两道东西向夯土隔墙，构成一门三洞的形制。门洞采用了靠夯土墙及排叉柱支撑的大过梁式建筑形式。内城外环有宽阔而深浚的护城河，并引水注入城内宫城，称阳渠，宽度18～40米不等。

宫城位于内城的中北部，位置适中略偏西，南北长1398米、东西宽660米，是都城里最重要的中心建筑区，四面墙垣仅存地下墙基，东、南、西三面墙基保存较好，墙基大都能连接起来。南墙位于贯穿内城的东阳门至西阳门御道北侧，全长约660米，墙基宽8～10米，存高1.3～2米；东墙残长1284米，北段墙垣遗迹不明，现存南段墙基宽4～8米，最宽11米，存高1.7～3.4米；西墙保存相对较好，全长约1398米，南段墙基宽约13米，北段墙基宽约20米，存高2～2.2米；北墙未发现墙垣，但勘探发现大片夯土基址，东西长480米、南北宽180米。发现城门缺口遗迹，西墙2座，东墙1座，南墙偏西一座门址即为宫城正门阊阖门遗址。经科学发掘的阊阖门遗址，再现文献记载中城楼高耸、一门三道、夹建子母双阙巍峨壮观、门前广场宽阔恢宏的庄严气势。宫城被内城的东西御道横穿而分为南、北两部分，发现夯土殿基近30处。其中南半部分南北长760米，有东、西两个院落。东侧院落殿台基址较少，主要有4座大型夯土基址和1处椭圆形水池；西侧院落夯土殿址较多，并以南墙阊阖门为中轴线有规律地成组对称排列。殿址位于阊阖门北侧的东西向道路以北，平面略呈"曰"字形，南北长430米，东西宽约330米，似为南北两进院落并带有廊庑的宫殿建筑。最北侧的夯土殿台规模最大，位置最高，当地俗称"金銮殿"，即为宫中正殿太极殿基址，殿址位于宫城南墙阊阖门之北约520米，东西长约100米、南北宽约60米，夯土厚约6米。宫城北半部南北长约640米，殿台建筑较少；西南角为一座略呈方形的大型宫院，四面围有墙垣或殿基，东西长约410米、南北宽约380米。宫城北半部的宫院内南部正中有一座长方形殿台，东西长约55米、南北宽约20米，与宫城南半部的正殿太极殿和正门阊阖门直对，应是后宫中一座重要殿址。在北半部宫院的西北角当地俗称"羊冢"的夯土高台内，发掘清理出一座砖砌的圆形建筑基址，砌砖皆为魏晋时期常用的长方形小砖，圆形砖壁内侧还残存有构架上下两层"井"字形枋梁的榫槽痕迹，从其形制结构可以确定是一座藏冰的冰井建筑。结合文献考证，应是曹魏文帝始建至北魏一直沿用的宫中重要避暑高台建筑凌云台，而包含凌云台的北半部宫院是北魏的后宫禁苑西游园。西游园的东面和北面，勘探各发现一片夯土基址，规模较大，也是宫中的重要的建筑基址。

金墉城位于汉魏洛阳故城西北角的地势高亢险要之处，它由南北毗连的三个小城构成，平面为"目"字形，南北长约1048米、东西宽约255米。其中甲城地处最北，面积也较大，南北长约440米、东西宽225～250米，保存较完整，四面墙垣地面之上依然保存，西北角残高约6米，墙垣宽12～13米。西、南垣各有缺

口1座，宽5～6米。城内发现遗迹很多，但大都残毁，其中夯筑台基14处、水池1处等。乙城介于甲城和丙城之间，只立东、西墙，墙基多已湮没地下，南北长约330米、东西宽约200米，北、南垣各有一门分别贯通甲、乙城，西垣有2个缺口，城内建筑遗迹较少。丙城位于北魏内城西北隅，只筑东、南墙，西、北墙即内城西北角墙垣，墙垣在地面上已不存。丙城南北长约310米、东西宽约240米，四面墙垣各有一处城门缺口，城内建筑基址有7处。金墉城始筑于三国曹魏时期，初筑时的目的是凭借特殊地势，以便屏障宫城，避险防乱，确保帝王的安全，建成后则更多是作为幽禁废主弃后的冷宫或帝王暂居游幸的离宫别院。

永宁寺塔基位于北魏宫城西南部。永宁寺是北魏洛阳城内最为豪华壮丽的皇家寺院。北魏熙平元年（516年）灵太后胡氏修建，《洛阳伽蓝记》载，寺院位于城内南北中轴线铜驼街北端西侧，"僧房楼观，一千余间"，"寺院墙皆施短椽，以瓦覆之，若今宫墙也。四面各开一门。南门楼三重，通三阁道，去地二十丈，形制似今端门"；"中有九层浮图一所，架木为之，举高九十丈，上有金刹，复高十丈，合去地一千尺。去京师百里，已遥见之"。塔四角悬金铎，值月朗风清，百铎和鸣，铿锵之声，闻及十里。"浮图北有佛殿一所，形如太极殿。"永熙三年（534年），塔遭雷电击中失火，"火径三月不灭，周年犹有烟气"。据1962年勘察和1979年发掘，寺院平面为长方形，院落南北长301米、东西宽212米，四周夯筑围墙，四面各有门址一座，南门基址经过科学的考古发掘，显示是一座面阔七间、

永宁寺塔基发掘现场

进深两间、有3个门道的殿堂式门址。寺院中心是永宁寺木塔，存塔基遗址，基址分为上、下两部分，下部为地基夯土，约100米见方，夯土厚5～6米；上部是地上台基，即木塔基座，占地38.2平方米，高2.2米，中间为夯土，周壁包砌青石，四面各设一条漫道。基座上残存着木塔初层的建筑遗迹。在塔基发掘中，出土有大量与佛教艺术有关系的泥塑像，有石雕、瓦、瓦当等建筑材料，有少量的珍珠、玛瑙、水晶、象牙及铜钱等。

太学遗址位于太学村附近，北魏内城南门外。创建于东汉建武五年（29年），曹魏、西晋沿用东汉太学，北魏时在其旧址上修建。遗址范围东西约200米、南北约100米。分为两部分：一部分在辟雍东北部，遗迹保存较好，应是魏晋所建的太学，有四面墙垣，院落平面为长方形，南北长210余米、东西宽150米，四面各设一门，院墙内排列有整齐的长条形建筑房基；另一部分在辟雍北部，应是东汉太学的主要部分，发现长条形排房基址，出土大量"熹平石经"和"正始石经"残石。

明堂、辟雍、灵台位于汉魏洛阳故城内城南郊，是一组建于东汉初年（56年），世称"三雍"的礼制建筑，存有高大的夯土台。其中，明堂是"天子之庙"，位于北魏内城南门外，在朱圪垱岗上村北部，始建于东汉建武中元元年（56年），曹魏、西晋修缮后继续使用，北魏进行重建。夯土基址全部湮没在地面下，遗址近方形，南北长410米、东西宽400米，四周有院墙，东、西、南三面均残存有夯土墙基，南墙保存较好，北墙被破坏。院落中心为一座大型夯土建筑台基，平面为圆

永宁寺塔遗址出土泥塑供养人像

形，直径约62米，地下夯土厚约2.5米。辟雍是"天子之学"，位于北魏内城南门外，东大郊村，始建于东汉光武帝建武中元元年（56年），曹魏、西晋在旧址上重修，基址全部残存在地面下，遗址为正方形，边长170米。中心是一座大型长方形殿基，东西长约46米、南

永宁寺遗址出土泥塑供养人头像

北宽约33米，为辟雍的主体建筑。辟雍碑，民国20年（1931年）出土于东大郊村北的辟雍遗址中，碑身和碑额系用一块整石雕成，高3.22米、宽1.1米、厚0.3米。碑首约占碑身的三分之一，碑额为蟠龙伏绕，正面竖排隶书"大晋龙兴皇帝三临辟雍皇太子又再莅之德隆熙之颂碑"，刻凿于晋咸宁四年（278年）十月，碑的正文有隶书30行，每行55字，记载晋武帝司马炎及皇太子司马衷多次莅临辟雍巡视太学的史实。碑阴分刻朝廷学官、教职人员、弟子学员包括西域国家学生等400余人姓名、郡籍，是研究晋代教育制度及丝绸之路沿线中外文化交流的重要史料。1963年，辟雍遗址中发掘出碑座，碑身、碑座合璧，已立于原址保护。灵台是用来观测天象、占卜吉凶的古代天文台，位于北魏内城南门外，朱圪垱岗上村与大郊寨村之间。建于光武帝建武中元元年（56年），曹魏、西晋延续使用。灵台院落平面为方形，约230米见方，四面墙垣共开12门，中心建筑为一夯筑的方形高台，存夯土台南北残长约41米、东西残宽约31米、残高约8米，高台顶部已被破坏。

东汉刑徒墓地位于东汉洛阳城南郊的古洛河南岸，偃师市西大郊村西，清理墓葬522座。从出土实物墓砖上所刻铭文得知，墓葬的主人是修筑洛阳城的刑徒。

汉魏洛阳故城内外出土大量精美文物，包括大量"熹平石经"和"正始石经"残石、精美的青铜器、玉器、金银器、陶瓷器、铁器、古钱币、泥塑像、碑刻造像、建筑构件、砖瓦等。其中永宁寺塔基遗址出土的佛教影塑像是北魏泥塑中的精品。民国17年（1928年）内城

东北隅惨遭盗掘的金村大墓，曾出土包括青铜礼乐器、玉器、漆器等在内的数千件珍贵文物，大都被盗卖至海外，流散在世界各地。

唐、宋时期，随着太学遗址时有石经残石出土，当时学者便注意收集、刊行、研究。民国20年（1931年），辟雍碑在辟雍遗址出土，引起马衡、顾廷龙、余嘉锡等现代学者进行多方位的探索研究。

1961年3月4日，汉魏洛阳故城被国务院公布为第一批全国重点文物保护单位，编号1-0153-1-018。1973年，成立洛阳市白马寺汉魏故城文物保护管理所，负责遗址的管理。1996年11月20日，辟雍碑由国务院公布为第四批全国重点文物保护单位合并项目，并入汉魏洛阳故城。1997年12月，建立汉魏洛阳故城"四有"档案，存洛阳市白马寺汉魏故城文物保护管理所。2004年，河南省人民政府重新划定汉魏洛阳故城保护范围与建设控制地带。2006年，汉魏洛阳故城列入国家重点保护大遗址名单。2013年重建汉魏洛阳城遗址"四有"档案，包括文化遗产信息档案、文化遗产保护

工程档案等，存洛阳市文物局丝绸之路遗产档案中心。2014年6月22日，汉魏洛阳城遗址作为"丝绸之路：长安—天山廊道的路网"中国段申遗的重要遗产点之一，被第38届世界遗产大会列为世界文化遗产。2014年列入国家考古遗址公园名录。

高昌故城 汉唐时期的城址，位于新疆维吾尔自治区吐鲁番市，为新疆地区汉唐城址中唯一保存三重城郭及原有城墙规模的古代城址，是古代丝绸之路上重要的城址。遗址位于吐鲁番市东约40千米的阿斯塔那村东、哈拉和卓村南。地处吐鲁番盆地北缘与火焰山南麓戈壁滩接壤的冲积平原地带上，周围地势平坦。

据史料记载，西汉前期高昌故城属古车师国地。西汉初元元年（前48年），"置戊己较尉，使屯田车师故地"，于高昌设据点，称"高昌壁"。东汉延光二年（123年），改名"高昌垒"，隶属凉州敦煌郡。西晋建兴四年（316年），西晋亡后，高昌为前凉领地。前凉建兴十五年（327年），设高昌郡，称"高昌城"。前秦建元十二年（376年）之后，先

高昌故城遗址远景

高昌故城内城城垣

后隶属于十六国的前秦、后凉、段氏北凉、西凉、沮渠氏北凉政权。北魏太平真君九年（448年），沮渠氏北凉政权统一高昌地区，居高昌为政治中心。北魏和平元年（460年），高昌独立建国，高昌城正式成为国都。唐贞观十四年（640年），唐灭高昌国，以其地置西州，高昌为西州治所，同时亦为高昌县治所。贞元八年（792年），吐蕃政权控制高昌。咸通七年（866年），回鹘控制高昌，史称"回鹘高昌"或"高昌回鹘"。12～13世纪先后成为西辽和元朝的附庸。14世纪，高昌故城废弃。古城遗址主要是高昌回鹘时期在唐代高昌城基础上改建增筑的遗存。

19世纪末至20世纪初，俄国、德国等外国考古探险队先后对故城遗址进行考察、发掘。民国17～19年（1928～1930年），黄文弼率中国西北科学考察团对故城遗址进行考察。1961年，北京大学阎文儒对遗址进行考古调查。2005年，为配合高昌故城保护工程的实施，新疆文物考古研究所承担对高昌故城维修前期的文物考古调查勘探和发掘工作。同年5月，新疆文物考古研究所对城外护城河遗迹进行局部考古勘探，证实高昌故城城外存在护城河（壕）

遗迹。2006年4～7月，对西门址和大佛寺进行考古发掘和清理，基本搞清西门和大佛寺的范围和形制，通过对标本测定大佛寺和西门址的年代，定位高昌回鹘时期。2007年3～6月，对大佛寺东北排房和外城西门南、北两侧各200米城墙进行考古发掘和清理。通过对外城墙西门南北两侧的清理，对外城墙的规模、历次改扩建、修复，特别是对马面的结构有了比较清晰的认识，根据建筑形制和出土遗物分析，高昌故城遗址建筑年代，大多为高昌回鹘时期建造。2008年4～5月，对东南小佛寺、护城河遗迹和窑址进行考古发掘，通过此次发掘对了解高昌故城的建制布局、功能构造以及东西方文化之间的联系有了新的认识。2008年11～12月，对大佛寺东南排房、大佛寺北佛塔、内城西墙进行发掘，初步推断分布于大佛寺周围的东北排房和东南排房等房址群属于大佛寺建筑群的一部分，是以大佛寺为中心、围绕大佛寺而分区布局的，排房性质属于生活用房；内城西墙是用减地法修建而成，起一个功能划分的作用，军事防御的作用较弱。2009年2～4月，对内城南墙南门段，一、二、三号民居，外城西墙西门南二段等重要遗迹和可汗堡遗址进行考古发掘，为了解高昌故城的存续年代、形制布局和各遗迹单位的功能构造提供了一些新资料，初步推断可汗堡是由高塔、地面建筑、地下建筑综合组成的一座立体式建筑群。

高昌故城，平面呈不规则的正方形，布局可分为外城、内城和宫城三部分。总面积200万平方米。城垣大部分残存，夯土筑造。外城墙基厚12米、高11.5米，周长约5.4千米，外围有保存完好的凸出马面。南面似有3个城门，其

高昌故城城垣外侧马面

余三面各有两个城门。西面北侧的城门保存最好,有曲折的瓮城。内城位于外城中部,平面略呈长方形,其建筑年代早于外城,西、南两面保存较好。宫城在外城内的最北部,其北墙即外城的北墙,南墙为内城的北墙。

高昌城废弃后,大部分地面建筑荡然无存,保存较好的遗迹有几处。外城西南角的一所寺院遗迹,占地近1万平方米,由山门、庭院、讲经堂、藏经楼、大殿、僧房等组成。从建筑特征和残存壁画分析,其建筑年代属麴氏高昌中期。寺院附近残存一些坊、市遗址,可能是小手工业者的作坊和商业市场。外城的东南角也有一所寺院遗迹,保存有一座多边形的塔和一个支提窟,是城内唯一保存有壁画的地方。从壁画的风格和塔的造型分析,为高昌回鹘时期的建筑。内城北部正中有一平面略呈方形的小堡垒,当地叫"可汗堡"。堡内北面的高台上有一高达15米的夯筑方形塔状建筑物,往西有一座地上、地下双层建筑物,仅存地下部分,南、西、北三面有宽大的阶梯式门道。20世纪初,德国考察队在堡内东南角盗掘出一方北凉承平三年(445年)"沮渠安周造寺功德碑",按碑年代推断,此堡可能是北凉时期的建筑,为早期的宫城。在外城北部留存下来许多夯土筑成的殿基,一般高3.5~4米,夯层厚度约0.35~0.48米,是一座宫殿建筑遗址。

古代高昌是"东连东土、西通西域、南扼丝路、北控草原"的交通枢纽之地。作为中心首府的高昌城,是历史上政权交替、文化交融、中西交通、多教并存、商旅辐辏之重地,在地区的政治、经济、文化、宗教、艺术发展史上占据重要地位。自汉通西域,高昌成为重要门户,受到中央政权的高度重视;高昌历史上的壁垒时期和西州时期,行政上直接接受中央政权统辖,是汉唐帝国的西部疆域;高昌城的建立与发展,从前凉置郡、北凉建都,到麴氏高昌的改制,不同程度地反映出吐鲁番与内地之间政治、文化的密切关系。高昌故城是新疆地区面积最大的早期建筑址群,内外城墙均为夯土,是早期城防规制的典型实例。有关高昌故城遗址的研究探讨,受到国内外考古学、历史学等领域中关注,具有极大的学术价值。同时,高昌故城遗址及出土文物中所含的历史信息对于政治史、经济史、军事史、民族史、城市史、建筑史、科学技术史、宗教史、艺术史等等领域以及考古学、地理学、人类学等学科研究均有重要的学术价值。

1957年，高昌故城被新疆维吾尔自治区人民委员会公布为第一批自治区级文物保护单位。1961年3月4日，高昌故城被国务院公布为第一批全国重点文物保护单位，编号1-0154-1-019。1978年吐鲁番地区文物保护管理所成立，1995年更名为吐鲁番地区文物局，负责吐鲁番地区境内的文物保护单位的保护和管理。1980年起，逐步完成高昌故城内农田退耕、废除灌溉水渠、封闭管理。1999年，成立高昌故城文物保护管理所，专职负责高昌故城的日常保护和管理。2003年，国家文物局审核批准《吐鲁番地区文物保护与旅游发展总体规划》，2003年9月新疆维吾尔自治区人民政府批准公布实施。2004年12月，建立高昌故城全国重点文物保护单位记录档案。2005年国家启动丝绸之路（新疆段）重点文物保护工程，高昌故城列为重点文物保护项目。2006～2014年，实施五期高昌故城抢险加固工程。2009年，新疆维吾尔自治区人民政府印发《关于公布新疆维吾尔自治区全国重点文物保护单位保护范围、建设控制地带的通知》，公布高昌故城保护范围和建设控制地带。2013年6月，申报丝绸之路世界文化遗产时，重建高昌故城记录档案，存放在吐鲁番市文物管理局。2014年，高昌故城作为重要遗产地，被第38届世界遗产大会列为"丝绸之路：长安—天山廊道的路网"世界文化遗产。

雅尔湖故城 是公元前2～14世纪丝绸之路东天山南麓吐鲁番盆地的重要中心城镇，位于新疆维吾尔自治区吐鲁番市西约10千米的亚尔乡。城址地处吐鲁番盆地西部，分布在两条古河床交叉环抱的地带，故又名交河故城。

西汉时期交河故城一带为古代车师人的活动中心。沟北墓地中的车师人墓葬，经测年较早的约为公元前2世纪。西汉元封三年（前108年），西汉将领赵破奴攻破姑师（车师），此后汉与匈奴展开"五争车师"的持久战，持续40余年。西汉地节四年（前66年），汉军在交河屯田。西汉神爵二年（前60年）车师分治，位于吐鲁番盆地中的称车师前国，建都交河城。是年汉设西域都护，车师前国完全成为西汉的属国。此后直至高昌北凉承平八年（450年），车师前国皆臣属于汉及各北方政权。此时期交河城发展主要在南部和中部，并逐步向北发展，代表性建筑技术为夯筑、土坯砌筑和开凿窑洞。交河沟西和沟北被姑师（车师）人

雅尔湖故城鸟瞰

雅尔湖故城遗址近景

作为墓地使用。东晋咸和二年至南朝宋元嘉十九年（327～442年），北凉张氏政权的高昌郡时期，交河受其节制。南朝宋元嘉二十七年（450年），车师国被高昌国所灭，麹氏高昌时期成为高昌国下设的交河郡郡治（与交河县同治）。此时期交河城迅速发展，基本奠定现存的主要城市格局。城外沟西出现与麹氏政权有对应关系的大片汉族墓地。唐贞观十四年（640年），唐在交河故城设西州，交河城为西州下属的交河县治所，是年唐设安西都护府于交河城，管辖天山以南及葱岭以西诸都护府和羁縻府州，成为唐代政府在天山以南等地区

的最高军政机构治所。贞元八年（792年），西州陷于吐蕃。交河城逐渐由东向西发展，形成两条纵向干道、一条横向干道的格局。代表性建筑技法为大规模使用"压地起凸（减地城墙）法"建造房屋、院落和街道。交河故城城址北部墓葬区及沟西墓地有大量此时期的墓葬。咸通七年（866年），高昌回鹘立国于高昌城，交河城仍为其下属的交河县治所。此期间对城市进行了一系列改建，大量使用"垛泥法"建造房屋，并出现佛教寺院建设的高潮。14世纪末，察合台汗国黑的儿火者在对高昌"圣战"后强行推行伊斯兰教，作为高昌地区佛教中心的交河故城自此荒废。遗址主要是唐代及其以后的建筑。

对于交河故城的考察研究始于19世纪末到20世纪初，俄、德、英、日、法等国以科学考察为名，先后在交河故城考察或发掘。民国17～19年（1928～1930年），考古学家黄文弼率中国西北科学考察团详细考察，对交河沟西墓地进行系统的考古发掘，共发掘80个家族茔院墓葬，获文物千余件，其中墓砖122方。破解高昌国的年号、世袭、官制、历法等，高昌

雅尔湖故城全景

史研究有突破性进展。揭明两汉以来中原王朝对吐鲁番地区的统治及经济文化的影响。1956年8月，新疆首届考古专业人员训练班的师生对交河故城进行考古发掘。清理城内寺院遗址1处（15间），发掘沟西墓地墓葬24座，获文物700余件，其中有墓志、陶器、木器、佛像、服饰、骨器、钱币等，全面测绘交河故城平面图。1993～1994年，为配合中日两国政府和联合国教科文组织共同发起的全面保护和维修交河故城工程，新疆文物考古研究所对交河故城城区内外的沟北墓地、西北小寺、地下寺院、东城门、两处民居进行较大规模的调查、清理和发掘。1994～1996年，经国家文物局批准，中、日双方合作对交河沟西墓地进行全面调查，其中发掘任务由新疆文物考古研究所承担。此次发掘对沟西台地中部的23座竖穴土坑墓进行清理，出土一批特色鲜明的金、铜、陶器；在台地北、中、南段，选择22座不同类型、不同茔域、不同规模的带斜坡墓道的洞室墓进行清理，作为地区考古文化断代分析的基础资料。2004年10月上旬，吐鲁番地区文物局对沟西墓地由于风蚀、盗扰等因素而裸露的墓葬进行抢救性清理。发掘36座墓葬，其中33座位于康氏家族墓地茔院内，另3座位于康氏家族墓地茔院的周边，大多为斜坡道土洞墓，有少数竖穴偏室墓。随葬品有陶器、泥俑、墓志、铜器、铁器、金币、银币、木器和骨器等。根据出土遗物和墓志推断，墓葬的年代为6～7世纪。从墓志志文分析，康氏是有一定政治地位的官宦家族，为粟特地区昭武九姓中康国人的后裔，而且已入籍汉化，成为高昌国及唐西州属民。此次发掘，对交河故城沟西墓地墓葬的形制、结构、葬俗及当时粟特人的政治、经济、文化状况的研究增添新的资料。

交河故城平面呈长方形，依土崖而建，无城垣。南北长1000米、东西最宽处约300米。东、南两面各有一城门。城内布局可分为三部分，贯穿南北的一条大道把居住区分为东、西两部分，大街北端是一座规模宏大的寺院，以寺院为中心构成北部寺院区。东区南部有一较大建筑保存尚好，是地上地下双层建筑，有宽大的阶梯通道。在高大的围墙外面是一广场。这个宅院为唐初所建，为当时交河城的政治中心。西区分布有许多手工业作坊，发现几处陶

窑遗址。大街北端的寺院平面呈长方形，占地约5000平方米，由山门、大殿、僧房、庭院、水井等组成。城北有一组壮观的塔群，中央是一座大佛塔，上部原有塑像，已无存；四角各25座小塔，排列成纵横各5座小塔的方阵，总计101座。城中大街两侧是高而厚的土墙，没有向街的门户。由大街分支出的纵横小巷将建筑群分割为若干区，只在小巷两侧才有院落门户。城内散布很多陶片，大多为印纹和附加堆纹灰陶，也有个别彩绘粗砂红陶。城外有车师、高昌和唐代的墓群。据初步调查考证，交河故城城内现存房舍遗址1389间（其中格局基本完整的356间），城门4座（基本完整的2座），佛寺遗址53处，古井316眼，街道主干线总计1900余米，巷道34条，总长2241米，防护墙遗存1000余米，墓葬区15万余平方米。另外，交河故城的建筑形式有一个明显特征，即大部分建筑物包括街道，都是从原生土中掏挖

出来的。窑洞在原生土中直接掏出，平房则多是切挖原生土时留出四壁，然后用木头搭顶。从墙面上残留的柱洞看，有许多是多层建筑。有的下层是生土墙或券顶窑洞，上层以版筑墙壁支撑木构顶架。屋顶多用泥土覆盖，极少用瓦葺顶。

交河故城沟西沟北墓地又称雅尔湖古墓群，位于吐鲁番市以西约12千米黄土沉积地带的第3号、4号台地上，南北宽约1000米，是交河故城古代居民的安息之地。从台地西北到西南，墓葬分布连绵不断，初步统计约有2000多座墓葬。汉代的车师贵族墓，围以众多殉马坑，墓葬中出土汉五铢、汉星云纹铜镜、红陶器、金器等。晋唐时期的墓葬形制主要为斜坡墓道洞室墓、砾石堆砌的坟堆，茔院形状清晰，流行家族葬，有曹、范、袁、康等家族的墓地，并出土汉文及大量陶器等重要文物。

雅尔湖石窟，位于交河故城沟西黄土沉

雅尔湖故城大佛寺

积地带的河谷西崖壁上，与交河故城遗址隔河谷相望，相距仅800米。已编号洞窟7个，窟区东西长40余米，以4号窟为中心，两侧基本对称。始建于4世纪的雅尔湖石窟是吐鲁番地区早期洞窟，即唐《西州图经》中记载的"西谷寺"，是交河故城居民进行佛事活动的重要场所，也是交河故城重要的附属遗址。

交河故城极其丰富的建筑遗存是举世罕见的，主要体现在交河故城在唐代的城市建筑价值：城市布局规划、建造工程技术、以城市南北主干道、次干道及东西向支路、巷路来区划功能分区及处理城市所处狭长台地大尺度空间的规划构思，在中国城市建造史上实属罕见。另外，交河城的营建布局均受到中原城市的影响，特别是城市的中轴线和以主次干道为主区划功能分区等处理大尺度空间的手法以及"择中立街"、高墙院落的配置，城市内广布佛寺并占据城市诸制高点的特点，都能在北魏洛阳城至唐长安城的性质布局发展轨迹中找到相应的依据。交河故城是公元前2～14世纪丝绸之路东天山南麓吐鲁番盆地的重要中心城镇，是历史上东西方政治、经济、文化的重要枢纽。交河故城是车师、汉、回鹘等诸多民族共同开发建设的，它是民族交融、相互影响的典范，对交河故城的考古、勘测、研究、保护和展示，是对新疆历史、文化以及中国多民族融合的见证，对增强中华民族的凝聚力，具有重要的现实意义。

1957年，雅尔湖故城被新疆维吾尔自治区人民政府公布为第一批自治区级文物保护单位。1961年3月4日，雅尔湖故城被国务院公布为第一批全国重点文物保护单位，编号1-0155-

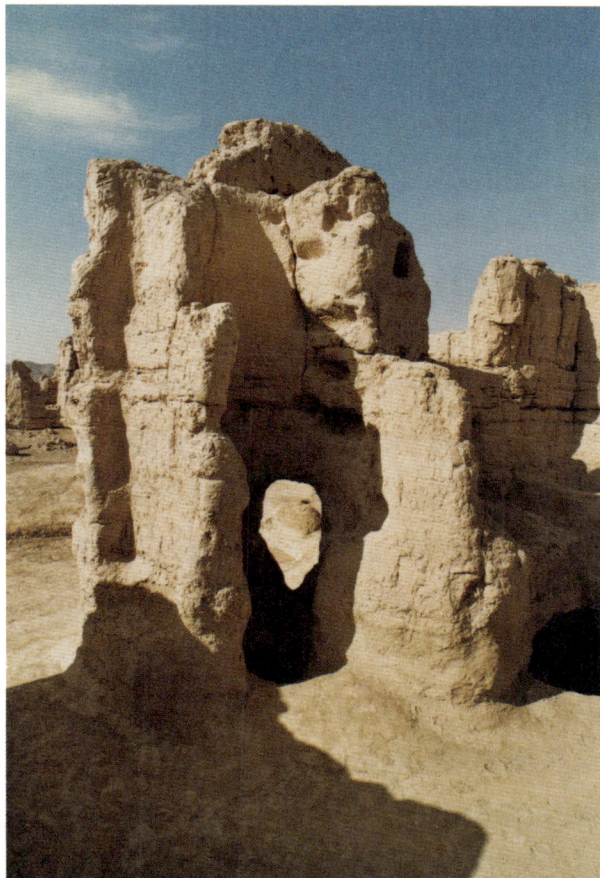

雅尔湖故城内的古井

1-020。1978年，吐鲁番地区文物保护管理所成立。1992～1995年，由联合国教科文组织和日本政府投资100万美元，中国政府配套资金开展交河故城保护维修工程。1998年，在交河故城南门修筑一条长约150米的防洪坝。1994年，成立交河故城管理处，为专职管理机构。1999年，交河故城文物管理所成立，专职负责交河故城的日常保护和管理工作。1999年12月，对交河故城南门外河坝进行加固、维修，并且修建一座横跨的桥梁。2001年6月25日，国务院公布第六批全国重点文物保护单位时，将交河故城沟西沟北墓地及雅尔湖石窟作为合并项目，归入雅尔湖故城。2006～2014年实施了四期交河故城抢险加固工程。2006年，实施交河故城安全技术防范系统工程，包含交河故城台地视频监控系统、公共广播系统、电子巡查系统、无线通信系统、传输（含供电）系统、中央控制室等系统。2007～2008年，为避免因洪水的淘蚀而对文物所造成的巨大破坏，完成交河故城东、西两侧防洪坝工程项目，修建了东沟总长2060米、西沟总长1839米的防洪坝。2015年7～9月，实施雅尔湖石窟抢险加固工程，对崖体及7个洞窟实施了裂隙注浆、锚杆锚固、窟顶防水、表面防风化及土坯砌补等保护措施。2009年，新疆维吾尔自治区人民政府印发《关于公布新疆维吾尔自治区全国重点文物保护单位保护范围、建设控制地带的通知》，划定雅尔湖故城保护范围和建设控制地带。2014年，交河故城作为重要遗产点，被第38届世界遗产大会列为"丝绸之路：长安—天山廊道的路网"世界文化遗产。

五女山山城　是汉唐时期东北地区少数民族高句丽创建政权的第一个都城，位于辽宁省桓仁县城东北8.5千米的五女山上。山城处于桓仁盆地周围的群山之间，北邻骆驼峰，东南为浑江水库，西与五女山脚下哈达河相邻，建于山顶及山腰。

1996年以来对五女山山城进行了四次考古发掘，发现了五期文化堆积，清理和出土了一批高句丽时期的遗迹和遗物。五女山山城平面呈靴形，南北长1540米，东西宽350～550米。五女山主峰在半山腰处突起，四壁断崖如斧劈刀削一般，落差在百米左右，山势挺拔险峻。山城大部分是利用天然的悬崖峭壁作屏障，仅

五女山山城远眺

五女山城东城墙

五女山山城房址

在东南部山势稍缓和豁口处筑墙封堵。

山城分山上、山下两部分。山上部分即主峰。山顶部分地势平坦、开阔，南北长600米，东西宽150～200米。城内的主要遗址分布在山上，有瞭望台、蓄水池、宫殿基址、兵营建筑址、居住址、西门等。山下部分构筑有南墙和南门、东墙和东门，哨所遗址等。

五女山山城地层堆积较薄，又因地势起伏和人类活动等原因，造成具体堆积情况不尽一致。地层堆积可分为三层：第一层表土层，黑色、质地疏松，厚10～20厘米。内含不同时期的陶片、残铁器及少量的现代瓷片，属于扰动层。第二层黑褐色土，土质细密，较松软，厚10～25厘米，包含物多为泥质灰陶片、白瓷片、酱釉瓷片，宋、金铜钱等，这一层出土的金代遗物十分丰富。第三层黄褐色土，土质较硬，内含主要为夹砂含云母红褐色陶片、灰陶片等。共出土文物1230余件套，文物种类集中为陶片、陶坠、铁器、石器、铜钱、安抚使司印、经略史印、玉飞天、生产生活用具等。较为代表性的是铁脚镣，表明当时已出现刑具；玉飞天，表明当时与其他地区已有往来。

五女山山城对东北亚古代山城的发展影响巨大。五女山山城不仅奠定了高句丽山城的建筑模式，并对东北亚其他国家和民族古代山城的发展产生了重大影响。公元4世纪初期，高句丽势力进入朝鲜半岛北部，山城也随之出现在这一地区，受其影响，相邻的新罗、百济等国，也纷纷效法，开始构筑山城，其后，山城建筑又传入日本。中国历史上的渤海、辽、金、后金政权，均有山城构筑，追其本源，应与高句丽山城有关，这表明了以五女山山城为发端的高句丽山城的建筑形式，亦被后世朝代沿袭。五女山山城是已经消逝的高句丽文化的重要物证，体现了人类创造与大自然的完美结合。

1961年，五女山山城被桓仁县人民委员会公布为第一批县级文物保护单位。同年10月，五女山山城被辽宁省本溪市人民委民会公布为第一批市级文物保护单位。同年9月30日，五女山山城被辽宁省人民委员会公布为第一批省级文物保护单位。1996年11月20日，五女山山城被国务院公布为第四批全国重点文物保护单位，编号4-0036-1-036。2002年，成立五女山山城管理处，管理五女山山城日常事务。2003年，辽宁省人民政府印发《关于扩大五女山山城保护范围的批复》，划定五女山山城保护范围和建筑控制地带。2004年7月11日，五女山山城作为高句丽王城，王陵及贵族墓葬的重要组成部分被联合国教科文组织列入世界遗产名录。2010年，成立五女山博物馆，与五女山山城管理处合署办公，管理五女山山城。五女山山城已建立"四有"档案，由桓仁县文物管理局保存管理。

丸都山城与国内城 为高句丽中期王城遗址，位于吉林省集安市。两座城址相距2.5千米。据《三国史记》记载，高句丽以"国内"（集安市区周边地带）为都的时间是公元3～427年。丸都山城位于集安市区西北，当地俗称"山城子"，城址所在山体诸峰起伏错落，大致形成一个环形峰岭，山城南面是洞沟古墓群山城下墓区和万宝汀墓区；国内城是一座平原城，位于集安市区，鸭绿江由东北向西南流经城址南侧，城址东北即洞沟古墓群禹山墓区，西面隔通沟河有七星山墓区。

清光绪二十八年（1902年），设辑安县（1965年改称集安县），治所设在国内城城址内。已知最早的国内城测量资料，是日人关野贞在民国4年（1915年）发表的《满洲辑安县及平壤附近的高句丽时代遗迹》所转引的古井文学士绘制的城址平面示意图。据关野贞论文记录，城址东西约七町半（1町=109米），南北约五町半。城墙近基处厚可三丈，中腰以下渐外出其石，且增于高，以谋坚固。另据民国20年（1931年）《辑安县志》，辑安县设立后曾两次修补国内城城墙，其中民国10年（1921年）对国内城进行过大规模的修葺，一定程度上改变了国内城城墙的原貌。民国24～25年（1935～1936年），日本学者池内宏、水野清一，以"日满文化协会"的名义调查国内城、丸都山城等集安高句丽遗迹，并由水野清一实测国内城，绘制城址平面图。民国27年（1938年）出版的《通沟》（卷上）记录调查成果。

1975～1977年，集安县文物保护管理所对国内城城墙多处地点进行发掘。1980年，对国内城城址现状开展调查，实测城址平面图。2000～2003年，吉林省文物考古研究所对国内城遗址及其相关遗迹开展全面调查和试掘。2007年、2009年、2011年，配合国内城东、南城墙遗迹保护工程，吉林省文物考古研究所对城址南墙和东城墙的南北两端部位进行考古调查，发掘南墙东门址、东南角角楼及马面遗迹、东墙北段和南墙的共计10处马面遗迹，实

丸都山城与山城下墓区全景

国内城北墙

测南城墙。2007~2011年，对国内城东墙、南墙的考古调查，除东墙中部因现代建筑较为密集难以开展调查外，基本上掌握东、南两面城墙的走向和门址及马面的设置情况。

20世纪前半期日本学者曾对丸都山城进行过多次调查，但鲜见调查资料发表。1962年，吉林省博物馆考古队对城址进行实地勘测。2001~2003年，吉林省文物考古研究所对丸都山城展开全面调查、测绘和试掘，清理发掘丸都山城宫殿址、瞭望台、蓄水池、1~3号城门址等高句丽遗迹，获得大量翔实、科学的城址遗存资料。

国内城城址平面大体呈东西向略长的长方形，南墙长759.78米，北墙长730米，东墙长约518米，西墙长702米。城墙内部土筑，外侧包砌石墙。城址东南角和西南角设有角楼和马面，在东北角的两侧对应修建马面。确认南墙东门址、北墙中门址、北墙西门址、西墙门址等4座城门。除西墙门址形制特殊外，其他门址在入口的两侧均设置马面。除在门址入口的

两侧建有马面外，在东墙北段和南墙，大约相隔40~60米的距离就设有一处马面。南墙中部有现代道路通过城墙形成豁口，此处城墙豁口的位置与北墙中门址南北相对，其外侧西面发现有马面遗迹，推测此处似应设有城门。2000年后，对国内城城墙的多个地点实施解剖发掘，在南城墙的土筑墙芯内出土轮制泥质陶器残片，器形有罐、甑、纺轮等，年代属于魏晋时期。

2000~2003年，对国内城遗址进行的试掘，总计发掘面积近5000平方米，发掘地点遍布城内各地。在位于城址中部的体育场地点、幼儿园地点、实验小学地点、门球场地点发现高句丽时期的大型建筑遗迹。其中体育场地点的发掘面积较大，发现4座高句丽时期的建筑遗迹。建筑址位于国内城中部偏西的位置，是国内城遗址内最大的一块空地。发掘4座建筑址，四座建筑之间有廊道连接，应为一组建筑群，为了解国内城高等级建筑的形制提供重要的考古学资料。体育场地点4座建筑址修建在同一层

堆积之上，其下叠压的7个灰坑出土釉陶器、青瓷器和陶器。瓷器皆为青瓷，据制法及器形判断，应是江浙一带东晋时期瓷窑产品。国内城出土的瓦当、板瓦、筒瓦、花纹砖等建筑材料，也主要出自体育场地点。体育场地点2号建筑址出土"戊戌年造瓦故记岁"铭文卷云纹瓦当。依据出土遗迹之间的层位关系，戊戌年铭文瓦当，只能与东晋同期或更晚，将其制作年代推断为公元338年较为合理，是体育场地点4座建筑址始建年代的上限。

通过考古发掘，基本上了解了国内城文化堆积的性质与内涵，各发掘地点的古代文化堆积均以高句丽时期遗存为主，表明高句丽遗存应是国内城遗址的文化主体。体育场地点建筑址以及在幼儿园地点、实验小学地点清理出来的建筑遗迹，可能属于宫殿区主体建筑的附属设施，为探索高句丽国内城建筑布局提供可资参考线索。

丸都山城沿山势走向构筑城墙，墙体筑于山脊之上，外临峡谷峭壁，内拥缓坡平川，整体形状如箕。城址内东、西、北三面地势较高，为山岭和沟谷，海拔349～652米。南部多为平缓台地，海拔一般在310米以下。靠近南墙正门（1号门）处为谷口，有小溪流经，地势最低。城址平面大体呈不规则的长方形，北墙最短，西墙最长，周长6947米。城址南部为平缓的台地，以自然沟谷为界分为东大坡和西大坡两个部分，是城内遗存的主要分布区，尤以东大坡西部最为密集，包括宫殿建筑、瞭望台、戍卒居住址和蓄水池等，形成以宫殿建筑为核心的格局。丸都山城城墙修筑，充分利用自然山势。在山体陡峭之处以岩壁为屏障，缺

口处用花岗岩石块垒砌墙垣，在山脊较为平坦的地方，则用花岗岩石块垒砌城墙。城墙石筑，墙体内部使用梭形石交错垒砌，缝隙填充碎石，墙体表面使用楔形石垒砌，墙体从底部开始逐层向上内收。由于山势起伏，山脊凹陷越大的位置，墙体越高，北墙一些地段可高达5米。

丸都山城共有7座门址，其中南、东、北三面城墙各设2座城门，西城墙只在南端发现1座城门。除正南门（1号门址）是在平地起筑的以外，其余门址均设于山坡或山顶。正南门位于南墙中部，城外临通沟河河谷，是通往山城的主要通道，也是山城防御的核心与重点。正南门门址在平地起筑，东西两侧墙体曲折南伸，至谷口处与南墙相接，连接处设角楼形成宽约115.1米、进深56.5米的瓮城。门道位于瓮城内侧中央，遗存门道豁口宽约10米，门道形制不明。正南门门道的东西两侧，城墙墙体及城门之下修建四个排水涵洞。在正南门门址墙体顶部和门道两侧堆积中，发现一定数量的高句丽时期遗物，包括陶质建筑构件和铁器。从出土建筑构件分析，门址应建有木结构建筑。丸都山城的七座门址都不同程度地发现了筒瓦、板瓦等建筑构件，其中兽面纹和莲花纹瓦当的质地、形制、纹饰等特征与国内城发现的同类瓦当相似，年代上限应不早于公元4世纪末。

宫殿建筑位于城址南部的平缓台地之上，南距正南门约460米。宫殿依山势而建，整体呈东高西低，高差约13米。建筑的四周以石块砌筑宫墙，仅存基础部分。受地势所限宫墙平面形状不甚规则，大体上呈长方形，其中东墙

长91米，西墙长96米，北墙长70米，南墙长70米。宫殿建筑修建在经人工修整的由坡下逐级向上的4个台基之上（从坡下向上分别为1～4号台基），建筑整体坐东面西。宫殿建筑的每级台基均修筑人工排水沟，南北宫墙与台基之间利用地势形成由高而低的自然排水通道。

宫殿建筑平面呈长方形，西、南、北三面用石块修筑护坡，每级台基的面积不尽相同，其中1号台基最窄，2号台基略宽，每级台基上均有不同规模、结构的建筑，共分为11组。1号台基平面长方形，长89米，宽9.5米，台基上分布两组建筑。第一组（6号建筑址）位于台基北部，面阔十间，进深两间，南起第3、4间为门道。第二组（7号建筑址）位于台基南部，面阔十七间，进深两间。2号台基长87.5米，北部宽12.5米，南部宽17.5米，台基的

西侧为一处空旷的广场，低于台基2.3米。台基上分布四组建筑。第一组（4号建筑址）位于北端，进深、面阔均为两间。第二组（8号建筑址）位于台基北部，面阔十间，进深三间。第三组和第四组位于台基南部（2号、3号建筑址），均为八角形建筑。3号台基平面长方形，长82米，宽7米。建筑址受破坏较为严重，础石多已移位。据遗存迹象推测，应为一组（9号建筑址）回廊式建筑。4号台基平面长方形，长85.5米，宽11.8米，分布三组建筑。第一组（5号建筑址）位于台基北端，进深、面阔均为两间。第二组（10号建筑址）位于台基北部，面阔四间，进深两间。第三组（11号建筑址）位于台基南部，面阔十五间，进深两间。1号台基与2号台基之间有一处长方形广场，广场北端建有一座进深、面阔均为两间的

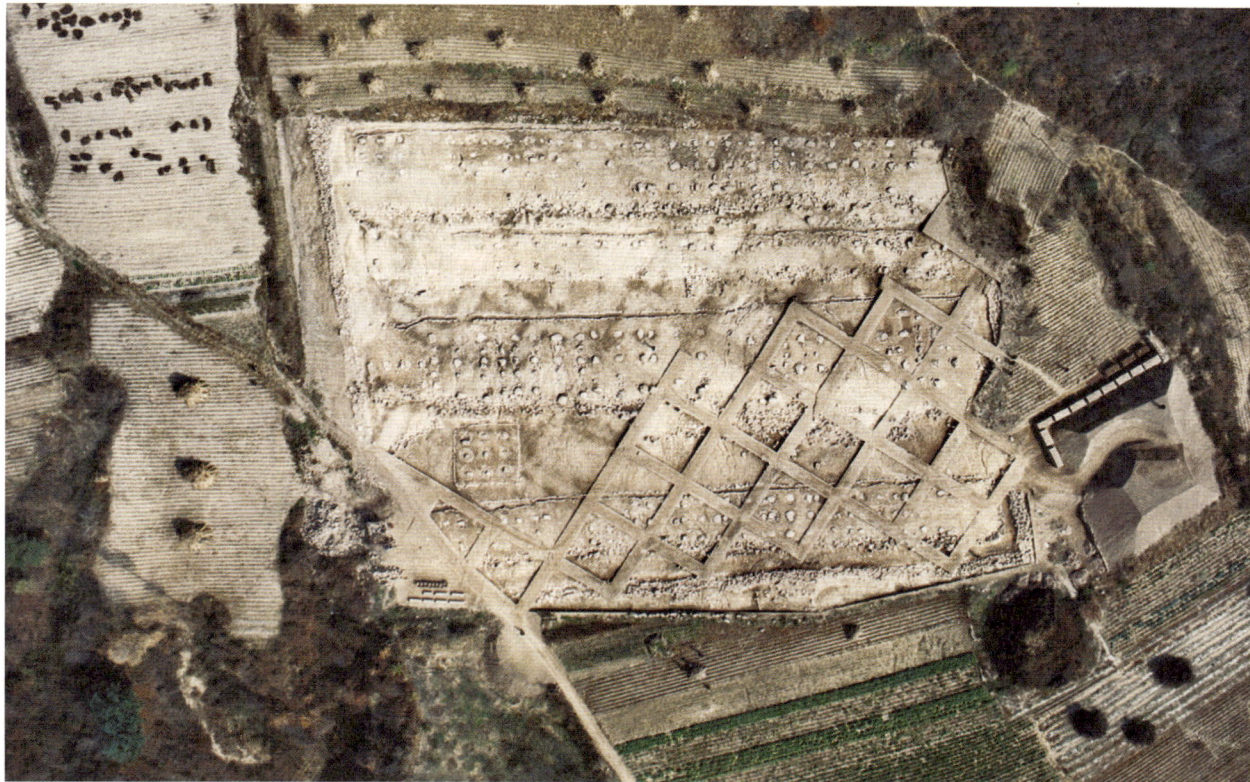

九都山城宫殿址发掘现场

建筑（1号建筑址），此类单体建筑在2号和4号台基的北部也有发现（4号、5号建筑址）。宫墙上有两处门址，均开设于位于宫殿址前面的西墙。宫殿建筑群的正门（1号宫门址）位于西墙中部，与2、3号台基的石筑踏步处于一条直线上，推测1号门址与各级台基踏步构成整个建筑的中轴线。2号宫门址位于1号宫门址右侧17米，与1号台基建筑址的门道相对。

宫殿建筑遗构主要是土筑台基及排列有序的础石。础石多为未经加工的自然石块，部分础石修琢出圆形或八角形台面，础石之下铺垫河卵石构成基础。不同的建筑单元，础石间距不一，存在大块础石之间加设小础石间柱的做法。础石间不见墙体迹象，亦未见灶址、烟道、烟囱等取暖设施。宫殿建筑出土遗物包括建筑构件、铁器、铜器、陶器等，以建筑瓦件为主，车马具、武器和生活器皿的数量较少。

瞭望台遗址，俗称点将台，位于城址西南部，南距正南门100米。瞭望台所处位置地势较高，视野开阔，登丘瞭望，通沟河谷尽收眼底，适于观察丸都山城和国内城动静。瞭望台主体建筑为圆角长方形石筑高台，长6.7米，宽4.5米，残高4.5米。外壁用楔形石垒砌，内部使用梭形石和石板穿插叠砌，空隙内填充碎石。建筑的顶部破坏严重，活动面结构不明，但从遗址顶部及地面散落的瓦片推测，台基之上可能建有木结构建筑。台基的北壁设有石条铺砌的宽约1米的台阶，台基由北壁底部中央设两级踏步，然后向东西两侧依附台基外壁向上延伸至北壁顶端转角处，随之转折到达台基顶部。

戍卒居住址，位于瞭望台北侧22.6米，二

九都山城瞭望台遗址

者处于同一台地之上。遗址破坏严重,仅残存暴露于地表的18块础石。础石大体呈长方形分布,南北长约16米,东西宽约9米,部分础石已经被移动。由于建筑与瞭望台的距离较近,将其推测为守卫瞭望台的兵卒居住址。

蓄水池,位于瞭望台东南30米处的一片洼地中,南距正南门100米。考古发掘前此处洼地终年积水,四周形成池沼,水草丛生。蓄水池由地面垂直深挖而成,平面呈圆角方形,四边长度为35～37.5米,深约1.8米。水池四壁砌石墙,池底为岩层。

丸都山城宫殿建筑出土遗物主要是建筑瓦件,瓦当的类型、纹饰与国内城建筑址出土瓦当基本相同。宫殿建筑的年代可能晚至4世纪末。公元427年,高句丽迁都平壤后,丸都山城宫殿建筑逐渐废弃。丸都山城出土的大量文字瓦当是有关高句丽的重要文字资料。其中,有关"小兄"铭文的发现,可佐证文献中关于高句丽官职的设置。山城内出土的刻划纹瓦当数量众多,具有相同纹样刻划符号的多次重复出现,反映出山城的建筑构件是由不同地点烧制而成。不同形制的兽面纹瓦当、莲花纹瓦当、忍冬纹瓦当在建筑上的组合与共生关系,为高句丽瓦当研究提供了可供参照的标尺,体现出典型的高句丽中期建筑工艺和瓦件的形制特点。

国内城与丸都山城是高句丽早中期(1～5世纪)的都城,其特点是平原城与山城相互依附共为都城,所形成的复合式都城新模式是世界王都建筑史上的一项创举。在东北亚地区中世纪城址中,国内城与丸都山城是都城建筑的杰作。国内城是为数不多的地表保存有石筑城

墙的平原类型都城址,城市规划一改东北亚地区早期石城散漫无序的布局特点,形成宫殿区与居民区分布的布局结构,开创东北亚地区块状性分布都邑的先河。丸都山城的布局因山形走势而巧妙构思、合理规划,完美实现了自然风貌与人类创造的浑然一体。国内城与丸都山城是高句丽政权延续使用时间最长的都城,始终是高句丽政治、经济、文化中心之一。国内城与丸都山城具有重要的历史价值和科学价值,不仅是高句丽史研究的重要对象,同时在东北亚中世纪史、东北民族史、中朝关系史,中日关系史以及边疆与中原文化交流史的研究中,也是不可缺少的组成部分。

1958年起,集安博物馆建立丸都山城与国内城的保护档案。1961年,国内城被吉林省人民委员会公布为省级文物保护单位。1982年2月23日,丸都山城被国务院公布为第二批全国重点文物保护单位,编号2-0052-1-007。2001年6月25日,国务院公布第五批全国重点文物保护单位时,将国内城与丸都山城合并,名称改为丸都山城与国内城。2003年,成立集安市文物局,负责全市文物的保护、管理工作。2003年,国家文物局批复同意《吉林省集安市高句丽王城、王陵及贵族墓葬保护规划(2002～2020)》,划定丸都山城与国内城的保护范围和建设控制地带。2004年7月11日,联合国教科文组织第28届世界遗产大会上,集安高句丽王城丸都山城、国内城作为重要遗产地以"高句丽王城、王陵与贵族墓葬"之名列入《世界遗产名录》。2004年,集安市文物局重新整理编制《丸都山城与国内城全国重点文物保护单位记录档案》,由集安市文物局补

充更新和保管。2010年，"集安高句丽国家考古遗址公园"被国家文物局列入首批国家考古遗址公园名单，丸都山城和国内城是构成考古遗址公园的重要组成部分。2013年，《吉林省集安市丸都山城遗址本体保护工程总体设计方案》得到国家文物局的批复。

居延遗址　是指包括汉代张掖郡居延、肩水两都尉所辖边塞上的烽燧和塞墙以及西夏时期的黑城等遗址在内的遗址群，位于内蒙古自治区额济纳旗和甘肃省金塔县境内的额济纳河流域。居延遗址所包括的黑城遗址，是西夏、蒙元时期重要的古城遗址，位于内蒙古额济纳旗达来呼布镇南偏东约22千米，

居延遗址自东北斜向西南，全长约350千米。始建于汉武帝太初三年（前102年），西汉太初三年（前102年），汉武帝令"强弩都尉"路博德沿河筑塞墙、城、障、烽台及坞壁、房舍。沿线存有著名的居延城、破城子、大方城、小方城、肩水金关、双城子及烽台等建筑遗迹200余处。此条防线是汉通西域的交通要道和河西走廊的屏障，起到切断匈奴与羌联系的作用，在汉对匈奴的战略上有特殊的意义。居延古代泛称居延泽，汉代属张掖郡。废弃于东汉末年。

民国19年（1930年），中国西北科学考察团曾作过调查和发掘，对所有文物古迹、城障和烽燧遗迹均统一编号，发现汉简1万余枚。1972～1976年甘肃省居延考古队做复查，发掘甲渠候官治所（编号A8，下同）、甲渠第四燧（P1）和肩水金关（A32）等3处遗址，出土汉简近2万枚。1963年、1982年、1990年，内蒙古自治区文物工作队进行复查和局部考古发

居延大湾城遗址

掘。1983年，中国社会科学院考古研究所内蒙古工作队也进行复查。1999～2002年，内蒙古文物考古研究所在居延汉代烽燧遗址进行考古调查清理，出土500余枚汉简。其形制有简、牍、觚、楬、封检等，存2件较完整册书，其一尚系有编绳，保存了册书的原貌，尤为可贵。通过历次的发掘，对汉代居延边塞有了比较完整的认识。

自内蒙古额济纳旗金斯诺尔至甘肃省金塔县毛目，长约350千米，北部最宽约50千米，地面保存的城障和烽燧160余处。从出土汉简考证得知：汉代张掖郡肩水都尉治所在大湾（A35），辖区为查科尔帖（A27）至毛目一带，其中金关东北属橐他和广地候官，金关及其西南属肩水候官，肩水候官治所在地湾（A33），居延都尉辖区为布肯托尼（A22）以北地区，其中卅井候官辖布肯托尼至博罗松治（P9）之间，甲渠候官辖察干松治（A2）至T21燧之间，甲渠候官治所在破城子（A8）。殄北候官辖宗间阿玛（A1）至T29燧之间，候官治所在宗间阿玛。殄北塞以南、甲渠塞以东、卅井塞以西地区分布的城障和烽燧，为居延都尉治所和居延县城等遗址。肩水都尉

辖地内的障址，有F177、F179、A33、A37、F159等5座。居延都尉辖地内的障址，有A1、A8、A10（瓦因托尼）、A24（小方城）、F30（杜家乌苏）、F84（红城子）等6座。以甲渠候官治所（A8）为例：障址有障、坞和燧等部分。障位于西北部，用土坯砌成，每面长23.3米、墙厚4～4.5米、残高4.6米，障门在南。坞位于障的南面，平面略呈方形，长47.5米、宽45.5米，土坯墙厚1.8～2米，残高0.9米。坞内有大小房屋37间，夯土筑墙，草泥地面，为候官及士卒住室、灶屋、仓库及畜圈等。坞门设在东墙南端，门外筑有曲壁，坞墙外3米以内埋设有尖木桩4排，完整的高33厘米，间距70厘米，此即防御设施虎落。在虎落上面的堆积中还出土有木转射。坞南50米有一燧址，夯土烽台方形，面积长5米、宽4.8米、残高0.7米，附近有积薪和烽干等遗物。

大湾城，位于金塔东北120千米处，居黑河东岸。遗址长350米，宽250米。城高约8米、底宽6米，夯土版筑，经后代重修，保存完好。民国19年（1930年），在城堡发掘汉简1500余枚。1972年又挖出部分汉简。据考证，此地是汉代肩水都尉府所在地。

地湾城，位于大湾城北5千米处黑河东岸的戈壁滩上，总面积490.62平方米。堡墙基部厚5米、高8.4米，系夯土版筑，方向正南北。门在西墙，堡外有房屋和两道围墙遗址。民国19年（1930年）中国西北科学考察团到此掘得汉简2000余枚及古铜、铁、陶器残片若干。据考证此地为肩水候官所在地。

肩水金关遗址（A32），位于地湾城约2千米处黑河东岸，为汉代边塞关城，含有固若金汤之意，故名金关。肩水金关是肩水候官所属的一座烽塞关城，可分为两个部分，一是关门遗址，另一部分是障坞。关门为6.5米×5米的两座长方形楼橹残壁，最高1.12米，厚1.2米，楼橹中间门道宽5米。门两侧有夯土筑的长方形墩台，台内辟有居室和通向门楼的阶梯两侧壁脚各残存四根半嵌于墙内的排叉柱。楼橹外筑土坯关墙。坞在关门西南侧，坞墙系夯土筑

肩水都尉府遗址

成,厚70～80厘米,残存处最高为70厘米。障坞在关内的西南方,坞约1225平方米,坞西南角残存烽台和方堡,堡门内有迂回夹道,两侧有住室、灶房、仓库、中有院落。障在坞的西南角上,约169平方米,障的西北角上还建有一个60.84平方米的土台,规模比候官治所的障坞要小一些。出土遗物的刀、剑、镞等武器,有大量的丝麻、毛、革制成的衣物鞋帽的残片以及点燃烽火用的草苣,这些遗物反映当时的屯戍活动。

民国19年（1930年）,中国西北科学考察团在此出土汉简850枚。1973年甘肃省居延考古队又掘汉简11577枚,其他文物1311件。

破城子甲渠候官治所,由障、坞两个部分筑成,都在遗址的西北部,是一个平面542.89平方米的小堡,障墙厚4～4.5米,用土坯垒砌而成,残高4.6米。障南为坞,坞的平面略近方形(47.5米×45.5米),坞墙厚1.8～2米,夯筑而成。坞门外有类似瓮城的曲壁。坞3米以内的地带埋有4排尖木桩,高出地面0.33米,障坞内建有房屋、灶和牲畜圈等。出土的遗物十分丰富,有弓箭、铜镞、铁甲片等,还有铁农具、工具和各种生活用品。

甲渠第四燧,位于甲渠候官南5千米。烽台较大,残高3.4米,方锥体,夯土筑成,台基的每边长8米左右,烽台的西南角有带烟囱的灶膛,应是在军情紧急的时候发布信号升"烟"用的装置。台南有坞,长21米、宽15.2米,坞内有住房5间,坞门向东。

居延所辖地区南北长达350千米,有的区域"因河为塞",大部分区域则筑有塞墙,残存遗迹仅见长条形土垅,总计长度100余千

米。塞墙的建筑因地制宜,有的是就地取土夯筑,有的是采集大石块垒砌两面墙身,内填碎石,有的仅以土石压紧柴草,基宽约3米,遗存不多。在肩水金关遗址附近试掘的塞墙遗迹,其夯土结构较松软,内含草末和砂砾,墙基宽2.8米,墙身厚1.6～1.8米,残高1.3米。一般的烽燧都由烽台和坞组成。烽台为方形,有夯土筑、石块砌、土坯垒等数种;坞面积36～484平方米不等。以甲渠塞第四燧(P1)为例,烽台夯土筑,方形,61.6平方米,残高3.4米,其西南角有灶和烟囱遗迹,应是发信号时升烟用的设施。坞在烽台南,长21米、最宽15.2米,其西部残墙厚2.35米、高0.7米,内有房屋两间;后来增建的东部残墙厚1.1米、高1.15米,内有房屋3间。坞外地面上发现有木转射和虎落尖桩。

在居延遗址出土的汉简内容十分广泛,涉及汉代社会的政治、军事、经济、文化、科技、法律、哲学、宗教、民族等许多领域,汉简内容不仅记录居延地区的屯戍活动,还保存一批从西汉中期到东汉初年的官方文书,是研究汉代历史的珍贵文献资料。民国19年（1930年）掘获汉代简牍约1.02万枚。1972～1976年掘获汉代简牍约2万枚,其中甲渠候官治所遗址出土7865枚,肩水金关遗址出土11577枚,甲渠第四燧址出土195枚。内蒙古自治区收藏有1999～2002年,内蒙古文物考古研究所在居延汉代烽燧遗址出土的额济纳汉简500余枚。

黑城遗址是西夏、蒙元时期重要的古城遗址,黑城遗址现存城墙为元代扩筑,平面为长方形,周长约1000米,东西434米、南北384米,城墙用黄土夯筑而成,残高约9米。黑城

东西两面开设城门，并加筑有瓮城。城墙西北角上保存有高约13米的覆钵式塔一座，城内的官署、府第、仓敖、佛寺、民居和街道遗迹仍依稀可辨，城外西南角有伊斯兰教拱北一座，城西北角建有5座覆钵式喇嘛塔。南宋宝庆二年（1226年），元太祖成吉思汗第四次征西夏时攻破黑城，元至元二十三年（1286年）元世祖在此设亦集乃路总管府；黑城为草原丝绸之路交通枢纽。明洪武五年（1372年），明朝征西将军冯胜攻破黑城，后又放弃。此后，黑城在大漠间沉寂700余年。

20世纪初，不少外国探险家就对神秘的居延文化进行多次发掘考察。沙俄学者科兹洛夫对黑城进行掠夺式挖掘，盗取大量的史料。1963年苏联出版的《西夏文写本和刊本》一书，公布了科兹洛夫劫走的部分西夏文献

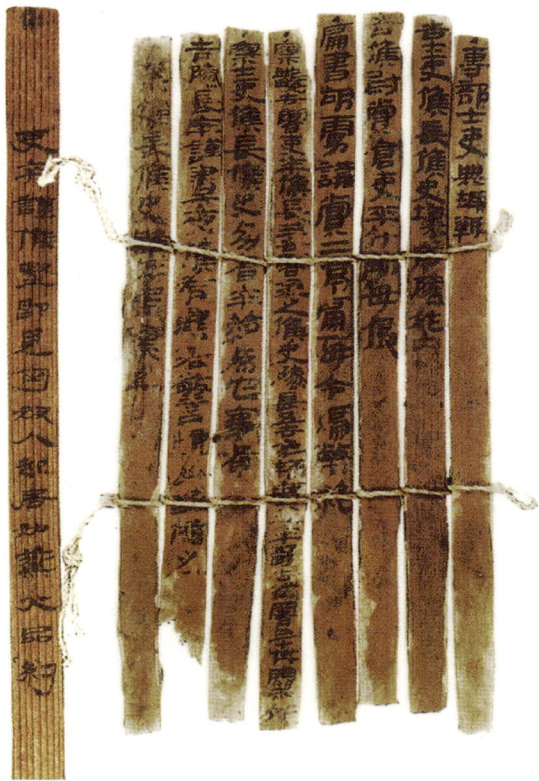

居延汉简

目录，计有佛经345种，政治、法律、军事、语文学、医卜、历法等著作60余种，合计405种。1963年，内蒙古文物工作队在此清理发掘出一座庙宇，发现一批彩塑佛像，为元代工匠的杰作。1983～1984年，内蒙古文物考古研究所会同阿拉善盟文物工作站组成考古队，两次对黑城遗址进行考古发掘，基本揭露出城内主要部分的建筑遗址，出土一批古代文物。

具有同时期城墙上独有的建筑艺术风格，也是该城的一个特色。城内中部及西部，原有街道及主要建筑还依稀可辨。城中的主要建筑，虽经多次盗掘，但用土坯垒砌的房墙颓壁，仍有一些立于地表；城东部一些木构建筑的排列整齐的柱头也从流沙中露出。城内西南方，遗存有一座外形较完整的古教堂，其中礼拜堂为穹庐式，顶、壁样式与今伊斯兰教礼拜堂相同。西北角城墙上原有土坯垒砌的佛塔5座，遗存一座覆钵式塔，残高12米。这座巍然屹立在城角上的土塔，远在10千米以外的荒漠上就可看到。城外临近大土塔不远的地方，还有两组土塔群，都遭到破坏，仅余残塔基。

黑城附近还分布着许多同时代的文化遗物。有成片的村落遗址，有独立的农舍，有佛教建筑。由于沙化，有不少房舍深埋沙中，有的近年来又从沙中暴露。虽然这两次发掘的1.1万平方米的面积仅占全城总面积的十分之一，但已基本揭露出城内主要部分的建筑遗址，取得了这座城址建置沿革和城市布局的考古资料，并且出土了大量的文书和文物。这两次发掘，对于大量存在于北方草原的辽、金、元三代的城址的发掘有十分重大的指导意义。

1988年1月13日，居延遗址被国务院公

布为第三批全国重点文物保护单位，编号3-0209-1-0029。2001年6月25日，国务院公布第五批全国重点文物保护单位时，黑城遗址作为西夏、蒙元时期重要的古城遗址，归入居延遗址中。2008年8月至2014年8月，阿拉善盟额济纳旗人民政府开展黑城遗址抢救性维修保护一、二期工程。

楼兰故城遗址　为汉晋时期古代西域重镇遗址。楼兰城是丝绸之路上西域著名的城市之一，位于新疆维吾尔自治区巴音郭楞蒙古自治州若羌县境内。遗址地处塔里木盆地东部的罗布泊西北岸的荒漠中，南部是阿尔金山，北部为库鲁克塔格山。

据考古调查、发掘资料研究，楼兰故城建于西汉之后，是东汉至魏晋时期丝绸之路"楼兰道"上驻兵军屯，实施行政管理、垦地屯粮和维护丝路安全的一处重要设施，曾是魏晋时期西域长史府的治所。随着丝绸之路的改道，管理机构的撤离，"楼兰道"萧条，至4世纪中叶，楼兰故城逐渐废弃。楼兰城废弃后，湮没在茫茫沙漠之中。

清光绪二十六年（1900年）春季，瑞典探险家斯文·赫定在罗布泊西部探测时发现一座古城遗址。光绪二十七年至民国3年（1901～1914年），斯文·赫定、斯坦因、橘瑞超等外国人先后进入楼兰故城遗址进行考察、挖掘。民国16～22年（1927～1933年），中国西北科学考察团对楼兰地区做了大规模的考察活动。后经发掘，证实为楼兰故城。1979～1980年，新疆维吾尔自治区文物考古研

楼兰古城遗址全貌

究所首次在楼兰故城遗址重要部位做发掘清理。之后，国内外学者对故城遗址进行多次的考古调查和发掘。

古城呈不规则方形，东城墙长约333.5米，南城墙为329米，西面和北面均为327米，总面积10万多平方米。城墙为夯筑，在南北城墙的中段各有一个缺口，可能是城门。城内建筑布局主要有佛寺区、官署区和住宅区。由于千百年劲风的作用，城墙和城内的建筑破坏严重，遗址地表被风力下切3～6米不等，形成许多沟壑凹地。城中重要建筑物是佛塔和"三间房"的木构宅院。城内散落着许多木质建筑构件；城内外陶片、炼渣散布。

佛寺区位于城东北部。主要以高耸的佛塔为主体。佛塔残高10.4米，共分9层。第一层至第三层是夯土建筑，南北长约19.5米，东西宽约18米，似为方形基座。第四层夯土中夹杂土块。第五层以上均为土块垒砌，每层土块间夹0.10～0.15米的红柳枝。第六层可见方木暴露于外，其方木有卯眼。塔身东侧有一土块垒砌的土台，高度与第五层并齐，土台为缓坡，可以上下。通观塔体，底座似为方形，塔身呈圆柱状。佛塔东南残存一片较高的平台，与塔基平面连接，平台表面散见方形、圆形等木质建筑材料，出土过佛教遗物，似为僧房遗址。

官署区位于城中偏西南部，面积约2000平方米的院落。残存有较大的木构建筑和"Ш"形的土块建筑物，故被称之"三间房"。三间房东西长12.5米，南北宽8.5米，总面积为106.25平方米。东西两间较小，中部一间宽

楼兰古城三间房遗址

楼兰古城民居遗址

大。墙体土块尺寸为42厘米×23厘米×10厘米和47厘米×27厘米×10厘米。三间房东侧残存一道南北向的土坯墙；左右两厢残留方木作框架、红柳枝作夹条、外涂草泥之房屋。院内圆、方形建筑构件散布于地。整体观之，这里似为"四合院"，三间房就是"四合院"中残存一处土坯砌筑的房屋。曾在此处发现许多官方文书，故被认为是官署办公治所。

住宅区位于城西南部。残存的遗迹为院落式、单间或多间排列式的木构建筑，开间面积多在10平方米左右。一般为木框架、红柳枝及芦苇作夹条，外抹草泥的房屋，残存的房屋10余间。

在历次发掘中出土过多种文物，有汉五铢钱、贵霜王国钱币、唐代钱币，汉文和佉卢文残简，丝、毛织品残片，漆器、木器、玉器、铜器、料珠、金银戒指、耳环以及玻璃器皿碎片等。在出土的汉文木简和纸文书的纪年大多数在曹魏后期和西晋前期，其中《李柏文书》所载与《晋书·西域传》记载的前凉西域长史李柏相符。

楼兰古城是丝绸之路上西域著名的城市之一，是东西方交通的重要枢纽，经济、文化交会的十字路口，边防、军屯的重镇，曾为西域长史府的治所。在城市建设方面，城墙与内地夯土建筑以及长城西段城墙建筑相似。建筑构件形制和雕刻的花纹样式，同内地一些建筑有相同之处，同时也具有古希腊风格。佛塔形制表现出印度窣堵波式建筑风格。在出土文物方面，出土的汉文木简和纸质文书具有很高的研究价值。楼兰古城曾是丝绸之路的咽喉，欧亚大陆桥的桥头堡，在西域乃至东西方的政治、军事、经济、文化、交通等方面发挥过重要的作用。

1962年，楼兰故城遗址被新疆维吾尔自治区人民委员会公布为第二批自治区级文物保护单位。1982年，成立巴州文物保护管理所。1988年1月13日，楼兰故城遗址被国务院公布为第三批全国重点文物保护单位，编号3-0211-1-031。1989年，成立专职保护机构楼兰文物保护站。2004年12月，建立楼兰古城遗址全国重点文物保护单位记录档案，存放在巴州文物局。2009年3月，成立巴州文物局，负责巴州境内文物保护单位的保护管理。2009年7月22日，新疆维吾尔自治区人民政府印发《关于公布新疆维吾尔自治区全国重点文物保护单位保护范围、建设控制地带的通知》，划定公布楼兰古城遗址保护范围和建设控制地带。

西海郡故城遗址 为汉代所设西海郡郡治所在，位于青海省海北藏族自治州海晏县三角城镇三角城村。地处湟水源头南岸，在青海湖东北部的金银滩上，北1千米处为红蛇山，南接卧佛山山根，东与县城相接，西距州府"西海镇"约13千米。古城西南角有315国道和铁路检修支线穿城而过。

汉平帝元始四年（公元4年）冬，置西海郡，下设环湖五县。西海郡及其附县的设置，是西汉王朝"四海归一"的象征，也是中央政权在青海省东部实施实际管辖的重要实证资料。有关西海郡所属五县，《后汉书·西羌传》记述："初开以为郡，筑五县，边海亭燧相望。"史籍中未记载五县名称，但经青海省

西海郡古城遗址

文物考古研究所的多次调查和历史学者考证，认为西海郡郡城、青海湖北岸的海晏县尕海古城、刚察县北向阳古城、湖西南部兴海县的支冬加拉古城，湖东南部的共和县曲沟曹多隆古城均属汉城，应为郡属环湖五县。汉居摄二年（公元7年），西汉派护羌校尉窦况等西出青海，击破西羌，西海郡复建。新莽末年，朝廷内乱，无力西顾，西海郡复没于西羌。东汉永元十四年（102年）重修西海郡城（龙夷城），置金城西部都尉驻兵戍守。

20世纪40年代初，虎符石匮被发现，民国31年（1942年）马步芳幕僚冯国瑞欲将西海郡故城内的虎符石匮移往西宁，运输途中马车轴断，虎符被弃置东大滩。1956年，青海省文物管理委员会将虎符石匮的上半部分石虎移往海晏县文化馆。1987年9月，海晏县文化馆将弃置在东大滩的虎符石匮下半部分移往县文化馆，和原来移存的石虎合在一起，建亭保存。1956年，青海省文物管理委员会对西海郡故城进行考古调查，根据调查资料确认海晏县三角城为西海郡故城。1958年7月，中国科学院考古研究所到青海湖地区考察，对西海郡故城做了详细调查，除采到"五铢钱""货泉""货布""大泉五十"等货币外，还发现"西汉定安元兴元年作当"铭瓦当等重要考古资料，进一步确证该城为西海郡故城。1976～1979年，青海省文物考古工作队在共和盆地的龙羊峡库区进行考古调查与发掘，在黄河北岸的曲沟公社曹多隆大队发现一座古城，清理出大量的泥质灰陶片、铜弩机、铜镞、"五铢"铜钱、"日月"铭文铜镜、石磨盘等文物，时代为汉，被认为是西海郡所属环湖五县之一。1983年，青海省文物考

西海郡古城遗址出土虎符石匮

古队进行环青海湖考古调查，在西海郡故城中获得"大泉五十""小泉直一"泥钱范、布纹筒瓦、大板瓦、"西海安定"篆体铭文瓦当等一批调查资料。2014年，为设计西海郡故城保护规划方案，对西海郡故城进行了全面考古勘探，基本探明城址布局面貌。

根据勘探资料，故城略呈梯形，东西长约645米，南北宽约610米，总面积约40万平方米。城墙残高约1～5米，基宽约8米，顶宽约2米，呈垅岗状黄土堆积。墙体夯土版筑，夯土层厚约0.06米。经过考古勘探，故城四面中部各辟四门，城内又分内外两城，内城又分成南、北二城。南内城平面呈长方形，辟东西二门，东门为主城门，西门应为副门。城内建筑遗迹较多，踩踏的道路硬面与许多夯土基址相接。建筑基址周围灰坑分布密集，砖瓦等构件大量堆积，南城应当是西海郡故城的官署区和主要建筑分布区。北城平面呈长方形，除北门为主城门外，南墙中部还有一门，城内建筑遗迹较少。外城内有少量建筑遗迹和灰坑分布。城壕和城郭还不清楚。因年代久远，故城毁弃后受自然雨水、风沙等侵蚀，城墙及城内建筑严重毁蚀，城墙呈断续起伏的垅岗状。城内有多个

高起的土丘状台地，为毁弃的原有建筑遗址。多次考古调查，在城内采集到卡约文化夹砂陶片，西汉和王莽时期的"五铢""货布""货泉""大泉五十"等货币以及东汉时期的"西海安定元兴元年作当"文字瓦当和大量不同时代的建筑构件。另外，城内还采集到唐代莲花纹瓦当和宋"崇宁重宝""圣宋元宝"等钱币。特别是城内出土篆刻有铭文的虎符石匮，是西海郡建制断代的标准文物。虎符石匮下为石匮基座，上为虎形石雕，合符一体，虎符石匮通高203厘米，宽115厘米，正面竖排阴刻三行22字："西海郡虎符石匮，始建国元年十月癸卯，工河南郭戎造。"据考证，虎符石匮主要用于盛放当时的"符命四十二篇"，以策应西汉末王莽新政受命于天的活动，也是西汉王莽在青海东部置郡设县的实物例证。从考古资料看出，西海郡故城自东汉以后，历经吐谷浑、隋、唐、吐蕃，直至宋代均在使用，作为青海湖地区的重镇以及丝绸之路青海道上的重要节点，古城一直发挥着重要作用。

1956年8月3日，青海省人民委员会公布"西海郡古城"为第一批省级文物保护单位。1988年1月13日，西海郡故城被国务院公布为第三批全国重点文物保护单位，编号3-0212-1-32。海晏县设立有西海郡博物馆，负责遗址的保护管理并展陈遗址相关文物。

凤凰山山城 是文献记载中高句丽时期乌骨城的所在，位于辽宁省丹东市凤城市凤山经济管理区与边门镇交界处，凤凰山风景名胜区东侧，南邻304国道。

凤凰山山城始建于公元5世纪，长期为高句丽地方政权使用。一说系乌骨城，东晋安帝

凤凰山山城城墙（一）

凤凰山山城1号瞭望台

凤凰山山城出土铁器

元兴三年（404年）之后，随着高句丽势力不断向西、南方向扩展，在开发南北交通道的同时，在势力推进的前沿地区及交通枢纽地带建筑起数目众多的山城，具有屏卫和交通双重作用，在交通要道上的城隘是交通道防御系统的骨架。凤凰山山城所处地理位置离战事频繁的辽河一线较远，但其在高句丽历史上的重要作用还是非常明显，特别是在高句丽晚期更为突出，隋唐征高句丽乌骨城时周围大小城池的应援，说明凤凰山山具有养兵蓄锐的根据地作用。唐高宗总章元年（668年），唐灭高句丽后凤凰山山城被废弃。辽圣宗统和二十九年（1011年），辽代在凤凰山山城设开州及开远县，元代设开州站，明代短暂使用，设凤凰山堡，此后完全荒废。

凤凰山山城平面大致呈椭圆形，中心低洼，四周高峭，城墙沿四周山脊分布，周长约16千米，存人工城墙、天然屏障、城门及瞭望台、采石场、古井等附属设施以及高句丽时期墓葬群等遗存。

山城石砌城墙总长7525米，其中保存较好的城墙2355米，共由31段组成，重要的有5段：黑沟段，位于北门东100米左右，长1000

米，其中有460米原始城墙，高5～7米，顶宽3～4米，底宽4～5米，城顶无垛口，平顶，城墙外侧砌筑工整，全部以楔形石叠压而成，砌层25～30层，内壁不甚工整；庙沟段，位于城址西部中段，凤凰山攒云峰南860米，墙体长400米，较完整100米，砌筑方式与黑沟段相同；凤凰山山口段，位于攒云峰东北侧山坡，横越凤凰山山口，有400米扎谷连峰城墙，中部有豁口，似有小型城门；匹马沟段，位于山城西北角转折点匹马沟山口，存完整城墙60米；东庙段，位于山城东南角制高点，有城墙400米，其中20米较完整，存高2米，宽3米，修筑特点是选用石块较大。倒塌城墙总长5170米，由55段组成，分多石型和少石型。多石型主要有东段和北门西段，已经过维修保护。东段的大芹菜沟段，位于山城东部，断续长1050米；北门西段凤凰山段，由山城西北角开始，进入砬子沟和凤凰山东山区，一直到攒云峰，倒塌城墙断续长1000米。少石型城墙主要位于山城南线。天然屏障包括长度在50米以上的34段，均为悬崖峭壁，主要有庙沟山口段、攒云峰段、东大顶子段、匹马沟段。长度在50米以下的共有62段，为大小不等的自然岩石，自然岩石与人工城墙相连接。山城设有南、北、东三座城门，南门为主要城门，位于山城正南两个山头之间，宽约5米，两侧存人工堆造的小山，高8米，有护坡石，城门外侧有凹形土垒，应是瓮城遗迹。北门位于山城北部低矮山口处，已经过维修保护，原门西侧尚存基石，残高1米、宽3米，北门外侧有一道绕门圆形墙基，周长20米，为小型瓮城。东门位于南门东侧1120米处的两峰之间，称北涧沟，存部分墙基石和部分墙石，基宽6.5米。水门位于南门西侧100米古城里河河道及两侧，存夯土基和墙石。另城墙沿线有哨台、马面、旗杆座等附属设施，与城墙一起构成完整的防御体系。城墙沿线及城内有古井7眼，已废弃。山城南门外两侧存高句丽时期墓葬群。

1983年9月，凤凰山山城被凤城县公布为第一批县级文物保护单位。1988年，凤凰山山城被辽宁省政府公布为省级文物保护单位。1996年11月20日，凤凰山山城被国务院公布为第四批全国重点文物保护单位，编号4-0037-1-037。2005～2013年，国家文物局批复先后对北门东段城墙、北门西段城墙、北门、北门瞭望台、南门瞭望台进行保护性维修。2006年，凤凰山山城被列入国家《"十一五"期间大遗址保护总体规划》，"十二五"期间仍然延续。2013年，凤凰山山城的管理机构为凤城市博物馆，辽宁省文物考古所建立凤凰山山城全国重点文物保护单位保护档案。2015年，启动凤凰山山城保护规划的编制工作。

骆驼城遗址 为汉唐时期设置在河西的重要城址，位于甘肃省高台县西骆驼城乡西滩村，地处祁连山前洪积倾斜平原中戈壁砾石与细土过渡地带，地势南高北低。东距高台县城29千米，南距兰新铁路12千米，南临祁连山北麓支脉榆木山，北临戈壁平原，东北黑水河流过。

骆驼城始建于汉代，为酒泉郡表是县治所；西晋末年至南北朝时为建康郡治所；唐代中央政权在此设立建康军。城址是丝绸之路河西段大型汉唐城市聚落遗址，包括城址、窑址、古防洪工程、墓群等。

骆驼城一名始见于清雍正十三年至乾隆二年（1735～1737年）的《重修肃州新志》："骆驼城，在城西南四十里。""按此即建康故城，骆驼城乃俗名耳。""表是故城，在县西，汉置，后汉曰表氏。"西汉武帝元鼎六年（前111年），在河西黑河中游地区设

骆驼城遗址远景

表是、乐涫、绥弥县，同隶酒泉郡，今骆驼城遗址所在区域大多属表是县。东汉灵帝光和三年（180年），"酒泉表氏地八十余动，涌水出，城中官寺民舍皆顿，县易处，更筑城郭"（《后汉书·五行志》）。易地而建的新表是县城就是骆驼城。魏晋时期，骆驼城为酒泉郡表是县治，出土于遗址南墓群西晋墓葬的彩帛铭旌纪有"元康元年（291年）晋故凉州酒泉表是"等字，确证骆驼城为汉末以来的表是县无疑。东晋十六国时期，永和元年（345年）十二月，"（前凉）张骏伐焉耆，降之。是岁，骏分武威等十一郡为凉州"（《资治通鉴》卷九十七）。《魏书·地理志》载："张骏分武威、武兴、西平、张掖、酒泉、建康、西海、西郡、湟河、晋兴、广武合十一郡为凉州。"《晋书·张骏传》载："永和元年，以世子重华为五官中郎将、凉州刺史。"可证至迟在东晋永和元年（345年），前凉张骏

将酒泉郡表是县升格为建康郡，隶凉州。遗址南墓群出土前秦木牍载"建元十八年（382年）正月丁卯朔廿六日壬辰，建康郡表是县都乡杨下里"，可证骆驼城乃建康郡治，下辖县、乡、里等地方行政组织。东晋隆安元年（397年），后凉建康郡太守段业在后凉大将沮渠蒙逊的鼓动下以建康郡割据，自署凉州牧、建康公，翌年自称"凉王"，史称"北凉"。骆驼城为北凉政权的发祥地。隆安四年（400年），北凉晋昌太守唐瑶移檄敦煌、酒泉、晋昌、凉兴、建康、祁连六郡，推李暠为凉公，史称西凉。东晋义熙元年（405年），北凉"沮渠蒙逊来侵，至于建康，掠三千余户而归。玄盛大怒，率骑追之，及于弥安，大败之，尽收所掠之户"（《晋书·凉武昭王李玄盛传》）。据此，建康郡在当时至少有近2万人，可谓人口繁盛。晋义熙十三年（417年），北凉沮渠蒙逊攻西凉李歆，夺建康，并

骆驼城土墩墓

骆驼城出土魏晋彩绘《进食图》壁画砖

骆驼城出土魏晋彩绘《出行图》壁画砖

计诱李歆，歆觉引去，蒙逊追之，战于鲜之涧，蒙逊败，不得已，"城建康，置戍而还"（《晋书·沮渠蒙逊载记》），这是史书中有关修筑建康郡的记载。沮渠氏亡于北魏后，建康郡属北魏。其时，北凉沮渠无讳率残部西度流沙，曾将大批建康人口带往高昌，吐鲁番出土砖志见载。南北朝后期，建康郡人口骤减，土地荒芜。《隋书·地理志》已不载建康郡。武周证圣元年（695年），武威道总管王孝杰在骆驼城置建康军。《新唐书·地理志四》"甘州张掖郡"下记云："西北百九十里，祁连山北有建康军，证圣元年王孝杰以甘、肃二州相距迥远，置军。"《通典·州郡二》载："建康军，张掖郡西二百里，证圣初，王孝杰置，管军五千三百人，马五百匹，东去理所（武威）七百里。"开元初，盛唐名将张守珪曾任建康军使。据《唐六典》载，其时建康郡有田一十五屯。安史之乱后，代宗大历元年（766年），甘州、肃州并陷吐蕃，建康军遂陷，后废。

对于骆驼城遗址的调查、勘探和发掘工作，始于20世纪70年代。1975年，张掖地区组织的文物普查队对骆驼城遗址进行考古调查。1981年，西北大学、兰州大学、西北师范大

学、新疆社会科学院考古研究所等单位联合组成丝绸之路考察队，沿丝绸之路考察到骆驼城遗址，考证骆驼城为汉唐遗址。1987年夏，甘肃省文物考古研究所实地赴骆驼城考察，对遗址现状做详细记录。1989年秋，北京大学地理系考察骆驼城，考察课题为"古丝绸之路沿线地理变迁研究"。1998年8月，高台县博物馆在遗址东南墓群黑河西总干渠建设工地发掘清理一座西晋纪年墓葬，清理出土彩绘木版画和帛质旌铭。1999年12月至2000年3月，高台县博物馆对骆驼城墓群早年被盗和被洪水冲陷的一些墓葬进行清理回填，清理出陶器、木器、简牍、帛书等文物共300余件。2001年夏，甘肃省文物考古研究所、高台县博物馆在骆驼城遗址进行考古发掘，在遗址北城揭露面积1300平方米，在西南夯土台式墓群发掘一座大型彩绘壁画砖墓。2003年夏，敦煌研究院考古研究所、高台县博物馆在遗址南防洪工程施工工地发掘墓葬8座，出土各类文物200余件。

骆驼城遗址，平面呈长方形，黄土夯筑，分南、北二城。南城面积为23.8万平方米，北城面积为6.97万平方米；南、北二城总面积30.77万平方米。遗迹有城墙、瓮城、弩台、角墩、古井、夯土台基等。遗存城址轮廓清

晰，结构完整。其中南城东墙存255米，底宽3.6米，上宽2.1米，高6米，坍塌335米，残高2～3.5米；南墙长425米，底宽3.6米，上宽2.1米，高7米，基本保存完整。西墙较完整，除两处4米左右的豁口外，绝大部分高度在6～7.5米，底宽3.6米，上宽1.6～1.8米。南城东南、西南角墩基本完整。南城有三门，其中东西两门与北城东南、西南角墩相邻，皆设瓮城。北城南墙长425米，底宽4.23米，上宽0.2～2米，高7米，保存基本完整，正中开门，设瓮城，高7米。北城东南角墩底边长5米，高6.5米，西南腰墩底边长6米，高7米。北城西墙有一洪水冲断的豁口，存153米，底宽4.5～5米，上宽2.5米，高8米。北城北墙因城北白水河冲刷，大部倒塌。北城东墙残存长163米，高7.6米，北端有瓮城，残存一角。北城东、西墙北端外各有一座弩台。北城北墙为后期所筑，残高1.5米，仅存两段，城门不辨。北城东侧可见壕沟遗迹。清理出土包括"开元通宝"等在内的一批唐代遗物和数组唐代建筑遗迹以及深仅两米且为砖砌的一口唐代古井，在唐代遗存下层还发现有十六国时期陶片等遗物。

骆驼城东南墓群，位于骆驼城遗址东南1500米处，该墓群东西宽约6000米，南北长约9000米，面积50多平方千米。墓群有可见封土的墓葬约2100座，还有部分墓葬因年久遭洪水冲刷或人为挖取砂石，封土已不甚明显。封土多为圆丘状，也有少量覆斗形封土，高度1.5～4米不等。从清理的早期被盗墓葬看，有斜坡墓道土洞墓、斜坡墓道砖室墓等形制。1996年清理的一座砖室墓出土魏晋时期彩绘壁画砖54块，出土木尺、木质猴形纽"王平"印等珍贵文物。1997年、1998年和2002年，因为建设工程，相继又发掘墓葬10余座，出土有汉代铜镜、木车马、陶鼎、陶灶等。

骆驼城西南夯土台墓群，分布在骆驼城遗址西南1.5千米处的骆驼城乡西滩村和国营高台农场的农田内，大致呈西南至东北一线，分布面积约2平方千米，存有34座墓，其中16座较完整；夯土台式封土底边周长40米，高5～6.5米；另有18座封土有程度不同的坍塌，残高2～4米不等。

除城址及墓群外，骆驼城遗址还含有9座窑址，窑址呈弧形排列，仅见夯土堆积，地表散布有夹砂残灰砖等遗物。

1981年，甘肃省人民政府公布骆驼城故址及墓葬为省级文物保护单位。1996年11月20日，骆驼城遗址被国务院公布为第四批全国重点文物保护单位，编号4-0040-1-040。1998年，高台县成立骆驼城文物管理所，隶属于高台县博物馆，负责对骆驼城遗址进行保护管理。1998～1999年，组织专业力量对骆驼城早期被盗、塌陷的墓葬进行清理和回填。1999年，甘肃省人民政府印发《甘肃省人民政府关于公布我省全国重点文物保护单位保护范围的通知》，划定公布骆驼城遗址的保护范围和建设控制地带。2001年6月25日，国务院公布第五批全国重点文物保护单位时，骆驼城墓群作为扩展项目归入骆驼城遗址。2002年，经国家文物局批准，实施骆驼城遗址防洪工程。2004年，高台县文物局编制建立骆驼城遗址"四有"档案，由高台县文物局保管。2008年，张掖市人民政府制定颁布《高台骆驼城、许三湾遗址及墓群保护管理办法》。2010年10月,完成骆驼城遗址安防一期工程。2012年,实施骆驼城遗址抢险加固工程。2014年,实施骆驼城遗址安全防范二期工程;实施骆驼城西南夯土台式墓葬抢险加固工程。

锁阳城遗址　是汉代冥安县、唐代瓜州城(晋昌郡)暨晋昌县县城遗址,系汉唐丝绸之路重镇,中西交通之枢纽,位于甘肃省瓜州县。遗址地处锁阳城镇东南9千米戈壁腹地中。西北距瓜州县城所在地渊泉镇77千米。城址地处第四纪冰河期洪积砾石层与全新世洪积黄土层交会地带,地势东南高西北低,南眺北祁连山支脉长山子,北望广袤的戈壁平原,其东有疏勒河自东向西经流,其西有榆林河自南向北经流,两河均发源于祁连冰川。

锁阳城历史可上溯至西汉武帝时期。《汉书·武帝纪》载:"(元鼎六年秋遣)匈河将军赵破奴出令居,皆二千余里,不见虏而还,乃分武威、酒泉地置张掖、敦煌郡,徙民以实之。"《汉书·地理志》曰:"敦煌郡,武帝后元年分酒泉置,县:……冥安,南籍端水出南羌中,西北入其泽,溉民田。"经考证确定汉冥安县址在锁阳城东北4.5千米处,属敦煌郡辖地。《晋书·地理志》载:"元康五年,惠帝分敦煌郡之宜禾、伊吾、冥安、渊泉、广至等五县,分酒泉之沙头县,又别立会稽、新乡,凡八县为晋昌郡。"《元和郡县图志》曰:"晋昌县,本汉冥安县,属敦煌郡,因县界冥水为名也。晋元康中改属晋昌郡,周武帝省入凉兴郡。隋开皇四年改为常乐县,属瓜

锁阳城遗址全景

州，武德七年为晋昌县。"故锁阳城始筑当在西晋元康五年（295年），迨及十六国北朝时期，锁阳城无疑亦是前凉、前秦、后凉、南凉、西凉所置晋昌郡暨郡治冥安县治所。北魏时为晋昌戍城。《旧唐书·地理志》载："瓜州，下都督府，隋敦煌郡之常乐县，武德五年置瓜州，仍立总管府，管西、沙、肃三州。八年罢都督，贞观中复为都督府。天宝元年为晋昌郡，乾元元年复为瓜州。"可证锁阳城是在汉冥安县址上建设的隋唐瓜州（晋昌郡）及晋昌县的城市。唐安史之乱，吐蕃乘虚占领河陇广大地区，大历十一年（776年），瓜州陷落，锁阳城遂落入吐蕃之手。至宣宗大中二年（848年）张议潮率众驱蕃，瓜州复归大唐。嗣后历经唐末、五代、宋初，仍置瓜州。宋仁宗景祐三年（1036年）以后，西夏占据，亦置瓜州。元代瓜州隶属沙州路，《元史·地理志》："瓜州，唐改为晋昌郡，复为瓜州。宋初陷于西夏。夏亡，州废。元至元十四年，复之。二十八年，徙居民于肃州，但名存而已。"迨至明代，锁阳城又被重新利用。从《明史·西域传》《天下郡国利病书》《肃州新志》等文献获知，锁阳城在明代称作苦峪城，并于宣德十年（1435年）重新修缮，正统六年（1441年）缮毕，弘治七年（1494年）再次修缮。到了正德（1506～1521年）以后，明朝弃置嘉峪关外，不复经理，致使关外诸城反复被吐鲁番、哈密、蒙古等部族争夺，苦峪城随之颓废。

民国3年（1914年）3月，英籍探险家斯坦因，对锁阳城址和塔尔寺遗址及1号、2号土堡（土牢）进行盗掘。民国29年（1940年）春，三个白俄罗斯人涉足塔尔寺，打开大佛腹腔。1986年，当地文物部门组织对两座唐墓进行抢救性发掘，获得"开元通宝"铜钱若干枚。1996年古墓群被盗，安西县公安局侦破案件后，追回唐三彩马、三彩骆驼、三彩俑、丝绸、瓷器、花砖等文物。2002年，敦煌研究院考古研究所、安西县博物馆清理发掘西北角墩部分遗址，获得汉晋绳纹、漩纹、水波纹灰陶片，唐代水波纹白陶片、褐釉瓷、墨釉瓷片及"乾元重宝"钱、铁刀、铁剑、铁甲残片等文物。2006～2009年第三次全国文物普查，当地文物部门再次调查遗址，组织相关专家对古渠道遗址进行详细调查，弄清分布网络。2009年，甘肃省文物保护维修研究所对锁阳城址和塔尔寺遗址进行勘测。2012年5月，甘肃省文物考古研究所再次进行详细调查、发掘，采集

锁阳城外城北城墙

锁阳城内城东城墙

锁阳城内城南城墙马面

标本，对各区域进行碳十四测年。

锁阳城遗址由锁阳城城址、塔尔寺遗址、锁阳城古渠道遗址、锁阳城墓群等四部分组成。

锁阳城城址，平面呈不规则长方形，由内城与外城两大部分构成。内城为不规则四边形，东墙长493.60米，西墙长576米，南墙长457.30米，北墙长534米，占地面积28.50万平方米。墙基宽19米，墙顶宽3～4.50米不等，墙体残高9～12.50米不等。城内偏东筑有一道南北向隔墙，将内城分为东、西两部分，隔墙北段开有一门，将两部分连通。内城墙体及隔墙外墙体均筑有距离基本相等的马面，共计24座，其中东墙3座，西墙6座，南墙5座，北墙5座，隔墙5座。四角有角墩，西南角和西北角及西墙中段、北墙中段各筑有瓮城。西北角墩之上有土坯砌筑的瞭望墩1座，高出城墙8米。城内西半部分布大面积废弃坍塌所形成的建筑遗址和灰层堆积，厚度达4～7米不等。勘察内城结构，并不是同时期建筑，而显然系经三次修缮、补筑而成。外城绕内城而筑，平面呈不规则长方形，东墙长530.50米，西墙长649.90米，南墙东段长497.60米，西段长452.80米，北墙长1178.60米，占地面积76.60万平方米，墙基宽4～6米不等，墙体残高4～11米不等。外城中段和内城西北角墩处有一道东西向的墙体，将外城分为南北两个区域，即称羊马城。外城四角亦筑有角墩，东墙中段开有一门，似为全城东门，北墙东段拐角处亦开一门，似为外北门。综观其结构疑为后期扩筑而成。外城西北角距墙体北去100米处有相对而立的2座夯筑土堡，俗称土牢，二者相距80米，呈方锥体，面积一为154平方米，一为180平方米，残高8.6～10米，应是锁阳城整体的一部分，性质暂不明。城墙与土堡皆沙土夯筑，夯层厚12～30厘米。其中外城夯土层中含有汉代细绳纹灰陶片和魏晋夹砂灰陶片，内城墙体中遗留有圆木朽洞。2002年，为配合内城西北角墩的保护加固工程，敦煌研究院考古研究所和瓜州县博物馆对内城西北角城墙内外进行清理发掘，发掘面积200平方米，获得文化层堆积资料和出土实物资料。文化层可分为5层，第1层为风尘土，包含物杂乱；第2层、3层为晚期文化层，出土有唐代白瓷片、夹砂白皮陶片及宋元明黑釉瓷和青花瓷片，器形有盆、罐、碗、钵、灯、缸等；第4层、5层为早期文化层，出土有泥质灰陶、泥质红陶波浪纹、弦纹陶片、铁甲残片及兽骨，器形有罐、盘等。陶片及器物与敦煌、酒泉两地汉晋墓出土器物特征相同，应为同时代物。2012年，甘肃省文物考古研究所对遗址进行全面勘探和试掘，获得炭化小麦、小泥梵塔、泥饼经文、泥佛像、木器残件等物，同时进行了碳十四测年，其年代在汉至唐范围内，印证文献记载之锁阳城复杂的历史沿革。由此可以认定，锁阳城是汉晋以迄唐宋至明代，是一处重要的城市遗址，有着明显的时代延续性和复杂的建设历程。

塔尔寺遗址，位于锁阳城遗址以东1千米处，建在锁阳城东门外，坐北向南，平面呈长方形，东西长146.41米，南北宽104.45米，占地面积15292.50平方米。大门口东西两侧存钟鼓楼台体，正中正殿高台体。正殿高台上筑有大塔1座、小塔11座。大塔为覆钵式，须弥座，土坯砌筑，白灰抹面，残高14.5米。小塔位于大塔后侧，土坯砌筑，且多有损坏。有学者认为塔尔寺是唐代开元寺。《大慈恩寺三藏法师传》亦记述唐玄奘赴印度经瓜州在此讲经。乾隆二年（1737年）《肃州新志·柳沟卫》记载："唐朝断碑，在寺基内，字画不甚剥落。一面逼真唐体，虽未为唐人之极佳者，而断非唐后之书，因首尾残缺，仅存中段，文义不能连贯，而总系大中时复河、湟，张议潮归唐授爵，大兴屯垦，水利疏通，荷锸如云，

万亿京垓，称功颂德等语。"2012年，甘肃省文物考古研究所对遗址进行勘探试掘，获得西夏至元代的资料。塔尔寺始建于唐代，历经唐、五代、西夏，迄元明不曾废弃，西夏时最为鼎盛，遗址主体为唐代和西夏时期遗存。

锁阳城古渠道遗址，位于锁阳城东南广阔区域。古渠筑法为先开沟，后夯筑，再筑堤坎。取水于疏勒河，分流引水入渠。遗址主要有：东干渠4.2千米，北干渠5.8千米，中干渠6.8千米，南干渠2.95千米，西干渠4.5千米。五大干渠总长约26.6千米，各干渠中又有众多支渠，总长约96千米，形成庞大而有机结合的水利渠系网络，灌溉锁阳城及周边60平方千米范围内土地。灌溉水源来自祁连山、汇流成疏勒河。根据《汉书·地理志》《元和郡县图志》《沙州都督府图经》和塔尔寺出土唐碑等记载，这些古渠道的修筑，始于西汉，发达于

锁阳城遗址出土文物

唐代。遗址是唐代遗存。

锁阳城墓群，分布在锁阳城遗址东和东南广大区域，在东西长16千米、南北宽5千米范围内，分布着2157座古墓葬。经勘探发掘得知，时代上始汉代，下迄唐代。地表有坟土，墓室有土洞和砖砌者。也有埋葬众多尸骨的"万人坑"土坑墓。1986年抢救发掘两座墓，出土有青铜鱼饰件和开元通宝铜钱。1995年抢救发掘一座规模较大的墓葬，墓地表有圆锥形坟土，底径7.6米，高3.2米，坐南向北，墓道长13.5米，宽1.35米，斜坡道32°，墓门据地表深4.84米。室内青砖砌筑，覆斗顶，莲花方砖藻井，墓室顶悬挂长1.44米、宽24厘米黑纱挽幛，单人葬，雕花棺，棺板上裱糊一层宣纸，其上彩绘龙凤呈祥、忍冬莲花、折枝卷草、卷云纹等图案，精美华丽。墓室地面均用莲花纹方砖铺就。随葬器物有三彩釉陶男女俑、三彩马（高达65厘米）、三彩驼、镇墓兽、木雕人俑、木雕马以及丝织衣服残片等。

锁阳城是古丝绸之路咽喉要道上的一座古城址，在河西地区政治、经济、文化及军事诸方面曾起到过非常重要的作用。锁阳城是中国保存最为完好的汉唐古城之一，也是丝绸之路上的重要城镇。锁阳城遗址及其周边地区是集历史人文景观和自然景观为一体的独特区域，汇集古城址、古寺院、石窟寺、古墓群、古渠道、古垦区等多种遗迹，其多样性和复杂性为国内少有。大量渠道和农田组成的古代农业灌溉系统显示古代灌溉农业的发达及其以后沙漠化进程的演变成因。锁阳城遗址规模大，沿用时间长，内涵丰富，真实完整，具有较高的历史、科学、艺术价值。

1962年，甘肃省人民委员会公布锁阳城遗址为第一批省级文物保护单位。1986年，甘肃省政府批准成立安西自然保护区，锁阳城纳入其中。1992年11月，国务院公布甘肃安西极旱荒漠国家级自然保护区（锁阳城包括在内）。1996年11月20日，锁阳城遗址被国务院公布为第四批全国重点文物保护单位，编号4-0050-1-050。2006年5月25日，国务院公布第六批全国重点文物保护单位时，将锁阳城古墓群作为扩展项目归入锁阳城遗址。2011年，安西县人民政府编制完成锁阳城遗址总体保护规划。2013年，国务院公布第七批全国重点文物保护单位时，将锁阳城古渠道遗址作为扩展项目归入锁阳城遗址。2013年，酒泉市人民政府印发《锁阳城遗址保护管理办法》，编制有《锁阳城遗址管理规划》《锁阳城遗址保护总体规划》和《锁阳城考古遗址公园建设规划》。2014年，锁阳城遗址作为"丝绸之路：长安—天山廊道的路网"重要遗产点被世界遗产委员会第38届大会列入世界文化遗产。遗址由锁阳城遗址文物管理所负责管理，隶属于瓜州县文物局领导。"四有"档案保存于瓜州县锁阳城文物管理所。《甘肃省安西县锁阳城遗址保护规划》划定保护范围与建设控制地带。

汉庄城址 为汉晋时期中央王朝设置在云南地区的重要郡县治所，位于云南省保山市隆阳区兰城街道办事处汉营村委会村东农田中。西距汉营村约1000米。城址离市区约3千米，居于保山坝子（小盆地）西南部，地势略呈西高东低状，四周皆为农田、村落，老大沙河20世纪70年代前从城址北侧流过，新大沙河改从城址南侧流过，西大沟从城址东侧流过。

汉庄城址 1999 年发掘现场

汉庄城址出土西晋元康四年纪年砖

根据史料和考古资料追溯，汉庄城址于西汉元封二年（前109年），设嶲唐县而建城。东汉初年，设置益州郡西部都尉，治所嶲唐。东汉永平十二年（69年）设置永昌郡后成为永昌郡治所。《后汉书·西南夷传》载："永平十二年，哀牢王柳貌遣子率种人内属……显宗以其地置哀牢、博南二县，割益州郡西部都尉

汉庄城址铺路砖遗迹

所领六县，合为永昌郡。"《后汉书·西南夷列传》云："西部都尉广汉郑纯为政清洁……天子嘉之，即以为永昌太守……纯自为都尉、太守，十年卒官。建初元年，哀牢王类牢与守令忿争，遂杀守令而反叛，攻嶲唐城。太守王寻奔叶榆（今大理市），哀牢三千余人攻博南（今永平县），燔烧民舍。"明确地记述嶲唐县、益州西部都尉、永昌郡三者的关系及其与嶲唐城的治所关系。城址内出土西晋"元康四年（294年）造作"的纪年砖，说明此城沿用至西晋。《华阳国志·南中志·永昌郡》载："祥子元康末（299年）为永昌太守，值南夷作乱，闽濮反，乃南移永寿……永寿县，今郡治。"说明至西晋元康末年（299年）永昌郡郡治南迁永寿，汉庄城址不再作为郡城使用。但作为一座城池可能在一定程度上仍被继续使用，只是其重要性随着时间的推移而越来越小，至南朝宋时（420～479年）完全废弃。其前后使用的时间341年，是中央王朝通往南亚、东南亚的政治军事据点，是南亚、东南亚交通的门户。明清时期，一直到20世纪80年代，此城一直作为季节性水库使用，在城墙上开挖和修筑许多沟渠、排水口和排水涵洞。

20世纪80年代后，城址改做农田，引起城墙大面积坍塌和多处缺断，加上自然降雨和人为取土、耕种，城址被逐年侵蚀。

1981年底，云南省文物普查期间进行城址调查，并经多位专家现场勘察确认为汉晋时期的古城址。1999年3～5月，云南省文物考古研究所主持，会同保山市、隆阳区两级文物管理所组成考古队，对汉庄城址东侧大保公路所经遗址、墓地范围进行重点区域的抢救性考古发掘。发掘面积共计1300平方米，发现汉晋时期和明清时期的文化层、灰坑、墓葬和沟等遗址，出土砖、瓦、陶器、残铁斧、残铜器等文物。2005年5月至12月中旬，云南省文物考古研究所主持，会同保山市、隆阳区两级文物管理所组成考古队，对汉庄城址进行考古勘探。排除附郭或外城的存在，在城内西半部台地上发现大面积汉晋时期的砖瓦堆积、排水沟、铺路砖、建筑遗迹、火灾遗迹等，发现城墙外围8～26米宽的城壕。

汉庄古城址，位于汉营村东约250米，东南西北四面均为耕地农田环绕，城址呈长方形，南北长约315米，东西长约370米，东南西北四面城墙高出地面1～3米。东、南、西三面城墙上的局部及城址内全部区域被开垦为耕地、农田，北城墙被作为汉营与东面武家村之间的道路使用，城址面积约11.65万平方米。从地表观察，西城墙又向南延伸出约220米，北城墙则又向西延伸出约250米，与汉营村相接（此段延伸部分及北城墙被作为汉营村通往武家屯村的大道使用）。城址外的遗址、墓地分布在城址东、南、北三面（主要为东面）与武家屯村之间的大片耕地农田下。

1984年12月，云南省保山市（隆阳区）人民政府公布汉庄遗址为市（区）级文保单位；1987年12月，云南省政府公布为省级文保单位。1997年，云南省人民政府转发省文化厅《关于云南省国家级和省级文物保护单位保护范围和建设控制地带划定方案的通知》，划定保护范围与建设控制地带。2001年6月25日，汉庄城址被国务院公布为第五批全国文物重点保护单位，编号为5-0106-1-106。2002年，成立汉庄城址保护工作委员会。2005年1月，建立汉庄城址"四有"档案，存放于云南省文物考古研究所、保山市文物管理所等单位。

圆沙古城 为西汉时期古扜弥国所在地，位于新疆维吾尔自治区于田县，分布于大河沿乡北部，喀拉墩遗址西北41千米处，南距于田县城230千米。城址地处塔克拉玛干沙漠腹地，

圆沙古城墙垣遗迹

圆沙古城南城墙、城门

几乎被沙丘覆盖，仅见少量已干枯的胡杨、柽柳树根，城西是宽大的克里雅河老河床。

1994年，中法克里雅河联合考察队发现圆沙古城。1996年10～11月，中法克里雅河联合考察队对圆沙古城进行详细测量、照相、记录等工作，并选择1个城门、3处城内建筑遗迹和6处墓葬进行清理发掘。2001年10月，中法联合考察队在克里雅河流域进行野外补充调查工作。根据古城西墙中木炭标本的碳十四年代测定，距今2135±50年。结合城内采集的带流夹砂红陶、夹砂灰陶和黑陶等文物分析，古城的时代上限应不晚于西汉时期。

古城呈不规则四边形，因水冲或风蚀作用，转角处的城垣大都不存在。城周长约995米，南北最长处330米，东西最宽处270米。其中残存的城垣长度为473米，顶部宽度3～4米，高约3～4米，最高处11米。城垣的结构以两排竖插的胡杨木夹以层层纵向柳枝为墙体骨架，墙外用泥土块垒砌，或以胡杨枝、芦苇夹淤泥筑成，以畜粪堆积为护城坡。在南墙中部和东墙北段各有一城门，南门规模较大，保存较好。城门两侧有两排立柱，形成门道。南门的门框和用胡杨柱拼成的门板尚存。城内基本被流沙覆盖，暴露6处建筑遗迹，因风蚀等原

因，仅存有高不足半米的立柱基部。地表散布的遗物主要是残陶器、石器、铜铁小饰件及料珠等，有少量的动物骨骼。

圆沙古城是克里雅河流域及和田考古中的重要发现，对研究当地历史、文化具有很高价值。学者认为，圆沙古城是西汉时扜弥国地望所在，遗址规模较大，建筑布局和建造方法较原始，为研究古代中国新疆的城镇营建提供了难得的实例。城址位于塔克拉玛干沙漠的中心地带，为了解该地区古代居民的遗传学特征提供珍贵的材料，对认识克里雅河下游人类活动的规律与环境变迁的关系具有重要意义。

1979年，和田地区文物保护管理所成立，负责圆沙古城的管理。1999年，圆沙古城被新疆维吾尔自治区人民政府公布为第四批自治区级文物保护单位。2001年6月25日，圆沙古城被国务院公布为第五批全国重点文物保护单位，编号5-0130-1-130。2004年12月，建立圆沙古城"四有"档案，存放在和田地区文物局。2005年12月，设立和田地区文物局，负责圆沙古城的日常保护和管理。2009年7月22日，新疆维吾尔自治区人民政府印发《关于公布新疆维吾尔自治区全国重点文物保护单位保护范围、建设控制地带的通知》，划定公布对圆沙古城保护范围和建设控制地带。

罗布泊南古城遗址 是汉晋时期楼兰—鄯善国城市之一，为古代丝绸之路上重要的城址，位于新疆维吾尔自治区巴音郭楞蒙古自治州若羌县东北，楼兰古城遗址以南50千米荒漠中。

清宣统元年（1909年），日本大谷考察队成员橘瑞超首次发现古城。民国3年（1914年），英国人斯坦因重访楼兰，在罗布泊西岸

南部考察两座遗址，编号为LK、LL古城（罗布泊南古城遗址）。1980年，新疆维吾尔自治区社会科学院考古研究所首次调查和测量遗址。1988年4～5月，新疆文物考古研究所楼兰文物普查队深入罗布泊荒漠，对LA、LK、LL等遗址进行调查。

据调查，遗址由LK、LL古城及三处住宅房址组成，遗址内主要有城墙及房屋建筑遗迹等，分布范围约64平方千米。

LK古城东北距楼兰故城50千米。古城呈长方形，东墙长163米，南墙长82米，西墙长160米，北墙长87.5米，面积约2万平方米。主要遗迹有城墙、房屋等。城墙残宽约1.5～7米、墙基宽7米以上。城墙残高3～5.4米，墙体为夯土夹红柳、胡杨枝筑成。城内散布大量柱础、八角柱等建筑材料。城南部房屋大部分被流沙掩埋，房屋遗迹依稀可辨，房址墙壁残高约0.9～1.2米、厚约0.27米，主要残留有胡杨方木榫相连的横梁竖柱房屋框架，以胡杨木棍及红柳枝作夹条、间夹芦苇、外涂草泥的房屋墙壁等。东城墙南端为城门，城门外30米处有大片冶炼炼渣，为冶炼遗址。

LK古城西北3千米处是LL古城，西北8千米处是三处住宅房址。古城长方形，东城墙长71.5米，南城墙长61米，西城墙长76米，北城墙长49米。除西北角和东墙北段有残缺口外，城垣保存基本完整。城墙残高3～4米，顶宽1.2～5米，底宽8米以上。城墙的筑造方式与LK古城相同，时代为同一时期。房址最大房间10.67米×7.93米，房屋为木柱框架，墙体为内编排红柳枝、外抹草泥的结构。遗址附近100米外有一条宽60～150米的古河道，一直向

罗布泊南LK古城遗址

罗布泊南 LK 古城门房结构

罗布泊南 LK 遗址城内一角

西延伸3千米至LL古城。古河两岸存有大片干枯的胡杨林及红柳包。

有学者认为LK古城似为伊循故城。《汉书·西域传》载，公元前77年楼兰国改国名为鄯善国，"国中有伊循城，其地肥美"，在国王的邀请下，"汉遣司马一人，吏士四十人，田伊循以填抚之"。

罗布泊南古城遗址是楼兰—鄯善国重要的城市之一，为丝绸之路中段著名的重镇，是东西文化、经济贸易、交通的枢纽。城墙为夯土建筑，营造形式与楼兰古城遗址及敦煌汉长城墙相似，对研究汉晋经营西域史、丝路交通史、地理、气候变迁、城市建设等方面的研究具有重要意义。

1962年，罗布泊南古城遗址被新疆维吾尔自治区人民委员会公布为第二批自治区级文物保护单位。1982年，巴州文物保护管理所成立；1989年成立楼兰文物保护站。2001年6月25日，罗布泊南古城遗址被国务院公布为第五批全国重点文物保护单位，编号5-0133-1-133。2004年12月，建立罗布泊南古城遗址全国重点文物保护单位记录档案，存放在巴州文物局。2009年3月，设立巴州文物局，负责巴

州境内的文物保护和管理。2009年7月22日，新疆维吾尔自治区人民政府印发《关于公布新疆维吾尔自治区全国重点文物保护单位保护范围、建设控制地带的通知》，划定并公布罗布泊南古城遗址保护范围和建设控制地带。

托库孜萨来遗址　为汉唐时期的古城遗址，是古代丝绸之路上重要的文化遗产，位于新疆维吾尔自治区图木舒克市图木休克镇，托库孜萨热依村西侧的托库孜萨来塔格山南端，距巴楚县西南60千米。

从《西域图志》的记述推测，古城的地理位置十分重要，是古代中国内地通往疏附、叶尔羌、和田以及印度、波斯的必经之地，是丝绸之路重要城镇之一。清光绪三十二年（1906年），法国东方学家伯希和雇佣当地村民对托库孜萨来古城西边山崖下的寺院群进行调查和发掘，收集各类文物400多件，其中大部分是具有犍陀罗艺术风格的彩色塑像、壁画，同时发现的还有数十件婆罗迷文和汉文残文书及汉"五铢"钱、唐"开元通宝"和北宋"崇宁重宝"。伯希和及其弟子根据古城附近寺院群中的出土遗物研究，将遗址分为三个时代：4～5世纪，其中发现有数枚汉代五铢钱和犍陀罗式

托库孜萨来遗址远景

的雕像；唐代，出土有唐代钱币；喀拉汗王朝初期，出土有阿拉伯文和回鹘文残片。民国2年（1913年），德国勒柯克率领的德国中亚考古队在托库孜萨来古城南端城垣的一座寺院发掘。民国17年（1928年），黄文弼随中国西北科学考察团在托库孜萨来遗址进行考察，发掘一座古墓，出土有彩绘陶罐、丝织舍利袋及婆罗迷文残纸。20世纪50年代末，中国科学院考古研究所与新疆分院及新疆文化厅联合组队，在托库孜萨来古城内一处北魏时期的寺院遗址内发掘，出土婆罗迷文木简残纸数十件，同时发现五铢钱和汉龟二体钱以及铸造五铢钱的残陶范等。1990年，新疆文物考古研究所调查托库孜萨来遗址及周边遗址，认为是唐代的据史德城。

遗址西部依山，东、北及南部在山坡上，地势明显西高东低。遗址呈长方形，原有三重城垣：内城、外城、大外城。内城由山腰绕到山头，城垣长756米；外城接内城续到山巅，城垣长1008米；大外城由外城环绕南山根，城垣长1668米。在山脚有已被挖掘去的房屋和墓葬，山腰和山顶有土坯所砌的南北开门的城墙遗址，东侧和北侧尚存部分庙宇遗址。在20世

纪50年代此城保存尚完整，呈长方形，有三重城墙。古城墙尚存北部的第二、第三重及东北部的第一重城墙的一段，是唐代汉文文献记载中的"据史德城"，曾一度成为喀什地区政治、经济、文化的重要中心，也被称为唐王城。此城废弃已有千余年。清代曾有樵夫在此古城址掘得唐"开元"钱。

托库孜萨来古城发掘出大量精美文物，唐绢、婆罗迷文书残片，泥塑佛头、彩绘陶罐、木器、汉"五铢"钱范、古代木简、写有汉文、回鹘文或阿拉伯文纸片、种子等。文物种类极其丰富，为研究汉唐时期当地的政治、经

托库孜萨来遗址采集唐石膏天王踏鬼浮雕像

托库孜萨来遗址采集唐鎏金石膏佛头

济、文化、农业耕作等各方面提供重要依据。托库孜萨来的佛寺遗址是喀什地区晋唐佛教文化繁荣时期的典型代表，是古代丝绸之路上重要的文化遗产，具有较高的历史、科学价值和独特的文化艺术价值。

1957年，托库孜萨来遗址被新疆维吾尔自治区人民委员会公布为第一批自治区级文物保护单位。1978～1989年，托库孜萨来遗址由巴楚县文化馆负责管理。1989年，巴楚县文物保护管理所成立，专职负责遗址的日常保护和管理。2001年6月25日，托库孜萨来遗址被国务院公布为第五批全国重点文物保护单位，编号5-0135-1-135。2004年12月，建立托库孜萨来遗址全国重点文物保护单位记录档案，存放在喀什地区文物局。2005年5月，图木舒克市文物管理所成立，2008年2月更名为图木舒克市文物管理局，主要负责托库孜萨来遗址日常的保护和管理。2009年7月22日，新疆维吾尔自治区人民政府印发《关于公布新疆维吾尔自治区全国重点文物保护单位保护范围、建设控制地带的通知》，划定公布托库孜萨来遗址保护范围和建设控制地带。2014～2015年，实施托

库孜萨来遗址抢救性文物保护设施及旅游服务设施建设项目。

汉魏许都故城　是东汉末年曹操迎汉献帝挟天子以令诸侯所建的许都城，后续为曹魏都城，位于河南省许昌县东南张潘镇古城村、盆李村一带。

汉魏许都故城原为夏之昆吾国旧墟，西周时武王封先贤四岳之后文叔于许，春秋时（前576年）许逼于郑、楚，南迁国于叶（今河南叶县西南）。秦置许县，西汉析许县置颍阴县。东汉末年，曹操迎汉献帝于许称许都。曹丕黄初二年（221年）因"魏基昌于许"，改称许昌，为魏五都（洛阳、长安、许昌、谯、邺）之一。南朝宋景平元年（423年），北魏大将周几毁许昌城，一代帝都成为废墟。

1993年，许昌市文化局对故城组织进行文物钻探，基本探明了内城城门、主要街道的位置。2014年，许昌市文物局、河南省文物保护勘探中心又对此城的东北域进行考古调查和勘探，勘探面积9.36万平方米。

汉魏许都故城分内、外两城，外城遗址仅部分遗迹依稀可见。内城在外城东南区，轮

汉魏许都故城出土东汉四神柱础

廊较为分明，呈土丘状，高出地面约3米。探明内城略呈正方形，东西大街长1220米、宽7米，南北大街长1180米、宽7米，面积约1.44平方千米。内城城墙周长4650米，宽22米，设有东、西、南、北四座城门、宽均为6米。外围护城河环绕，宽约8米。2014年，勘探故城中部偏北的遗存时，发现城墙2段：北城墙和东城墙。北城墙东西向，长327.4米、宽14.3～16.9米；东城墙长204米、宽15.3～21米，皆夯筑而成；城壕2段，北城壕和东城壕；大型夯土基址3处，面积约2万平方米；另有诸多灰坑遗迹等。探区内文化遗存异常丰富。城内文化层厚约6米，可分三层：上层为汉代文化层，出土有大量汉代陶器、铜器和少量石雕器物；中间为西周和战国文化层，发现灰陶、灰坑、灶壁等；下层为二里头文化层。城内西南隅有一处传为毓秀台的高台，台高15米，面积约500平方米，传为汉献帝祭天之坛，也是内城防御之烽火台。

历年出土有战国玉璧、铜矛、"四神"青石柱础和青石栌斗、青石方板、青石奠基石、汉代铜鼎"司马将军"铜印、"部曲将军"印

汉魏许都故城出土千秋万世瓦当

以及完整的"万世千秋""千秋万岁"和"万岁"文字瓦当及斜面小砖等千余件遗物。

汉魏许都故城对研究春秋至汉魏之际的历史，研究中国古代都城制度演变具有重要意义。

1980年，汉魏许都故城（张潘故城）被许昌县人民政府公布为县级文物保护单位。1986年，被河南省人民政府公布为第二批省级文物保护单位，由许昌县文物保护管理所管理。河南省人民政府印发《关于调整我省全国重点文物保护单位省级文物保护单位保护范围和建设控制地带的批复》，确定汉魏许都故城的保护范围。2013年5月3日，汉魏许都故城被国务院公布为第七批全国重点文物保护单位，编号7-0328-1-328。汉魏许都故城的保护档案由许昌县文物保护管理所保管。

邺城遗址 是三国时期曹魏，十六国时期后赵、冉魏、前燕和南北朝时期东魏、北齐的都城遗址，位于河北省临漳县境内，县城西南20千米，南距河南省安阳市18千米。地处太行山东麓漳河冲积扇平原上，西依太行山，地面平坦开阔，地势自西向东呈缓坡状逐渐降低，漳河横贯其间。

邺城由北、南两座相连的城组成，分别称为邺北城和邺南城。

文献记载，邺为春秋时期齐桓公所筑，邺的名称由此开始。建安九年（204年）曹操平袁绍，开始营建邺城，后来成为曹魏的五都之一。十六国时期的后赵（335～350年）、冉魏（350～352年）、前燕（357～370年）均建都于邺北城。北朝时期的东魏天平元年（534年），孝静帝在丞相高欢的挟持下，弃洛迁邺，发洛阳四十万户北徙；次年更发十万民夫

邺城遗址地下潜伏城门发掘现场

拆洛阳宫殿，料运邺城，修筑邺南城，对邺北城也加以整修。北齐天保元年（550年），高洋逼迫东魏皇帝元善见禅位，建立北齐政权，都于邺城。北周建德六年（577年）灭北齐，改邺为相州治所。北周静帝大象二年（580年），大丞相杨坚企图代周之际，相州总管尉迟迥从邺起兵讨伐失败，于是杨坚下令焚毁邺城，从此成为废墟。先后有6个王朝建都邺城，历时370余年。

民国24年（1935年），北平研究院曾作过实地调查。1976年8月至1977年12月，临漳县文化馆在省、地文化部门的指导下，对邺城遗址进行调查和钻探，曾对东太平汉墓进行发掘。1983年秋，中国社会科学院考古研究所与

河北省文物研究所合作组成邺城考古队进驻邺城，开始对邺城遗址进行全面的考古勘探发掘工作，1983年秋起开始发掘邺北城，1985年开始发掘邺南城，邺北城发掘仍继续，至2017年持续30余年，先后对邺城遗址的城垣、主干大道、重要宫殿、朱明门、潜伏城门、皇家寺院、佛造像埋藏坑、曹村窑等遗址遗迹进行勘探和发掘，获得了许多重要的考古资料。

邺城遗址布局基本上为北齐时期所遗留。整个城址由北、南两部分组成，占地面积约15平方千米。城内外主要遗存有城垣遗迹、三台遗址、宫殿基址、北朝佛寺塔基等。

邺北城，由于漳河泛滥，地表有较厚沙层，邺城考古队采取广泛钻探和重点发掘相结合的方法，在钻探的基础上，对城墙、道路、台基等用开探沟的方法，以印证钻探情况，了解地层、年代、结构等，基本探明城址的平面布局。《水经注》记载，邺北城"东西七里，南北五里"，经实地勘探，东西2400～2620米，南北1700米，实际范围略小于文献记载范围。

城墙在地面上无任何痕迹，全面掩埋于地下，经钻探探出南墙、东墙和北墙墙基，西墙尚待进一步复查和发掘。城墙为夯土筑成，筑墙时挖有基槽。南墙位于漳河北岸，长期被漳水冲刷，起着河堤的作用。南墙大部分探出，发掘的一段宽度为16.35米，由于靠近河边，地下水位高，未发掘到底。东墙探出部分为1300米，宽度为15.18米，经发掘的一段宽度为15.35米。北墙只在显旺村西探出350米一段，宽16米左右。整个城墙保存得不好，有的地段只剩下夯土墙的基槽部分。墙体保存好的地方只有1～2米，四个城墙角仅探出城的东南

角。发掘的城墙地层表明是营建于东汉晚期至曹魏时期,十六国和东魏北齐时期有重建和修补的情况。

经实地勘探,在东城墙南距东南城角800米处发现一座门址,门道宽22米。在北墙上发现一座门址,门道宽20米。沿南墙经反复勘探未发现门址遗迹,但门的位置可以根据通过城门的三条南北大道确定。《水经注》记载,邺北城"有七门,南曰凤阳门,中曰中阳门,次曰广阳门,东曰建春门,北曰广德门,次曰厩门,西曰金明门",东城墙发现的门址应该是建春门的门址,北城墙发现的门址应该是广德门的门址,南城墙三座门址的位置,自西向东为凤阳门、中阳门、广阳门。金明门的位置只能根据东西大道来确定。厩门的位置,须对已探出的一段大道进一步工作后才能确定。

经实地勘探,发现道路6条。有东西大道1条。东西大道以南,有南北大道3条;东西大道以北,有南北大道2条。发现的一条东西大道,是连接建春门和金明门的大道,已探出2100米,西端穿过三台村中部分未探出。大道不是笔直的,在丁家村一带略有曲度,路面宽13米左右。发掘时发现早晚两层路面,早期路面为东汉晚期至曹魏时期修建,沿用至十六国时期,晚期路面是东魏北齐时期修建和使用的。东西大道以南的三条南北大道,为凤阳门大道、中阳门大道、广阳门大道。中阳门大道长730米,南起中阳门,北与东西大道相交,宽17米,是邺北城最宽的道路,它直对宫殿区的主要宫殿,是邺北城的南北向主干大道。路土厚0.5～1米,修建于东汉晚期至曹魏时期,并为后代所沿用。凤阳门大道长800米,与东

西大道相交,越过东西大道再往北未探到。路面宽13米左右,路两侧有沟,宽0.6～1米,深0.55～1.1米。有两层路面,早期路面是东汉晚期至曹魏时期的,晚期路面的下限为东魏北齐时期。广阳门大道,只探出南北长150米的一段,路面宽13米左右。东西大道以北,发现南北向道路两条,东面一条已探出长450米一段,是通往广德门的大道,宽约13米。西面一条仅探出长70米的一段,宽10米左右。经过广泛钻探,在丁家村北偏西的部位,亦即东西大道之北的中央部位,发现10座夯土建筑基址,面积较大的有东西57米、南北35米,东西39米、南北60米,东西45米、南北75米的几处,均在距地表深3.5米以下,应是邺北城的宫殿区。在景隆村南和村西,发现四座夯土建筑基址,其中面积最大的为东西70米、南北40米,另一座基址为东西27米、南北30米。《魏都赋》李善注"文昌殿西有铜爵园","铜爵园西有三台"。今景隆村一带应是铜爵园的位置。

邺城遗址出土兽面纹瓦当

铜爵台、金虎台基址是城址中仅存于地面之上的遗迹，位于三台村之西、邺镇之北。铜爵台基址位于金虎台基址之北，夯土基址存东南角，南北50米，东西53米，高4～6米。曹魏之后，十六国时期、东魏北齐时期均加以修缮使用。金虎台基址在金明门之北，夯土基址保存较好，南北120米，东西71米，高12米。两台相距83米。铜爵台之北的冰井台基址，经钻探未发现遗迹。据文献记载，铜爵台建于东汉建安十五年（210年），金虎台建于建安十八年（213年），建安十九年（214年）建冰井台。

邺南城遗址大部分处于漳河南岸，北面的一部分为漳河河床所压。历年因人为、自然的破坏，尤其是漳河的泛滥，将邺南城全部淹没于地下。通过钻探，确定东、南、西三面城墙，发现北墙沿用邺北城南墙，与有关记载相吻合。经实测，邺南城最宽处东西2800米，南北3460米。据《邺中记》记载，邺南城"东西六里，南北八里六十步"。东、南、西三面城垣遗迹不是直线分布，每面城墙都有舒缓弯曲，东南、西南城角为弧形圆角，形制特殊。城墙大部分仅剩基槽，墙体、基槽均系夯土筑成。太平水渠从邺南城的中部东西通过，在水渠的沟壁上可以观察到西墙残留的夯土。城墙一般宽7～10米，基槽部分深1.2～3.2米。习文乡马辛庄村东的西城墙偏北段从地表观察有明显的隆起，经发掘发现，这里尚保存部分墙体，高约0.8米。通过在习文乡义城村西北的发掘，了解到城墙基槽宽8.5～9.3米，深约1.8米，夯层厚8～10厘米。发掘的地层证明邺

邺城铜爵台遗址

南城营建于东魏北齐时期。

经考古钻探确定，邺南城东墙有城门1座，南墙有城门3座，西墙有城门4座，加上邺北城南墙3座城门为邺南城北墙城门，邺南城除东墙偏北的3座城门外，其他城门均已确定。据文献记载："邺南城十一门，南面三门，东曰启夏门，中曰朱明门，西曰厚载门；东面四门，南曰仁寿门，次曰中阳门，次北曰上春门，北曰昭德门；西面四门，南曰上秋门，次曰西华门，次北曰乾门，北曰纳义门。"结合文献，可以推定出所钻探出城门的名称，习文乡仁寿村和邺南城东墙南端城门邻近，城门正是文献中的仁寿门。仁寿村庄是因城门而得名。南墙正中城门经发掘，其规模壮观，共3个门道，门址两侧出阙，位置和形制与文献中记载的朱明门相合。城门门道宽4.8～5.4米，多数尚保存着路土。对西墙的乾门遗址做部分发掘。东墙中阳门、上春门、昭德门门址，均在沙地与漳河河道内，尚未探清确切位置。

城东、南、西三面城墙外侧筑有马面，共钻探出50座。纳义门、乾门之间有5座马面；乾门、西华门之间有5座马面；西华门、上秋门之间有8座马面；上秋门、厚载门之间有6座马面；厚载门、朱明门之间有4座马面；朱明门、启夏门之间有3座马面；启夏门、仁寿门之间有9座马面；仁寿门以北有10座马面，再北地下流沙层甚厚，马面分布情况不明。邺南城东墙马面间距一般为85米左右，南、西墙马面间距接近，一般为95米左右。乾门、厚载门、启夏门两侧的马面距离较近，且对称分布。邺南城马面为长方形，宽18米左右，伸出

城墙12米左右，马面夯土层厚约10厘米。

邺南城东、南、西城墙外均探到护城河遗迹，仁寿门以北的东城墙外护城河的情况不明。文献记载建筑邺南城时"凿渠引漳水，周流城郭"，考古钻探与文献记载相合。护城河与城墙基本平行，东、南墙与护城河相距较远，约120米；西墙与护城河相距较近，约28米。护城河一般宽20米，深1.8米，其中堆积淤泥、细沙。城门外的护城河较窄，应是为了便于架桥。东南城角、西南城角外的护城河河面甚宽，其内岸与城墙方向平行，呈弧形圆角，外岸基本近直角，形成宽大的水面。邺南城遗址地势西高东低，护城河应是从西部引入水源，从东部流出。在西华门外护城河西钻探到一段水渠，应是护城河流的引水渠之一。邺南城护城河既属于城市给水系统的一部分，也属于防御系统的一部分。在朱明门外护城河的发掘中，出土部分战争遗留的甲胄、兵器等。

在邺南城中钻探到主要道路6条：南北向道路3条；东西向道路3条。路土距地表0.8～1米。三条南北向道路的南端通往南城墙的三个城门。按道路通向的城门命名道路，分别为厚载门大道、朱明门大道、启夏门大道。三条南北向道路平行。朱明门大道向南穿过朱明门和护城河，北抵宫殿正南门。存长1920米，宽38.5米，路土厚0.2～0.4米。经发掘，路面发现许多车辙痕迹，路两侧有路沟，是邺南城最宽的道路。其向北的延长线上排列有宫城的主要宫殿基址，是邺南城中轴线的一部分。厚载门大道位于朱明门大道西侧，向南通过厚载门，向北穿过两条东西大道在河图村东北残断。存长2100米，宽6～11米，路土厚0.15

米。启夏门大道位于朱明门大道东侧，向南通过启夏门，向北穿过一条东西向大道后，在刘太昌村西南、太平渠南残断。存长940米，宽约11米，路土厚约0.15米。三条东西向道路向西直抵西墙的三个城门。按道路通向的城门命名道路，分别为乾门大道、西华门大道和上秋门大道。三条东西向道路平行，其方向与南北向道路垂直。乾门大道通过乾门，东达宫城西门。路土断续残留，存长约45米，路表土已严重破坏，路基厚约0.3米。西华门大道西起西华门，向东通过宫墙南墙外侧，与厚载门大道、朱明门大道垂直相交，在倪辛庄南残断。西华门大道是东西贯穿邺南城的大道之一，存长1320米，宽5~8米，路土厚0.15米。上秋门大道西起上秋门，路土被间断破坏，东段尤其严重。据实测方位，上秋门大道延长线直通东墙仁寿门，是东西贯通邺南城的大道之一。路土尚有间断残存，宽约10米，厚约0.15米。

经过普探，在邺南城中央偏北发现宫城。宫城东西约620米，南北970米。四面有宫墙遗迹，其中东墙破坏严重。据《邺中记》

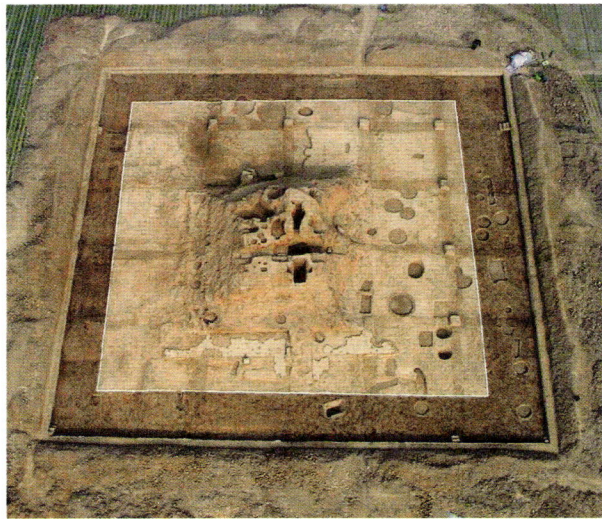

邺城遗址北朝佛寺遗迹

载：邺南城"宫东西四百六十步，南北连后园，至北城，合九百步"。宫城位于倪辛庄及其以北区域，大约一半在漳河南堤以北的河滩内，遗迹上大部分堆积着3~5米的流沙层。探明的东、南、西宫墙均呈直线走向，唯北宫墙的东段向北偏折。宫城内及其附近探出15处建筑基址，居于中轴线上的宫殿基址面积较大，如邺南城110号基址位于倪辛庄果园内，其东西80米，南北60米，距地表3~3.5米，厚1~1.5米。邺南城103号基址位于漳河南堤北侧，东西80米，南北60米，距地表3.5~4.5米，厚0.3~1米。南起朱明门、北抵宫城主要宫殿的中轴线将宫城分为东西两部分，东半部明显大于西半部。东宫墙北端已超出北宫墙，可能是文献记载的北齐中后期扩建宫城的结果。

北朝佛寺塔基位于邺南城外东南方向，北距邺南城城墙约1.3千米，邺南城中轴线以东250米。塔基遗迹可分为台基和基槽两部分。夯土台基处于佛塔使用时期的地面之上，部分由于后期破坏，残损严重。夯土基槽处于当时地面之下，大部分保存完好。佛塔夯土台基部分存塔心实体与台基夯土、台基南侧斜坡踏道、台基南侧砖铺散水等。塔心实体与台基夯土已被严重破坏，通过发掘清理，发现和确认刹柱础石、柱础坑、残柱础石、承础石等遗物、痕迹。以刹柱础石为中心，结合塔基南侧边缘位置，可以推算出此佛塔地上台基边长约30米。当时地面以下的基槽部分是承载方形佛塔的基础，除夯土地基，还有瘗埋舍利的砖函遗存。

邺城遗址内外出土石刻造像、鎏金铜造

邺城遗址出土须弥座一佛二菩萨像

像、螭首、陶人面装饰，石刻文字"大赵万岁""富贵万岁"和莲花瓦当以及砖、板瓦、筒瓦等建筑构件，此外还有陶灶、陶炉、陶鼎、陶盘、陶匜、陶勺、陶壶、陶罐、陶案、陶井、墓志铭、铜印及钱印"五铢""永安五铢""常平五铢"等等。

邺城遗址是三国至北朝时期最重要的大遗址之一，对于研究曹魏邺城的单一宫城制度、中轴对称城市格局、明确的功能分区布局，具有重要意义。邺南城继承邺北城创立的单一宫城制度，构建由城墙、马面、城门、护城壕等组成的防卫系统，具备科学合理的道路网络、给排水系统，全城对称、整齐、科学的平面布局，直接影响隋唐长安城的规划。邺城是建安文学的发祥地，东魏北齐时期邺城是佛教文化中心。邺城出土文物是研究魏晋南北朝时期文化的珍稀资料。佛寺塔基的发现与发掘，对东亚地区有重要影响。

1979年12月，邺城遗址被临漳县人民政府公布为临漳县文物保护单位。1978年在邺城遗址设立临漳县文物保护管理所，担负着遗址保护、管理、科学研究和宣传教育等职能。1982年7月23日，邺城遗址被河北省人民政府公布为河北省文物保护单位。1988年1月13日，邺城遗址被国务院公布为第三批全国重点文物保护单位，编号3-0213-1-033。1995年，建立邺城遗址"四有"档案，存临漳县文物保护管理所。2008年11月10日，邯郸市人民政府印发《邺城遗址保护规划》，确定邺城遗址的保护区域，分为保护范围、建设控制地带和环境控制地带。

统万城遗址 是十六国时期大夏国都城遗址，位于陕西省靖边县红墩界镇白城则村北，地处陕西与内蒙古交界的毛乌素沙漠南缘，无定河上游红柳河北岸的台地上。

据《晋书·赫连勃勃载记》等史籍，统万城建于大夏凤翔元年至五年（413～417年）。北魏灭夏后改设为夏州治所，隋唐因之。北宋初为西夏所据，后隳其城，迁其民于银绥间，城遂废。

1956年，陕西省文物管理委员会、陕西省博物馆联合对统万城遗址进行考古调查，绘制城址平面图，并对墩台、马面进行拍照，征集到莲花纹瓦当、方砖、铜镜、"驸马都尉"铜印、壶形铜印及瓷狮灯等文物。1975～1979年，陕西省文物管理委员会对统万城进行多次调查，并进行钻探、试掘和较为准确的测绘。2002

统万城遗址远景

年，陕西省考古研究所联合榆林地区文物管理委员办公室、靖边县统万城文管所，对西城西南隅台及永安台基址进行清理，首先发现并发掘一段城壕基址。其间，与中国国家博物馆合作，对统万城进行航空摄影。2004年，陕西省考古研究所与北京大学合作再次调查统万城遗址，发现外郭城部分遗迹。2006年，统万城作为国家大遗址保护项目启动，陕西省考古研究院与榆林市文物保护研究所、榆林市考古勘探工作队、靖边县统万城文物管理所等组成考古队，对遗址进行全面调查，对部分重点区域进行钻探和发掘，并对统万城遗迹进行全面测绘，为保护及研究提供全面而准确的基础资料。

统万城遗址包括外郭城、东城和西城三部分。外郭城呈曲尺形，周长13865.4米，其中南垣长4853.5米，西垣长2000米，东垣长891米，面积约7.7平方千米。西北部凸出，城垣走向与东、西城城垣基本平行。东南部被红柳河冲毁，仅残存东北城角隅台，从城垣连线看，城角均非直角。从残存城垣看，东部城垣宽达8米，西部仅有1米余。东城周长2566米，西城周长2470米。西城保存状况最好，墙基厚约16米；东城保存状况略差，墙基厚10米左右。东、西城四隅都有呈长方形或方形的高于城垣的宽大隅台。城垣、隅墩、马面和台基均由白色土夯筑而成，夯层厚15～20厘米。城门道、隅墩拐角夯层略薄，为12～14厘米。东、西城隔墙夯层厚20～40厘米。西城城垣夯层薄，也最为坚固。从西南隅台清理现场观察，夯土基础下即为纯净的原始细沙，说明统万城建在沙层上。经测量，西南隅台自基础以上高度为26.62米，底部长约35米、宽约26米。

城垣外加筑马面。西城之北垣有马面7座，南垣有8座；东城之北垣有7座。其中西城南垣马面较为特殊，高大宽厚，每座长18.8米、宽16.4米，高度比城垣高而低于西南隅墩，长度大于城垣本身的厚度。

明西城城门外瓮城3处，分别为西门西瓮城、南瓮城、北瓮城。南瓮城位于西城南垣偏东处，距西城东垣126米，东西长34.5米，南北宽24.5米，内部长25.5米、宽20米，门道宽7米，其城垣宽4.5米。北瓮城位于西城北垣偏东处，距西城东垣120米，东西长43米，南北宽27米，内部长31米、宽19米，门道宽18米，其城垣宽6.5米。西瓮城位于西城西垣偏南处，距西城西南隅台外端204米，南北长38.5米、东西宽22米，内部长30米、宽20.7米，其城垣宽3.8米。

统万城东、西城外均有护城壕。西城护城壕已清理28.5米，其距西城西垣底部水平距离11.3米，壕堤顶部低于城墙基础表面3.7米。护城壕剖面呈倒梯形，宽11.5米，其中壕沟宽7.1米，壕堤宽2.2米，深度2.2米，经钻探知壕沟底部夯土厚0.8米。清理的护城壕北高南低，走向与城墙保持平行。随着城墙加宽处直角外凸，护城壕也呈直角外拐现象。经钻探得知，护城壕是在原始沙层上先挖好形状，然后用与城墙相同的土以平夯筑成，内壁光滑，制作规整。据钻探，西城城垣外南、西、北三面，东城北、东两面都有护城壕。

统万城遗址是中国历史上五胡十六国时期匈奴族建立的大夏国的都城所在，是世界上保留下的唯一一座匈奴族都城。统万城的城市轮廓，尤其是城垣，基本完整地保存下来，其墙体和宫殿台基均以砂、黏土和石灰夯筑，夯质细密坚硬，呈灰白色，这种建筑方法较为罕

统万城西南角楼台基

见，是都城建筑史上的奇迹，见证毛乌素沙漠生态环境变迁以及人与自然的协调发展。统万城遗址及周边地区的出土文物具有较高的艺术价值和史料价值。统万城遗址，对于十六国史、中国古代北方少数民族史、科技史以及环境考古学的研究，均具有重要价值。

1982年，成立统万城文物管理所，负责遗址的保护管理工作。陕西省人民政府印发《关于划定省级以上重点文物保护单位保护范围的通知》，划定保护范围与建设控制地带。1996年，陕西省文物局组织编制《统万城保护规划》。1996年11月20日，统万城遗址被国务院公布为第四批全国重点文物保护单位，编号4-0043-1-043；同时，公布保护范围。"四有"档案由统万城文物管理所保管。

平城遗址 是北魏早期的都城遗址，位于山西省大同市城区及南郊区，坐落于两河形成的夹角之内。遗址范围北起大沙沟，南至南环路一带，西部以明府城西墙为界，东跨御河至古城村西，南北长7500米，东西宽3500～4000米，总面积30平方千米。

平城遗址北依方山，外靠长城。平城始建于战国，闻名于汉代，定都于北魏。北魏天兴元年（398年）道武帝由盛乐（内蒙古）迁都平城（大同），到太和十八年（494年）孝文帝再次迁都洛阳，近百年间平城一直是北方政治、经济和文化的中心。北魏建都平城期间，依托汉平城，扩建和营建宫殿、苑囿、陵墓，扩建城垣，开凿石窟，广建佛寺，历经六帝七世计96年，使之发展成为一个拥有100余万人口、规模宏大的帝都，留下了众多的北魏文化遗迹。唐、辽、金、明各个朝代，在北魏平城

的基础上屡有建设，一直沿用。连续重叠式的城市建设，使得北魏平城遗址完全叠压在大同市的下面，遗址保存面积3000万平方米，其中90%以上被大同市近、现代建筑叠压。

平城分宫城、外城和郭城三部分，郭城周长16千米，包括城垣、河渠、宫殿、寺庙、礼制建筑、苑囿和陵墓等一系列遗迹。大同城北上皇庄以东、白马城村北的版筑墙垣，是北魏平城的北苑墙。大同车站附近发现排列整齐的大型柱础、大量的砖瓦残片、"富贵万岁"隶书瓦当等，表明是北魏的宫殿建筑，是否为平城宫城仍需进一步的考古发掘资料证实。据文献记载，宫城北、西两面设苑，东建太子宫。宫城内外建有天文殿、天花殿、紫极殿、东宫、西宫、万寿宫等各种宫殿楼台大型建筑六十多座，可见当年的宫殿群巍峨壮观。北魏末年，爆发"六镇之乱"，平城被杜洛周攻破，惨遭破毁，这座赫赫有名的百年帝都就此衰落。

大同城南、工农路北侧附近，出土大型柱础、筒瓦和石臼等，推测为一座具有相当规模的建筑遗址。1970年，遗址东部出土石雕方砚一件，砚面浮雕有耳杯形水池及骑兽、角抵戏、

平城明堂遗址平面示意图

操场城北魏大型建筑基址全景

舞蹈、沐猴图案四组。砚侧刻云龙、朱雀、水禽衔鱼纹饰和下部壶门方形式样等，都说明它早于司马金龙墓的石雕，是北魏石雕艺术的孤品。遗址西部有八曲银洗、刻花银碗和镂嵌精雕的鎏金高足铜杯等多件遗物。器物造型、植物纹样和人物装饰具有伊朗萨珊王朝金银器的特征，显然是西域传入的工艺品，是中国与西域各国友好往来，相互交流的实物见证。

1995年5月，大同市东南3里柳航里一带，发现一处建筑遗址。文物钻探和发掘查明，遗址为圆形，直径达290米，周围环绕圜形水道，东、南、西、北有"凸"字形夯土台基，中央是边长43米的夯土台。出土有大量的建筑材料，以各类板瓦、筒瓦为主，一些兽头瓦当、刻划戳印瓦片、模制瓦件和石制兽首门墩。北

魏时期平城拥有环形水道的大型建筑只有明堂。《水经注》对此做了精彩的描述："明堂上圆下方……下则引水为辟雍。"关于明堂位置的叙述，如浑西水"郭南结两石桥，横水为梁，又南迳籍田及药圃西，明堂东。"证实明堂在平城郭城南。据《礼记正义·明堂位》："淳于登曰，明堂在国之阳，三里之外，七里之内，丙巳之地。"丙巳即南偏东，可知，北魏平城应在明堂遗址北偏西三里之外，七里之内。也就是说，平城遗址宫城和外城的位置与大同明代府城及操场城位置大致相当。

考古工作者通过对大同市城区地下文化堆积、汉代文化层的堆积和分布、地下原始地貌、附近汉代墓葬分布、地面现存古城墙遗迹的田野调查。初步证实，汉平城分布范围集中

平城遗址北苑南墙断面夯层

明堂遗址中出土的瓦当

在大同明府城以北的操场城及其以南的明府城北墙间一带。2003年3月，操场城内四中以北基建施工中，挖出北魏遗物，证实是一处北魏大型建筑遗址，具有极为重要的学术价值，被命名为操场城北魏一号遗址。夯土建筑台基为长方形，坐北朝南，东西长44.4米、南北宽31.8米。建筑正面的斜坡踏道采用双阶，具有宫殿建筑的性质。操场城一带不断发现北魏遗物和遗迹，并多次发现北魏地层之下叠压有汉代地层。据文献记载，北魏平城的宫城是在汉平城的基础上扩建而成的，这里恰位于平城北部，与操场城一号遗址的地理位置相吻合。

平城作为北魏的首都近百年，几度沧桑，经唐云州、辽金西京、明清大同的历史变迁，城市的中轴线及中心位置始终没有发生大的变化，在中国古代城市建设史上是罕见的。

北魏平城的墓葬区，除方山文明太后的永固陵外，大部分位于御河以东、白登之南和城南区域。自1965年发掘司马金龙墓开始，相继发掘北魏平城时期各类不同墓葬近1000座，对于北魏平城的考古研究和历史研究具有一定的价值。

司马金龙墓，位于大同城东石家寨村，墓室用特制的铭文砖砌筑，全墓由甬道、前室、东耳室及后室构成，前后室为四角攒尖顶。墓门券顶上部出土有碑形石墓表，因早年被盗，发掘时尚存陶俑及动物模型400多件，其中半数为披铠甲的步兵和骑兵及甲骑具装、驮粮马和骆驼，还出土有石砚、陶壶、青瓷唾壶、漆格、铁剪和马镫。后室西侧有一张雕饰精美的石棺床，床足雕出承托状的力士，足间雕壶门，壶门上雕忍冬图案，图案中雕出伎乐、龙虎、凤凰、金翅鸟等。室内出土一具漆屏风，屏面彩绘列女等题材的图像，并附有榜题，石屏跌方座，雕缠枝忍冬及伎乐图案，座上覆盆部分饰蟠龙和山形上托覆莲，有的四隅雕出立体伎乐童子，造型生动，是北魏石雕艺术珍品。司马金龙墓的墓葬形制和室内布置，继承魏晋时期中原地区的传统，和同时期南方上层统治阶级的墓葬一致，见证南北经济往来和文化联系，披铠甲的步兵和骑兵及甲骑具装表现出北方游牧经济和少数民族军队的特色。

宋绍祖墓，位于城东雁北师院，为砖构单室墓，由墓道、过洞2个、天井2个、甬道和墓室组成，墓室中部置仿木结构石椁，作三开间单檐悬山顶，分为前廊和后室的形式。石椁外围错落有致，雕饰大量铺首衔环和圆形泡钉，个别构件保存有雕刻和墨书的文字，石椁顶部有纪年明确的石刻题记；椁室内置石棺床，四周彩绘壁画。石椁周围随葬以牛车为中心的庞大出行仪仗俑群，有女侍俑、仪仗俑、披铠甲武士俑、甲骑具装、马驼畜群和庖厨模型。宋绍祖墓是平城时期的又一重要墓葬，为研究北魏平城的建筑形式、经济生活和丧葬习俗提供了新的实物资料。

西晋末年，北方地区出现"五胡十六国"的混乱局面，拓跋鲜卑胜利，登国元年（386年）改国号为魏。从天兴元年（398年）北魏由盛乐（内蒙古）迁都平城（大同）到太和十八年（494年）再次迁都洛阳，平城一直是北方政治、经济和文化的中心。郦道元《水经注》对北魏平城有较为详细的记述，多年来平城范围虽曾发现不少遗物，然而文献与地面遗迹一直难以对应，致使平城遗址研究陷入困境。1995年5月，大同城南近郊平城明堂遗址的发现，成为《水经注》所记诸多平城建筑中的第一个，也是唯一的一个坐标点。它的发现，对北魏平城的研究甚至整个中世纪中国都城的研究，都具有十分重要的意义和价值。

1988年1月13日，平城遗址被国务院公布为第三批全国重点文物保护单位，编号3-0215-1-035。1992年起，大同市考古研究所负责平城遗址的保护管理工作。2002年8月27日，山西省人民政府印发《关于公布太原晋阳古城遗址等102处全国重点文物保护单位保护范围的通知》，公布平城遗址保护范围与建设控制地带。平城遗址的"四有"档案等资料，保存于山西省古建筑保护研究所。

隋大兴唐长安城遗址（含青龙寺遗址）

为隋唐两代都城遗址，位于陕西省西安市城区及近郊。

史载，隋开皇二年（582年），在汉长安城东南龙首原南坡另建新城。开皇三年（583年），宫城、皇城建成，隋文帝遂迁新都，名大兴城。隋炀帝即位后，于大业九年（613年）动用10万人在宫城和皇城以外建造外郭城，城市格局基本形成。唐朝建立后，继续定都于此，改名长安，并进一步扩建和完善，先后新建大明宫、兴庆宫等宫殿建筑群。至唐永徽五年（654年），外郭城最终完工。唐长安城由外郭城、宫城、皇城三部分构成。皇城和宫城位于外郭城内北部的中央，各坊分布于宫城、皇城的左右和皇城以南，东、西两市分别在皇城东南和西南，相互对称。整个都城规划整齐，规模宏大，是中国中世纪里坊城市的典型，也是当时世界上最大、最繁华的国际都市。唐末天祐元年（904年），朱温胁迫唐昭宗迁都洛阳，长安城遂毁弃。

1957年，陕西省文物管理委员会对长安城址进行初步勘察。此后中国科学院考古研究所进行全面勘察和部分发掘，对城址的平面布局、坊市的形制、宫殿的分布及其建筑基部的结构等，有了进一步的认识。

外郭城又名罗城，平面呈长方形，东西长9721米、南北宽8651.7米，周长36.7千米。城墙皆夯土版筑，仅在城门处内外砌砖壁。墙宽一般为12米，部分墙段仅存3～5米。据记载，外郭城高一丈八尺，约合5米。仅存北城玄武门附近和南城安化门等处部分残垣。城墙外侧有城壕。外郭城共十二门。南面从东向西

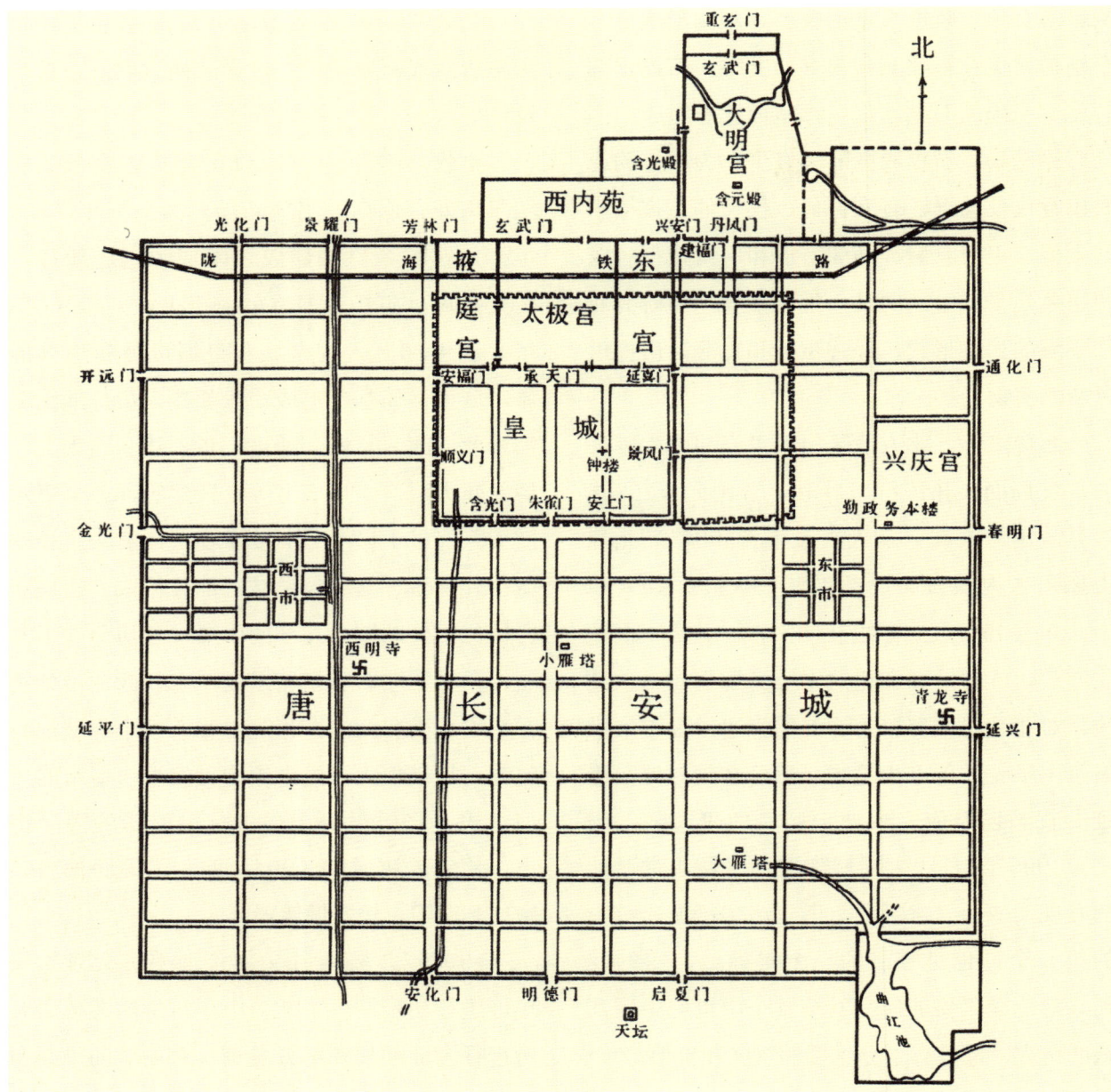

隋大兴唐长安城遗址平面示意图

依次为启夏、明德、安化门；西面从南向北为延平、金光、开远门；北面从西向东依次为光化、景耀、芳林门；东面从北往南为通化、春明、延兴门。明德门是南面正门，位于长安城中轴线的南端，有五个门道，东西长55.5米，南北进深17.5米，门道均宽5米。其余各门均为3个门道。

宫城南连皇城，北接禁苑，平面呈长方形，东西长2820.3米，南北宽1492.1米，周长8.6千米。南门承天门为正门，隋名广阳门，门址东西残长41.7米，进深19米，三个门道。门基铺石条或石板。宫城中有太极宫，正殿名太极殿，位于宫殿区南部，与承天门相对。太子居住的"东宫"在宫城东部，分西、中、东

长安城明德门遗址发掘现场

3部分，推测其宽应为830多米。西部是掖庭宫，为宫女居处，东西宽702.5米。

皇城又名子城，位于宫城之南，北与宫城相接，中隔横街。为中央衙署及其附属机构所在地。其平面为规整的长方形，南北长1843.6米，东西宽同宫城，周长9.2千米。共有7门，南面3门，东、西各2门。南面正中的朱雀门为正门，北对宫城的承天门，其南为朱雀大街，直通外郭城的明德门。皇城内有东西向街道7条，南北向5条，"皆广百步"。安上门内的南北大街，街宽94米，两侧有排水沟。皇城内分布台、省、寺、卫等中央官署和太庙、社稷。

20世纪80年代对明清西安城墙进行维修时，发现了包裹在明清西安城墙内的唐代皇城含光门遗址。1986年和2004年，先后两次对遗址进行考古发掘，发现含光门门道遗址、城墙断面遗址、过水涵洞遗址等。门道遗址平面呈长方形，长37.4米，宽19.6米，黄土版筑而成。设三个门道，中门道宽5.72米，东、西门道各宽5.35米。城墙断面依土质、土色，可划分出隋唐、五代、宋元、明清等不同时期，透露出墙体修筑、增补等诸多历史信息。2008年，该遗址上建成西安唐皇城墙含光门遗址博物馆。

外郭城内有南北向大街11条，东西向大街14条，其中通南面三门及东西六门的是主干大街。朱雀大街是南北向大街，宽达150～155米。最窄的街道也宽20～25米。大街路面均起拱，两侧建有排水沟，深2.5～3.3米。城内大街将城区分为110个坊。各坊面积不一。朱雀大街两侧的4列坊最小，南北宽500～590米，东西长550～700米。皇城两侧的6列坊最大，南北宽660～838米、东西长1020～1125米。坊四周都筑有坊墙，墙基宽2.5～3米。朱雀大街两侧的

何家村唐代窖藏鎏金舞马衔杯纹银壶

4列坊只开2门，设东西向的一条横街，其余各坊均四面开门，中设宽15米左右的十字街，将坊分为四个区，再被十字巷分为16个小区。坊内有居民住宅、官衙、寺观，坊门早开晚闭。佛寺和道观几乎遍布长安各坊，著名的有兴善寺、慈恩寺、荐福寺、青龙寺、玄都观等。

长安城内有东市、西市两个商业区。东市隋代称都会市，西市隋代称利人市。市平面均为长方形，四面有版筑夯土墙。每市面积占两坊之地。西市实测南北长1031米，东西宽927米。市内有"井"字形4条街道，将市区划分为9个区。每区四面临街，设店铺。2006年，中国社会科学院考古研究所对西市遗址进行考古发掘，在其东北部清理出一处保存较好的十字街遗址，包括街道、路面、车辙、桥涵、水沟等。2007年4月，在此建成民营博物馆——大唐西市博物馆。东市形制与西市相同，实测南北长约1000米，东西宽924米。部分围墙基址宽6～8米。经勘探仅发现西街的北部和南街的西

部各1段，街宽近30米。市东北隅有不规则椭圆形池址1处，东西径180余米，南北径160米，当是文献记载中的东市"放生池"。

除宫城外，长安城中主要宫殿还有宫城东北面的大明宫和宫城西南面的兴庆宫。在兴庆宫东侧、外郭城东墙内侧，建有南北向的夹城7970米，作为北至大明宫、南至芙蓉园曲江池的复道。

长安城内有隋代开掘的龙首、清明、永安三渠和唐天宝元年（742年）开掘的漕渠。其中，龙首渠从城东南引浐河水，清明渠从城南引潏水，永安渠引洨水，漕渠从城南分潏水。外郭城的东南隅建有芙蓉园，东西宽约1400米，南北长约2000米，周长约7千米。园内有曲江池，南北长1700米，东西最宽处600余米，周长约4千米，池底最深处距现在地表6米。唐芙蓉园遗址上建有园林式文化主题公园——大唐芙蓉园。

青龙寺遗址位于西安市雁塔区大雁塔街道办铁炉庙村北。青龙寺原为隋代灵感寺，唐景云二年（711年）改名青龙寺，位于唐长安外郭城延兴门内新昌坊，为佛教密宗寺院。唐武宗会昌灭佛，寺废。唐宣宗大中九年（855年）时重建，沿用至北宋。1963年、1973年，中国科学院考古研究所对青龙寺遗址进行了两次勘察和发掘，发现遗址两处，一为塔址，一为殿堂遗址。殿址位于塔址东侧50余米处。据塔基判断，此塔或为方形木塔。殿址台基平面呈长方形，遗存网状分布的柱础石、夯土墩。可知该殿应为面阔五间、进深四间格局。遗址内出土有鎏金小铜佛、唐代建筑材料等。青龙寺在中外文化交流史上有重要地位，为唐代中

国佛教密宗的重要道场，由惠果和尚住寺弘扬密教而闻名中外。唐天宝以后，日本、新罗等国僧人到中国学习密教，多到青龙寺求法。贞元二十年（804年）日本僧人空海到长安，曾在青龙寺随慧果学法，两年后回国创立真言宗（又称"东密"）。

隋大兴唐长安城是中国古代规模最大的都城。它既是当时中国政治、经济、文化的中心，又是当时闻名世界的国际性大都会和东西方文化交流的中心，亚洲各国的使节、商人、僧侣经常往来于长安，国内各族及邻国亦常派子弟留学。隋大兴唐长安城是中国古代规划最为整齐、封闭式里坊制城市的典范，不但在中国古代城市史上占有重要地位，而且其建筑规制也为国内少数民族地方政权及外国所仿效，如渤海的上京、日本的平安京即系仿长安城所建。

1956年8月，青龙寺遗址被陕西省人民委员会公布为第一批陕西省文物保护单位。1982年，成立青龙寺遗址保管所，负责青龙寺遗址文物保护管理工作。1992年4月，陕西省人民政府公布其保护范围。1996年11月20日，隋大兴唐长安城遗址（含青龙寺）被国务院公布为第四批全国重点文物保护单位，编号4-0047-1-047。1997年11月，青龙寺移交佛教界管理。2015年底，隋唐长安城遗址管理工作移交给大明宫遗址保管所。2016年4月29日，国家文物局批复唐长安城明德门遗址保护展示工程方案。

隋唐洛阳城遗址 为隋唐两代东都城遗址，位于河南省洛阳市的西工区、老城区、瀍河区和洛龙区范围内的洛河南北两岸，地处伊洛平原的中心。《唐六典》载："南直伊阙之

口，北倚邙山之塞，东出瀍水之东，西逾涧水之西，洛水贯都，有河汉之象焉。"

隋唐洛阳城始建于隋大业元年（605年），以尚书令杨素为营作大监，纳言杨达、将做大匠宇文恺为副监，每月役丁二百万人展开大规模的营建。大业二年建成，始称东京。隋炀帝于当年四月到达洛阳，当时"自伊阙，陈法驾，备千乘万骑，入于东京"，六宫、百官及眷属等大批贵族也接踵迁居洛阳（《隋书·炀帝纪》），使洛阳城迅速成为隋朝政治、经济、文化的中心。为别于西京长安，称洛阳为"东都"。此为隋唐东都洛阳城之始。唐武德四年（621年），李世民率军攻入洛阳，焚乾阳殿，遂降洛阳为洛州都督府治所。贞观六年（632年），号为洛阳宫。显庆二年（657年），唐高宗以洛阳宫为东都。光宅元年（684年），武则天改东都为神都。天授元年（690年）武则天正式称帝，改唐为周，即以神都为周都，并"徙关外雍、同等七州户数十万，以实洛阳"，使洛阳人口超过百万之众，成为当时世界上最大的都城和国际贸易中心。神龙元年（705年），唐中宗李显复改神都为东都。天宝元年（742年），唐玄宗又称东都为东京。安史之乱，史思明一度占据洛阳。上元二年（761年），唐王朝收复东京，复改东京为东都。至五代时，后梁、后唐以汴梁为东京，称洛阳为西都或洛京。后晋、后汉、后周均以汴梁为都，称洛阳为西京。宋太祖赵匡胤代周建立的北宋王朝，结束了五代十国的分裂局面，重新统一中国，定都汴梁，仍以洛阳为西京。北宋王朝曾对洛阳城郭、坊市、街衢、河道进行多次修缮。特别是在宋徽

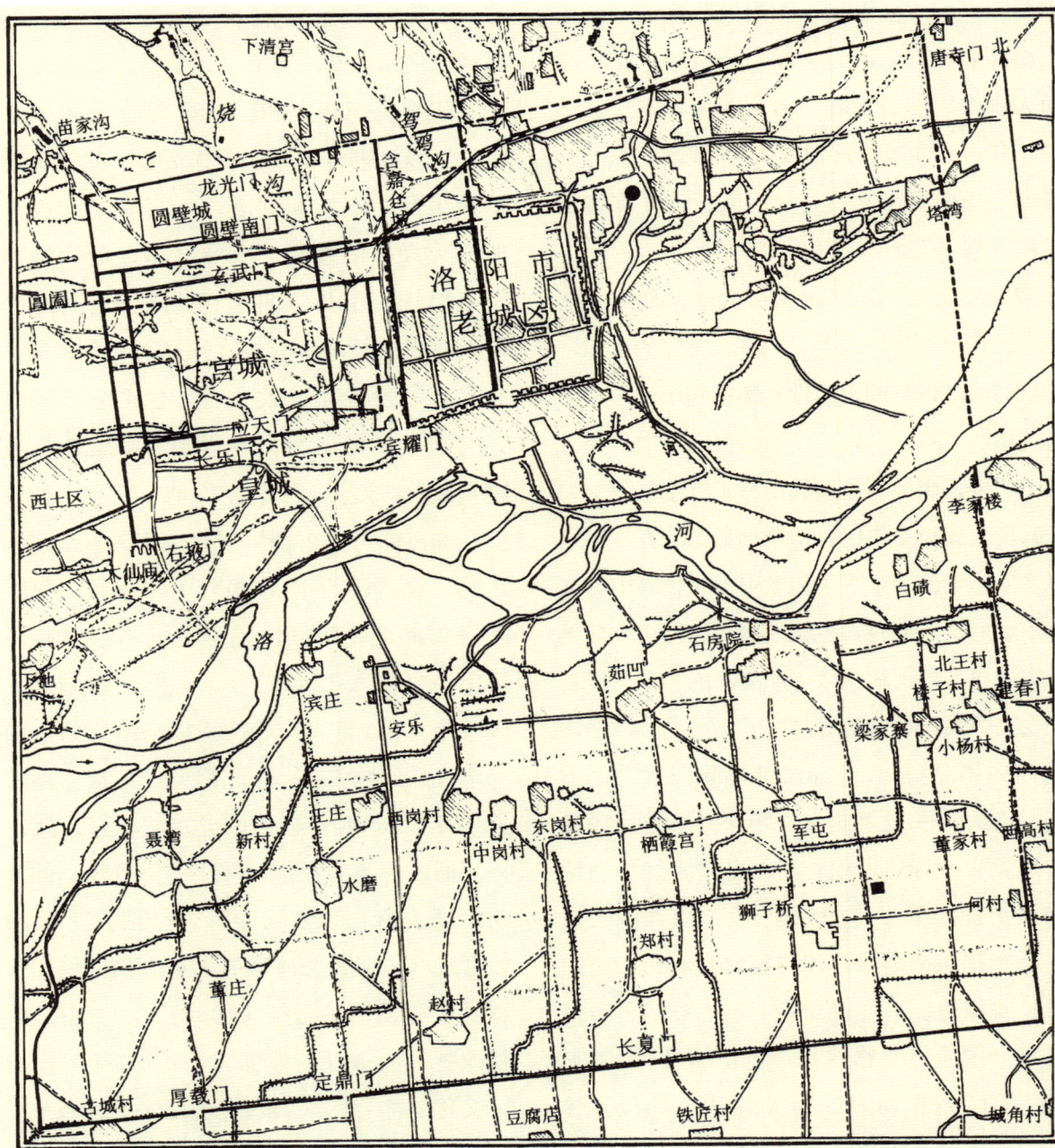

唐洛阳城平面示意图

宗时为朝谒诸陵，曾对西京宫城进行过一次大规模的修缮。北宋末年，城毁于战火。金代又在城址东部的宋代城基上新筑一小城，定为中京，设金昌府，隋唐城逐渐荒废。元、明、清三代沿袭金昌府旧城，置河南府治和洛阳县。民国时期，民国政府曾于此设行都。中华人民共和国成立后，设为洛阳老城区。

隋唐洛阳城的全面勘察工作肇始于1954年，由中央文化部社会文化事业管理局和中国科学院考古研究所组成工作队，在洛阳市人民政府及洛阳专署文物管理委员会的协助配合下，首次对隋唐洛阳城进行勘察，初步了解隋唐洛阳城址的范围和形制，并进行试掘。1959～1963年，中国科学院考古研究所洛阳发掘队对隋唐洛阳城进行全面的复查和重点发掘工作。首先是系统地勘察郭城、皇城、宫城、东城、含嘉仓城的城垣，重点勘探宫城内的宫殿建筑和九洲池的范围；其次是对城门、道路、里坊和市场进行钻探，并发掘皇城右掖门遗址。1982～1985年，主要在宫城区内配合基建发掘，并进行复查钻探工作。1986～2002年，发掘许多隋唐洛阳城的重要遗址，如明堂遗址、应天门东阙遗址、九洲池遗址、定鼎门遗址、永通门遗址、白居易宅院遗址、宣仁门遗址、北宋时期的衙署庭院遗址等。2002～2017年配合大遗址保护、国家考古遗址公园建设、丝绸之路申遗、大运河申遗等项目，根据为遗址本体提供保护和展示的实物资料的要求进行重点发掘。隋唐洛阳城，城址占地47平方千米，包括外郭城、皇城、宫城、东城、含嘉仓城、圆璧城、曜仪城、夹城以及纵横如织的街道、市井等。

外郭城，平面略呈南北长方形，南宽北窄。东垣长7312米、南垣长7290米、西垣长6776米、北垣长6138米，周长27.5千米。据文献记载，除西垣无城门之外，东南北垣各有三座城门。已发现南垣中门定鼎门，其东2255米为长夏门，其西1060米是厚载门；东垣有建春门、上东门、永通门；北垣因破坏严重，其门址尚未找到。

皇城，位于外城郭内西北部，南城的东南部被洛河冲毁仅存西段540米，唯右掖门址

隋唐洛阳城应天门东阙遗址发掘现场

隋唐洛阳城遗址圆形建筑

隋唐洛阳城遗址出土建筑构件

尚存。东墙长1115米，有宣耀门。西墙长1670米，有宣辉门与宣耀门相对。

宫城，在皇城内北部，南面正门即应天门，其东有明德门，西有长乐门。北面正中即玄武门，其西有嘉豫门。诸门址均已探明。城内还发现有最北面的陶光园、西北角的九洲池和东南角的东宫基址。

含嘉仓城，是隋唐东都洛阳城内一座贮藏粮食的大型粮仓，创建于隋大业元年（605年），唐代继续使用。仓城为南北长方形，南北城墙均长612米、宽17米、残高1.5米，总面积43万平方米。含嘉仓城有四座城门，东为仓东门、西为仓中门或称圆璧门、北称德猷门、南曰含嘉门。城内东北部和南半部保留密集的仓窖，已探出287座，按其分布情况推测应有400多座。

隋唐洛阳城内有繁密的街道、市井和里坊。洛河以南探出街道12条，还有明教、乐和、尚贤、归德、崇仁、里仁等坊，南北顺城街、西市等。洛河以北探明3条东西方向的顺城街以及通远坊、兴艺坊、积德坊和温雒坊等。

隋唐洛阳城是中国封建社会统一王朝的权力达到高度集中的一种标志，规划设计理念特别是严格的里坊制度，不仅影响国内州县城市的布局和周边地区地方民族政权都城的建造，也为当时日本、朝鲜等国的都城所仿效。

1963年6月20日，隋唐洛阳城遗址被河南省人民委员会公布为省级第一批文物保护单位。1988年1月13日，隋唐洛阳城遗址被国务院公布为第三批全国重点文物保护单位，编号3-0216-1-036。1997年，建立隋唐洛阳城遗址"四有"档案，存放于洛阳市文物工作队（2012年改为洛阳市文物考古研究院）。2004年，河南省人民政府划定隋唐洛阳城遗址保护范围和建设控制地带。2008年9月，河南省第十一届人大常委会第五次会议批准《洛阳市隋唐洛阳城遗址保护条例》。2011年，成立洛阳市隋唐城遗址管理处，负责隋唐洛阳城遗址的研究、保护、管理和开发工作。2012年12月，国家文物局批准《隋唐洛阳城定鼎门遗址保护管理规划》。2013年，丝绸之路世界文化遗产定鼎门遗址建立"四有"档案，存放于洛阳市隋唐城遗址管理处。2014年6月，隋唐洛阳城定鼎门遗址作为"丝绸之路：长安—天山廊道的路网"中国段申遗的重要遗产点之一，被第38届世界遗产大会列为世界文化遗产。

扬州城遗址 是隋至宋代（581～1279年）中国南方的重要城市遗址，位于扬州蜀冈上下，范围包括扬州老城区及西北郊一部分，面积约20.25平方千米。扬州历代城池相互叠压，隋、唐、宋城遗址保存相对较好。

抗日战争时期，日本学者安藤更生曾到扬州进行调查，撰写《唐宋时代扬州城之研究》，对城池沿革、规模以及城门、道路、桥梁等进行梳理、考证。20世纪50年代开始，江苏省和扬州市的考古工作者对扬州城遗址做过调查和发掘，但受种种条件的限制，未能开展大规模发掘。1984年，扬州城南门遗址的发现

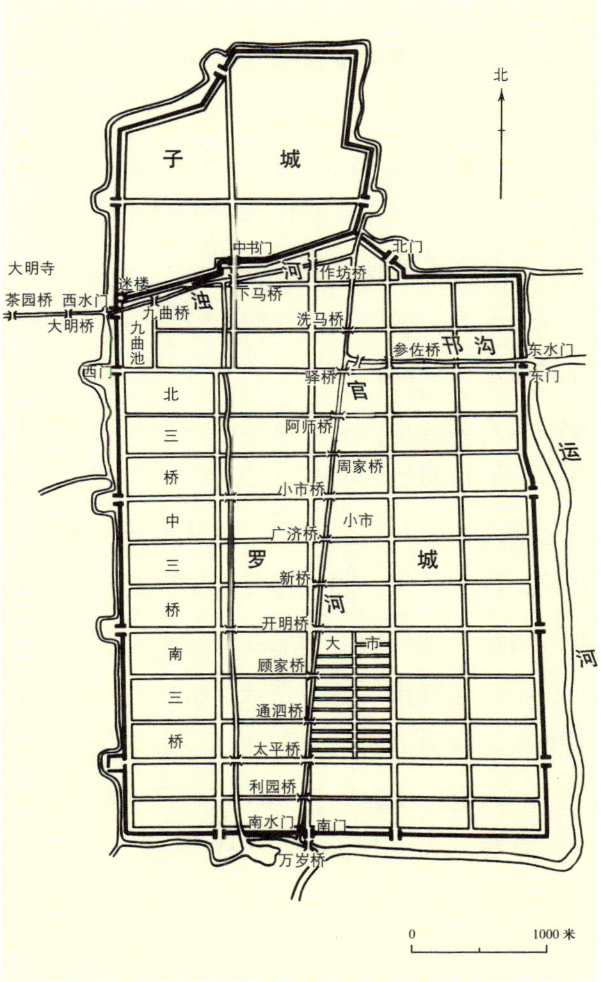

扬州唐代子城北城垣

和发掘引起考古学界的广泛关注。1987年起，中国社会科学院考古研究所、南京博物院、扬州市文化局组成唐城考古队，开始对扬州城遗址进行科学、系统的考古勘探和发掘，全面勘探蜀冈古代城址和蜀冈下的城址，发掘唐宋城东门遗址、宋大城北门和北水门遗址、唐罗城杨庄西门遗址、宋大城西门遗址、宋大城西北城角、蜀冈古代城址北城墙西段东部城门遗址和北城墙东段西部城门遗址、太子岗建筑基址、南宋宝祐城西城门外挡水坝等遗址。经过勘探和发掘，基本探明隋、唐、宋扬州城遗址的规模、布局、建城年代及其沿革关系。

隋代扬州城，位于蜀冈之上平山乡，系利用汉广陵城基础修筑而成，由隋江都宫城、东城组成，另毗邻蜀冈可能存有罗城。江都宫城平面近方形，地表以上夯土墙体保存高度达4米，周长5.1千米，面积约1.8平方千米。南城墙西起观音山向东至董庄，西城墙由观音山向北至堡城村西河湾，北城墙由西河湾向东经李家庄再折向至杨家庄，东城墙界址未探明。东城平面呈不规整多边形，由宫城向东至铁佛寺东侧，周长约4千米，面积约1平方千米。

唐代扬州城由子城和罗城两部分组成。

唐扬州城遗址平面示意图

扬州宋大城东门外瓮城铺地砖及道路遗迹

扬州宋大城东门敌台北侧踏道遗迹

子城为官府衙署区，利用隋江都宫城、东城修筑，平面呈不规整的多边形，局部城垣保存高度约10米。城垣为土筑，城门及城墙转角处有包砖，城外有城壕。子城四面各开一门，城内设十字大街贯通城门，东西大街长1860米、宽11米，南北大街长1400米、宽10米。子城南门，史称"中书门"，一门三道，是唯一与罗城相通的城门。罗城建在蜀冈之下，为商业、手工业和居民区。唐代中期扩建，平面呈长方形，南北长4200米、东西宽约3100米，城墙厚约9米。从地形地貌和城壕等迹象分析，罗城可能有12座城门，南城门3座，东、西城门各4座，北城门1座。城内设有南北向主干道6条，东西向主干道14条，道路宽5～10米。官河由南向北穿城而过，直达子城东南与浊河交汇。唐代二十四桥中的广济桥、新桥、开明桥、通泗桥等均设在官河之上。

宋代扬州有3座城池，即宋大城、堡城（宝祐城）、夹城。宋大城即州城，沿袭五代周小城。城周长10110米，东、南两面至古运河，北至潮河，西与明代旧城墙一致，西北角地面仍保存夯土城墙。宋大城呈长方形，城内开十字大街，与四城门相通。在南北两城门西

侧各设一水门，市河从南而北贯穿而过。堡城是南宋孝宗时郭棣利用唐子城西部所筑，周长5000米。南宋理宗宝祐年间，贾似道"复增堡城以壮广陵之势……包平山堂而瞰雷塘"，称宝祐城。夹城筑于南宋绍兴年间，连接大城与堡城（宝祐城），周长2700米。

扬州城遗址的发现，对于研究中国古代的城市规划、交通贸易以及对外文化交流等方面，具有重要的意义。

1957年，扬州唐城遗址被公布为江苏省级文物保护单位。1996年11月20日，扬州城遗址被国务院公布为第四批全国重点文物保护单位，编号4-0052-1-052。1979年，建立扬州唐城遗址文物保护管理所，主要从事扬州唐城遗址保护研究工作。1999年起，更名扬州唐城遗址博物馆，负责扬州城遗址的保护管理工作。2015年，建立扬州城大遗址保护中心，承担扬州城遗址范围内文物保护和建设规划编制、项目管理、出土文物保管和收藏、科学研究、监测巡查等工作。1999年5月31日，扬州市文物管理委员会印发《关于加强扬州城遗址保护的通告》，划定扬州城遗址的保护范围和建设控制地带。2003年3月，扬州市文管会建立扬州

城遗址的全国重点文物保护单位记录档案。2010年10月11日，国家文物局将扬州城遗址列入第一批国家考古遗址公园立项名单。2012年，国家文物局批准《扬州城遗址（隋至宋）保护规划（2010-2030）》。

太和城遗址　是唐代地方政权南诏的都城遗址，位于云南省大理白族自治州大理市下关镇太和村，地处点苍山佛顶峰麓，东临洱海，南望宝林寺，西依苍山鹤顶寺，北抵法真寺，南北宽约1千米，东西长约3千米。

太和城原为"河蛮"城邑，唐开元二十六年（738年），蒙舍诏诏主皮罗阁在唐王朝支持下统一六诏，被册封为云南王；次年，建都于太和城，建立历史上有名的南诏地方政权。樊绰《蛮书》记载："太和城巷陌皆垒石为之，高丈余，连延数里不断。"至元代郭松年到大理时太和城仍然"周四十有余里"《南诏

行记》。天宝六年（747年），南诏王在佛顶峰麓增建避暑宫，适逢唐王朝赐《金刚经》，故称"金刚城"，其夯土城墙与太和城西端南北城墙相连接。太和城遗址是南诏国立国时的都城，开元二十六年至大历十四年（738～779年）是南诏国政治、经济、文化中心。大历十四年（779年），南诏王异牟寻迁都羊苴咩城，太和城逐渐荒废。

民国27～29年（1938～1940年），中央博物院的吴金鼎、曾昭燏等，对太和城遗址进行调查，他们认为太和城除《南诏德化碑》外，其他遗迹"已完全湮没"。1961年冬，汪宁生进行较为细致系统的调查。1964年，云南省文物工作队对太和城进行调查勘测。1997年3月至1998年1月，云南省文物考古研究所在大理州、市文博单位的配合下，先后两次对太和城遗址进行较为全面的考古调查勘探，探明遗址

金刚城遗址远景

南诏德化碑

的基本情况。2004年11月至2005年5月，云南省文物考古研究所对太和城遗址外城的大凤公路所经南北两段城墙进行考古发掘。2010年，云南省文物考古研究所在太和城遗址进行新的考古勘探，制定五年的长远发掘规划。2014年，国家文物局拨款100余万元，由云南省文物考古研究所主持，大理州、市文物部门参加的工作队，于2014～2016年对太和城遗址做三次勘探调查工作。

经过勘探调查发现，太和城因军事防御的需要和受地势限制而形状不规则，以最西端地势最高的内城金刚城为甚。整座城平面形状约呈甬钟形，顶上小圆圈如钟之钮，为内城金刚城。内城形状略似东西向网坠形，中段束腰

略窄。外城的南北城墙西段顺核桃山山势以约100°的夹角从内城金刚城中部南北两侧分别向东南、东北下山，下山后转东大致呈梯形延伸至洱海边。从平面观察，太和城外城的形状可大体分为两块：滇藏公路以西为三角形，以东为梯形。南城墙全长约3350米，北城墙全长约3220米，太和村以东的南北两墙间相距约1800米，全城面积约3.5平方千米。城内外重要遗存有城垣遗迹、国门建筑遗址、佛顶寺夯土台基遗址、城内街道、南诏德化碑、仓储碑等。

金刚城为太和城的内城，位于太和城最西端地势也最高的核桃山顶，形状略似东西向网坠形，中段束腰略窄，东西长约510米，南北宽约120米。城墙环山顶边缘夯筑，周长约1400米，面积约59300平方米。

外城，经勘探和发掘，初步确定南北城墙的西、中、东三段，东西城垣未见城墙遗迹，可能与将洱海和苍山作为天然屏障有关。

太和城内的南诏建筑遗址所剩无几，仅发现3处，一处位于太和城中心的《南诏德化碑》以西约58米，另两处在内城金刚城内。

国门建筑遗址位于太和城中心的《南诏德化碑》以西约58米，由于未进行考古发掘，尚难以确定建筑遗址的性质、名称，据"揭碑国门"史料的记载，结合汪宁生认为"国门"似指某些建筑（如宫室）的推测，暂将此建筑遗址名为"国门建筑遗址"。

太和城内立有著名的南诏德化碑，两面共刻5000多字，叙述南诏的政治制度、经济发展情况以及天宝战争前后的经过，阐明南诏不得已叛唐的原因，言辞中充满对唐王朝友好的愿望。碑文真实记录当时云南各民族的分布和

融合情况，是研究南诏历史的重要实物资料。2001年8月"金刚城"（内城）遗址出土有"仓储碑"。碑文详细记述南诏建国初期分封仓官、仓子、谷判官和监仓的姓名职衔以及一所"官仓"贮藏谷粮数量，对研究南诏初期的职官制度，仓储制度和度量制度都具有十分重要的意义。

太和城遗址是南诏城池中军事防御意识突出的一座都城，在云南历史特别是民族史上占有重要地位。南诏德化碑印证上千年前中原地区与云南地区的密切关系，反映汉族与云南少数民族自古以来的文化交流与融合。太和城遗址的城墙、建筑遗迹以及德化碑等遗存，是民族教育、民族团结不可多得的实物教材。

1961年3月4日，太和城遗址及"南诏德化碑"被国务院公布为第一批全国重点文物保护单位，编号1-0157-1-022。1982年5月，文化部文物事业管理局批准大理县关于南诏德化碑碑亭及环境建设方案。1983年，大理市文物保护管理所负责遗址的保护管理工作。1997年，云南省人民政府转发省文化厅《关于云南省国家级和省级文物保护单位保护范围和建设控制地带划定方案的通知》，确定太和城遗址的保护范围和建设控制地带。2007年，建立科学完整的记录档案，存于大理市文物保护管理所。2013年，国家文物局批准太和城考古遗址公园立项；4月编制太和城文物保护规划及遗址公园规划，并报国家文物局审批通过。

蒲津渡与蒲州故城遗址 位于山西省永济市西约13千米处的蒲州镇西厢村。

蒲津渡遗址是历史上黄河流域著名的古渡口，为秦晋交通之要冲。河桥始建于春秋时期鲁昭公元年（前541年），秦公子铖在秦无法安身，携带家财出奔于晋，便造舟为梁，比其船而渡，开创秦晋交往的大门。从春秋鲁昭公元年（前541年）至东晋孝武帝太元十一年（386年）的900年间，蒲津浮桥为不固定性的临时浮桥。从东晋孝武帝太元十一年（386

蒲津渡遗址（修复后）

年）至唐开元十二年（724年）的300年间，蒲津浮桥改建为竹缆连舟固定式曲浮桥。开元十二年（724年），蒲州升为中都，在当时的政治、经济、文化和军事都占有相当重要的地位，蒲津浮桥作为秦晋要冲，尤显其重要。据《蒲州府志》记载，唐代改建蒲津桥，是在开

蒲津渡遗址铁牛

蒲津渡遗址铁人

元十二年（724年）进行的。从唐代开元十二年（724年）至金元光元年（1222年）的500年间，蒲津浮桥改建为铁索连舟固定式曲浮桥。此次改建，铸铁牛、铁人、铁山和铁柱为浮桥的地锚，担负着系缆、托桥、镇水的作用，铁牛维系铁索桥达500余年。《易经》载："牛象坤，坤为土，土胜水。"铸铁牛和铁山于河边，象征高山峻岭拦巨澜，起到掩挡洪水漫流，造福于人类之作用。明洪武二年（1369年），明将徐达率10万大军取长安，借铁牛地锚连舟为浮梁。河桥毁后，渡口一直沿用至清宣统三年（1911年），后因黄河自然改道，渡口废弃，遗物被淤泥全部埋没。

蒲州城相传为尧、舜帝故都，是一座具有政治、经济、文化和军事意义的历史名城。《通典》载："尧旧都在蒲，后迁平阳（今临汾）。"《括地志》曰："河东县南二里，蒲坂故城，舜所都。"蒲州旧城筑于元魏之世（4世纪晚期）。尧时划天下为九州，此都属平阳甸服（城郊）。舜继位后，把中国划为十二州，蒲州开始建都。春秋时，蒲属晋，战国时称蒲邑，属魏。秦汉时称蒲坂。西魏大统三年（537年），宇文泰打败高欢，把蒲坂划归西魏。北周时为河东郡。隋文帝开皇三年（583年），废郡存州，改为蒲坂县。唐太宗贞观元年（627年）分天下为十道，蒲州属河东道。唐开元八年（720年），定蒲州与陕州、郑州、汴州、绛州、怀州并称六大雄城。开元九年（721年），改蒲州为河中府，升中都，与长安、洛阳齐名。开元十二年（724年），蒲州与其他近京畿的同州、华州、岐州同称四辅。天宝元年（742年）又改为河东

蒲州故城遗址西门瓮城

郡。乾元初（758年）复为蒲州，三年后复置河中府，再为中都。五代之际承唐并曰蒲州，仍为河中府。金元光元年（1222年），金、元争夺河中府（蒲州城），金兵守城，因兵少势弱，遂截去城之半，只留内城守之，并将蒲津浮桥、军事瞭望台鹳雀楼用大火一同烧毁。元至正十年（1350年）修葺。明洪武四年（1371年）再次整修。明嘉靖三十四年（1555年）蒲州地震，建筑全毁，次年重建。明隆庆元年（1567年）加固。清康熙元年（1662年）重修。雍正六年（1728年）升州为府，设府廓之县始曰"永济"。嘉庆二十一年（1816年）再次重修。同治七年（1868年）最后全面修葺告竣。民国36年（1947年）4月25日，解放军入城，结束蒲州古城行政治所的功能，新人民政府在新胜镇办公（9月15日迁往赵伊镇）。

1959年，因修三门峡水库，蒲州城属淹没区，遂移民后故城彻底废弃。

1989年，永济市博物馆依据文史资料记载，结合民间传说，在蒲津渡遗址范围内进行初步调查，探明遗址的确切方位及部分遗物。1991年3～6月，山西省、运城市、永济市组建蒲津渡遗址联合考古队，对遗址进行第一次考古发掘。1999年，蒲津渡遗址保护工程正式启动，同时联合考古队对遗址进行第二次考古发掘。

蒲津渡遗址发掘出土的南侧两尊铁牛各置于长3.3米、宽2.1米、厚0.45米的长方形铁板上，铁板下并有铁柱六根，直径0.4米，斜插入地3.6～3.8米。北侧两尊铁牛下无铁板。铁牛身长3.3米，高1.5米左右，经初步推测每尊铁牛重约50～70吨。铁牛旁各置有一铁人，铁人身高1.90米左右，脚下有铁柱一根，垂直入地

1.3米，每尊铁人重约3吨。铁牛尾部东北方位立有七星柱一组，铁柱直径0.4米，长约6米，重约9吨。铁牛前约2米处为明代黄河防护石堤，河堤表层石条连接处各铸有铁铆锭。《蒲州府志》载，河堤长约一千三百一十九丈（大约5000米）。据考古勘探判断，明堤前11米处为唐代古河堤。根据遗址发掘现场分析，对面也应有4尊铁牛及其他遗物。《蒲州府志》载："蒲西郭外黄河之岸侧，有铁牛四。唐开元中所铸凡八，其四在秦之朝邑，东西分向，用以维河桥。及金元世，桥废渡绝，而牛之存者如故，阅千有余岁矣。"但关于蒲津浮桥的形制，唐以前无文字确切记载。唐杜佑《通典》载："桥自后魏迄唐初，皆横亘百丈，连舰千艘……"此记载为研究探讨蒲津浮桥提供翔实的依据。中国桥梁专家唐寰澄在遗址发掘后，初步提出唐改建浮桥后，浮桥的原理（铁索连舟、河水漂浮）及浮桥的跨度、宽度（桥长大约360米，宽10米左右）。蒲津渡浮桥的沿修通用与蒲州城的兴衰有着直接关系。

蒲州城，为明嘉靖三十四年（1555年）蒲州发生地震（史称"天塌蒲州"）后，在唐故城基址上屡次修葺的内城遗迹。内城周长5400米，明代砖砌城墙保存较好。城中心鼓楼台基尚存，形制为砖砌方形，台基四面有砖券洞门，大门上方各有匾额，东书"曦光普照"，西书"应庚思过"，南书"迎薰解愠"，北书"仰望霄汉"。古城墙及四大门瓮城遗址尚存，东门书"迎熙"，西门书"蒲津"，南门书"首阳"，北门书"振威"。外城为唐代夯土城墙，周长约5700米。外城夯土城墙高于地面5米左右。蒲州古城内除部队农场占用少量

面积外，尚无大规模的现代建筑，基本保存完好。蒲州城的彻底衰落是因1959年修三门峡水库，属淹没区，后政府所在地搬迁于永济市赵伊镇西街。蒲津古渡也因黄河水患、蒲州城的衰败而废，后渡口迁于潼关。

蒲津渡遗址是黄河文明的见证。蒲津渡遗址的建筑设计，依据中国古代《周易》阴阳等学说，成功地冶铁铸牛作地锚，不仅有着一定的实用价值，还把古人推崇的"兵来将挡，水来土掩"以及"天地乾坤关系"表现得淋漓尽致，展示中国古代劳动人民在利用黄河天险时所发挥的聪明智慧和力量，是古人治理黄河的实物见证。蒲津渡遗址在未发掘出土前，中国桥梁专家茅以升在《中国古桥技术史》中曾论断："浮桥地锚中，以蒲津桥的铁牛锚最为著名。"中国古时建浮桥，地锚一般采用铁柱、石柱、木柱，也用过石笼、石柜和铁山。蒲津渡用铁牛作地锚，为中外古桥史上绝无仅有，将冶铁、铸造、雕塑融为一体，毕其功于一役，将技术同艺术有机结合，就其时间、设计、质量、熔铸工艺和实际功能而言，可谓杰作。铁牛铁人形体硕壮，栩栩如生，比例适度，搭配和谐，给人以美的艺术享受；牛体之宏，分量之重，铁质之优，造型之美，数量之多，工艺之精，历史之久，千古之绝，堪称国宝。

1995年，成立蒲津渡遗址博物馆，负责蒲津渡遗址的保护管理工作。2001年6月25日，蒲津渡与蒲州故城遗址被国务院公布为第五批全国重点文物保护单位，编号5-0011-1-011。2002年，山西省人民政府划定遗址的保护范围。2010年，国家文物局批准《蒲津渡与蒲州故城遗址保护规划》。2011年，国家文物局批

准蒲津渡与蒲州故城遗址考古工作计划项目立项。2012年，成立蒲州故城文物保护管理处，负责蒲州故城遗址保护管理工作。2012年，国家文物局批准蒲津渡与蒲州故城遗址北城墙修复方案；山西省人民政府公布《蒲津渡与蒲州故城遗址保护规划》。2013年，国家文物局批准《蒲津渡与蒲州故城国家考古遗址公园建设规划》立项。蒲津渡与蒲州故城遗址的"四有"档案保存于山西省古建筑保护研究所。

渤海国上京龙泉府遗址 是唐朝中国东北地区地方政权渤海国的中晚期都城，位于黑龙江省宁安市西南部的东京城盆地偏西北处。古城东北距宁安城49千米，西南距镜泊湖风景区

25千米。城北约4千米处有三灵坟墓地，一般认为与渤海国王族有关。

其营筑大约始于公元8世纪30年代前后，即渤海第二代王大武艺"斥大土宇"之时，至第三代王大钦茂时期初具规模。大钦茂于唐天宝末年（755年）迁都上京龙泉府，又于唐贞元元年（785年）将都城迁至东京龙原府。至唐贞元10年（794年），成王大华玙又将都城从东京复迁上京。由此至契丹国天显元年（926年）渤海为契丹攻灭，上京龙泉府一直是渤海国的都城。渤海国灭亡后，契丹在其故地建东丹国，改上京龙泉府为天福城，定为东丹国都。天显二年（928年），契丹强

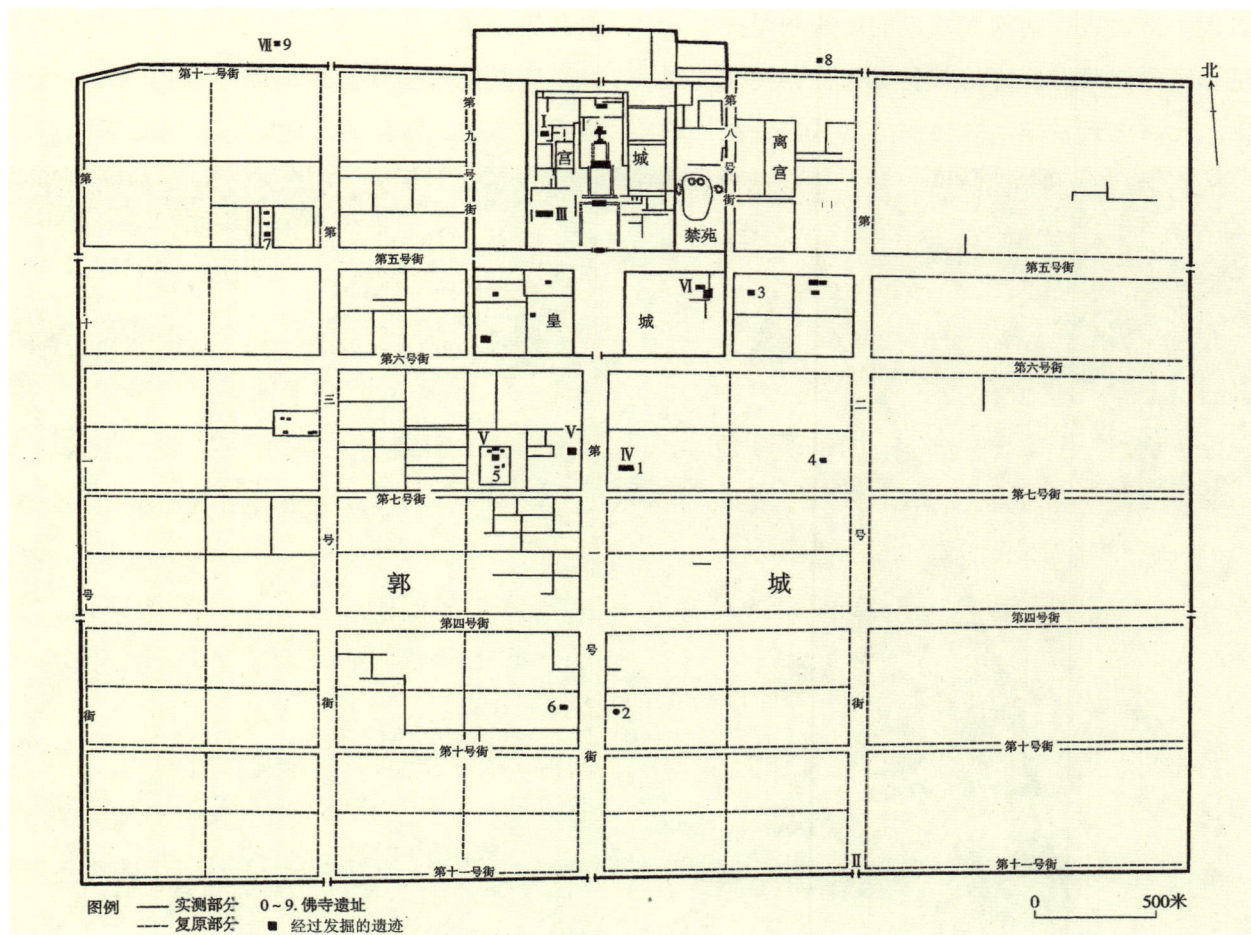

渤海国上京龙泉府遗址平面示意图

453

徙天福城人口，并将天福城付之一炬，盛极一时的雄城遂湮灭于历史长河。

民国20年（1931年）9月，东省特别区研究会组织综合考察队到北满地区进行考察，俄国学者B.B.包诺索夫领导的古民族学分队利用探沟法对"紫禁城"和"御花园"主要遗迹进行发掘，并对全城和周边遗迹进行调查，获得许多文物；同时绘制"东京城"遗址的"紫禁城"（宫城）平面图，记录宫城的主要建筑及东掖城"御花园"的部分遗迹。九一八事变后，日本侵占东北全境，日本东亚考古学会在关东军的支持下，分别于民国22年（1933年）5月和次年5～6月，由东京帝国大学教授原田淑人主持，进行两次大规模的调查和发掘。这是未经中国政府许可的带有文化掠夺性质的发掘。此次调查发掘，大体搞清宫城内各殿址的布局、规模和形制。1964年，中国科学院考古研究所与朝鲜社会科学院组成中朝联合考古队对上京城进行调查、钻探与发掘，调查外郭城、宫城的形制、范围，城内街道、坊市以及宫殿、官署、寺庙等建筑遗迹的基本分布情况。1981～1985年，黑龙江省对上京城周边进行专题考古调查，并对宫城正南门、3号门、第1号宫殿及东西长廊等遗址进行清理发掘；1985～1991年，又小规模、间断性地发掘皇城内的一处官衙遗址。

1997～2007年，黑龙江省文物考古研究所根据国家文物局指示，将渤海上京城考古作为重点科研项目，对渤海上京城宫城为主的各类遗存进行系列勘探与发掘。2008～2017年，黑龙江省文物考古研究所对宫城北门遗址、第1号宫殿东侧"匠作坊"遗址、郭城北部位于宫

渤海国上京城宫城第二宫殿址台基遗迹

渤海国上京城宫城午门西侧门东门壁

渤海国上京城宫城第三宫殿址南壁东阶遗迹

城东侧的一处佛寺进行发掘。

渤海国上京龙泉府遗址主要包括郭城、皇城、宫城三部分。

郭城平面呈横长方形,唯西北角处北墙略内折,北墙中间正对宫城处外凸。周长16313米,面积约15.93平方千米。中轴线对称格局,东半城略大于西半城,轴线方向南偏西4.5°。环城有护城河,南城垣西段壕堑尚存,南城垣中段和东段城壕与现代退水壕重合;西城垣南段城壕因修现代水渠已被破坏,北段仍可辨认,最宽约3米,深1~2米。城墙多土基石筑,墙基有深1~2米的基槽,将土堆筑到地表后平砌数层石块。基宽6~7米、墙体宽2~3米、残存高度0.2~3米。郭城探明共有11门,除靠近宫城东北角的11号门,其余10门呈南北各三、东西各二的对称分布。除正南门、正北门为3门一组的建筑外,余者皆为单门道城门。钻探发现郭城内的9条大街,5纵4横分布。据已发现的街道分布结合该城布局特点推测,该城应有11条主要街道,呈5纵5横及1条环城分布,其中最南横街及环城大街暂未发现。南北中轴线的第1号街经过局部揭露,

路面呈"鱼脊"状,宽110米,未见边沟。其余街路宽度有92米、78米、65米、34米、28米五种规制。这些街路将郭城和宫城、皇城分隔开,在郭城内形成坊市。由于东半城多被建筑物覆盖,坊里巷曲难以查实,据西半城20余坊的探查成果,可大致复原城内布局情况。全城依路可分为80余坊。坊均呈长方形,有大小之别,大坊长465~530米,宽350~370米,小坊长与大坊同,宽235~265米。位于第1号街两侧的各一处坊墙经过局部清理。大街东侧的坊墙为东半城第一列第一坊西墙北半部分的一段,宽1.4~1.5米,残存高度0.05~0.3米,墙体为土石混筑,两侧用较大石块不规则堆砌,平面朝外,故外侧较为齐整,内以黄色黏土和石块充实。大街西侧的坊墙系西半城第一列第一坊东墙北半部分的一段,墙体大部分已无存,仅能据坊墙基槽确认其位置。此处坊墙基槽为先开挖宽1.65米、深0.65~0.85米的沟槽,在底部垫一层厚约0.4米的黏性较大、硬度较强的黑褐土,之上再垫一层厚约0.25~0.45米的含少量玄武岩石块和炭粒的灰褐土,坊墙应建于此层之上。郭城中发现一处

离宫或高级贵族邸宅、七座佛寺、佛寺建筑群等重要遗迹。

皇城位于郭城北部正中，宫城之南，其北直抵宫城南墙，东西基本与宫城同宽。平面呈横长方形，东西长约1050米，南北宽约450米，石筑成墙。城内布局由北部横街、南部的东西两区和中部广场构成。北部横街宽92米，临宫城，将皇城南部的东西两区、中部广场与宫城隔断。东、西两区为由中央广场隔断成的形状大小基本相同的两部分，约为东西413米、南北355米的长方形；中部广场南北与东西区等长，宽约222米。南墙长1045米，中间为城门；东西两墙各开一门，基本与北部横街中线相对。皇城内发现建筑基址10处，对其中位于东区的两处官衙址进行清理发掘。

宫城位于郭城北部正中，皇城之北，南墙将宫城与皇城分开，东西基本与皇城同宽。平面基本呈长方形，东西1050米、南北1400米。城内可分四部分，分别为中央宫城、东掖城、西掖城和北部的圆壁城。中央宫城平面呈长方形，东西620米，南北720米，石筑城墙，外环水沟。宫城南墙设有3门，正南门俗称五

渤海石灯幢

凤楼，中间为一高台建筑，建筑东西分别设有门道。其东西两侧的城墙各开有一门，但东侧门为假门。东、西墙中间各有一门，分别通向东、西掖城。北墙中部设一门，即玄武门，通向北部的圆壁城，与郭城北门相望。宫墙北部两角残存角楼基址。城内可分为东、中、西三个区域，各区间有隔墙。中区为上京城中轴线所在区域，此区域内主要遗迹为沿中轴线前后排列的5座宫殿，第1号、2号、5号宫殿自成单元，第3号、4号宫殿合为一个单元。东、西区规模均等，各划分南北向三个院落。东掖城当地俗称"御花园"，南部修有假山、水池和亭榭，北部有大型建筑密集区，南部中央有门正对皇城横街，东南部有夹墙可通向城外，应为渤海国时禁苑。西掖城地表情况损毁严重，具体情况难以查清，但可以确定没有高台建筑，其与宫城有门相通，功能可能附属于宫城。圆壁城系郭城中部向北凸出部分与宫城及东、西掖城北墙所包围区域，南可通过宫城北门进入宫城北部夹城，北可由郭城北门通往城外，此区域尚未发现各类遗迹。

渤海国上京龙泉府以北4千米处的三灵坟是一处重要渤海国时期墓葬，一直被认为可能与渤海王族有关。由若干陵园组成。其中1号陵园情况较清楚，陵园区南北长200米，东西宽134米，面积为2.68万平方米，陵区内经初步测定有陵墓5座。1号墓是保存较完整的大型石室墓，平面呈"甲"字形，由墓室、甬道、墓道三部分组成。2号墓是王陵区内大型陪葬石室壁画墓，1991年发掘，为多人合葬墓，墓室四壁顶部及甬道两侧白灰层上都绘有精美的壁画。4号墓出土三彩熏香炉等珍贵文物。2004年发掘3

渤海国上京龙泉府遗址出土文物

号墓，发现其并非一般意义上的墓葬，实为不规则石块垒砌的墩台，具体性质、用途有待进一步认识。5号墓尚未进行发掘。

渤海国的历史文化是中华多民族统一国家历史文化的重要组成部分，是盛唐文化与东北地区古老民族文化相融合的具有特定时代性、地域性和民族性的历史文化。渤海文化是"海东文明"的主要组成部分，也是中华民族历史文化宝库中的一颗璀璨的明珠，其原始性、真实性和完整性弥足珍贵。渤海上京遗址完整地被发现、发掘、保存、研究，为探讨中国唐代都城城市规划及都城建筑形制提供重要的佐证和参考实例。

1956年，黑龙江省人民委员会将渤海国上京龙泉府遗址公布为第一批省级文物保护单位。同年8月28日，黑龙江省人民委员会公布《关于加强文物保护的布告》，将上京龙泉府遗址列为重点文物古迹加强保护。1961年3月4日，渤海国上京龙泉府遗址被国务院公布为第一批全国重点文物保护单位，编号1-0158-1-023。1961年，黑龙江省人民委员会公布三灵坟为省级文物保护单位。1963年，正式成立宁安县文物管理所，负责重点保护上京城遗址工

作。1981年，黑龙江省人民政府重新公布三灵坟为省级文物保护单位。1989年，牡丹江市人民政府公布三灵坟的保护范围。1985年5月，成立黑龙江省渤海上京遗址博物馆，负责对上京城的保护管理和陈列研究。1997年，开始编制渤海上京城大遗址保护规划工作。2004年，国家渤海上京龙泉府大遗址保护工程正式启动。2005年，建立"四有"档案，保存于黑龙江省渤海上京遗址博物馆。2006年5月25日，国务院公布第六批全国重点文物保护单位时，将渤海国三灵坟作为扩展项目归入渤海国上京龙泉府遗址。2006年，黑龙江省人大常委会颁布《黑龙江省唐渤海国上京龙泉府遗址保护条例》，2015年4月7日进行修订，划定渤海国上京龙泉府遗址及三灵坟的保护范围。2014年，建立渤海国上京龙泉府遗址（三灵坟）"四有"档案，保存于黑龙江省渤海上京遗址博物馆。

北庭故城遗址 俗称破城子，是公元7～14世纪新疆天山以北地区的行政中心城市遗址，是古丝绸之路天山以北路段上最具代表性的中心城镇遗址，位于新疆维吾尔自治区吉木萨尔县北庭镇古城村内，距吉木萨尔县北偏东约12千米处。

文献记载，西汉神爵二年至西晋咸宁元年（公元前60年至公元275年），东天山北麓为车师后部所在地，隶属两汉及曹魏政权。车师后部设治所的务涂谷以及两汉时期设戊己校尉并屯田的金满城，均在北庭故城一带。西晋咸宁二年至隋大业七年（276～611年），北庭故城一带为突厥系诸部控制。成为西突厥政权驻节之所，建"可汗浮图"城。唐贞观十四年（640年），唐政权控制东天山地区，并于

北庭故城遗址远景

可汗浮图城设庭州，管辖天山北麓，属安西都护府。庭州设立后经历数年战乱，至唐显庆三年（658年），唐平阿史那贺鲁叛乱后始守。由于庭州治所北庭城被战乱严重破坏，庭州刺史历时数年大规模重修城池。北庭故城遗址外城部分多为唐显三年（658年）时期的建设遗存。武则天长安三年（703年），设北庭都护府，唐中宗景龙三年（709年）晋级为大都护府，与安西大都护府分治西域，标志着唐朝在天山北麓地区统治的进一步强化。唐开元二十四年至二十八年（736～740年），对北庭城进行增筑。天宝十四年（755年）安史之乱爆发后，唐国势日衰，无力西顾，贞元六年（790年）北庭陷于吐蕃。约贞元十六年（800年），回鹘击败吐蕃占据北庭。开成五年（840年），回鹘政权自漠北迁至北庭，北庭城作为回鹘都城。次年，回鹘攻占西州，建立高昌回鹘王国，而后迁都高昌，北庭城成

为陪都，沿用至13世纪，此间北庭又称别失八里。北庭城在回鹘国时期以都城的形制增建内城（皇城）、小城（宫城）、高规格建筑群、佛寺等，尚留遗存。13～14世纪蒙元时期的北庭城（别失八里）继续作为天山北麓行政中心城沿用。14世纪中叶元朝衰败，北庭陷入地方割据政权统治，至15世纪前期，废弃于战乱。

清嘉庆二十五年（1820年），地理学家徐松对北庭故城进行调查，完整地记录《唐金满县残碑》等文物。光绪三十四年（1908年）和民国3年（1914年）日本、英国等探险队分别进行调查、测绘和挖掘。民国17年（1928年），中国西北科学考察团进行发掘，并由中国学者袁复礼测图。1979年，中国社会科学院考古研究所新疆队对北庭西大寺进行较全面的发掘，探明佛寺"殿塔结合，佛龛环绕"的建筑格局，出土大量精美壁画和雕塑。1980年10月，中国社会科学院考古研究所新疆队对北庭

故城遗址进行实测和初步勘察，大致探明城址的内外城格局，城门、马面、敌台以及城址内十二处重要建筑遗址点，并采集大量陶器、建筑材料、钱币等遗物。初步认定北庭故城的外城墙约始建于唐朝初期，后经两次修补。内城墙大约建于高昌回鹘时期，在修建内城时对外城又进行一次大规模的修补和加固。

北庭故城为唐代至回鹘时期（7～13世纪）的遗存，主要包括北庭故城城址、城址西部的北庭西寺两部分。故城是在原唐代庭州城的基础上建立，是唐代北庭大都护府的所在地。故城规模宏大，平面呈不规则的长方形，南北长约1666米，东西宽约959米，面积约130万平方米，有内外两重。外城周长约4937米，存角楼2个，敌台2个，马面32个，城门1座（北门）。北墙中部北门北侧有略呈方形的瓮城，瓮城外侧又有一近似长方形的小城，应为

军事防御设施，俗称羊马城。外城城墙都系夯土版筑而成，夯层直接建于原生土上。夯层平整、坚硬结实，厚5～7厘米，局部厚达10厘米以上。夯面上有明显的夯窝，大小不一，直径4～8厘米。内城位于外城中部略偏东北，周长约3008米。存角楼2个，敌台1个，马面11个，城门2个。在内城南、西、北外侧环绕一凹槽，为护城壕。城墙均系夯筑，夯层建于原生土上，厚10～15厘米，个别厚达20厘米左右。平夯，无夯窝。城内外可辨识建筑遗迹有13处。其中城外东侧1处、外城7处、内城5处。大多为土坯砌筑，个别夯筑。其中4座曾出土佛教造像等遗物，可能为佛教建筑。

北庭西寺遗址是新疆天山以北仅存的一座早期佛教遗址，其在题材、构图和人物形象上具有鲜明时代特征，是仅存的、完全由回鹘人兴建的佛寺，东距北庭故城遗址西墙约666

北庭故城城门遗址

北庭西寺遗址 105 配殿西壁"王者出行图"

米。遗址外观为一大土丘，分上、下两层，平面呈长方形，立面近阶梯形。南北原长约70.5米，东西宽约43.8米，残高14.3米。地面以下为夯土台基，地面以上全部用土坯砌筑。下层南侧有4个配殿，东、西各二，平面呈长方形或曲尺形，内部均残存佛坛、台座、塑像、壁画和木建筑构件。遗址东侧有15个洞龛，上层7个，下层8个。洞龛平面长方形，券顶，内残存台座、壁画和塑像。遗址北侧和西侧均呈不规则土丘状，仅能观察到少量桩木，无法辨识遗迹。

北庭故城遗址所在的东天山北麓，历史上是控扼天山以北广大区域的军事要地以及天山北路东西交通的枢纽和贸易中转站，成为唐王朝管理天山以北政治、经济、军事、文化和交通的中心。

1957年，北庭故城由新疆维吾尔自治区人民委员会公布为第一批自治区级文物保护单位。1979～1980年，中国社会科学院考古研究所对北庭西大寺部分发掘后，对配殿和洞龛做简易保护。1982年，吉木萨尔县文物保护管理所成立，负责吉木萨尔县境内的文物保护和管理。1988年1月13日，北庭故城被国务院公布为第三批全国重点文物保护单位，编号3-0217-1-037。2001年2月，成立吉木萨尔县文物局。2004年12月，建立北庭故城全国重点文物保护单位记录档案。2009年，新疆维吾尔自治区人民政府印发《关于公布新疆维吾尔自治区全国重点文物保护单位保护范围、建设控制地带的通知》，划定公布北庭故城保护范围和建设控制地带。2009年，成立北庭故城国家考古遗址公园建设管理局，专职负责北庭故城的日常保护和管理。2009年1月，《北庭故城遗址保护总体规划》通过国家文物局审核批准，2009年6月新疆维吾尔自治区人民政府批准公布。2013年3月30日，新疆维吾尔自治区十二届人大常委会第一次会议审议通过《新疆吉木萨尔北庭故城遗址保护条例》，自2013年5月20日起施行。2013年6月，申报世界文化遗产重建记录档案，存放在吉木萨尔县文物局。2014年，北庭故城作为重要遗产地，被第38届世界遗产大会列为"丝绸之路：长安—天山廊道的路网"世界文化遗产。2015年4~8月，完成北庭故城遗址安全技术防范系统工程。

渤海中京城遗址 是唐代东北地区地方政权的渤海国（698~926年）中京显德府的故址，位于吉林省延边朝族自治州和龙市西城镇城南村，当地俗称"西古城"。城址地处长白山北麓丘陵河谷地带的头道沟冲积平原，其南约1.5千米为图们江最大支流海兰江。城址坐落在头道平原的西北部，所在区域地势北高南低，其北约0.5千米处为丘陵区，其南为头道沟冲积平原的开阔区域。

清光绪三十四年（1908年），清朝帮办吉林边务陆军协统衔军政参领吴禄贞撰写《延吉边务报告》，认为西古城遗址"为金代海兰路总管府开府之故地无疑"。民国12年（1923年），日本文人鸟山喜一考察西古城，随后鸟山喜一等人于民国26年（1937年）、民国31年（1942年）、民国32年（1943年）和民国34年（1945年）对城址实施非法发掘，首次提出此城为渤海国中京显德府故址，同时对城址的城内布局和出土遗物进行初步研究。

中华人民共和国成立后，1960年，延边文物普查队在延边州范围内进行文物普查时，对西古城城址进行调查。1964年，中国、朝鲜联合考古队调查西古城。1979年，吉林省考古训练班和龙队，对包括西古城在内的全县境内的

渤海中京城遗址内城发掘区

文物进行普查和复查工作。1980年，延边州文物管理委员会、延边州博物馆等单位在西古城进行古迹调查工作。1997年，吉林省文物考古研究所、延边朝鲜族自治州文物管理委员会办公室、延边朝鲜族自治州博物馆联合组队对城址进行实测。2000～2002年，吉林省文物考古研究所、延边朝鲜族自治州文物管理委员会办公室、延边朝鲜族自治州博物馆、和龙市博物馆联合组队对城址实施为期三年的考古发掘。2003年，为实施中京城城址大遗址保护规划，清华大学对城址现状进行测绘。2004～2005年，吉林省文物考古研究所等单位再次对城址进行为期两年的发掘，对城址再次进行测绘。

西古城平面呈纵向长方形，方向南偏东10°，总面积约46万平方米。城垣墙体均为夯土构筑，有内、外两重城墙。

外城平面呈纵向长方形，方向南偏东10°。城墙夯土构筑，其中北墙长632米，南墙长628.2米，东墙长734.2米，西墙长725.7米，周长2720.1米。南北两中央辟有门址。通过对南门址的发掘，确认该门为一处单一门道结构的城门，门道两侧残存门墩基础。

内城位于外城的北半部居中位置，平面呈纵向长方形，方向南偏东10°，面积约为5800平方米。城墙夯土构筑，其中北墙长187米，南墙长187.9米，东墙长311.1米，西墙长306.8米，周长992.8米。内城东、西、北三面城墙呈直线轮廓，南城墙的中部为直线墙体，东、西两端为弧线墙体。城门位于南墙中部。内城北部设有一道东西走向的隔墙，将内城分为南、北两部分，隔墙中部设门，门道宽约4.25米。

西古城的大型建筑遗址集中分布在内城中部，共有5座宫殿址，一、二、五号宫殿址位于中轴线上，三、四号宫殿址位于二号宫殿址两侧。

渤海中京城内城1号、2号、3号宫殿遗址交会区域

渤海中京城遗址出土琉璃鸱尾

渤海中京城遗址出土琉璃兽头

一号宫殿址位于内城中轴线南部，修筑于夯土层、河卵石层交替构筑的台基之上，台基呈长方形，东西长约41米，南北宽约22.5～25.5米，南部最高处残高0.95～1.05米，北部最高处残高约0.7米。台基的南北两侧存在夯土构筑的踏道，其中北侧踏道，位于台基北缘的中央，宽约7.2米、长约2.9米、残高0.7米；南侧两踏道，位于台基南缘的东西两侧，两踏道台基东南角、西南角的距离均约为3.5米，两者之间的距离27.2米。二踏道宽度均3.1～3.2米。台基四周构筑有土衬石和地面散水等设施。一号宫殿台基的东西两缘，距台基东南角、西南角各约1米处，各有一条东西横向廊道，宽约8.8米，长度略有差异，东廊台基长14米，西廊台基长15米。通过廊道，一号宫殿与其东、西两侧的廊庑相接。

二号宫殿址位于一号宫殿址的北部，台基由夯土层、河卵石层交替构筑，残存的台基东西长27～27.5米，南北宽15～15.5米，残高0.15～0.3米。台基南缘居中位置辟有踏道，踏道通过南延的廊道与一号宫殿址北侧踏道相连。二号宫殿址东、西两侧各有一平面呈横向长方形的配殿，配殿台基用夯土层、河卵石层交替构筑。西配殿残存台基南北残长14米，东西残长22米，残高约0.2米；东配殿残存台基南北残长约13.5米，东西残长约22.5米，残高约0.21米。

三号宫殿址位于二号宫殿区域的东侧，与二号宫殿址呈东西向一线排列。台基平面呈横向长方形，东西长约27.8米，南北宽约18米，残存高度约0.52米。三号宫殿址是一座四周环绕外廊、内置两室，两室之间存在内廊的建筑，外廊宽约3.5米，两室规格相同，皆为面阔约7.5米、进深约8米近方形的格局，两室皆在南墙中部辟有门址，宽约2.4米，内廊南北中央各有一处门址，宽约1.7米。四号宫殿址位于二号宫殿址区域的西侧，与二、三号宫殿址呈东西向一线排列。台基平面呈横向长方形，为夯土结构，东西长约26.7米，南北宽约18.2米，残高0.1～0.4米。台基格局与三号宫殿址基本一致，都是四周围绕外廊，内置两室，外廊宽度约3.5米，两室均为面阔约8.5米，进深约9米，皆在南墙中部开门，门址宽约2米。在四号宫殿的两室内部以及西、北侧外廊区域，均见有取暖设施，残存灶址和烟道的迹象。

五号宫殿址位于内城隔墙的北部，南距二号宫殿址约99.77米，北距内城北墙约11.26米。五号宫殿址台基平面呈东西向长方形，由夯土层与河卵石层交替叠压构筑，四边外缘被近代扰沟所破坏，残存部分东西长约46.7米，南北宽约24.5米，残高约0.35～0.45米。依据五号宫殿址台基上留存的外圈础石推算，宫殿址应是一座面阔十一间、进深五间的建筑，未见门址。

在内城南侧的东南部、西南部区域，保留有两处不规则水塘痕迹，两处水塘的位置大体呈东西对称，学术界推测两处水塘或是中京城的水苑。西古城出土遗物多为建筑构件，主要为各类瓦件，砖和兽头、鸱尾也有发现。瓦件多为青灰色，但仍不乏绿釉瓦件，包括筒瓦、瓦当、兽头、套兽、鸱尾、覆盆等。瓦当当面纹饰以莲花纹为主，种类多样，以六瓣莲花纹瓦当数量最多。出土的瓦件中有相当一部分瓦身凸面带有文字，或戳印或刻画，阴文、阳文均有，皆为汉字，累计逾百种。

西古城作为渤海国中京显德府故址，在渤海都城研究中占有重要地位。西古城的布局、宫殿配置及建筑结构与渤海国上京城宫城相仿，均效仿唐长安城，是渤海国全面学习唐朝文化的实证，是中国古代城市规划发展的实物标本，为充实中国唐代东部边疆城市规划、都城建筑形制等提供了重要的参考实例，具有较高的学术价值。城址的系统发掘，对研究渤海国都城的建筑形制、宫殿布局、都城营建理念都具有重要的学术价值。

1981年，吉林省人民政府公布西古城为省级文物保护单位，并公布保护范围。1982年，

成立和龙县文物管理所，负责城址的保护、管理和宣传教育等工作。基于对中京城的保护，延边朝鲜族自治州政府对其划定出重点保护区和建设控制地带。1996年11月20日，西古城被国务院公布为第四批全国重点文物保护单位，并更名为渤海中京城遗址，编号4-0051-1-051。2004年起，根据国家文物局的工作部署，对西古城内进行环境整治，2005年，建立渤海中京城遗址"四有"档案，存于和龙市文物管理所。2007年，《渤海中京城遗址保护规划》通过国家文物局审批。2013～2014年，《吉林省渤海中京国家考古遗址公园规划》和《渤海中京城遗址与龙头山古墓群文物本体展示提升工程一期方案》通过国家文物局审核并实施。

八连城遗址 是唐代东北地区地方政权渤海国的东京龙原府故址，位于吉林省延边朝鲜族自治州珲春市市区西约6千米的河谷平原地带，西约2.5千米有图们江由北向南流过，东南约50千米是日本海的波谢特湾。

民国11年（1922年），日本学者鸟山喜一到达延边地区，对多处遗址进行调查；民国13年（1924年），调查珲春八连城，认为与渤海国有关。九一八事变后，在日本政府和侵华日军的支持下，鸟山喜一、斋藤优、驹井和爱等又以受伪满洲国文教部、珲春县公署委托之名义，对八连城遗址进行多次调查与发掘。民国25年（1936年），鸟山喜一再次调查八连城遗址。次年，鸟山喜一、藤田亮策，测绘八连城城址平面图，发掘位于内城北部的两座宫殿址。民国27年（1938年），鸟山喜一在《渤海东京考》一文中，对八连城遗址考古发掘成果

做出进一步说明与分析，并结合文献记载及史地考证，提出八连城为渤海国东京龙原府故址的学术观点。民国30年（1941年），斋藤优调查八连城遗址，并于次年对城址进行测绘，发掘位于内城北部的多座建筑址以及内城西门、南门址以及城址外南部的三处佛寺遗迹。民国31年（1942年），驹井和爱再次对八连城进行调查和测量，并发掘内城南门和第二殿址。

1958年，珲春县文教科调查八连城遗址，建立文物保护档案，开始有组织的遗址保护工作。1960年，延边州文物管理委员会调查八连城遗址，充实文物档案内容，为遗址保护提供详细的考古资料。1972年，吉林省博物馆组织工作人员调查八连城遗址。1983年，吉林省文物管理部门组织专业人员对珲春县开展文物普查工作，期间对八连城遗址进行全面调查。2004～2009年，吉林省文物考古研究所与吉林大学边疆考古研究中心合作，对八连城遗址开展为期6年的考古调查与发掘工作，陆续发掘位于内城的以一、二号建筑址为主的建筑群，内城南门址及城墙，外城南门址及城墙等。

八连城遗址总面积约53万平方米，有内、外二重城墙，墙体均为夯土构筑。

外城平面接近方形，东西707.4米、南北744.6米，方向10°。据20世纪40年代的发掘调查报告记录，外城四面城墙中央位置墙体都有凹陷，可能是城门址所在。在外城南门的西侧，南墙墙体有一处豁口，可能是偏门。外城南门位于南墙中央，为单门道，南北约5.2米，东西约3.2米。门址东西两端直接利用墙体作为门道的墩台，南门建筑形式推测为门道两壁设排叉柱支撑木结构过梁式建筑。外城墙体已不能确认其他城门的位置。八连城外城之内由隔墙划分出若干区划。距外城北墙约133米处，有一条东西向隔墙将外城北部区分出一处南北约130米，东西贯穿外城的区划。外城南部中央由隔墙划分出南北相连的两个区划，在内城南侧至外城南墙之间形成两处封闭区域。外城的东部和西部亦存在多条纵横交错的隔墙，将外城东西两侧分隔出若干区域和院落。

内城位于外城中央略偏北，平面长方形，东西216.4米、南北317.6米，方向10°。内城南墙的中部向北折入13.5米，中央设城门。内城南门台基平面长方形，南北约16米，东西约28米。台基的南北两面各设左、中、右三个台阶，根据柱网布局推断，内城南门建有面阔五

八连城遗址南城墙

八连城遗址内古井

八连城遗址出土兽头

八连城遗址出土宝相花纹砖

间、进深两间的木构建筑。民国31年（1942年），日本关东军文官斋藤优发掘调查八连城时确认，内城东西两墙中央位置，墙体凹陷，并在西墙凹陷处内侧进行发掘，清理出南、北两处排列整齐的素面方砖，采集到绿釉脊兽残片、瓦片等遗物。推测内城存在东、西城门的可能性较大。

八连城的大型建筑遗址集中分布在内城的北部。其中，位于城址中轴线上的第一、二号建筑址规模宏大，为八连城的主要宫殿建筑。第一号建筑址是内城南起第一重宫殿建筑，位置在内城的几何中心，单体规模最大。平面长方形，东西约42.4米、南北约26.3米。台基中央部分残高约2～2.2米，四壁残高约1.2～1.5米。第一号建筑址殿基台基高大，两腋连接漫道及行廊，南壁设左右上殿台阶。第二号建筑址位于第一号建筑址的北侧，是由主殿和左右朵殿组成的复合建筑。第二号建筑址台基较第一号建筑址低矮，中央台基为主殿，平面长方形，东西约30.6米、南北约18.5米，台基中央残高约1米，四壁残高0.3～0.5米。根据考古发掘确认的柱础布局推测，第二号建筑址主殿为面阔五间、进深两间、四面周廊的木构建

筑，其明间为穿堂，左右为面阔、进深均两间、中央减柱的二室。主殿东西两侧对称布置朵殿，平面长方形，东西约20米，南北约15米，残高0.6米。在第一、二号建筑址主殿之间有"中"字形廊道连接，廊道南北长约38.2米，南段和中段采用河卵石层与黄土层交替叠筑，台基顶面已暴露至河卵石层，不见柱础遗迹，台基的北段为黄土夯筑，仅东西两侧各有一条宽1.8～2米的河卵石垫层，应是为安置柱础采取的加固措施。在第一、二号建筑址东、西两侧各有一条折尺形廊庑联通，廊庑台基由黄土夯筑而成，约长64米，宽约12米，残高约0.30米。

八连城遗址出土遗物绝大多数为各类建筑构件。主要有用于铺设屋顶的瓦件，包括板瓦、筒瓦、瓦当、压当条、当沟和用于主体建筑屋脊之上兼具装饰作用的带釉筒瓦和套兽、鸱尾等建筑饰件。此外，还有大量用于地面的建筑材料，如柱围（覆盆）、各类青砖及护坡条石、石（砖）钉等。

八连城作为渤海国"五京"中东京龙原府的故址，在第三代王大钦茂执政晚期（785～793年）曾为渤海王城，是当时渤海国政治、

经济、文化中心，也是渤海"日本道"的起始地，八连城对当时的经济发展、文化繁荣、政治稳定等都起到重要的作用，具有很高的历史价值。八连城的布局、宫殿配置及建筑结构与渤海上京城宫城相仿，均效仿唐长安城，是渤海全面吸收唐朝文化的实证，是中国古代城市规划发展的实物标本，也为充实中国唐代东部边疆城市规划、都城建筑形制等提供了重要的参考实例，具有较高的学术价值。另外，东京龙原府是渤海通往日本道的重要交通枢纽，是渤海史研究的重要对象，同时对东北中世纪史、东北民族史、中日关系史和边疆与中原文化交流史的研究具有重要意义。

1958年，珲春县文教科调查八连城遗址，建立文物保护档案，开始有组织的遗址保护工作。1960年，延边州文物管理委员会调查八连城遗址，建立古城址调查表，充实文物档案内容，为遗址保护提供详细的考古资料。1961年，吉林省人民政府公布八连城遗址为第一批省级文物保护单位。1992年，吉林省文化厅印发《关于公布我省境内全国及省级文物保护单位保护范围的通知》，公布八连城遗址保护范围和建设控制地带。1996年，珲春市文物管理所建立健全文物档案，其后逐年进行补充。2001年6月25日，八连城遗址被国务院公布为第五批全国重点文物保护单位，编号5-0031-1-031。渤海国东京龙原府故址遗址公园正在规划建设中。由珲春市文物管理所负责该遗址的保护管理工作。

老司城遗址 是永顺彭氏土司的统治中心治所，位于湖南省永顺县灵溪镇司城村，积25平方千米，核心区面积25万平方米，城区所在的台地大致呈南北走向。

老司城历史悠久，在古城下游河岸发现有商周时代遗址。武周天授二年（691年）置溪州，唐天宝元年（742年）改溪州为灵溪郡，乾元元年（758年）复为溪州。五代后梁开平四年（910年），彭瑊担任溪州刺史。后晋天

老司城遗址宫殿区发掘现场

福四年（939年），溪州刺史彭士愁与楚王马希范爆发溪州之战，确立彭氏在溪州地区的"自治"地位及其在诸蛮酋中的威望。

两宋在溪州地区推行羁縻制和誓下州制，采取"以本土之法治本土""以蛮夷治蛮夷"加以治理。但彭氏据地自雄，自置二十余州。永顺属地有中溪州、下溪州、施溶州、南渭州、永顺州，永顺之名始于此。南宋绍兴五年（1135年），永顺第十二代土司、溪州刺史彭福石宠将州治迁于此地，更名福石城。之后600年，福石城均为永顺土司治所地。清雍正六年（1728年），末代永顺宣慰使彭肇槐献土归流。在此之前，彭肇槐曾迁治于上游的颗砂，称新司城。福石城即为老司城或旧司城。

永顺溪州土司政权自前蜀武成三年（910年）至清雍正六年（1728年）历时818年，刺史或土司，鼎盛时期辖有20个州，范围涉及湘、鄂、川、黔、渝、滇等省市边区。改土归流后，永顺彭氏土司举族回迁祖籍江西吉安，老司城逐渐荒废。

1957年，第一次全国文物普查发现老司城遗址。1985～2013年，湖南省文物考古研究所会同湘西自治州文物工作队、永顺县文物管理所对老司城开展5次考古调查和发掘。1995年10～12月，首次对老司城及外围相关遗址进行调查与发掘。对遗址城区进行全面的勘探与测绘，查清城区内城墙、宫殿区、衙署区、街巷以及其他遗迹的分布情况，并对宫殿区与墓葬区进行局部发掘，发掘面积500多平方米。2010年5月至2011年5月进行的第三次考古发掘，调查核心区域20平方千米，发掘八街九

老司城祖师殿及玉皇阁

巷、宫殿区、衙署区、居住区、墓葬区、宗教祭祀区等。

老司城遗址已探明的遗存主要有宫殿区遗址、衙署区遗址、宗教区遗址、城墙遗址、排水渠遗址等。

宫殿区位于城区北部,依山而建,周长436米,总面积1.4万平方米。城区有4门,大西门为正门。城墙厚1米左右,残高2米左右,西北部城墙保存较为完整,最高处6米。大西门由卵石砌成的路面和红石条砌成的台阶组成。下接右街的卵石踏步,上与大西门内侧开阔的过道平台相接。在大西门南侧发现门楼建筑基址一处。宫殿区主体建筑处在宫殿区中部偏南的大西门中轴线上,自下而上,形成多层阶梯状平台。主体建筑遗迹包括台级、墙基、保坎、墙体、散水、排水沟等。衙署区位于宫殿区南侧,周长408.8米,面积8762.4平方米。其东、南、西墙保存较为完好,一般残高1~2米。衙署区地表出露大量建筑保坎、墙基以及凉热洞、土王祠、摆手楼等地面建筑。

城区外围,有东门、南门的旧称,除南门码头两侧有长约60米的具有军事防御功能的城墙外,其他地方不见城墙。

老司城内原街巷密布、纵横相通。《永顺县志》载,"有新街、左街、鱼肚街、河街、马蝗口、九屯街等"。尚能确定其名的仅有正街(新街)、右街、左街、伍屯街、鱼肚街、河街、紫金街。其中以正街、左街保存较好,右街、伍屯街、鱼肚街仅存局部残迹,而河街、紫金街等仅能确定其大体位置,遗迹无存。正街(新街)原宽约4.7米,两侧被民宅所占,宽度2~4米不等,中心线用直径约20厘米

老司城土司古墓葬

的大鹅卵石铺成,两侧用长8~15厘米的长条形卵石有规划地排列而成,有的地方还铺成圆形或八卦图案,路面平整、结实。左街与正街南端相连,呈西北—东南走向,依自然山势,西北高、东南低,地势坡度较大。路面结构与正街同,但大小卵石参差不平整,不如正街规整。街宽原有3.8米左右,两侧多为民宅垒石坎所占,仅宽2米左右。由于坡度较大,街面上有众多的石阶,多用大块条石垒成。

南门码头即史料上所称的灵溪古渡,位于城区中部灵溪河畔,利用平坦的自然基岩而成,长30余米,宽3米多。码头沿岸两侧有条石垒成的墙垣,渡口面对秀屏山绝壁,河面宽50余米,码头一直在使用。

墓葬区有紫禁山古墓群、雅草坪古墓群、莲花座古墓群、象鼻山古墓群等。紫金山古墓群位于老司城东南部,是明代永顺土司的家族墓地,已探明有土司及眷属墓葬50余座。墓地依山势修筑成4~5列,地表由墓葬封土、拜台、"八"字山墙、花带缠腰过道、南北神道及石像生、照壁等遗迹组成。墓地出土的彭世麒、彭宗舜、彭翼南及一些土司眷属的墓志铭,是研究土司社会的珍贵实物史料。雅草坪古墓群位于老司城城东、紫金山以南,长170

米、宽80米，面积约13600平方米。已探明古墓11座，其中诰封正一品夫人墓最为讲究，墓碑高1.24米，宽0.92米，碑外为柱、枋、壁、檐俱全的小石龛建筑。莲花座古墓群位于老司城西北约1华里的莲花座山坡上，长约80米，宽50米，面积约4000平方米，已探明古墓16座，其中以清代向华将军夫妇墓规模最大，其余一般为2.9米×1.9米左右，多为清代墓。象鼻山古墓群位于老司城西北约500米的象鼻山山坡上，长约60米，宽约55米，面积约3300平方米，已探明墓葬16座，多属明清时期。

老司城南部的宗教区，是土司辖区广大土民的精神中心。据考古勘探，可以确认的寺庙有祖师殿、观音阁、五显祠、圣英殿、将军山寺、八部大神庙等。祖师殿建筑群由大殿、皇经台、玉皇阁三部分组成，位于老司城东南约1000米的灵溪东岸的玄武山腰，自下而上顺山势而建，坐东朝西，面对灵溪河，海拔258.2米。据史料载，祖师殿始建于后晋天福二年（937年），明嘉靖三十三年（1554年）重修，主体建筑面阔16.9米（明五间暗七间），进深12.7米，占地面积582平方米，木构建筑，重檐歇山顶，穿斗抬梁式混合构架。共34根柱子，柱围径1～1.45米不等，其明间用减柱法，檐下施一斗三升斗拱，屋脊上施宝顶、兽吻。殿内正中神台供奉道教祖师张天师，神台正上方悬"祖师宝殿"匾额。右前角有一铁钟，高1.5米，口径1米，为明嘉靖十年（1531年）宣慰使彭世麒铸造。祖师殿后是皇经台，三层檐，供奉有《皇经》一部，号称天下三部皇经之一。皇经台后是玉皇阁，重檐歇山顶，如意斗拱，为早清建筑。内供奉玉皇大帝以及

诸天神铜像，其铜佛像在"文化大革命"时期已毁，今已易为木雕像。

圣英殿又称关帝庙，位于城东南一高台上，20世纪60年代拆毁，残存关帝庙神座底部。文昌阁、观音阁、城隍庙、五显祠皆已毁，无残迹。

若云书院为湘西最早的书院之一，遗址在城东书院坪山坡上，与紫金山墓地相对，两者相距约百米。之间有一石牌坊，高4米，宽7米，三门四柱雕龙刻凤，仍存中门，横梁阴刻一尺见方的四个大字"子孙永享"，横梁右侧刻有"万历十二年十二月吉旦立"，左侧刻有"湖广永顺等处宣慰使司署理印务前任宣慰使钦阶云南右布政彭翼南正嫡彭氏"等字样。顶端正中饰有高0.7米"太阳圣火"石雕图案，相传为纪念彭翼南抗倭胜利而修建的。牌坊下有卵石古道通向书院，整个牌坊破坏较严重。

吴著祠遗址位于凤凰山山顶的平台上，面积约一亩多，残存建筑墙体。建筑前有数亩平地，俗称吴著坪。

老司城遗址是分布在牛路河流域的一系列古遗址、古墓群、古建筑的总称，分布密集，布局严整，形成东西约2千米、南北约20千米的遗址群分布区，是湘鄂川黔地区规模最大、保存最为完整的土司城址，是古代土家族地区政治、经济、军事、文化的一个重要中心，也是西南少数民族地区最具典型的民族古文化遗存，对研究土家族的文化和发展具有重要价值。

1959年，老司城的祖师殿和土司古墓群被湖南省人民委员会列为省级文物保护单位。1983年10月10日，湖南省人民政府将祖师殿和土司古墓群重新公布为省级文物保护单位。

2001年，老司城遗址被国务院公布为第五批全国重点文物保护单位，编号5-0094-1-094。2001～2015年，省、州、县人大和政府共颁布实施《永顺县老司城遗址保护区及周边区域房屋管理实施办法》等系列保护管理法规。2004年，建有老司城遗址"四有"档案，存永顺县文物管理局。2011年，成立老司城遗址管理处，负责遗址的保护管理工作。2012年，老司城遗址被国家文物局列入中国申报世界文化遗产预备名单。2013年4月，湖南省十二届人大常委会第一次会议，批准通过《湘西土家族苗族自治州老司城遗址保护条例》。2013年，《老司城遗址保护管理规划》获国家文物局批准，同年12月，湖南省人民政府批准公布实施，划定老司城遗址保护范围与建设控制地

带。2015年7月4日，永顺老司城遗址与湖北恩施唐崖土司城遗址、贵州遵义海龙屯土司遗址联合代表的"中国土司遗产"被列入世界文化遗产名录。其后，修订《湘西土家族苗族自治州老司城遗址保护条例》。

辽上京遗址　为辽代都城遗址，是辽王朝所设五京之一，位于内蒙古自治区巴林左旗林东镇南，是契丹民族建立的第一座国都遗址。遗址位于乌尔吉木伦河和沙里河交汇处，两河绕遗址汇合后向东流去，城外南北依山，东面为平坦开阔的草原。

辽上京遗址是中国北方草原地带保存最为完好的辽代都城遗址，辽上京在建城前为契丹迭剌部居所，史称西楼。辽上京是契丹族在中国北方草原地区营建的第一座都城，规模宏大，形制特

辽上京遗址全景鸟瞰

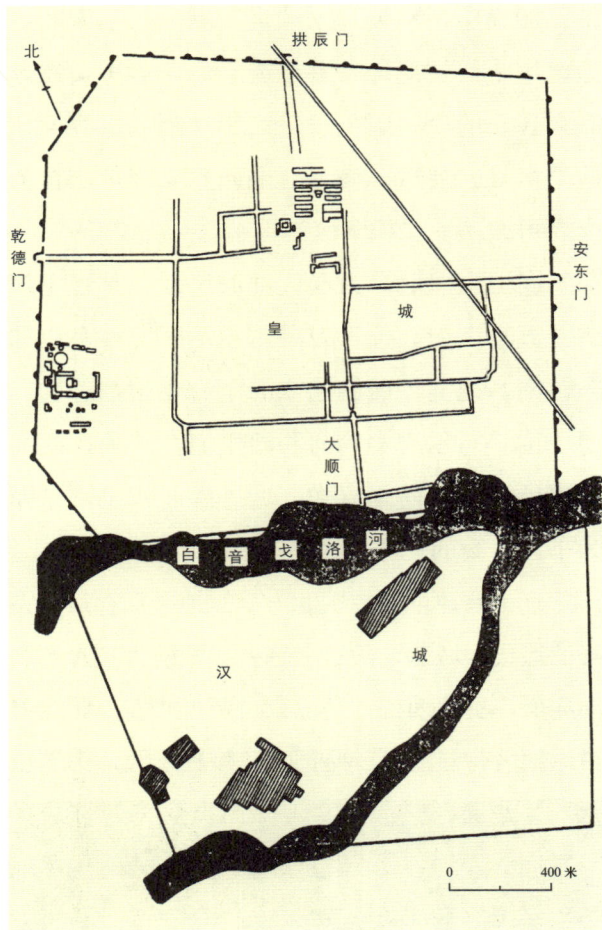

辽上京遗址平面示意图

殊，是辽代的政治、经济、文化中心。

《辽史·地理志·上京道》云："上京临潢府，本汉辽东郡西安平之地……神册三年城之，名曰皇都。天显十三年，更名上京，府曰临潢。"

清代晚期，地理学者张穆《蒙古游牧记》第一次明确指出辽上京的具体位置，重新发现辽上京城址。民国11年（1922年），法国天主教神甫闵宣化考察辽上京。1962年，内蒙古文物工作队对辽上京皇城进行考古钻探，并做试掘。2011～2013年，内蒙古文物考古研究所和中国社会科学院考古研究所联合对辽上京遗址进行系统的考古勘测和发掘，取得重要的考古成果。

辽上京遗址周边群山环抱，分南、北二城，北为皇城，南为汉城。皇城北750米和汉城南2千米山丘上各有一座辽代密檐砖塔。皇城西有"渤海小城"。辽上京平面略呈"日"字形，分为南、北两城。北城是皇城，是契丹统治者和贵族居住的地方；南城是汉城，是汉族聚居的地方。沙里河从两城之间穿过。

皇城平面呈不规则六边形，城墙总长约6400米，面积225万平方米，由外城和内域组成。城墙均为夯土版筑，残高5～9米。外城东、南、北墙呈直线，各长约1500米，西墙中段位于小土冈顶部，南、北两端向内曲折，全长约1850米。东、西、北三面保存基本完好，南面由于被河水冲毁，残存数段。城墙外侧加筑马面，上有敌楼，马面间距100余米，恰好为一箭之地。城墙四面中部开门，残存有东、西、北门址，并加筑瓮城。城外有护城河，河外有护堤。西墙内的山冈顶部，有一组大型的建筑基址，在此可以俯瞰全城。山冈下有一大道直向东门。东门最初为正门，扩建汉城后，主要建筑改成南向，南门改为正门。宫城位于皇城中央部位，皇城四面城门内部有大街直通

辽上京皇城西山坡佛寺遗址发掘现场

大内宫墙外。宫城平面呈长方形，墙基已毁，周长约2000米。内有宫殿、门阙、仓库等建筑基址。皇城南部有不规整的街道及官署、府第、作坊和寺院基址，其中一座寺院内残存一尊4米多高的石观音像，石像所在地为天雄寺遗址。皇城西南的一处自然高地是全城的制高点，学术界通常认为是辽上京早期的宫殿遗址日月宫所在地，经考古发掘确认，为一处辽代始建的佛教寺院遗址。皇城北部地区空旷开阔，为契丹贵族毡帐区。皇城是当时的政治中心，为契丹皇室宗族、后妃、官吏居住之所。

汉城位于南部，平面略呈方形，周长约5800米，面积210万平方米。其北墙即皇城南墙，东、南、西三墙系扩筑。墙身较皇城低窄，基宽12~15米，残高2~4米。无马面和敌楼。原有城门六座，具体位置已无法探明。原来流经城南的小河，经过多次改道，将城内文化层冲刷殆尽。

城址附近存砖塔2座，一座位于城址东南约3千米的山坡上，为辽代开悟寺塔，俗称南塔。八角密檐式，残存七层塔身及塔基，塔刹及檐椽已塌毁，残高约25米。塔身第一层每面镶嵌高浮雕石刻佛、菩萨、天王、力士和飞天

辽上京遗址石雕观音像残件

像。一座位于城址北约1.5千米，为辽代宝积寺塔，俗称北塔。六角密檐式，仅存五层塔身，残高约6米。汉城是汉族和渤海人居住的地方，除有少数官署、庙宇之外，多为民宅和作坊。此外城西南还设有同文驿，南门之东有回鹘营。城内地表遗物丰富，有各种建筑材料、生活器皿。曾多次出土契丹文银币以及各种商号、作坊的押印等，反映当时经济贸易繁荣的景象。辽上京遗址的渤海小城，位于皇城西墙外1200米处，长宽约300米，残存北墙和西墙，夯土版筑，高约3米。据考证，小城应是因居渤海国第15代王大諲譔的处所。

由契丹人建立的辽王朝将中国北方地区的

辽上京遗址龟趺

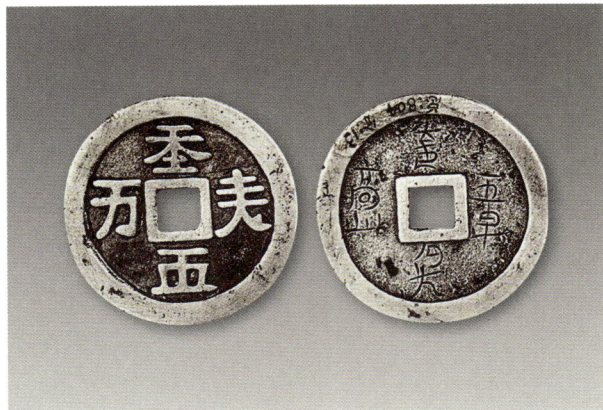

辽上京遗址出土契丹大字银币

政治、经济和文化发展水平推向新的高度，开创了古代北方草原民族发展的新时代，对中国古代经济文化的交互影响和发展特别是民族融合，起着极其重要的承前启后的作用。

辽上京遗址是中国北方地带最大的辽代都城遗址，是第一座草原都城，地下埋藏文物丰富，文化遗产价值突出，是内蒙古自治区极为珍贵的物质文化资源。辽上京城市建置，吸收汉族城市建筑的传统格局和风貌，同时也形成自己的民族特点，契丹人与汉人和渤海人分城居住，是辽朝"以国制治契丹，以汉制待汉人"的政治制度在城市建筑方面的集中体现，对金、元、清诸王朝都产生深远影响，在中国乃至世界古代都城发展史上有着重要地位。

1961年3月4日，辽上京遗址被国务院公布为第一批全国重点文物保护单位，编号1-0159-1-0024。2002年3月13日，辽上京城遗址的保护规划通过国家文物局评审，并由内蒙古自治区人民政府发布实施。2006～2010年，辽上京遗址被列入100处全国重点保护的大遗址之中。2012年，辽上京遗址被国家文物局列入《中国政府申报世界文化遗产预备名录》。2013年，辽上京城西山坡佛寺遗址考古发掘荣

获2012年度"全国十大考古新发现"。2013年，辽上京遗址被国家文物局列入第二批国家考古遗址公园立项名单。

北宋东京城遗址　是北宋王朝的政治、经济、文化和军事中心，是当时世界上规模最大、商业繁荣、人口最多的国际性大都市之一。位于河南省开封市市区及近郊，埋藏于距地表深约6～10米的地下。

据《宋史》《金史》和宋代孟元老《东京梦华录》、明代李濂《汴京遗迹志》等史料记载，东京城的外城始建于后周显德三年（956年），系后周世宗柴荣发曹、滑、郑等州民工十余万，取虎牢关之土夯筑而成。宋神宗时更为扩建。城墙周长五十里一百六十五步，城高四丈，宽五丈九尺，有十二座城门，各城门外皆瓮城三重，屈曲开门，另有水门六座，城周修建有敌楼、四围有环壕等。内城（阙城）是当时的衙署、寺观、商肆之地。始建于唐建中二年（781年），系唐汴州节度使李勉重筑。内城周长二十里一百五十五步，共有10座城门，2座水门。东京城皇城，居内城西北，是皇帝议政生活之处。其前身为唐代宣武军节度使衙署，后梁改称建昌宫，后晋再改大宁宫，后周柴荣复加营建；宋建隆三年至乾德四年（962～966年），宋太祖对皇宫进行重建，先后建大庆、文德、紫宸、垂拱四大殿，崇文院（明堂）、六阁、景福和国史院、都堂等。新皇城南北长约1090米、东西宽约1050米。城墙原为土筑，大中祥符五年（1012年）甃以砖石。后虽又进行改建，而皇城布局未作重大变化。政和三年（1113年），宋徽宗新建延福宫，皇城范围增至九里十三步。政和七年（1117年），建

艮岳。城内汴河之上的州桥遗迹也经发现。北宋王朝内忧外患,东京城历史上曾多次遭受战乱破坏。特别是元世祖时曾将开封内外城全部拆毁。更由于黄河屡次决口泛滥,泥沙淤积,逐渐淹没地下。明崇祯十五年(1642)九月,李自成军围困开封,"决黄河灌城,城破"。自此故城大部被泥沙深埋地下,仅余外城残基址。清道光二十一年(1841年),黄河决口,外城残基复被淤没。

20世纪80年代初对开封市龙亭公园潘湖内明周王府遗址的发掘,发现周王府遗址下叠压打破了宋代皇宫遗址。1981～1983年,河南省文物研究所与开封市博物馆联合成立宋城考古队,分别对宋外城、内城城墙的分布与走向进行勘探,并在考古勘探的基础上,选择保存

较好的西墙南段进行试掘。结果表明,城墙顶部残宽4米、底部宽34.2米、残高达8.7米。自20世纪80年代末期始,又将东京内城遗址的勘探发掘作为宋城考古的重点,基本探明内城遗址的分布、形制、范围和部分城门、水门的位置等,并对内城北墙西段的一段墙体进行重点试掘。得知,北宋内城北墙上面分别筑有金皇宫北墙和明周王府萧墙北墙,而周王府萧墙北墙之上又分别为明、清两代黄河洪水淤积层以及近现代的扰土层所叠压。北宋内城、金皇宫北墙和明周王府萧墙北墙三墙均系夯土版筑而成,各墙底部都铺设一层碎砖瓦层,作为城墙的基础。在初步探明北宋东京皇城四面城墙的基础上,为进一步揭示其城墙结构与地层叠压关系,在龙亭大殿台基约38米处的公园东墙内

北宋东京城外西 T1 发掘现场

延庆观玉皇阁

繁塔

进行重点试掘，先是在探方中部偏北3.4～4.3米的深处，发现明周王府城北墙遗址，随后又在明城墙底部的内外两侧各开挖一条深沟进行重点解剖，结果显示，宋皇城北墙叠压在周王府城北墙之下，墙基深5.3～9.85米，残高4.2～4.5米。根据夯土的土质、土色等特点，可把皇城的墙基分作上、中、下三部分，上层为棕褐色夯土层，中层为青砖勾砌的砖层，下层又是棕褐色夯土层，证明皇城显然系分次构筑而成。2012年3月，经国家文物局批准，北宋东京城外城新郑门遗址考古发掘和文物保护工作正式开始。2012～2015年进行两期发掘，发掘面积共约3000平方米，其中发掘最深处距地表约8米，自上而下清理出清、明、元、金、宋等不同时期的文化遗存。一期发掘并清

理房屋基址8座、院落基址6处、道路11条、水井1眼、农田1处、手工业作坊1处、地灶17个、沟渠9条、灰坑69个、夯土台基1处、城墙1处，出土陶、瓷、玉、石、木、金属、琉璃、骨、角、牙、蚌等各类器物和标本1000余件。二期发掘深度约3米，发现有房屋等遗迹现象。

考古勘探和发掘表明，北宋东京城由外城、内城、皇城三重城垣构成，面积约53平方千米。因历史上屡遭黄河水患，城址深埋于地下，开封市区地表所存北宋时期的遗迹主要有繁塔、铁塔等建筑遗存。

外城，又称罗城、土城等，呈东西略短、南北稍长的长方形，周长约29120米，淤埋于地下约2～8米深，墙体宽约20米。城墙外有护城

壕，壕沟宽约40米、深约11米。据文献记载，外城共有城门12个、水门6个。已探明城门10余座，多为直门两重或屈曲开门的瓮城门。

内城，又称里城、旧城或阙城。略呈正方形，面积较开封明清城墙略小。四墙总长约11550米，墙体宽约10米。文献记载内城的10座城门，仅有朱雀门遗址和汴河西角子门遗址的位置大致确定。

皇城，又称宫城、大内，是皇帝的议事殿阁和寝宫所在地。平面呈东西短、南北长的长方形，周长约2521米，墙体宽约15米。南墙位于午朝门处的东西一线，北墙位于龙亭大殿后墙的东西一线，东西墙多淹没在湖水下。

北宋东京城的规划和营建，一改隋唐时期承袭延续的封闭的"里坊制"而发展成为开放的"街巷制"，在中国城市发展史上具有承先启后的重要地位。地面城垣建筑虽几经战乱水患，早已倾圮湮灭，荡为泥沙，但从孟元老的《东京梦华录》及张择端的《清明上河图》，仍依稀可见当年城内的富丽和繁华。

1988年1月13日，北宋东京城遗址被国务院公布为第三批全国重点文物保护单位，编号3-0218-1-038。1996年11月20日，国务院公布第四批全国重点文物保护单位时将繁塔、延庆观作为合并项目，归入北宋东京城遗址。2007年，开封市文物考古研究所为北宋东京城遗址保护管理机构；繁塔、延庆观保护管理机构为开封市延庆观繁塔文物管理所。2009年，河南省人民政府划定北宋东京城遗址保护范围和建设控制地带。2013年被国家文物局公布为全国150处重要大遗址之一。2013年4月，开封市北宋东京城遗址保护规划编制获得国家文物局批

复立项。已建立"四有"档案，相关文物勘探资料等均保存在开封市文物工作队。

辽中京遗址 辽代都城遗址，也是辽王朝所设五京之一，位于内蒙古自治区宁城县中东部大明镇，北靠七金山，南临上河（老哈河），地处上河上游平坦开阔的冲积平原上，属于内蒙古高原与松辽平原的过渡地带。

辽中京建于辽统和二十五年（1007年），为辽代中晚期的政治、经济、文化中心，是契丹人以燕、蓟地区的汉人为工匠，仿照北宋首都汴京城的营造法式为营建原则，在奚王牙帐地营造的都城。辽中京原为奚族故地，统和二十年（1002年），由辽朝的五帐院向圣宗进献奚王之地。统和二十二年（1004年），辽宋之间达成澶渊之盟，辽圣宗将政治统治中心由辽上京南迁奚族故地，修建大定府。统和二十五年（1007年）完成新都的修建，号曰中京，府曰大定。辽中京成为辽朝中后期的政治、经济、军事、文化中心。辽保大二年（1122年）金兵攻占辽中京，改中京为北京大定府。金贞祐三年（1215年），成吉思汗派兵攻下金北京大定府。元至元八年（1271年），改金北京大定府为北京路总管府。至元十八年（1281年），改北京路为大宁路。至元二十五年（1288年），改大宁路为武平路，旋即复称大宁路。明洪武二十年（1387年），元大宁路被明军攻占。洪武二十七年（1394年），改大宁路为大宁都指挥使，后又改为宁王府。明建文元年（1399年）废弃。

1960年，内蒙古文物工作组对辽中京遗址进行发掘，钻探面积450万平方米，发掘面积6000平方米。1988年，内蒙古自治区文物考古研究所发掘清理城内大塔塔基，证实塔在元代

辽中京古城遗址航拍图

和清代曾两次维修。

辽中京是辽朝五京中规模最大的城市，分为外城、内城、皇城，平面呈"回"字形。外城近长方形，东西长4200米、南北宽3500米，面积147万平方米。外城墙高达6米，均为夯土版筑，城墙外壁每隔90米筑一个马面。南墙设朱夏门，朱夏门上建有楼阁，并设有瓮城。朱夏门东西各有一门，东为长乐门，西为景昌门。城内主要为商贾的市肆，有寺院、庙宇、手工作坊和居住区。居民以汉人居多，还有回鹘人、女真人等。

内城位于外城的中部，平面呈长方形，东西长2000米，南北宽1500米。城墙设有马面和角楼。南城墙中部设一门，为阳德门。城内南部为毡帐区，北部为官邸、衙署区，还有专门接待外国使节的驿馆。城内居民主要为契丹人。

皇城位于内城正中偏北处，平面呈正方形，边长约1000米。内城北墙与皇城北墙为同一道城墙。皇城的东南、西南城墙的转角处筑有角楼。南墙正中开设一门，名阊阖门；阊阖门东西各有门，为东、西掖门。

外城的朱夏门与内城的阳德门之间有一条宽64米的中央大街，街道两侧有用石块砌成的排水沟，经城墙下的涵洞排往城南的老哈河。两侧为市坊，东、西各有四坊，坊与坊之间修有坊墙和坊门。在坊区内建有四座市楼。在中央大街的两翼还修有南北向大街3条，宽约8～12米；东西向大街5条，宽约15米，街道交错，布局有序。在街道两侧，每隔百米建有小巷。外城的总体布局是街、道、坊、市与衙署、客馆、市楼、小巷相互映衬的格局。

城内遍布寺庙与道观，如玉清观、园宗

辽中京大明塔

寺、咸圣寺、华阳宫、静安寺、镇国寺、感恩寺、报圣寺、三学寺等数十个寺庙与道观。在辽中京城的遗址上，保留着三座古塔，两座辽代，一座金代，俗称大塔、小塔、半截塔。大塔是建在中京外城丰实坊内感恩寺的释迦牟尼舍利塔，大塔始建于辽寿昌四年（1098年），为八角实心密檐式砖塔，高80.32米，周长113米，是中国保留的古塔中体积最大的一座。小塔建于金大宝三年（1173年），半截塔建于辽清宁三年（1057年）。

辽中京作为塞北的政治、经济、文化、军事中心，历经辽、金、元、明四个朝代，是契丹族建立的、保存最好的古代都城之一，也是契丹南下汉化的重要历史见证。辽中京城垣高大，建筑宏伟，是中国北方规模最大的土筑古城。对于研究中国北方少数民族发展史以及契丹王朝的政治、军事、经济、文化史有着重要的历史、科学价值。

1961年3月4日，辽中京遗址被国务院公布为第一批全国重点文物保护单位，编号1-0160-1-0025。1981~1984年，对大明塔进行全面修缮。"十二五"期间，辽中京城遗址被列入150处重要大遗址名单。

古格王国遗址 为西藏地区古格王国的都城遗址，位于西藏自治区札达县札布让区2千米以外的一座土山下。遗址的西边、西北边是高达200米的断崖，崖下为一条干涸的河床；南端依靠高耸陡峭的大土山；东边是一片较开阔的山坡地。遗址所在山体下部（入口处）海拔高3680米，山顶王宫区海拔3800米。

9世纪，曾经强盛一时的吐蕃王朝逐步衰落，吐蕃王室后裔在阿里地区，建立古格、布让、拉达克三个王国。札达当属古格王国的都城，建于札达县札布让区附近。历代古格国王尊崇佛教，在其境内建立大量的寺庙。1630年，古格王国被拉达克所灭；17世纪末，五世达赖派军队赶走拉达克人，在阿里设布让、边坝噶尔、札布让、堆噶尔本、如妥五个宗，古格首府札布让也作为其中一宗，宗的机构设立在原古格都城的山下。

1985年初，西藏自治区文物管理委员会进行文物普查时对古格王国遗址进行考察，出土、采集、征集一大批古格王国时期的遗物。1998年7月，对古格遗址进行考古发掘。

古格王国遗址遗迹群大体呈南北向条状分布，有房（殿）址445间、窑洞（石窟）880孔、碉堡58座、佛塔28座、暗道4条、防卫墙10道等。王宫区南北长约120米、东西宽约60米，占

古格王国遗址

地面积约7200平方米。坛城殿位于王宫区北坡上部，由平面呈正方形的殿堂和三角形前厅构成，殿门西向，建筑面积26平方米；斗四藻井式殿顶的梁椽及顶板上均装饰有彩绘图案；殿正中为土坯坛城；四壁壁画主要内容为佛、菩萨、佛母、度母、神母、天女、金刚小像等。大威德殿位于土山东北坡中部，殿由平面呈"凸"字形的正殿和长方形前厅构成，殿门东向，建筑面积约100平方米；正殿内设8方柱，西墙及两端拐角处共设须弥座5座，座施彩绘；殿顶顶板彩绘各种图案，前厅及正殿均绘壁画，正殿壁画有佛、菩萨、金刚、法王、高僧等像。红殿位于土山北坡中部，殿门东向，平面略呈正方形，建筑面积约300平方米；殿内置36柱，西壁设有一大须弥座，其北侧为两座土坯砌建的塔基，西壁下部残存土坯砌筑长台一

座；双扇木质殿门雕刻有图案及人物；殿顶望板均有彩绘的各种图案；殿内东、南、北三面壁画为一佛二菩萨、佛传故事及王室僧俗礼佛庆典场面等。白殿位于土山北坡下部，殿门南向，平面呈"凸"字形，殿内置36方柱，设佛龛1座，建筑面积377平方米；殿顶顶板均施彩绘，殿内存残像11尊，像座19座；殿内四壁壁

刻有佛像的玛尼石

古格故城白殿西壁佛祖壁画

古格王国遗址殿内望板壁画

古格王国遗址殿内四壁壁画

画主要为佛、菩萨、度母、高僧、吐蕃和古格王统世袭像等。母殿位于土山东北坡下部，殿门东北向，为土木结构的单层平顶，平顶上砌高0.8米的护墙一周，建筑面积约50平方米，由殿堂和门廊构成；殿内置4柱，中央升起天窗，殿内四壁壁画为佛、金刚、高僧等像；第三排绘佛传故事及众僧像等。

古格遗址各殿内望板及四壁上有内容丰富、风格独特的彩绘壁画，它们的画风自成一体，既受卫藏地区影响，又受邻近的尼泊尔、印度及中亚地区的影响，有极高的艺术及历史价值，在西藏美术史上占有重要地位，有人甚至用"古格风格"来形容西藏西部的绘画艺术。遗址内几座建筑在彩绘、泥塑、雕刻艺术等方面都有很高的价值，是古格建筑及其艺术

的代表。古格王国为抵御外部入侵，把都城和一些下属治所都建成一个个军事据点，尤其是都城的军事防卫设施建筑，堪称是西藏建筑中防卫设施的杰作。

1961年3月4日，古格王国遗址被国务院公布为第一批全国重点文物保护单位，编号为1-0061-1-026。1986年起，在文化部文物事业管理局和西藏自治区人民政府的支持下，古格王国遗址及古建筑得到初步整治和维修。1996年，成立古格管理所，负责遗址的保护管理工作。阿里地区文物局建立并保存古格王国遗址"四有"档案。1997年，国家文物局印发《关于西藏阿里地区文物抢救保护方案的请示》的批复；1997～1999年，对古格王国都城遗址等进行保护维修。1999年6月14日，国家文物局

西藏阿里文物抢救保护工程验收组通过验收。2007年，西藏自治区人民政府划定古格王国遗址保护范围与建设控制地带。

钓鱼城遗址 是南宋末期为抵抗蒙古入侵而建立的军事城寨，为川渝地区宋蒙（元）战争山城防御体系的重要组成部分。遗址位于重庆市合川区东城半岛的钓鱼山上，西距合川城区约5千米。地处川中丘陵和川东岭谷的交接地带，周边为地势较高的平行岭谷地貌，三面环江、一面衔山，地势险要，嘉陵江、渠江、涪江在周边交汇环绕。

南宋嘉熙四年（1240年），四川制置副使彭大雅在修筑重庆城的同时，派部将太尉甘闰于钓鱼山筑寨。南宋淳祐三年（1243年），四川制置使兼知重庆府余玠，采纳播州（贵州遵义）人冉琎、冉璞兄弟的建议，于钓鱼山筑城，迁合州及石照县治所于其上，屯兵积粮，作为四川山城防御战的重要支柱。钓鱼城之名，即开始于此。南宋宝祐二年（1254年）七月，兴元都统制兼知合州王坚，调集合州所领

石照、铜梁、巴川、汉初、赤水5县17万军民又大修钓鱼城。南宋景定四年（1263年），合州守将张珏再一次对城郭进行加修。南宋祥兴二年（1279年）正月，守将王立举城降元，结束钓鱼城36年抗蒙（元）历程。

元初，东川枢密院派遣军队对城中建筑大肆焚毁。明弘治七年（1494年），知州金祺在钓鱼城护国寺原址上重建寺庙。清代，合州乡绅等为避白莲教、太平天国农民起义大军的进攻，曾先后于嘉庆元年（1796年）、咸丰四年（1854年）、同治十年（1871年）三次加修城垣。

20世纪50年代末开始，陆续有西南师范学院等单位的历史、文物专家到钓鱼城进行调查。20世纪90年代，重庆市博物馆对钓鱼城内的石照县衙及皇洞遗址进行考古调查发掘。2004年开始，重庆市文物考古所（2011年更名重庆市文化遗产研究院）对钓鱼城遗址进行连续11年的调查勘探、考古发掘及后续文物保护。调查20余平方千米，发掘2万余平方米，基本探明钓鱼城外城城墙的布局现状、建筑特

钓鱼城远景

钓鱼城薄刀岭

点和保存情况，廓清钓鱼城遗存城门的年代问题，确认古地道、一字城、水军码头、排叉柱城门、范家堰遗址等情况。

遗址分布面积约2.7平方千米，城垣长度约8000米。主要由山顶环城、南一字城、北一字城墙及南、北水军码头及附属城防设施组成。城门10座，其中，山顶环城8座，南一字城2座。城址主体遗存始建年代为南宋末期，依山就势、据险设防。遗存城墙主要为宋代、清代及现代三个时期叠压分布，不同时期建筑风格存在明显差异。

山顶环城，位于钓鱼山顶部，面积约2.5平方千米，其上分布有九口锅遗址、范家堰遗址、皇宫、军营、校场等南宋军事设施遗址及月亮石碾米场、水洞门、皇洞、天池、泉井等生产生活设施以及科学的山城给排水系统，另有较多始于唐代的摩崖造像及石刻题记。环山城墙沿钓鱼山顶部外缘，连接镇西门、始关门、小东门、新东门、菁华门、出奇门、奇胜门一周，全长约5810米。其中，除钓鱼山山顶西南及北部中段悬崖高耸之处，直接以陡直的天然山岩为自然屏障而未加筑城墙外，其余险要地段及山势相对平缓处，皆以巨石垒砌城垣，借助钓鱼山悬崖，形成20～30米的高差，高大坚固，气势宏伟。环山城墙设有马面、排水孔等附属设施。马面存有7处，平面多呈长方形，宽1～3.8米，长1.25～2.95米。分布在北部三龟石、出奇门及东部孙家湾一带。排水孔有9处，形制有单孔、双孔及四孔等。

城门。钓鱼城现存城门10座，分为两种形制。一种为石砌双券拱城门，分布在山顶环城之上，分别为城南的始关门、护国门和小东门，城东的东新门和青华门，城西的镇西门和奇胜门，城北的出奇门。形制为双重券顶门洞，中间有长条石铺盖平顶间隔门道，过道前有石质门槛。规模较大的如护国门，东西向，高3.24米，宽2.45米，进深6.58米，由地面向上2.1米处开始起券，起券用楔形条石13块。前门洞外上题额"全蜀关键"四字。其余城门规模稍小，形制较为统一，如镇西门门洞高3.1米，宽1.81米，进深4.71米。据镇西门、出奇门试掘结果，城门年代应为清代复建，下部残存有宋代城门基础。

另一种为梯形木构城门，发现于南一字城东、西一字城墙中段，由门槛、门道、阶梯道路、八字挡墙及排水系统等几部分组成。门道宽4.05~4.65米，长6.05米，两侧地栿石上有柱洞两排，各10个。阶梯道路位于门道东侧，东宽西窄，平面略呈梯形，长11米，宽3.60~4.60米，以条石构筑而成，共计踏步17级，坡度16°。城门排水系统设计精巧，结构完善，由阶梯道路排水槽、八字挡墙基引水槽及门道下排水沟几部分组成。两座城门是钓鱼城考古第一次揭露出的宋代城门。

在奇胜门西约200米处，有水洞门1座，高6.6米，宽3.6米，进深4米。右壁是经人工稍加打凿的自然断岩，左壁为条石砌成的石墙，起券高度3.88米。洞顶架设与两侧城墙跑马道相连的石拱桥1座。拱桥内侧中心位置，雕刻有1个前伸0.5米、高1米的龙头，外侧为龙尾。水洞门与不远处的大天池之间有石砌排水道相连，为钓鱼城西部给排水系统的重要组成部分。

南一字城，位于钓鱼山南麓，面积约0.16平方千米，由东西两道一字城墙构成，东城墙上部自钓鱼山南飞檐洞左侧峭壁据山脊而下，止于嘉陵江边，外侧为一天然冲沟，全长约400米；西城墙距东城墙约400米，上部自薄刀岭襟带阁而下，与嘉陵江南水军码头相接，全长约380米。经考古发掘，在两道城墙中段各发现城门1座。北一字城墙，位于钓鱼山北麓，南起出奇门，北止于嘉陵江边，长度约800米。一字城墙形制较为一致，均为夯土包石结构，依山势而建，在地势较陡的山脊

钓鱼城镇西门

钓鱼城护国门

部分，城墙直接砌于山脊外侧，仅存外墙而无内墙；山势较缓的部分内外均用石墙砌筑。外墙以大型条石砌筑，墙面修凿平整，斜直墙壁，靠近嘉陵江的下段外墙存在收分情况，坡度57～68°。内墙多以不甚规整的小型石块垒筑。内外墙间以夹杂石块的黏土层层夯筑。城墙基宽4.8～14.3米，顶宽1.23～7.2米，高3.6～10米。顶部有数段梯状石道。

水军码头，南一字城西城墙南端及北一字城墙北端与嘉陵江相接处各1座，其中北水军码头因近现代生产活动破坏，保存状况较差。南水军码头保存较好，坐北朝南，东、西、南三面临江，北部为至钓鱼城始关门的连接城墙，平面呈不规则长方形，东西长86～112.5米，南北宽55.3～70.25米，残高6.5米，码头

主体由16道石砌挡墙组成，可分为早、中、晚三组，各组上分别有对应的平台、道路、炮台及卵石堆等相关遗迹。码头东北部发现大规模石板道路，自码头上部向北延伸后向东折转，呈斜坡状阶梯向山上延伸，残存长度65米，宽3.5米，内侧及外侧石砌挡墙外各有一条规整石砌排水沟。

古地道，位于奇胜门以北约100米处的上山公路下，开凿于砂岩及泥岩构成的山体中，距地表约5米。由主通道和六条支道组成，清理长度33米。主通道长约30米，宽1.5米，高1.3米，北端为崩裂的岩石封堵，南端终于钓鱼城西北角城墙下。开凿较规整，平面略呈弧形，接近正南北向；剖面呈倒"凸"字形，平顶，直壁略弧，"凹"形底。从地道壁面上留

钓鱼城三圣岩摩崖题刻

下的钻凿痕迹推测，主通道的走向可能是顺山势由北至南，紧贴着山体边缘至城墙下方的。支道位于主通道的东、西两壁和顶部，通向外部，宽1～1.5米，高1～1.3米，其中圆形竖井式支道一处，通向地面。地道内填满石块，出土大量礌石、铁弹片、铁钉及少量宋代涂山窑瓷碗、盏残片。根据发掘结果，推断地道是蒙军为攻克钓鱼城而开凿的一条直通城墙下(或城内)的进攻地道，废弃原因可能为钓鱼城守军发现后填埋。学者认为，或与元宪宗八年（1258年）"六月丁巳，汪田哥复选兵夜登外城马军寨"等历史战役有关。

范家堰遗址，位于山顶环城西部二级阶地之上，背靠薄刀岭，下临艾家大湾，北为大天池水库，西部至钓鱼城水洞门段城墙。分布面积约13万平方米，海拔257～330米。2013～2015年，重庆市文化遗产研究院进行两期4000平方米的考古发掘，清理东部的前、中、后三进院落及西部水池亭榭等景观构成的建筑群。建筑群保存较好，布局清晰，结合《宋史》《钓鱼城志》等文献记载，推测其性质应为州治衙署或戎司驻所。

钓鱼城遗址以雄奇壮丽的自然山水为依托，以独具匠心的防御体系为主体，创造了世界中古史上战争奇迹，是保存较为完好、城防体系极具特色的古战场遗址。"山、水、城"合一的整体布局、因地制宜的多重防御体系、完备而罕见的城防设施及影响世界中古史的军事文化积淀，在同时期同类别的城址中较为罕见。其鲜明的军事文化内涵、优秀的自然人文景观、悲壮沧桑的审美特征及突出的忠毅勇武精神价值，为冷兵器时代野战壁垒的杰出标志

与象征，影响深远。

1961年，四川省人民委员会公布钓鱼城遗址为四川省文物保护单位。1985年6月，成立钓鱼城管理处，负责遗址的保护管理工作。1996年11月20日，钓鱼城遗址被国务院公布为第四批全国重点文物保护单位，编号4-0055-1-055。2003年，成立钓鱼城古战场遗址博物馆。2006年，编制《钓鱼城遗址总体保护规划》。2008年，重庆市人民政府划定遗址的保护范围和建设控制地带。2013年，遗址列入中国世界文化遗产预备名单。2013年，钓鱼城遗址被国家文物局列入第二批国家考古遗址公园。遗址建立有完整"四有"档案，保存于钓鱼城古战场遗址博物馆。

临安城遗址 为五代吴越和南宋的都城遗址，位于浙江省杭州市老城区，总面积10.79平方千米。遗址地处长江三角洲南翼，整个地势南高北低，南部丘陵绵延起伏，为天目山山脉余延部分；北部为长江三角洲杭嘉湖平原南端，地势较为平坦。

杭州第一次建造州城是在隋朝。隋开皇九年（589年），废钱唐郡，置杭州；开皇十一年（591年），移州治于柳浦西，依山筑城，"周围三十六里九十步"。五代吴越国时期，杭州成为偏居一隅的小国的都城，免于兵戈之扰，经几度扩建，周围城垣达到35千米，"富庶盛于东南"。至北宋时期，杭州被誉为"东南形胜第一州"，声名远扬。南宋建炎三年（1129年），高宗升杭州为临安府；绍兴八年（1138年）正式定都临安，时称"行在""行在所"或"行都"。临安成为南宋的政治、经济、文化中心，历时130余年。元至元十三年

（1276年）元兵占领临安，南宋覆灭。城墙被拆除，原南宋皇城遭焚毁。元末，张士诚占据杭州，于至正十九年（1359年）改筑杭城，东扩三里，南缩二里，将原南宋皇城一带截于城外，奠定明清杭州城的基本格局。民国起，杭州城垣逐渐被拆除，独存留元至正十九年（1359年）建造的凤山水城门。

据《宋史》及临安三志等文献记载，临安城包括宫城和外城。外城即罗城，平面近似长方形，南、北两面的城墙较短，东、西两面城墙长而曲折。城四周筑有高大的城墙，高三丈余，基广三丈，厚丈余，大部分环以宽阔的护城河。城四周开有钱塘门、清波门等13个城门及5个水门。宫城也称皇城和大内，位于城南凤凰山麓，以北宋州治为基础改建而成。在望江门附近，另建有专为高宗、孝宗禅位后居住的德寿宫（重华宫）。临安城遗址基本被现代城市所覆盖，整个城址位于杭州老城区地下1.5～3.5米处，仅皇城北墙的一段出露地表。凤凰山东麓山坡有宋高宗楷书"忠实"及南宋淳

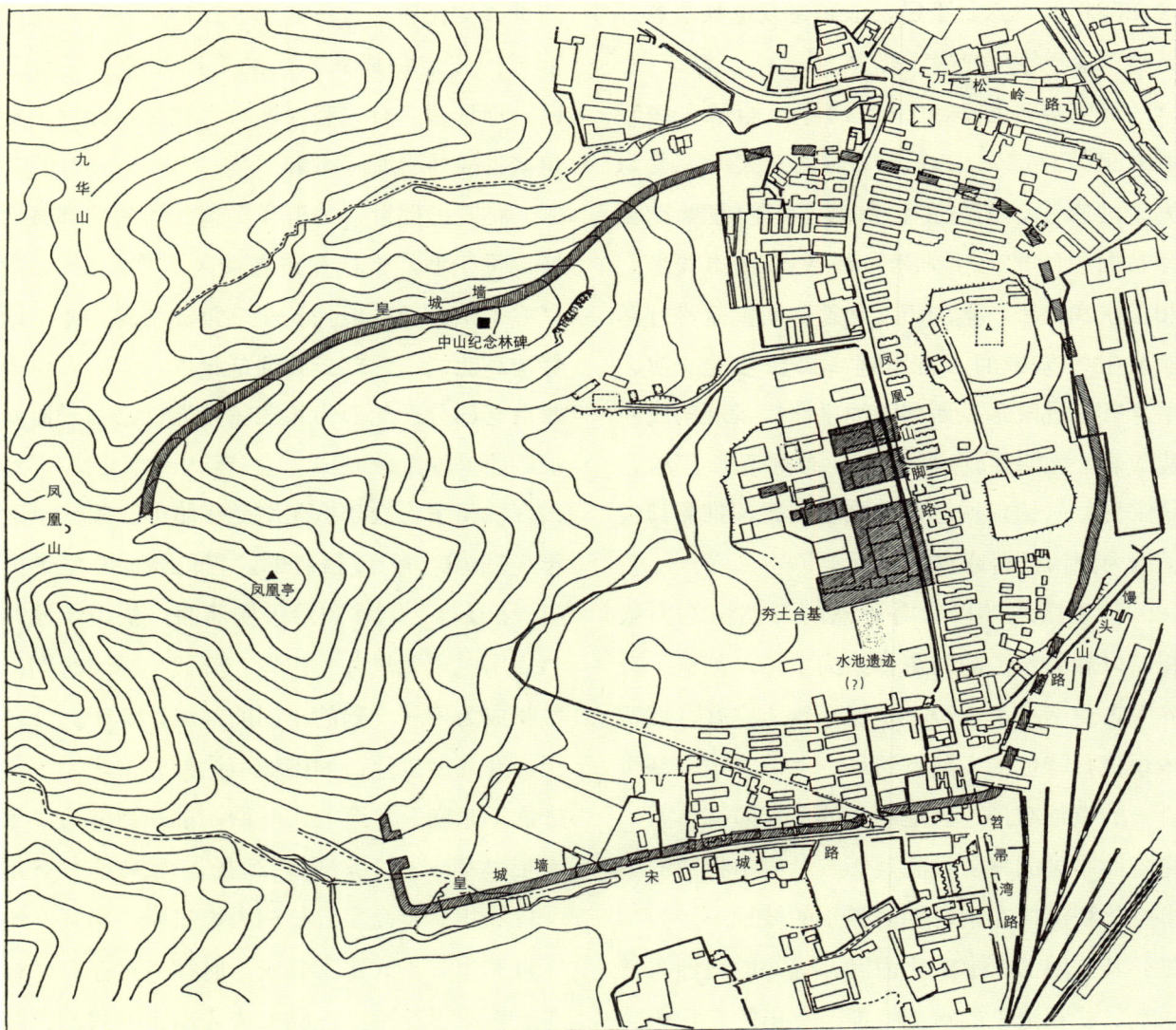

南宋临安皇城遗址平面示意图

熙十四年（1187年）王大通书"凤山"题刻。

1983～1988年，中国社会科学院考古研究所、浙江省文物考古研究所和杭州市文物考古所组成的南宋临安城考古队经过调查、钻探和探掘，基本确定皇城东、北、西三面城墙的位置。1987年，在中山南路的杭州东风酿造厂发现一处南宋建筑遗址，根据其位置以及方砖上模印"官"字等情况分析，应该是一处重要的南宋三省六部官衙用房遗址。1988年8～10月，考古发掘杭州卷烟厂制丝车间工地，发掘面积600平方米，首次发现砖砌南宋御街。1989～2015年，经过不断考古、调查、发掘，发现皇城西城墙、南宋大内重要建筑遗址、南宋大型夯土台基等建筑遗迹，发现与南宋三省六部衙署相关的大型房基、水沟、暗井和砖砌道路等遗迹，出土大量精美瓷器和窑具，发现南宋船坞及河道遗迹，发现南宋太庙大殿遗址，发现由天井、房址、廊及排水沟组成的南宋建筑遗迹，发现南宋恭圣仁烈杨皇后宅部分主体建筑、南宋制药遗迹，发现钱塘门遗址，发现南宋房址、灶基、砖砌水池等与饮食有关的建筑遗迹，首次揭露南宋时期的城市地下给水设施等。

外城经勘探和发掘，临安城东城墙位于仓河下、青龙街、岳家湾、东清巷、直大方伯、金鸡岭、城头巷、直吉祥巷、凤山路一线；南城墙位于宋城路以南，将台山、包山一线；西城墙位于环城西路、湖滨路、南山路、凤凰山西麓；北城墙位于环城北路一线。城内已探明遗址20余处，城外2处，包括皇家建筑、官署建筑、宗教建筑、手工作坊、城墙与城门、街道与水系等。2007年，在配合望江地区改造工程而进行的考古发掘中，首次发现南宋临安城东城墙基础遗迹，揭露南北长34.5米，东西宽15.65米，残高1.5～2米。经解剖发现，城基主体部分宽9.7米，残高2米。系用大小不一的石块和粉沙土填筑而成，城基东侧用石块包砌规整，外侧再打入一排直径15～20厘米不等且排列整齐的松木桩加固墙基。城基的东边为一宽6米的护基，由大小不一的石块和黄黏土堆砌而成，外侧用一排长2米、直径15～20厘米不等且排列整齐的松木桩加固护基。护基木桩向东约5米处，另有一排木桩，此处原为城墙东侧护城河，后因修筑德寿宫而填河成断河头，后渐成平地。2015年4～7月，上仓桥11号院内临安城东城墙遗迹的发现，是屡次发掘中，发掘面积最大、揭露最充分、保存最好的一次。发掘揭露的东城墙遗迹整体呈南北向，揭露长36.3米，宽10.5米。墙芯由质细且纯净的灰青色粉沙土夯筑而成，东壁包砖宽约1.5米，残高0～1.35米，西壁包砖仅残存少量底砖，宽约1.3米。城墙两侧有石筑护坡。城墙砖长36厘米、宽18厘米、厚8厘米，一端多印有"五千""十一万""万四千"等。

钱塘门遗址系临安城西侧紧邻西湖的四个城门之一，位于湖滨圣塘路附近。包括门道、门道侧壁基础及夯土等，门道近东西走向，揭露东西残长约9米，南北宽3.95米，路面由长方砖横向错缝侧砌而成，砖长30厘米、宽5厘米、厚5～7厘米。两侧洞壁基础揭露东西长约3.25米、南北宽约1米，残存条石数块，较大者长1.45厘米、宽30～35厘米、厚10厘米，紫砂岩质。

御街又称天街，南起皇宫北门（和宁门）

南城墙南立面局部

大型排水沟遗迹（南城墙遗址，左为北）

外（万松岭南侧的凤凰山脚路口），经由朝天门（鼓楼），往北到达武林路一带，是南宋临安城的中轴线，在临安城的城市布局中起着重要作用。1987年，杭州卷烟厂首次发现南宋御街，南北走向，残长60米，宽约15.3米。御街主体由长条砖横向错缝侧砌而成，外侧用长方砖纵向包砌。1995年，在南宋太庙遗址东围墙外侧发现部分御街遗迹，长约80米，揭露最宽处3.5米。2004年，在严官巷东段北侧发现御街遗迹，御街紧靠中山南路，其东、南、北三面尚压在地层中，揭露长度为10.22米，宽2.05米，用香糕砖并列横向错缝侧砌，外侧用大砖包砌并与西侧道路间隔。在御街南端还发现东西向沟渠等遗迹。2008年，中山中路110号地块揭露御街长4.5米、宽度为11.6米，御街分上、下两层，上层为石板铺筑，叠压于下层的砖砌道路之上，御街两侧置排水沟。根据多次勘探发现，基本确定南宋临安城的中轴线大部分位于中山路一带并与之重合，中山路是由南宋御街逐步演变而来并一直沿用到现在。南宋御街也经过由砖砌到石板铺筑的营建方式的转变。

皇城遗址位于杭州市上城区南星街道凤凰山东麓，是宋高宗赵构于建炎三年（1129年）以临安为行在后、在北宋州治基础上扩建而成。元时皇城失火，宫室焚毁过半，又有恶僧杨琏真伽在此大兴寺庙，至明代渐成废墟。皇城已为现代建筑覆盖，仅在万松岭路南市中药材仓库的西侧地表尚存小部分夯土城墙。已探明南宋皇城的四至范围大致是：东起馒头山东麓，西至凤凰山，南临宋城路，北至万松岭路南。其中，南城墙外有城壕，皇城北城墙和西城墙采用人工夯筑与自然山体相结合的建造方式，充分利用自然条件构筑皇城的防御设施。皇城的东西直线距离最长处约800米、南北直线距离最长处约600米，呈不规则长方形，面积近50万平方米。北墙残存长约710米、宽11米；东墙残存长约390米、宽8.8～12米，由黄褐色土、浅棕色土和浅灰褐色等夯土构成，距地表深0.4～1.2米、厚0.55～1.7米；南墙残存长600米、宽9～14米，黄褐色夯土，夯土厚度0.5～2米不等；西墙残存长约100米、宽约10～11米，西墙上发现有宽约18米的缺口。皇城宫殿区主要位于浙江省军区后勤部仓库一带。考古调查发现，皇城南宫门丽正门与皇城北宫门和宁门不在同一条直线上，表明南宋皇城没有一条纵贯南北的中轴线。1988年，在凤凰山小学内发现砖砌道路及大型夯土台基；1989年，市中药材仓库发现大型建筑遗址；1991年，浙江省军区后勤部仓库发现重要建筑遗址，市射击俱乐部南侧发现大型夯土台基及城墙残迹；1996年，浙江省军区后勤部仓库招待所发现南北向砖砌道路及夯土台基。

德寿宫遗址位于望江门附近。原系奸相秦桧旧第，后收归官有，改筑新宫，成为高宗赵构禅位于孝宗后颐养天年的地方。孝宗为表孝敬，曾将德寿宫一再扩建，其规模堪比南宋皇城。因此，当时的德寿宫又有"北大内"之称。淳熙十六年（1189年），孝宗仿效高宗内禅，并退居德寿宫安享晚年，将德寿宫改称重华宫。此后，德寿宫又数易其主，名称几经变更，并随着南宋的衰败而逐渐被荒废。至清初，德寿宫"割地为官署，占为民居；故址所存不及十之二三"。地面建筑无存。1985年，中河东岸发现长100余米、宽2米的砖铺道路一条，两旁砖砌水沟，应是德寿宫遗址的一部分。2001年9～12月，在望江路北侧地块发现德寿宫的东宫墙、南宫墙及部分宫内建筑遗迹。其中东宫墙呈南北向，揭露长度约3.8米，系夯土墙外侧包砖而成。在其西侧发现一条长11.7米、残宽2.3米的砖道遗迹，直通南围墙西端的便门。发现的东宫墙虽破坏严重，但东宫墙紧邻吉祥巷西侧，其位置与明田汝成《西湖游览志》卷十三《南山分脉城内胜迹·夹墙巷》中"夹墙巷（吉祥巷），宋时德寿宫墙外委巷也"的记载相吻合。南宫墙位于望江路北侧，揭露长度31米，墙体通宽2米、残高0.83米，以砖包砌，拐角以石加固。

宫内建筑遗迹可分为两组，由大型夯土台基、排水沟、过道、廊、散水等遗迹组成。2005年11月至2006年4月，地处中河东侧的杭州工具厂地块发现德寿宫西宫墙与便门、水渠、水闸与水池、砖铺路面、柱础基础、墙基、大型夯土台基、水井等遗迹。西宫墙呈南北走向，已揭露长度为9米、墙基宽2.2米、残高0.7米，墙体由黄黏土夯筑而成，两侧局部还残留长方砖和香糕砖错缝平砌而成的包砖痕迹。随着西宫墙的发现，德寿宫的西界由此确定。结合之前发现的南宫墙、东宫墙，德寿宫的范围更加清晰。同时发现的以曲折的水渠、水池、假山等为代表的园林建筑遗迹，为一窥南宋时期的皇家园林风貌、研究其布局与造园技术提供宝贵的实物资料。2010年4～7月，上城区望江

南宋临安城太庙散水、围墙及御道遗迹

临安城杨皇后宅遗址

R21-03地块考古发掘，发现南宋德寿宫遗址多处建筑遗迹，包括夯土基础、宫殿建筑基址及水井、暗沟等遗迹。夯土基础揭露东西残长8米、南北宽3米，由灰黄色、黄褐色土分层夯筑。宫殿基址揭露南北长21米，东西宽4米。

太庙遗址是帝王祭祀祖先的宗庙，也是临安城最重要的礼仪性建筑之一。始建于宋高宗绍兴四年（1134年），曾屡经扩建与修缮。1995年初，在城南紫阳山东麓发现太庙东围墙、东门门址及大型的夯土台基等遗迹。东围墙揭露长度90米、厚1.7米、残高1.4～1.5米，全部用规则的条石错缝砌成，墙内用碎石及黄黏土充填。围墙内侧置散水沟，宽约1.2米，外侧连接砖砌南宋御街。东大门位于围墙中段，宽4.8米，内侧有宽0.3米的门槛基槽，

门内有通向太庙内部的砖砌道路。夯土台基均用黄黏土夯筑而成，高0.5米，长方砖墁地。台基上发现多个柱础石和柱础坑，柱础石呈方形，边长为50～74厘米不等。

三省六部遗址。宋代中央行政机构实行三省六部制。三省即中书省、门下省和尚书省，是国家最高政务机构；六部则是尚书省的组成部分，是吏、户、礼、兵、刑、工各部的总称。1987年，在中山南路的杭州东风酿造厂发现一处南宋建筑遗址，根据其位置以及方砖上模印"官"字等情况分析，应该是一处重要的南宋三省六部官衙用房遗址。1994～1995年，在以大马厂巷为中心的杭州卷烟厂基建工地发现大型房基、水沟、暗井等与三省六部有关的重要遗迹。

恭圣仁烈皇后宅遗址，恭圣仁烈皇后系南宋宁宗皇帝的继配杨皇后，理宗时尊为皇太后，逝后谥"恭圣仁烈"。2001年5～9月，在吴山脚下的四宜路西侧发现其主体建筑遗址，包括正房、后房、东西两庑、庭院和夹道等。其中正房面阔七间29.8米，进深三间10.4米。台基四周建有砖砌护墙，以太湖石作柱础，方砖墁地。北侧砌有月台、望柱。后房位于正房北侧，规格与砌法与正房相同。东西两庑呈对称分布，面阔五间。在正房和后房、东西两庑之间建有庭院，庭院中部砌方形水池，北部筑有太湖石垒成的假山，玲珑剔透。正房与东庑外侧有夹道，并建有完善的排水设施，营建考究。

临安府治遗址。临安府治是临安的地方最高行政机构所在地，系在五代净因寺基础上扩建而成。2000年8月，河坊街荷花池头发现南宋临安府治中轴线西侧部分建筑遗址，是一组以厅堂为中心、前有庭院、后有天井、周围有厢房和回廊环绕的封闭式建筑群。与《咸淳临安志》所载《府治图》完全相符。其中厅堂发现3处：厅堂1揭露台基南北宽7.3米、东西长13.5米、高0.65米；厅堂2揭露面积较小，台基南北残长1.25米、东西残宽5.4米、高0.9米，台基南侧用砖石包砌成台壁，顶部保留有压阑石；厅堂3台基揭露部分南北长4.35米、东西宽3.35米、高0.65米，台基西部与西廊房相连，北侧见包砖台壁。西廊房包括台基、部分柱础石和墁地，台基揭露南北长61米、东西宽11.3米、高0.65米。台基外侧用砖包砌台壁，上有压阑石。台基上部残存10块柱础石。天井揭露东西长12.5米、南北残宽4.5～5.6米。庭院北部揭露部分南北长26米、东西宽

0.35～9.35米，南部揭露南北长13.3米、东西宽2.4～3.55米。

府学遗址。宋代统治者吸取唐末武官专权的教训，推行文人政治，文化教育事业兴旺发达。京城临安更是全国文化教育的中心，教育机构林立，分工细致。府学是临安府设立的最高教育机构。2003年10月，在荷花池头（新民村）发现一处与南宋府学相关的建筑遗迹，包括夯土地面、砖砌夹道、砖墙、散水、廊庑、天井等。其中南宋中期建筑有6号、7号房屋。6号房屋包括夯土台基、甬道和砖铺地面。夯土台基揭露部分南北残宽1.64米、东西残长4.2米，方砖墁地。甬道两处：一处残长11.55米、残宽2.1米，路面用长方砖横向侧砌，虹面升起；另一处残长3米、残宽2.1米。7号房屋包括夯土台基、砖铺地面、廊道、甬道、散水、窨井及排水暗沟等遗迹。夯土台基两处：一处台基南壁包砖残长8.55米、宽0.28米、残高0.3米，由内外两层长方砖横向平砌而成；另一处台基东壁包砖残长3.7米，台基上残存两块柱础石。廊道残长13.2米、宽3.1米，地面用长方砖墁地。甬道长5.08米、宽4.16米，路面主体用长方砖横向侧砌而成。

南宋官窑窑址。据文献记载，南宋在行在建有两座官窑，即修内司官窑和郊坛下官窑。修内司官窑老虎洞窑址位于上城区凤凰山与九华山之间一条长约700米的狭长溪沟的西端，距南宋皇城北城墙不足百米，总面积约2000平方米。1996年，因山水冲刷而发现，经过三次较大规模的考古调查与发掘，发现龙窑、素烧炉、采矿坑、练泥池、釉料缸、辘轳坑、房基等一大批制瓷遗迹。根据地望及产品特征，大部分

学者认为老虎洞南宋窑址就是文献记载的南宋修内司官窑。郊坛下官窑乌龟山窑址位于杭州闸口乌龟山南麓，发现于20世纪20年代，后经三次考古发掘，发现龙窑、素烧炉、练泥池、釉料缸、辘轳坑、堆料坑、素烧坯堆积、房基、排水沟及道路等遗迹。窑址内出土大量的碗、盘、壶等器物残片及鬲式炉、琮式瓶等仿古器物。根据2009年对浙江省电力局仓库地块的发掘，其窑场布局及面积与修内司官窑相仿。

制药作坊遗址。2005年6月，白马庙巷西侧发现一处南宋制药遗迹，包括用于中药材浸泡、漂洗及去果肉的水槽和水缸，用于药材晾晒的天井、粉碎果核的石质药碾子以及夯土台基、排水设施等。水槽由多块太湖石拼接而成，石面中部凿有纵向凹槽，上以太湖石封盖，长约2.7米、宽0.3～0.8米，自南而北逐渐向下倾斜，出水口下接一口径1米的大型水缸，水缸中出土大量具有药用价值的植物内核，包括乌梅核、甜瓜籽、樱桃核、青果核等。天井南北长约12米、东西宽9米，面积约100平方米。夯土台基呈曲尺形，分布于天井的西、北两侧。西面台基揭露南北长约17米、东西宽约5米、高0.3米；北面台基南北长约5米，东西宽约14米，高0.3米。

给水设施遗址。2015年4～9月，在紫城巷地块的发掘中首次揭露南宋时期的城市地下给水设施，包括水沟、水井等遗迹以及引水的木管等。9号井平面近方形，井口长0.8米、宽0.76米、深0.92米，直壁较规整，上壁用长0.28米、宽0.14米、厚0.03米，长方砖错缝平砌，下壁每面由2块长0.72米、宽0.24米、厚0.03米的木板侧立而成，平底。1号沟平面

呈"L"形，揭露长14.1米、上宽0.38～0.51米、残深约0.5米，沟底部埋设中空木质管道，木管长0.4～3.1米、直径0.17～0.22米，中空，管内截面近方形，边长约0.14米。水井、水沟等遗迹与《咸淳临安志》所记的"以木为管"引西湖水以供城内居民取汲的诸井密切相关。由于南宋时此地为诸井中镊子井及其水口所在处，因此上述发现应属镊子井遗存。

临安城遗址出土大量文物，涵盖玉石器、金银器、铜器、铁器、陶瓷器、木器等，以瓷器为最多，包括南宋官窑、龙泉窑、越窑、景德镇窑、建窑、汝窑、定窑及高丽青瓷等，其中修内司官窑老虎洞窑址和郊坛下官窑乌龟山窑址均出土大量制作精美的南宋官窑青瓷，为研究宋代官府手工业的发展提供丰富而重要的实物资料。

南宋是中国历史上经济文化高度发展的时期之一。南宋临安城襟江带湖，依山就势，是中国南方山水城市的典型代表。由于城市南部和西南部为地势较高的丘陵地带，北部和东南部为平原水网地带，加上历史上形成的传统城市行政中心所在和南渡之初政局的动荡，故南宋皇城也建于地势较高的凤凰山东麓，形成中国古代城市制度中别具特色的南宫北城的城市格局。南宋临安城遗址对研究南宋政治、经济、文化及中国都城制度的发展和变迁，均具有十分重要的价值。

1986年4月23日，杭州市人民政府公布南宋皇城遗址为市级文物保护单位。1989年12月12日，浙江省人民政府公布南宋皇城遗址为省级文物保护单位。1995年，经国家文物局批准，太庙遗址保护工程正式立项。1997年，成

立杭州南宋皇城遗址文物保护管理所，负责临安城遗址的保护管理工作。2000年7月，杭州市人民政府公布南宋太庙遗址为杭州市市级文物保护单位。2001年6月25日，临安城遗址被国务院公布为第五批全国重点文物保护单位，编号5-0042-1-042。2004年12月，杭州市文物保护管理所建立并保存"四有"档案；考古工作技术档案由杭州市文物考古研究所保管。2005年，郊坛下官窑和老虎洞窑址被合并公布为第五批浙江省省级文物保护单位。2006年5月25日国务院公布第六批全国重点文物保护单位时，郊坛下官窑和老虎洞窑址作为合并项目，并入临安城遗址。2012年，《全国重点文物保护单位临安城遗址保护总体规划》获得国家文物局批复，2013年由浙江省人民政府公布实施，确定保护范围与建设控制地带。

金上京会宁府遗址 是女真族所建金王朝（1115～1234年）的早期都城遗址，位于黑龙江省哈尔滨市阿城区城南1千米阿什河街道办事处辖区的南城村、白城村和东环村内。地处松花江支流阿什河西岸台地上，地势平坦。

上京会宁府遗址历金朝太祖、太宗、熙宗、海陵王四帝38年。上京城的营建主要是在太祖、太宗、熙宗三朝，到海陵王时期，上京城已经形成规模，布局有序。海陵王在位期间，着手营建燕京宫室，并于贞元元年（1153年）正式迁都于燕京（中都），同时"削上京之号，止称会宁府"，上京城结束作为金王朝都城的历史。正隆二年（1157年），海陵王下令毁掉上京城。世宗即位后，开始着力恢复上京城的原貌，建造新的宗庙，以砖修葺城墙。大定二十四年（1184年）五月，世宗携王室百

官巡幸至上京城时，住于光兴宫。至此，上京城完成重建和恢复，以陪都的身份重新出现在人们面前。宣宗时期开始，金王朝逐渐走向衰败。贞祐三年（1215年），蒲鲜万奴在东北叛金自立建东夏国。蒲鲜万奴曾两次攻略上京城，对上京城的宗庙等建筑进行焚毁。天兴二年（1233年），蒙古军灭东夏国，上京城随之被蒙古军攻陷占领。元代，上京城成为水达达路的重要城站，元代末年曾设镇宁州。明代，上京城成为通往黑龙江下游奴尔干都司辖区的重要驿站和海西东水陆路城站之一。清朝中期，上京城彻底废弃。

清宣统元年（1909年），日本学者白鸟库吉曾对金上京城进行调查。民国12年（1923年），俄国的 В·Я·托尔马乔夫，对上京城进行调查试掘，并测绘城址平面图。民国16年

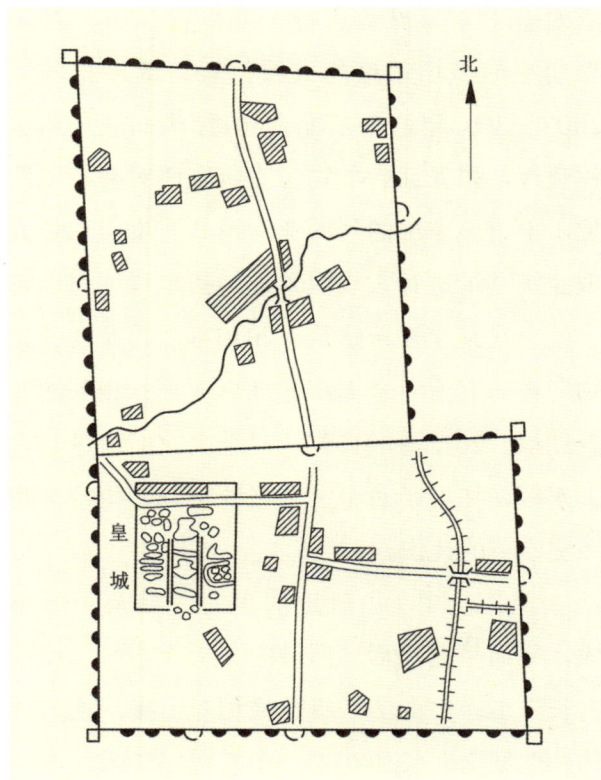

金上京城址平面示意图

金上京会宁府西北角城墙遗址

金上京会宁府午门遗址

（1927年），日本学者鸟居龙藏调查上京城。民国25年（1936年），日本学者园田一龟对上京城进行调查，进行局部发掘。同时期，中国学者金毓黻对上京城进行过调查和著录，此外，民国26年（1937年），时任阿城县长的周家璧对上京城进行实地考察和记述。

1999～2000年，黑龙江省文物考古研究所对金上京皇城址进行全面勘探调查，初步探明皇城城垣遗迹的大致位置、纵横范围。2002～2003年，为了配合301绥满高速公路工程建设，黑龙江省文物考古研究所对新发现的位于上京城东部的阿城亚沟镇刘秀屯的一处大型建筑基址进行大规模发掘，初步考证遗址是一处金代皇家宫殿建筑，2006年，黑龙江省文物考古研究所对金上京城址再次进行相关的调查勘探。2013～2015年，对金上京城址进行考古发掘，拓展了对金上京城址形制结构特征和历史沿革的认识。

金上京城，由毗连的南北二城及皇城组成，平面呈曲尺形。南城略大于北城，二城均为长方形，平面上一纵一横相互衔接，连为一体，北城南北长1828米，东西宽1553米；南城东西长2148米，南北宽1528米。两城之间筑隔墙，有门相通。二城外围周长约为11千米。城墙夯土版筑，存高约3～5米，墙基宽7～10米。外垣平均每隔70～120米筑一马面，马面数量为85个，类似马面的防御址3个。在全城5个城角上各构筑角楼一处。外城门址数量为6个，其中北城北墙1处、北城西墙1处、南城南墙2处、南城东墙1处、腰墙1处。城外及二城间的隔墙（腰垣）南侧，均有护城壕。

皇城建于南城内偏西处，南北长645米，东西宽500米。自南向北有五重宫殿基址整齐地排列在皇城的南北中轴线上，东西两侧还有回廊基址，殿基平面呈"工"字形。皇城南门两侧有两个高约7米的土阜，对峙而立，称为阙。两个大土阜间又有两个小土阜，各高约3米。大、小土阜间是皇城南门的3条通道，中为正门（午门），两侧为左右阙门。

刘秀屯建筑基址，是上京城东部一大型宫殿址，位于阿城区亚沟镇刘秀屯东南约100米处，阿什河右岸约1千米，西距金上京会宁府城址3.6千米。2002～2003年，黑龙江省文物考古研究所连续两年对刘秀屯建筑基址进行发掘。

刘秀屯大型建筑基址，东南朝向，由主殿（前殿）、过廊、后殿、正门及回廊组成，占地面积5万余平方米。正门位于东南回廊正中；主殿与正门对称，位于西北回廊正中；后殿位于主殿之后；过廊为连接主殿与后殿之通道；回廊呈正方形。主殿、过廊与后殿构成"工"字形一体建筑。主殿的面积3823平方米，由正殿、露台、两侧挟屋和后阁组成，总体布局呈对称多角形。出土遗物以灰瓦青砖等建筑构件为大宗，特别的建筑构件主要有石螭虎、石龙螭首、灰陶神鸟、兽面瓦当等。

刘秀屯建筑基址规模宏大，中央主体殿堂面阔九间、进深五间，其规制和历代皇帝所用建筑的至尊等级规模相合。该建筑基址东南朝向，与其他宫殿的方向有着显著的差异。从该建筑基址本身特点、出土文物、地理位置、周边重要遗迹考察，并结合有关文献记载，应是一处金代皇家宫殿建筑。其建筑年代和使用年代约在金朝中期前后，或为用于郊祀的"朝日殿"。

上京会宁府故城是迄今保存较为完好的唯一一处金代都城遗址，对研究金代社会历史具有重要史料价值，许多文物为各地金代文物的断代研究提供了可资参考的标准器物。金上京地区出土的丰富的金代文物，反映了上京和中原地区经济、文化的发展融合，代表了独特

的"金源文化"。金上京发展变化的历史，说明了金朝在东北乃至整个北方的发展历程以及女真与汉人经济政治文化发展的相互影响的关系，有力地促进了女真、契丹、汉等多民族的融合，从而形成全国统一的中华民族新格局。刘秀屯遗址，是金代早期大型皇家宫殿建筑基址，对研究金代政治体制、宗教信仰、风俗习惯以及建筑制度等，提供了翔实的第一手资料，是中国传统礼制建筑的罕见的实例，在中国建筑史上亦占有十分重要的地位。

1956年，金上京会宁府遗址被黑龙江省人民委员会公布为省级文物保护单位。60年代，成立专门的文物保护机构阿城博物馆，开始调查等保护性工作。1964年，阿城县博物馆对金上京城址进行调查测绘。1982年2月23日，金上京会宁府遗址被国务院公布为第二批全国重点文物保护单位，编号2-0054-1-009。2006年5月25日，刘秀屯建筑基址被国务院公布为第六批全国重点文物保护单位合并项目，并入金上京会宁府遗址。1993年5月8日，阿城市人民政府颁布《阿城市文物保护单位管理规定》，确定了保护范围与建设控制地带。1997年12月，建立金上京会宁府遗址"四有"档案，

金上京城刘秀屯宫殿基址俯瞰

完颜阿骨打初葬陵址

1998年，阿城市金上京历史博物馆重新建成，隶属于阿城区政府管理。2014年阿城区文物管理所对档案进行了续补完善工作，档案现存于黑龙江省文物保护中心。2006年，金上京遗址列入国家重点保护大遗址名单。2012年，黑龙江省人民政府批准公布实施《金上京会宁府遗址保护规划》。2013年，黑龙江省文物考古研究所制定《金上京遗址考古工作计划》并启动实施。

蒲与路故城遗址 是金代所设蒲与路的治所遗址，位于黑龙江省克东县金城乡古城村西约300米。处地小兴安岭西南丘陵地带，乌裕尔河南岸，乌裕尔河自东北向西南流过，在古城北折向西行，将整个城址一半怀抱其中，其东、北、西三面为沼泽环绕。城址东南约2.5千米处是两座突兀耸立的死火山，即二克山，形成城址周围一个显著的标志。

12世纪初，女真族完颜部起兵反辽，在中国北方广大区域建立金王朝，定都上京会宁府。上京路是金朝的地方行政建制之一，掌控一府五路三州七县，管辖东北的大部分地区以及鸭绿江以南、黑龙江以北的部分地区。蒲与路是上京路下辖五路中的一个行政区域。史籍《金史》中有关蒲与路的记述："蒲与路，国初置万户，海陵例罢万户，乃改置节度使。"天德四年（1152年）"辛丑，买珠于乌古迪烈部及蒲与路"。由此，蒲与路的建置时间当在其建国初期。设节度使一员，从三品，是最高行政军事长官；"掌镇抚诸军访刺，总判本镇兵马之事"。蒲与路实行的是女真族军事与行政合一的猛安谋克制。《金史·食货志》载，章宗明昌四年（1193年）十月，"今上京、蒲与、速频、曷懒、胡里改等路，猛安、谋克民户，计一十七万六千有余"。可知，蒲与路是金王朝的北方重镇，是女真人居住比较集中的区域之一。元代，在金蒲与路故址设置蒲与路

蒲与路故城北门瓮城遗址

蒲与路故城北门东侧城墙遗址

蒲与路城址城墙遗址

屯田万户府，属辽阳行省。元至元三十一年（1294年）罢万户府。元代中期，蒲与路故城废弃。

清代学者杨守敬在《历代涵地沿革险要图》中将蒲峪路标在齐齐哈尔城东南。

20世纪30年代，日本人对城址进行考察，初推断为辽金时期城址。1956年，克东县金城乡古城村曾出土过一方铜印，印上铸有九叠篆书"蒲峪路印"，证实古城为蒲峪路治所。1975年、1979年，黑龙江省文物考古工作队对城址进行了两次发掘。第一次对城址南门进行发掘，发掘面积约200平方米；第二次对城址内东北部的一处建筑址遗存进行揭露，揭露面积约500平方米。

城址平面呈椭圆形，东西长1100米，南北宽700米，周长2850米。城墙夯土版筑，夯土层厚约0.08～0.13米，残高3～4米，顶宽1.5～3米，基宽18～20米。城墙外附有马面38个，每个间距60～70米。城址设南、北二门，遥相对应，均附筑瓮城。城墙外10米处有护城壕，已大部淤平，局部地段可辨。城墙中部南、北相向各有一城门，门外有半圆形瓮城，东西长35米，南北宽17米。城门破坏严重，豁

口较大。东西城墙局部损毁严重，形成数处1～3米宽的豁口。城内有大小不等的土阜，为建筑基址。城内有各类遗址若干，城内西北部有古城村四组村民居住，城墙外东侧与古城村居民点毗邻。

南城门址为单门道，上部为过梁式结构，门道方向为15°。门道长12.55米，宽4.95米。门道正中立有门限石，系花岗岩凿成，高0.35米，宽0.3米。门道两侧立有15根排叉柱，两侧设有木地栿。柱为半圆形，已炭化，径0.15～0.35米。正中间两侧各立有两根大圆柱，直径约0.5米，系支撑城门的四根中心柱，每侧柱的间距为3.6米，直接埋入地中，下部无础石。在门道前后两侧拐角处均立有角柱，系用赭红色花岗岩制成的斜面长柱形石条，四面体，高1.2米，上宽0.42米，下宽0.55米。门道内的路面系河卵石和沙石铺成，因长年使用，形成较厚的路面堆积。瓮城内的堆积较为单纯，均为金代堆积。城门座前后两侧内，城墙上包砌青砖，砖墙厚约1米，砌法是外面一层顺砌，里面一层竖砌，外层压缝上垒。在瓮城及门道内，出土较多的石弹、礌石、铁镞、铁甲片、铁马蹬等兵器和马具等，

堆积中有大量烧焦的木制品和木炭，可见城门毁于大火。

1979年，黑龙江省文物考古工作队对城址内东部的一处大型建筑遗址进行发掘。建筑遗址台基坐北朝南，由露台和正殿组成，边缘由一层青砖包裹。正殿是建筑的主体部位，东西长18.3米、宽11.6米，正殿遗址上柱础网分布密集。南部为露台，长9米、宽7米。东西两侧和南部有台阶。正殿南部正中有一门，西侧有两门址。正殿的西北角和东侧有灶址，可能为庖厨和起居之所。台基址为一座面阔五间、进深八间的较大型建筑址，建筑面积约300平方米，推测为一处官衙址。出土遗物有陶、瓷、铜、铁、骨器等。

城址内地表散布大量的灰布纹瓦片和泥质灰陶片；曾出土遗物主要是建筑饰件，有瓦当、筒瓦、板瓦、脊兽、鸱吻等，瓦当中，以连珠兽面纹瓦当为常见；此外，还有生活、生产用具、兵器等，如盘口罐、盆、钵等陶器以及石臼、磟石、铁车辖、铁镞、铁甲片、铁马蹬、铜佛等。

《金史·地理志》载："金之壤地封疆……北自蒲与路之北三千余里，火鲁火疃谋克地为边。"蒲与路故城遗址的确定，为中国12～13世纪的金代北部疆界找到重要的坐标。城址内出土"蒲峪路印"，进一步确定金城乡的古城即是金代蒲与路故城，为研究金元时期女真故地行政制度、历史沿革、建筑技术、自然科学等方面提供实物依据。

1981年，蒲与路故城遗址被黑龙江省人民政府公布为省级文物保护单位。1985年，克东县文物管理所成立，负责对蒲与路故城遗址的全面保护、管理与宣传。1988年1月13日，蒲与路故城遗址被国务院公布为第三批全国重点文物保护单位，编号3-0219-1-039。1990年，克东县人民政府印发《克东县人民政府关于划定国家级文物保护单位范围的通知》，确定了保护范围与建设控制带。1997年，建立蒲与路故城遗址"四有"档案。2005年，克东县文物管理所制定了蒲与路故城遗址的全国重点文物保护单位记录档案存放于黑龙江省文物保护中心。

海龙屯　又名海龙囤，史称龙岩囤，是播州杨氏土司在其统治核心区域设置的山地防御城堡，与位于遵义湘江西岸平原地带的播州宣慰司治所（遵义老城区）配合使用，是战争时期播州土司的行政和军事指挥中心。位于贵州省遵义市汇川区高坪街道办事处海龙屯村双龙村民组境内的龙岩山上，由铜柱关、铁柱关、登屯古道、歇马台、三十六步（俗称"天梯"）、龙虎大道、飞龙关、瞭望哨台遗址、朝天关、飞凤关、哨台遗址、明代建筑群遗址、宋代建筑群遗址、练兵场遗址、采石场遗址、军营遗址、土城墙（宋代城墙）、万安关、二道关、头道关、土城遗址、月城遗址和

海龙屯城墙

城墙构成，分布在海龙屯整个方形孤山上。

据《遵义府志》和出土碑文记载，海龙屯始建于南宋宝祐五年（1257年），蒙古大军由云南挥师东进伐宋，战火烧至播州西境。播州告急，朝廷派两府节度使吕文德至播州部署防御，播州第15世土官杨文以"置一城以为播州根本"申报朝廷获准而选择险峻的龙岩山构筑军事营垒——龙岩新城（海龙屯）。明万历二十三年（1595年），杨氏三十世土司杨应龙，调集役夫工匠，扩建龙岩屯关隘，屯驻重兵；万历二十八年（1600年）正月，明王朝认定杨氏"谋反"，任命四川总督李化龙并赐尚方宝剑统领云南、广西、贵州、四川、湖南、陕西、山东、河南、宁夏等省24万步骑兵，分八路进兵播州，于六月六日凌晨破屯，官兵在屯上杀戮焚劫，木结构建筑全被焚毁，仅残留石质材料的关隘、哨台、军营、城墙、瓮城、衙署等建筑遗址。"平播战争"中杨应龙自缢身亡，杨氏自唐以来在播州725余年的世袭统治从此结束，朝廷至此于明万历二十九年（1601年）废除播州土司制度，实行改土归流。

2012～2015年，由贵州省文物考古研究所成立海龙屯文物考古队对其进行文物考古发掘，出土文物有陶器、瓷器、兵器、砚台、建筑构件等10000余件，主要为明万历年间的遗存，包括城防设施、行政及生活设施、手工业设施、交通设施以及水井遗迹5处等。

城墙包括东部一字城城墙、中部环屯城墙及西部瓮城城墙几部分，总长约5838米。始建于南宋，明代加固扩建。城墙沿自然山形布置，平面呈不规则形状。城东一字城城墙、西侧瓮城城墙多以青石块错缝加石灰糯米浆作为

黏合剂砌筑而成，城南、北两侧城墙主要用页岩和泥土混合叠砌而成。

铁柱关，位于屯东山腰北侧，坐南面北，为单通道半圆形拱券顶石结构城门，其建筑为吊桥关，与东南侧铜柱关形成瓮城，是东北路进屯第一道关隘。匾额不存。残高5.2米、面阔6.3米、进深4.2米，城台顶木构建筑在战争中损毁，关顶南面遗存柱础1个。

铜柱关，位于屯东山腰南侧，坐北面南，为单通道半圆形拱券顶分离式石结构城门，与东北角的铁柱关形成瓮城，为东南路进屯第一道关隘。匾额不存。残高6.68米、面阔10米，进深5.75米。其上的木构建筑在平播战役中损毁，关顶仅存柱础石1个、铺地石1块。

飞虎关，位于海龙屯东侧崖壁一突兀的绝岩上，坐西南面东北。前半部分为用青石与石灰糯米浆错缝搭接砌筑，后部系直接开凿基岩而成，为单通道半圆形拱券顶石结构城门。关内踏步及其墙壁，均在山体上直接向下开凿而成。关口前有深约8米、宽约3米的沟壑，以木桥相连，下接三十六步，上接古道与飞龙关相连接。

飞龙关，位于龙岩山海龙屯顶东北角向外伸出的绝壁上，坐南面北，共有四道拱券门，券顶呈十字叉。关北为正门；关南墙上嵌入漏窗由整石雕刻成三个菱形相套的花窗；关西侧下临深渊，墙体大部垮塌；关东侧为入内城通道，设拱券门二道。城门面阔10.15米、进深14.5米、高7.15米门顶匾额保存完好，榜额之右自上而下书写小字三列"唐太师守播三十代孙钦赐飞鱼品服敕封骠骑将军杨应龙书立"；中央自右向左书"飞龙关"三个大字；左侧自

海龙屯飞虎关前天梯

上而下书小字两列"皇明万历丙申岁夹钟月乙未日吉旦重建"。根据年款纪年,飞龙关重建于明万历二十四年(1596年)二月。飞龙关下连接哨台和龙虎大道,上通瞭望四角亭,为东路进入内城的第一道关隘。以飞龙关、飞虎关、铜柱关和铁柱关形成东外城军事防御区。

朝天关,位于屯上东侧缓坡沟谷地带,坐西面东。前临深沟,筑两级转角露台,垂带踏步相连,向下连接瞭望亭、向上连接飞凤关。为单通道半圆形拱券顶石结构城门,面阔10.2米、进深6米、高9.8米。门顶匾额保存完好,榜额之右自上而下书小字三列"唐太师守播三十代孙钦赐飞鱼品服敕封骠骑将军杨应龙书立";中央自右向左书"朝天关"三个大字;

左侧落款为"皇明万历乙未岁仲吕月乙卯日吉旦重建"。根据年款纪年,朝天关重建于明万历二十三年(1595年)四月十三日。

飞凤关,位于朝天关南侧约50米处,建于一缓坡地带,当地人俗称楼子或五凤楼。坐南面北。飞凤关是海龙屯所存九关中唯一一组带有院落的关口建筑,北面与朝天关紧邻,形成防御工事组合。城门居南,关顶存柱础8个及局部砖墁地面。门前东、北、西三面有围合的石墙,北墙两侧各开一门,有台阶上下。石墙围合的院内分为两级台地,形成一个两进的长方形空间,状如瓮城。院落通长17.68米,残存城门面阔17.7米、进深9.55米、高6.9米。关前院落内原立有《骠骑将军示谕龙岩囤严禁碑》,后移存于海潮寺内。碑文为播州杨氏第三十世土司杨应龙手书,是海龙屯进出人等的一个管理制度。

万安关,位于海龙屯西面,是由西进入内城的最后一道关口,坐东北面西南。建于屯顶西端的狭窄区域,为单通道半圆形拱券顶石结构城门,吊桥关;关前有壕沟,残存石踏步三级。关顶存墁地砖一方及部分压面石。残存匾额上"安关"二字可见。城门面阔9.65米、进深

海龙屯飞凤关

深5.88米、残高5.88米，与西侧的二道关（西关）围合构成月城（又称石城）。

二道关（西关），位于头道关与万安关之间，是由西进入内城的第二道关口，坐东南朝西北。建于两山相接的狭窄通道上，两侧连接石砌城墙。门道中部两侧各有一券拱顶耳室，与门道形成十字交叉的拱券顶门洞。关前地面铺凿有圆孔的条石，拱门左右角柱上有对称的4个圆孔，为吊桥关。匾额不存。关顶残存柱础4个，木构箭楼损毁。拱门面阔约22米、进深8.4米、残高约6米，与西北侧头道关形成"土城"。

头道关（后关），位于海龙屯最西端，是由西进入内城的第一道关口，坐东南面西北。地处两座小山丘之间的谷地，中央为单通道半圆形拱券顶石结构城门面阔13.2米，进深2.25米，高4米。西侧为块石砌踏步；东侧为一建筑遗址，存部分砖幔和柱础11个，据考古清理为面阔三间、进深一间，与关体相连，其功能是军事防御守卫。关两侧城墙用页岩和泥土混合叠砌而成，与东南侧的二道关围合构成土城。

瞭望台遗址，位于飞龙关与朝天关之间的小山丘上，当地俗称转山。遗址分为顶部建筑

海龙屯后关

遗址与围墙堡坎两部分。建筑遗址面积约85平方米，存石柱础4组共16个，呈正方形分置于遗址的四角，原地面建筑在"平播战役"中损毁，地面为泥土台面，堆积部分瓦砾。围墙堡坎位于山丘腰部偏上，建于经过略加凿錾修整的基岩上，内侧为山丘台面，外侧为断崖。墙厚1.6米，用石板、条石砌筑，上部为墙垛，墙垛内侧顺墙为石板砌筑小平台。

绣花楼遗址，位于屯顶南侧一处向南突出的平台上，面积81.8平方米。东、西、南三面悬崖，北面与城内相接，下临腰带崖沟。因民间传说杨应龙二女在此绣花而得名。2014年经考古清理，是一处军事哨所遗迹。

角楼遗址，位于万安关、二道关南侧及铜柱关东侧的城墙拐角处，共建有方形石质墩台4个，部分遗址发现有瓦砾，其上原有建筑遗迹，是具有军事哨所功能的角楼。

三十六步，位于飞虎关前，建于一段陡峭的山梁上，有条石砌筑的三十六级阶梯及两侧护墙，总斜长51.5米，整体坡度达30°，每级宽2.8米，高约0.47米，步跨约1.45米，两侧护墙高约1.3米，随阶梯逐级攀升。踏步台面为斜坡状，坡度10~15°。三十六步东与海龙屯东部一字城墙相连接，西部连接飞虎关前木梯，并与飞虎关配合使用，具有很强的防御力和攻击力，是海龙屯东侧防御的重点区域。

龙虎大道，位于飞虎关至飞龙关之间，路长约292米，宽1.5~4米，大部路段宽3米。龙虎步道开凿于山体基岩上，内侧依山，外侧临悬崖，靠近山体一侧在基岩上凿有排水沟，外侧砌筑石质护墙，石料为页岩和泥灰岩。部分路段开凿于山体中部。开山所得石材部分用于

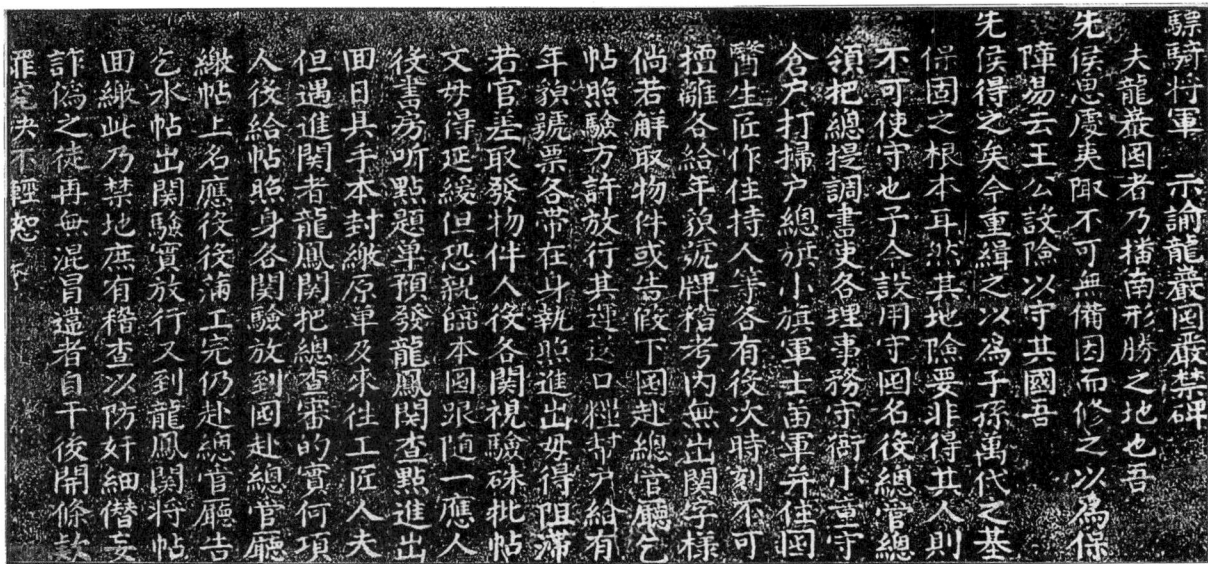

《骠骑将军示谕龙岩囤（屯）严禁碑》拓本

城门（关口）及城墙的建设。岩壁上存有明代时期修建步道留下的槽口、钎眼等重要遗迹。

新王宫遗址，位于屯顶西南侧的山梁上，坐西南面东北，是明代土司衙署建筑遗址，集行政办公与生活休闲为一体，毁于平播之役（1600年）。遗址地势西南高、东北低，东西两侧为冲沟，是一组四周有封闭城墙，中轴线上设中央踏道形成东路建筑、中路建筑和西三路建筑的建筑群，总面积1.8万平方米。已发现围墙、房址29组、道路3条、池沼4个、排水沟8条、灶台3个，并出土有大量建筑构件、瓷器、钱币等遗物。围墙呈近圆形，周长504米，围合面积近1.8万平方米。围墙由土、石混筑而成，局部地段尚高出地面0.5~1.5米，部分则已坍塌并掩于土下。墙宽1.9~2.4米。城墙在东北侧开大门，与门两侧的"八"字墙相连。中路建筑是土司处理政务的重要场所，是整个衙署区的核心。由前向后依次有大门、仪门、大堂、二堂组成的三进院落建筑群。中路建筑遗址在明代衙署遗存上还叠压有改土归流后所建海潮寺部分遗存，包括下殿基址、大殿、须弥座等。大门位于新王宫遗址正前方一台地上，上与五级台阶相连，经九级台阶与仪门相连，两侧有八字墙，外与城墙相连，是入口第一道门。仪门位于新王宫遗址正前方与大堂呈同一平面，下与九级台阶相连，两侧与东西两厢相连，面阔三间。是入口的第二道门，也是衙署区的正门。大堂位于整个建筑群中部，面阔23.77米、进深约8.4米。叠压于海潮寺大殿下。海潮寺始建于万历二十八年至三十一年（1600~1603年）间，初为茅庵，由遵义兵备道傅光宅所建。清顺治二年（1645年）的重修，乾隆三十八年（1773年）改造。重修后的寺庙是一口井，即由上殿、下殿、左右厢房四面围合，中有天井。20世纪60年代时，海朝寺的左右厢房和下殿被拆除。海潮寺坐西南朝东北，与新王宫遗址朝向一致，是一座面阔七间、进深六椽的木瓦结构的庑殿顶建筑。殿前为月台和庭院，院内中部设雨道，有铺地石板、排水孔等大堂建筑构件遗存，前后有踏道连接仪门和月台。二堂位于中路建筑最后方，建于大堂后高约2米的高台上，面阔五间24米、进深六椽7.37米。二堂两厢与大堂形成"回"字形平面组合。二堂明间所存石台为明末清初海潮寺鼎盛时期供奉佛像的须弥座。西路建筑位于中路建筑西侧，紧邻中路建筑，每栋房屋根据地形设道路相互连接，朝向因地形呈现不同变化。由总管厅、厨房、池、"水牢"、三台星、书房等组成。总管厅位于西路建筑群中部，建筑平面呈"回"字形，中央是天井，四周有廊道，正房面阔五间，室内铺地砖二层（上层为正方形砖，下层为长方形砖），两层砖间铺以细沙；倒座房面阔三间，地幔无存。厨房位于西路建筑群的西部，面阔五间。水池位于西路建筑群的最西端，紧邻围墙，呈东西向并列的两个长方形石砌水池，一深一浅。浅池池底铺石板，一端两级设踏步上下，另一端设陶质水管迂回向外排水，设有西侧进水口和北侧向城墙外的出水口。"水牢"，位于厨房东稍间台基下，经考古证实是一处石砌拱券顶通道，通道内铺砖幔，前后设石质踏道五级；通道西可入三台星和厨房，东连接下层台地建筑基址，通道顶连接厨房与总管厅，呈上下立体交通的形式；通道长7.2米、宽1.42米、高2.16米。三台星位于西路建筑后方，紧邻书房，是一组错层向上抬升五级的建筑遗址，存建筑台基五层，每层台基之间在中轴线上有石质踏道相互连接，两山墙下肩墙地栿石保存较好，柱础6个，地幔无存。书房位于总管厅正后方，由正房、两厢、天井和前廊组成一组悬山顶穿斗式砖木瓦结构的四合院式建筑；正房面阔三间四椽，两厢面阔三间

两椽。东路建筑位于中路建筑东东部，由府库、厨房、池等组成。府库位于东路建筑群中部，由正房、过厅、院落、两厢（廊道）和前廊组成的一组悬山顶穿斗式砖木瓦结构的两进院落建筑，正房及过厅面阔三间四椽，廊道两椽。厨房位于府库东侧，整体格局扰乱严重，考古清理发现有砖砌灶台等遗物。蓄水池位于二堂东侧，长方形，池底铺石板，前方有排水沟，后侧有影壁。

老王宫遗址，位于屯顶中部偏南的山脊上，与其西北侧的新王宫遗址隔沟相望，相距约200米。其地势西南高、东北低，与新王宫的选址类似。老王宫遗址占地约2.5万平方米，较新王宫的范围大，发现建筑台基、踏道、柱础等遗迹，出土陶瓷器、瓦当、滴水、吻兽、板瓦、铁件等遗物。房屋依山而建，建筑分布不如新王宫遗址紧凑，所用石材整体亦较新王宫遗址为小。遗址所见柱础、出土砖、瓦、瓦当等遗物与新王宫遗址类似，其建筑年代尚待考古明确。

窑址，位于老王宫遗址东北侧，经考古调查共发现3座，清理了其中一座，出土的砖块遗物和新王宫出土的砖块完全一致，是一座典型的明代砖窑。窑址呈椭圆形，窑室长5.34米、宽3.32米、残高1.56米。

采石场，位于老王宫遗址西南侧，为泥灰岩基岩，海拔1342.8米，占面积约600平方米。存有120余个楔眼，以长30厘米、宽5厘米、深10厘米左右者居多。采石场的石材质地和楔眼形状均与新王宫石材保持一致。

军营遗址，位于新王宫遗址西侧约80米处，是由正房、两厢和八字朝门组成的一组悬

山顶穿斗式砖木瓦结构的三合院建筑遗址，正房面阔五间、两厢面阔三间，朝门面阔一间，占地面积约600平方米。当地俗称金银库。

练兵场遗址，位于屯顶南侧，当地俗称校场坝，占地约10000平方米。

海龙屯是播州杨氏土司在其统治核心区域设置的山地防御城堡，与位于湘江西岸平原地带的播州宣慰司治所（遵义老城区）配合使用，是战争时期播州土司的行政和军事指挥中心。选址模式体现出云贵高原山地民族因地制宜的生存智慧，体现土司制度"因俗而治"的特点。占山环水的选址特征既考虑借助天险进行军事防御，又兼顾屯上生活的便利。海龙屯遗址的不规则城墙、城东不围合的一字城、纵深式布局的城门（关口）等均反映因地制宜形成独特的山地城堡防御格局的特征。同时，在土司制度"齐政""修教"理念的作用下，海龙屯体现出局部规整的格局特征。其核心建筑居城内中部偏后，形成中轴对称的院落格局。屯西双重瓮城格局、城门（关口）前设吊桥、关上设箭楼等防御格局和设施与中原地区城防体系特征一致。海龙屯建筑风格体现出少数民族建筑与标志性的官式建筑物并存的特征，体现了土司制度管理下的少数民族地区在传承民族文化多样性的基础上，在建筑技术与艺术、工程组织等方面对中央规制和华夏文化的选择性吸收，促进本民族的文明与文化发展。海龙屯包含能够反映13～20世纪中国西南少数民族地区的社会文明与文化特征的全部必要遗存要素，以历史时空、社会背景、文化内涵、遗址属性、物质遗存等方面的典型特征和相互关联，见证中国封建社会中央政权为维护多民族国家的统一与边疆少数民族之间通过"齐政修教、因俗而治"的传统治国理念，实现利益平衡和共同发展，体现文化多样性传承和谋求民族生存的社会管理智慧，具有较高的历史、科学、艺术和社会价值。

1982年，海龙屯遗址被贵州省人民政府公布为省级文物保护单位。2001年6月25日，海龙屯被国务院公布为第五批全国重点文物保护单位，编号5-0401-3-207。2014年，成立海龙屯文化遗产管理局负责遗址的管理保护工作。2009～2010年，汇川区政府对飞虎关进行拆归安修缮。2013～2016年，汇川区政府对铜柱关、铁柱关、万安关、二道关、头道关、万安关南城墙和新王宫进行修缮。2014年1月，贵州省人民政府划定海龙屯遗址的保护范围和建设控制地带。2015年7月4日，在德国波恩举行的联合国教科文组织世界遗产委员会第39次会议上，海龙屯与湖南永顺老司城遗址、湖北唐崖土司城遗址一起，以"中国土司遗产"的名义列入世界遗产名录。

元上都遗址 是元代朝廷夏季的首都，位于内蒙古自治区锡林郭勒盟正蓝旗、多伦县境内闪电河畔金莲川草原地区，北依龙岗，南临滦河。

元上都遗址所在地金莲川草原地区，历史上曾经是中国古代游牧民族频繁活动的地区。蒙古宪宗元年（1251年），忽必烈受命总领漠南汉地军国庶事，建立金莲川幕府。宪宗六年（1256年），忽必烈命刘秉忠择地兴筑新城，1259年新城建成。因城市背靠山峦，南临滦河，放眼草原，一望无垠，气势恢宏，遂命名为开平。蒙古中统元年（1260年），忽必烈在此召开忽里勒台大会（诸王大会），登上汗位，并依中原王朝制度，建元中统，将开平升为府，置中书省，总理全国政务。中统四年（1263年），正式诏令开平府为上都，同年迁都燕京。此后，元朝实行两都制。上都"控引西北，东际辽海，南面而临制天下，形势尤重于大都"，元世祖、元成宗、武宗、天顺帝、文宗、顺帝等六位皇帝都在上都继位登基，显示上都举足轻重的政治、军事地位。作为元朝的夏都，每年皇帝驻夏时，前来朝觐的各国使节、王公贵族、百官及护卫将士云集上都，毡车如雨、牛马如云。商人、传教士、旅行家纷至沓来，其中以马可·波罗最为后世所熟知。在元上都城内居住有蒙古人、汉人、契丹人、回鹘人、高丽人、尼泊尔人等，元上都成为当时蒙古草原地区最为辉煌的都市，国际性的大都会。至正十八年（1358年）十二月，红巾军攻陷上都，元上都遭受火焚开始衰落。明洪武二年（1369年），明将常遇春、徐达率领的中路大军攻克上都城，元上都再次受到重创。洪武二十九年（1396年），明朝在上都正式设开平卫指挥司，并修缮城垣。宣德五年（1430年），开平卫移到长城以内的独石口堡（河北赤城县独石口），改隶万全都指挥使司，元上都被废弃。

蒙古语称元上都遗址为"兆奈曼苏默忒"，汉语意为一百〇八座庙，城址中遗存甚为丰富。近代有多位国外学者到此考察，有《忽必烈的夏都——上都》《元上都城址调查》《元上都和大都的平面图》《蒙古草原上的遗址——元朝旧都》等论著。中华人民共和国成立后，内蒙古文物考古人员开始在元上都

元上都遗址鸟瞰

遗址开展考古调查工作。1990年，内蒙古自治区文物考古研究所清理发掘元上都砧子山南区墓地，发掘墓葬96座。1998～2000年，清理发掘墓葬102座。2008～2011年，内蒙古自治区文物考古研究所完整地测绘了元上都城址及相关建筑遗迹，结合测绘进行大规模的考古勘探工作，同时考古发掘明德门、御天门、大安阁、穆清阁等重要建筑基址。

元上都有离宫两处，元代称东凉亭、西凉亭。东凉亭遗址在上都城遗址东25千米的滦河岸畔，属多伦县，有城垣和建筑台基等遗迹。西凉亭遗址在河北省沽源县，是滦河的发源地。祭祀遗址一处，在元上都城址西北方35千米的羊群庙，已做清理，出土有祭坛、汉白玉石人雕像等，附近还有墓葬。墓葬群两处，一处在元上都遗址东南方9千米处的砧子山，为元上都地区汉族人墓葬区；另外一处在元上都遗址东北12千米的一棵树，为元上都地区蒙古

人的墓葬区。在卧牛石也有蒙古人墓地。

元上都的建筑序列，从遗址格局考察，第一步是规划城垣，由外向里，外城、皇城、宫城。第二步是规划城门、街道，由里向外，宫城三门，纵横交汇为"丁"字街，南部开放，北部封闭；皇城有六门，东西各两门，南北各一门，门内相连的纵横街道均取正方向，即正东西或正南北。皇城南门、宫城南门、宫城丁字街交汇点（交汇于大安阁所在位置）、宫城北墙阙式建筑的正中点（承应阙）、皇城北门，在一条子午线上，表示如日中天，天子面南坐天下。外城存有七门（初建应是八门），东墙两门即皇城的两门；南墙两门，其中一门也是皇城的南门；西墙存一门，北墙两门。在整个外城的北部，尚未见街道遗迹。

元上都分为宫城、皇城、外城三部分。

宫城的建筑城墙用黄土版筑而成，城墙外层在地基上先铺四层0.5米厚的石条，然后

元上都遗址穆清阁顶部基础

以青砖横竖交替砌起。在青砖与土墙之间，夹一层厚1.4米的残砖。遗存城墙高约5米、下宽10米、上宽2.5米。城的四角建有角楼，东、南、西三面各设城门一座。元代周伯琦诗云"东华西华南御天，三门相望凤池连"，可知宫城南门是御天门，东门是东华门，西门是西华门；在三门相望可见的地方是凤池，即元朝设在上都的行中书省衙门。三门之中，御天门是皇帝巡幸上都时出入的主要通道，最为重要。根据文献记载宫城内有大安阁、穆清阁、洪禧殿、水晶殿、香殿、宣文阁、睿思阁、仁春阁等宫殿楼阁建筑。发掘的宫城内的建筑台基约有20处。除外，宫城外围建有郛郭，形成夹墙、夹道。

宫城之外是皇城。皇城在全城的东南部。城墙基宽12米、残高6米、上宽2～5米，均用黄土夯筑，外包片石，元人形象地称之为石城。皇城东墙北段的外侧已做清理修复，可供观览。四角有高大的角楼台基。南北各设一门，有方形瓮城门。东西各设两门，有马蹄形瓮城门。南门为明德门，取《礼记》"在明明德"之意，为出入宫城的主干道；北门为复仁门，取《易传》"休复之吉，以下仁也"之意。皇城内西北部有乾元寺，东北部有大龙光华严寺，东南部有国学孔庙。

元上都外城为边长为2200米的正方形，有七座城门：东门、南门、北门各两座，西门一座。城墙全用黄土版筑，残存城墙高5米、下宽10米、上宽2米。

外城除东南部为皇城与宫城所占之外，西北部呈折磬形。城墙用黄土夯筑，基宽10米、残存高约5米、上宽2米。北墙有两座城门，方

形瓮城；西墙存一座城门，马蹄形瓮城。北部与西部之间，从皇城的西北角到外城西墙之间，是一条土墙遗迹，把外城西部与外城北部隔开。西部有建筑与街道遗迹。北部有金顶大帐棕毛殿，建在皇城北门复仁门外的高冈之上；另有皇家苑囿，称北苑，为皇家豢养珍禽异兽、培植奇花异草、举行射猎活动的场所。西部为商业区。

在城外，关厢的范围较大，百姓民居和商肆店铺主要集中在关厢地带。北关建行殿和有大片的兵营，是上都守军"虎贲四千"的驻所；东关长约1000米，为觐见皇帝的宗王和使团居住的帐房区；西关向西延长约1000米，为羊、马市和商业区；南关长约600米，为酒肆、客栈和店铺林立的繁华商贸区。

考古人员探明，广济仓遗址位于上都东关外，东西宽150米、南北长290米，有院墙。西关外也有规模相同的一处遗址，它是上都西仓

元上都遗址内石人

元上都砧子山墓地莲花石基座

万盈仓遗址。考古印证《永乐大典》的记载，两座粮仓的形制完全相同。

元上都的建筑遗址主要有大安阁遗址、承应阙遗址、乾元寺遗址、大龙光华严寺遗址铁幡竿渠遗址、羊群庙遗址等。

大安阁遗址是上都城的主要宫殿，位于宫城的中部，元至元三年（1266年）十二月建成。元朝皇帝在此登极、临朝、议政、修佛事，相当于大都皇宫的大明殿，故云大安御阁。据考古调查，位于宫城中心"丁"字街北侧的宫殿遗址，为大安阁遗址。其台基地貌为方形，边长约60米，经考古清理探测，汉白玉石条垒砌的台基长宽约40米，底部铺一层宽约50～60厘米的石条，两面以"燕尾槽"浇铸铁水相连，石条上摆放一层高56厘米的汉白玉雕石构件。正面雕出牡丹、莲花等缠枝花卉等，图案十分精美，有大量的龙纹构件残块等。

承应阙遗址，为北墙中段庞大的阙式建筑台基，以中央平台为主，辅以两翼向前凸出，成为东阙、西阙，三台相连为一组建筑台基，高出城墙顶部约30厘米，墙头到双阙间，为略向内收的通道，总长度为75米。阙式建筑台基，应与宫城墙体为同时所建。

乾元寺是大元帝国的"国寺"，与大都的大护国仁王寺制度相等，"荫福大千""以镇国焉"。至元十一年（1274年），忽必烈敕建，寺址位在皇城西北角内。取《周易》"乾为天"之意，是象征大元帝国拥有天下的国寺。寺址作纵深的长方形，以墙围绕，南北纵深200余米、东西宽100余米，分前后两院。

大龙光华严寺约建于元宪宗八年（1258年），位于皇城东北角，依先天八卦艮位，取《华严经》"法界缘起"的本义。大龙光华严寺分东、中、西三院，中院的建筑遗迹最为明显，为前后相连的两个殿基，后殿为长方形，前殿规模较大，前出月台，后连廊道。三个院落东西跨达300余米，是城中之城。

孔庙建于元至元四年（1267年），遗址位在皇城东南角，存有前后两殿的建筑台基，四面有围墙，院落直径约70米，院外另有附属建筑。

铁幡竿渠于元大德二年（1298年）由水利专家郭守敬（1231～1316年）设计建造。经考古调查，渠道遗迹傍依西北部山谷缺口，南经西关厢外侧，入滦河。上都城北有一道古拦洪坝的遗迹，黄土版筑而成，东起于龙岗东侧山坡下，向西至城西北角的哈登台敖包下，又南折从西关外排水至上都河，全长约6千米，高4米、下宽12米、上宽4米。在哈登台敖包山顶，尚留有铁幡竿基座石条一通。

羊群庙祭祀遗址是元上都遗址周围重要的遗址之一，位于上都城西北35千米处，背靠东北—西南向的小山，东向广阔的草原，由南向北依次排列。考古发现4处元代的祭祀遗址，出土四尊汉白玉雕像，每一尊石像都代表着不同的人，身着龙袍，气度不凡，足显皇家威严，可惜头部均遭破坏。汉白玉雕像的背后筑有祭台，周围环绕石围墙、呈方圆相套的形式，表示"天似穹庐笼盖四野"的模式。

1988年1月13日，元上都遗址被国务院公布为第三批全国重点文物保护单位，编号3-0220-1-040。2010年，内蒙古自治区人民政府公布《元上都遗址保护管理规划（2009～2015）》《内蒙古自治区元上都遗址保护管理办法》。2016年5月30日，内蒙古自治区十二届人大常委会第二十二次会议通过《内蒙古自治区元上都遗址保护条例》，以地方性法规的方式明确了世界文化遗产元上都遗址的保护范围。

敖伦苏木城遗址　俗称赵王城，为元代德宁路的治所，是草原丝绸之路的一个重要站点，位于内蒙古自治区包头市达茂联合旗旗政府所在地百灵庙镇东北约30千米，艾不盖河北岸的冲积平原上。

敖伦苏木，又译作"敖伦素木"，汉语意为"众多庙宇"，言其遗址众多。民国16年（1927年），中国考古学家黄文弼作为中国西北科学考察团成员，考察敖伦苏木古城，发现

《王傅德风堂碑记》汉文碑和一通蒙文碑，证实敖伦苏木古城是元代德宁路城址，是活动在阴山一带的汪古部首领赵王世家的府邸，是汪古部领地最大的政治、经济、文化、宗教中心。民国21年（1932年），《太平洋杂志》记者拉铁摩尔到此考察，获得景教墓石资料。后又有黄奋生、江上波夫、海涅士前往考察。中华人民共和国成立后有李逸友、盖山林等学者进行考察。达茂旗文物管理所、内蒙古博物馆对古城布局做较为精确的勘察和考证。

敖伦苏木城遗址平面呈长方形，东西长，南北宽。坐北向南，方向偏东40°。南墙长950米、北墙长960米、东墙长560米、西墙长580米。城墙遗迹清晰可辨，墙基宽约3米，东、西、北墙均断断续续有所保留。东墙北端残存的一段城墙最高处约有3米，墙体为黄土与砂粒石块夹板夯筑，十分坚硬。四面城墙均辟城门，东门、北门、西门以及瓮城和四个角楼遗迹均较明显。城内建筑遗址有王府、藏书楼、孔庙、街道、居民住宅、院落等。城内街道宽阔，布局整齐，院落分明。古城遗址内地表遗物有石碑、基石及柱础、石板、石条等石制建筑构件，有残砖断瓦、陶瓷残片等。

敖伦苏木古城外景

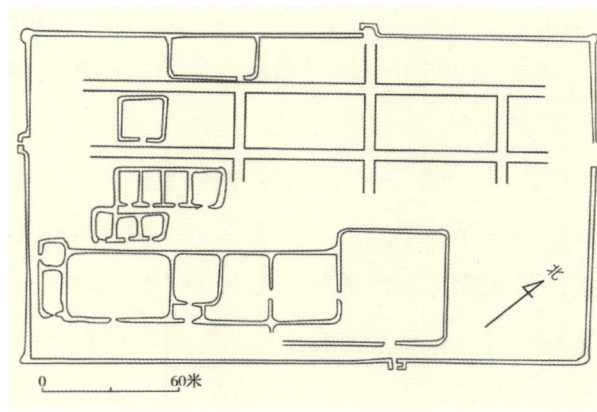

城址平面图

敖伦苏木城残存的角楼

敖伦苏木城出土的墓碑首

汪古部人原来信奉景教，后随同汪古部部主阔里吉思改信罗马天主教，在城的东北部发现的教堂遗址，是中国所存最早的天主教堂遗迹。由于汪古部与成吉思汗"黄金家族"一直保持着"世世为婚"的关系，因其部长受封赵王，故又名赵王城，是漠南地区的重要城邑。古城建于元代，既是活动在阴山一带的汪古部首领赵王世家的府邸，为汪古部领地最大的政治、经济、文化、宗教中心，又是元代德宁路所在地，为当时蒙古草原上的一座重要城市。以敖伦苏木古城为代表的元代德宁路遗址以及相关元代碑刻的发现，有效补充《元史》记载的不足。

1996年，敖伦苏木城遗址被国务院公布为第四批全国重点文物保护单位，编号4-0056-1-0056。2005年，敖伦苏木古城蒙古民族生态博物馆开馆。2010年以来，达茂旗成立了古城保护管理机构，并对遗址实施围栏围护。

元大都城墙遗址 主要以土夯筑，俗称土城。是元代大都城的外郭城城墙遗址，由若干段东西走向的元大都的外郭城墙遗址组成。

元世祖忽必烈继承皇位后，为适应当时的统治形势，从经营天下的大局出发，定都于

燕地，并于至元四年（1267年）开始，在金中都的东北方修建大都都城，正月"岁在丁卯，以正月丁未之吉，始城大都"。至元十三年（1276年），大都城主体结构和框架基本完成。元大都是由外郭城、皇城和宫城三重城由外而内相套合组成的，整体平面形状近似于"回"字形。元大都的外郭城"城方六十里"，在修筑南面城垣的西段时，由于"正直庆寿寺海云、可庵两师塔，敕命远三十步许环而筑之"。因此，南墙在临近大庆寿寺的地方，向南略有弯曲，呈弧形，而不是直线。但是，总体而言，外郭城平面呈一南北略长的方形。外郭城共开设11座城门：南城垣3座，正中为丽正门（天安门南），东西两侧分别为文明门（东单南）和顺承门（西单南）；北城垣2座，东西两侧分别为安贞门和健德门，中部位置未设城门；东城垣3座，正中为崇仁门（东直门），南北两侧分别为齐化门（朝阳门）和光熙门（和平里东）；西城垣3座，正中为和义门（西直门），南北两侧分别为平则门（阜成门）和肃清门（俗称"小西门"，学院南路西端）；健德门位于德胜门小关，其瓮城的土墙部分残存于地面之上。城门的建筑

形制，通过对肃清门和光熙门（俗称"广西门"，位于和平里东）基址的考古钻探，可知大概：城门的基础夯筑得很坚固；城门建筑后来被火焚毁，大量的木炭屑和烧土的堆积层证明，城门建筑可能仍为唐宋以来的"过梁式"木构门洞；城的四角都建有巨大的角楼，建国门南侧的明清古观象台，是元大都东南角楼的旧址。

元朝末年，为了防范风起云涌的农民起义军，元顺帝下令在外郭城各个城门外增筑瓮城，"至正十九年（1359年）十月庚申朔，诏京师十一门皆筑瓮城、造吊桥"。至正二十八年（1368年）八月，明徐达攻入大都城，元亡。明洪武元年（1368年），明军占领大都城后，为便于防守，将北城垣南缩约五里至德胜门、安定门一线。因此，元大都北面的健德门、安贞门以及东垣之北的光熙门和西垣之北的肃清门先后皆毁。明成祖永乐十七年（1419年）为营建北京宫室、迁都北京，又将元大都城南垣向南展拓约1千米。大都城南面的丽正、顺承、文明三门亦毁，齐化、崇仁、和义、平则四门则被包筑在明北京城东西城垣之中。

元大都城墙遗址主要分布在北京市海淀区、朝阳区内，其中海淀段遗址是明初放弃的大都北半部城墙遗迹，为元大都北城墙西段和西城墙北段的遗迹，全长4千米，残存最高处约8米，基宽约22～24米，为夯土版筑，夯窝明显。朝阳段城垣遗址长4173米，为元大都北城墙东段，遗址残高距地面最高有7米、基宽24米，有大小豁口9处。

元大都城墙遗址重要遗存包括和义门瓮城遗址、北太平庄城垣遗址、学院路水涵洞遗

元大都西城墙遗址

元大都和义门瓮城遗址

址、元大都北城墙水关遗址、转角楼涵洞遗址等。和义门瓮城遗址，位于西直门桥原西直门瓮城箭楼城台内，1969年发现，遗址残存部分包在城台内。城门残高10.70米，门洞进深9.92米、宽4.62米，内券高6.68米、外券高4.56米。木质门板及门额、立颊（门框）等部分已不存。仅存两侧门砧石，门砧石上有保存完整的铁鹅台。城楼作地堡式，面阔及进深均为三间，两侧有作梯道用的耳室。城楼地面铺砖，当心间靠近两壁的台阶下有两个并列的水窝，水窝用有五个水眼的石箅子做成。石箅子下为砖砌水池，水池外有流水沟，分三个漏水孔，经内、外券之间达木质门额之上，为专门设计的防御火攻城门的灭火设施。城门洞内青灰皮上刻划题记"至正十八年（1358）四月二十七日"，另一处白灰墙上题记原为"至正廿二年（1362）四月初十"，后涂改为"至正三十四年四月初十"。西直门瓮城城墙外皮出土几件石刻碑文物：有元阔里别出墓碑，青石质，圭形，无纹饰，碑面楷书"大元故武德将军保定路治中阔里别出之墓"，高120厘米、宽74厘米、厚12厘米；元总金局使卢公墓碑，青石质，圭形，无纹饰，碑文为"大元国都总金局使卢公之墓，癸亥孟夏吉日卢仲安立石"，碑高97厘米、宽77厘米、厚11厘米；元中书省宣使温君墓碑，碑首抹角，平而阴刻有"元中书省宣使温府君之墓"，碑高120厘米、宽63厘米、厚10厘米。

北太平庄城垣遗址。1991年对北太平庄北延道路经过元夯土城墙遗址部分进行发掘，发掘墙体东西宽70米，面积约2000平方米。墙体截面呈梯形，顶部残宽3.25米，底部宽约22米，残高8.4米，城基厚0.6米。城墙的夯土自上而下可分为四种：第一种位于城墙顶部，厚2.5米；第二种厚2.25米，夯窝较小；第三种厚3.5米，夯窝较小，且不明显，排列杂乱；第四种即城垣地基部分，厚0.6米，夯窝明

元大都北城墙遗址近景

显，排列有序，筑法与一、二层夯土相似。

学院路水涵洞遗址，为元大都西城墙下、肃清门北部的一个水涵洞。涵洞的底和两壁都用石板铺砌，顶部用砖起券。洞身南北宽2.5米、东西长约20米，石壁高1.22米。涵洞内外侧各用石块铺砌出6.5米长的出入水口。整个涵洞的石底略向外倾斜。在涵洞的中心部位装置着一排断面呈菱形的铁栅棍，栅棍间的距离为0.10～0.15米。石板接缝之间勾抹白灰，并平打了许多"铁锭"。涵洞的地基则满打"地钉"（木桩），在"地钉"的顶部用榫卯与其上横铺"衬石枋"（横木）相连，地钉间用碎砖石块夯实，并灌以泥浆。在此基础之上，铺砌涵洞底石及两壁。

元大都北城墙水关遗址，是发现的唯一一座保存较完整的元代城垣水关，是筑夯土城墙之前预先构筑的。水关涵洞南北走向，长9.5米，高3.45米。遗址由水关基础、顶部券砖、券洞砖基、水关涵洞北口、外砖墩组成。水关基础用石条和白灰浆勾缝做底，错缝垒砌。券砖水关顶部为大青砖和白灰错缝所砌，留券砖两层。水关涵洞北口保存较好，洞面砌砖整齐，由二层券砖所砌制，券砖外侧夯土表面包一层砖。水关北洞口外砖墩，底大上小，由大青砖和白灰错缝重叠砌制。底部砖墩下压有带题记的石条一块，石条面上一行阴刻字："至元五年二月日……"。另外，燕翅东侧砖墩下所压有一块大青石板上刻铭字迹清晰可见"至元五年二月石匠作头"字样，明确水关的确切纪年。

转角楼涵洞遗址。位于朝阳区和平街街道转角楼东里，为元大都东城墙下石砌排水涵

元大都北城墙水关遗址

洞，夯筑城墙前预先构筑。涵洞的底和两壁用石板铺砌，顶部用砖起券。东西长20米左右，洞宽2.5米，石壁高1.22米。东、西两侧各用条石铺砌出6.5米长的出、入水口。涵洞石底略向东倾斜，中心部位设有一排断面呈菱形的铁栅棍。栅棍间距0.10～0.15米，石板之间有铁锭相连并勾抹白灰。涵洞下遍布柏木地钉为基础，上铺衬石枋，其上再铺石建壁，石下空间用碎砖石块夯实，灌以泥浆。

元大都的城墙用夯土筑成。以传统技艺筑成城墙，"墙根厚十步，然愈高愈削，墙头仅厚三步"，底宽上窄，呈梯形。根据考古发现，外郭城城墙下宽上窄，基部宽20余米。为加固城墙，在夯土中使用永定柱（竖柱）和纤木（横木）。根据已发掘城墙的情况推算，城墙的基宽、高和顶宽的比例为3∶2∶1。以北太平庄以北的元大都城垣遗址为例，城墙墙体截面为梯形，顶部残宽3.25米、底部宽约22米、残高8.4米，地基厚0.6米。城垣的夯土自上而下可以分为四层：第一层位于城墙顶部，厚2.5米，由黄土、黑淤泥土构成，夯窝排列整齐有序；第二层厚2.25米，由黑淤泥土和浅

515

元大都城墙遗址西北角

褐色夯土构成，夯窝较小，底部有3根水平的南北向木桩；第三层厚3.5米，呈灰褐色，分层不明显，夯窝较小且不明显，排列杂乱，底部也有3根水平的南北向木桩，与上层的木桩相对应；第四层即城垣的地基部分，厚0.6米，上半部由黄土和黑色夯土构成，夯窝清晰，排列有序，下半部为浅褐色夯土。为解决夯土筑造城墙的防雨问题，时人千户王庆端曾献苇城之策并在修筑工程中得以实施，"乃于文明门外向东五里立苇场，收苇以襄城。每岁收百万，以苇排编，自下砌上，恐致摧塌，累朝因之"。此法虽经济实用，但不能彻底地解决城墙的防雨问题，仍需要大量人力不时地进行修补。元世祖忽必烈也曾有"并欲以石头加固该墙"，但未能实施。最终大都城只是在"西城角上亦略用砖而已"。因此总体而言，大都城为一夯筑建筑。在拆除北京西城墙时，于明清城顶的三合土下面，发现元大都土城顶部中心安放有用以排水的半圆形瓦管，顺城墙方向断断续续长300余米。证明土城的防雨排水是采用管道泄水的方式，是避免城顶雨水冲刷城壁的合理方法。城外部等距离地建有马面，其形制和大小在2002年对元大都北土城花园路段城墙的考古勘探中得到证实，西距水关30米，城墙墙体北界发现有土台，凸出城墙北界，平面呈长方形，东西长19米，南北宽7.5米。经研究，确定为城墙的马面部分。

元大都城墙遗址（朝阳段），东起太阳宫乡惠忠庵村，西至德清路，北临土城北路，南与土城南路相接。全长4.8千米，宽130～160米不等，总占地面积67万平方米，被六条城市道路自然分为七个地块，共分为九大景区。朝阳段城墙遗址得到较好的保护，已辟为开放式公园。

元大都城垣遗址是元大都的重要历史遗存，也是北京最古老的建都遗迹之一。大都城的城墙全部用细土夯筑而成，为加固城墙，在夯土中使用中国传统的版筑技术，即永定柱（竖柱）和纤柱（横木），是古代筑城技术的重要见证。元大都城垣水关遗址具有中国宋元时期闸坝工程特征，对研究元大都排水系统工程具有重要意义，也为北京城市的演变提供重要的实物依据。元大都城墙的建筑形式、建造方法和周密严谨的规划设计，成为研究元代建筑和元代城市营造工程以及北京城市发展史重要的实物资料。

1957年10月28日，北京市人民委员会公布土城为第一批北京市文物保护单位。1987年12月19日，北京市政府同意市规划局、文物局《关于第二批划定120处文物保护单位的保护范围及建设控制地带和第一批划定文物保护单位建设控制地带作一项更改的报告》，公布元大都城墙遗址的保护范围及建控地带。1988年3月，北京市人民政府正式批准建立元大都城垣遗址公园。保护机构为北京市朝阳区元大都城垣遗址公园。2003年，朝阳区绿化局对元大都城垣遗址公园进行整体改造。2006年5月25日，元大都城墙遗址被国务院公布为第六批全国重点文物保护单位，编号为6-0001-1-001。2008年10月31日，建立"四有"档案，存于北京市朝阳区元大都城垣遗址公园管理处。

元中都遗址 原称白城子，为元代中期都城遗址，位于河北省张北县馒头营乡白城子村。遗存范围东至河北省张北县白城子行政村魏家房自然村东，北至白城子行政村魏家房自然村北，南至白城子行政村积善存自然村南，西至淖沿子自然村东。

元中都修建于元大德十一年（1307年）。至正十八年（1358年），红巾军北伐元军，放火焚毁宫殿建筑，使其成为遗址。民国15年（1926年），当地人依宫城城墙遗址原基夯筑围寨而居。

1998年开始考古发掘。至2003年，河北省文物研究所、张家口市文物处、张北县文物保护管理所、元中都遗址管理处联合进行多次考古发掘。发掘宫城南门、西南角台、一号殿址、西南水门、皇城南门，发掘面积17453平方米。2015年、2016年对一号殿址周围做补充发掘。

遗址东西2900米，南北3110米，面积约900万平方米，由宫城、皇城、郭城呈"回"字形相套。宫城东西宽560米，南北长620米，周长2360米，面积34.72万平方米。四隅有角台，四墙正中均有一门，南门为三个门道，东、南、西三面墙下设有水道。城内出露在地

元中都遗址鸟瞰图

面上的27处原建筑遗址保存较完好，中心大殿位于四门连线的中心，其他建筑亦依南北向中轴线对称分布。皇城城墙平行于宫城城墙，东墙、西墙、北墙距宫城城墙均为120米，南面为210米，东西宽800米，南北长950米，周长3500米，面积76万平方米。郭城东、北、西、南分别距宫城1188米、713米、1150米、1634米。宫城城垣保存完整，皇城城垣呈土垄状，郭城西垣无迹可寻，东垣、北垣可见断续土垄，南垣西段较为明显。宫城城墙基本连续，形成合围，残存高1.5～4米，宽15米，厚约8米。四隅有角台，边长6～7米，残高约5米，台顶略平。西、东、北三面墙正中均有一豁口。宫城内中心大殿已发掘，其余殿址呈慢坡土堆状，遍布砖石瓦砾碎块。皇城城墙高出地面0.5～1.0米，墙基宽5～7米，夯土筑成，考察可见断续的土垄。郭城可见局部残存高约1.0米的土垄，墙基最宽处15米。

宫城一号殿址。台基从地面以上露明部分为上、下两层，全部夯土筑成。上层高出下层台基约1.25米，下层台基高出地面约1.7米。台基的上、下层台面均用方砖铺面，台基周壁包砌青砖，外侧转角处使用角柱石，角柱石下安放土衬石。通道铺砌花砖，上坡慢道之侧面的象眼部位雕砌花砖，各条通道所用铺地花砖有区别。整个台基地面以下是夯实的地基基槽，基槽宽出台基下层周边约2.5～8米，深约2.3～2.4米。下层台基南北通长101.1米，东西最宽处49.2米，共设五条通道。上层台基上的建筑从南向北由月台、前殿、柱廊、寝殿、东西夹室和香阁组成，南北通长90.4米，东西最宽处36.4米，共设七条上殿通道。月台位于台

元中都一号大殿台基遗址

元中都宫城南门门道遗址

元中都宫城西南角台基址外侧

基的南侧，呈东西向长方形，东西长24.8米，南北宽17.5～17.8米。地面墁铺青灰色素面方砖，铺砌方式为东西通缝、南北错缝。前殿在月台之北、柱廊之南，东西长36.36米，南北宽26.06米。台面分布柱础坑40个，内外两圈呈"回"字形排列。按东西走向为排、南北走向为列，共计6排8列，其中由南向北第3排、4排为4列，由东向西第3～6列为4排，据此可断定前殿应为面阔七间、进深五间。柱廊位于台基的中部，南接前殿，北连寝殿，南北通长23.61米，东西宽18.16米。台面共有柱础坑22个，其中由南向北第1～4排为4列，由东向西第1～4列为4排，第5排有6个柱础坑，可推断柱廊应为面阔三间、进深四间。寝殿、东西夹室及香阁台基，位于一号台基北部，南接柱廊，平面呈"品"字形，香阁南接寝殿，夹室分列寝殿东西两侧。整个寝殿台基东西长23.2米，南北宽20.9米。寝殿面阔三间12.15米、进深三间9.2米。在寝殿南、北墙基槽内分别有6个柱础坑，东、西墙基槽内分别有5个柱础坑。东、西夹室面阔、进深均三间，南北长13.5米，东西宽8.65米。东夹室西墙与寝殿东墙共用，南墙、东墙基槽内分别有4个柱础坑，北墙仅在与东墙

相交处共用一个柱础。西夹室东墙与寝殿西墙共用，南墙、西墙基槽内分别有4个柱础坑，北墙仅在与西墙相交处共用一个柱础。香阁面阔、进深均为三间，东西长13.46米，南北宽9.72米。南墙即寝殿的北墙，东、北、西三面墙体基槽内各有4个柱础坑，转角处共用一个柱础。夹室与香阁各有门道与寝殿相通。出土有汉白玉螭首、龙纹角柱石、六六幻方、琉璃构件等珍贵文物。

角台，位于宫城的西南角，呈曲尺三出阙形，内部为夯土台，夯土台外侧用砖砌面。沿角台外壁挖出砖壁基槽，铺砌土衬石，在土衬石上再垒砌外壁包砖。主体为正方形，夯层厚0.11～0.2米，残高2～3.5米，底部大于顶部，大致为高三收一。角台的内外侧结构基本相同，每面都经过三次向城墙方向内缩转折后，与夯土城墙相接，最后一个转角处的砖壁垂直嵌入夯土城墙外皮以内。每个向外侧凸出的转角处均立有玄武岩石质角柱一块。外侧西壁长24.59米，南壁长25.05米；内侧西壁长8.87米，南壁长8.48米。出土大量的琉璃瓦当、滴水及凤鸟、行什、海马等脊饰，还有砖瓦等建筑构件。

宫城南门，位于宫城南城墙的中部位置，为元中都宫城正门。总体结构为中部的三个门道、两侧的两个墩台、连接墩台与阙台的两个行廊台基、两个阙台、门道间的两道隔墙、门内的矩形广场遗迹、东西侧的登城马道，东西通长87.68米。门道面阔25.48米，南北进深18.4米。三个门道结构相同，东西向横中线上的包括门砧石和将军石的门扉结构、东西两壁的地栿石、地栿石下的土衬石、地栿石上的木地栿、门道立柱、立柱外侧的贴墙木板和南北端包砖的夯土墙、砖壁、角柱以及门道石砌地面等。门道之间用隔墙，隔墙内部为夯土结构，南北两端用砖包砌，角部立有角柱石。南北长18.02～18.34米，东西宽3.72～3.75米。墩台位于门道的东西两侧，主体平面为南北向长方形，内部为夯土台，外侧用砖甃面，角部立有角柱石。西墩台南北长17.65米、东西宽7.13米，东墩台南北长18.1米、东西宽7.14米。阙台位于墩台的外侧，主体平面为南北向长方形，内部夯筑，外部包砖，角部立角柱石。西阙台南北宽14.82～15.67米、东西长16.81～16.6米，东阙台南北长15.4～15.74米、东西宽16.63米。行廊台基连接墩台与阙

元中都遗址出土汉白玉螭首

台，中部为夯土，外部包砖。西侧行廊台基南北长12.5～12.6米、东西宽7.6～7.7米，东侧行廊台基南北长13.27～13.75米、东西宽7.35～7.45米。西侧马道位于城门西阙台的西侧，夯土筑成，斜坡状由地面通向阙台顶部，南侧与城墙连为一体，北侧挖基槽，用砖垒砌。斜面长26.7米，西窄东宽，残宽0.7～1.52米。门内矩形广场位于宫城南门的北侧，广场南侧东西长79.65米、北侧东西长79.9米，东侧南北长31.75米、西侧南北长31.25米。宫城外侧为两道砖砌围墙以及围墙内侧的砖砌平台，东西墙体南接阙台砖壁。围墙的东西各辟一门，北墙有东、中、西三门，中门有砖铺道路直通一号殿址。出土大量琉璃构件，包括瓦当、滴水、脊饰、鸱吻、塑龙等及砖、瓦、木、铁、铜等建筑材料。

宫城南墙一号排水涵洞，位于墙体下部，南北向横穿城墙。用大石块构筑，由底部铺地石、东西两壁、顶盖、铁栅栏四部分组成。内径基本呈方形，高1.2～1.28米，宽1.18～1.3米，通长12.7米。

皇城南门东西两端与夯土城墙相接，用砖砌筑的东、西两个门墙和中间东、西两道隔墙将整座城门分隔为三个门道，每个门道东西两侧的门墙及隔墙端部各有一个结构类同的门砧石，每个门砧石的南北两侧对称分布两个馺柱柱础石，每个门道中部各有一个将军石，地面没有铺砌砖石。门墙东西长3.75米、南北宽1.2米，隔墙东西长3.25～3.54米，南北宽1.17～1.22米。西门道东西面宽为5.3米、进深1.2米，中门道东面西宽为6.2米、进深1.22米，东门道东西面宽为5.1米、进深1.2米。出

土有少量的砖瓦等建筑构件。

　　元中都遗址的发掘是中国城市考古特别是元代城市考古的重大突破。元中都的营建以上都、大都为蓝本，布局上又有所创新，对研究中国古代都城发展史和城市规划史有重要价值。元中都遗址奇特的三出阙角台、木构过梁式南门及门北的长方形广场、中心宫殿基址等特殊形制，为研究元代都城建设提供了宝贵的资料。

　　1993年，河北省人民政府公布白城子遗址为第三批省级文物保护单位。后随着考古发掘工作的深入，确定为元代都城遗址。1999年9月20日，张北县人民政府发布《关于进一步加强元中都遗址保护工作的通知》，确定保护范围与建设控制地带。2001年6月25日，元中都遗址被国务院公布为第五批全国重点文物保护单位，编号5-0007-1-007。元中都遗址保护区管理处全面负责遗址考古、管理及研究、保护、开发工作。"四有"档案由元中都遗址保护区管理处保管。

　　开城遗址　是元世祖忽必烈之子安西王忙哥剌在六盘山的避暑府邸，也是元代前期西北地区的行政机构中枢，位于宁夏回族自治区固原市原州区开城镇镇政府驻地西侧。所据为六盘山北段东麓半阴湿土砂石山区，背靠六盘山，清水河从遗址东南环绕而过，地势高亢，南面有俗称开城梁的山脉。

　　1985年，固原县文物管理所在文物普查时发现开城遗址，当时命名为元代开城安西王府遗址，后又在遗址中发现明代开城县城址，遂更名为开城遗址。1988年3月，宁夏文物管理委员会固原县文物管理所对开城遗址进行调查。1992年8月，宁夏文物局邀请北京大学考古系、中国社会科学院考古研究所和宗教研究所专家对遗址进行考察；9～11月，宁夏文物局组织抽调固原县文物管理所3名专业人员，开始对遗址进行全面考古调查。调查包括罗家山、北家山、黑刺沟、开城等村庄的遗址，基本摸清开城遗址的重点区域，测绘了千分之一地形图，新发现黑刺沟遗址和墓葬区，征集到一批出土文物。

　　开城遗址被农田覆盖，地上建筑遗迹无存。根据地表发现的大量黄、绿、白釉瓦砾、琉璃饰件残块等建筑材料和考古勘探情况，确定遗址分布范围南北长约3500米、东西宽500～1000米，面积近300万平方米。自南而北

开城遗址远景

开城遗址出土黄釉琉璃构件

开城遗址出土黑釉剔花牡丹纹罐

主要分布有窑址（砖窑、瓦窑）、北家山（建筑遗址，鱼池）、开城村（明开城县城址）、长虫梁（宫城区）、瓦碴梁（建筑遗址区）元至清居住遗址区、贺家湾墓葬区、三十里铺古城址(宋代开远堡城址)8个相对独立的区域。8个相对独立的遗址区顺梁峁分布，中间有清水河南北流过。清水河以西的北部较高台地上为瓦碴梁遗址、长虫梁遗址；南部坡地上为北家山遗址；临清水河西侧有开城村古城遗址、砖瓦窑址；临清水河东岸有居住遗址、三十里铺遗址和墓葬区，整个遗址区功能完备。

瓦碴梁遗址区，位于开城乡政府西北，遗址南端与长虫梁遗址区东北端相连，为高凸的山峁和坡地，地形走向西南至东北向，西南至东北长约800米，宽200～450米。遗址地面散布大量汉代粗绳筒瓦、板瓦，陶罐残片；元代白、黄、绿龙纹瓦当、滴水、板状琉璃等建筑材料，主要堆积在遗址中部和东北台地。绿釉陶瓶、瓷碗、罐残片主要分布在遗址东南角边缘。遗址区域尚未进行考古钻探，地下情况不明。

长虫梁遗址区。地势比较平坦，被认定

为安西王府宫城遗址，城址坐北朝南，由主城及瓮城两部分构成。城址东墙总长475米，西墙总长341米，南墙总长328米，城垣总长1600米，面积约16万平方米。城墙墙基宽10～16米，高出城内现地面0.7～2.2米不等。城东墙、南墙东段的外侧为较陡的土崖，可见夯土层。经勘探发现东、南、西城门址及南门外的瓮城。瓮城东墙清晰可见，南墙和西墙埋于地下0.3～1.1米。城池内北部有5处夯土基址，大体沿南北中轴线对称分布。中央大的夯土基址南北总长116米，东西宽5～54米，高出现地表0.6～1.7米，高出当时活动面3～3.7米。经勘探中央夯土基址为"工"字形平面，周边有大量黄绿釉色琉璃瓦片、瓦当、滴水残块及残石块。该区域考古勘探工作已经完成。

北家山遗址区，位于开城村遗址区西约1500米。遗址所处缓坡台地，背靠六盘山山峰，属北家山村，分为一区和二区。一区在西南，二区在东北。一区西南至东北长约500米，东南至西北宽约350米。遗址台地表面堆积呈丘状，后为耕地。遗址埋深最浅处0.5

米。经勘探区域遗址主要有夯土墙基2处、壕沟4处、房屋址4座、夯土基址8处、道路2条、池塘1处，此外还有踩踏面、灰坑、扰坑等遗迹现象。遗址周围有琉璃瓦片与残砖分布。一区建筑遗址形成群落，并依各阶地狭长分布。建筑基址群外的夯土围墙和壕沟表现出较强的区域性和地理单元特点。遗址被推测为安西王的"兴庆池园"御苑遗址。二区分布在台阶地上，西南至东北长450米，东南至西北宽300米。在阶地崖面可以看到较多的黄釉、白釉、绿釉龙纹瓦当、滴水、筒瓦残片。遗址埋深最浅处0.25米。勘探的房址1座、夯土基址4处、夯土墙基1处、道路2条、扰坑8处和沟堑3处。二区建筑基址扰动和破坏较为严重。

窑址区，分为开城村窑址和黑刺沟遗址。开城村窑址位于开城村遗址区南500米的台地上，南北长150米，东西宽50米，区内约有8座窑址，地面散布琉璃瓦较少，条砖残块较多，有堆积的炉渣，焦釉块。其中一处窑顶塌，直径5米，窑壁用条砖砌成。在窑的东侧土坎下，村民修宅取土，挖取约3米深土洞，发现

有数块条砖，排列整齐堆放。黑刺沟窑址位于开城村窑址南1千米，窑址全部压在现代路下，共10余处。有的窑室暴露在外，有烧制的琉璃筒瓦、滴水排列整齐堆放。窑址区尚未经过考古勘探。

居住遗址区，位于开城村遗址区东南300米，紧邻平（凉）银（川）公路西。范围南北长500米、东南宽350米。遗址所处地理位置较平坦，为耕地。遗址中间有一条南北向的道路，路两侧地面散布较多元代至清代的砖、瓦和生活日常用品瓷、陶片残块。从遗址堆积分析，为元代至清代一般居住址遗存。

开城村遗址区，位于长虫梁遗址区南约50米。遗址区为元末明初的开城县城址。城址东西长约430米，南北宽230米，开东门。北部和西部保存有较高的夯土城墙，东城墙和东南城墙已毁。城内散布有较多宋、金、元时期的瓷片以及元代琉璃瓦、砖的残块。文化层厚1.5～2.5米。由于现代开城村部分民房叠压于城墙及城内，使城址受到较为严重的破坏。遗址区尚未进行考古详勘。

开城遗址出土"至元二十三年"铜权

开城遗址出土金帽顶

墓葬区，位于镇政府东南1千米，高速公路东侧，主要分布在海沟村贺家湾。墓地东约200米有一条南北向的河道，东西宽约300米，为固原引水工程大坝。墓地在水坝西侧南北向山峁下的斜坡台地上，主要分布为南北两区。南区在贺家湾阴峁山东边和南边斜坡台地上，在南北长约300米、东西宽约200米的范围内分布有上百座墓葬。部分墓葬被平田整地及水库建设时破坏，清理发掘的墓葬64座。在南区北边约1000米处为北区，地处山峁下南面的三级台地上，高出河床约50米，发掘清理墓葬9座，未见有高等级墓葬，区域的墓葬经过考古发掘后回填。

三十里铺古城址，位于墓葬区北部约1.5千米，高速公路东侧的一处山包上。古城依山势构筑，整体"凸"形，夯土墙垣周长1410米，东墙长约555米，西墙长约475米，南墙长约115米，北墙长约320米，面积约10万平方米。东、西、南墙垣外有宽4～17米，深1.55～2.5米不等的城壕。墙体为夯土，地面残留高度4～8米不等。考古勘探表明主要遗存时代为宋元时期，推测遗址为宋代的开远堡和元代沿用的六盘山监衙。

开城遗址是当时西北地区行政中枢之一，是元代设置在固原开城具有皇权性质的官职和政权建制。开城遗址代表着长期文化发展过程中兼收并蓄而又独具特色的区域文化，见证了中西文化与南北文化交流融合的历史，为研究当时周边民族与中原的关系提供实物依据。开城遗址是蒙元政权早期的产物，对于元代攻金伐宋起到了重要作用，也是蒙元时期镇戍川蜀与经略西北的军事中心，军事地位十分重要，

是元代军事戍防体制的表现和产物。开城遗址分布面积大，文化堆积厚，反映了蒙元早期政权在六盘山活动历史，为研究元代政治，揭示元明清时期地区政治经济发展演变提供了十分丰富的史料依据。遗址地处南北交通要道，是古萧关道、丝绸之路东段北道的必经之路，保证了丝绸之路"六盘鸟道"的畅通，形成长安至兰州的一条捷径。开城遗址遗存类型丰富，其布局形制对于研究元代宫苑建筑，以及元代宫苑建筑与其他时期同类建筑的影响关系有重要意义。

1992年，开城遗址被固原县人民政府公布为固原县文物保护单位。2001年6月25日，开城遗址被国务院公布为第五批全国重点文物保护单位，编号5-0128-128。2007年，固原市人民政府发布《固原古城墙、西南郊墓地、开城遗址、须弥山石窟管理暂行规定》。2015年，固原市原州区文化体育旅游局组织编制《宁夏回族自治区固原市原州区开城遗址保护规划》，进一步明确保护范围。开城遗址管理机构为固原市原州区文物管理所。建立"四有"档案，保管于固原市原州区文物管理所。

唐崖土司城址　为土家族唐崖覃氏土司治所，是中国西南区域著名的元、明、清时期土司城址之一，位于湖北省咸丰县唐崖镇唐崖司村一天然近三角形独立台地上，西靠玄武山，东临唐崖河，周边为河流和天然壕沟环绕，占地规模约80万平方米。

唐崖土司城依自然地势分布，东西长约1200米，南北宽约700米。南北分别以两条天堑为界，南侧至贾家沟，北侧经新寨沟、打过龙沟、碗场沟，背依玄武山，向东北延伸至

唐崖土司遗址远景图

唐崖河东岸。遗存包括城防设施（城墙、城门、哨台等）、交通设施（道路、桥梁、码头等）、建筑遗址、墓葬、苑囿、手工遗址（采石场）等多种类型。

据史书记载，唐崖土司辖地古属廪君国，春秋时为巴子国地，秦为黔中郡，汉属武陵郡，唐属黔中都督府，宋为磨嵯、洛浦地。元至正六年（1346年）置唐崖军民千户所，属施州卫。元至正十五年（1355年），中央政府设立唐崖长官司，寻改为唐崖军民千户所。元末明玉珍据有其地，改唐崖军民千户所为唐崖宣抚司。明洪武七年（1374年），改唐崖宣抚司为唐崖长官司，寻废。明永乐四年（1406年）复置唐崖长官司，直隶施州卫——湖广都指挥使司管辖，势力逐渐恢复，其后200余年，唐崖土司稳步发展，政治、经济、文化各方面日臻成熟。随着历代土司的军功或掠夺汉地，职位屡有升降。史载明时唐崖土司还辖有菖蒲蛮夷长官司（司署位于活龙坪区八家台板桥河村）、西坪蛮夷长官司（司署位于今活龙坪区镇）两个副司。其辖域范围包括咸丰县的尖山乡、活龙坪乡的全部和邻近的部分地方。其

中，唐崖司辖域面积约600平方千米。明末，唐崖土司借征讨播州杨应龙、水西安邦彦、永宁奢崇明叛乱等机会，适时扩张势力，天启年间（1621～1627年）达到鼎盛。尔后，明末农民大起义爆发，唐崖土司多次奉调征剿，并取得若干成功。受到朝廷的封赏，势力得到进一步巩固。清初，由于先后参与吴三桂和谭宏叛乱，在清廷和叛乱势力之间摇摆求存，唐崖土司势力遭到极大削弱。康熙后期，清廷逐渐加强对鄂西土司的渗透与控制，唐崖土司逐步走向衰落。雍正四年（1726年），清廷开始进行改土归流。迫于形势，唐崖土司于雍正十三年（1735年）自请改流。延续近400年的唐崖土

"荆南雄镇"牌坊

司遂告结束，唐崖辖地并入新设的咸丰县。

2011年9~12月，湖北省文物考古研究所对唐崖土司城址进行初步调查，并对衙署区的官言堂基址进行初步发掘。2013年3~6月，湖北省文物考古研究所和中国人民大学再次对遗址进行系统调查。经调查，城址充分利用自然地形地貌，以山脉、河流、溪沟为天然屏障，城内由壕沟、城墙、道路、院落构成多重结构体系。城址边界明确，空间布局紧凑合理，整体结构严谨对称，城址外围大致以唐崖河和周边的天然壕沟构成一个相对封闭的空间，壕沟内总面积约74万平方米。部分壕沟可能系人工开凿而成，有的壕沟可能经人工修整成陡峭的悬崖。2013年8~12月，湖北省文物考古所对城址内衙署区的大衙门、内宅进行了系统的清理与发掘。经发掘，衙署区地层堆积各台地差别较大。大衙门由于被两栋民居占压，现代建筑下即为土司时期建筑基址，破坏较为严重，官言堂和门楼基址上原为菜地，文化层较薄，绝大部分耕土层下即为建筑基址或建筑垫土层。内宅原为水田，基址上覆盖有一层较厚的扰乱层。

整个土司城址可分为三个部分。城内部分是城址的主体，主要位于遗址的东部，大致呈不规则的梯形，四面大多数地方保留有城墙或墙基，总面积约35万平方米。城内是由衙署区、宗教祭祀区、军事区、王墓区、采石场、院落构成的网格状布局。城内南部为城址的核心区，形状较为规整，大致呈长方形，东西长550米、南北宽410米，总面积225500平方米。

衙署区航拍图

唐崖土司城垣

唐崖土司城街道

绝大多数的院落、巷道、建筑遗存都位于核心区内，将整个核心区分割成网格状布局。城址内属于土司时期的遗迹非常丰富，尤其是地面遗存保存较多，有的遗存如道路和水井至今仍在使用。主要遗迹类型有城墙、道路、院落、石桥、水井、采石场、码头、墓葬、建筑基址等。从现有资料看，应是鄂西明清土司遗址中遗存最为丰富，结构保存最为完整的城址。遗址内的地面建筑有牌坊、张王庙石人石马、土王墓、田氏夫人墓及另外几座明代墓地。

大衙门遗址，位于牌坊之西、高于牌坊的台地上。建筑遗址坐西朝东，前有月台，第一期南北长约34.67米、东西宽20.7米，东侧和北侧护边的陡板石尚存，面阔和进深不详。第二期南北长约21.56米、东西宽9.84米。为一处面阔五间、进深三间的建筑基址。台基以上部分不存，尚存南北向三排柱础共4个，室内为青砖铺就的地墁。台基做法为夯土周边以干砌法包砌青石条，高约1米。周围有水沟遗迹，在东北部贴近台基有圆形水井遗迹一处。月台也为夯土包石，南北长14.5米，东西宽10.5米、高0.5米。月台与建筑基址之前有台阶相连。月台作须弥座状，中间束腰石板及台阶侧面以浮雕式刻有麒麟、海棠、莲花、竹节

等图案。

官言堂遗址，位于大衙门遗址以西、高于大衙门遗址的台地上，属官言堂主殿（第二进），面阔三间、进深三间，南北两侧有厢房。台基平面呈长方形，长38米，宽17米，夯土台基周围包砌石条。石料之间生石灰灌浆，勾缝平整。室内西北角发现少量青石板铺设的地墁砖。基址现存灰砖砌建而成的西墙遗存，残高0.4米。基地西部中间发现圆鼓镜形柱础以及其余被移动过的同形制柱础8个。台基周围有石砌排水沟。

内宅遗址，位于最高一级的台地上，分为两期，第一期建筑基址长27.68米，宽10.6米。面阔五间。进深两间。

唐崖土司城址出土遗物主要有瓷器、印章、砖石质建筑构件等，其中以青花瓷器残片和石质建筑构件为主。第一类为陶、瓷器残片，出土于道路两旁排水沟内和衙署区，瓷片时代由明至民国持续分布（明代成化、宣德、万历年号、清雍正印记），衙署区瓷片质量较高。第二类为砖瓦建筑构件，出土于衙署区，为明代官式建筑的滴水、瓦当、筒瓦等，上有莲花、鱼鳞、草业等图案。第三类为土司印章，包括两枚土司印以及一枚四川永宁地区的

军官印章。印皆铜质，土司印一大一小，皆篆"唐崖长官司印"：大的重1100克，无年月题款；小的重650克，由题刻可知该印造于清康熙十三年（1674年）。另有四川永宁地区的军事机构印章，可能是唐崖土司参与朝廷平叛所得。此外，在唐崖长官司辖域内的活龙坪镇，也出土过一枚"唐崖长官司秦关克印"。

对衙署区的考察，不仅为认识这一级别土司的衙署区建筑的规模、等级、特征提供了第一手资料。且通过对建筑规模和等级的变化可进一步了解土司的等级、兴衰以及职位的升降，并借此研究土司与中央王朝的关系以及对汉文化的吸收程度。为深入研究在中国延续了数百年的土司制度对于维持地方稳定，保护民族特色文化所起的积极作用提供了最重要的物证。

唐崖土司城址见证古代中国作为统一的多民族国家，对西南多民族地区独特的"齐政修教、因俗而治"管理智慧。

1986年，唐崖土司城址被咸丰县人民政府公布为县级文物保护单位；1988年，被鄂西土家族苗族自治州人民政府公布为州级文物保护单位；1992年12月，被湖北省人民政府公布为第三批湖北省文物保护单位。2006年5月25日，唐崖土司城址被国务院公布为第六批全国重点文物保护单位，编号6-0163-1-163。2008年，咸丰县文物事业管理局按照《全国重点文物保护单位记录档案工作规范》，初步编制唐崖土司城址的记录档案。2013年10月11日，湖北省人民政府颁布实施《唐崖土司城址保护管理办法》《唐崖土司城址保护管理规划（2013～2030）》。2013～2015年，根据国家文物局《关于唐崖土司城址保护与环境整治（Ⅰ期）方案的批复》《关于唐崖土司城址保护与环境整治（Ⅱ期）方案的批复》《关于唐崖土司城址一期保护工程勘察设计方案的批复》《关于唐崖土司城遗址保护工程（第二期）勘察设计方案的批复》《关于唐崖土司城遗址保护工程（第三期）勘察设计方案的批复》，先后进行三期文物保护工程及环境整治工程，对包括城墙、院落、水井、道路、桥梁、建筑遗址、石构牌坊、石构墓葬等遗存及参观游线、过境公路、围栏开展保护维修。2014年7月，咸丰县文物事业管理局对唐崖土司城址的记录档案进行补充和完善，由咸丰县文物事业管理局保管，并报国家文物局、湖北省文物局备案。2015年7月4日，唐崖土司城址作为"中国土司遗址"的组成部分，被联合国教科文组织列入《世界遗产名录》。2015年，湖北省人民政府划定唐崖土司城址的保护范围与建设控制地带。2016年起，湖北恩施唐崖土司城遗址管理处，负责唐崖土司城址的保护管理工作。

明中都皇故城及皇陵石刻　是明初按京师之制修建的中都皇城故址及朱元璋父母陵墓石刻，位于安徽省凤阳县城的西北和西南。皇故城坐落在凤凰山之阳正南较为平缓的坡地上，高亢向阳，紧邻凤阳县老城区；明皇陵位于凤阳县城西南7千米，地处中都城之南濠河支流南岸的岗地上，坐南朝北，背靠绵延起伏的凤阳山脉。

洪武二年（1369年）九月，下诏：以凤阳为中都，"命有司建置池宫阙如京师之制"。城址选在临濠西10千米凤凰山之阳。派韩国公李善长、中山侯汤和等，"董建临濠宫殿"，筑城。下设行工部，集全国名材和百工技艺、军士、民夫、移民、罪犯等近百万人，营建6年。后因"劳费"为由，于洪武八年（1375年）"罢中都役作"，但建成部分已具备中国都市建筑的基本格局和规模。

明中都城址，位于凤阳县西北部，面积约50平方千米。中都城由内、中、外三道城组成。内为皇城，又称紫禁城，砖筑，周长3702米。有午门、东华门、西华门、玄武门等4门，城墙四角有角楼。东南西三面有壕，宽一二十丈，深一至二丈，大旱不涸。中为禁垣，明洪武五年（1372年）筑。砖石修垒，高二丈，周长7670米。开4门，为承天门，东安门、西安门、北安门。外为中都城，扁方形，周长五十里又四百四十三步。洪武五年定址，七年筑土垣，高三丈，无壕，开十三门。据史志记载和旧址布局，皇城内主要建筑有：正殿奉天殿、华盖殿、谨身殿，东西宫等，两侧

明中都皇陵碑亭

有文楼和武楼、文华殿和武英殿等。明中都城停建后，洪武十六年（1383年）即拆中都宫室名材修兴龙寺。至明末，土城及罢建后的不少建筑日久废修。崇祯八年（1635年），农民起义军攻占凤阳，焚皇陵享殿，燔烧龙兴寺、官府、邸舍。清康熙六年（1667年），"奉旨移县治于内（皇城）"，遂改称县城。乾隆二十年（1755年），拆皇城外禁垣、钟楼台基，中

明中都皇故城西华门

都城九门两段砖包城墙等修建府城。咸丰时期，太平军、捻军相继攻陷过中都府县两城。直到1949年前后，皇城尚保存完整。1952年，扒拆皇城内的房屋、墙基、殿台；1956年，挖拆皇城内金水河驳岸、桥梁；1958年，扒拆中都皇城东华门附近的城垣；1968年前后，又拆除三分之二城墙，仅存皇城午门、西华门及西城垣约1000多米长的城垣。

皇故城遗址，地面部分清晰可辨，留有城垣地段土埂、城垣基址、皇城内外殿坛、城门、护城河、白玉石街、金水河故道、金水桥基址、故宫井等。大殿的蟠龙石础，殿前后左右的高台石栏板、望柱，御道丹陛石雕、午门基座由块石连结的长400余米的汉白玉各类浮雕等，是中国历代都城中不可多得的石雕艺术品。

明皇陵，原名仁祖陵、英陵，后改称皇陵。为明代最早建置的帝陵，是朱元璋为他父亲仁祖淳皇帝朱世珍、母亲淳皇后陈氏营建的陵寝，还安葬着朱元璋兄嫂、侄儿的遗骨。朱元璋出身贫寒。元至正四年（1344年），其父母、兄嫂相继去世，朱元璋年仅10余岁，仅以"被体恶裳，浮掩三尺"之礼，安厝亲人。元至正二十六年（1366年），朱元璋受封吴王后，命故臣汪文等赴濠州修缮父母陵寝。明洪武二年（1369年）、八年（1375年），又有两次大规模修建，洪武十二年（1379年）竣工。陵园占地13平方千米。当时有城垣三重，第一道城是夯土城垣，周长达14千米。第二道城是青砖砌起的城垣，高约7米，周长3千米，四边开四门，皆有高大的城楼。第三道城是皇城，青砖垒砌，周长250米。其内"宫阙殿宇，壮丽森严"。享殿、斋宫、官厅数百间。皇陵一直受到明王朝的悉心保护。明朝末年，张献忠

明中都皇陵神道

起义军攻占凤阳，火烧皇陵，享殿等建筑被毁坏。抗日战争时期，侵华日军大肆砍伐陵园松柏，使陵园荒芜不堪。明皇陵主要遗存在第二道城内，有神道、石像生、皇陵碑、无字碑、享殿遗址、陵墓等。神道位于第二道城北门遗址内，长257米、宽6.3米，两旁对称排列着雕琢精美的32对石像生。自北而南依次排列的石刻有独角兽卧像2对，石狮蹲像8对，石华表2对，马官、石马与控马者立像6对，石虎立像4对（现缺一对），石羊卧像4对，文臣立像2对，武将立像2对，内侍立像2对。石像生数量居历代帝王陵墓之冠，是明代最早、数量最多、刻工最精细的皇家陵园石刻，具有很高的石刻艺术价值。石像生均用整块石料雕琢，无论是人像还是动物像，均造型生动，刻琢精细，具有高超的技艺和强烈的艺术感染力，是宋元石刻艺术发展的实证遗物，对明清的石刻造型艺术发展延续产生深远影响。神道南端紧连金水桥遗址，桥已毁现复建，遗址南侧的东西两边各竖立一块大碑，东为无字碑，西为皇陵碑。两碑尺寸相同，规格一致，均高6.87米，分别由螭龙碑首、碑身、龟趺三部分组成。皇陵碑额篆有"大明皇陵之碑"6个大字，因碑文系朱元璋亲自撰写，又名御制皇陵碑，碑文长达1105字，是研究朱元璋家史与元末明初历史的珍贵史料。皇陵是椭圆形大平顶，高出周围地面5米。陵墓堆土而成，封土堆底边东西长50米，南北宽35米，占地面积1750平方米。

圜丘遗址，明中都附属建筑，位于凤阳县城西乡龙盘村中部，坐落在凤凰山之阳正南较为平缓的坡地上。圜丘建于明洪武四年（1371

明中都皇陵碑

年）。洪武八年（1375年），朱元璋曾往圜丘祭天。天启元年《凤阳新书》云："殿垣久废基址存。"圜丘遗址呈圆形，南北长238米，东西宽234米，外边为宽30米的圈深沟，遗址中部土台高5米，北部高8米。经调查勘探，证实整个圜丘建筑，是一座直径1.1千米的圆形建筑区，外围建有护墙，四条宽20米由块石铺成的通道从四面通向圆心的祭天圜丘。

方丘遗址，明中都附属建筑，位于凤阳县门台镇陈咀村东。明洪武四年（1371年）建，后废圮。遗址没入方邱湖，仅存方丘斋宫殿台遗址，南北宽29.5米，东西长63.5米，高出地面约2米。散落村落中的遗物有石础，龙、凤浮雕构件等。

观星台遗址。观星台，又称钦天监，明中都附属建筑，位于县城东独山之巅。明洪武五年（1372年）始建，七年完工。台为三层，平面呈南北长方形大平台，长65米，宽45.5米，面积约3000平方米，四周有宽1～2米的圩埂，平台中部呈一圆形山顶，高出平台约10米。顶尖为一直径5米的圆平面。

涂山门遗址，明中都附属建筑，位于凤阳县城西乡地子庵村西北200余米处。涂山门为明中都城西垣的唯一的一座门，正中偏南；明洪武二十六年（1393年）修筑，上有楼。城楼及台基砖墙体，毁拆于清乾隆年间，土台尚存。遗址东西长58米，南北宽119米，高6.2米。

明中都的规划遵循《周礼·考工记》王城制度，上承唐宋，下启明清，不但为明南京城，而且为中国都城杰出的集大成作品北京城提供了创作的源泉和实践经验，在中国古代都城建设史上占有极其重要的地位。明中都的城市格局，直接影响明清都城的建设。明中都城作为朱元璋的拟定都城，成为明初一些重大历史事件的空间载体，包含着大量的历史信息，折射着明初社会制度、政治生活、伦理观念等一系列有重要价值的问题，具有史书般价值。明皇陵作为明初兴建的第一座帝陵，在规制方面，鲜明显现出明代陵寝建筑制度初创的特征，在中国古代帝陵建筑的沿革历史上，具有承上启下的重要意义。在建筑艺术上，继承宋代传统，开创明清新制。皇陵城砖和神道旁石像生遗存较好，是明代最早、也是历代陵寝中最庞大的石像生群，对明清的石刻造型艺术发展产生了深远影响。

1961年，明中都城城址和明皇陵分别被安徽省人民政府公布为省级文物保护单位，1975年12月8日，国家文物事业管理局印发《关于明中都遗址保护的意见》，保护工作得到了政府的重视。1976年3月，凤阳县文物管理所成立，负责明中都皇故城及皇陵石刻文物保护管理工作。1982年2月23日，明中都皇故城及皇陵石刻被国务院公布为第二批全国重点文物保护单位，编号2-0055-1-010。1988年，安徽省人民政府转发省文物局、建设厅《关于划定安徽省第一批九处全国重点文物保护单位的保护范围及建设控制地带的报告》，划定保护范围与建设控制地带。2008年，建立明中都皇故城及皇陵石刻"四有"档案，存于凤阳县文物管理所。2008年11月，《凤阳明中都皇故城及皇陵石刻保护规划》获国家文物局批准，2012年5月安徽省人民政府批准公布。2013年5月，国家文物局、财政部将明中都皇故城及皇陵石刻列入《大遗址保护"十二五"专项规划》。2013年12月，明中都皇故城考古遗址公园立项获国家文物局批准。

宁古塔将军驻地旧城遗址　是清初设置在盛京（沈阳）以北，管辖黑龙江、乌苏里江流域广大地域的军事、政治重镇，位于黑龙江省

宁古塔将军驻地旧城遗址北城墙

宁古塔将军驻地旧城遗址东城墙断面

裕顺银局银锭

海林市长汀镇古城村西。北临东西流向的牡丹江支流海浪河。城东约2.5千米处有宁古台遗址，位于海林市长汀镇龙头山村北100米处山坡上，是一座突兀于地面的椭圆形山丘，沿山丘南、北、东边缘有土筑城垣。

宁古塔将军旧城，建于后金天聪元年（1627年），是清政府统辖黑龙江沿岸广大地域的历史见证。清军曾多次从宁古塔出发，顺水路赴黑龙江沿岸抗击沙俄的入侵。宁古塔将军旧城是抗击沙俄的前线基地和指挥部。后来由于地理条件和军事上的需要，牡丹江较海浪河水深而阔，可以顺水而下迅速到达松花江、黑龙江，并一直入海，宁古塔将军巴海选择距宁古塔将军城东南25千米，靠牡丹江北岸处建造一座新城（宁安市城）。新城的规模城貌与宁古塔将军城相似，历经三年竣工。清康熙五年（1666年），将军府从宁古塔将军城搬迁到新城，自此宁古塔将军城成为旧城，逐渐荒废，后人称之为旧街。

宁古塔将军驻地旧城为明末清初形成，城为正方形，每边长171米，周长为684米，面积29241平方米。东墙、北墙保存较好，西墙与南墙仅存墙基，城内为耕地。城墙最高处约4

米，城墙底宽一般9~13米，上宽1~1.5米，斜面最长8米，墙底有基石，城墙土质为细沙混合黄土，分层夯筑而成，每层约50厘米，在城墙夯层间垫小圆木杆（直径约3~5厘米），从城墙断面看到木杆朽后留下的一层层空洞。城墙东北角有一直径约8米的深坑，有研究者认为可能是炮台所在。

宁古台是一座突兀于地面的椭圆形山丘，其上西高东低，西、北两侧为近乎垂直的陡崖，下有海浪河流过。东侧山低坡缓，可攀登而上。沿山丘边缘有一周土筑城垣，南垣距山顶约400米。残存城墙宽约5米，高约0.5米。西南侧最低处有一门址，宽4米余，门外缓坡有路可东南行，是城内与城外的唯一通道。城外东南有两道沟壕宽10米，间隔30米。城内东部平坦处有石堆遗迹。在城内外采集到一些石器和夹砂陶片。宁古台地处海浪河中游，登临此台可将盆地一览无遗，是古代水路交通要冲。关于宁古台的年代，尚未发现可供断代的确凿依据。有研究者从城垣形制和修筑方法推测，认为其应始建于唐代渤海国后期，后代沿用。

旧城遗址地表暴露文物较少，2009年，曾在遗址中采集到轮制泥质灰色陶器残片和口沿。其余相关文物主要为遗址周边采集获得，分别在附近的古城村和龙头山村采集到一些渤海时期的布纹瓦、瓦当残件和陶器残片。另外，遗址及周边区域发现过两枚清代船形银锭，一枚重约1850克，内铸"同义源记"，右铸"俄国道胜银行"，左铸"光绪二十四年"；一枚重约400克，内铸"宁古塔，裕顺银局"字样。

宁古塔是清政府的流放之地，清初诸多关内文人曾被放逐于此，文人们将内地先进的思想、文化带到边疆，为宁古塔特质文化的形成与发展奠定下基础，并且为今人研究地方历史保存积累下一批珍贵史料，是清代东北地区重要的文化中心。

1981年，黑龙江省人民政府公布宁古塔将军驻地旧城遗址为第一批黑龙江省重点文物保护单位。1988年，海林县土地局、文化局、文管所同牡丹江市文物管理站及旧街乡政府，对保护区使用土地进行规划，绘制出保护区规划图。1988年，成立海林市文物管理所，负责管理。2007年，黑龙江省文化厅拨专款对宁古塔将军驻地旧城遗址城墙及城东南角古榆树进行抢救性保护，将城墙内外用铁丝网围起，重新砌筑城东南角榆树台。2013年5月3日，宁古塔将军驻地旧城遗址被国务院公布为第七批全国重点文物保护单位，编号7-0133-1-133。2014年9月17日，海林市人民政府划定保护范围、建设控制地带。2014年建立"四有"档案，由海林市文物管理所保管。

惠远新、老古城遗址 是清朝伊犁将军的驻地，是清朝统一新疆的政治、经济、文化、军事中心，位于新疆维吾尔自治区伊犁哈萨克自治州霍城县惠远镇。惠远新城遗址位于惠远镇新城村内，地处伊犁河低阶地河漫滩上。惠远老城遗址位于惠远镇南约7.5千米的老城村南侧，地处伊犁河北岸的河谷阶地上。

1988年，第二次全国文物普查过程中对惠远新、老古城遗址进行调查、记录并建档。2008年7月，第三次全国文物普查过程中对惠远新、老古城遗址进行复查。

惠远老城东城墙南段

惠远老城东城墙和护城河

惠远老城遗址始建于清乾隆二十九年（1764年），乾隆三十一年（1766年）完工。同治五年（1866年），惠远老城被回民起义军攻破，伊犁将军明绪全家自尽，数万官兵民众遇难。同治十年（1871年），沙俄侵占伊犁，惠远老城遂废弃。老城仅存东墙和北墙。东墙长860米，北墙长840米。城墙为夯土筑成，高4～5米，宽5米。东墙外存马面5个，内墙有马面1个；北墙外有马面4个，内墙存马面1个；马面为方形，长5.4米，宽5米。东墙南端有城门，外有瓮城（已毁）。城内原存钟鼓楼台基3座，仅存1处，台长13米，宽5米，基高3.7米。东墙外护壕尚存。城内除台基外，其他建筑皆已不存。

清光绪七年（1881年），清政府收复伊犁。次年，在距惠远老城以北7千米处，仿老城又建

惠远老城东城墙及瓮城

惠远新城。清光绪十九年（1893年），惠远新城完工。辛亥革命后，将军府变成新伊大都督府，后改为伊犁镇边使署。民国3年（1914年），改为伊犁镇守使署。民国19年（1930年），改为伊犁屯垦使署。民国23年（1934年），伊犁屯垦使邱宗浚将屯垦使署迁至伊宁。民国33年（1944年）12月，惠远新城被三区革命军攻占。1950年初，中国人民解放军50团进驻惠远新城。

惠远新城存有城墙、伊犁将军府、钟鼓楼、衙署、文庙、沙俄驻惠远领事馆等建筑。遗址四周城墙保存基本完好。城墙的东西、南北两段各长1300米，城墙高5.5米，宽5.3米。城墙外东西段有马面2个，南北段有马面2个。四角有角楼，西北角角楼东西长13米，南北宽12.5米。新城中心建有钟鼓楼。伊犁将军府旧址坐落于东大街正中，坐北朝南，府院内存大门、东西营房、正厅、东西厢房、内宅、金库、将军厅、弹药库等建筑。衙署旧址坐落于北大街，坐北朝南，由山门、东西厢房、正房等建筑组成。文庙位于东大街伊犁将军府旧址东侧。现存大成门、东西配殿、大成殿及耳房等建筑。

惠远新、老古城是18世纪60年代至19世纪

70年代百余年间伊犁将军的驻地。作为当时清朝统治新疆的军政合一的最高权力机关，伊犁将军府的设置在巩固中国西北边防、维护新疆社会稳定方面发挥重要作用。惠远新、老古城遗址规模较大，城墙墙基保存基本完整，对于研究清代新疆城市发展具有重要价值。

1981年，霍城县文物保护管理所成立。1981年8月，对惠远新城钟鼓楼进行落架维修。2001年、2008年，对惠远新城将军府、文庙、衙署等建筑进行两次修缮。2003年，惠远新、老古城遗址被新疆维吾尔自治区人民政府公布为第五批自治区级文物保护单位。2008年，霍城县文物保护管理所更名为霍城县文物局，负责惠远新、老古城遗址的日常保护和管理。2009年10月22日，霍城县人民政府印发《关于公布我县部分文物保护单位保护范围及建设控制地带的通知》，公布惠远新、老古城遗址保护范围和建设控制地带。2013年5月，惠远新、老古城遗址文物保护规划通过国家文物局审核批准。同年7月，新疆维吾尔自治区人民政府批准公布《伊犁惠远新、老古城遗址文物保护规划》。2013年5月3日，惠远新、老古城遗址被国务院公布为第七批全国重点文物保护单位，编号7-0513-1-513。2014年11月，建立惠远新、老古城遗址全国重点文物保护单位记录档案，档案资料存放在伊犁州文物局。

第三节 建筑遗址

阿房宫遗址 阿房宫遗址，为秦代宫殿建筑遗址，位于今陕西省西安市西郊阿房村一带，古河西岸，渭水之南，与秦都咸阳城址隔河相对。

《三辅黄图》载："阿房宫亦曰阿城，惠文王造，宫未成而亡，始皇广其宫。"秦灭六国后，于始皇三十五年（前212年）动工再次修建阿房宫。二世胡亥继位后续修。史载，项羽入关后，阿房宫及其附属建筑被烧毁。

据考古调查资料，秦阿房宫遗址的范围，东起河岸，西至长安区纪阳寨周吴村，南至上堡子、赵家堡，北至张村、三桥镇街南一带，南北长约5千米，东西宽约3千米。阿房宫的主体建筑为前殿。《史记·秦始皇本纪》载："乃营作朝宫渭南上林苑中，先作前殿阿房，东西五百步，南北五十丈，上可以坐万人，下可以建五丈旗。"

前殿遗址，西起古城村，东至巨家庄，留下了一座巨大的长方形夯土台基，台基东西长约1270米，南北宽426米，高约7米，面积约60万平方米。高台包括前殿的基座，殿四周的回廊、台阶及其他活动场地。前殿东北200米处，有一处北司建筑遗址，发现排列有序的大型石柱础。绳纹瓦片上有"北司""左宫""右宫""宫甲"等小篆文字。在阿房宫村北高窑村，发现秦代麻点纹板瓦、筒瓦、云纹瓦当等建筑材料，发现了著名的高奴禾石铜权。前殿正北约1千米的小苏村，发现铜建筑构件6件，与雍城遗址出土的铜构件相似。2002年10月至2004年12月，中国社会科学院考古研究所和西安市文物保护考古所对秦阿房宫遗址进行大规模考古勘探、试掘和发掘，在前殿基址上未发现大量砖瓦等建筑遗物以及与宫殿建筑相关的墙体、础石、散水、给排水设施

阿房宫遗址远景

阿房宫前殿遗址

阿房宫始皇上天台遗址

基南面3米处汉代堆积层内有铺瓦遗迹。铺瓦范围东西长2.3米，南北宽1.1～1.74米。由西向东存筒瓦6行，板瓦5行。

上天台遗址，位于阿房宫前殿遗址以东500米，为一不规则圆形土台基，高约15米，周长约230米。东、北、西三面均有夯土分布。东西最长400米，南北最宽110米，面积约15820平方米。台东发现门址、甬道及台阶遗迹，出土柱础石、陶水管道、绳纹瓦、瓦当、几何纹方砖等。

在藕高村北武警工程大学院内，有高出地面不规则形状的夯土台基。1958年调查时，该台基东西长45米，南北宽15米，斜坡长73米，顶部直径12米，台周散布有条砖、绳纹板瓦等，之后，高台部分遭破坏，有学者认为此台基为磁石门遗址。

阿房宫在中国历代享有极高的声誉，留下许多记载与诗文。阿房宫遗址是中国历史上第一个封建统一王朝的大型宫殿遗址，为研究秦代及先秦大型宫殿建筑提供珍贵的实物资料。

等遗迹，也未在秦汉文化层中发现大火焚烧的痕迹，因此有学者推测，秦阿房宫前殿并未建成，只完成前殿的夯土台基及三面墙的建设。

在前殿夯土台基北部边缘收分的最南部台面内侧有夯土墙遗迹，墙宽6.5～15米，高2.3～2.38米。附近发现有大量建筑倒塌堆积，以板瓦、筒瓦为主。瓦上戳印有"左宫""右宫""左司""北司""大匠昌""大匠乙""五工左""大左""少左"等陶文。前殿夯土台基南面普遍存在未经夯打的五花土和路土。五花土厚0.05～2.2米，路土位于其表面，厚0.03～0.05米。另外，位于前殿夯土台

1956年8月，阿房宫遗址被陕西省人民委员会公布为第一批陕西省文物保护单位。1961

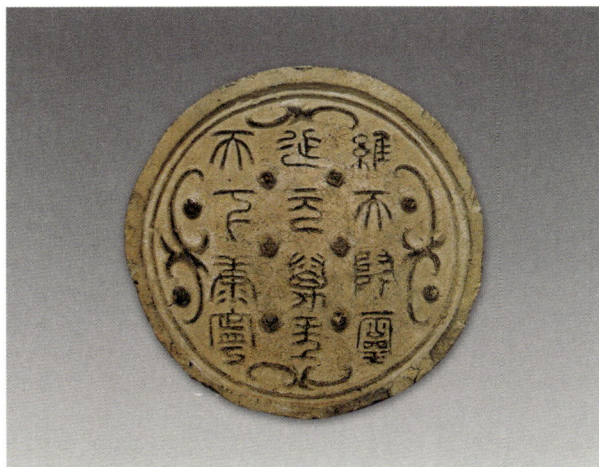

阿房宫遗址出土十二字瓦当

阿房宫遗址出土玉杯

年3月4日，阿房宫遗址被国务院公布为第一批全国重点文物保护单位，编号1-0151-1-016。1992年，陕西省人民政府公布其保护范围与建设控制地带。1994年11月，成立秦阿房宫遗址保管所，具体负责遗址保护工作。"四有"档案已建立，由陕西省文物保护研究院和秦阿房宫遗址保管所保管。

姜女石遗址 是一处以石碑地遗址为中心，包括止锚湾、黑山头、瓦子地、金丝屯、周家南山遗址在内的大型秦汉建筑遗址群，占地总面积约25平方千米。姜女石遗址位于辽宁省绥中县万家镇墙子里村南、正对姜女石礁石的渤海岸边一块高敞开阔的台地上。因台地上曾立有一清代的石碑，故名石碑地。台地中部平坦，东侧有一条南北向的水沟，俗称墙子沟；西面有一条南北向乡村小路，南为无垠的大海。

1982年，辽宁省进行文物普查时，在台地上发现一处面积约15万平方米的秦汉宫殿遗址，命名为石碑地遗址。1984～2002年，辽宁省博物馆文物队和辽宁省文物考古研究所对石碑地遗址进行全面勘探和发掘。

石碑地遗址，是姜女石建筑群址中面积最大的一处遗址：南北长近500米、东西最宽处达300米，总面积近15万平方米。总体布局呈曲尺形，主体建筑主要集中在中南部。西部、北部为整齐划一的大型院落，各院落之间有门道相通。南部居中是边长42米见方的高大夯土台基，海拔最高达12米。围绕大夯土台西、北、东三面是几组较大型的宫殿建筑。各组宫

姜女石与碣石宫

殿建筑之间，各宫殿与中心大夯土台之间，均有廊庑建筑相连，曲曲折折蜿蜒不断。整个建筑的布局显得高低错落，疏密有致。

黑山头遗址，位于石碑地西2千米的海岬上。夯土建筑基址平面呈曲尺形，南北长50米、东西宽45米。主体建筑在东、南临海一侧，从残存的空心砖踏步、自然石柱础和长方形夯土台基等分析，应为高台建筑基址。北侧相连的附属建筑，经发掘，东西分为5个单元，每个单元分出若干小间。4个间内置有瓦圈式的井窖。建筑遗迹可分为三组：第一组由南端的两座大型建筑基址及二者中间的院落组成；第二组由中部的一排呈东西向的院落、房址及廊道组成，以中间廊道为界，又可分为东、西两区，东区由3个院落、1个房址和1条廊道组成，西区分为3个形制相同的建筑单

元，每单元内有2座房址、3个院落；第三组由位于北部的院落组成。

止锚湾遗址，位于石碑地东约1千米处高台之上。地势高阔，东、西、南三面临海。与同建于海岸边的石碑地、黑山头遗址相比较，距岸边较远。由于遗址所在区域现代建筑较多，工作不便，故仅在派出所和水产招待所院内发现建筑遗存，而遗址的确切范围、建筑布局不甚清晰。通过将止锚湾遗址出土器物与石碑地遗址遗物的比较，可发现其中大多属于秦代，零星有汉代遗物。从发现遗迹看，遗址中至少有呈"品"字形分布的三座台状建筑基础，构造与黑山头遗址有显著差别，表明虽同作为石碑地遗址的两翼建筑，但其功能却不尽相同。

瓦子地遗址，位于墙子里屯北部农田中，

黑山头遗址全景鸟瞰（由西向东）

南北长800米、东西宽约400米，与石碑地遗址仅一屯之隔。遗址文化层距地表较浅，20厘米耕土下可见瓦片堆积、红烧土、础石等遗迹，并有板瓦、筒瓦等建筑构件及罐、盆陶器残片。经考古勘探，遗址中分布着大面积夯土遗存，夯土区域南北最长125米、东西最宽123米，形状不规则，总体略近曲尺形，应为建筑基础遗迹。

周家南山遗址，位于石碑地遗址北约4千米的周家屯南山台地上。地势高敞，视野开阔。晴日时可望见海中的姜女石。遗址南北长约250米、东西宽约100米。发现分属于秦代和汉代两个时期的建筑遗存。秦代建筑遗存中出土的板瓦、筒瓦及瓦当等建筑构件，与石碑地遗址秦代建筑遗存中出土的同类瓦件特征相同，包括戳印文字。从遗物的诸多相同特征可推定，周家南山遗址与石碑地遗址是同时建造的建筑遗址。

大金丝屯遗址，为秦代为石碑地等建筑遗址烧制建筑构件的窑场。窑址位于石碑地遗址西北约4.5千米处，分布面积10万平方米。从已探明的窑址看，四组窑址方向一致，间距大体相等，排列有序；每组窑址外侧都有围沟环绕，4个单体窑为一组，两两反向排列，烟道居于中间，操作坑位于围沟一侧。两窑址中间有柱槽，各类遗迹布局合理。

面海的三处遗址以石碑地为中心，止锚湾、黑山头为两翼，恰如一宫两阙，建于岸边高台地上，俯瞰大海；各遗址前海中高耸矗立着自然礁石，构成门阙；遗址与海洋融为一体，极其雄伟壮观：遥对渤海口，远处的辽东半岛与胶东半岛恰似其两扇屏风，辽阔的辽东

姜女石遗址石碑地沐浴设施

湾是硕大的庭院。三处遗址是秦帝国具有国门性质的纪念性建筑物，是秦帝国兴盛的象征与历史见证，是国内保存较好并经过大面积系统发掘的秦代大型建筑遗址之一，是一项将人文建筑与自然景观完美结合的古代人类工程，具有重要的历史意义。

姜女石建筑群的布局、朝向、功能组织体现了对地形的考虑和控制，主要包括对制高点的控制，将自然礁石、岗地纳入建筑群结构，对海湾景观的控制，对大范围地理关系的掌握等，见证秦时人们对自然强烈的控制欲望和对地理知识一定程度的掌握。同时，姜女石遗址保存有较完整的建筑群遗址、精美的建筑细部遗迹、大量建筑构件，作为皇家礼制建筑，其中融入了规划者的等级观念、布局理念，反映了成熟的建筑技术，对研究秦代建筑技术与规范、皇家建筑礼制乃至后世皇家工程建筑制度都有重要的意义。

1986年，姜女石遗址被辽宁省人民政府公布为省级文物保护单位。1988年1月13日，姜女石遗址被国务院公布为第三批全国重点文物保护单位，编号3-0208-1-028。1992，姜女石遗址由辽宁省文物考古研究所姜女石工作站

负责保护管理。1993年，辽宁省人民政府公布姜女石遗址的保护范围和建设控制地带。2009年5月，姜女石遗址交由绥中县姜女石遗址管理处，负责姜女石遗址的保护、管理、经营、开发及遗址公园的筹建、运营和规划编制等工作。编制了《姜女石遗址文物保护规划》和《姜女石考古遗址公园规划》。建立有姜女石遗址记录档案，保管于姜女石遗址管理处。

秦代造船遗址、南越国宫署遗址及南越文王墓 两者在同一位置，均位于广东省广州市中山四路；南越文王墓是西汉南越国时期的单体墓葬，位于广州市解放北路象岗山。三个遗址地点均在广州市区。

秦代造船遗址与南越国宫署遗址，处在广州市区的中心地带。秦代造船遗址在考古学地层中属最下面的文化层，主要是造船台遗迹，位于中山四路与中山五路交会处。1974年发现，

1975年试掘，1994年与1997年两次局部发掘。船台及余木经碳十四测定，应是秦五军统一岭南时"一军处番禺之都"的造船场遗址。覆盖在一号船台上的灰土，内含生活垃圾、秦"半两"、汉四铢"半两"铜钱和"万岁"瓦当等建筑构件，说明到赵佗建立南越国时，造船工场已废弃，又被填埋后作为扩建宫苑的用地。秦代造船遗址是由三个长逾百米呈东西走向、平行排列的木质造船台以及南侧的木料加工场组成，规模大、结构合理、设施完备。造船台建在河涌的泥滩上，距珠江北岸1300米。三个船台均由枕木（用杉及箪树）、滑板（用樟木）与墩木（用格木）组成。二号船台居中，中宽2.8米，一、三号船台中宽同为1.8米，据推算可建造身宽5～8米，载重20～30吨的平板木船。出土的造船工具有铁锛、铁凿、铁挣凿、木垂球和磨刀石，木料加工场上布满小木片和炭屑，

南越国木构水闸遗址全景

发现少量铁钉，有两个"弯木地牛"，是烧烤船板的设施，另有许多余木。秦代造船遗址对研究秦统一岭南的军事、政治及当时造船业技术的发展提供宝贵的实物资料。

南越国宫署遗址，在考古学地层中叠压在秦代造船遗址的上面。两者代表不同时期的遗迹遗存。南越国宫署遗址包括有宫殿遗迹与御花园的曲流水渠遗迹以及当时的水井等，为西汉初年南越国都城的王宫与宫苑遗址。1975年试掘秦代造船遗址时，发现宫殿的一段砖石通道。2000年1月，在秦代造船遗址西北面的儿童公园发掘清理出一座大型宫殿东北角的一段散水道，已揭开长21.5米，其东折向南再转东。散水宽1.5米，外用带榫的长条砖镶边，当中铺河卵石，内层以印花的大砖铺砌，做工讲究。1996年发掘汲水砖井，在宫殿遗迹东侧。井为圆形，用扇形砖结砌，外径1.11米、

南越国宫署石渠遗迹

木质造船台局部

深8.8米，井台、井栏已不存。井底铺石板，有五个出水孔，下有细砂层滤水。井中塞满南越国时期的砖、石、瓦、焦木等建筑构件。砖石通道是1975年试掘秦代造船遗址时发现，宽2.55米，当中铺石板，两侧用边长70厘米的印花方砖砌边。通道残长约20米，其上覆盖有"万岁"瓦当等残件及灰烬。1995年、1997年两次发掘，先后发现宫苑遗址的石构蓄水池（蕃池）和长150米的曲流石渠苑遗迹。蕃池已揭露东西长24.7米，南北宽20米，最深2.5米，面积约400平方米，经钻探，推定其面积约3600平方米。池壁呈斜坡状，铺石板，已发现有"蕃""治""阅"等刻字。有一叠石方柱，向西南倾倒。池底出土八棱石望柱、石栏杆、石门楣及砖、瓦、木等建筑残件。蕃池的南壁下埋设导水木槽。曲流石渠苑遗迹的东北面与石水池的导水暗槽相接，往西蜿蜒曲折至曲廊而止。靠近石板平桥和步石处设出水闸口，外连木暗槽以泄水。出土许多铺地方砖、井砖、瓦、瓦当、木、石构件及陶瓷器等。2004年在发掘宫苑的廊道时，清理一口南越国时期的渗水砖井，遗存深3米，外径1.16米，上部用扇形砖砌筑，砖呈青灰色，少量带绿釉，尚存15

南越文王墓出土墓主人组玉佩

年，而汉武帝始在纪年前加年号，可以认定，"廿六年"应为赵佗自立南越武王之后的26年，即汉文帝前元二年（前178年）。蕃池与曲流石渠是全国发现最早的宫苑实例，为岭南两千年前的园林遗存。

南越文王墓，在广州市中心地带西北部的解放北路象岗山，与南越国王宫遗址相距1.5千米。1983年发现并发掘清理，墓主人是南越国第二代王赵眜，西汉建元四年（前137年）继位，约卒于元狩元年（前122年）。南越文王墓是赵眜的陵寝墓室，墓葬保存完好，包括有墓道、前室、东西耳室、主棺室、后藏室和东、西侧室等八部分。为彩画石室墓，距地表深20余米，用750多块砂岩石材建造，面积100平方米。墓用两重石门隔开。前部分有三室，前室象征厅堂，周壁及顶部绘饰红、黑二色卷云纹，殉一御者及漆木车一辆。东耳室有铜编钟三套、石编磬两套。另有青铜酒器、琴瑟及六博局等，其旁殉一乐伎。西耳室放置饮食用器、车马甲胄、金玉珍珠、丝麻织物及服用药石等，叠架两三层。紧靠墓门的外藏椁与前室连接的斜坡墓道两侧各有一殉人，另有陶器、铜车饰、仪仗等随葬物。后部分有四室，

层，砌法为平砌错缝。下部为陶井圈，共6节，每节高约33～35厘米，共高2.06米。井底铺三块木板。井圈的上部东、西侧还特意留出一个进水口，外面与木质水槽（已朽）相连接。北壁底下10多厘米处留一出水口，外面连接陶制地下管道。应是用来沉淀泥沙的渗水井。在井内堆积的第8～14层共出土木简（含整简和残简）100多枚，共有1000多字。木简记录南越国早期宫苑的制度管理及刑律等内容。木简散乱，未见编联痕迹。完整的木简长25厘米，宽1.7～2.4厘米，厚0.1～0.2厘米。多数是单行书写，仅有一枚为两行半字。墨书字数不等。其中一枚有"廿六年……"的纪年，因汉高祖至汉景帝及南越国五主中，仅赵佗在位超过26

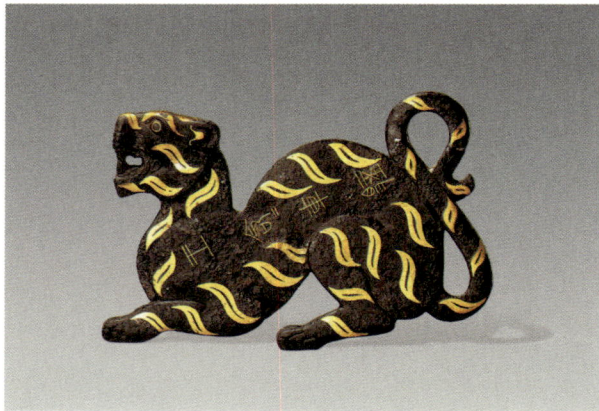

南越王墓出土虎符

主室居中，墓主棺椁置于当中，东边竖置一漆木屏风，西边有成束成捆的铁兵器。墓主身着丝缕玉衣，十把铁剑分置两边。玉衣上由胸部向腹部排有九枚印玺，其中龙钮"文帝行玺"及"泰子"金印各一，余为"赵眜"帝印等玉印。棺椁头箱内有成盒珍珠，另有玉角杯、盒、带钩、璧等精美玉器。足箱内有陶璧139块，同时出土一西亚银盒，尚存半盒药丸。东侧室殉四位夫人，各有印玺及玉饰等随葬，其中"右夫人玺"为金印。西侧室除置奠的三牲外，还殉七名女仆役，有少量随葬品。后藏室内有陶、铜、铁、银等炊器、容器150余件。南越文王墓共出土随葬品一千多件／套，包括有金、银、铜、铁、玉、珍珠、陶瓷、漆木、丝织品等炊器、容器、乐器、俑、玩具、车马器、配件、饰品，还有墨、药、动物骨骼等，其中不少为稀世珍宝。南越文王墓是目前岭南地区的考古发现中，规模最大，随葬品最为丰富，墓主人身份最高的汉代陵墓。南越国宫署遗址及南越文王墓的发现与发掘，对研究南越国时期的岭南历史、文化、民族等具有重要的价值。

1975年对秦代造船遗址发掘后，遗址作回填保护。1986年南越文王墓发掘工作完成后，广州市政府开始对墓室进行全面维护和复原。1986年起在原址上始建西汉南越王博物馆，负责南越文王墓的保护和管理。2012年，依托遗址建成南越国王宫博物馆，负责秦造船遗址及南越国宫署遗址的保护和管理。1994年，广东省人民政府公布南越文王墓的保护范围和建设控制地带。2010年2月5日，广州市人民政府印发《关于实施南越国宫署遗址保护总体规划的通告》。1996年11月20日，秦代造船遗址、南越国宫署遗址及南越文王墓被国务院公布为第四批全国重点文物保护单位，编号4-0035-1-035。2014年，编制《南越文王墓保护总体规划》。广州市文物考古研究院建立并保管有秦代造船遗址、南越国宫署遗址及南越文王墓的"四有"档案。

京师仓遗址 又名"华仓"，为西汉粮仓遗址，位于陕西省华阴市碾峪乡，遗址分布在渭河南岸渭漕渠入渭处的高地上。

1980年7～9月，陕西省考古研究所组成华仓考古队对遗址进行考古发掘。1981年7月进行第二次发掘，全部工作至1982年春结束，出土大量铜、铁、陶质文物。

南越王墓出土龙钮帝印

京师仓遗址远景

华仓遗址发掘现场

京师仓是汉武帝时建造的为京师长安贮存和转运粮食的大型粮仓。遗址由仓城、仓库区、居住区等构成。仓城平面呈不规则长方形，东西长1120米，南北宽700米。发现6座仓库，均分布于仓城内北部偏西，其中一号仓遗址规模最大。一号仓平面呈长方形，坐西向东，东西长62.5米、南北宽26.6米，总面积为1662.5平方米。一号仓中间有两道东西向隔墙将仓房分为中、南、北3室，每室东边正中各开一门。中室最大，东西长49.3米、南北宽7.1米，中间有9个柱础，间距5米。南、北两室东西长与中室相同，南北宽均为3.3米，南北两边各有3个相互对称的方形柱础石。北室的北墙、南室的南墙各向东延伸5米，形成一号仓的披檐建筑。仓墙外有用河卵石和碎瓦砌成的散水。根据柱础判断一号仓底部铺设有架空地板。

二号、三号、四号仓，均位于一号仓的南面，平面呈长方形，为半地下建筑，每座仓由2个仓室组成，仓室宽4.5～5.1米、长

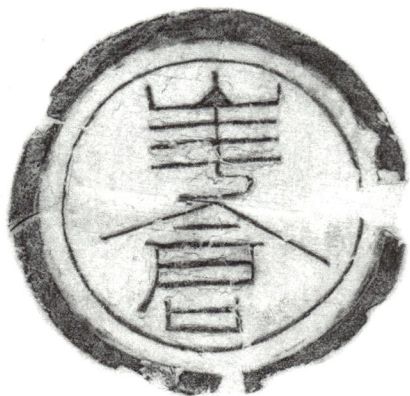

华仓瓦当拓片

京师庚瓦当拓片

9.5～10.45米。仓门外有回廊披檐。五号、六号仓房位于一号仓的东北方向，为地面建筑，由南室、北室、披檐组成。仓室宽2.3～3.7米、长7.3～8.1米。从墙顶上安装横梁的凹槽遗迹判断，至少有两层建筑。

遗址中发现房址、水井、窖穴、陶窑、水池、墓葬等遗迹多处。出土大量的建筑材料、生活器皿、量器、兵器等。建筑材料中有方形砖和空心砖，一件四棱长条砖上有"宁秦"两字。瓦有板瓦和筒瓦。瓦当有文字瓦当、图案瓦当和素面半瓦当。瓦当文有"吴尹舍当""与华无极""与华相宜""华仓""大富""京师仓当""京师庾当"等，可知京师仓又名华仓或京师庾。生活器皿有罐、瓮、盆等陶器。还出土有半两、五铢、货泉、布泉等钱币。

西汉京师粮仓距今有两千多年历史，为发现的最早和最完整的国家粮库遗址，具有储备、转运等多种功能。西汉京师粮仓遗址对研究秦汉仓储制度及技术具有重要价值。遗址中发现的带有"宁秦"戳记的砖和战国时期铸造兵器的陶范等，证明京师仓城的前身为秦惠文王五年（前333年）建置的宁秦县城旧址及秦国宁秦县城的位置，为研究华阴历史地理的沿革提供了重要依据。京师仓建筑的结构、风格对后世的建筑有巨大影响，为中国古代建筑史的研究增添一项新的内容，提供难能可贵的实物资料。

1992年4月，京师仓遗址被陕西省人民政府公布为第三批陕西省文物保护单位。同时公布保护范围和建设控制地带。2001年6月25日，京师仓遗址被国务院公布为第五批全国重点文物保护单位，编号5-0116-1-116。华阴市文物局负责京师仓遗址的保护管理工作。已编制京师仓遗址"四有"档案，由华阴市文物局保管。

三杨庄遗址 为豫北黄河故道区域汉代乡里聚落遗址，位于河南省内黄县城南30千米梁庄镇三杨庄村北。

2003年6月下旬，水利部门开挖硝河河道补源疏浚工程时发现三杨庄遗址。自2003年起，连续进行多年考古勘探发掘。截至2017年，考古部门完成约9万平方米的钻探调查工作，发现8处庭院遗存、1处窑址、1处池塘遗址、1处万余平方米的大型建筑遗址以及11处纵横交错的道路遗址；在遗址区的东南方向发现1处北宋晚期或金代时期的历史水系故道以及1处汉至南北朝时期的城址。至此，遗址区的调查勘探面积占整个100万平方米待探查区的十分之一左右，整体分布格局尚未探清，有待进一步勘探调查。

经河南省文物考古研究院多年发掘清理，初步揭露1号、2号、3号、4号共4处汉代庭院遗址，发掘面积约9000平方米。庭院坐北朝南，多为前后两进，各有院墙封闭，有树木植于庭院后部或两侧，周围农田环绕，庭院前有

三杨庄遗址第三处宅院主房瓦顶遗迹

三杨庄遗址第二处庭院东厢房出土小石磨

大小不等的活动场地。4处庭院分为两类，第2处庭院结构较为复杂，两进院落，由两侧门房、东厢房、西厢房、主房共4座房屋组成，其余3处庭院均由南厢房和主房两座房屋组成。清理出完整的瓦屋顶、砖基础和夯土墙，院内有未及使用的筒板瓦、建筑废弃物堆积及拌泥池、灶址、水井、厕所、便道、灰坑等遗迹，出土文物包括："货泉"铜钱，"益寿万岁"瓦当若干，石、铁、陶质生活和生产用具70余件。陶器类有轮盘、水槽、碗、甑、盆、罐、豆、瓮等；石器类有石碓、大石臼、小石臼、石磨、石磉等；金属器有铜镞、铁犁铧、铁镰、铁釜、铁斧等。据此判定，三杨庄遗址的绝对年代，当在西汉晚期至东汉初期之间。

2006年1月，河南省文物局在北京召开"三杨庄汉代建筑遗址"专家咨询会，与会专家一致认为三杨庄遗址作为中国发现的唯一一处反映两汉时期自耕农模式的农业聚落遗址，首次再现汉代农业乡里的真实景象，为研究汉代的基层社会组织结构提供了绝好的实物资料，为黄河河道变迁等黄河水文研究和汉代建筑史研究提供重要的考古资料。

2006年5月25日，三杨庄遗址被国务院公布为第六批全国重点文物保护单位，编号

6-0150-1-150。2006年11月，由内黄县文物保护管理所建立健全三杨庄遗址"四有"档案。2008年，河南省人民政府划定公布三杨庄遗址保护范围和建设控制地带。2010年，三杨庄遗址列入第一批国家考古遗址公园立项名单。2012年，成立三杨庄遗址保护工作小组，统一协调管理三杨庄遗址的保护管理工作。是年，三杨庄遗址管理委员会成立。2013年，《内黄县三杨庄遗址保护总体规划》经国家文物局批复同意，河南省人民政府公布，将总规划纳入当地经济和社会发展计划以及城乡总体规划，并组织各有关职能部门逐步实施。

七个星佛寺遗址　是晋唐时期古焉耆国规模最大的佛教建筑群，为古代丝绸之路上重要的佛教文化遗址。位于新疆维吾尔自治区巴音郭楞蒙古自治州焉耆回族自治县七个星镇七个星村，处于霍拉山山前低矮的山梁和坡地间。

七个星佛寺遗址始建于晋代，是佛教东传西渐过程中重要的一处佛教遗存，也是西域三十六国之一的焉耆国中最大的一处佛教遗址。据史料记载，后秦弘始年间（399～415年），焉耆国僧徒"有四千余人，皆小乘学，法则齐整"（法显《佛国记》）；唐贞观年间（627～649年），焉耆国有"伽蓝十余所，僧徒二千余人，习学小乘教说一切有部。经教律仪，既遵印度，诸习学者，即其文而玩之"（《大唐西域记》）。宋元之后，伊斯兰教兴起，佛教衰落，此遗址逐渐废弃。

清光绪三十二年（1906年），德国考古学家勒柯克、英国考古学家斯坦因等先后对遗址进行调查并做了一定规模的挖掘。宣统元年（1909年），俄国奥登堡率领俄罗斯新疆考察

队在此调查整个遗址，详细测量和记录所有地面遗存、石窟及其他建筑物，并挖掘其中一些比较值得注意的遗址。民国17年（1928年）、1957年，黄文弼两次对遗址进行调查和清理发掘，根据建筑形制、出土文物研究，认为遗址群可分为两个时期，早期在6～7世纪，晚期在8～9世纪。早期佛教艺术接近犍陀罗艺术，晚期深受中原佛教艺术的感染。1960年，阎文儒对地面遗址做调查发掘，并将地面佛寺大致分为南大寺和北大寺两部分，认为两处寺院遗址的建筑分两个时期，早期约在两晋时期，晚期为唐至元时期；另对10个石窟进行对比，其形制上基本与克孜尔石窟一期窟形相似，开凿时间约与克孜尔石窟第二、三期的时代相同。1974年冬季，当地人在遗址附近取土时发现一

文书残卷。文书为44页，用吐火罗文书写的《弥勒会见记》剧本残页，收藏在新疆维吾尔自治区博物馆。

七个星佛寺遗址由洞窟建筑和地面寺院建筑两部分组成。七个星石窟位于寺院西北部约1千米，霍拉山东麓山前丘陵地带的一道山梁山腰处，洞窟依山而凿，残存洞窟11个。多数面朝西或西南，个别面朝东，大部分洞窟的顶部都有不同程度的坍塌。洞窟内佛像已荡然无存，只残存佛像基座。2号、3号、5号、7号窟内有少量的乐伎、云朵纹、飞天等壁画遗存。洞窟形制主要有两种，一种为纵券顶单室窟，小而低矮；另一种是前后室的中心柱窟，前室为纵券顶，较为高大，左右有甬道，甬道后为后室，横券顶，较为矮小，平面呈长方形。

七个星佛寺石窟群远景

七个星佛寺遗址全景

寺院遗址位于石窟的东南部，建在霍拉山东麓山前地带的山梁与坡地上，规模较大，以遗址中部的泉沟为界分为南、北两大部分。有殿堂、僧房、塔等大小建筑93处，均以土坯砌筑。大部分建筑因自然或人为破坏残塌严重，面貌多已不清，分布面积6万平方米。

七个星佛寺遗址是丝绸之路上一处重要的佛教文化遗址，是焉耆国的佛教中心。晋唐时期为发展的繁荣时期，表现出印度佛教东传以及中原佛教西渐的发展过程。壁画比较精美，佛像造型丰满和祥，具有犍陀罗和中原的风格。遗址中出土吐火罗文书写的纸质文书《弥勒会见记》等一批罕见文物，对于研究古代焉耆史乃至西域社会发展史、佛教史、戏剧史等具有重要的价值。

1957年，七个星佛寺遗址被新疆维吾尔

七个星佛寺遗址出土唐焉耆文《弥勒会见记》

自治区人民委员会公布为第一批自治区级文物保护单位。1980年，焉耆县文物保护管理所成立，负责七个星佛寺遗址的日常保护和管理。2001年6月25日，七个星佛寺遗址被国务院公布为第五批全国重点文物保护单位，编号5-0139-1-139。2004年12月，建立七个星佛寺遗址记录档案，存放在巴州文物局。为了科学有效保护七个星佛寺遗址，新疆维吾尔自治区文物局组织编制《七个星佛寺遗址保护规划》。2005年，国家启动丝绸之路（新疆段）重点文物保护工程，七个星佛寺遗址列入重点文物保护工程项目，2012～2014年实施七个星佛寺遗址保护工程，对遗址进行防雨蚀、风蚀加固、防坍塌加固、裂缝加固、冲沟加固、排水处理、木栈道铺设等保护措施。2008年9月，《七个星佛寺遗址文物保护规划》通过国家文物局审核批准。2009年6月，新疆维吾尔自治区人民政府批准公布《新疆维吾尔自治区焉耆县七个星佛寺遗址保护规划》。2009年7月22日，新疆维吾尔自治区人民政府印发《关于公布新疆维吾尔自治区全国重点文物保护单位保护范围、建设控制地带的通知》，划定并公布七个星佛寺遗址保护范围和建设控制地带。

钟山建筑遗址 是中国所知时代最早、体量最大的封建国家都城坛类礼仪建筑，位于江苏省南京市钟山最高峰向南延伸的一座山嘴的顶部及南坡，北依钟山主峰，坐北朝南。建筑遗址山梁东、西二面坡度陡峻，左右形成两道山谷，谷水环抱山梁，流入正对祭坛山梁的紫霞湖中，从紫霞湖正面观察，呈金字塔状的山势成了祭坛的基座。

1999年4月，南京市文物研究所与中山陵园管理局文物处在明孝陵陵域内作文物调查时，于紫金山海拔276.9米高的丛林深处发现一处坛类建筑遗存（编为一号坛），经考古勘探，确认是属于六朝时期的一处大型祭坛遗存。2000年，南京市文物研究所对一号祭坛继续进行勘探、发掘，又发掘另一处新发现的坛类遗存（编为二号坛）。在发掘过程中，同时调查发现一处祭坛附属建筑遗存。三组建筑遗存南北排列长300多米，占地约2万平方米，规模庞大，气势恢宏，结构复杂。

南京钟山祭坛遗存的地层叠压关系较为简单，其地表之上均覆盖着一层厚约10～20厘米的近现代扰乱层，其下即为六朝文化层，文化层一般厚0.2～0.4米，局部可达1米以上。六朝文化层以下是钟山山体基岩。

一号坛正南北方向。北面依山，东、南、西三面从高向低分别建造5道石墙，形成4个坛层。在构筑坛层的石墙中，以第二道石墙最为高大，应为主墙。其残高最高处达3.17米，所用石材最重的将近2吨。各墙均取正南北方向，多层坛层及坛墙高低错落，壁立于山嘴陡坡之上，尤其是祭坛东南、西北两角的上部坛面和最下一道石墙之间的高度达到11.45米，整个坛体显得高大雄伟、气势不凡。主坛体内下部填以块石和碎石片，上部则填以较为纯净的砂土和黄土，整个坛体填土、石体积超过4万立方米，工程量十分浩大。在坛体表面，有四个略作方形覆斗状的土台，应具有特殊的文化含义。

二号坛在一号坛北面、上方，也为正南北方向，近方形。北面依山，东、西、南三面以石块垒墙，内填大小石片和黄土，其筑坛方式同一号坛，坛体的东南部毁坏较为严重。坛底面比一号坛坛面高出约11.5米。

坛的附属建筑区位于一号坛南面的山坡上，长百余米，顺坡而设。建筑遗存有东、西两道石墙及石墙内西侧的4个坑台、东侧的6个大小不等的平台，每个坑台和平台均为正南北方向，附属区域中部分布有多层台阶，台阶最

钟山一号祭坛遗迹

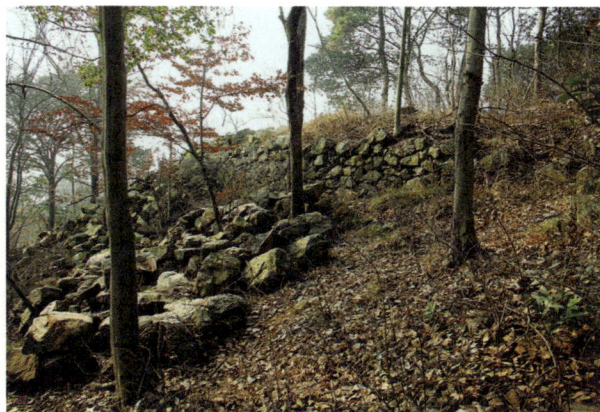

钟山二号祭坛遗迹

宽处为2.5米。

遗址文化层中出土了一批时代特征鲜明的六朝遗物，主要有砖、板瓦和筒瓦、莲花纹瓦当、青瓷片、石雕莲花纹器座等。

根据出土文物的时代和历史文献的分析，可以确定钟山坛类建筑遗存的时代上限为南朝早期。由于出土的一、二号坛及一号坛主坛面上加筑的4座小土坛，其平面形状都近于方形，依据中国古代"天圆地方"的观念及祭地之坛皆作方形的文献记载，专家认为遗存当与祭地有关。相关文献记载南朝刘宋大明年间（457～464年）曾在钟山上筑有北郊坛，以作为当时最高统治者祭拜大地之所，因此，钟山六朝坛类建筑遗存可能正是刘宋北郊坛遗存，是中国迄今为止保存时代较早的国家郊坛礼仪建筑实物。遗存的发现填补中国早期效祀礼仪文化遗存的空白，弥补南京六朝都城考古工作的不足，对研究六朝的文物制度、建筑风格，对研究中国早期郊坛礼仪制度，特别是汉唐之际郊坛礼仪建筑及礼仪制度的演变具有重要价值。

2000年10月，由东南大学建筑学专家设计的具有六朝风格的"祭坛保护方案"开始实施，仿六朝门阙和入口处仿六朝古桥建成，并对外开放。2002年10月，钟山坛类建筑遗存被江苏省人民政府公布为第五批省级文物保护单位。2006年5月25日，以"钟山建筑遗址"名称被国务院批准公布为第六批全国重点文物保护单位，编号6-0079-1-079。钟山建筑遗址由中山陵园管理局文物处负责管理。2006年，南京市人民政府划定钟山建筑遗址的保护范围和建设控制地带。2011年12月28日，南京市文物局建立钟山建筑遗址的"四有"档案。2014年，中山陵园管理局组织编制遗址保护规划。

隋仁寿宫唐九成宫遗址　为隋唐离宫遗址，位于陕西省麟游县碧城山下，杜水（漆水）北岸。

史载，仁寿宫始建于隋开皇十三年（593年），杨素督建，宇文恺为检校将作大匠，历时2年建成。隋文帝曾6次到此避暑，且病逝于仁寿宫大宝殿。唐贞观五年（631年），唐太宗命修复和扩建旧宫，用以避暑，改名九成宫，在位期间5次到此避暑。永徽二年（651年），唐高宗改宫名为万年宫，乾封二年（667年）恢复原名九成宫，在位期间8次来此。武则天执政后多居东都洛阳，九成宫逐年荒废。开成二年（836年），宫殿最终毁于洪水。

1978年开始，中国社会科学院考古研究所对遗址进行多次勘探、发掘，至1994年发掘告一段落。共发现大小建筑遗址37处，比较重要的有1号殿址、2号殿址、3号殿址（点将台）、7号殿址（梳妆台）、37号殿址、井亭遗址及醴泉水渠遗址。其中，37号殿址是一座殿阶基本保存完好的隋唐宫殿遗址。

37号殿址位于宫城中部偏东，坐北朝南。以

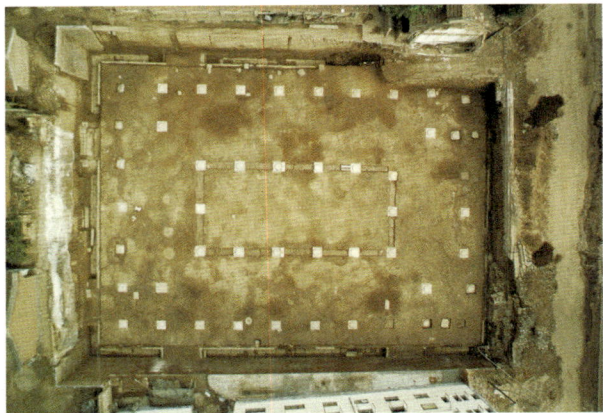

隋仁寿宫唐九成宫遗址37号殿址

隋仁寿宫唐九成宫遗址 37 号殿青石柱础

殿阶基边缘计算，东西长42.62米，南北宽31.72米，高出散水1.09米。殿基为黄土夯筑，四壁用石材包砌。殿阶基上存46个青石柱础，基本在原位未动，殿柱网布置为东西面阔九间，南北进深六间。殿址中心部位为面阔五间、进深二间的内殿。殿阶基两侧设有两个宽4.4米的登殿踏道，正对面阔九间的第二间和第八间。殿址西、北、东三侧，各设有两条与回廊相接的廊道，宽6.15米。该殿址出土文物数千件，主要有砖瓦、石制品、陶瓷器、铜器、铁器等。

1号殿址位于宫城西端的天台山上，殿址由殿、阙楼、曲廊组成。夯土台基平面呈长方形，东西长31米，南北残宽15.2米，残高1.2米，台基周围包砌砖壁。从面积看，此殿广约七间，进深约三间。殿前原有东西相对两座阙楼，东阙基址已不存，西阙基址残高约10米，东西残长6.5米，南北残宽6米。曲廊遗址位于殿址东11.5米处，平面呈矩尺形，基址南北残长25米，东西残宽3.7米。此殿居宫城内主要位置，其他殿多环绕周围，似为仁寿宫中心建筑。

2号殿址位于天台山东南隅第一层台地上，已遭破坏。其夯土基址范围尚可辨，平面呈长方形，东西长25.5米，南北宽约22米。基址南部的4个柱础石未被移动，据柱础和磉墩石推定，殿面阔约五间，进深约三间，应是主殿的一座偏殿。

3号殿址位于宫城西面禁苑中，基址为一座夯土高台，高出地面约12米，当地人称点将台。平面呈长方形，东西长约34米，南北宽约25米。据6个磉墩石的分布和台顶的面积看，3号殿面阔约五间，进深约二间。

7号殿址位于天台山以东140米处，是一座高出地面8米的方形土墩台，当地人称梳妆台。经勘探调查，夯土台基东西长59.5米，南北宽54.7米，面积3254.6米。在台基东西两侧的中部，各有一向外延伸的夯土基址。按此殿的位置和规模看，应是仁寿宫中主要建筑之一。或以为此殿为《隋书》所记文献皇后独孤氏居住的永安殿。

在宫城北原玄武门内，公路之西侧，立有唐贞观六年（632年）魏徵撰文、欧阳询书《九成宫醴泉铭》碑、永徽三年（652年）唐高宗自撰自书的《万年宫铭》碑，均建碑亭保护。

九成宫由隋代著名建筑大师宇文恺负责勘察设计并督工建造，借鉴采纳六朝建筑的长处，整个宫殿因山随势，构思奇巧。据考古发掘证实，隋唐的大兴城、长安城、皇城大内的许多建筑都是借鉴仁寿宫、九成宫建筑式样建造，集中展现当时中国古建筑的高超水平与精湛技艺。在中国建筑历史上，产生了长久而深远的影响。《九成宫醴泉铭》碑为唐太宗李世民敕命所作，名相魏徵撰写碑文，记录许多典籍缺载的重要史料，更以欧阳询炉火纯青的楷体书法而名冠古今，被世人公推为"三绝"而享誉海内外。隋仁寿宫唐九成宫遗址所处环境

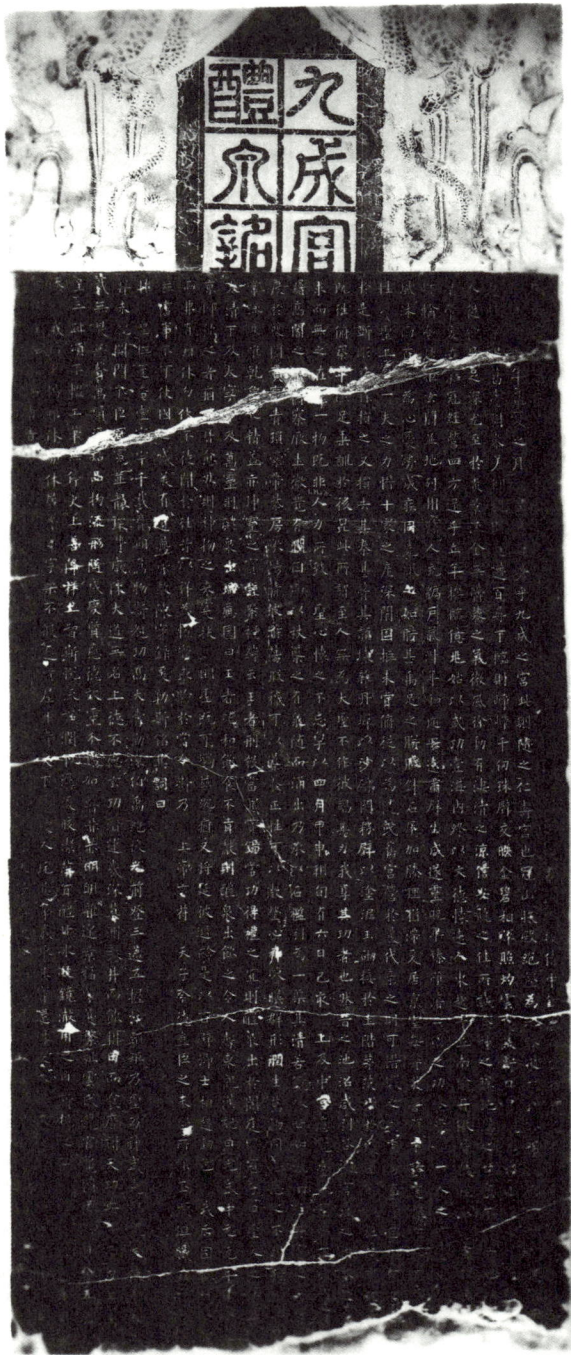

九成宫醴泉铭碑拓片

为研究生态变迁及保护有很大的参考价值。

1957年5月，唐九成宫遗址被陕西省人民委员会公布为第二批陕西省文物保护单位，原公布名"九成宫"。1987年，成立麟游县博物馆。1992年4月，陕西省人民政府公布其保护范围。1996年11月20日，"九成宫"更名"隋仁寿宫唐九成宫遗址"，被国务院公布为第四批全国重点文物保护单位，编号4-0048-1-048。1997年，成立九成宫文物保管所，负责遗址的保护管理工作。已编制《隋仁寿宫唐九成宫遗址"四有"档案》，由九成宫文物保管所保管。

灞桥遗址 为隋至元代桥梁建筑遗址，位于陕西省西安市灞桥区灞桥街道办事处灞桥街村南侧之灞河河道上。

灞河发源于秦岭，经西安城东，北流入渭水。渭水古名滋水，春秋时秦穆公称霸西戎，改名灞水。秦汉时灞河上即建有桥。新莽时被冲毁，曾重修。隋开皇三年（583年），由汉长安城迁都大兴城，遂将灞桥南移，与大兴城外郭城东面的通化门直对，并改建为石桥。唐景龙四年（710年），又在隋桥之南另建一桥，成南北两桥。其后唐宋两代屡有重修。元至元三年（1266年），刘斌集资新建灞河石桥，隋唐石桥废弃。

1994年4月，灞桥镇柳巷村村民在灞河河道挖沙时，发现一件石刻龙头。陕西省考古研究所随即进行抢救发掘，发现一座桥面已毁、

灞桥桥墩遗存

灞桥桥墩遗址

埋藏在河道下2米的古代桥址。根据所出文物及文献资料考证，此桥即为隋唐灞桥，为一座大型多孔石拱桥，估计桥面总长约400米。暴露出的部分石桥墩和桥面两侧的栏板，均为青石质。桥墩为船形，长约9.5米，残高2.68米，石条砌筑，东西方向排列，南北两端均呈尖状，有分水尖，其上部安装有石雕龙头装饰。所见3孔桥洞、4座桥墩，拱跨5.14～5.76米。四座桥墩造型、大小基本一致。桥墩上部有大型雕刻精美的龙头，栏板间的栏柱亦精雕细刻，顶端雕蹲狮。桥面宽7米，桥洞宽5～7米。在桥拱腹中清理出瓷片、琉璃瓦等一批隋至元各时期的填充物。发掘结束后遗址作回填处理。

隋唐灞桥遗址是中国遗存时代较早、规模较大、桥面跨度较长的一座大型多孔石拱桥遗址。灞桥遗址的发现为中国建筑史、桥梁史、科技史的研究提供极为宝贵的实物资料。

1965年10月，成立灞桥区文物管理所，隶属西安市灞桥区文化体育局。1996年11月20日，灞桥遗址被国务院公布为第四批全国重点文物保护单位，编号4-0049-1-049。已编制灞桥遗址"四有"档案，由灞桥区文物管理所保管。

大明宫遗址 为唐代宫殿建筑遗址，位于陕西省西安市未央区、新城区辖区内。

大明宫是唐贞观八年（634年）唐太宗为其父李渊"消暑"，于宫城东北侧的龙首原上所建。初名永安宫，次年改称大明宫。高宗继位后于龙朔二年（662年）大规模扩建，并入住宫中，作为处理政事之所。自此至唐末200余年间，大明宫一直是全国的政治中心，与太极宫、兴庆宫并称"三大内"。因位于太极宫的东北，亦称东内，是唐长安城中最大的宫殿区。唐末昭宗乾宁三年（896年），宫殿遭兵火焚毁。天祐元年（904年），昭宗东迁洛阳，大明宫被弃，遂成废墟。

从20世纪50年代开始，考古工作者不断对大明宫遗址进行田野调查、勘探和重点发掘。1957年，中国科学院考古研究所开始对大明宫遗址进行普探与试掘，至1959年5月，基本将城垣与主要宫墙、城门及宫殿池渠等遗址的范围和分布情况勘察清楚，并发掘了4座城门、麟德殿遗址、部分含光殿遗址等。1959年秋至1960年，又发掘右银台门、含元殿、翔鸾阁、栖凤阁及龙尾道等遗址。20世纪80年代后，为配合新一轮城市建设发展，中国社会科学院考古研究所先后对大明宫清思殿、三清殿、朝堂以及翰林院遗址进行发掘。1995～1996年，采用大面积探方揭露的方法，对含元殿遗址进行了全面发掘，发掘面积达2.7万平方米。进入21世纪，为配合大遗址保护和大明宫遗址公园建设项目，中国社会科学院考古研究所又于2008～2010年，对宫墙和宫门、含元殿等三大殿为主的朝政区域、太液池及周围的后宫区域、北夹墙区域、前朝区域等遗址进行了全面勘探，并发掘揭露兴安门址一处。

大明宫遗址的南部平面呈长方形，北部平面呈梯形，东宫墙长2310米，西宫墙长2256米，南宫墙长1674米，北宫墙长1135米，面积约3.2平方千米。宫城墙垣除城门附近和拐角处内外表面砖砌外，余皆为版筑夯土墙。在东、北、西三面，有与宫墙平行的夹城。宫城共有11门，南有丹凤、建福、兴安、望仙、延政共5门，丹凤门居中为正门，设有五门道，南对丹凤门大街，宽120步（约合176米）。北面有玄武、青霄、银汉三门，东面有左银台门，西面有右银台门和九仙门。唐时，左银台门外驻左三军即左羽林军，左龙武军、左神策军，九仙门外驻右三军，共同警卫宫廷。在北面夹城重玄门之内有统领禁军的北衙。

在通过丹凤门的南北轴线上，有南北纵列的含元殿、宣政殿、紫宸殿三组宫殿。其左右

两侧和宫城北部，建有40余处楼台殿阁以及太液池。已经发掘的有含元殿、麟德殿、三清殿等遗址。

含元殿是大明宫正殿，其遗址位于丹凤门正北龙首原南缘上，距丹凤门400余步，平面呈"凹"字形。殿址台基东西长75.9米，南北宽41.3米，高出地面15米。殿面阔11间，进深4间，各间均广5.3米。殿东西山墙和北面的后墙皆为版筑夯土墙，墙内外壁涂白灰，内侧底部并绘有朱红色边线。殿外四周有宽5米的副阶。台基下周砌散水砖。殿东西两侧建有向外延伸的阁楼，东曰翔鸾阁，西曰栖凤阁，殿、阁之间以曲尺形廊庑相连。龙尾道设在殿前广场的两侧，起自殿前广场的平地，沿两阁内侧的坡道，经三层大台，可迂回登阶上殿。发掘表明，殿堂与殿前广场之间发现两处坡道遗存，而位于第一层大台西部的南伸部分的1条

大明宫遗址远景

大明宫含元殿遗址发掘现场

修复后的大明宫含元殿遗址

坡道与文献记载的龙尾道相符。另外在含元殿遗址南部考古发掘了一处水渠道、三座桥梁、两处道路。含元殿遗址出有大量表面黑色光亮的陶瓦，当是殿顶的屋面用瓦。还出有一些琉璃瓦片，估计此殿的檐口使用琉璃剪边的做法。在台基四周出土残石柱和螭首石刻残块多件。翔鸾阁北廊道的西侧出土许多铁甲片及矛头10个。

麟德殿位于大明宫西部，建于唐高宗麟德年间（664～665年），为宴请和接见外国使节之所。台基遗址南北长130米，东西宽80余米，推知其建筑面积约12300平方米。原由前、中、后毗连的三殿组成，在后殿东西两侧各有一楼，东称郁仪楼，西称结邻楼。二楼前面又各建一亭，称东亭、西亭，其间以回廊相连。遗址中出土大量黑色筒瓦和板瓦，还有少量的琉璃瓦片。台基周围出土很多螭首石刻和石望柱残块。阶道铺有莲花方砖，为其他遗址所少见。从出土遗物可知屋面用黑色陶瓦外，也用琉璃瓦。两层台基均安置有望柱、勾栏、螭首等装饰，螭首绘有红、蓝、绿色。

三清殿位于大明宫西北隅，为宫内奉祀道教的一座高台建筑。台基北高南低，残高约

10米，北宽南窄，平面呈"凸"字形，南北长78.6米、东西宽度南北不一，北部为53.1米，南部为47.6米，面积4000余平方米。台基为夯土版筑，周围砌1.26米厚的砖壁，表面皆顺砌磨砖对缝的清水砖面，其底部铺有磨制工整的基石两层。基石及砖壁向上均呈内收11°角的斜面。其上安石栏及排水石槽等设施。方砖铺排1.5米宽的散水绕于台基下。南面正中设上殿阶道两条，一为踏步阶梯道，长15米，宽32米；另为斜坡墁道，设在台基北端的两侧，长43.25米，上铺压边条石并设石栏。遗址中出土很多绿琉璃瓦和黄、绿、蓝三彩瓦及青灰色陶瓦，还有铜构件及镶嵌在木构件上的铜饰残片等。此外还出有铜佛像1件以及红陶浮雕佛像等。除三清殿外，大明宫中还有其他道观建筑遗址，如大角观、玄元皇帝庙等。

清思殿位于东城左银台门内，为唐敬宗时所建。台基为长方形，南北长228米、东西宽33米。遗址中出土有铜鱼符一件，上有"同均府左领军卫"7字，另出土12件柱础石。

太液池位于大明宫遗址北部，又名蓬莱池，南距紫宸殿200米。池近椭圆形，东西长500米、南北宽320米，池中有一5米多高的蓬

大明宫遗址出土金龙

莱山遗址。沿太液池南岸有宽5米多的夯土建筑遗址，并有大量砖瓦堆积，或为唐元和十二年（817年）宪宗所建"蓬莱池周廊四百间"之遗迹。太液池北发现有数处殿址，当是含凉殿、紫兰殿、长阁及玄武殿等遗址。

大明宫作为唐朝首都长安的主要宫室，在中国古代社会都城制度和宫室制度发展史上，占有不可或缺的地位。大明宫遗址保存较为完整，对于唐代历史研究、唐代都城和宫室制度研究、唐代建筑技术与艺术研究提供重要的实物资料。由于唐长安城被现代西安城市所叠压，存留遗迹甚少。大明宫遗址对于彰显西安历史文化名城地位、开展社会教育、推动城市可持续发展，都是弥足珍贵的文化资源。

1957年8月，大明宫及东西内苑遗址被陕西省人民委员会公布为第二批陕西省文物保护单位。1961年3月4日，大明宫遗址被国务院公布为第一批全国重点文物保护单位，编号1-0156-1-021。1981年，大明宫遗址保管所成立，对麟德殿基址进行复原性保护。1992年4月，陕西省人民政府公布大明宫遗址保护范围与建设控制地带。1995～2003年，联合国教科文组织与中、日两国政府三方联合，对含元殿遗址进行工程保护，并建设展览馆。2004年5

月1日，含元殿遗址连同展馆及砖窑址一并对公众开放参观。2005年7月，陕西省人民政府第17次常务会议审议通过大明宫遗址保护规划。2010年10月9日，国家文物局公布首批国家考古遗址公园，大明宫遗址名列其中。"四有"档案已建立，由陕西省文物保护研究院存档保管。2014年，在联合国教科文组织第38届世界遗产委员会会议上，唐大明宫遗址作为"丝绸之路：长安—天山廊道的路网"的一处遗址点，列入《世界遗产名录》。

华清宫遗址 为唐代离宫遗址，位于陕西省西安市临潼区骊山北麓。

《三秦记》载："始皇初，砌石起宇，名骊山汤，汉武加修饰焉。"此后，历代均在此温泉而建离宫。唐太宗贞观十八年（644年）在此建成汤泉宫。高宗咸亨二年（671年）改名温泉宫。玄宗开元十一年（723年）、天宝六年（747年）两度扩建，改宫名华清宫。玄宗在位期间，几乎每年来此沐浴过冬。安史之乱中，华清宫遭到破坏。至唐末战乱，华清宫被废弃。五代时在宫址上建道观，名灵应观。其后宋、元、明、清乃至民国，道观和温泉建筑屡废屡修。

1967年、1978年、1979年，在华清宫遗址内陆续发现3处古建筑遗址。1967年、1981年，在临潼县城发现宫城北缭墙遗址。1982年，在华清池内基建时发现古建筑遗址。1982～1986年，考古工作者对华清宫遗址进行清理发掘，揭露面积4000多平方米，清理出九龙殿莲花汤、海棠汤（贵妃池）、太子汤、星辰汤、尚食汤等遗址，出土石墙、陶水管道、砖砌水道、唐井及大量建筑材料。在唐代文化层下，出土有秦汉时期的建筑材料。

华清宫布局基本上依据唐长安城禁苑、宫城、皇城、郭城四位一体的设计思想，将会昌县城（今临潼区）、华清宫、骊山禁苑三者合一而成。宫城建于骊山之北，有四门：东开阳门，西望京门，南诏阳门，北津阳门。宫内以隔墙分成东、中、西三区。东区是唐玄宗和杨贵妃的寝殿和沐浴之所，包括瑶光楼、小汤、梨园、飞霜殿、莲花汤、贵妃汤、星辰汤、玉女殿等处，殿倚南宫墙。中区是皇帝处理政务的地方，主体建筑为前后大殿，由东向西依次排列着太子汤、少阳汤、尚食汤和宜春汤四个沐浴池。西区自北而南有果老药堂、十圣殿，殿南并排着瑶坛和羽帐，再南是功德院、宫女沐浴的长汤十六所等。宫中有游乐场、珍禽院、花园、登山的"玉辇路"、长生殿、朝元

阁、老君殿和祭奉女娲氏的老母殿等建筑。

星辰汤浴池平面呈长方形，东西长约18.2米、南北宽5米，残深0.74米，面积约91平方米，使用面积约59平方米。进水口在汤池东南角，退水口在西北角。池壁和底均为双层结构，内层砌砖，表面砌青石。池底残留唐代工匠做工时的砌凿线。汤池大殿保存有3个柱础、西墙和西台阶。柱础位于殿基东面，中心距3.25米。西墙用条砖砌成，南北残长7.5米，高0.43米，宽0.34米。西台阶位于大殿西墙北端西侧，南北走向，残长3.6米、东西宽0.8米、高0.4米。靠大殿西墙发现殿基1处。殿基坐南面北，不设散水，东西长9.8米，南北宽8.3米。柱网清楚，面阔三间，进深两间。

莲花汤亦名御汤九龙殿，位于星辰汤东北方向约30米处。浴池从上向下，分为两层

华清宫汤池遗址

华清宫遗址

华清宫遗址海棠汤遗迹

台式：一层台深0.8米、东西长10.6米、南北宽0.6米，四壁由券石砌成相互对称的莲花形状。第二台阶深0.7米，平面呈规整八边形。底南壁有双进水孔，接秦汉水道，西北角为双出水孔。据文献记载，原进水口上装有莲花喷水头。汤池殿基残存部分铺石地面和9个柱石。殿基坐南面北，东西长约18.75米，南北宽约14.75米，面积约276平方米。地面平铺厚约15厘米的青石板，石板下又铺一层砖。

太子汤位于星辰汤北约14米处。池平面为长方形，东西长约5米、南北宽约2.77米、残深1.2米，使用面积为13.58平方米。进水口在西南角，退水道在东北角。

海棠汤位于星辰汤北约45米处。平面近似椭圆，全用青石砌成，分上下两层台。第一层台深0.72米、东西长约3.6米，南北宽约2.9米，用券石组砌成海棠花形；第二台深0.54米，东西长3.1米、南北宽2.1米，用8块券石砌成海棠花形。池底正中有圆形进水口，直径10厘米，与陶水管道连接。出水口在池底西北角。进水口周围残留圆形的砌凿线，推测是安装莲花喷水头时凿成。

尚食汤位于星辰汤西15米处。平面呈长方

形，二层台式。第一层台深0.7米，东西长7.8米，南北宽3.85米；第二层台深0.5米，东西长7.37米，南北宽3.37米，总面积30平方米。进水口在东壁正中，出水孔在池底西北角。南、北、西壁有对称的石墀。

华清宫遗址中出土有唐代陶质管道200多米。管道为子母口相接，黏接原料为白灰浆，口径0.17米。有大量莲花柱础、方形柱础、莲花纹方砖、带工匠印戳方砖、条砖、筒瓦、板瓦等多种建筑材料出土。

华清宫遗址的考古发掘为研究隋唐城市设计以及帝王离宫别苑的总体设计、内部布局、建筑形制等提供极其重要的珍贵资料；为研究中国古代的沐浴历史，特别是宫廷卫生保健文化提供宝贵的资料，也有助于研究中国古代利用地热资源的历史以及温泉在中国古代医学史上的地位。作为唐代最为重要的一处离宫别馆，并对于研究唐代的政治、经济、文化和宫廷制度等提供重要的实物资料。唐华清宫以其独特的皇家园林风貌与丰富的历史文化遗存，成为著名的休闲度假和旅游胜地。

1956年8月，华清宫遗址被陕西省人民委员会公布为第一批陕西省文物保护单位。1962年，华清宫遗址归陕西省文化局管辖；1980年归临潼县人民政府办公室管理；1986年归临潼县骊山风景区管理委员会管辖；1991年归临潼县文物园林局管理。1992年4月，公布保护范围与建设控制地带。1996年11月20日，华清宫遗址被国务院公布为第四批全国重点文物保护单位，编号4-0053-1-053。1998年12月，华清宫遗址归陕西省旅游集团公司管理。"四有"档案已建立，由陕西省文物保护研究院存档保管。

东渭桥遗址 为唐代桥梁遗址，位于陕西省高陵县耿镇镇白家嘴村西南，距今渭河河道2.6千米。

1967年，白家嘴村民在此挖沙时，发现唐开元九年（721年）六面柱形纪事刻石一通，记述唐开元年间京兆尹"孟公"主持修建"东渭桥"始末。以此为线索，1981～1983年，陕西省文物管理委员会和高陵县文化馆联合对东渭桥遗址进行钻探发掘，发掘面积7834平方米，明确了遗址范围。东渭桥为木柱木梁桥，其遗址平面呈长方形，南北长548米，东西宽11米。桥南端石铺道路残长约160米，残宽12～20米。在发掘范围内，共发现自南向北排列的木柱22排，418根，残高0.5～3米，分方

形和圆形两种。在桥址南侧木柱下方，发现长方形青石条合砌之分水金刚墙4处，均已坍塌移位。在桥址最南端，发现青石雕兽头一件，应为最南端分水金刚墙头之砌饰物。此外，还发现铁钉、铁板、铁拴板及铜钱、铜佛像等遗物。据《唐六典》，唐代长安有3座渭河桥，"木柱之梁三，皆渭水，便门桥、中渭桥、东渭桥"。《雍录》又云："在万年县东四十里，为东渭桥。"以出土纪事碑刻、考古发掘资料，与古代文献相印证，可以断定此遗址应为唐长安渭河三桥之一的东渭桥遗址。

东渭桥系唐渭河三桥之一，是唐长安城通往蒲津关的必经之地，具有重要战略地位；同时，也是渭水漕运的重要集散地。东渭桥为大型木柱桥梁，结构复杂，在中国古代桥梁建筑史上占有重要地位。东渭桥遗址为研究古代大型桥梁建筑技术发展和渭河河道变迁以及唐代历史和渭水漕运史等，提供了不可多得的实物资料。

1992年4月，东渭桥遗址被陕西省人民政府公布为第三批陕西省文物保护单位，同时公布保护范围和建设控制地带。2001年6月25日，东渭桥遗址被国务院公布为第五批全国重

东渭桥遗址石刻出土现场

唐开元九年东渭桥记碑拓片

点文物保护单位，编号5-0118-1-118。东渭桥遗址由高陵县文化馆负责管理。已编制东渭桥遗址"四有"档案，由高陵县文化馆保管。

柳孜运河码头遗址 为隋唐大运河通济渠故道遗址的构成之一，位于安徽省濉溪县百善镇柳孜村。遗址主要分布于柳孜村中心运河故道遗存的两侧，面积约5万平方米。

1999年，泗县至永城省道拓宽改建时发现柳孜运河码头遗址。1999年、2012年，安徽省文物考古研究所对遗址进行两次考古发掘，揭露面积约3000平方米，揭露出34米长的一段河道，发现两岸河堤、石筑桥墩、道路等重要遗迹，在河道中发现唐宋沉船9艘，出土大量的陶瓷器、石锚、骨角器、铜钱、铁器等。重要遗迹有运河河道、两岸的河堤、石筑桥墩、道路、建筑基址和沉船等。

码头遗址出土唐代木船

考古资料表明，隋唐时期柳孜段运河河道宽约40米，北堤宽40米，南堤宽20米。北河堤自隋唐以来一直沿用，基本没有位移过。宋代曾有增筑，河堤顶现残宽13米左右，呈斜坡状的层层叠压堆筑，层厚40～70厘米不等。南堤因早期河道不断淤积，到唐晚期南侧河道便不再清淤，直接依托河道采用阶梯状堆筑技法筑堤，致南岸河堤逐渐向北推进。至宋代，为增加河堤的稳固性和耐冲刷性，南堤采取了"木岸狭河，激流冲沙"的措施，在河堤中打入成排木桩以加固河堤，所以南堤内坡很陡，斜度大约70°。宋代河道收窄，河道宽超过20米、河底宽12～15米、深1～7.5米不等。在河道堆积中第10层为红胶泥层，是运河使用期间最后一次黄河泛滥形成的淤积，时代约为金元时期，其下为黄沙层，是运河使用过程中的沉积，其上为运河废弃之后的堆积，提供河道淤塞废弃的信息。

石筑桥墩在第一次发掘时仅揭露出南墩，第二次发掘在其北面发现对称的石构台体，证明两个石构台体应属于同一座桥的两个桥墩。桥墩均为长方体式墩身，南墩体量略大，长14.3米、宽9米、高5.5米；北墩略小，长12.7米、宽7.7米、残高4.5米；两墩相距约19米。北宋文献记载，柳孜有大桥。从柳孜桥墩遗存的结构分析，推测应为《清明上河图》中的虹桥类型。

石板路位于两岸石筑桥墩中间，占据河道。根据层位判断，其填土在第10层红胶泥层之上，是在运河完全废弃、桥坍塌之后，为沟通两岸道路交通，把中间的河道填平修筑为路基，具有跨河驿道性质。时代约为元代。

码头遗址出土金代红绿彩瓷俑

码头遗址出土宋代影青童子抱鞠瓷塑

发现的9艘船个体中，有3艘相对保存较好。其中，1号船为拖舵船，残存船底板、后舱、尾部及尾舵，残长12.6米；2号船为整木雕凿而成的独木舟，长10.6米；3号船仅存半个帮板和与其相连的一段底板，长23.6米。在短短的34米河段内就发现了这么多沉船，真实反映了当年运河"舳舻相继"，"运漕商旅，往来不绝"的繁忙景象。

遗址出土有大量的遗物，主要是生活用具、娱乐用具、武器、漕运遗物等。陶瓷器占大宗，以碗数量最多，其次有罐、盆、三足器、杯、壶、碟、盏等，还有瓷球、人俑、动物俑、陶球、陶铃、骰子、围棋子、象棋子等。从瓷器的釉色和造型可以初步辨认出寿州窑、萧窑、吉州窑、耀州窑、磁州窑、景德镇窑、建窑、定窑、越窑、长沙窑、钧窑等著名窑口。其他遗物有骨簪、铁矛、铜钱、铜簪、木梳、石球、石磨、石锚等。柳孜遗址出土的陶瓷器，数量之多，窑口之众，实属罕见，为唐宋陶瓷业的生产、运销、外销等方面提供了珍贵的实物资料。

柳孜运河码头遗址的考古成果，显示该段运河的形成、使用、变迁、淤塞、废弃的整个历史变化过程，解决通济渠的流经地点和路线这一历史悬案，证明柳孜是隋唐大运河通济渠沿岸的繁华重镇，是中国运河考古的重大发现，填补隋唐运河考古的多项空白。遗址保存完好，对研究通济渠的流经路线、运河结构、河道变迁、水工技术、造船技术、建桥技术、漕运历史、商旅活动等具有重要的科学、历史和文化价值。

1987年，成立濉溪县文物保护管理所。1999年建立"四有"档案，由濉溪县文物所负责管理。2001年6月25日，柳孜运河码头遗址被国务院公布为第五批全国重点文物保护单位，编号5-0049-1-049。2012年12月26日，安徽省人民政府印发《关于公布大运河遗产安徽段保护规划的通知》，公布柳孜运河码头遗址保护范围与建设控制地带。2013年，柳孜遗址作为大运河项目列入国家"十二五"大遗址保护项目库名单。2014年5月，濉溪县文物保护管理所更名为濉溪县文物事业管理局（加挂隋唐大运河遗址博物馆），负责遗址的保护管理工作和建立健全档案管理，调查、收集有关的当地文物遗存、遗迹、遗物与传统等相关信息，及时补充新发现、新成果和原记录档案需变更的内容。2014年6月22日，柳孜运河码头遗址作为中国大运河项目之一，在联合国教科文组织第38届世界遗产大会上被列为世界文化遗产名录。

台藏塔遗址 是新疆境内发现的最大的一座佛塔遗址，是丝绸之路沿线新疆地区重要的佛教遗存之一，位于新疆维吾尔自治区吐鲁番市三堡乡政府东南2千米的台藏村中。

台藏塔遗址始建于公元6～7世纪（麹氏高昌时期），14世纪末察合台汗国统治者强迫高昌居民信奉伊斯兰教之后，台藏塔逐渐毁败。塔内曾供有一尊巨大佛像，于20世纪初期被毁。其建筑风格继承了犍陀罗建筑形式，是佛

教传播及发展的重要标志。

2008年8～9月，为配合台藏塔遗址保护工程，新疆文物考古研究所对台藏塔进行抢救性考古发掘。先后出土各类陶罐、金器、银器、铜器、钱币等文物。通过发掘确认台藏塔的外形为三级台阶式结构；形制与北庭故城西大寺相似，是一座带有大型内殿的佛塔建筑；台藏塔营建前该地是早期墓地；塔体为夯筑，夯层间加小木钉和芦苇绳；在遗址内殿东壁上甬道内提取芦苇做碳十四测定，其绝对年代为距今约1300年。

台藏塔遗址占地面积939平方米，残高约19.1米。塔身平面略呈"口"字形，朝向南偏西。塔基底部外边南北长约36米，东西残长34米，塔壁基部厚8～12米。塔内中空，内边方约15米。南向正中有宽约3米的缺口。台藏塔外墙采用在整平的台地上夯筑，内侧和壁龛则

台藏塔东立面遗迹

台藏塔南立面遗迹

采用土坯错缝砌筑而成。东、北两侧墙体保存较好。东墙外侧保留有上6、中7、下8三层共21个佛龛。上层北端佛龛顶部保存有壁画，绿色和红色颜料清晰可见。北墙外侧存有上四、下五两层共9个佛龛，位置、高度、形式与东壁的二、三层龛基本相同。西面的墙体上半部分遭到破坏，中间位置有一个后来掏挖的窑洞，南北贯穿墙体，但没有贯通，东西已经贯通。南门可辨认。南门西侧墙体坍塌与西墙体齐平。从排列有序的佛龛内残存的泥塑和壁画痕迹看，台藏塔遗址应是进行重大佛事活动的场所。

台藏塔是新疆境内一处规模较大、保存较好、建造年代较早的佛教建筑遗迹，是佛教沿丝绸之路传播及发展的一处重要遗迹，反映出高昌历史上佛教活动的兴衰以及高昌地区宗教建筑文化融汇东西的特点，具有很高的文物价值。台藏塔遗址在中西文化交流史以及建筑史、宗教史的研究中具有重要地位，特别是对于高昌国佛教文化以及中西佛教文化的交流，佛教由西北印度传入西域过程中建筑艺术风格的影响和变化，吐鲁番地区早期生土建筑的发展和演变等方面的研究，具有特殊重要的价值。

1962年7月11日，台藏塔遗址被新疆维吾尔自治区人民委员会公布为第二批自治区级文物保护单位。1978年，吐鲁番地区文物保护管理所成立，1995年更名为吐鲁番地区文物局，负责吐鲁番地区境内文物保护单位的保护和管理。1999年，高昌故城文物管理处成立，台藏塔遗址文物保护工作由高昌故城文物管理处负责。2001年6月25日，台藏塔遗址被国务院公布为第五批全国重点文物保护单位，编号5-0144-1-144。2003年，吐鲁番地区文物局对遗址的保护范围和建设控制地带进行测量和勘界。2003年，吐鲁番地区文物局联合土地局勘察设计院等有关部门，对台藏塔遗址进行土地勘界，并按照台藏塔遗址总体规划，逐步实施居民搬迁、土地征购、道路硬化及修建围墙等工程项目。2004年12月，建立台藏塔遗址记录档案。存放在吐鲁番地区文物局。2005年，成立专职台藏塔文物管理所，专职负责台藏塔遗址日常的保护管理。2003年8月，新疆维吾尔自治区文物局组织编制的《吐鲁番地区文物保护与旅游发展总体规划》通过国家文物局的审核批准，其中包括《台藏塔遗址文物保护详细规划》。2003年9月，新疆维吾尔自治区人民政府批准公布了《吐鲁番地区文物保护与旅游发展总体规划》。2005年，国家启动丝绸之路（新疆段）重点文物保护工程，台藏塔遗址列入重点文物保护工程项目。2009～2010年，实施台藏塔遗址保护工程，主要对遗址本体进行加固，搬迁周围居民，修建护坡护坎、管理用房、围栏、参观木栈道及台藏塔模型的展示等。2009年7月22日，新疆维吾尔自治区人民政府印发《关于公布新疆维吾尔自治区全国重点文物保护单位保护范围、建设控制地带的通知》，划定台藏塔遗址的保护范围和建设控制地带。

舜帝庙遗址　是汉代以来的祭祀舜帝的遗址，是中国唯一有早期文献依据的舜帝庙遗址，也是中国发现的始建年代最早的五帝陵庙之一。位于湖南省宁远县城东南约34千米处的山间盆地中。北起玉琯岩石灰岩孤丘，南到庙堤埂子江右岸，东到老熊家祖屋地，西到社山月牙形土丘，南北最大纵跨600米，东西最大横径367米，依山临江，面积达20多万平方米。

舜帝庙遗址包括祠庙主体建筑、各类附属建筑基址在内的重点遗存埋藏，占地总面积约为11万平方米；其中宋代殿阁建筑群占地面积15600平方米。

2000年4月，宁远县文物管理局获知当地百姓在耕作中发现形制粗大的古代砖瓦。经湖南省文物考古专家组现场考察，结合文献记载，分析遗址可能属于古舜帝陵庙遗址。2002

年起，湖南省文物考古研究所对遗址进行较大规模的考古调查和发掘。其中，2002年确认遗址重点遗存分布区，并发现汉代典型祭祀遗迹和唐宋大型建筑遗存等重要线索。2003～2004年，展开揭示面积达5000平方米考古发掘；随后2005年、2013年和2016年，分别对汉代舜庙主体建筑、唐宋神道北段、汉代祭坛、汉代至唐宋神道南段及汉代以来迎宾区等文化埋藏地段，进行规模不等的考古发掘或重点勘探，累计新增发掘面积1500平方米，重点勘探面积1100平方米，基本覆盖正殿以南中轴线左右两侧各55米范围内的文化遗存，发现大批西汉以来的重要建筑遗迹、祭祀遗迹及为数众多的建筑类、祭祀类文化遗物。

历年发现的遗迹类型主要包括汉代祭祀坑、祭坛以及由密集柱坑构成的大型单体牌坊类构筑物；包括正殿、寝殿、配享殿、厢房夹室、排水设施在内，占地面积近1.6万平方米的宋代殿阁建筑群；汉至宋元的庙外建筑如神

舜帝庙遗址全景

舜帝庙正殿基址

道、广场以及汉代守陵人砖室墓等。

发现的文化遗物包括建筑陶瓷和专用祭祀陶瓷器。其中各期建筑材料的埋藏极为丰富，且种类多、工艺精、规格高。按类有砖、瓦和相关装饰构件，按质有洗泥、夹砂，按色有灰白胎黑衣、黄（白）胎红衣、橙（米）黄、青灰，按火候有高温、低温，按规格有大小、厚薄、轻重等。祭祀陶瓷则以釉色较匀净的青瓷为主，辅以多色釉瓷。

发掘所见主体建筑各时代大致共处同一层面，建筑功能亦大体相似，却存在不同时代的轴线偏移现象，表明此处存在长时间延续的、功能相近似的大型建筑遗存。

已揭示的宋代文化层面，其基础型建筑遗迹规格甚高。以宋代磉墩为例，瓦砾型磉墩与砾石型磉墩共存，寝殿内磉墩基础边长为1.5～1.7米，正殿内磉墩基础的边长则为2.2～2.4米。类似建筑遗迹规格所对应的通常为大型高等级殿阁建筑。

各类出土遗物中，包含有具有典型意义的铭文标本。重要铭文有反映器物规格与等级内容的"太"字，有体现器物用途的"如鱼""诣杯吴"，有暗含祭祀对象的"舜"字头（省写

"舛"字）；"建筑构件"大系重要铭文有结合了地名、事件、人物的"歙州斋遣匠人吴四"，有包含时间、事件与人物的"开宝……""……作头张……""口作头永清"，有表示器物制作数量的"五""千"等等。

综合历次考古工作成果，可以初步明确舜帝庙遗址属于汉代以来的祭舜遗存，包含两汉、六朝、唐宋等三个大的文化时期。其中，宋代舜庙建筑群中的正殿、寝殿以及部分廊庑建筑已揭露并得到科学确认，从层位关系、出土文化遗物的初步排序分析宋代的舜庙营建曾有过3个规模较大的阶段。此外，通过发掘I区早于南宋的三期建筑基槽以及不晚于东汉早期的祭祀坑和大型建筑遗迹，证实舜帝庙遗址确如文献所载，建庙最早，而且对舜帝的祭祀活动自汉至宋一千多年内是持续不断。

2001年，宁远县人民政府公布玉琯岩古舜帝陵庙遗址为县级文物保护单位，并设立玉琯岩古舜帝庙遗址管理所（2013年3月更名为舜帝庙考古遗址公园管理处）对舜帝庙遗址进行管理。2002年2月，宁远县人民政府印发《关于公布古舜帝陵庙遗址保护范围和建设控制地带的通知》，对遗址的保护范围、建设控制地带作出明确规定。2004年8月8～12日，国内考古学、历史学、建筑学等多学科专家学者赴发掘现场，对遗址的性质与时代关系进行考察论证。2006年5月25日，舜帝庙遗址被国务院公布为第六批全国重点文物保护单位，编号6-0167-1-167。2007年3月编制《湖南省宁远舜帝庙遗址文物保护规划》，2013年《湖南省人民政府关于〈湖南省宁远舜帝庙遗址文物保护规划〉的批复》文件公布实施。2011年，国

家文物局下达专项资金进行舜帝庙遗址本体保护工程；2012年，国家文物局下达大遗址保护专项资金240万元。2013年，国家文物局批准《宁远舜帝庙遗址考古工作规划》。2014年，对舜帝庙遗址进行考古发掘。同年，国家文物局批准《湖南省宁远县舜帝庙遗址保护展示方案设计》。

金中都水关遗址　是金中都南城垣水关遗址，位于北京市丰台区右安门外凉水河以北玉林小区甲40号。

1990年10月，北京市园林局在丰台区右安门外玉林小区建宿舍楼挖基础施工时发现遗址，北京市文物研究所为配合施工先进行局部清理，确定金中都南城垣下出水口的具体位置。1991年3～6月，北京市文物研究所对遗址进行正式的考古发掘。遗址呈正南北向，河水由城内从北向南经过城墙下的水关流入护城河。水关的上半部建筑已被破坏，残存基础部分。水关遗址主要由城墙下过水涵洞底部的地面石、洞内两厢残石壁，进出水口两侧的四摆手及水关之上的城墙夯土四部分组成。平面呈"]["形，全长43.4米，其中，过水地面石的长度是21.35米，两厢石壁之间宽7.7米。石壁两端与四摆手相接处略宽，分别为8.3米和8.45米。两厢石壁墙长18.7米，保存最高处为1米。北面入水口宽11.4米，南面出水口宽12.8米。在四摆手外端有石砌泊岸，泊岸残长2～4米不等。入水口东西两侧的石板摆手呈倒"八"字排列，在四摆手和过水地面石两端钉有一排密集的摒石桩，在出水口南侧钉有两排相互交叉的固定水关基础沙层的护桩。

水关建筑整体为木石结构，木桩、衬石枋、石板紧密相连，整体坚固合理。主体呈长方形，底面铺石板，用大铁钉与下面的衬石方（方形横木）固定。金中都水关遗址的地层堆积厚5～6米，根据地层叠压关系及文化层中出土的遗物，可分为六层：现代堆积，表土及近代杂土层；近代淤积，黄褐色淤土层，无遗物；明清淤积，黑色淤土层，出土有明清瓷片。元代中晚期堆积，砂石夹淤泥层，出土较多金元时期的残砖瓦及陶、瓷片；元代早期堆积，黑色纯净淤泥层，主要分布在水关两厢壁中部的地面石以上，出土有金代陶、瓷等遗物；金代堆积，砂石层，是水流冲积而成的砾石及散沙，在地面石的石板之上，出土遗物有金代铜镜及少量瓷片。

金中都水关遗址

金中都水关遗址出土掰石桩

金中都水关遗址是北京城内仅存的几处金代遗址之一，也是已发现的中国古代都城水关遗址中规模最大的一处，建筑形制与北宋《营造法式》中"卷辇水窗"的规定一致，是研究中国古代建筑和水利设施的重要实例，亦是研究中都城内水系流向问题的重要资料。水关遗址的位置在金中都丰宜门和景风门之间的南城墙下，遗址的发现证实西湖（莲花池）水自金中都城西北进入城内经鱼藻池（青年湖）过龙津桥后向东南的走向和经南城墙入护城河的确切地点。

1995年4月，依托遗址发掘现场建立北京辽金城垣博物馆对全社会开放。北京辽金城垣博物馆是金中都水关遗址的专门管理机构，对水关遗址进行原地保护。1997年，与中国林业科学院木材研究所合作，完成水关遗址木结构一期治理工程及水关遗址通风除湿工程。2001年，北京市文物研究所对金中都水关遗址"关键柱"实施加固保护工程。2001年6月25日，金中都水关遗址被国务院公布为第五批全国重点文物保护单位，编号为5-0001-1-001。2004年4月27日，北京市人民政府印发《关于公布第五批六项第六批五十一项文物保护单位保护范围

建设控制地带及一项北京市文物保护单位更名的通知》，公布金中都水关遗址的保护范围及建控地带。2004年12月，建立金中都水关遗址"四有"档案，保存于北京辽金城垣博物馆。

白塔寺遗址 是元至清代藏传佛教幻化寺及萨迦·班智达灵骨塔遗址，位于甘肃省武威市凉州区武南镇白塔村刘家台庄。遗址地处祁连山山脉北部平原地带，武威绿洲中心，地势平坦，土壤肥沃，杂木、黄羊两河从南至北经流。

白塔寺始建于西夏以前，元、明、清重修续建，原占地面积25万平方米，位凉州四寺之首。白塔寺遗址是元至清代藏传佛教幻化寺及萨迦·班智达灵骨塔遗址，元萨班改为藏传佛教寺院，明宣德时改为庄严寺。建筑大都毁于民国10年（1921年）大地震和"文化大革命"期间。

据《元史》《新元史》等文献记载，元太宗七年（1235年），蒙古大汗窝阔台派其子阔端统兵入陇右，征服金人残部秦（天水）巩（陇西）二十余州。太宗十二年（1240年），阔端又受命率军进入吐蕃（西藏），召见西藏最有影响的喇嘛教萨迦派首领萨迦·班智达（简称萨班）。乃马真后元年（1242年），阔端开府西凉（武威），称西凉王。乃马真后三年（1244年），萨班先派遣两个侄子前往凉州，而他本人就归顺蒙古，与各地势力进行磋商后从拉萨出发，经两年跋涉，蒙古定宗元年（1246年）八月到凉州。当时阔端不在凉州，萨班即开始在白塔寺设坛传教讲法。次年（1247年），阔端返凉州，两人即在寺内会面，举行历史上有名的"凉州会谈"。会谈中双方友好协商，萨班代表吐蕃各地各教派僧

白塔寺萨班灵骨塔遗址

俗，与阔端达成协议，同意吐蕃归蒙古，蒙古亦尊重吐蕃各教派首领的权利。起草《萨班致蕃人书》（《萨班世系史》），赢得吐蕃各界的认同和欢迎。此后，蒙古汗国通过萨班宗教领袖实现对吐蕃的统治，结束吐蕃王朝崩溃后400余年的混乱局面，使吐蕃成为中国行政区划的一部分。会谈结束后，在阔端的盛情挽留和凉州臣民的大力支持下，萨班留居凉州，并精心策划，按照佛教天地生成的理论，以凉州城内原有的罗什、清应、大云三寺为中心，象征须弥山，在其周围改建、扩建四座藏传佛教寺院，象征四大部洲，藏语称作凉州岱宇。四座寺院，即东部幻化寺、西部莲花寺、南部灌顶寺、北部海藏寺。其中幻化寺即白塔寺，因塔呈白色而得名，藏语"谢尔智白代"，萨班住幻化寺，作为说法布道的场所（《安多政教

史》）。萨班主持5年多，于宪宗元年（1251年，藏历阴铁猪年）十一月十四日凌晨，伴着各种异兆安然圆寂，享年70岁。阔端为他举行盛大的悼祭活动，用紫白檀木火化真身，在寺内建起七级灵骨白塔（清康熙二十一年《重修白塔碑记》），由萨迦第五祖师八思巴主持开光安神仪轨，后继续主持幻化寺。此后不久，阔端亦卒于西凉府，次子蒙哥都将父葬于牧马城附近（甘肃肃南裕固族自治县皇城镇草原）（《大清一统志》、乾隆《甘肃通志》）。

白塔寺遗址的考古调查研究工作开展较早。从20世纪50年代开始，多次调查，历年收集遗址出土的陶器、瓷器、钱币、藏文和汉文写经、泥塔婆、小泥佛、碑刻等遗物。1998年，甘肃省文物考古研究所调查并作试掘。

1999～2000年，中国社会科学院考古研究所与甘肃省文物考古研究所联合对白塔寺遗址进行考古发掘，获得基本资料。

白塔寺院坐北向南，由围墙及各种遗址构成，平面呈长方形，南北长430米，东西宽420米，墙基宽3.1米，残高0.50米，占地面积18万平方米。白塔仅存基座，由台基和基座两部分组成。台基为正方形，元代始建时边长24.75米，明代重修包砖，边长27.5米，高0.3米。基座南北长17.5米，东西宽14.75米，残高5.25～5.7米，夯土筑体外包砖，十字折角形。

白塔寺遗址由寺院遗址、萨班灵骨塔遗址等构成。据明代《重修凉州白塔碑》记述，寺院原筑有佛城，四周围墙，城墙上有八座墩台，院内有塔林。萨班灵骨塔为独立的塔院，位于寺内南部，高十六寻（约42.7米）。塔内安放灵骨，又建小塔50余座，藏舍利。萨班铜像原置寺院萨班殿内，元末寺毁被移至大河驿铜佛寺，后寺毁，又移存大云寺。像高1.2米，铜头铁身，身穿袒右肩袈裟，结跏趺坐，双手结禅定印。有三通石碑。《重修凉州白塔碑》，出土于白塔塔身内，青石质，碑高0.49米，宽0.39米，厚0.06米。首题"重修凉州白塔寺"，尾题"大明宣德五年岁次庚

复建的部分白塔

戌六月吉日"。从《重修凉州白塔碑》可知，白塔寺始建于西夏以前，西夏时曾重修。《建塔记碑》，出土于白塔塔身内，青石质，碑高0.425米，宽0.26米，厚0.10米。额题"建塔记"，尾题"大明宣德六年岁次辛亥六月初吉日立石"。《重修白塔碑》，立于白塔东北侧，青石质，碑高2.2米，宽0.78米，厚0.22米，碑座长1.05米，宽0.3米，高0.3米，额题"重修塔院碑记"，首题"重修白塔碑记"，尾题"龙诰康熙壬戌年菊月上浣吉旦立"。

1992年9月21日，国务院发表的《西藏的主权归属与人权状况白皮书》中指出："凉州白塔寺是西藏纳入中国版图750多年的历史见证。"众多学者一致认为，"凉州会谈"在中国历史上有重要的历史地位，这一历史性的会谈决定西藏正式成为中国元朝中央政府直接管辖下的一个行政区域，标志着西藏从此纳入中国版图，在中国多民族国家形成的进程中具有深远而特殊的意义。而白塔寺正是这一重大历史事件的见证地和纪念地。

2001年，经国家文物局批准，对萨班灵骨塔进行加固维修，同时对塔身进行防风化PS液体加固。

2001年6月25日，白塔寺遗址被国务院公布为第五批全国重点文物保护单位，编号5-0125-1-125。2003年，白塔寺遗址被甘肃省人民政府公布为省级文物保护单位。是年，经武威市凉州区人民政府批准，成立白塔寺管理处，2004年，建立白塔寺遗址全国重点文物保护单位记录档案，由凉州会谈纪念馆保管。2005年，甘肃省人民政府印发《关于公布我省第五批全国重点文物保护单位保护范围及建设

控制带的通知》，划定白塔寺遗址保护范围和建设控制地带。

永丰库遗址 是距今700余年元代庆元路一处重要的仓储遗址，位于浙江省宁波市海曙区鼓楼以东、府桥街以南、蔡家弄以西、中山西路以北，已发掘揭露总面积约3500平方米。

永丰库遗址地处的鼓楼一带，自唐代长庆元年（821年）始建明州（宁波）子城，其后一直是城市的核心区域。1987年，为配合宁波旧城改造，抢救保护明州子城遗址，宁波市文物考古研究所对鼓楼西北侧地块进行第一次考古发掘；1997年，对府桥街以北地块进行第二次考古发掘；2001～2002年，又对鼓楼以东即永丰库遗址所在地块进行第三次共两期考古发掘。总发掘面积约3500平方米，揭露出以两处单体建筑基址为核心，砖砌道路、庭院、排水设施、水井、河道等相互连接、布局比较完整的宋、元、明三代上下叠压的大型仓储遗址，出土大量不同时期的文化遗物，成为宁波最重要的城市考古发现。

由于永丰库遗址所在的鼓楼一带历史上一直是城市的核心区，不同时代的文化堆积相互叠压影响，且历经多次扰动，情况十分复杂。从考古发掘情况看，大体可分为10层：近现代表土层，清代文化层，明代中、晚期文化层，明初扰乱层，元代晚期文化层，元代早、中期文化层，南宋文化层，北宋中、晚期文化层，五代至北宋早期文化层，唐代文化层，但其中

永丰库遗址全景

永丰库遗址排水明沟

永丰库遗址砖砌甬道

也包含有少量汉至六朝时期的文化遗物,当为扰动所致。共出土完整或可复原文物标本800余件,主要为陶瓷器,也见有铜器、钱币、建筑构件等。瓷器涵括中国古代许多著名窑口,如越窑、定窑、长沙窑、吉州窑、磁州窑、磁灶窑、建窑、德化窑、景德镇等地的产品。发现遗迹主要为南宋至明清时期的建筑基址,且其相互间存在叠压与打破关系。南宋遗迹主要见有台基、墁道、踏道、散水、排水沟、花坛、道路、地坪、水井等;元代遗迹主要见有两座大型房基;明清遗迹主要见有房基、排水沟和河道。其中,发现的两座元代大型房基(F1号房址和F2号房址),即为文献记载之元代永丰库的主体建筑基址。

1号房址面积较大,其长方形围墙的南北中心间距约15.3米,东西中心间距约54.04米;共分四大间,每间东西向中心间距约13.67米,每间使用面积约182.61平方米,总使用面积约730.44平方米;墙外围东西长约56.3米、南北宽约16.7米,总占地面积约940平方米。砌筑时,系利用南宋时期的1号台基为基础,并对台基面做了一定的修理平整。围墙砌法是先挖长条形的锅底状连磉,内填掺有碎砖瓦的渣土,上部或垫砖块,至接近台基表面时再排列方槽石。方槽石制作较粗糙,中间凿有方孔,其正面角上有时可见"一""二""十""十一""十八""二十""毛""日""余""本""上"等刻文。各块方槽石间的中心间距约为0.6~0.9米,相距很近,不像栽结构柱,而是立永定柱。

根据1号房址规模、布局、结构、砌法等,可大致判定其性质应为仓储类建筑。2号

永丰库遗址出土唐青铜私印"文房之印"

房址保存情况相对较差，因局部延伸入现代房屋之下无法实施考古发掘，故其揭露面积也相对较小。从已揭露情况看，其砌筑时亦系先在南宋2号台基之上挖连礤，深约0.6米，上部置方槽石。以方槽石为中心按对称法则推算，其墙体宽度当在1.4米左右。围墙外侧距2号台基包砖墙西约1.6米、南约2.8米。但2号房址对2号台基并非如1号房址对1号台基那样做过大面积翻动平整，从已揭露的部分也看不出2号台基的墙体走向与其包砖是否有不平行的情况，说明2号房址与2号台基的关系较1号房址与1号台基的关系似乎更为紧密。从整体建筑风格观察，2号房址与1号房址较为相似，其时代及性质也应与1号房址相近。

地方文献中关于永丰库的记载不少。如元《延祐四明志》："永丰库，在录事司西北隅，奉国楼里，平准库之后。"《至正四明志》："永丰库，在西北隅，明远楼里，东首，原系宋常平仓基。"关于元"平准库"的位置，《延祐四明志》载："平准库，在录事司西北隅纯孝坊，宋节推厅故基。"南宋《宝庆四明志》载节度推官"听事"旧在明州子城

之西门外，南宋隆兴元年（1163年）迁于"奉国门之东，宣诏亭之后"。关于宋常平仓的位置，《宝庆四明志》亦有记，在"奉国门内之东"。而所谓的奉国军门，就是当时的明州子城城门，元至治元年（1321年）重建后改称明远楼，即宁波市海曙区鼓楼所在。结合以上文献记载，最终确定考古发现之F1与F2两座大型建筑基址为元代的永丰库遗址。

永丰库遗址是中国首次发现的古代地方城市的大型仓库遗址，为研究中国古代仓储类建筑和中国古代建筑史提供重要的实物佐证。永丰库遗址的发现，为研究包括宁波在内的中国古代城市格局提供重要的实物资料。永丰库遗址丰富的出土文物，充分反映古代宁波在对外交通贸易中的重要地位，对研究中国海上交通史和"海上丝绸之路"同样十分重要。

2006年5月25日，永丰库遗址被国务院公布为第六批全国重点文物保护单位，编号6-0092-1-092。永丰库遗址"四有"档案，分别保存于宁波市海曙区文物保护管理所和宁波市文物保护管理所。2015年前，永丰库遗址由宁波市文物保护管理所负责日常保护管理工作；2015年起，由宁波市海曙区文物保护管理所负责。2015年9月，浙江省人民政府划定永丰库遗址的保护范围和建设控制地带。

圆明园遗址 是规模最大的清代皇家园林建筑遗址，位于北京市海淀区海淀乡西苑村，西南与颐和园毗邻。

圆明园是圆明、长春、绮春三园的统称，其中圆明园居西、长春园居东、绮春园居于南，三园毗连，呈倒"品"字形布局。三园东西总长2620米，南北总宽为1880米，周长

11000米，占地3.5213平方千米，其中陆地面积2.284平方千米，水域面积1.2373平方千米，共有园林风景组群108处，总建筑面积约17万平方米。

圆明园大规模的兴建始于清康熙四十八年（1709年），后又历经雍正、乾隆、嘉庆、道光和咸丰五代皇帝不断扩建和经营，最终建成圆明、长春和绮春三座大型皇家御苑，统称圆明园。康熙年间（1662～1722年），迁走后华家村，利用原有风景地貌，开始修建圆明园。《日下旧闻考》卷九十九载："畅春园迤北旧有前华家屯、后华家屯，世宗宪皇帝潜邸时，圣祖赐园于后华家屯，赐额曰圆明园，后遂为驻临视事之所。"据康熙五十八年（1719年）雍亲王胤禛（后来雍正帝）《园景十二咏》看，当时的园区主要在前湖、后湖周围，东界已到福海西岸的"廓然大公"一带，北界至"水木明瑟"一带。雍正皇帝即位后，效仿

康熙皇帝"避喧听政"的旧制，每年的大部分时间都居住于圆明园，在此举行朝会，处理政务。如雍正三年（1725年）八月二十九日，雍正谕吏部兵部："朕在圆明园与在宫中无异，凡应办之事俱照常办理。若因朕在圆明园，尔等将应奏之事少有迟误，断乎不可。若无应奏之事，尔等照常在衙门办事，不必到此。至理事之日或尔等有应奏之事，春末至秋初可趁早凉于晓钟时起身来，秋末至春初天时寒冷，于日出之前起身来。不但尔等不受寒暑，即跟随人夫亦不至劳苦，可传知各衙门。"（《世宗宪皇帝上谕内阁》卷三十五）甚至一些不是很重要的祭礼等活动，雍正在圆明园设祭一如在宫中。如雍正八年（1730年）四月二十一日，上谕："每年夏至祭方泽坛，朕在圆明园，遣官行礼，仍在圆明园设祭。今年夏至如往圆明园去，则照旧例祭祀，如在宫内。"（《国朝宫史》卷三）圆明园升格为御园后，从雍正三

圆明园十二生肖喷泉及海晏堂遗址

圆明园大水法遗址

年（1725年）起进行大规模的扩建。扩建的内容有几个部分。第一部分，向南延伸中轴线，在南部"建设轩墀，分列朝署，俾侍直诸臣有视事之所。构殿于园之南，御以聽政"（《世宗宪皇帝御制圆明园记》，载《世宗宪皇帝御制文集》卷五），即宫廷区的外朝部分，共三进院落：第一进为大宫门、左右外朝房、内阁各衙门的值房，第二进为二宫门、左右内朝房、茶膳房、缮书房、清茶房、军机处值房，第三进正殿正大光明殿、勤政亲贤殿、翻书房、内膳房以及正北则为内寝的大片建筑。第二部分，在原来的基础上向北、东、西三面扩展，改造河渠水网，构成以建筑组群为中心，水流萦回、岛堤穿插、堆山障隔的局部园林空

间。第三部分，扩建福海及其周边的建筑组群。第四部分，沿北宫墙扩建。扩建后的圆明园面积达3000多亩，圆明园四十景中有三十三景初具规模。乾隆即位后，奉皇太后居于畅春园，并对圆明园进行扩建和调整，至乾隆九年（1744年）最终形成著名的"圆明园四十景"，并命宫廷画师唐岱等绘成《圆明园全图》，共八十幅，乾隆还各赋一首对题诗。乾隆十六年至五十一年（1751～1786年），对部分景群进行改建。嘉庆时期，修缮、改建别有洞天的局部，改平湖秋月殿为三卷殿镜远洲，改、添建武陵春色的恒春堂戏台院；改皆春阁群楼为课农轩，增建观澜堂三卷大殿。道光、咸丰一直到英法联军劫毁前，都在不间断对圆

明园改、添建，但大的格局没有改变。

长春园位于圆明园东侧，是乾隆皇帝在康熙朝大学士明珠自怡园旧址上兴建的，因乾隆幼时曾居于长春仙馆而得名（参见乾隆三十五年《御制长春园题句》，《日下旧闻考》卷八十三）。清乾隆十年（1745年），长春园已全面兴工，园林建筑遍布中路和西路各景。长春园北部有单独的一区欧洲式宫苑"西洋楼"是从乾隆十二年（1747年）开始筹划，至乾隆十六年（1751年）建成。是年正式设置长春园管园总领。乾隆十七年后又陆续有一些添建，如茜园、方外观、海晏堂、大水法等。乾隆三十一年至三十七年（1766～1772年），集中增建长春园东路诸景。到乾隆四十八年（1783年），还在西洋楼景区添建高台大殿远瀛观。嘉庆时期大规模重修如园，在茜园东部改建成碧静堂，在淳化轩东侧添建戏台和看戏殿，修缮鉴园。道光时大规模修葺狮子林，局部改建

圆明园远瀛观遗址

泽兰堂。全盛时的长春园占地70万平方米，拥有园林风景20多处。

绮春园原是怡亲王允祥的交辉园，乾隆年间改赐给大学士傅恒及其次子福隆安，时称春和园。福隆安死后，春和园缴进皇室。清乾隆三十四年（1769年）十月定名为绮春园。乾隆三十九年（1774年），正式设绮春园管园副总领。乾隆后期主要添建宫门、朝房、公主房。绮春园的修缮、改建和扩建主要是在嘉庆时完成。嘉庆四年（1799年）又将成亲王赐园西爽村并入。至嘉庆十年（1805年），建成"绮春园三十景"。嘉庆十四年（1809年），在正觉寺东侧正式建成绮春园宫门和勤政殿。嘉庆十九年（1814年），绮春园西南部新建成含辉楼、招凉榭、惠济祠、畅和堂、澄心堂、湛清轩诸景。圆明三园终于达到全盛规模。道光、咸丰时期，对绮春园又进行改建和增建，主要是为奉养皇太后、皇太妃等。

三园共有园林风景组群108处，总建筑面积约17万平方米。清咸丰十年（1860年）第二次鸦片战争中，圆明园惨遭英法联军抢掠并被纵火焚毁。光绪二十六年（1900年），八国联军入侵北京，慈禧太后挟光绪皇帝仓皇逃奔西安，侵略军烧杀掳掠，京畿秩序大乱，圆明三园景观遭到彻底毁灭。此后圆明园又遭劫掠，圆明园遗址除西洋楼旧址外，凡具有文物价值的碑碣、石坊、石雕、石刻以及残存的砖石、建筑构件等几乎被抢运殆尽。

1994年8月31日起，北京市文物研究所对圆明园"藻园""十三所""山高水长"三处遗址开展考古勘探工作。1994年9～12月，对藻园遗址进行部分发掘，发掘面积4600余平方

米，揭露出藻园遗址西部建筑群之全部和东部之一部。"藻园"遗址西部保存比较完整，东部破坏严重，遗址的地上建筑已全部被毁，揭露出的是其建筑的基础部分及院内残存的石子甬路、水池等。此次考古发掘结合文献记载对藻园遗址进行了复原，考证藻园遗址的平面布局以及建成、毁废、重修的年代。2001年4月至2003年12月，北京市文物研究所对圆明园长春园含经堂遗址进行科学发掘。2001年、2003年、2004年又分三次对长春园宫门区及澹怀堂遗迹进行考古发掘。2004年3月，北京市文物研究所对圆明园正觉寺天王殿进行考古发掘。2004年11月，北京市文物研究所对位于圆明园区内的清代水闸遗址进行考古发掘。水闸由闸门、水道、护堤和柏木桩几部分组成。闸门水道呈南北向长方形，中间设木结构板闸一道，

镶嵌于东西两侧的石堤凹槽内，底部用条石错缝平铺加白灰膏砌成。条石对接处用银锭锁相接。2005年5月，北京市文物研究所对圆明园正觉寺山门前道路进行考古发掘，清理门前甬路1条、房址1处、水道2条。

含经堂遗址的全面发掘，彻底搞清含经堂宫苑建筑景群的建筑格局、规模、结构特点及局部改建和添建的情况，由于含经堂遗址保存状况较好，因而获得一批较为完整而系统的考古资料，结合《钦定日下旧闻考》和《雷氏旨意档》等清代史料，明确含经堂宫苑景群主体建筑的年代，是乾隆十年至三十五年（1745～1770年）清朝全盛期兴建的，如整个南区建筑和北区中路、西路建筑以及东路中的渊映斋，还有东路宫墙以外的买卖街、井亭，甚至宫苑西北隅山脚下的值房、东南山口外临

圆明园蕴真斋与北院门遗迹（自东南向西北）

水处的云容水态敞厅等，仅有很少一部分建筑（北区东路建筑中的扮戏房、戏台、神心妙达看戏殿及宫苑东北隅和东侧山脚下的库房），是属于嘉庆十九年（1814年）之后改建和添建的。因此，作为乾隆皇帝寝宫的含经堂宫苑，其建筑景群的设计、建造技艺与质量，代表清代皇家园林建筑设计和营造的最高水平。

含经堂遗址宫殿内发现的供暖设施——20余座各种形式的连地炕遗迹，以有力的具象资料证实含经堂宫苑的性质确为清皇室的御园寝宫。遗址东西南北各区域内发现的石沟漏、石沟门、沟漏盖等多处排水设施，南区广场上的铺地纹及带有铺地纹的圆形和长方形毡帐遗迹，还有成排树坑遗迹的发现等，表明含经堂当初的设计与营造十分周详和考究，填补清代文史典籍中有关含经堂御园寝宫记载的遗漏与空白。

含经堂遗址中出土的近千件文物，尽管绝大多数为残件，但其中亦不乏有一定历史价值者，如淳化阁帖汉白玉石刻和乾隆款和阗墨玉钵及乾隆款仿漆工艺红釉菊花瓣瓷盘（残件）等文物标本，都是长春园含经堂宫苑建筑景群建于清乾隆时期、含经堂宫苑即为清乾隆帝寝宫的实证依据之一。

含经堂遗址大多数宫殿基地及其周围地面，都发现有被大火焚毁的已经酥碎、泛红的砖面和迸裂的石材遗迹，在戏台地井中，更发现厚厚的炭灰和被烧焦的黑色柏木戏台地板的遗迹，还有的大殿柱础石的柱窝里，尚残存着木炭灰烬等火烧遗迹，是含经堂宫苑在1860年10月惨遭英、法侵略军抢掠并纵火焚毁的具体罪证。

圆明园是中国封建社会时期皇家园林的最后代表之一，是18世纪集中外造园文化之大成的园林杰作。作为"万园之园"的圆明园，集中东西方园林建筑技艺的精华，是世界园林建筑艺术的荟萃之地。圆明园凝聚了18世纪中外或东西方园林设计与景观艺术的技术典范，能够展示近代东西方人类文明交流的历史。以圆明园为代表的三山五园清代皇家园林，是18世纪人类开发和利用湿地的优秀案例，成为人类文明与自然环境相互作用并融为一体的典范。

1976年11月，遗址专管机构圆明园管理处成立。1979年8月21日，北京市人民政府公布圆明园遗址为北京市文物保护单位。1983年，经国务院批准的《北京市城市建设总体规划方案》，把圆明园遗址规划为遗址公园。1987年12月19日，市政府同意市规划局、文物局《关于第二批划定120项文物保护单位的保护范围及建设控制地带和第一批划定文物保护单位建设控制地带作一项更改的报告》，公布圆明园遗址的保护范围及建控地带。1988年1月13日，圆明园遗址被国务院公布为第三批全国重点文物保护单位，编号为3-0221-1-041。1988年6月，圆明园遗址公园对外开放。1991年7月13日，北京市人民政府印发《关于严格控制颐和园、圆明园地区建设工程的规定》，自8月1日起施行。1994～1999年，遗址公园全面复建三园围墙。1999年5月，北京市政府组织编制《圆明园遗址公园规划》，分别于2000年9月29日和2001年12月13日得到建设部和国家文物局批复同意。

第四节 矿冶、陶瓷及其他遗址

铜岭铜矿遗址 商周时期长江流域重要的青铜采掘和冶炼遗址，采矿区位于江西省瑞昌市夏畈镇铜岭村铜岭头，在矿山周围的山脚下分布有邹家、下戴铜石坡、余家山、焦炭厂和禁地铜石坡等冶炼、居住遗址。遗址总面积约30万平方米。

1988年春，铜岭村民在修筑矿山公路时发现遗址。1988～1991年，江西省文物考古研究所、瑞昌市博物馆连续四个秋冬对遗址采矿区进行抢救性发掘，清理发掘面积1800平方米，在此范围内清理出矿井103口、巷道19条、露采坑3处、探矿槽坑2处、工棚6处、选矿场1处、研木场1处，还有用于矿山管理的围栅设施等遗迹；发掘和征集铜、木、竹、石、陶等文物计468件。1992年，在周边开展调查工作，发现檀树咀遗址，并对位于邹家和戴家铜石坡的冶炼区进行小面积发掘。

采矿区发掘范围内的文化堆积分为十大层：第1层为近现代扰乱层，第2～6层为山体滑坡所形成的坡积层，第7～10层为采矿堆积层。第7层与层下开口的遗迹为战国早期；第8A、B，第9A、B层及地层下开口的遗迹为春秋时期；第9C层及此层下的遗迹年代为西周时期；第9D、第10A两层及在层下开口的遗迹为商代晚期；第10B及层下遗迹为商代中期。

铜岭采矿区出土遗物丰富，开采工具有铜制斧、锛、凿、钺等，装土工具主要有木质的铲、锨、撮瓢等，盛矿土用的工具有竹篓和竹筐，提升工具有木滑车、木钩。出土数量较多的是生活陶器，器形有鬲、斝、鼎、罐、豆等，时代特征明显，为确定铜岭铜矿遗址的矿山开采年代提供了重要依据。如遗址J11号地点底部出土的陶斝（敛口、折沿、分裆、锥状袋足、麻花形把手、器表饰中粗绳纹）与二

铜岭铜矿遗址出土商代木滑车构件

铜岭铜矿遗址出土春秋木滑车构件

铜岭铜矿遗址出土商代木铲

里岗上层陶斝作风相似，这与J11号地点距今3330±60（北大测定）的碳十四测年相印证。

考古发掘显示，铜岭铜矿遗址集采矿、选矿、冶炼于一体。在探矿方法上商代采用探槽法，西周之后除保留探槽法外，主要是采用小型矿井探矿法。铜岭铜矿采矿方法从商代中期开始以坑采为主、露采为辅，地下开拓方法以单一开拓法为主，少见联合开拓法，井多巷少，开拓面较窄；西周以后，矿工将方框支护用于地下采场的地压管理，形成方框支柱法，除单一开拓法和井巷联合开拓法外，出现竖井—平巷—盲井联合开拓法；西周晚期开始出现采矿主井；春秋时期为扩大采场，除在矿井底部有平巷外，还出现中段平巷。为防止塌方，铜岭铜矿在商代中期的井巷中已采用较为规范的木支护工艺，以后结构不断改进，逐步形成木架支护具有抵抗侧压、顶压和地鼓的综合能力。古矿井中有整套排水系统：一是利用废弃巷道或开掘狭小巷道专用于排水；二是在巷道内设置木质排水槽和集水井，然后用水瓢、木桶以及吊桶专用的弓形木等辅助工具将水排出地表。井巷掘进采用青铜工具挖掘和火爆破碎。井巷通风除依靠自然通风外，矿工及时将废弃的巷道密闭，引导风流沿新的采掘方向前进。井巷照明主要使用竹签和含油脂较高的松柴类。

铜岭铜矿遗址选矿工艺形式大致可分盘淘洗和溜槽淘选两种。盘淘洗即用木勺、竹盘和船形木斗等工具淘洗。西周木溜槽的发现是中国选矿史上的重大发现。木溜槽用粗大的圆木刳成，断面呈"U"形，槽长3.43米，净宽0.40~0.42米，槽深0.2米。槽上段及尾端各设一活动挡板，槽尾与尾砂池相接。木溜槽是利用矿粒在斜向水流中运动状态的差异予以选分，挡板用来控制选矿过程。铜岭铜矿西周引水沟、木溜槽、尾砂池和滤水台等构成选矿作业流程，设施配套，结构先进，选分效果好。

在邹家、下戴铜石坡、禁地铜石坡和余家山等遗址上，分布有大量的炼渣堆积，厚0.5~3.4米，是铜岭铜矿遗址主要的冶炼场所；此外在焦炭厂遗址中也零散分布有东周时期冶炼堆积。炼渣多为片状、色黑，表面有波纹。分析检测的炼渣样本中，含铜量仅0.334%。炼渣堆积中包含较多炼炉残壁、筑炉材料等。

檀树咀遗址距离铜岭铜矿遗址采矿区直线距离约3千米。1999年，江西省文物考古研究所和瑞昌市博物馆对檀树咀遗址进行正式发掘，共开探方12个，发掘面积254平方米。清理商代中期灰坑6座、房基6座、灰沟2条及墓葬7座，春秋时期灰坑2座，墓葬1座。出土大量的陶器标本。商代陶器器形有鬲、豆、罐、瓿、尊、钵、盘、缸等，时代约为商代中期。春秋时期陶器器形有鼎、罐、豆、缸和器盖等。檀树咀遗址出土遗物的文化面貌与铜岭铜矿遗址出土遗物一致，发掘者认为檀树咀遗址的居民可能就是古铜矿的开采者。

2012～2016年，为配合铜岭铜矿大遗址保护以及遗址公园建设，江西省文物考古研究所和瑞昌市铜岭铜矿遗址管理处在遗址及其周边陆续展开调查、勘探和试掘工作。在遗址保护范围内新发现焦炭厂遗址、余家山遗址，并对这两处遗址进行试掘。在焦炭厂遗址东南部（位于一般保护范围外）布方，发掘面积约200平方米，共清理商代中期灰坑7个、柱洞13个，出土有大量陶片和铜矿石碎块、少量炉壁残片、炼渣以及石器等。首次在铜岭铜矿遗址发现商代冶炼遗物，说明铜岭铜矿遗址自开采伊始就是开采与冶炼相结合。余家山遗址试掘面积约400平方米，共清理战国早期灰坑1个、排水沟2条、冶炼活动面1处、冶炼残炉2座。出土有大量陶器、少量原始瓷器和1块铜器残片。陶器可辨器形有罐、鬲、瓮、匜、盆、细柄豆和器盖等，原始瓷器有杯和钵等。此外遗址出土大量的炼渣、炼炉残块、石炉壁以及石英等标本。发掘工作仍在进行中，资料尚在整理中。

铜岭铜矿遗址是中国先秦时期一处重要的矿冶遗址，其年代始于商代中期，发展于西周，盛采于春秋，终采于战国早期，前后连续开采近千年，距今约3300～2300年。"铜岭铜矿遗址丰富的文化遗存，从诸多方面反映商周时期的采矿技术和方法，对研究中国先秦时期的采矿方法和技术有重要的历史和科学价值。"冶炼遗址中出土的炼渣、炼炉残块和筑炉材料等冶炼相关遗物对分析研究商周时期的冶炼技术有着重要意义。铜岭铜矿遗址延续时

间长，自商代中期至战国早期，可以说涵盖江西青铜文明的大部分历史进程，通过对铜岭铜矿遗址的深入研究，可以进一步分析和阐释江西地区商周文化形成、发展的内在原因。铜岭铜矿遗址年代早、保存完整、内涵丰富，是中国青铜文明的象征之一，对探寻中国高度发达的青铜铸造业原料来源的问题及冶金史、文明史都具有极其重要的价值，在中国青铜文明的发展进程中有着特殊的历史地位。

1988年，铜岭铜矿遗址被公布为瑞昌县文物保护单位。2000年3月，成立瑞昌市铜岭铜矿遗址保护管理委员会。2000年5月20日，瑞昌市人民政府印发《关于加强铜岭遗址保护管理的通告》，划定遗址的保护范围和建设控制范围。2000年7月，铜岭铜矿遗址被江西省人民政府公布为省级文物保护单位。2001年6月25日，铜岭铜矿遗址被国务院公布为第五批全国重点文物保护单位，编号5-0056-1-056。2006年，成立瑞昌市铜岭铜矿遗址管理处，具体负责铜岭铜矿遗址的日常保护管理工作，隶属市文化广播电视局。2011年，国家文物局批准《江西省铜岭铜矿遗址保护规划》。2013年5月7日，铜岭国家考古遗址公园及国家矿山公园正式开工建设。

铜绿山古铜矿遗址　是长江中游南岸一处采冶结合的大型古矿冶遗址，年代始于殷商讫于西汉，延续时间一千余年，位于湖北省大冶市城区西南约3千米处。

遗址北起大冶湖边的乌鸦卜林塘，南迄铜（铜山口）大（大冶）铁路，东起铜绿山矿尾砂库，西迄柯锡太村，南北长约2千米、东西宽约1千米，面积约2平方千米。

清同治六年《大冶县志》载："铜绿山在县西马叫堡，距城五里，山顶高平，巨石对峙，每骤雨过时，有铜绿如雪花小豆点缀土石之上，故名。"铜绿山由此命名。1973年6～10月，大冶有色金属公司铜绿山铜铁矿在南露天采场北端剥离距地表40余米的铜矿富集带时，在古代采矿井巷中，先后发现一批铜斧、铜锛以及木槌、木铲、陶罐等器物。大冶有色金属公司铜绿山铜铁矿革命委员会将其中一件重3.7千克的铜斧寄往中国历史博物馆，并函告发现铜斧的现场情况。1974～1985年，中国科学院（1977年改为中国社会科学院）考古研究所、湖北省博物馆、黄石市博物馆在铜绿山展开考古发掘，先后发掘和清理6处采矿遗址、2处冶炼遗址，总面积4923平方米，发掘古代采矿竖（盲）井231个、平（斜）巷100条、炼炉12座，出土大批铜斧、铜锛、铁斧、铁锤以及木、竹、石器等各式采矿、冶炼工具。2012年6月至2015年12月，湖北省文物考古研究所铜绿

铜绿山古铜矿战国至西汉竖井遗迹

山古铜矿遗址考古队再次对铜绿山古铜矿遗址保护区进行考古发掘，先后发现东周时期冶炼场地、炼炉、探矿井、35枚东周时期古人脚印以及122座两周时期墓葬，出土铜、陶、玉、铜铁矿石等文物170余件/套。

遗址内包含采矿和冶炼两大类遗存。采矿遗址可分为露天开采遗址和井下开采遗址。露天开采遗址主要分布在II号矿体、I号矿体、IV号矿体、XI号矿体和VI号矿体，井下开采遗址主要分布在铜绿山矿区I号（仙人座）、II号（铜绿山）、III号（蛇山尾）、IV号（蛇山头西）、V号（蛇山头东）、VI号（乌鸦卜林塘）、VII号（大岩阴山）、VIII号（小岩阴山）、IX号（螺蛳塘）、XI号十个矿体。冶炼遗址主要分布在铜绿山矿区西部的柯锡太村和XI号矿体。最为突出的古代炼渣则遍布矿区，遗留的炼铜炉渣40万吨以上，占地14万平方米左右。

铜绿山露天开采遗址主要分布在II号矿体，I号矿体、IV号矿体、XI号矿体和VI号矿体。由于矿山生产的原因，没有对铜绿山露天开采遗址进行考古发掘。

井下采矿遗址是铜绿山矿区古代开采的主要形式。主要分布在I号矿体、II号矿体、III号矿体、IV号矿体、V号矿体、VI号矿体、VII号矿体、VIII号矿体、IX号矿体、XI号矿体。经过大规模考古发掘的有II号矿体采矿遗址、I号矿体采矿遗址、IV号矿体采矿遗址、XI号矿体采矿遗址。VII号矿体1号、2号点和5号点采矿遗址。总计发掘面积3181平方米，共清理竖（盲）井231个，平（斜）巷100条及马头门结构4个，采矿工具200余件。

铜绿山古铜矿 Ⅰ 号矿体采矿平巷遗址

Ⅱ号矿体采矿遗址位于铜绿山中部18勘探线至10勘探线之间，西接Ⅰ号矿体北端，东邻Ⅺ号矿体。出土竖井8个，斜巷1条，木、竹质文物共10件。遗址时代为春秋时期。竖井框架结构为密集法搭口式，即将四根圆木两端砍削出台阶状搭口，四根一组搭接成一个框架，层层叠压，堆砌构成。竖井井口一般在80厘米×80厘米左右。斜巷框架支护结构为榫卯套接式。由四根木构件组成支护框架。两根圆木作立柱，柱头、柱脚都有榫头，两根板木分别作顶梁、地栿，两端各有一方形卯孔，榫卯套接而成一组支护框架，框架与围岩间用小圆木棍作背材护壁。立柱一般高100厘米、直径7厘米，榫距88厘米，榫长6厘米、径3厘米左右。

顶梁一般通长80厘米、宽8厘米、厚5厘米，卯距60厘米，卯孔5厘米×5厘米左右。地状与顶梁基本相同。出土的木槌利用树节的自然粗大部位砍凿成槌，树枝较细部位作柄。全长34厘米，柄长22厘米。船形木斗，用一块整木凿成，中部挖空，器呈椭圆形，两端为平板，中部是一圆角方形斗，形似木船，长35.2厘米、宽14厘米、高7厘米，斗内空长20厘米、宽12.5厘米、深3厘米。

Ⅰ号矿体采矿遗址位于铜绿山西部，大露天采矿场南端，距原地表古坑采井口处58米，出土5个竖井、11条平（斜）巷。出土木、竹、藤、草、铁质文物70余件。遗址时代为战国至汉代。竖井支护框架为密集法搭口式，井框构件直径一般在20厘米左右。井口一般为110～130厘米见方。为使竖井与平（斜）巷连接贯通，在竖井底部安装马头门结构。平（斜）巷支护结构为鸭嘴与亲口混合结构的支护框架，即以两端有榫口的圆木作地状，两根上端有权的圆木作立柱，立柱立于地状的榫口之上，再在立柱顶端的权内架一横梁，紧贴横梁之下嵌入内撑木，形成一组支护框架。最大的平巷内高160厘米、宽190厘米。Ⅰ号矿体采矿遗址内出土的生产工具有70余件，其中铁工具13件，有斧、四棱钻、锤、铁柄耙、六角锄、凹口锄等。木工具29余件，有槌、辘轳、水槽、桶、撮瓢、钩等。

Ⅳ号矿体采矿遗址位于大岩阴山（铜锣山）西北面约300米。发掘出土不同时代的竖（盲）井43个，采矿平窿4个，平（斜）巷47条，木、竹质文物17件。遗址的开采时代分别为春秋中晚期和唐代前后。春秋中晚期的竖井支护框架为：板木尖头双卯，板木双榫穿接式和板木尖头双卯、圆木双榫穿接式结构。前者井口的净断面一般在70厘米×50厘米左右，后者井口的净断面一般为62厘米×53厘米。平巷支护框架为板木双卯，圆木双榫立柱式结构，平巷净断面一般在88厘米×60厘米左右。无支护框架的竖井和采矿平隆的时代为唐代前后。Ⅳ号矿体采矿遗址中出土生产工具17件，其中木工具11件，有木铲、木槌、船形木斗。竹工具6件，有竹篓。

Ⅺ号矿体采矿遗址位于铜绿山东北坡，海拔42.48米。文化堆积共分6层：第一层为扰乱层，第二层为春秋时期文化层，第三A层为构筑炼炉炉基层，竖井井口均开口在第五层，

第四至六层以下为西周时期文化层。在遗址中发掘出土春秋早期炼铜竖炉残炉基2座、竖（盲）井58个、平巷10条、大草棚遗迹1处、小草棚遗迹数处、木砍渣堆积4处、灰烬堆积2处。出土铜、木、竹、骨、陶质文物52件。遗址时代为西周早中期，此时期的竖井支护结构有五种：板木平头双榫双卯穿接式、板木平头单榫单卯套接式和板木尖头双卯板木双榫穿接式、板木矛状单榫单卯套接式、板木尖头双卯圆木双榫穿接式。Ⅺ号矿体采矿遗址中出土生产工具50件，其中铜斧2件，木铲、木锹、木撬杠、木槌、木撮瓢、木扁担、木钩、木手提、梯等计28件，竹篓、竹浇筒、竹梯等17件，骨锥3件。较完整的生活用器有陶甗、陶鬲各1件。

Ⅶ号矿体1号点采矿遗址位于铜绿山的北坡。出土了几十个竖（盲）井和几十条平巷以及7处保存较好的井下排水系统。还出土了木、竹、草质文物。时代为春秋时期，上限可能到西周。出土的竖井、平巷支护框架结构分别为板木尖头双卯、圆木双榫穿接式和板木平头双卯、圆木双榫立柱式。出土的生产工具有木铲、木瓢、木槌、船形木斗、草绳、竹筐、

铜绿山古铜矿遗址出土
大铜斧

竹篓等。

VII号矿体2号点采矿遗址位于铜绿山西北坡。出土竖（盲）井101个，平（斜）巷36条。还出土有木、竹、石、草质文物。依据出土井巷支护框架结构的不同和打破关系及碳十四测定结果，该遗址的时代分别为商代晚期、西周、两周之际、春秋时期。遗址中还出土了木、竹、石、草质文物。出土的竖井支护框架结构有五种：板木平头双榫双卯穿接式、板木平头单榫单卯套接式、板木尖头双卯板木双榫穿接式、板木矛状单榫单卯套接式和板木尖头双卯圆木双榫穿接式。出土的生产工具有木铲、木锹、木槌、木桶、木瓢、木钩、木槌球、木梯、竹篓、竹筐、竹火签、石锤、草绳等。

VII号矿体5号点采矿遗址位于铜绿山的北坡，I号发掘点的东南面。出土竖井22个和木、竹质文物。开采时代为春秋时期。出土的竖井支护框架结构为板木尖头双卯圆木双榫穿接式。出土的生产工具有木铲、槌、竹篓、竹筐等。

铜绿山XI号矿体冶炼遗址位于铜绿山东北坡。1975年调查发现，出土炼铜残炉10座。XI号矿体冶炼遗址的时代为春秋早期。发掘出土的10座炼炉均保存着炉基、炉缸，炉身均已坍塌。保存较好的是VI号炉。VI号炉炉基落在前期的残炉上，前期残炉坐落在自然淤泥层，残存高度34厘米，残面作为VI号炉基底。风沟呈"十"字形，沟壁均被烘烤，质硬。西南沟长140厘米、宽47厘米、高47厘米。沟的中段放置石块，成"丌"形，石块支撑缸底，沟底平直。西北沟长60厘米、宽32厘米、高32厘米左右，沟门被工作台封住，成暗沟。炉缸的水平

截面呈长方形，长67.5厘米，宽27厘米，残深60厘米。炉缸窝底呈椭圆形。内壁、外壁及缸底均选用耐火材料夯筑而成。金门呈拱形，朝南，内宽37厘米、外宽27厘米、高19厘米、进深40厘米。门槛保存完好，坎面向内倾斜，倾角8°。金门内壁未见渣流。VI号炉出土有成套的辅助设施，如工作台，和泥池、碎料台、筛分场。出土的冶炼遗物有孔雀石、硅孔雀石、赤铜矿石、铜铁共生矿石。木炭和炼渣。III号炉和IV号炉分别遗存有粗铜。

2012年，于大岩阴山脚遗址揭露出春秋时期洗矿尾矿堆积、选矿场各1处、矿工脚印35枚；此后，在四方塘遗址先后发掘出2处冶铜场等遗迹，出土大批矿冶遗物。

2014年11月，发现四方塘遗址墓葬区，位于VII号矿体北麓，是一处与VII号矿体古代采冶密切相关的管理和生产者的墓葬区。四方塘遗址墓葬区位于大冶市金湖街办事处泉塘村熊家湾西侧，即大岩阴山（VII号矿体）北麓，东北距大冶市城区约3千米，南边与铜绿山古铜矿遗址博物馆北围墙连接，遗址面积15000多平方米。

四方塘遗址墓葬区分布于两片相对独立的高岗地和低坡地，遗址西部的低坡地为春秋时

四方塘墓葬出土铜削刀

铜绿山遗址出土铜斧

期冶炼场，面积近10000平方米；墓葬区则坐落在遗址东部一条西南至一东北走向的马鞍形山岗上（俗称对面梁），其南北长约150米、东西宽20～50米，面积约4500平方米。2014年11月至2015年11月，连续两年对墓葬区进行考古发掘，揭露面积2275平方米，发现墓葬135座，据随葬器物形制特点判定，墓葬有西周墓葬3座、春秋时期墓葬119座、近代墓10座；共出土两周时期铜、陶、玉、铜铁矿石等质地文物170余件/套。

墓葬皆为长方形岩（土）坑竖穴墓，所有墓葬排列有序，极少打破关系，多数墓葬为西北至东南、东西向，少数墓葬西南至东北向。墓坑中多数有葬具，但葬具皆已腐朽，从痕迹仍可判明墓口长3.8米、宽2米左右的中型墓有6座，其中一椁一棺的中型墓有5座；单棺墓和无椁无棺的小型墓（长3米、宽2米以下）有115座，有37座墓带有边龛、3座墓有头龛。人骨腐朽无存，仅有3座墓在棺室西部发现人牙，由此推定墓主人头向可能与墓葬方向一致。发掘的两周墓葬中，有63座墓葬出土随葬品，随葬品多放入壁龛或棺内，少数放置棺上北侧或置于填土中，个别墓葬的棺内

发现朱砂。随葬品多为日常用器，陶器以鬲、盂（钵）豆为主，个别墓为铜鼎、陶盂、豆为基本组合，部分墓葬随葬其中2件或1件。有20座墓随葬青铜武器、青铜工具或佩饰（器类有鼎、戈、铍、镞、斧、凿、削刀、刮刀、带钩），但多寡不一，多者达14件，少者1件。另有1座墓仅随葬玉器，有4座墓的壁龛中随葬铁矿石，2座墓葬的壁龛放置石砧或砺石。

铜绿山古铜矿遗址，是中国首次发现并予以科学发掘的大规模矿冶遗址，也是在中国发现的历史悠久、连续生产时间最长、保存最为完好、规模最大、内涵最为丰富的集采矿、选矿、冶炼于一体的古矿冶遗址，揭示出的采矿和冶铜等遗存填补中国冶金文化史的多项空白，对了解中国古代青铜业的生产具有重要意义。不仅证明中国商周时期青铜器铸造业与采矿、冶炼业是分地进行的，而且反映出采矿、冶炼和铸造业之间有了明确分工。遗址真实地记载中国矿冶业发展的悠久历史和卓越的技术成就。正如夏鼐所言，铜绿山古铜矿遗址的发掘"是中国古代青铜器研究的一个新领域，也是中国考古学新开辟的一个领域"。从此，中国青铜器研究不再局限于青铜器本身的形态、用途、铭文、制法、成分等方面，也不再局限于青铜器的层位学与类型学分析等方面，而是拓展到青铜器的产地、原料、采冶技术、生产分工以及采矿冶炼的生产链条等多方面。

1982年2月23日，铜录山古铜矿遗址被国务院公布为第二批全国重点文物保护单位，编号2-0051-1-006。1984年，在Ⅶ号矿体1号点发掘原址上建成铜绿山古铜矿遗址博物馆，由黄石博物馆管理。1985年，铜绿山古铜矿遗址

被大冶县人民政府公布为大冶县文物保护单位；1992年12月16日，被湖北省人民政府公布为第三批湖北省文物保护单位。2004年，黄石市博物馆制作铜绿山古铜矿遗址"四有"档案，2009年11月26日，经文物主管机关批准，铜绿山古铜矿遗址的管理权由黄石市移交给大冶市，并成立市直属的铜绿山古铜矿遗址保护管理委员会。2012年，《铜绿山古铜矿遗址保护规划》由国家文物局批复通过，湖北省人民政府批复同意实施，公布保护范围。2013年5月，国家文物局、财政部印发确定把铜绿山古铜矿遗址列入大遗址专项规划。2013年，国家文物局确定铜绿山古铜矿遗址为国家考古遗址公园。

大井古铜矿遗址 辽西地区商周时期的青铜采掘和冶炼遗址，位于内蒙古自治区林西县大井镇中兴村北山的南坡上。地处大兴安岭向东的余脉山坡上，地势北高南低，北为连绵不断的丘陵山区，南为东西走向平川开阔地。遗址东西长1.25千米、南北宽1.25千米，面积2.5平方千米。

1962年，内蒙古102地质队在林西县开展矿藏普查时发现大井铜矿藏。1974年，昭乌达盟地质队204分队勘探铜矿藏时发现古采矿坑一处。中国科学院古脊椎动物与古人类研究所贾兰坡等和辽宁省博物馆、昭乌达盟文物工作站、林西县文化馆对遗址进行多次调查。1976年7月，辽宁省博物馆文物工作队同林西县文化馆共同对古遗址进行试掘。1978年和1988年，林西县文物管理所对古铜矿遗址进行两次专题调查。

在山冈和坡地上的地表可见露天开采矿坑47条，坑道之间不相通，均为独立采矿坑，既有顺坡纵向开采的，也有横向开采的。分不

大井古铜矿遗址远景

同方向布局在山谷之中，有的在山的东坡或西坡，有的在山的南坡或北坡，个别分布在台地上。据不完全统计，开采长度累计达1570米，最大开采长度200米，最大开采深度20米，最大开采宽度25米。在遗址东南坡上清理一条矿坑，矿坑沿着岩石的节理面由上而下挖掘而成。发现采矿、选矿、冶炼、铸造有关的工棚四处，冶炼遗址多处，采集和出土1500余件石锤、石镐和大量坩埚残片、鼓风管、陶范、陶片、铜器、骨器等。

在4号采槽南20米处的东西向山沟南发现有冶炼遗址。遗址随山势形成8个阶梯式平台，每个平台面积约5平方米，每个平台为一个冶炼区，每个冶炼区有1～3个炼炉，8个平台共发现12座炼炉遗迹，可分为椭圆形和多孔窑形炼炉两种。椭圆形炼炉5座，也称马蹄形炼炉，直径0.8～1.2米，拱形炉门开在低洼的西北方，高0.2米、宽0.1米。多孔窑串式炼炉4座，直径为1.5～2米，是焙烧矿石用的焙烧炉。炉内及周围遗留有粘附炉渣的炉壁残片、炉渣和木炭块等。发现多处灶址，石块砌筑，灶址周围散布有陶鬲、甗、罐残片和烧过的兽骨、禽骨、草木灰等。

在4号坑道中发现3座房址，平面为圆形，均为半地穴式建筑，直径约4米。从半地穴周围有向内倾斜的柱洞看，居住面上有一个较大柱洞，推测房顶为圆锥形，房址附近尚有蜂窝状小圆坑遗迹，用途不明。房内出土一批陶器、石器、骨器和铜器。从房址位置和出土的遗物分析，应与矿坑同期，是与采矿有关的建筑，可能为工棚。

陶器均为夹砂陶，烧制火候较低，陶质疏松。陶色多见红褐色陶，少见灰褐色和黑褐色。以素面陶为主，多经磨光，器表常见刮抹痕，个别为压印几何纹、戳印纹、附加堆纹。器形有双鋬附加堆纹甗、双鋬直腹鬲、双耳碗形鼎、钵形豆、双耳罐、敞口盆、鼓风管、范等，盛行方形鋬耳、桥形耳、鸡冠耳等。石器中主要是用天然砾石打制的亚腰形锤和镐，制作粗糙，器体厚重，最大的石锤重7.5公斤，石钎、石环、石球、盘状器、研磨器数量较多，有少量的砺石、镞、刮削器等石器。骨器有磨制的锥、匕、镞、针、锤、卜骨等。铜器有凿和镞等。属于夏家店上层文化遗存。

大井古铜矿为含锡砷的硫化铜矿石，矿物组合以黄铜矿、锡石、丹砂为主，并含有较多的银，含砷最高时可达15%。冶炼过程是先在焙烧炉内烧成氧化矿石，脱去硫和部分砷，然后入椭圆形冶炼炉还原熔炼，炼出锡砷青铜。对大井古铜矿产品分析表明，产品是含显量银的铜锡砷三元合金，并含有锑铋等微量元素。此种合金性能良好，可以直接铸造青铜器。

大井古铜矿遗址的碳十四年代测定年代为距今3000～2600年，相当于西周时期。

该地区发现的西周时期古铜矿遗址，为夏家店上层文化青铜器材料来源等方面的研究提供了依据。大井古铜矿遗址是中国东北地区发现最早的一处具有大规模采矿、冶炼、铸造等全套工序的古铜矿遗址，也是世界上唯一的直接以共生矿冶炼青铜的古铜矿冶炼遗址，为东北乃至中国古铜矿的开采，青铜的冶炼、铸造史提供较为系统的实物资料。

1982年，大井古铜矿遗址被赤峰市人民政府公布为第二批市级重点文物保护单位。1983

年，林西县人民政府印发《大井古铜矿遗址保护范围的通知》。1986年，大井古铜矿遗址被内蒙古自治区人民政府公布为内蒙古自治区重点文物保护单位。1988年，林西县文物管理所成立，对大井古铜矿遗址进行保护和管理。遗址在试掘后回填。2001年6月25日大井古铜矿遗址被国务院公布为第五批全国重点文物保护单位，编号5-0017-1-017。"四有"档案保存在林西县文物管理所。2009年8月，国家文物局评审通过并批复《大井古铜矿遗址文物保护规划（2009～2028）》。

大工山—凤凰山铜矿遗址　是西周至唐宋时期集采矿、冶炼为一体的矿冶遗址群，位于安徽省南陵县和铜陵市境内。遗址主要由南陵县工山镇的江木冲遗址、塌里牧遗址，铜陵市凤凰山的金牛洞遗址、天门镇的木鱼山遗址等4个代表性核心遗址构成，遗址地处大工山、凤凰山、狮子山等山区，多坐落在山腰丘陵或

盆地上，周边多有溪水流经。

1984年文物普查时，在南陵县、铜陵市境内发现一批古代铜矿遗址，引起文物部门的重视。1986～1991年，安徽省文物考古研究所会同当地文物部门成立古铜矿课题组，开展专题考古调查，在南陵县麻桥、桂山、工山、戴镇、绿岭、何湾、丫山等7个乡镇发现历代采冶遗址44余处，在铜陵县新桥、朱村、金山、铜山、西湖、董店等乡镇以及铜陵市郊区发现采冶遗址30多处，遗址散布范围约600平方千米，以大工山、凤凰山周围地区遗址分布最多、最具代表性。

江木冲遗址，位于南陵县大工山东部的工山镇乔村、春福两行政村。从乔村林场至六口塘、方家村一带均有炼渣和文化遗物分布，遗址面积约1.5平方千米。遗址内炼铜废渣堆、铜铁矿石和红烧土炉壁遍地皆是，文化层厚约0.5～1.5米。遗址以周代为主，是先秦时期大

大工山古铜矿遗址远景

金牛洞古采矿遗址全景

型冶炼场所。1988年、1989年经过两次发掘，揭露面积660平方米，发现残炼铜炉、废渣铺设工作面、房基等遗迹。炼铜炉均残存炉基部分，保存较好的有3座，为红烧土竖炉，有圆形和椭圆形两种，结构相同，由炉基、炉缸和炉身三部分构成。4号炉址采集木炭经碳十四测定，为距今2755±115年，树轮校正年代为2815±115年，相当于西周晚期。出土冶铜遗物主要有菱形冰铜锭、铜液渣块、银铅块、铜铁矿石、石球、石钻、铜斧、铜锛、石锛等。生活器皿主要有陶器、印纹硬陶器和原始瓷器等三大类，有鼎、鬲、罐、盆、豆、坛、小杯、盅、碗、盏等。冰铜锭发现，说明先秦时期江木冲遗址已使用硫化铜来炼铜。遗址周围无矿，铜矿石应来自于附近大工山区，属于分散采矿、集中冶炼模式。遗址周围分布有大量的同时期土墩墓群。

塌里牧遗址，位于南陵县大工山西北的工山镇大工村塌里牧自然村，由破头山采矿场和塌里牧冶炼场构成，面积约21万平方米，时代为六朝至唐宋时期。1986年，在小破头山东脊清理发掘一处六朝古矿井。此点为群井开采，无木头支护，井口沿山势排列，在210平方米范围内发现15口竖井及多处圆形巷道遗迹，十分密集。矿井内出土的采矿工具有铁凿、木柄、石球、平衡石等。1993年初，在古矿井的西侧数十米处，发现一处唐代规模较大地下采矿场。破头山的北面为塌里牧炼铜场，炼铜废渣散布范围达4万平方米。遗址内炼渣堆积甚厚，最深处8米以上，当地村民用渣块垒院墙，总量在一二十万吨。村西有一处窑山，面积约5000平方米，其白色灰剂和窑炉层层叠压，厚3~5米，推测与烧制炼铜熔剂的石灰窑有关。在遗址南侧山脚下发现1座圆形炼铜地炉，炉内壁挂满黑色烧结物。炉的形状与湖北铜绿山柯锡太村宋代地炉结构大体相同。在破头山南侧发现有冶炼遗址，有先秦时期的陶鬲和印纹陶片，表明遗址的年代可提早到东周。

金牛洞遗址，位于铜陵市凤凰山铜矿东北部的凤凰山下，为春秋至西汉采矿遗址。1987年开始，进行数次发掘清理，发现多处古代采矿井巷。采矿井巷均有木支护结构，竖井采用

金牛洞1号矿井遗迹

木鱼山遗址出土青铜龙耳尊

企口接方框密集支架结构，斜井、平巷有半框式和方框式两种支护，巷道两侧及顶棚用木棍、木板护帮，有的用竹席封顶。采矿方式是由下而上，水平分层开采。出土的采矿工具有竹筐、铁锤、铁锄、铜凿、木桶、木铲、耳杯等。当时已经掌握了"火爆法"采矿方法。在遗址附近的药园山、虎形山、万迎山等相继发现古代采掘遗址和大量古代炼渣堆积，出土过铜锭和石范，表明是一处春秋至西汉时期的大型铜矿遗址群。

木鱼山遗址，位于铜陵县朱村新民行政村木鱼山自然村的北边，主要由木鱼山、鬼推磨、火龙岗三片组成，总面积约10万平方米，为西周遗存。遗址地表上炼渣堆积遍地皆是，并伴有陶片、矿石、红烧土残炉壁。1974年，当地群众兴修水利在此取土时，发现1件铜鼎和陶罐以及一批重100多公斤的铜锭，铜锭为菱形，表面粗糙，呈铁锈色，铜锭大约长50厘米、宽12厘米、厚0.6厘米，重1550克左右。经检测，属于硫化铜冶炼的遗物——冰铜锭。1987年，对木鱼山遗址进行发掘，发现倒塌的早期炼铜竖炉残迹1座以及铜液渣、炭屑、红烧土等炼铜遗物，出土陶器、印纹陶、原始

瓷、石器等文物标本一批。遗址出土有春秋石范。经对第七层所采集木炭碳十四测定，距今2885±55年，经树轮校正距今3015年，遗址上限可达商末周初。

大工山—凤凰山铜矿遗址是皖南古铜矿的代表，一般为山上采矿、山下冶炼，或分散采矿、集中冶炼，具有采冶生产"一条龙"的特点。此外还发现铸造遗迹和遗物，说明当时遗址内还有铸造活动。早期冶炼产品——冰铜锭的发现，将中国采冶硫化铜的历史从东汉提早到西周时期。遗址点多面广，年代跨度大，时间延续长，内涵丰富，堪为中国冶铜史的缩影，对研究中国早期铜料来源、冶金史、青铜文明的起源与发展以及文献记载的南金、丹阳铜等产地具有重要意义。

1985年5月，南陵县人民政府公布江木冲、塌里牧遗址为县级文物保护单位。1989年5月，大工山古矿冶遗址被安徽省人民政府公布为第三批省级文物保护单位。1992年6月，经安徽省人民政府批准，安徽省文物事业管理局、安徽省城乡建设环境保护厅公布大工山古矿冶遗址保护范围和建设控制地带。1998年5月，凤凰山铜矿遗址（含木鱼山、金牛洞遗

址）被安徽省人民政府公布为第四批省级文物保护单位。1996年11月20日，大工山—凤凰山铜矿遗址被国务院公布为第四批全国重点文物保护单位，编号4-0027-1-027。大工山—凤凰山铜矿遗址包含的4处遗址点分别由南陵县文物管理所和铜陵市文物局负责保护。1998年，建立有大工山—凤凰山古铜矿遗址4处遗址点"四有"档案，分别存南陵县文物管理所、铜陵市文物局。2011年8月，铜陵市人民政府划定了木鱼山遗址、金牛洞遗址的保护区划和建设控制地带。2013年10月，国家文物局批准《大工山—凤凰山古铜矿遗址保护规划》。

奴拉赛铜矿遗址 是青铜时代采矿冶炼遗址，位于新疆维吾尔自治区伊犁哈萨克自治州尼勒克县，分布于克令乡克孜勒土木斯村，阿布热勒山北坡奴拉赛沟中，北距尼勒克县城3千米。

奴拉赛铜矿遗址分布在奴拉赛沟右侧的山腰部位。遗址处略隆起，有含量丰富、品位很高的脉状晶质辉铜矿，共两条矿脉隐伏在西北走向的山脊下。1977年，国营尼勒克县铜厂在奴拉赛采矿掘进时，发现采空区，确定为古矿道。1982～1983年，新疆社会科学院考古研究所对遗址进行考古调查，从采集的石器等遗物分析，并依据竖井圆木碳十四年代测定，表明遗址距今约2500年，约为中原的春秋战国时期。整个铜矿遗址分采矿遗址和冶炼遗址两部分。

采矿遗址已发现十余处采矿竖井洞口，洞口约5米见方，多已坍塌。在洞口周围发现大量矿石和石器。其中半山腰一处竖井深达20米左右、宽约5米。矿井壁上有上、中、下三层横向支撑圆木，两端分别楔入矿壁内。从地面

奴拉赛铜矿遗址远景

上十余处竖井洞口的位置和线路来看，采矿竖井在地面下连成一片，形成互通的网络采矿平硐和巷道，从而形成一处完整的、规模较大的采矿遗址。遗址现存4处矿井洞口，分别编为1号、2号、3号、4号洞口。

冶炼遗址位于奴拉赛沟谷内较平坦的地方，距采矿竖井不远。已发现深于地下1.5米、长20米、厚0.5米的炉渣层。矿渣内发现有经过粗炼呈龟背形的白冰铜块，经光谱分析，铜锭含铜量高达60％，是一处高品位的富矿。从釉质多孔的炉渣中残留的木炭看，冶炼是用木炭作燃料的。

奴拉赛古铜矿遗址的发现表明，两千年前居住在伊犁河流域的古代居民，已经掌握采掘和冶炼的技术，在选矿、鉴矿上也达到一定的水平，是研究新疆青铜时代的极好实物例证。奴拉赛铜矿遗址是新疆地区发现的最早的铜矿冶炼遗址，与古代塞人有密切的关系。奴拉赛铜矿遗址对研究古代中国西域尤其是伊犁河流域的历史及居民活动以及当时的社会生产力发展水平、生产关系状况有十分重要的意义。奴拉赛铜矿遗址作为目前中国发现的使用最早的，也是欧亚大陆上唯一的一处通过添加砷矿物来冶炼高砷铜合金的古矿冶遗址，在冶金史上有重要意义。遗址地处中西交通要道，其硫化矿和高砷铜合金冶炼技术的研究对探讨中西亚及中国其他地区同类技术的源流和面貌有重要的参考价值。奴拉赛铜矿遗址作为东周时期遗址，对中国古代采矿技术发展史的研究有极大意义。

1990年，奴拉赛铜矿遗址被新疆维吾尔自治区人民政府公布为第三批自治区级文物

保护单位。1996年，尼勒克县文物保护管理所成立，加强对奴拉赛古铜矿遗址保护和管理。2001年6月25日，奴拉赛铜矿遗址被国务院公布为第五批全国重点文物保护单位，编号5-0129-1-129。2004年12月，建立奴拉赛铜矿遗址全国重点文物保护单位记录档案，档案资料存放在伊犁州文物局。2008年，尼勒克县文物保护管理所更名为尼勒克县文物局，专职负责奴拉赛铜矿遗址的日常保护和管理。2009年7月22日，新疆维吾尔自治区人民政府印发《关于公布新疆维吾尔自治区全国重点文物保护单位保护范围、建设控制地带的通知》，确定奴拉赛铜矿遗址保护范围和建设控制地带。2010年，实施奴拉赛铜矿遗址抢险加固及围栏保护工程，主要对1～3号古采矿巷道及3号巷道天井进行加固，修建防护围栏等保护设施。2013年5～11月，实施奴拉赛铜矿遗址抢险加固工程，对1～4号古平硐、"一线天"竖井口、1～2号尾矿体、边坡等进行抢救性保护。2015年，实施奴拉赛古铜矿遗址抢救性文物保护设施建设项目，主要修建看护用房、防护围栏、防洪沟及安装安防、消防系统等。

郑国渠首遗址　是战国时期秦国修建的大型水利灌溉工程遗址，位于陕西省泾阳县王桥镇上然村北。渠首起始于泾阳县西端的瓠口（亦称谷口，即王桥镇西北泾河出山口），流经泾阳、三原、高陵、富平、蒲城等县，在蒲城县晋城村南注入洛河，全长约126千米，灌溉面积"四万余顷"。

1985～1988年，陕西省文物局组成调查组，对郑国渠及历代引泾渠首工程遗址进行全面调查，发现郑国渠首拦河坝、引水渠、退水

渠、溢洪沟渠以及历代引泾工程渠首等遗址，并调查渠首至三原县的一段古渠道遗址。

郑国渠，兴建于秦王嬴政元年至十年（前246～前237年），由韩国水工郑国主持修建，故名郑国渠。渠首拦河坝修建在泾阳县与礼泉县交界的泾河上，上距泾河出山口约2.5千米，下距泾河与冶河交汇处3千米。大坝东起河东岸木梳湾村南的塬嘴，西至河西岸石坡村北的小山脚下，横跨河谷，全长2650米；除长约450米的坝体被河水冲毁外，其余坝体保存基本完好。坝体断面呈梯形，顶宽约20米、底宽100～150米、高5～10米，由细砾石、黄沙土、黑红色土混合筑成，发现有夯层及碾压层。引水渠位于河谷东侧，口宽60余米，深约10米，长约1000米。退水渠北起引水渠东折之处，向南延伸入泾河，长1250米，宽40～80米。溢洪沟渠位于泾河西岸，有两条，走向与河谷平行，残宽7米，深3米。

据调查，历代引泾工程渠首遗址集中分布在泾河谷口内外。这里是泾水自仲山西麓峡谷冲出群山后流入关中平原的出口，地形优越，是理想的引泾渠首选择地。在北起泾惠渠大坝，南至泾河、冶河交汇处，东自王桥镇，西达礼泉县石坡村，总面积10多平方千米的范围内，分布着秦汉、宋元、明清、民国时期的渠首遗址以及大量的碑刻、摩崖石刻等文物，堪称"天然的中国水利史博物馆"。

郑国渠是中国古代最伟大的水利灌溉工程之一，沿用了约140年之久，在中国水利工程史上具有承前启后的巨大影响。郑国渠充分利用渭北台塬西高东低的自然地势和沿线水源，保证水源充沛，实现自流灌溉，扩大灌溉面

郑国渠渠首大坝远景

郑国渠渠口

积。郑国渠的修建奠定秦国统一六国的经济基础，开辟引泾水利灌溉工程的先河，其后的汉代白渠、宋代丰利渠、元代王御史渠、明代广惠渠、清代龙洞渠以及现代的泾惠渠，均在郑国渠的基础上修建，历经2200多年，仍发挥着巨大作用。

1983年1月，郑国渠渠首遗址被陕西省泾阳县人民政府公布为县级重点文物保护单位。1986年5月，成立郑国渠首文物管理所，负责遗址的保护管理工作。1992年4月，郑国渠渠首遗址被陕西省人民政府公布为第三批陕西省文物保护单位，同时公布保护范围和建设控制地带。1996年11月20日，郑国渠渠首遗址被国务院公布为第四批全国重点文物保护单位，编号4-0031-1-031。"四有"档案已建立，分别由陕西省文物保护研究院和郑国渠首文物管理所存档保管。

秦直道遗址 秦直道南起秦都石阳（陕西淳化县北），北抵九原郡（内蒙古包头市西），长700余千米，路面平均宽度约30米。作为已公布为全国重点文物保护单位的段落位于内蒙古自治区鄂尔多斯市和陕西省旬邑县。

据《史记·秦始皇本纪》记载，直道工程始于秦始皇三十五年（前212年），到三十七年（前210年）九月以前完工。秦始皇死后的辒凉车就由直道回到咸阳。秦始皇统一六国后，除以国都咸阳为中心，修筑通向原六国首都的驰道外，还命大将蒙恬由距咸阳不远的陕西淳化县梁武帝村的云阳林光宫（秦军事重地），沿陕西旬邑、黄陵、富县、甘泉、志丹、安塞、榆林进入内蒙古继续北行，经伊金霍洛旗西11千米的红海子乡掌岗兔村、东胜市西南45千米的漫赖乡海子湾以东的二倾半村和达拉特旗西南50多千米的青达门乡到高窑头乡交界处，越过黄河通向包头西的九原郡遗址（包头市郊麻池古城），修起一条长约900千米的直道。由于是"直道"，所以遇山开山，遇沟填沟，工程以两年半的时间迅速竣工。大道的筑成，使秦始皇的骑兵三天三夜即可驰抵

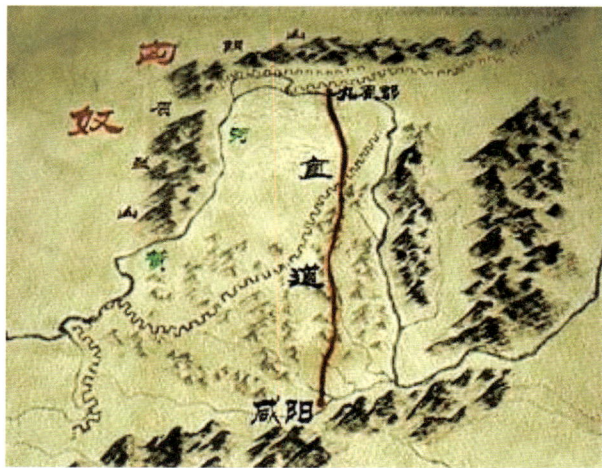

秦直道遗址示意图

阴山之下，出击匈奴。

秦直道的调查勘探始于20世纪80年代初。

2005年组织的专项调查，确认秦直道在陕西省旬邑境内全长80余千米，从南自箭杆梁入境，经由下盘头坡、姜嫄河、大草沟梁高地、石门关、转弯经石门村、苍儿沟，沿子午岭主脉经前陡坡、卧牛石、后陡坡、老爷庙、大店，枫树梁北端的大店村，下坡过马栏河，由马栏革命旧址窑洞处上坡，经杨家胡同梁，过甘肃正宁县刘家店林场南边台地转弯直上子午岭山脊，再经黑马湾、野狐崾岘、南站梁、十亩台，沿子午岭至雕灵关进入黄陵县境。全线遗迹清晰可辨，不少地段路基完好，一般路面宽10～20米，并有排水设施保存。在秦直道沿线发现有防御设施和驿站遗迹，如兵站、建筑、关隘、烽燧等遗址及墓群10余处，确认石门关存在秦代行宫遗存；出土文物计有砖瓦，砖分为空心砖、素面方砖和几何纹方砖等。

2005年，对鄂尔多斯境内的秦直道遗址实施全面调查，明确了道路的走向和端点。秦直道由南向北纵贯鄂尔多斯全境，途经鄂尔多斯乌审旗、伊金霍洛旗、东胜区、达拉特旗，在

秦直道内蒙台什梁段远景

东胜境内有30多千米。经考古勘察，分布在内蒙古的秦直道修筑遇沟壑则以红沙石土填平。伊金霍洛旗掌岗兔村为草原地带，所修的直道从断面上看，为夯筑土砂石层，上下共8层，1～7层，每层厚25～80厘米，最上一层厚1.2米，南北贯穿于鄂尔多斯市全境，在绵延起伏、沟壑纵横的丘陵地貌中，逢山开凿，遇谷填平，由南到北大体呈直线北行。为减少道路的起伏高差，凡直道所途经的丘陵的脊部，绝大多数都进行了不同程度的开凿，直道上分布着由于开凿而形成的豁口，豁口有位于丘陵正脊部，也有位于坡脊部位的半豁口。凡直道所经的丘陵间的鞍部，绝大多数都进行了不同程度的填垫，填充部分的路基底部，最宽者约60

陕西淳化秦林光宫遗址——秦直道起点

秦直道内蒙古漫濑段高悬于地表的路基残段

米，顶部宽30～40米，垫土多就地取材。部分连续低凹地段，由于开凿丘脊所得土方无法满足路基填方的需求，便从附近的河床内运来砂石填垫路基。路基层层填垫的痕迹清晰可辨，虽未发现夯筑痕迹，但仍十分坚硬。

秦直道是中国历史上最早、也是中国境内保存下来的为数极少的古代交通要道之一，反映中国古代劳动人民勤劳、智慧的道路遗存，是全面了解秦直道和秦代道路的形制、历史沿革以及测绘、建造方法、道路规模、使用维护、附属设施等最直接的、无法替代的珍贵史料，同时对于开展中国交通史的研究工作等亦具有十分重要的作用。秦直道的修建，主要是为加强中央与北疆边陲的联系，加速驰援北方、有效地遏制匈奴的侵扰，巩固对北方的统治。秦朝灭亡后，秦直道依然是中原汉王朝控制北方地区的重要通道，西汉时期几次对匈奴大的军事行动，都是通过秦直道来完成，汉帝几次对北方地区的重要巡幸，也是经由秦直道来进行。东汉以后，中原王朝政治统治中心东移，秦直道的功用有所减退，但是作为南北大道，在维系、沟通中原地区与北方边陲地区中一直都发挥着十分重要的作用。秦直道遗迹以

及沿线的古城遗址，对于研究秦汉北方地区的历史，特别是与匈奴的战争史、交通史、通讯史和民族关系史等，具有非常重要的价值。

1978年，旬邑县人民政府将分布在该县的秦直道段落公布为县级文物保护单位。2003年9月24日，陕西省人民政府将秦直道陕西段公布为陕西省文物保护单位。20世纪80年代，内蒙古自治区东胜市人民政府公布秦直道遗址东胜段的保护范围。2006年5月25日，秦直道遗址被国务院公布为第六批全国重点文物保护单位，编号6-0032-1-032。2009年，东胜区成立鄂尔多斯市东胜区秦直道遗址研究保护发展中心，专职负责秦直道遗址的保护、管理。

酒店冶铁遗址 战国至汉代的韩地重要冶金遗址，位于河南省西平县出山镇酒店村南。

《史记·苏秦列传》曾称颂战国时期韩国兵器精良："天下之强弓劲弩皆从韩出……韩卒之剑戟，皆出于冥山、棠溪、墨阳、合赙、邓师、宛冯、龙渊、太阿，皆陆断牛马，水截鹄雁，当敌则斩，坚甲铁幕，革抉㕭芮，无不毕具。以韩卒之勇，被坚甲，撖劲弩，带利剑，一人当百，不足言也。"《晋太康地记》、清顾祖禹《读史方舆纪要》中也有明确记载，著名的棠溪、龙泉名剑即出于此。

1959年，河南省文化局文物工作队组织文物普查时，根据修建潭山水库时暴露出土的冶铁炉及周围发现的大量矿渣、炉壁、铁矿石等，将其命名为酒店冶铁遗址。调查认定遗址总面积11.17万平方米，文化层厚约1.5米，内含大量铁矿石、炼渣、炼炉残块及陶片、红烧土块等。遗址上残留有炼炉残壁、炼渣、铁矿石、残铁剑和生活用具陶盆、陶罐、陶瓮及砖

瓦建筑材料等。在杨庄发现冶炼用井，为一次性烧制井筒，多节上下相接成一体陶井筒壁，内外均施粗绳纹，是典型汉代遗迹。

1987年，河南省文物研究所、西平县文化局对潭山水库南岸遗址上的冶铁炉进行抢救性发掘。水库南岸清理出一座保存较为完好的战国中晚期的冶铁炉。冶铁炉位于潭山水库岸边的一座小土丘顶部南侧，利用小土丘的南坡挖成，平面呈椭圆形，为竖式炉，由炉基、风沟、炉腹和炉缸组成。炉口和炉缸中下部已残，风沟顶部与炉缸底已坍塌。冶铁炉的建造分为两次，首先在小土丘顶端挖一竖井状炉基坑，基坑的下半部为较小的椭圆形坑，东西径1.66米、南北径1.12米、高0.72米。炉基的上半部很像大口圜底的弧形锅，由于上口已残，南北口残宽1.12米、东西残长1.38米、残高1.41米。在小土丘南侧的缓坡处，即炉腹的西南侧建有风沟，其形状为长条状沟槽，北端与炉基底相通，南端为土丘南坡，残长1.26米、宽1.36米、残高1.28米，方向145°。在冶金学上将其称作为勺形风沟，若加上炉基底的长度，勺形风沟的总长度为2.32米。炉基坑挖好后，用耐火材料垒筑炉壁，炉壁用特制的内模做成，如炉腹下半部的椭圆形坑用椭圆形内模筑成，长条槽状风沟的内壁用长条板状内模筑成。所筑成的炉壁内面整齐，层与层之间有明显的分筑线，特别是在上下两层的连接处，下层稍宽于上层。在风沟与炉腹的连接处，上下层错位尤其明显。勺形风沟壁的垒筑因长条状风沟顶部已坍塌，仅存两侧沟壁，推测其顶应为拱形，沟壁两侧垒筑耐火材料厚薄不均。

酒店冶铁遗址的战国冶铁炉，是中国发现的年代最早、保存最完整、最早使用配制的黑色耐火炉壁材料建造的冶铁炉，是研究中国古代冶金史重要的实物资料。

1963年，酒店冶铁遗址被河南省人民委员会公布为第一批河南省文物保护单位。1988年，成立西平县文物管理所，负责酒店冶铁遗

酒店冶铁遗址

址的保护管理工作。1996年11月20日，酒店冶铁遗址被国务院公布为第四批全国重点文物保护单位，编号4-0029-1-029。1997年3月，成立的西平县博物馆与文物管理所联合办公。"四有"档案现存于西平县文物管理所。2004年，河南省建设厅、河南省文物管理局划定调整酒店冶铁遗址保护范围及建设控制地带范围。

荥阳故城 为战国至北魏时期扼东西交通孔道的战略要地，著名古战场和荥阳、河南的郡、县治所。位于河南省郑州市惠济区。

荥阳故城始建于战国时期，韩国曾于此置荥阳邑。秦末楚汉相争，荥阳是刘、项军争战的焦点，成为历史上著名的古战场。北魏太和年（477～499年）中，荥阳郡、县治所始自今荥阳故城西移至荥阳市区一带，荥阳故城渐次废弃。

荥阳故城城垣呈南北长、东西宽的不规则长方形，西北角城墙三折，东北角为曲尺形。其中西墙2016米，有3处缺口，南墙2012米，有两处缺口，应为城门位置，其中一处似有瓮城。东墙1860米，北墙1283米，若加上曲折和拐角部分，四面城垣周长不少于7.5千米，总面积约144万平方米。所存西墙南段高11.6

古荥冶铁遗址之二

米、顶宽16.5米、基宽24米。城墙版筑，细密坚实，夯层清楚，每层厚7～13厘米不等，夯窝明显，城墙上一排排版筑夹棍孔痕迹仍清晰可见，除东城墙因黄河泛滥冲毁外，其他三面城墙轮廓基本上清晰可见。

荥阳故城更因先进的冶铁技术工艺而载入史册。古荥冶铁遗址在荥阳故城西墙外，是汉代河南郡设置的官营冶铁一号作坊，简称"河一"。1965年，为寻找修筑郑州市至古荥镇公路的垫基土方而发现这座冶铁遗址并进行了试掘。1976年，正式对该遗址进行了大规模考古发掘，揭露面积1700平方米。发掘出两座冶铁炉，东西并列，相距14.5米。炉基深3米，炉缸为椭圆形，面积8.5平方米，炉壁厚1米，炉

荥阳故城（古荥冶铁遗址之一）

底及炉壁均系耐火土夯筑而成。在一号炼炉前发现大小不等的9块积铁，其中一块重达23吨，积铁的一侧有2米多高的柱瘤，根据各个铁块的尺寸和所在炉内位置的研究分析，推测炉体高度为6米，容积约50立方米，按渣铁平衡计算，每个炉子日产生铁约1吨，是中国所发现的古代容积最大的炼铁高炉。围绕炉基周围清理出矿石堆、炉渣堆积区及与冶炼有关的水井、水池、四角柱坑、船形坑及陶窑等遗迹，显示出以冶铁炉为中心组成的一个完整的冶炼系统。现场还发掘出犁铧、犁、铲、锛、镬、臿等铁器318件，陶模、陶范等陶器380余件，石器8件。出土的部分陶模和铁器上有"河一"铭文，说明古荥冶铁遗址作为汉代官营冶铁河南郡第一冶铸作坊的性质。它的冶炼和铸造工艺，反映了中国汉代已高度发达的黑金属冶铸技术水平，是目前世界上发现年代最早、规模最大、保存最完整的冶铁遗址，在中国和世界冶铁史上都占有重要地位。

2009年，郑州市文物考古研究院对荥阳故城进行考古勘探。在城内中北部发现有夯土台基，在城东北角有制陶作坊和粮仓，出土有瓮、罐、壶、豆、盆等陶器，在陶器上有"廪""荥阳廪""荥阳廪陶"等戳记铭文。城址南部是居民区，有青砖砌筑的房基并散存大量板瓦、筒瓦和铺地花纹砖、陶水管等建筑材料以及簋、盆、罐等陶器，也有"凹"形铲、犁铧、锄、凿和双齿镬等铁器出土。另外还发现有中小型墓葬，出土马蹄金4件。

1963年6月20日，荥阳故城由河南省人民委员会公布为第一批河南省文物保护单位。1984年7月，以古荥冶铁遗址为主要保护对象，郑州市成立了古荥汉代冶铁遗址保护管理所。1986年11月21日，河南省人民政府将古荥冶铁遗址并入荥阳故城，公布为河南省文物保护单位。2001年6月25日，古荥冶铁遗址被国务院公布为第五批全国重点文物保护单位，编号5-0075-1-075。2006年，荥阳故城由国务院公布为第六批全国重点文物保护单位合并项目，与第五批全国重点文物保护单位古荥冶铁遗址合并，统一名称为荥阳故城，编号5-0000-1-012。2011年6月，成立郑州市古荥汉代冶铁遗址博物馆。建立了全国重点文物保护单位记录档案，保管于郑州市古荥汉代冶铁遗址博物馆。2014年，经国家文物局批准，河南省人民政府公布《荥阳故城及汉代冶铁遗址保护规划》，划定荥阳故城和古荥汉代冶铁遗址的保护范围和建设控制地带。

莲花山古采石场 是一处延续千余年的石料开采场所的遗址，位于广东省广州市番禺区石楼镇莲花山社区。

番禺莲花山原名石砺冈，又名石狮山。莲花山石质由赭红色砂砾岩构成，属于陆源碎屑沉积岩。莲花山古采石场是古番禺地区极为罕见的大型人工采石场地，坐北朝南，分布于莲花山的东南面山腰至山顶上，由48座低山组成，总面积231万平方米。自西汉初至清道光年间，人们在此大规模开采石料，历时2千余年不断，从莲花山南部起，偏东至莲花山渔港折向北，延伸长约3000米，留下的采石工作面平均高25米，最高40米。在悬崖峭壁岩石上留下钎痕历历、桩孔累累，开采面积约33万平方米，形成无数巧夺天工的景观。有的地方可见已采凿而未运走的石柱或半成品。史料记载，

莲花山古采石场开采面

自明万历七年至清道光二十二年（1579～1842年），番禺莲花山石场采石历时260多年。1989年，广州地质新技术研究所将西汉南越王墓石材从岩性组合、岩石特征、风化程度、岩石成因等，与番禺莲花山、广州近郊、南海西樵山及三水等地的岩石进行对比、鉴定等研究，推断莲花山采石场的开采年代最早为西汉初年，进而得出西汉南越王墓石料开采于番禺莲花山的结论，距今2000多年。

莲花山古采石场从西汉一直开采到20世纪80年代，山体的截面上分明清晰地遗留着开采者留下的凿痕，一条条直直的5厘米宽的或横或斜的长条花纹。开采石面最高40米，平均25米，有的向下开采，深达13米。整个莲花山留下许多怪石、深潭。被人工开采之后留下的痕迹，犹如天斧神钎所为，后人冠以极富诗意

和艺术性的命名，如象鼻山、无底洞、峭壁飞榕、狮子石、观光岩、八仙岩、仙人床、神仙桥、莲花石、南天门等。

莲花山古采石场地处珠江西岸、狮子洋，水路运输方便，在广东不少地区可以见到在莲花山开采的石料。对于研究自汉初开采以来岭南的政治制度及各个历史时期的古地理环境、经济发展水平、历史文化等，具有重要的文物价值、历史价值和科学价值，采石的技巧也极有艺术研究价值。

1982年，成立广州市番禺区石楼镇莲花山旅游区，负责莲花山古采石场的保护管理工作。1993年8月，莲花山古采石场被广州市人民政府公布为广州市文物保护单位。1997年，广州市人民政府划定莲花山古采石场保护范围和建设控制地带。2001年6月25日，莲花山古

采石场被国务院公布为第五批全国重点文物保护单位，编号为5-0096-1-096。2004年6月，广州市文物考古研究所建立莲花山古采石场"四有"档案。

黄河栈道遗址　系黄河三门峡段为纤夫挽船所辟道路的遗址，位于山西省平陆县三门乡至曹川镇老鸦石村沿黄河北岸，西起三门峡大坝以东黄河北岸的平陆县五一石膏厂附近，东至平陆县曹川镇老鸦石村河边，共11处32段4032米。

黄河古栈道，始建时间在史籍中不见记载，但根据黄河古栈道遗迹的地理位置、宽度、配套设施及时断时续等现象分析，栈道是纤夫挽船所用，修建时间与黄河漕运密切相关。东汉初年，战火未息，黄河栈道的修建已经展开（根据东汉和平元年题记）。魏晋时期，三门峡以东的栈道进一步修治。《水经注》卷四："自砥柱以下，五户以上，其间一百二十里……魏景初二年二月，帝遣都督沙丘部、监运谏议大夫寇慈帅工五千人，岁常修治。"唐至宋代，栈道继续使用并得到修治，平陆县五一石膏厂前栈道唐总章三年题记"大唐总章三年正月十五日太子供奉人刘君琮奉敕开凿三门河道用功不可记典令史丁道树"，与平陆县老鸦石附近北宋绍圣元年题记"绍圣元年九月二十五日押茶纲大将王佐邦"，都印证黄河古栈道在历代的沿革情况。宋、金之后，随着京都迁徙和陆路交通的改善，黄河运量减少，栈道使用和维修相应减少，但一直延续到20世纪50年代之后方才废弃。

黄河古栈道依山傍河，时断时续，有的长数百米，有的仅数十米，计共32段，总长4032米。由西向东依次散布在五一石膏厂、关窑、大祁、杜家庄、西寨、东寨、粮宿、老庄、冯

西河头栈道遗址远景

家底、张岭村溜溜窝、煤窑凹、西河渡口、老鸦石等13个村庄厂矿的范围内。栈道始建不晚于西汉，盛于唐，宋金以后随着京都迁徙和陆路交通改善，使用率日渐降低。

1955～1957年，中国科学院考古研究所对三门峡砥柱附近的黄河漕运遗迹进行初步调查，发现长达625米的栈道和散落在大坝下游的7段栈道遗迹。20世纪80年代中期，山西省平陆县博物馆对砥柱以东县域内的黄河漕运遗迹进行初步调查。1997年春、秋季，为配合小浪底水库建设，山西省考古研究所和运城地区文物工作站联合对三门峡东北岸的黄河栈道遗址进行详细的考古勘察。2009年7月，国务院开展第三次全国文物普查，平陆县文物局组织技术人员和专业骨干，在山西省文物局专家组的指导下，对全县地上文物进行调查，黄河栈道遗址为重要调查对象之一。

黄河栈道遗址中，公布为全国重点文物保护单位的地点有11处，分别为老鸦石栈道遗址、西河头栈道遗址、冯家底栈道遗址、老庄栈道遗址、寨后栈道遗址、关窑栈道遗址、杜家庄栈道遗址、大祁栈道遗址、西寨栈道遗址、东寨栈道遗址和粮宿栈道遗址。

栈道大多数依山腰向内开造成"凹"形通道，然后在通道岩石上开壁孔，再插一木梁，梁上铺板形成完整的栈道。在山崖凸出的栈道拐弯处、内侧岩壁上均发现纤夫挽船时绳索磨下的深深槽痕。栈道上残存壁孔、底孔、桥槽、历代题记、立式转筒等遗迹类型较多，数量丰富，计有大小方形或长方形壁孔、牛鼻形

西河头栈道遗址远景

壁孔1000多个，题记、石刻20余处，立式转筒遗迹10多处。

黄河古栈道方形壁孔的宽、高大多为12～36厘米。牛鼻孔一般由左右排列的两个小孔组成，两小孔内里松通，外部中间似一竖梁相隔，因形似牛鼻，故称牛鼻壁孔，简称牛鼻孔。

黄河古栈道底孔分方形和圆形两种。其中，方形底孔的边长一般为5～16厘米，圆形底孔的直径为5～39厘米，深度不一，多数排列有规律可循。

黄河古栈道在山崖凸出的栈道拐弯处，内侧岩壁上都有数道深浅不一的绳磨槽痕，有的深达30多厘米，在绳槽最多的位置，还保留一种立式转筒状机械装置痕迹，这种遗迹有十多处。

黄河栈道遗址分布有40余处历代题记和石刻线图，题记多者200余字，少者仅1字。字体有篆书、隶书和楷书三种。题记中所见年号有"建武""贞观""总章""太和""绍圣""元熙""崇祯""道光""宣统"等，其年代最早可追溯到东汉建武十一年，最晚可延续到清朝末年。最典型的是五一石膏厂附近的"大唐总章三年正月十五日刘君琼开凿三门"题记和老鸦石段北宋"绍圣元年九月二十五日押茶纲大将王佐邦"题记。

黄河古栈道是区别于长江三峡古栈道、褒斜古栈道的特殊栈道工程。大多是先在岩壁上向内开凿出通道，然后才凿孔，插横木梁，宽仅1.2～2.5米，主要用于纤夫挽船，提高黄河航运效率，也就是说它的修建废弃与黄河漕运同步相关。

黄河栈道遗址限于用途，除方形壁孔和底孔外，还有长江三峡古栈道等其他栈道遗址所不见的牛鼻孔和立式转筒痕迹。尤其是立式转筒遗迹，是首次发现的特殊工程技术遗迹。其作用是避免纤绳直接磨在岩壁上，可以起到降低纤绳磨损程度、提高挽船和漕运效率、减少纤夫绳断坠死的危险，增加纤夫挽船的安全系数。在发现立式转筒的遗迹地点中，多数只有一个转筒遗迹，然而在栈道转弯度较缓的地方，也有两个甚至三个转筒遗迹并存的情况。此现象无疑对研究黄河漕运设施与古代科学技术具有重要意义。

黄河漕运是连接中国古代东西方的重要经济命脉，在历史上曾起过转漕东南租粟以给长安京师以及转漕河东盐以销往东南各地的作用。尤其在西汉、唐时期，对于稳定京师、救灾备荒、巩固统治起着重要的作用。黄河栈道的开凿，是中国古代的伟大工程之一。自东汉起，历经唐、宋、明、清，在中国政治、经济、军事上，都具有十分重大的意义，不仅具有历史价值，而且具有重要的科学价值。

2002年，平陆县人民政府公布黄河古栈道为县级文物保护单位，由平陆县文物局负责管理。2002年9月，平陆县文物局成立黄河古栈道文物管理所。2004年，山西省人民政府公布黄河古栈道为省级文物保护单位。2006年5月25日，黄河栈道遗址被国务院公布为第六批全国重点文物保护单位，编号6-0024-1-024。2007年，山西省人民政府划定遗址的保护范围。2013年，国家文物局批准黄河栈道遗址保护规划项目立项。平陆县文物局负责黄河栈道遗址的保护管理工作。黄河栈道遗址的"四有"档案保存于山西省古建筑保护研究所。

上林湖越窑遗址　是唐宋时期烧制青瓷的名窑，由上林湖、古银淀湖、白洋湖、里杜湖四个窑址群构成。上林湖越窑遗址地处浙江省慈溪市桥头镇上林湖村，位于三北群山主峰栲栳山北麓的上林湖水库库区内。水库岸线长20千米，窑址群分布在岸线向外海拔4米以上、20米以下平缓的山坡上。遗址保护面积为13平方千米。

根据历年的调查与勘测，上林湖青瓷窑址有115处。其中，东汉、三国时期11处，南朝1处，唐代31处，唐代至五代11处，唐代至北宋17处，五代7处，五代至北宋27处，北宋10处。窑址均分布在上林湖库区内，以木勺湾、吴石岭、横塘山、下滩头、高岭墩、皮刀山、河头山、狗头颈、后施岙、周家岙、吴家溪、黄婆岙等地最为密集。水库西半部的窑址数量和密集程度明显大于东半部。

古银淀湖窑址群，包括寺龙口与开刀山两处窑址。时代以南宋时期最具特色。

白洋湖窑址群，由分布于白洋湖西岸石马弄、碗成山、对面山、小弄口、雁鹅岭的12处窑址构成，其中唐代窑址3处、唐至北宋窑址3处、北宋窑址6处，调查登记编号为白Y1～白Y12，瓷片散布总面积27270平方米。

里杜湖窑址群，位于里杜湖西岸枫树湾、栗子山和大黄山近岸山坡平缓处，有唐、北宋时期的窑址15处，其中唐代窑址8处、北宋窑址7处，调查登记标号为杜Y1～杜Y15，瓷片散布总面积达4.3万平方米，瓷片堆积厚度最高达5米。白洋湖窑址由于沿山公路等基建工程，部分窑址遭到局部叠压破坏。里杜湖窑址则主要由于湖水冲刷侵蚀和非法盗挖等因素给窑址造成一定程度破坏。但窑址及周边山形水系均保持着典型龙窑窑场地貌，历史格局和总

上林湖越窑遗址远景

体保存状况较好。

安史之乱后，中原与西域的交往被阻隔，大唐经济重心逐渐向南偏移，对艺术的取向也从西方华丽彩章、极尽绚烂的风格，转向江南水乡的朦胧飘逸。上林湖由此进入兴盛，其产品的"千峰翠色"之绿成为青瓷的定色标准。陆羽的《茶经》因"越瓷类玉……类冰"而将其列为天下瓷器第一等。

钱镠的东南割据，文化与经济的富足使越窑迎来顶峰时期，此期创烧的秘色瓷代表薄釉青瓷的最高水平，是制瓷技术上的巨大突破，同时亦成为唐以后历代最高等级青瓷的代名词。秘色青瓷是全新的青瓷品类，胎体多带棱有筋，以造型简洁为美，施薄釉，胎薄，质极细腻，凸显釉色之纯美。

北宋政治的变动使秘色瓷技术逐渐失传，越窑青瓷再一次回归刻划花装饰，在高质量青釉的衬托下，产品尚不失华美，但在艺术风格上却远离秘色瓷以形与色取胜的神采。唐末五代的长年战事，北方丝绸之路阻塞，加上宋政治经济中心的南移和政府对商业的扶持，使得海上贸易迅速增长，很快取代北方陆路交通，东南沿海成为进出口商品的集散地。唐晚期上林湖越窑产品开始在东南亚、西亚乃至东非广大地区出现，北宋早期的越窑产品更是大量用于外销，成为当时海上丝绸之路的重要输出品。北宋晚期越瓷质量大为衰退，加之王安石精简开支的改革，使越窑失去宫廷用器采购的支持，繁盛近500年的名窑开始衰败，同时期的龙泉窑青瓷、景德镇青白瓷各有特色，质量上乘，逐渐取代越窑地位。

宋室南渡，汝窑的衰亡，上林湖地区成为早期宫廷用瓷的主要生产地，为上林湖越窑带来短暂的最后荣光。南宋政权安定后，乳浊釉产品大量在龙泉窑生产，加之官窑的兴建，越窑的使命到此终结。

窑址废弃后一直原址保存，破坏不是很大。在沿山坡脚可以看到明显的窑业废品堆积。单个窑场分布面积较大，一般多个窑址连续分布，规模庞大。上林湖片区在20世纪90年代水位加高后，大部分窑址淹没入水中。经过对历年采集的大量标本进行整理、排比，大致可以把上林湖青瓷划分为前后二段：前段，东汉中期至三国；后段，南朝至北宋晚期。

白洋湖西岸石马弄有6处窑址连成一片（白Y1～白Y6），以石马弄白Y6遗存堆积最为丰厚，瓷窑地处山坡平缓地带，遗址上有明显隆起的瓷片堆积棱岗，瓷片散布面积为1万平方米，地表堆积高度8米。1999年和2002年，

寺龙口窑址宋代窑炉

上林湖越窑遗址出土南宋炉

对石马弄窑址进行二期抢救性发掘，发掘面积925平方米，清理出北宋早期龙窑1条、匣钵墙1座、房基1座、釉缸1只，获得大量晚唐、五代至北宋时期的青瓷标本。龙窑头东尾西，依山势而建，长约49.5米、宽1.9～2.4米，残长约1.55米，匣钵墙高4米，其中一件秘色瓷盘与陕西法门寺地宫出土的秘色瓷盘相同。根据文物调查和考古发掘，从地层叠压关系和器物造型的演变及装饰工艺、装烧技术的变化等方面分析，白洋湖窑址群可以分为唐代中晚期、

上林湖越窑遗址出土唐代褐彩薰炉

唐末五代、北宋三期，基本产品特征与上林湖相似。

杜湖窑址群，以枫树湾和栗子山窑址堆积丰厚。栗子山窑址（杜Y6～杜Y11）位于里杜湖西岸栗子山南坡，堆积面积8000平方米，断面厚度约2.5米，暴露窑床残长4米、宽2.6米，窑壁用长30厘米、宽16厘米、厚5厘米的砖头叠砌而成。枫树湾窑址群由唐、北宋的5处窑址（杜Y1～杜Y5）连成一片，面积约6160平方米，其中唐代窑址3处、北宋窑址2处。5处窑址均分布在湖岸，局部被湖水所淹，遭到不同程度的破坏。根据考古调查和发掘，从地层叠压关系和器物造型的演变及装饰工艺、装烧技术的变化等方面分析，里杜湖窑址可以分为中晚唐、北宋两期。

上林湖越窑发展于唐代早中期，兴盛于唐代晚期至北宋早期，北宋晚期开始衰落，直至南宋早期仍有短暂的宫廷用瓷烧造。上林湖越窑遗址作为唐宋时期越窑的中心遗址，是中国陶瓷史上最重要的遗址之一。上林湖越窑不仅是唯一的宫廷御用青瓷遗址，而且也是中国所存青瓷遗址中规模较大、保存较完整、烧造时间较长的窑址之一，代表公元9～11世纪中国青瓷烧造技术和艺术的最高成就，其产品种类丰富，造型优美，釉层滋润如玉，主要器形有碗、盘、罐、壶、灯、薰、炉、盒、枕、盏、碟、盂、水滴等，部分器物体形巨大、复杂，质量高超。上林湖越窑见证了中国古代著名的青瓷窑系双连越窑的形成与发展的历史过程，见证了中国制瓷技术的革新、发展以及传统越窑青瓷烧制技艺的高超水平，见证了公元9～11世纪中西文化经"陶瓷之路"而实现的

交流与融合。

　　1963年3月11日，上林湖青瓷窑址被浙江省人民委员会公布为浙江省重点文物保护单位。1982年5月8日，慈溪县人民政府公布栗子山、枫树湾、石马弄窑址为慈溪县第一批文物保护单位。1986年6月24日，文化部文物事业管理局批准开放上林湖马溪滩和木勺湾两处窑址。1987年，成立上林湖越窑遗址文物保护所，负责上林湖越窑遗址的保护管理工作。1988年1月13日，上林湖越窑遗址被国务院公布为全国重点文物保护单位，编号3-0222-1-042。2011年1月7日，白洋湖、里杜湖越窑遗址被浙江省人民政府公布为第六批浙江省重点文物保护单位，由慈溪市文物管理委员会办公室负责保护管理。2013年3月5日，国务院公布第七批全国重点文物保护单位，将白洋湖、里杜湖越窑遗址并入第三批全国重点文物保护单位上林湖越窑遗址，编号7-1952-1-009。其保护管理工作由上林湖文物保护所统一负责。建立有完整的"四有"档案，由慈溪市文物管理委员会办公室管理。2009年，浙江省人民政府公布实施《全国重点文物保护单位慈溪上林湖越窑遗址保护总体规划》，划定上林湖、白洋湖、里杜湖越窑窑址保护范围和环境控制区。

　　洪州窑遗址　是东汉晚期至晚唐五代时期重要的青瓷窑址，是长江中游地区最重要的瓷器产区之一，生产期长800余年。位于江西省丰城市境内，窑址北距江西省南昌市约30千米。窑址遗存主要分布在赣江与其相通的清丰山河沿岸、药湖岸畔的山坡和丘陵岗阜地带，包括丰城市的曲江镇、梅林镇、同田乡、尚庄街道、石滩镇和剑南街道等6个乡镇19个村，

窑场32处，总面积约51.51平方千米。

　　洪州窑最早著录于唐代陆羽《茶经》。其后《旧唐书·韦坚传》也曾提到洪州窑瓷器。文献记载中虽然已明确洪州窑在洪州境内，但未记载具体地点。

　　1958年文物普查时，在丰城县曲江镇曲江街东端发现古代瓷窑遗址一处（当时称"陶窑遗址"，即曲江村窑仔岗窑址），但没有引起学术界的重视。1977年11月，在赣江西岸的丰城县曲江镇罗湖村考古调查时，发现一处面积较大、堆积较厚、延续时间较长（东晋至唐代）的青瓷窑址群。此次发现引起有关考古单位的重视和学术界的关注。1979年冬，江西省考古工作队批准首次对罗湖青瓷窑址群进行考古调查与发掘，共开探方（沟）18处，揭露面积439平方米，清理两座唐代的龙窑窑炉遗迹，出土各类青瓷器和窑工具2917件。通过对考古调查、发掘所获资料的研究，以确凿的证据说明，丰城罗湖村发现的瓷窑遗址是陆羽《茶经》中所说的洪州窑，罗湖村一带是洪州窑窑址所在地，使"长时期悬而未决的问题初步得到了解决"。1978～1989年，丰城考古工作人员先后在同田乡的龙雾洲、乌龟山、蛇脑山、蛇尾山、交椅山，河洲街道的罗坊、窑里，石滩镇的港塘陆续发现汉晋、南北朝、唐和五代时期的窑业遗址。1992～1994年，江西省文物考古研究所、北京大学考古学系和丰城市博物馆联合进行第二次考古调查、发掘，选择港塘清丰河窑址、龙雾州乌龟山窑址、李子岗窑址、罗湖寺前山窑址、尚山窑址、曲江窑仔岗窑址等6处窑址进行考古发掘。从1992年秋到1993年1月，考古工作者共开探方、探沟

21个，揭露面积400多平方米，清理出两座龙窑窑炉，其中一座比较完整，斜长21.92米，出土青瓷器680多件。从1993年秋到1994年1月，考古工作者又在象山发掘隋代早期龙窑一座，斜长18.55米，出土大批青瓷器。第三次考古发掘从1995年9月到1996年1月，在同田乡发现西晋时期的遗存，同时在寺前山遗址出土江西首次发现的七联盂，属于国家一级文物。另外还出土圆形多足砚，砚底部有21只兽足，实为罕见上品，同属国家一级文物。2002年6月，对洪州窑进行第四次考古调查，对整个洪州窑进行复查，并对赣江西岸新近发现的曲江缺口城西门东汉晚期重要的青瓷窑址进行发掘。通过发掘，考古工作者在缺口城西门坡地上发现一座烧造成熟青瓷器的龙窑，其平面呈

长方形，窑址地表可见青瓷盘口壶、瓮、盆、高足盘和圆形砚等遗物，窑址附近堆积丰富，窑底有一层厚约5厘米的烧结面。窑室内草皮层以下的充填物可分两层，上层含有东汉至南朝时期的匣钵与青瓷器残片，下层含东汉支烧直筒状窑具及釜、瓮、盆、双唇罐等青瓷器，未见晚期遗物。窑底有大量窑具。根据出土文物分析，上层为南朝至隋唐时期的扰乱层，下层属于东汉遗物。由此断定，此处为东汉晚期窑址，从东汉一直烧造到隋唐五代，中间没有间断，这说明洪州窑的青瓷烧造自成完整体系。四次考古调查发掘，共发掘面积568平方米，开探方27个，清理龙窑7座，出土瓷器和窑具11983件，其中一座隋代龙窑遗迹全长21.6米、宽2米，是江西省年代最早、窑体最

洪州窑遗址

大、保存最好的一座龙窑遗迹。

2004年2~5月，经国家文物局批准，江西省文物考古研究所会同丰城博物馆对石滩镇港塘村陈家山窑址进行抢救性考古发掘，共开探方15个，发掘面积503平方米，清理灰坑1个，揭露龙窑2座，获得一批印纹硬陶器、褐釉瓷、青釉瓷以及窑具标本。

通过多次考古调查发掘，在江西省丰城市曲江镇的罗湖村、郭桥村、曲江村，梅林镇的大岗村，同田乡的龙凤村（龙雾洲）、沿江村、钞塘村，尚庄镇的石上村，剑南街道的罗坊村，石滩镇的港塘村等。每个村发现的窑址数量不等，多者达10处，少者仅1处，总计32处，即罗湖村的象山、狮子山、寺前山、外宋、管家、南坪、对门山、上坊、尚山、乌龟山，郭桥村的罗湖闸、落水坳、缺口城，龙凤村的李子岗、松树山、乌龟山、白鹭山、牛岗山，沿江村的麦园，钞塘村的蛇头山、蛇尾山、交椅山，曲江村的孟家山、窑仔岗，丰城市区的公安大楼，石上村的黄金城，罗坊村的罗坊、窑里，港塘村的清丰河、新村、小学前窑址。从最南边的剑南街道罗坊窑址至最北边的同田乡麦园窑址的距离约20千米，最宽处的曲江镇罗湖窑址群宽约1千米。考古资料和对资料的研究表明洪州窑遗址均分布在江西省丰城市境内赣江流域或与赣江流域相通的药湖岸畔的山坡、丘陵冈埠以及清丰山溪河底及东岸的缓坡地带，地理上以赣江为纽带，基本连成一体。从各窑址发掘采集出土的遗物看，同时期的风格相同，特征大体相同，不同时期具有明显的继承和发展演变关系，从地理位置与行政区划看，洪州窑遗址所在地在唐代属洪州所

洪州窑寺前山遗址窑床

辖七县之一的丰城，因此将窑址都冠之曰洪州窑。各遗存的烧瓷时间有先有后，总体上看从赣江东岸的清丰山溪一带，向赣江西岸发展，由赣江西岸向药湖及内河支流发展，但都与赣江相通。

洪州窑遗址堆积较厚，大多为4~5米，少数窑区厚6米多，总面积3万余平方米。考古资料和对资料的研究表明，洪州窑最迟在东汉晚期就能烧造出比较成熟的青瓷器，中经三国东吴、西晋时期的发展，东晋、南朝时期逐渐进入兴盛时期，盛烧时期大约一直延续到唐代中期；唐代晚期、五代时期衰弱，前后生产时长800多年。在制瓷工艺方面，有许多烧造技艺走在同时期窑址的前列，有诸多创新，能够较早地掌握了点彩装饰技法、火照的使用、芒

口装烧方法、匣钵装烧方法、镂花玲珑瓷、龙窑分段烧成技术、使用化妆土等新工艺，全面提高青瓷的产量和质量，促进古代陶瓷业的发展，在中国陶瓷史上留下了辉煌的一页。洪州窑遗址的发现和研究受到学术界广泛关注，相关成果众多，极大地丰富中国陶瓷文化的内容，对于研究唐代名窑的烧造历史、制瓷工艺，尤其是进一步探讨匣钵装烧、玲珑瓷和芒口瓷烧造工艺的产生与发展，提供了宝贵的实物资料，具有很高的科学艺术价值和历史价值。

1984年11月，洪州窑遗址被公布为丰城县级文物保护单位；1987年12月，被江西省人民政府公布为省级文物保护单位。1996年11月20日，洪州窑遗址被国务院公布为第四批全国重点文物保护单位，编号4-0042-1-042。丰城市成立洪州窑遗址保护管理委员会和洪州窑文物管理所，负责洪州窑遗址的保护、管理。2009年，国家文物局批复同意《洪州窑遗址保护总体规划》，2012年，江西省人民政府划定洪州窑遗址保护范围和建设控制地带。建立有"洪州窑遗址保护记录档案"，保管于丰城市博物馆。

寿州窑遗址 是南北朝至唐代著名瓷窑遗址，位于安徽省淮南市大通区上窑镇206国道两侧。遗址地处丘陵地带，东依上窑山、西濒高塘湖、北临淮河、东南与凤阳交界，依山傍水，岗丘起伏。

唐代陆羽在《茶经》中记载"寿州瓷黄"，唐代上窑镇一带为寿州所辖，故名寿州

寿州窑高窑遗址

窑。1960年被发现。当地文物部门经过多次调查，发现窑址主要分布在淮南市上窑镇以及凤阳县武店等地，有窑场十余处，延绵几十里。其中上窑镇最为集中典型，高塘湖、窑河沿岸窑址密集，有管嘴孜、高窑、上窑镇医院住院部、松树林、东小湾窑址等5个重点保护区。中心窑址面积约3万平方米，分布总面积约16平方千米。

1988年，安徽省博物馆会同淮南市博物馆，对上窑镇医院住院部窑址、高窑窑址、管嘴孜窑址进行发掘，发掘面积325平方米。发现残窑炉2座，出土窑具、瓷器标本1万多件。根据考古调查和发掘资料分析，寿州窑创烧于六朝后期，隋唐进入繁荣时期，至唐末五代逐渐衰落，延续时间约350年。管嘴孜窑址年代最早，约在南北朝晚期至隋代。发现半地穴式馒头状窑炉1座。出土器物有罐、盘口壶、碗、高足盘、高足杯、杯、钵、砖等，多半施釉，釉色淡青灰、青绿等，装饰方法多见划篦弧纹、连弧纹、印花纹等。高窑、医院住院部窑址主要为唐代窑口，在高窑窑址发掘一处残窑床，平面呈马蹄状，由窑门、火膛、火道、烟道、窑室构成，长7米、宽3米。出土器物有盏、碗、注子、枕、罐、玩具、文具、砖等，以碗、盏为主。其中瓷枕形制多样，玩具常见十二生肖瓷俑，造型生动活泼。器物多施黄釉，以蜡黄釉最为美观，为掩饰瓷胎的粗糙施化妆土，中唐之后烧制黑釉产品。窑具有三岔至六岔支钉，多见圆形垫圈、窑棒、匣钵等。松树林、东小湾窑址是唐代中晚期寿州窑盛烧时期的窑址，出土瓷器有罐、碗、盏、瓶、钵、枕、注子、碾轮等，两个窑口的产品釉色

寿州窑医院住院部窑址出土窑具

相对稳定，黄釉、黑釉的釉色纯正，说明在窑炉控温技术上较其他窑口要成熟，其中尤以黑釉产品最为显著。

寿州窑早期以烧造青瓷为主，釉色青中闪黄，瓷胎细密、坚硬，釉色润滑，玻璃质感强，釉面有细小开片。一般半施釉，有垂釉的"蜡泪痕"。装饰手法多见划花、堆塑、划篦弧纹和莲花纹。产品有四系盘口壶、高足盘、罐、瓶、碗等，其中龙柄鸡首壶和高大的四系盘口壶是隋代寿州窑的代表作品。唐代寿州窑瓷器以黄釉为主。中唐以后兼烧黑釉，釉色有蜡黄釉、鳝鱼黄釉、黄绿釉、黄褐釉等，尤以蜡黄釉、鳝鱼黄最具特色。由于在氧化焰下，窑温控制不稳定，造成釉色不同。中唐之后烧造的黑釉，釉色漆黑光亮。唐代寿州窑瓷胎较隋代明显粗糙，烧造温度也略低，与瓷胎高铝低硅有关。装饰手法常见有印花、贴花、漏花、剔花、点彩、堆塑等，尤以剪纸贴花特色浓郁。产品有罐、碗、盏、盘、注子、壶、杯、文房用具、玩具和建筑材料等，尤以瓷枕为代表，瓷枕形制多样，釉色变化丰富，装饰方法集合各种手法于一体，是各类器物中从制胎到烧造都十分讲究的门类。寿州窑窑炉隋代

寿州窑遗址出土黑釉执壶

寿州窑遗址出土黄釉细颈瓶

为半地穴式馒头窑，唐代时平面有椭圆状和马蹄状，晚期发现有龙窑，功能是烧制不同的产品。瓷器烧制方法，早期为垫烧法，晚期出现装烧法。窑具有三至六岔支钉和垫具，多见圆形垫圈、高足式垫具、托具、窑柱、匣钵等。

寿州窑地处中国南北方过渡区域，独特的地理优势使其在烧造技术、瓷器造型、釉色等方面兼具南北方特点。从隋代的还原焰发展到唐代氧化焰以及匣钵和化妆土的使用，最终形成独具特色的黄釉瓷系统，在中国陶瓷发展史上不仅具有鲜明的个性，也具有重要的时代意义。由于其产品属价廉物美的民间日用瓷，对当时如河北曲阳窑、河南密县窑、鹤壁窑、郏县窑、陕西铜川窑、山西浑源窑、湖南长沙窑以及安徽萧县白土窑等都有较大的影响。唐代陆羽在《茶经》中，将寿州窑列为唐代六大名窑的第五位，显示出其在中国陶瓷发展史上占有重要的地位。

1981年9月，安徽省人民政府公布寿州窑遗址为第一批全省文物保护单位。2001年6月25日，寿州窑遗址被国务院公布为第五批全国重点文物保护单位，编号5-0048-1-048。淮南市文物保护局负责保护管理。2013年，《寿州窑

遗址保护规划》获国家文物局批准。2004年，编制上报《寿州窑遗址记录档案》。2016年，安徽省文物局和省住房与建设厅重新划定公布了寿州窑遗址的保护范围和建设控制地带。

邢窑遗址 是北朝至金元时期的古代瓷窑遗址，分布于河北省内丘县、临城县。内丘县境内窑址分布在李阳河及小马河沿岸台地及城周围，临城县境内窑址分布在泜河流域台地上。

1980年11月，临城县二轻局邢瓷研制小组首次在县境内祁村东南、西北和西双井发现三处唐代邢窑窑址，发现唐代烧造的细白瓷片。1982～1984年，内丘县文化馆在全县进行调查，发现多处邢窑遗址。1985年夏，内丘县城建设工地发现邢窑遗址，成批出土"盈"字款

1991年发掘临城祁村邢窑唐代窑炉

白瓷标本。1987～1992年，以河北省文物研究所为主组成邢窑考古队，对内丘、临城两县的古瓷窑址进行复查，共调查核实邢窑遗址20余处，试掘其中的3处窑址，发现灰坑52个，窑炉6座，标本上万件，涵盖隋、唐、五代、金等时期，并发现了隋代透影白瓷，填补国内空白，丰富人们对于邢窑烧造年代的认识。1997年，邢台市区顺德路一处施工工地发现窑具标本，邢台市文物管理处随之组织考古队进行抢救性发掘，出土大量隋代白、黑、黄釉瓷器及标本，使邢窑烧造区域扩展至邢台市区一带。2003年5～8月，河北省文物研究所对内丘县城步行街建设施工工地所涉及的邢窑遗址进行抢救性发掘，发现刻有"盈""官""翰林"等字款的器物，为各地遗址和墓葬出土的相应款识的白瓷窑口归属提供参考，特别是出土的十余件"官"字款器物，改变学界一直认为是定窑特有款识的观点。2011年，邢台市文物管理处、临城县文物保管所对临城县西磁窑沟遗址进行考古发掘，发现金元时期的窑炉和作坊，出土大量的白底黑花与刻印花瓷器标本，反映邢窑与磁州窑之间的交流与影响。2012年5月，内丘县城旧城改造工程中发现邢窑遗址，

临城祁村邢窑五代窑炉遗址（1991年发掘）

河北省文物研究所、邢台市文物管理处、内丘县文保所组成联合考古队，历时6个月，发掘面积1200平方米，主要遗迹有北朝至清代的窑炉、墓葬、井、灰沟、灰坑等，出土瓷器和窑具残片数超20万件，其中完整和可复原器物超过2000件。"高""上""大"等刻款器物残片的发现，丰富邢窑字款的内容，隋代三彩陶片的发现在国内尚属首次，将三彩器烧制上推至隋代。

各处邢窑遗址文化层的堆积厚度不一，多数不足1米。其中临城县解村、内丘县西丘等处堆积较薄，为0.2～0.3米，而临城县磁窑沟遗址文化层堆积最厚处4米。邢窑以白瓷著称，也烧制青瓷、黑瓷、褐釉瓷、酱釉瓷、绿釉瓷、白地绿彩瓷、唐三彩、白陶等，产品较

内丘县城邢窑 T16H65 瓷片堆积（2003年发掘）

内丘县邢窑遗址出土唐三彩镟

为多样化。

　　根据邢窑遗址的历年调查和发掘资料，总体而言，邢窑器物造型具有圆唇口、短颈、丰肩和鼓腹的特点。不同时代的邢窑瓷器风格具有明显差异。北朝时期，瓷器的胎体厚重，胎色灰黄，多不施化妆土，釉色多呈青绿色或黄绿色，造型特征具有质朴、凝重、粗犷的特点。隋代开始，瓷器烧造技术有新的发展，开始用化妆土装饰青灰色胎体，开始用白色黏土制胎，烧造粗白瓷，工艺水平显著提高，胎料制备精细，旋削工整，装烧考究，立式器皿显著增多，造型挺拔、豪放。唐朝时，胎釉原料更为精细，技法更为规范，采用匣钵正烧法，消除器物内的支烧痕，火候控制严格，产品瓷

化而不过烧，保证造型的神韵。唐朝时，邢窑瓷器体态丰盈，庄重大方，赏用结合。至五代时，器物胎质疏松，胎色多灰黄或青灰，釉色多灰白，釉下多施化妆土，制作工艺粗糙。北宋时期邢窑器物造型特征为秀丽浮华，体态轻盈修长。金元时期，在制瓷工艺和装饰方法上借鉴定窑的手法，但大多数制品的白亮度略逊于定窑，总体特征为单调而不单一，实用功能更加突出，体态轻薄。

　　邢窑器物装饰技法以胎形装饰为主，装饰种类较多，有旋纹、模印、戳印、压印、按压、雕塑、贴塑、捏塑、刻划、镂空、削边、三彩、点彩等。具体来说，北朝至初唐的装饰技法主要有旋纹、贴塑、模印、戳印、刻划、点彩和单色彩等，以模印和旋纹为主；盛唐时期，出现削边、镂空、雕塑和三彩装饰技法；中唐时期，捏塑、贴塑使用较多，刻划和旋纹也广泛使用；晚唐至五代时期，装饰技法较全面，而点彩由原来的釉上彩发展为釉下彩；北宋时期装饰技法主要有印坯、贴花、刻花、戳印、黄绿釉彩、褐彩等；金元时期主要有刻花、印花、铁锈花、白地黑花、剔花等。

　　邢窑是中国古代瓷器烧制的著名窑场，其烧造的细白瓷代表隋唐时期白瓷的最高水平。邢瓷畅销全国，入贡皇室并远销朝鲜、日本、印度、埃及等国，在唐代享有“天下无贵贱通用之”的美誉。作为白瓷的鼻祖，邢窑是一座矗立在中国陶瓷发展史上辉煌的里程碑，结束自商周以来青瓷独尊的局面，与越窑平分秋色，为以后的彩瓷、青花瓷等著名瓷器的产生奠定坚实的基础。

　　1982年，临城县境内12处邢窑遗址经河北

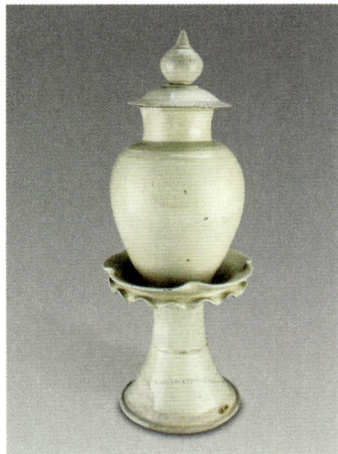

临城县邢窑遗址出土
唐白釉带托塔形瓷盖罐

省政府公布为省级文物保护单位。1996年11月20日，邢窑遗址被国务院公布为第四批全国重点文物保护单位，编号4-0046-1-046。大部分遗址采取原址保护的措施。内丘县文物局和临城县文物保管所负责遗址的保护管理工作。23处邢窑遗址均划定保护范围和建设控制地带，建立有邢窑遗址"四有"档案，保存于邢台市文物管理处。

巩义窑址 为中原地区北魏至唐代主要烧制青、白瓷及三彩器的重要作坊遗址。巩义窑址由巩县瓷窑遗址（又名白河窑址）和黄冶唐三彩窑址合并组成。巩县瓷窑遗址位于河南省巩义市北山口镇水地河、白河、铁匠炉村一带沿西泗河两岸的台地上，黄冶唐三彩窑址位于巩义市站街镇小黄冶村、紫荆街道办大黄冶村黄冶河两岸的台地上。

巩县瓷窑遗址发现于1951年。1957年7月，故宫博物院专家对遗址进行实地调查，采集标本，撰写调查报告，首次将巩县瓷窑的情况公之于世。1976年始，文物保护科学技术研究所、河南省文物考古研究所、郑州市文物考古研究所、巩义市文物保护管理所等先后对遗址进行调查考古发掘。

窑址南北长绵延5千米，东西宽1千米，面积约100万平方米。文化层堆积一般厚4米，最厚处超过7米，其中北魏和唐代堆积最具代表性。在清理的众多遗迹中，以烧制白釉瓷器和青釉瓷器的北魏窑炉以及出土北魏白釉瓷器和青釉瓷器的灰坑等最为重要。共发现窑炉、灰坑以及沟、灶等遗迹百余处。北魏瓷器以青釉瓷器为主，白釉瓷器次之，少见黑釉瓷器。青釉瓷器以碗为主，另有盘、豆、钵、盆等；白釉瓷器主要有杯、碗等器物；黑釉瓷器很少，主要是碗，器形与青釉瓷器相

黄冶三彩窑址唐代早期瓷器埋葬坑

同。唐代瓷器以白釉瓷器为大宗，黑釉和酱釉瓷器次之。白釉瓷器以碗、罐、盆为主，另有瓶、盒、盘、执壶、罐、茶托等。酱釉瓷器可分为内外酱釉、内白外酱釉两种，器形以盆、碗、灯为主，另有水注、罐等。黑釉瓷器有黑釉瓶、黑釉执壶、内白外黑釉碗等。此外，还出土有少量的细白釉瓷器。有的器物腹部和部分窑具上刻有款识，大多是一器一字，有"马""冯""张""李""仙"等，并发现有古代简体字。唐代窑具种类非常丰富，仅匣钵就有筒形、漏斗形、碗形和盒形等，还有垫圈、垫饼、支烧等。所发现的唐代青花瓷器均为残片，器形有圈足碗、葵口碗、盒和枕等，绘有花卉纹饰，唐青花瓷器的出土是重大发现。唐三彩器也有大量出土，釉色可分为单彩、二彩、三彩、多彩等，也有部分未施釉的

黄冶三彩窑址 6 号窑炉遗址

素烧制品。器形以钵、灯、豆、盘、洗、瓶、罐、炉、枕等为主，玩具有人面埙、鸽以及动物等。

巩县瓷窑遗址首次发现了中原地区最早烧造白釉瓷器和青釉瓷器的窑炉及其产品，从考古地层学上解决了唐青花瓷器的产地归属问题。唐三彩器的大量出土，扩大唐三彩的烧造范围，为河南及周边地区唐墓出土的大型唐三彩器找到了产地。巩县瓷窑址还清理出一座保存较好的汉代陶窑，说明在白河一带，汉代就已经开始陶器烧造。北魏白釉瓷器和青釉瓷器能够兴起与发展，唐青花瓷器和唐三彩器的兴盛等，与其长期的陶瓷工艺的积淀和传承是密不可分的。

黄冶唐三彩窑址总面积约22.5万平方米，沿黄冶河两岸约2千米的地段内，断断续续有文化层和陶瓷片堆积层。依据地形地貌，窑址分为3个区：西罗新村区（1区）、塔沟村区（2区）、瓦窑沟区（3区）。文化堆积一般厚3米多，最深的6米以上，有的文化层堆积达18层。时代从隋末、唐初创烧，历经五代和北宋，一直延续到金代。遗址延续时间长，大致划分为隋、初唐、盛唐至中唐和晚唐四个阶段。主要遗迹有窑炉、作坊（辘轳坑、练泥池、釉料坑）、淘洗池、沉淀池、陈腐池、水井、道路、墓葬、灰沟和灰坑等。出土遗物以三彩制品为主，器形有盆、罐、壶、碗、豆、碟、盏、盂、杯、钵、炉、灯、水注、瓶和三彩俑类陶塑、范模制品兔、龟、蛙、马、羊、狗、狮、虎、象、骆驼、子母猴，以及车等。各种范主要有凤首壶范、马范、象范、人骑骆驼范、麻雀范、燕子范等。从釉色看，有

蓝、白、黑、黄、绿、青、褐等单色和各种搭配的三彩釉，以三彩占大宗。同时也烧制精美白瓷、青花瓷、白釉绿彩瓷。出土的隋代瓷器以青釉瓷为主，白釉、黄釉瓷较少，常见的器形有碗、高柄盘、四系罐、钵、杯等，以饼形底器为主。唐代以白釉、黑釉瓷为主，黄釉较少，三彩制品在唐代逐渐臻于成熟，全绞胎制品开始出现，器形有盆、碗、杯、盂、盏、罐、钵、瓶、炉、碟（灯）等。盛唐至中唐时期，三彩制品基本上取代白釉和黑釉瓷，三彩俑类陶塑品大量出现，如人物俑和兔、鱼、蛙、马、羊、狗、狮、虎、象、骆驼、子母猴，以及车、埙等。中唐时期的圈足器基本上取代初唐时期的饼形底，品种繁多的三彩器半成品的出土，为三彩器的制作工序、烧成技艺增加了新的研究对象。晚唐时期，精美的三彩制品相对减少，生活实用器和小型器类、玩具占主导地位，器形的制作不甚讲究。历次发掘资料充分证明，从隋代开始已经大量烧制瓷器，且已具相当水平，后改烧三彩，到盛唐，三彩工艺达到炉火纯青的地步。

黄冶唐三彩窑址发现与发掘，不仅找到烧制唐三彩的窑炉和作坊、澄泥池、釉料坑等相关遗迹，出土的大量三彩器半成品和各类窑具、模具，还再现唐三彩制作工艺流程，为研究黄冶窑唐三彩制品的分期、手工业作坊的布局等提供了重要的实物资料，而且从考古地层关系上确定唐青花瓷是由唐三彩发展而来。此外，出土的不少精美细白瓷，为《新唐书·地理志》中记载的河南府开元贡白瓷的研究提供重要线索，丰富人们对黄冶唐三彩窑产品的认识。

1963年6月20日，河南省人民委员会公

黄冶三彩窑址出土唐三彩水注

布巩县瓷窑遗址为第一批省文物保护单位。1965年3月，成立巩县文物管理委员会。1981年4月6日，成立巩县文物保护管理所，隶属县文化局领导。1991年8月，巩县撤县建市，巩县文物保护管理所改为巩义市文物保护管理所。2001年6月25日，黄冶三彩窑址被国务院公布为第五批全国重点文物保护单位，编号5-0076-1-076。2002年4月5日，成立巩义市文物管理局，隶属巩义市文化局。2004年，河南省人民政府划定黄冶唐三彩窑址保护范围与建设控制地带。2006年5月25日，国务院公布第六批全国重点文物保护单位时，将巩义窑址（白河窑址）与第五批全国重点文物保护单位的黄冶唐三彩窑址合并，统一冠以巩义窑址之名，编号6-0000-1-012。保护档案完整，存放于巩义市文物和旅游局资料室。2008年，河南省人民政府划定巩县瓷窑遗址保护范围和建设控制地带。2010年，巩义窑址由巩义市文物和旅游局负责保护管理。

长沙铜官窑遗址 是唐至五代南方重要的窑场遗址，也是釉下彩瓷的发源地，主体位于湖南省长沙市望城区铜官街道彩陶源村。长沙铜官窑遗址保存面积约30万平方米，分布在望城区铜官镇往南至石渚湖一带湘江东岸的十

里河滨与起伏的山丘上。可分为三区：一为铜官镇区，从原湖南陶瓷公司六厂往北至誓港，在沿江千余米的厂房民舍的空隙之间，保存着蔡家塅、沙湾寺、外兴窑和兴窑坡四处窑址；二为古城区，在铜官镇南5千米处，地处彩陶源村（原为古城村，合村时更名），俗称瓦渣坪。北依觉华山，西南滨湘江，东南临石渚湖，是长沙铜官窑的主窑区，保存面积20万平方米，遗址重点保护范围、保护机构均在此区内；三为石渚区，在石渚湖南岸，与古城区隔湖相对，距离约1千米。

1956年，湖南省文物管理委员会在长沙县书堂乡瓦渣坪一带（属望城区）发现铜官窑遗址，并采集一大批釉下彩瓷标本。1957年、1959年，故宫博物院冯先铭等专家两次对遗址进行调查，确认为唐至五代时期的古窑遗址，为世界釉下多彩陶瓷发源地。1964～2016年，湖南省博物馆等单位先后对长沙铜官窑遗址开展多次考古调查和发掘。

遗址以瓦渣坪为中心，包括挖泥塅、蓝家坡、廖家屋场、谭家坡、都司坡、长坡垅、陈家坪、枫树咀、胡家垅、兰岸咀、灰坪、堆子山、尖子山、王田坪等，分六大片17个地点。主要遗迹有谭家坡龙窑遗址、枫树咀遗址、兰岸咀遗址、尖子山遗址和觉华山取瓷泥矿遗址5处。谭家坡龙窑遗址，位于谭家坡大窑包的南坡，是发掘出来的保存最完整、最长的一座龙窑。窑址依谭家坡而建，长41米，宽3米，由窑头、窑床、窑尾三大部分组成，窑门三个，窑壁用青砖砌成，窑内底部尚存一层装烧

长沙铜官窑遗址全景

瓷器的匣钵。出土器物种类丰富，其中有唐代元和三年（808年）的纪年罐耳范。枫树咀遗址位于新河道与湘江的汇合处，有较完整的窑包和隐约可见的龙窑，堆积所见器类繁多。兰岸咀遗址，位于古城村钢筋桥，西与灵官咀相接，河滩面积大，每当洪水过后，很多瓷片暴露，遗物比较丰富，出土有唐大中九年、十年（855年、856年）的器物。尖子山遗址，位于尖子山的山背后，东、西、北三面均有窑，因取土筑堤，大部分被破坏，窑身依山而建，残长21米，宽3米。遗存窑床、窑壁均显露表面。觉华山取瓷泥矿遗址，位于挖泥墩，尚有挖取瓷泥的洞坑，少量荒坡和山地暴露有瓷片堆积。

中、晚唐时期盛极一时的长沙铜官窑，到

长沙铜官窑遗址出土青釉诗文执壶

了五代便急剧衰落。大概至五代末或宋初，长沙铜官窑便已停烧。

长沙铜官窑与越窑、邢窑是唐代三大出口瓷窑，是唐至五代时期民办窑场，也是中国最早烧制外销瓷的窑口之一，开辟了一条由湘江入洞庭湖沿长江通往南亚到北非的"海上陶瓷之路"。据初步统计，国内有12个省，国外有朝鲜、日本、泰国、菲律宾、印度尼西亚、斯里兰卡、巴基斯坦、阿曼、沙特阿拉伯、伊拉克、肯尼亚、坦桑尼亚等20多个国家出土长沙铜官窑的瓷器，欧洲有部分国家也发现有长沙铜官窑产品的出土。长沙铜官窑不仅在中国陶瓷发展史上占有重要地位，同时也是研究中外历史交往、文化交流、经济贸易的典型代表。长沙铜官窑在装饰上吸取唐三彩的装饰技法，首创陶瓷釉下多彩新工艺，把中国的陶瓷艺术推上一个崭新的阶段，突破当时以越窑为代表的青瓷和以邢窑为代表的白瓷的单一色调，独树彩瓷一帜，将中国优秀传统文化中的书法、绘画、雕塑、诗词歌赋、谚语及产品广告等融入陶瓷装饰艺术中，丰富瓷器的装饰艺术内容，是中国瓷器装饰艺术上的伟大创举和发明。其烧制

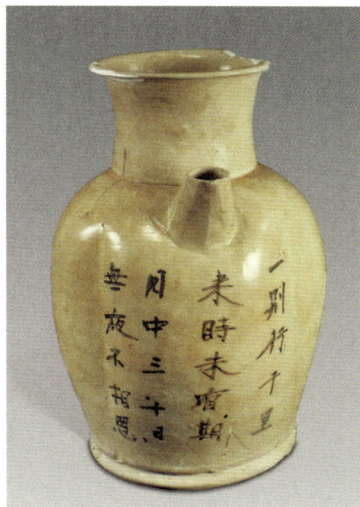

长沙铜官窑龙窑遗址

长沙铜官窑遗址出土
青釉花鸟纹执壶

于陶器上的诗词歌赋对研究唐代诗词文化有极为重要的价值，填补全唐诗的空白。同时，釉下彩绘为研究中国当时陶瓷生产技术、文化艺术、工艺流程提供极其珍贵的原始资料。

1972年，湖南省革命委员会公布长沙铜官窑遗址为省级文物保护单位。1988年1月13日，长沙铜官窑遗址被国务院公布为第三批全国重点文物保护单位，编号3-0224-1-044。2006年，成立长沙铜官窑遗址管理处，负责长沙铜官窑遗址的保护、建设、开发等工作。2008年，国家文物局批复同意《长沙铜官窑遗址保护总体规划》，2010年由湖南省人民政府予以公布。2010年获批为第一批国家考古遗址公园立项项目；是年，长沙市人民代表大会常务委员会出台《长沙铜官窑遗址保护条例》，于2011年1月1日由湖南省人民代表大会常务委员会公布实施。2011年，长沙铜官窑陶瓷烧制技艺入选第三批国家级非物质文化遗产名录。2012年6月5日，长沙铜官窑国家考古遗址公园开园。2013年，长沙铜官窑遗址列入国家文物局"十二五"时期大遗址保护项目库的150处重要大遗址。

涧磁村定窑遗址　是唐至元时期中国北方著名白瓷窑址群，宋代五大名窑之一。位于河北省曲阳县北部25千米、太行山东麓，分布在灵山镇、北镇村、涧磁村、野北村、燕川村等几个村庄所在的东西狭长的丘陵地带，东西长约10千米，南北宽约1~2千米，总面积10余平方千米。

民国23年（1934年），陶瓷专家叶麟趾在《古今中外陶瓷汇编》中，首次提出定窑窑址在曲阳县剪子村（涧磁村），为实地调查指出方向。1951年，故宫博物院派人调查涧磁村窑址，采集到的实物从刻花、划花、印花、装饰、泪痕以及细腻洁白的瓷胎，证实此处是定窑遗址。1957年故宫博物院再次派人对涧磁村定窑遗址进行复查，着重解决定窑烧瓷历史与品种问题，采集到近2000件瓷片标本，初步判明唐代开始烧白瓷，五代时期有较大发展，宋代为极盛时期。20世纪60年代侧重于窑址的调查与小规模试掘，以河北省文物工作队为主，试掘结果再次判明定窑始烧于唐，下限为金元时期。1985~1987年，河北省文物研究所在北镇村、涧磁岭、野北村、燕川村等地对遗址进行抢救性发掘，揭露面积近2000平方米，

定窑遗址远景

发现大量窑炉和作坊遗迹，出土遗物标本1万余件，残片30余万片。2009年9～12月，河北省文物研究所、北京大学再次对遗址进行大规模的发掘，发掘总面积776平方米，清理各类遗迹94处，其中窑炉11座，作坊12座，房基3座，灰坑45个，灶7座，墓葬2座，沟6条，界墙8道，出土数以吨计的各时期瓷器和窑具，其中完整或可复原标本数千件。

窑炉遗址发掘20座，均为馒头窑。窑基平面呈马蹄形，由炉门、火膛、窑床、烟室等部分组成，长度4～8米，宽度1.5～3米，窑体建筑材料用砖，火膛、窑床、烟室各部用耐火砖，内壁抹一层耐火土，窑床底面上铺垫一层粗砂。各时期窑炉常以匣钵代替一部分砖作建造材料。北宋中期以前用漏斗形匣钵，北宋中晚期以后用筒形匣钵。北宋早期以前窑炉以木柴作燃料，火膛中均发现有柴灰，窑炉后部有两间烟室，窑床与烟室间都无隔墙，烟室之间隔墙下砌有两个进火孔。北宋中期以后窑炉燃料用煤，火膛中均发现大量烧过的煤渣，窑床与烟室间有固定的隔墙，隔墙基部设进烟孔。北宋晚期和金代窑炉的烟室一般分为2～3间，共设3个烟囱，窑床与烟室间隔墙基部进烟孔6～12个。

作坊遗迹发现4座，都在窑炉附近，连为一体。北宋早期作坊遗址占地面积约200平方米，残存的设施有盛瓷料用的大陶缸底部10多个；晚期作坊遗迹面积在500平方米以上，保存的设施有砖和匣钵垒砌的围墙，石砌的水井，砖砌的水沟，土灶，加工瓷料的圆形碾槽，堆放瓷料的土坑，澄盛瓷泥、釉料的砖池和大缸等。

产品与制造工艺。唐和五代产品粗细掺半，青白兼有。较粗的瓷器胎质粗而色灰，比较厚重，胎上一般施一层白色化妆土，表面施白釉或青黄、褐绿、黑色釉，有的瓷碗外表施青黄、褐绿、黑色釉，而碗里面施白釉，施釉较厚，多不到底，常有流釉现象。细白瓷胎质细而色白，比较轻薄，釉色洁白而略泛青色。器型有碗、钵、盘、罐、壶、高足杯、三足炉、盖盒、枕、铃、瓷塑等。碗一般底心平缓，多为斜直敞口、唇口或莲瓣形口，底足有平底、实足平底、玉璧形底、宽圈足和圈足底等各式。执壶一般丰肩、平底、短流，白釉和青黄釉两种。器物装饰比较简单，绝大多数为素面，少数用模印、贴花、划花纹饰。

涧磁村定窑五代窑炉遗址

涧磁村定窑遗址出土黑釉剔花拍鼓

涧磁村定窑遗址出土宋代白釉卧女枕

装烧器物的窑具主要有碗形盒式匣钵、漏斗形匣钵、三角形支垫等。细白瓷碗都用匣钵单件装烧，粗胎瓷碗用三角形支垫叠烧，烧成后碗底露3个支钉痕。北宋时期一般白瓷都用优良瓷泥制胎，基本上不再生产需用化妆土的粗胎白瓷器皿，青黄、褐绿、黑釉瓷器明显减少，细白瓷器成为主流。北宋早期白瓷胎釉均洁白细腻，器型新增有净瓶等。装饰仍较简朴，多素面，部分器物沿用模印、贴花、划花纹饰，刻浮雕式莲瓣纹比较流行。产品装烧方法仍是匣钵正烧，基本上都用漏斗形匣钵。北宋中期以后定窑优良瓷料得到大量开发，白瓷产量迅速增长。中期的碗盘等口沿一般有釉，釉色泛黄说明当时覆烧技法尚未普及，器物造型比较精巧，刻花纹饰流行。纹样有萱草、莲荷、龙纹等。晚期的碗盘之类圆形器物基本上都用支圈叠装覆烧，器物口沿无釉有芒，釉色一般白中闪黄，有的略显灰黄。此时产品品类较多，有白定、紫定、黑定，但仍以白瓷为主。器形复杂，还是以盘碗最多。装饰花纹特别讲究，刻花、印花、划花都很盛行，刻划花常结合使用，刻工技巧娴熟，刀法流畅自如。印花纹饰工整细致，显得特别明快清晰。纹饰主要有龙、凤和各种花卉图案、动植物形象等。金代

定窑仍有精品。窑址中曾出土有大定、泰和纪年的印纹陶模，为鉴别金代定瓷树立了标尺。

定窑创烧于唐代。遗址中出有许多唐代遗物，如实足平底的青瓷碗，釉色有黄、白、黑三种。又如短流执壶，也有黄釉和白釉两种。唐代的精细白瓷在遗址中出有玉璧底碗，胎、釉与邢窑的同类器极其相似。五代时期定窑瓷业兴盛，技术水平日臻成熟。宋代定窑达到鼎盛时期，是宋代"五大名窑"之一。宋代定窑白瓷质地精良，釉色莹润，装饰典雅，普遍采用刻印花纹。刻花刀法娴熟流畅，印花规范，工整精致。到北宋后期形成了独特的"定窑风格"。宋代定窑瓷器种类繁多，不仅白瓷量多质好，还有黑定、紫定，品瓷家以为珍贵，定窑遗址皆有出土。定窑遗址的文化堆积主要属于宋代，说明当时的生产规模很大。宋定窑在烧造技术上也有创新，如支圈覆烧工艺的发明和普遍用煤做燃料，大大地提高瓷器产量。中外的博物馆和收藏家保存着许多出土和传世的宋代定瓷精品，著名的如孩儿枕、龙凤盘、尚食局器等等，在定窑遗址中都出土相同或类似的标本。

金代以后，定窑瓷业走向衰落。由于窑工南迁，优质原料消耗殆尽，窑址附近的山林长

期过度砍伐等因素的不利影响。许多金元时期烧制的定窑瓷器，胎质都较粗劣，总体上是走向了粗糙化。

定窑继承了邢窑传统，并取代邢窑地位，成为中国北方最著名白瓷窑系的代表，优秀的定窑白瓷入贡宫廷，行销海外，在名窑林立的宋代，定窑是公认的"五大名窑"之一，涧磁村定瓷享有"天下第一"名特产品的美誉。

1985年，建立专门的保管机构定窑遗址文物保护管理所。1988年1月13日，定窑遗址被国务院公布为第三批全国重点文物保护单位，编号3-0225-10-045。1992年3月，河北省人民政府划定定窑遗址的保护范围和建设控制地带。2005年9月，曲阳县定窑遗址文物保护管理所建立并管理国保"四有"档案。

十方堂邛窑遗址 是西南地区的民窑窑场遗址，位于四川省邛崃市。遗址分布于文君街道办事处南河南岸的小平坝上，东临南桥，南临浅丘，西接严坝，北临南河。

十方堂邛窑遗址发现于20世纪30年代。民国24～25年（1935～1936年），军阀唐式遵纵容军民对邛窑遗址进行大规模盗掘。民国24年民国24年（1935年），华西大学古物博物馆的美国人葛维汉、英国人贝德福和郑德坤共同调查十方堂邛窑遗址，收集出土的文物，大体确认窑址的时代为唐代到宋代初年，并发表调查报告。20世纪50～80年代，文物工作者对十方堂邛窑遗址开展多次考古调查，故宫博物院陶瓷研究组在陈万里的带领下，对十方堂邛窑遗址进行地面调查和标本采集工作。2003～2004

十方堂唐代民居建筑遗址

年，成都文物考古研究所会同邛崃市文物保护管理所，再次对十方堂邛窑遗址进行全面考古调查；2005～2006年，经国家文物局批准，成都文物考古研究所、邛崃市文物保护管理所组成十方堂邛窑遗址考古队，对十方堂遗址进行考古调查与发掘工作，于1号窑包接近顶部的位置清理出一座保存相当完好的龙窑遗迹。

十方堂邛窑遗址分布区是一片平地，地面上的遗存主要包括14个较集中的窑包和3个较分散的堆积台地，年代为隋至南宋。窑包是在长期的窑业生产过程中，主要由生产废弃物人为堆积形成。古代制瓷生产使用的窑炉、作坊等遗迹有的被压在窑包最底层，同时在长期的生产过程中还不断在堆积上复建新的窑炉和作坊，因而在窑包的较高层面也保存有较晚时期的窑炉和作坊遗迹。14处较集中的窑包，经过正式考古发掘的有1号、3号、5号、8号、11号窑包。1号窑包是十方堂邛窑最大的一个窑包遗迹，出土遗物丰富，窑包接近顶部的位置有一座保存较完好的龙窑遗迹。3号、5号、8号、11号窑包均发现较完整的龙窑遗迹，同时在5号包发掘过程中，发现房基遗址以及马蹄窑遗址，已采取保护措施。3号、8号、11号窑包

十方堂邛窑遗址马蹄形窑炉遗迹

在初步发掘后进行回填保护。其他窑包尚未发掘，大部分保持原始的堆积状态。

十方堂邛窑遗址的窑炉建造方式以龙窑为主。龙窑主要由火膛、窑床、烟道三部分组成。十方堂窑址在具备一定条件的地点，采用挖、垫的方式，形成适合建造窑炉的自然坡度，在其上砌筑窑炉。后期的窑炉则建在废弃堆积的窑包之上。马蹄形窑在十方堂邛窑烧造中主要起着辅助作用，由于需要的不同，马蹄形窑一般容积较小，有着较大的随意性，是龙窑的附属替代产物。马蹄形窑也主要由火膛、窑床、烟道等部分组成，窑炉平地而建，多用砖砌筑。平面呈马蹄形，前小后大。邛窑遗址陶瓷制作作坊的研究资料和实物资料都极为少见，十方堂邛窑遗址5号窑发掘清理唐代晚期至五代时期作坊遗址，作坊的建造一般选择平坦、宽阔，距离窑炉较近的地点，建筑较简洁，多为工棚式，主要功能是坯胎制作和装饰制作。

十方堂邛窑产品主要有青瓷、白瓷、黑瓷、单色彩釉、釉下彩、高温和低温三彩等，器类涉及社会生产生活各个方面。生活用具包括碗、盘、盆、钵、罐、壶、瓶、碟、灯、匜、唾壶、渣斗、杯盅、枕、盒、豆、炉、器座、器盖等。文具包括笔架、砚、水盂、水注等。工具包括纺轮、网坠、杵、臼、臼磨器、托子、印模等。建筑材料包括砖、瓦、琉璃瓦、瓦当、滴水、装饰壁砖、屋脊、翼角等。玩具包括埙、象棋、围棋、骰子、铃、弹子等。人物瓷塑包括玩球、游泳、杂技、抱物、抢手、匍匐、骑兽俑及俑身、俑头等。动物瓷塑包括鸡、鸭、鹅、鱼、龟、牛、羊、狗、

邛窑瓷壶

邛窑瓷双耳罐

象、狮、虎、猴、猫、鼠及多种鸟类昆虫等。窑具包括垫柱、垫板、垫圈、垫饼、垫条、匣钵、支钉等。

十方堂邛窑瓷器善于将雕塑艺术的手法运用到瓷器的造型上。纵观十方堂邛窑瓷器，雕塑艺术品特别多，例如各类大小动物、胡商俑、武士俑、劳作俑、侍女俑、仆役俑等形象都采用雕塑手法；就是一些实用生活用具、文房用具、储盛用具等雕塑艺术的做法也处处可见；另有一个巨型三彩釉陶砚台，塑成一个伸颈昂首，瞪眼张嘴的大龟，四腿塑成兽蹄形，盖用雕塑手法塑成隆起的龟背，再刻划出背纹和裙边，既实用又具有很高的艺术性；有的执壶，口部以上塑一鼻孔上翻，鼓目张嘴的人头，整齐的牙齿外露，似乎正在歌唱；有的器盖塑成一个天真的儿童，光头、昂首、两眼上视、双臂伸开、两腿上翻、脚交织在一起、天真活泼，很像杂技表演；瓷枕也塑造成虎形，下为一个椭圆形底板上塑的虎，咧嘴露齿、翻鼻鼓睛，作伏卧状，背上的枕面四角圆润，前部较小、后面较大、中间略微低下，虎的前额、眉眼、皮毛和枕面以褐绿彩点画成彩斑装饰。

十方堂邛窑瓷器彩绘装饰十分普遍。邛窑

陶瓷有单色釉如青釉、棕黄色釉、褐黑色釉、灰白色釉。由于泥料较粗，普遍含有细沙粒，胎面普遍施化妆土，用当地原料配出浅黄、深黄、棕黄、老绿、翠绿、孔雀蓝、藏蓝、紫黄、黑色等彩在瓷器上作画，大多数是釉下彩。十方堂邛窑瓷器釉层稀薄，釉下彩或釉上彩不易分辨，但大多数是釉下彩。以大片圆形彩斑、联珠、多层菱形、圆圈构成的图案，有些和刻花、划花、粘贴、捏塑、模印等共同组成装饰面，最突出的是彩画。由于工匠有深厚的文化根底和书画艺术的功力，以没骨画的技法，率然落笔，粗悍展开，画出的花纹潇洒豪放，韵味无穷，贴近生活。

从南朝到宋代末期，十方堂邛窑陆续出现三个各具特色的发展阶段。唐代早中期，尤其是中期器物装饰以釉下复合彩为特色，匣钵的大量使用提高陶瓷烧造技术，是十方堂邛窑产品和生产规模飞跃发展的第一个重要阶段。唐末至五代高温三彩装饰大量流行，器物成形技术在轮制成型的基础上，又采用不少模制工具，陶瓷的胎质、釉色、制作工艺等极为精美，生产发展达到鼎盛期。两宋时期，产品的釉色以各种蓝色调的乳浊釉为主流，北宋末年至南宋末年，十方堂邛窑的生产经历由繁荣至逐渐衰败的历程。元代初期，十方堂邛窑衰落。

十方堂邛窑创烧于南朝，盛于唐宋，南宋末至元停烧，是中国古代青瓷的重要产地，也是西南地区重要的民间窑场。在长期的生产过程中开创许多重要的新工艺和技术，如乳浊釉、复合彩绘装饰、高温三彩等，对中国古代陶瓷的发展产生过重要影响。十方堂邛窑遗址是中国古代瓷窑遗址中保存较为完好的窑址之一，完整地保存着窑炉、作坊和完全由制瓷废弃物堆积而成的窑包。十方堂邛窑遗址成为古代制瓷遗迹研究当时的生产组织和生产关系的一处重要遗存。

1981年，邛崃县成立了文物保护管理所负责遗址保护管理工作。1984年3月，邛崃县文物保护管理所成立十方堂邛窑遗址管理处。

1987年1月，四川省人民政府公布十方堂邛窑遗址为第六批省级文物保护单位。1988年1月13日，十方堂邛窑遗址被国务院公布为第三批全国重点文物保护单位，编号3-0223-1-043。2001年成立邛窑遗址博物馆，隶属于邛崃市博物馆。由邛崃市文物管理局和邛窑遗址博物馆联合负责遗址的保护管理工作。建立有国家、省、市三级文物保护单位"四有"档案。2008年完成《邛窑遗址保护总体规划》，2013年国家文物局专家评审通过。2014年，四川省人民政府划定十方堂邛窑遗址保护范围和建设控制地带。

井陉窑遗址 为由隋代延续到20世纪70年代的大型瓷窑址集群，位于河北省井陉县和井陉矿区。窑区分布在流经井陉及井陉矿区的绵河、甘陶河水系的濒河地带，窑场面积160平

井陉窑中心天长镇窑址远景

井陉窑河东 5 号窑遗址

方千米。

1989年，河北省文物研究所调查发现井陉县天长镇的东关、河东坡、东窑岭和秀林镇的南秀林、梅庄窑区，在河东坡窑区307国道东侧坡地发现出露的瓷片堆、残窑炉、采矸井等遗迹，采集到白瓷印花、划花、点彩碗盘片，黑釉、酱釉瓷片及窑具等。1993～2008年，河北省文物研究所、井陉县文物保护管理所对遗址进行了多次考古发掘，发掘面积1646平方米。2015年，进行井陉窑的复查工作，在南横口窑区发现14座近代的窑炉、作坊，将井陉窑的烧造时间延续到20世纪70年代。经过10余年的考古调查和研究工作，已发现12处窑区，其中井陉县境内11处，分别为城关窑区（包括城内区和东关区）、河东坡窑区、东窑岭窑区、梅庄窑区、南横口窑区、北横口窑区、南秀林

窑区、南陉窑区、北陉窑区、南防口窑区、北防口窑区，井陉矿区1处为冯家沟窑区。出土有印花模子、窑炉、作坊、戳印点彩戳模、瓷枕及隋至明清各时代盘、碗、罐、瓶等品类丰富的瓷器以及大量瓷片及窑具残片。在东窑岭窑区保护范围外的山北学校发现矸子井群、灰坑、灰沟等遗存。

隋代，已烧制白瓷、青瓷以及黑釉瓷。所见白瓷胎色有白、青灰两种，后者施白色化妆土，再罩以透明釉。青瓷多见酱（褐）黄釉。器型以尖圆唇、斜直壁深腹、饼形足碗为主，也有平底盘、高足盘等。在碗盘的内部多留有三叉支钉残痕，施釉亦多见"泪痕"。器物造型周正，釉色匀净，白瓷多釉色闪青，也有呈色黄白者。由于此地窑址隋白瓷的发现，使得井陉窑与邢窑、巩县窑共同成为中国已知的三

处早期白瓷产地。

唐代，窑场的数量、面积有极大的发展，烧制品类和水平有显著提高，除白、青、酱釉外，出现里白外黑的双色釉器，产品还是以白瓷为主。精细的白瓷和独具特色的井陉三彩显示出井陉窑绝非一般民窑小作坊的品位。器形以碗、盘为主，还有杯、盏、托子、碟、盂、钵、葫芦瓶、多管瓶、注子、茶釜、茶炉、香炉、盒、罐等，有双鱼穿带瓶、长颈瓶、凤头壶等。塔式罐等大型器物个性突出，人物、动物组合瓷塑亦有精彩品出土。所见中唐以后的三彩器如杯、盘、塔式罐等，无论造型还是施釉都具有特色，与陕西、河南及河北境内的邢窑、定窑三彩均有明显的区别。此阶段产品可分高、中、低多个档次，精细白瓷在白度与莹润方面同样可当得"类银类雪"的赞誉，直观的方法已无法与邢瓷加以区分。1993年的抢救发掘还在窑址的晚唐五代层发现刻有"官"字款的精细白瓷碟。

井陉窑的宋代制品发现甚少。除一般碗、盘外，没有断烧的是天威军官瓶。五代后期改

井陉窑址出土
晚唐三彩凤首壶

井陉天长军为天威军，北宋在此地仍然保持天威军的军政单位建置。此瓶形制稍区别于梅瓶的是最大径在腹中上部，大小不一，高度40～70厘米，多为褐釉，少有黑、黑褐釉，小口、凹足，肩部大多有一周露胎的砂圈，胎质较粗。此瓶民国之初即有在此窑址出土的记载，故宫博物院也有完整器的收藏。文献记其瓶身有"粉笔浮书，一拭即灭"的题款，1993年发掘出土所见则为刻款，字体楷、行、草皆有。

金代，井陉窑大盛。窑址的数量可比唐代，分布面积超越唐代。伴随着窑业的繁荣，产出品的花色品种极其丰富，胎质、釉色、纹饰内容等精细程度超过同期定窑的水平。金代仍以烧制白瓷为主，其他除黑、褐、酱、两色釉外，还有黄、绿、茶叶末、仿建、仿钧以及花釉瓷。低温二次烧成的三彩以及琉璃构件堪称精美。主要器形仍以碗盘为主，碗类中的大器"盔"及盆类样式、数量大增。杯、盏、碗、碟、盂、葫芦瓶、梅瓶、胆瓶、带盖尊、罐、扁壶、执壶、盒、砚、枕、灯、炉、带盖缸、香薰、扑满及围棋、象棋子各类小瓷塑等，达数十种。三彩器除瓷枕外，烧制有大型的佛塔。在烧制技术上有新的创造，装饰图案出现不少新内容，显示出区分窑口的独家特色。仿品如兔毫、油滴、天青、紫斑等达到惟妙惟肖的程度。在掌握窑变工艺方面表现出高超的技巧，如奇美绝伦的菱花黑釉窑变盏，胎质细白，釉色光亮，褐色的菱花斑纹绽放于内外器表。金代白瓷仍保持唐代曾达到的高白润度，加上精美的装饰，令人爱不释手。

元代，半数窑场停烧，生产规模大幅萎缩，质量显著下降。器类品种以及细白瓷减

少，仍以碗盘为主。白瓷的中粗瓷釉色泛青或呈豆青。黑釉瓷的数量增多，印、划、点彩等显得粗拙，或过于纤弱，失去灵巧。一些新变化显示元代特色，如题款多见，除纪年、吉语、室名、堂号外，主要是题写烧者的姓氏，所见多用褐彩写在坯件上，再挂釉装烧，也有烧成后再以墨书写于露胎的器底部。

明清，仅见冯家沟、南横口继续烧造，并且都维持到近代。因出"贡器"，冯家沟生产规模颇巨，有长1000多米的瓮窑沟，沟的西岸遗有窑神阁的高大台基，窑址文化层的堆积深不见底。采集到相当数量的黑、褐、酱釉瓶、坛、罐、缸、瓮片，大小成套，有的精细可当贡品。明清时期在南横口的白瓷中尚见青花制品，可能受青花渲染，釉色显得青灰，花纹朴拙，有着强烈的地方特色。

井陉窑产品的器形、装饰、品类丰富多彩，款式新颖独特。釉色以白釉为主，兼烧黑釉、黄釉及三彩器。器形以盘碗、瓷枕等生活用品为主，还发现罐、瓶、尊等多种陈设装饰品。装饰手法以划花、刻花、印花、镂空为主，点彩系列装饰是其独创的装饰技法。戳印点彩戳模的出土，震惊国内陶瓷界。井陉窑出土的12件印花模子，图案内容丰富，技法多样，显示金代印花的精湛艺术。出土的井瓷不乏精细"官"字款产品，其胎质细腻，釉色光亮如漆。大部分产品釉色青灰，花纹装饰古朴，带有浓郁的地方特色。

隋代井陉窑已经烧制出成熟的白瓷，唐宋时期的白瓷莹润精细，与邢瓷不相上下。由于历史机缘和烧造技术的逐渐成熟，金代的井陉窑成为北方最著名的窑口，其产品质量和装饰手法在当时称得上远近闻名。井陉瓷窑被古陶瓷鉴定专家耿宝昌誉为和邢窑、定窑、磁州窑齐名的"河北第四大窑"。井陉瓷窑遗址的发现填补中国北方陶瓷分布的空白，为研究白瓷的形成与发展、冀晋窑口关系等提供新的历史资料，在中国北方陶瓷发展史上具有重要作用。

1989年，发现井陉窑遗址后，由井陉县文物保护管理所管理。1993年，井陉瓷窑遗址被河北省人民政府公布为第三批省级文物保护单位。2001年6月25日，井陉窑遗址被国务院公布为第五批全国重点文物保护单位，编号5-0006-1-006。2001年，井陉县文物保护管理所建立井陉窑遗址的全国重点文物保护单位记录档案。2005年，井陉县人民政府公布井陉窑的保护范围和建设控制地带。2016年，编制《井陉窑文物保护规划》，对已发现的12个窑区的四至范围进行详细的勘探确定。

黄堡镇耀州窑遗址 为唐宋元明时期的民间青瓷窑址，位于陕西省铜川市黄堡镇、上店村、立地坡、陈炉镇一带。因黄堡镇属原耀州同官县，故史称耀州窑。黄堡镇窑址是耀州窑遗址的核心部分，沿漆水河两岸分布，东西约2500米，南北约1000米，有"十里窑场"之称。

1954年，故宫博物院对窑址进行调查。1959年、1973年和1984～1990年，陕西省考古研究所在黄堡、立地坡、上店进行调查和3次发掘，共发现各时代作坊30座，其中唐代9座，宋代14座，金代3座，元代4座。附近发现有堆料场、晾坯场、堆货场、窑穴等遗迹。发现各时代窑炉45座，其中已判明的有唐代8座，五代2座，宋代29座，金代3座，元代1座。除瓷窑外，还有唐三彩窑、石灰窑、陶窑。陶瓷窑炉平面大体均呈马蹄形，顶呈拱形，俗称馒头窑。作坊分露天与室内两种。窑炉的大小和局部结构各期都有变化，可分两种类型：一类为以柴为燃料的窑炉，共发现9座，由窑门、燃烧室、窑床、烟道与烟囱4部分组成，用耐火砖砌筑，外抹耐火泥；另一类为以煤做燃料的窑炉，宋时创烧，金、元、明代延续，共发现33座。后一类窑由窑门、燃烧室、通风道与落灰坑、窑床、烟道与烟囱等五部分组成，炉体亦用耐火砖砌筑，外抹耐火泥。

耀州窑的产品主要是碗、盘、杯、缸、钵、瓶、罐、盒、枕等生活用具，以餐具、茶具、酒具为大宗。唐代瓷器多为黑、白、青、黄褐、茶叶末、花釉瓷，还有白釉绿彩、白釉褐彩、青釉白彩、素胎黑花、素胎青黑彩、黑釉嵌白、内黑外青、内黑外白等高温瓷及低温釉唐三彩、单彩、琉璃釉建材等。器物种类以碗、盘、钵、盏最多。器多厚胎，质较粗。除晚唐外，饰釉多不到底。五代主要生产青瓷，胎有深灰色与浅白色，器物种类以茶具和酒具最多，造型以仿晚唐和五代的金银器为特征。宋代主要烧制青瓷，兼有少量酱、黑、天目窑变釉产品。器物种类增多，造型多样化。器胎呈浅灰或灰白色，胎薄质细，釉色呈橄榄青，烧成温度达1300℃，达到了较高的烧制水平。器物几乎全是匣钵内单件烧成。根据出土地层，宋代遗址可分为早、中、晚三期。尤以中期，即仁宗至神宗时期（1023～1085）是耀州窑的鼎盛时期，器胎壁薄质细，器物底足增高，以施釉后再经二次精修的高窄圈足为特征。在以前划花和雕花工艺的基础上，创造出风格独具的刻花工艺，使图案凸起在器壁上，具有浅浮雕效果。除盛行刻花外，还出现印花器。纹饰题材丰富多样，植物有缠枝、折枝、束枝的牡丹、莲花、菊花、慈姑，动物有水波游鱼、

黄堡窑遗址局部远景

耀州窑唐三彩龙头套兽

耀州窑宋代青釉刻花倒流壶

游鸭、鸳鸯、青龙、丹凤、飞蛾、双蝶，人物有天女、仕女、官宦等。金元时期主要产品为姜黄色青釉瓷，同时烧造黑釉、月白色青釉及白釉黑彩等瓷器。器形中大件碗、盘最多，碗为直壁深腹。器物内底皆有迭烧遗留的沙圈，挖足深，胎釉粗厚。纹饰题材新出现有八卦、鹿、吴牛喘月等。

耀州窑历史悠久，在《宋史·地理志》和《元丰九域志》等历史文献中均有记载。1954年在遗址区发现元丰七年（1084年）《德应侯碑》，记载黄堡烧瓷的盛状与工艺流程，是研究耀州窑历史和中国制瓷工艺史的重要文献。

耀州窑是中国古代六大名窑之一，代表中国古代北方青瓷的最高成就，给后世留下极其丰富的陶瓷文化遗存，在中国以至海外产生重大影响。耀州窑制瓷工艺与釉色、造型、纹样装饰，直接影响河南、甘肃等省的大批窑场及广东、广西一些生产外销瓷器的窑场，从而形成耀州窑系。耀州窑是中国古代连续烧造时间最长、瓷器外销最多的窑场之一，是中国遗存面积最大、遗存丰富且保存较好的古窑址之

一。耀州窑发掘所取得的成果确立了北方青瓷的标识体系，对北方青瓷的断代与研究有重要意义。

1980年，成立耀州窑博物馆，负责黄堡镇耀州窑遗址的保护管理工作。1988年1月13日，黄堡镇耀州窑遗址被国务院公布为第三批全国重点文物保护单位，编3-0226-1-046。1992年，陕西省人民政府公布保护范围及建设控制地带。2006年，国务院公布第六批全国重点文物保护单位时，将陈炉窑址归入第三批全国重点文物保护单位黄堡镇耀州窑遗址，统一实施保护与管理。

湖泗瓷窑址群　是五代至明代窑址群，位于湖北省武汉市江夏区南部，主要分布在梁子湖西岸与斧头湖东岸，南北长约40千米，东西宽约30千米，总面积1200平方千米。

1974年，湖北省博物馆考古部调查发现湖泗夏祠窑址群。1982年，武汉市博物馆、江夏区博物馆在梁子湖沿岸的湖泗、舒安、保福、土地堂、龙泉、贺站调查发现古瓷窑堆积63处。1985年，武汉市文物考古研究所、江夏

区博物馆在鲁湖、斧头湖沿岸的范湖、法泗、安山发现青瓷窑址多处。1988～1989年，武汉市博物馆、江夏区博物馆联合发掘舒安乡王麻窑址。1989年，湖北省文物考古研究所发掘土地堂乡青山窑。1992年，武汉市博物馆对梁子湖、斧头湖沿岸古瓷窑进行第一次专项调查，确定窑址的产品，系青瓷窑系。1995～1996年，武汉市博物馆、武汉大学考古专业发掘湖泗镇浮山窑址、舒安乡王麻窑。1999年，武汉市文物考古所发掘安山镇西边蔡两个窑堆；湖北省文物考古所发掘安山镇新窑一处青瓷堆积。1999年冬，武汉市考古所对斧头湖沿岸古窑址进行第二次专项调查，准确掌握青瓷窑的分布点。经过20多年的文物调查发掘，共发现影青瓷窑堆81处，龙窑101条；青瓷窑堆64处，龙窑70条。发掘影青瓷窑堆3处，龙窑5条；青瓷窑堆3处，龙窑3条。历年发掘面积5000多平方米。

考古调查和发掘表明，湖泗窑址群窑炉结构均系龙窑，出土瓷器分影青瓷与青瓷两个系列。

梁子湖沿岸的湖泗、舒安、保福、土地堂、贺站等乡镇窑址，产品主要是影青瓷。在梁子湖南岸的湖滨汉上，分布着100余条烧造影青瓷产品的斜坡式龙窑。湖泗乡浮山村与夏

湖泗瓷窑址群出土瓷器

祠村，背山西湖集中分布龙窑21条。土地堂乡东部濒临梁子湖，集中分布龙窑28条。其中堆积底径在100米以上、150米以下的有16处。青山村陈家嘴第79号堆积，湖泗乡夏祠村新支塘湾第9号堆积，底径更在150米以上。特别是夏祠村粟林夏第37号堆积，底径达300余米，集中分布着4条龙窑，为本地区古窑址群中规模最大的一处。据已发掘的三处影青瓷龙窑资料看，窑膛结构基本相同。以1989年发掘的土地堂青山窑址为例，窑炉长均在40米左右，大致由火门、风门、火膛、窑床、窑墙、护墙、窑门、投柴孔及窑尾的烟室等部分组成。砌筑室炉的材料，选用生砖坯、红砖，少数使用小青砖，同时利用烧结的废弃匣钵。柱炉底一般先铲平，均匀地铺上一层细沙，再将装好坯件的匣钵放置在细沙层上。根据窑膛的内空高度，所叠置的匣钵数量不等；根据器物形制尺寸选用不同匣钵（漏斗形、圆筒形、缸形）。另附有窑具有匣钵盖、垫饼、支柱等。窑前一般有操作场所，内有排水设施、储泥池等。王麻窑的作坊排列规整，以窑砖和废弃匣钵砌墙铺地，青瓦为屋顶，用作制坯、晾坯、施釉等的工作间。出土影青瓷品种比较丰富，有碗、盏、碟、盘、执壶、罐、高足杯、瓶、粉盒、钵、瓷枕、香熏等。部分器物上有刻印花纹。施青白釉，以灰白胎为主。从整体上观察，湖泗窑址群影青瓷的烧制年代，以北宋为主，其上限不超过五代或北宋早期，下限不超过南宋早期。

烧造青瓷的窑堆，主要分布在鲁湖、上涉湖和斧头湖沿岸汉地上。尤其以新窑湾的窑堆分布最为密集。整个新窑湾内尽是窑堆，集

湖泗瓷窑址出土青釉碗

中分布龙窑25条。斧头湖青瓷窑址堆积一般在直径50米左右，较梁子湖窑堆积为小。但也有几座较大的窑堆。如西边蔡第109号窑堆，南北长85米，东西宽55米，在北坡上分布龙窑一条，南坡上分布龙窑两条。最大的窑堆在新窑，第128号、129号、130号三个窑堆联成一体，形成长约100米、宽60余米、高近10米的巨大窑山，废弃堆积层层叠压。据已发掘的三条龙窑资料看，其窑膛结构大致相仿，窑炉长均在30米以上，窑床坡度约为12°。均较简略。大致可分为火膛、窑床、窑尾排烟室等部分。砌筑室炉的材料有方形生砖坯等。窑炉底部铺有细沙，上置支座。器物放在支座上露胎叠烧，也有少量的器物采用擂钵扣烧，擂钵既是产品又起到窑具作用。另有支钉垫圈和支圈支烧的方法。作坊遗址资料不太完整，已知的情况作坊有较多的储水缸等，其他设施尚未被发现。产品种类比较丰富，有碗、盘、单把罐、盘口壶、罐、擂钵、汲水罐、橄榄罐、烛台、香熏、瓮缸等。施青釉，胎较粗糙。斧头湖青瓷窑址的烧造年代可分为四个时期：晚唐五代时期，以法泗镇石岭竿山黄窑为代表；北宋时期以安山镇西边蔡杨家窑为代表；南宋时期以范湖乡白衣庵村郑家岭窑为代表；元明时

期以安山镇新窑村的新窑为代表。

湖泗瓷窑址群规模大，分布范围广，延续时间长，在长江中游地区发现的古代窑址中实属罕见，是中国南方生产影青瓷、青瓷的重要窑址群，再现湖北地区1000多年前陶瓷生产营销的盛况。湖泗窑址的发现是长江中游古陶瓷生产的一个重要链接，对陶瓷考古和开发梁子湖、斧头湖的陶瓷生产具有十分重要的意义。湖泗窑址群的发现，使南方和北方、黄河流域和长江流域陶瓷生产的历史得到衔接，使中国大地的陶瓷生产的长河成为一个完整的系列。

1981年12月30日，湖泗窑址被湖北省人民政府公布为第二批湖北省文物保护单位。1990年，成立江夏区文物管理所，负责湖泗窑址群的保护管理工作。1992年12月16日，斧头湖窑址被湖北省人民政府公布为第三批湖北省文物保护单位。2001年6月25日，湖泗窑址群被国务院公布为第五批全国重点文物保护单位，编号5-0089-1-089，湖泗窑址和斧头湖窑址为其组成部分。2004年12月，武汉市江夏区文物管理所编制湖泗窑址群的全国重点文物保护单位记录档案，由武汉市江夏区文物管理所保管，并报国家文物局、湖北省文物局备案。2015年5月5日，湖北省人民政府办公厅印发《关于公布文物保护单位保护范围和建设控制地带的通知》，公布湖泗窑址群的保护范围和建设控制地带。采集和发掘出土的相关瓷器及标本，现藏于湖北省博物馆及武汉市考古所、博物馆。

湖田古瓷窑址 是五代、宋、元、明时期的民窑和官窑遗址，是瓷都景德镇古瓷窑址中规模最大、烧瓷历史最长、揭示文化内涵最丰富的一处综合性窑址，也是中国宋代六大窑系

湖田古瓷窑址（局部）

之首的青白瓷窑系的代表性窑场。位于江西省景德镇市东南约4千米的竟成镇湖田村，毗邻浮梁县、乐安县。窑址南面环山，北面临水，南面为南山山脉，由钟山、旗山、鼓山等小山组成；窑址坐落在南山山脉缓坡地带及南河南岸一级台地的窄长地带，面积约26万平方米。

20世纪50年代，故宫博物院陈万里对南河流域的景德镇近郊的杨梅亭与石虎湾等窑址进行调查时，考察湖田窑址。70年代，景德镇陶瓷历史博物馆对基建过程中的诸多重要遗迹进行了抢救性发掘，并对出土遗物从器形、工艺、装烧等多角度进行综合研究。1988年，江西省文物工作队对北望石坞进行抢救性考古发掘，发掘面积672平方米，清理窑炉残迹一处，出土一批青瓷、青白釉瓷及黑釉瓷器等。1992年，中国社会科学院考古研究

所、江西省文物考古研究所对狮子山与湖田窑陈列馆原窑业堆积址之间平缓洼地进行发掘，发掘面积94平方米，出土北宋中期以后的青白瓷、黑釉、卵白釉、青花瓷器等，可复原器物近百件。1993年12月至1994年1月，江西省文物考古研究所在航天路南侧的第1014栋、沿山公路北侧（龙头山窑业堆积址）的第1013栋、第1015栋、602所医院大门南侧进行发掘，发掘面积544平方米。出土宋、元、明时期的青白瓷、青花瓷等各类文物数万件。1995～1996年，江西省文物考古研究所对602所A、B、C区宿舍建设用地进行考古发掘，发掘面积1605平方米，获得一大批地层明确具有叠压打破关系的五代至宋元明时期的青瓷、青白瓷、黑釉瓷及青花瓷标本。1997年5～8月，江西省文物考古研究所对602所D、E、F区宿舍建设用地进行

发掘，发掘面积872平方米。1998年元月，江西省文物考古研究所对602所G区宿舍建设用地进行考古发掘，G区位于湖田窑遗址东部的豪猪岭上，发掘面积810平方米，出土器物主要有青白釉碗、盘、杯、碟、瓶、粉盒等，遗物单纯，没有发现遗迹，主要为北宋时期堆积，青白釉器物多素面，褐色点彩较有特色。1999年7～10月，江西省文物考古研究所和景德镇陶瓷历史博物馆发掘湖田窑航空路两侧的琵琶山、龙头山、南望石坞窑址之间的过渡地带（编号为H区），发掘面积1356平方米，清理有房基、练泥池、水井、灰坑等遗迹11处，其中元代天井、水井建筑遗址2处和元代窑炉1座，出土宋、元、明代的陶瓷标本万余件，同时还出土为数不少的瓷质模具、窑具、工具和

陶车部件。1999年9～10月，江西省文物考古研究所、景德镇陶瓷历史博物馆对湖田窑琵琶山南麓至北望石坞一带（编号为H区）的附属主干道进行了抢救性发掘，揭露面积300平方米，清理宋代灰坑10个，出土各类窑工具和陶瓷器残片总计5712件，时代自五代至明代万历时期。

2000年9～12月，江西省文物考古研究所对琵琶山南麓与北望石坞北侧一带（编号为Ⅰ区）进行发掘，发掘面积为380平方米。揭露出的遗迹有宋代灰坑；元代晾坯台、练泥池、蓄泥池、釉缸、水井；明代水沟等。所出遗物中有碗、盘、碟、盏、枕、笔架、水滴等日用器皿；陈设雅玩之器有各类瓷塑，如人物俑、各种动物造型，还有象棋、围棋、骰子等；窑

湖田窑遗址陶泥五联池遗迹

工具有调釉器、研磨棒、漏斗、正中、类型不一的匣钵等；此外还有宋代钱币。各类款识较多，如"李士削瓶""熊仲甫助""郑家功夫""大明成化年制""福""寿"等。瓷器釉色有青白、卵白、青花、黑、褐、孔雀绿等。2001年10～12月，江西省文物考古研究所与景德镇湖田窑陈列馆对602所招待所（编号为J－II区）进行考古发掘，发掘面积600平方米，遗迹主要有南宋的窑业堆积，元代的灰坑、路面、晒坯房、釉缸、墙基等，明代的窑炉。为研究景德镇南宋至明的民间窑场的制瓷工艺提供珍贵的实物资料。2003年10月至2004年5月，江西省文物考古研究所、景德镇陶瓷历史博物馆对南河南岸的第602所中学操场进行考古发掘，发掘面积1300平方米，确定是湖田窑的元明瓷业生产场所，清理元代龙窑、明代葫芦窑、元代码头及大量元明时期的作坊遗迹，特别是元代龙窑的清理，是中国发现的最好的元代龙窑。

2004年7～9月，江西省文物考古研究所分别对602所南河基建教学楼南移扩大部分（II—1区）和道路改造工程所涉170米未施工地段（K区）进行抢救性勘探和发掘，发掘面积860平方米，遗迹有墙基、路面、水沟、练泥池、轮车基座、晒架塘、灰坑等，均为元、明时期的作坊遗迹，遗物主要是南宋、元、明时期的各类瓷片、窑具和其他用具，完整和可修复器物达300余件。其中元代青花瓷出土数量较多，是历年来在湖田窑考古发掘中出土元青花比较集中的一次。元代卵白釉五爪龙纹的高足杯本次发掘也有一定数量的出土，应是为元代宫廷烧造的御用瓷。元代青白釉浮雕纹三

足炉和刻花执壶均为历年在湖田窑考古发掘中首次发现。南宋早期的青白釉刻花婴儿戏水纹碗堪称南宋青白釉瓷中的精品。2004年，湖田窑址的发掘是在多年湖田窑址发掘和研究的成果之上进行的，丰富湖田窑址堆积的层位关系，增添许多作坊遗迹现象。如元代晒架塘的发现，解决当时晒坯、晾坯方面的许多问题。数量较多的元代青花瓷的出土，为研究景德镇元代青花瓷的烧造工艺、历史、外销提供难得的实物资料。元代青白釉浮雕纹三足炉和刻花执壶均为首次发现，使人们目睹实证"二元配方"产生之后，景德镇青白釉瓷进一步发展的轨迹。元代卵白釉折腰碗的出土，特别是卵白釉五爪龙纹高足杯的发现，再次证明，湖田窑曾一度为元代宫廷烧造御用瓷，为研究元代御窑等相关问题提供了线索。

从《陶记》《江西通志》《南窑笔记》《陶录》等文献及考古调查、清理、试掘的资料看，景德镇湖田窑创烧于五代时期，烧制品种有青瓷和白瓷。青瓷与唐、五代越窑青瓷相似；白瓷胎致密，透光度好，与邻近的杨梅庭亭、白虎湾、黄泥头、湘湖等窑场烧造的同类瓷器水平相当，是中国同时期瓷器中质地最优的产品。当时，湖田窑的窑业生产具有相当规模，窑址主要沿南山北坡一带分布。

宋代，景德镇各窑厂在五代生产青瓷和白瓷的基础上，成功地创烧出青白瓷。湖田窑瓷器生产在宋代时期得到较大发展，青白瓷生产开始由草创步入发展阶段。窑业中心活动区主要集中在南山东北（豪猪岭、狮子山）坡及乌鱼岭、琵琶山南缘一带。至北宋晚期，湖田窑瓷器生产取得长足进步，在众窑场中脱颖

而出，生产的瓷器不但品种造型丰富，而且装饰技法趋于成熟，逐渐达到景德镇青白瓷生产的最高水平，从而成为景德镇宋代诸窑之首。官府开始派官员监烧瓷器，湖田窑也成为景德镇真正引起朝廷重视的第一个窑场。元至元十五年（1278年），朝廷正式在景德镇设置浮梁瓷局，派官员管理官窑事务，烧制贡瓷，同时对民窑实行课税等管理。此时的湖田窑不但继续生产青白瓷，而且生产卵白釉瓷器（枢府瓷），专供朝廷使用，成为浮梁瓷局的重要陶瓷生产场所。元代中期以后，湖田窑开始生产青花瓷，为元朝廷及海外贸易服务，湖田窑的窑业生产达到历史巅峰。元代湖田窑的窑业生产基本上在宋代的原址上进行，并逐步向中西部的琵琶山、望石坞一带和南河南北两岸发展，南河南北两岸成为元代新的窑业重点区域。明洪武二年（1369年），明朝政府在景德镇市中心珠山设立御窑后，御窑厂征用良工巧匠，并对资源进行垄断控制，景德镇制瓷业逐渐向市中心积聚，湖田窑生产虽在继续，但其产品不仅不能与珠山御窑相比，甚至已不如市区的其他民窑。此时期，湖田窑的窑业生产更加集中，湖田窑中心生产区域转到南河南北两岸和战备公路以北的湖田村一带。隆庆、万历之际，在经历700余年连续不间断的烧造之后，湖田窑退出历史舞台，完全没落。

湖田古瓷窑址有13个重点片区，以东西横贯窑址的航天路为界线，路南有窑岭上窑址（民窑博物馆所在地）、张家地窑址、豪猪岭窑址、狮子山窑址、龙头山窑址、南望石坞窑址；路北有板栗园宋元明制瓷作坊窑址、葫芦窑窑址、木泥岭窑址、乌鱼岭（马蹄窑）窑

湖田窑马蹄窑遗址

址、刘家墩（坞）窑址、琵琶山窑址、北望石坞窑址。窑址的作坊遗迹非常丰富，几乎除窑包外的低洼、平地上均埋藏着作坊遗迹，而且作坊间的相互叠压打破关系非常明显；有的甚至有晚期遗迹借用早期残存遗迹的现象。从发掘资料看，代表制瓷工序的作坊遗迹多已找到。总体说来，制瓷工序大致有淘洗池、练泥池、陈腐池、蓄泥池、辘轳车基座、晾坯台、晾坯房、晒架塘、釉缸以及与之配套的房屋基址等。湖田窑各个时期的作坊砌建材料和方式不尽相同。五代时期，尚未发现作坊。宋代零星发现过一些作坊残迹，有匣钵墙、练泥池、釉缸等。匣钵墙用桶形匣砸碎后砌起；练泥池用小砖砌成，有的砖上还粘有窑汗；釉缸直接埋入地下后，在口部还围以数层小砖，小砖的

尺寸规格不一。元代的作坊遗迹多有发现。作坊成片分布，材料使用规范，工艺流程清晰。大量使用相同规格的小砖砌建，还广泛采用匣钵底或盖围砌墙体、路面，偶用红砂岩石条砌墙。明代作坊所用材料比较杂乱，普遍使用青砖、破匣、石块、卵石等砌建，在一些池子底部，常见使用大块青石及青石板做底的现象。

湖田古瓷窑址发掘揭露的五代、宋、元、明各个重要历史时期弥足珍贵的窑炉、制瓷作坊等遗迹，清晰地反映自五代到明代中期700多年间景德镇瓷业由初级向高级的发展历程以及陶瓷烧造技术史上的重大变革，对研究中国古代陶瓷烧造技术史价值重大。在湖田窑漫长而悠久的陶瓷烧造历史上，不同时期的生产工艺各有不同，不同时代的窑业生产技术也不尽相同。湖田古瓷窑址分别清理了五代半倒焰式马蹄窑1座、宋代龙窑遗迹3座、元代龙窑窑炉2座、明代马蹄窑遗迹2座、明代葫芦窑遗迹2座。可以看出湖田窑自五代至明代经历了龙窑、马蹄窑、葫芦窑的发展变化，出现多种窑炉形式，其变化的力度非常大，与国内同时期的其他窑场相比，湖田窑在窑炉变化上是最快的、在技术改造上具有创新性和前瞻性，其技术优势在相当长的一段时间里处于领先地位。窑炉形式的变化是与湖田古窑高度发展的瓷器生产工艺相适应，为湖田窑的制瓷工艺达到历史的高峰发挥着重要的作用，对景德镇的制瓷业的发展起到了重要的作用。窑址揭露的作坊遗迹非常丰富。代表制瓷工序的遗迹有淘洗池、练泥池、陈腐池、蓄泥池、辘轳车基座、晾坯台（房）、晒架塘、釉缸以及与之配套的房屋基址等。各个时期的作坊砌建材料和方式不尽相同。宋代发现有匣钵墙、练泥池、釉缸等。匣钵墙用桶形匣砸碎后砌起，练泥池用小

高岭瓷土矿遗址东埠水运码头

砖砌成。元代的作坊成片分布，材料使用规范，工艺流程清晰，大量使用相同规格的小砖砌建，广泛采用匣钵底或盖围砌墙体、路面，偶用红砂岩石条砌墙。明代作坊所用材料比较杂乱，普遍使用青砖、破匣、石块、卵石等砌建，在一些池子底部，常见使用大块青石及青石板做底的现象。不同时期作坊遗迹的用材、结构、布局与同时期的湖田窑的窑业发展相适应。在原料配方上，湖田窑实现从五代、元代中期的一元配方法向元代中后期的二元配方法突变；在装饰技术上，湖田窑由五代器物上无图案装饰经历两宋时期的刻花、划花、印花以及褐彩的装饰手法，发展到元明时期的釉下青花、釉里红为主的彩瓷装饰；在装烧工艺上，湖田窑经过五代的支钉叠烧法、北宋的仰烧法，南宋的垫钵覆烧法和支圈覆烧法，元代发明涩圈叠烧法，明代使用更先进的吊装法。生产技术的演变发展，说明湖田窑的制瓷技术与当时的社会发展相适应，经历从低级向高级发展、从不成熟到成熟的历史进程。

湖田窑瓷器釉色品种多样，青瓷、白瓷、青白瓷、黑釉瓷、卵白釉瓷、青花、釉里红、高温蓝釉以及红釉瓷器等精彩纷呈，交相辉映，是中国古代窑址中瓷器釉色品种最丰富的窑场，在颜色装饰艺术上达到炉火纯青的高度，尤其是元青花、釉里红瓷器和具有"饶玉"美誉的青白瓷更是贵为瑰宝；瓷器造型精巧，变化多样，器类丰富，涉及日常生活的各个方面，尤其是宋代青白瓷枕、炉、人物俑、动物瓷塑和元代镂空双层瓶等器类，具有很高的造型艺术；此外瓷器装饰手法多样，刻花、划花、模印、雕刻、镂空、点彩以及釉上釉下

彩绘等应有尽有，尤其是独特的半刀泥刻花技法和青花装饰艺术手法，在中国古陶瓷史上影响巨大，在陶瓷装饰艺术史上更是占有举足轻重的地位。

1979年修建葫芦窑、马蹄窑保护用房，在保护的同时兼有展示的功能。1982年2月23日，湖田古瓷窑址被国务院公布为第二批全国重点文物保护单位，编号2-0053-1-008。1983年，江西省人民政府划定遗址区的保护范围。1984年，湖田古瓷窑址陈列馆成立，并正式对外开放。1995年，江西省人民政府再次调整了遗址区的保护范围与建设控制地带。2003年，对湖田古瓷窑址陈列馆进行改编，成立景德镇民窑博物馆，负责湖田古瓷窑址的保护管理工作。"四有"档案已基本完备，逐步规范民窑博物馆对窑址的保护与管理。

磁州窑遗址　是磁州窑系最重要的窑场遗址，位于河北省磁县和峰峰矿区境内。磁县、峰峰矿区古属磁州，磁州窑因此得名。磁县位于河北省的最南端，南隔漳河与殷墟安阳相望，东接临漳县境与邺城三台相邻，北牵邯郸与古赵丛台相连，西靠大山与巍巍太行相依傍。

20世纪20年代，古陶瓷鉴定家叶麟趾在彭城、磁县调查古窑址时，首次发现观台窑遗址。1951年，古陶瓷鉴定家陈万里调查磁县和彭城镇古窑址。1958年，河北省文物工作队对观台窑址进行小规模发掘。1959年，故宫博物院冯先铭对磁州窑进行调查，发现磁县西部北贾壁青瓷窑，共采集青瓷标本及窑具70件，器形有碗、钵、高足盘。1960～1961年，河北省文物工作队为配合岳城水库工程，再次对观台窑遗址进行大规模发掘。1963年，故宫博物

观台磁州窑窑炉遗迹

观台磁州窑火膛遗迹

院对观台、冶子、东艾口三个窑址进行详细调查。1975～1977年，河北省文物普查，邯郸地区对磁州窑进行第一次全面普查。1985～1987年，在邯郸地区文物普查中，新发现彭城滏阳河流域的富田常范村等16处窑址。1987年3～7月，北京大学考古系、河北省文物研究所、邯郸地区文物保管所联合对观台窑遗址进行第三次考古发掘。1999年，河北省文物研究所委托邯郸市文物保护研究所和矿区文物保管所在彭城镇磁州窑盐店遗址内进行了第一次考古发掘，发掘面积350平方米，发现元代窑址1座，清代窑址1座，料池1处，碎瓷片和窑具达万余片。2002年5月，峰峰矿区文物保管所和邯郸市文物保护研究所联合组队，对临水镇三工区遗址进行抢救性考古发掘，窑址是滏阳河流域创烧年代较早、规模较大的中心窑场之一，窑址中发现北朝至元代的料池、元代的料池和窑

具以及大量瓷片等。2010年1～2月，峰峰矿区文物保管所和邯郸市文物保护研究所联合对彭城半壁街瑞兴花园工地进行抢救性清理工作。2015年5月，河北省文物研究所和磁县文物保管所联合对冶子窑遗址进行抢救性发掘，发现唐代的堆积，将冶子窑烧造年代提到唐代。

中国古代文献中所指的磁州窑，是指宋元时期磁州境内的窑场，故名磁州窑。窑场包括两个中心：一个是由磁县观台、冶子、东艾口等窑址组成的位于漳河流域的中心，另一个是以峰峰矿区临水、彭城、富田等窑址组成的位于滏阳河上游的中心。

磁县境内的磁州窑遗址有6处。北贾壁窑址，位于北贾壁乡北贾壁村西南，太行山东麓浅山区，窑址面积约1.5万平方米；观台窑址，位于观台镇二街西北，太行山东麓山前丘陵地带，窑址面积约360万平方米；冶子窑址，位于都党乡冶子村东南，太行山东麓山前丘陵地带，窑址面积约4万平方米；东艾口窑址，位于观台镇东艾口村西北，太行山东麓山前丘陵地带，窑址面积约9万平方米；申家庄窑址，位于黄沙乡申家庄村西南，太行山东麓山前丘陵地带，窑址面积16万平方米；青碗窑

磁州窑遗址富田窑址窑址作坊修复后

窑址，位于白土镇青碗窑村东坡地，太行山东麓浅山区，窑址面积3.2万平方米。6处窑址均仅存遗址，地表无建筑遗存，均为农田。

峰峰矿区磁州窑遗址分布在彭城镇、临水镇及义井镇，即常说的彭城窑场、临水窑场、义井窑场等，窑场均被压埋在各类建筑下面。彭城窑场面积包括整个彭城镇，东至元宝山脚，南至陶瓷一厂南端，西至二里山山脚，北邯峰环行铁路。为更好地保护磁州窑，南端又

磁州窑宋代酱釉旋纹梅瓶

磁州窑金代白地黑花缠枝牡丹纹梅瓶

扩至张家楼村南，西外扩到炉上村。在彭城镇建有磁州窑历史博物馆一座，馒头窑近40座，作坊50余条，但分布较散，其中有3处比较集中的重点保护区，即盐店窑遗址、富田窑遗址、陶瓷五厂渣堆，另外还有1处厂渣堆和19处中渣堆。

磁州窑是宋代中国北方兴起的一个巨大的瓷窑体系，具有鲜明的民窑特色、极其广泛的分布和深远的影响，具有特别重要的历史、科学、艺术价值。磁州窑宋金元时期形成的"白地黑花"的独特装饰工艺，与古磁州的独特位置有关。古磁州西依太行山，南临漳河，北接燕赵。漳河、滏阳河横贯东西，煤炭、瓷土资源储藏丰富，使之千年窑火铸就了灿烂的磁州窑文化。磁州窑陶瓷文化的发展历史是中国文化的重要组成部分，在中国陶瓷史上占有十分重要的地位。磁州窑是北方最大的民窑体系，是古代民间陶瓷的杰出代表，磁州窑瓷器面向

大众，品种繁多，尤其以对比分明的白地黑花瓷最为著名。突破五大官窑单色釉的局限，具有传统水墨画的艺术效果，为之后元青花及五彩瓷器的发展开辟道路。磁州窑的装饰题材丰富多彩，保留大量古代民间绘画、书法反映的民俗民风，形成质朴、洒脱、明快、豪放的艺术风格。

1980年，磁州窑遗址被公布为市级文物单位。1982年，磁州窑遗址被河北省人民政府公布为第三批河北省文物保护单位。1984年，成立磁县文物保护管理所，负责文物保护和管理工作。1996年11月20日，磁州窑遗址被国务院公布为第四批全国重点文物保护单位，编号4-0044-1-044。2000年，磁县文物保护管理所建立磁州窑遗址记录档案。2001年，峰峰矿区

人民政府颁布实行《峰峰矿区磁州窑遗址保护管理办法》。2009年7月，磁县文物保护管理所建立科学、规范、翔实的记录档案，保存于磁县文物保护管理所。2010年，在彭城镇建立磁州窑历史博物馆。《磁州窑遗址总体保护规划》开始编制。

禹县钧窑址　为北宋及金时期以烧造钧瓷为主的瓷窑遗址，位于河南省禹州市包括钧台钧窑遗址和神垕钧窑遗址等，其中钧台钧窑遗址位于老城区东北部。窑址东起禹州城墙边、西至古钧台、北靠城墙界、南至马号街路南，东西长约1100米、南北宽约350米，总面积达38万多平方米。神垕钧窑遗址主要分布于神垕镇一带。

1964年发现钧台钧窑遗址。1973～1974年，

钧台钧窑遗址1号窑炉遗迹

河南省文物局文物工作队首次对遗址进行考古钻探和发掘。发掘区遗址文化层最厚处达2米，内涵丰富，有瓷器（瓷片）、窑炉、灰坑等遗迹，出土瓷器残器、残片数万件。钧台钧窑遗址文化层堆积上层为明代文化层，厚30～60厘米，主要出土明代青花瓷碗、盘残片等，属钧台窑废弃之后的生活堆积；下层为宋代堆积层，厚度一般50厘米左右，最厚者达2米，出土器物以钧瓷为主，兼有天目瓷、白地黑花瓷、白瓷、黑釉瓷和黄釉瓷。窑具有匣钵、锯齿状垫圈支烧、抿子、坩埚、釉药等。窑炉17座，其中钧窑6座、汝窑6座、天目瓷窑4座、白地黑花瓷窑1座。窑炉一般都是就地挖筑的土质窑，有的在窑门和烟囱口部垒砌小砖。窑炉有圆形、马蹄形和长方形，修筑比较集中，有的呈一线排列，有的三窑鼎立，中间设作坊与各窑相通。特别是在钧瓷生产区发现的4座窑炉中有2座保存完好，分别编为"1号双火膛窑炉"和"7号倒焰窑炉"。1号双火膛窑炉系就地挖筑，除在窑门及方形烟囱的口部垒砌少量的小砖外，余皆为土壁。窑址坐南向北，方向为50°。窑室呈东西长方形，窑的北侧有并列的乳状双火膛，由窑门、通风孔、火膛、窑室、烟囱和窑道等组成。7号窑炉在一号窑的西南10米，在同一层位上，系就地挖筑，整体呈椭圆形，坐南向北，除窑门处用小砖铺砌外，余皆为土圹，由窑室、火膛、窑门、烟囱、窑口等组成。还发现灰坑38座，大多用于堆放陶瓷片和窑具残片，有的为单体，也有的相互打破、叠压，其形状一般为圆形和不规则的椭圆形。

2004年经国家文物局批准，河南省文物考

钧台钧窑遗址出土钧瓷六足花盆

古研究所再次对遗址进行考古勘探、发掘，勘探面积1.5万平方米，发掘面积3000平方米，文化层厚约1～4米，发现有窑炉、灰坑、水井、房基、灰沟等遗迹，出土陶、瓷、铜、铁、石、骨等文物678件。器物以瓷器为主，有钧瓷、豆青瓷、白釉瓷、酱油瓷、孔雀蓝釉和宋三彩等。器物装饰丰富，有刻划花、印花、白地黑花和动物造型，代表性器物有出戟尊、盆托、鼓钉洗、花盆、钧瓷盘、钧瓷高柄碗等。

发掘及研究表明，钧台钧窑出土瓷器品种繁多，产品造型端庄典雅，釉色丰富，窑变美妙。尤其是钧瓷铜红釉的成功烧制，为瓷器釉色技术发展开辟了新的天地。发掘证实钧台钧窑作为宋代五大名窑之一的钧官窑址的位置及存在，明确钧台钧窑是一处综合性的窑场，既烧钧瓷，又烧汝瓷、天目瓷、白地黑花、宋三彩、宋加彩等众多品种，各类瓷艺的综合交流，有力促进钧瓷烧制工艺的发展。

神垕钧窑址主要是指禹州市神垕镇刘家门、河北地窑址。2001年，河南省文物考古研究所和北京大学考古文博学院联合进行考古发

掘，清理出窑炉遗迹8座和石砌澄泥池3处，出土唐宋金元时期完整或可复原器物数千件，其中唐代花瓷盘和腰鼓，宋金钧瓷花瓣口洗和海棠式盘，元代素烧贴花炉和白地里花盆等保存比较完整。这里清理的1号窑炉是一座土洞式长条形。

1986年，钧台窑址被河南省人民政府公布为第二批省级文物保护单位。1988年1月13日，禹县钧窑址（钧台钧窑遗址）被国务院公布为第三批全国重点文物保护单位，编号3-0227-1-047。1991年前，遗址由禹州市文物管理所管理。2006年，国务院公布第六批全国重点文物保护单位时，将神垕钧窑址与第三批全国重点文物保护单位的钧台钧窑遗址合并，统称为禹县钧窑址。1991年至2011年3月，由禹州市钧瓷研究所管理，并对遗址本体和出土文物标本进行保护和展示。2004年，河南省人民政府划定遗址的保护范围和建设控制地带。2011年，成立禹州钧官窑址博物馆，负责遗址的保护管理工作，同时对1号、7号窑炉本体和部分出土文物标本进行保护和展示。"四有"档案、文书档案、技术档案存放在禹州市文物管理处。

清凉寺汝官窑遗址 北宋五大名窑之一，北宋后期专为宫廷烧造御用青瓷器的窑场，位于河南省宝丰县西20千米大营镇清凉寺村及韩庄村。

汝窑创烧于宋初，至宋神宗元丰元年（1078年）到徽宗宣和末年（1125年）成为宫廷烧造御用瓷器的官窑。北宋末年金兵入侵中原，宋室南迁，窑址毁于一旦。因烧造时间很短，汝官瓷产地一直不为人知，成为中国陶瓷史上一大未解之谜。

1982年，宝丰县文化馆在文物普查中从

清凉寺汝官窑遗址发掘现场

清凉寺汝窑窑炉

清凉寺汝官窑遗址御用汝瓷残器堆积

清凉寺村群众保存瓷器中，发现与北宋宫廷御用汝瓷特征完全相同的瓷盘，为寻找汝官窑遗址提供了线索。1985年，清凉寺村村民在村南台地边修路时挖出一件完整的天青釉洗。1986年，上海博物馆到清凉寺汝窑遗址实地调查，发现一些汝官瓷片，编成《汝窑的发现》。1987年10月，河南省文物研究所在清凉寺村南进行首次试掘，发掘面积200平方米，发现2座作坊、2个灰坑、1个窑炉和1处排水沟等重要遗迹，出土大量窑具和瓷片，并发现汝瓷窖藏坑、清理出典型御用汝瓷10余件。其中有汝瓷天青釉盘口折肩瓶、天蓝釉刻花鹅颈瓶、天青釉小口细颈瓶、粉青釉莲瓣茶盏托、天青釉外裹足盘和豆绿釉器盖等汝瓷器物，工艺精湛，

釉色匀净，经鉴定与汝瓷传世品极为相同，为确定汝官窑遗址提供了可靠的依据。此后，又三次对遗址进行发掘。2000年6月，对遗址进行第六次考古发掘，在清凉寺村北部开挖探方20个，揭露面积500平方米。清理出烧制御用汝瓷的窑炉15座以及作坊、澄泥池、釉料坑等多处重要遗迹，找到汝官窑中心烧造区，出土大量的汝窑瓷器。汝窑中心烧造区的发现破解汝官窑遗址历史悬案。

2001～2014年，相继对遗址进行第七至十二次考古发掘，发掘面积4575平方米。发现主要遗迹有窑炉20座、灰坑142个、作坊4座、过滤池2个、澄泥池4个、料坑2个，水井5眼，排水沟1条，建筑基址2座，墙基1处等。出土

清凉寺汝官窑遗址出土淡天青釉三足盘

清凉寺汝官窑遗址出土熏炉

瓷器有碗、盘、碟、盏、盏托、器盖、钵、洗、盆、套盒、瓶、炉、壶等。天青釉汝瓷占99%。出土的模具多为轮制，有花纹的刻制，花纹复杂的对合而成。出土窑具有匣钵、支烧器座、试烧插饼、垫饼、垫圈等。出土钱币主要有"元丰通宝""元符通宝""政和通宝"等。出土有瓷片和数量巨大的仿青铜器素烧器残片。虽然仍以碗、盘等汝瓷常见器形为主，但仿青铜器出戟瓶、荷叶器盖、长方形托盘等，均为首次发现，是以往汝瓷中不见的器形。在汝窑中心烧造区东南部发现堆积集中、器形较大的一种青釉瓷器，其烧造年代晚于汝瓷，此类器物明显继承汝瓷的特征，但釉面玻璃质感强。器形有熏炉、瓶、盘、碗等，也为以往汝瓷器物中所不多见。

遗址平面呈不规则的长圆形，四面环山、西高东低，中间地势平坦，响浪河自西向东流过。煤炭、高岭土、玛瑙石等制瓷原料就地可取。

遗址面积约133.2万平方米，由四个区组成。汝窑区（Ⅰ区、Ⅱ区）主要遗迹有窑炉、作坊、过滤池、澄泥池、水井、灰坑、灰沟以及相应的文化层，汝官瓷片堆积层达10厘米，最厚处达20厘米。地表窑具、瓷片俯拾皆是。民窑区（Ⅲ区、Ⅳ区）文化层堆积一般2~3米，最厚处6米以上，大体可以分为宋代层、金元层。经调查和勘探确定的遗址分布区内有多处陶瓷片、窑具堆积层，特别是沿响浪河两岸的文化堆积层清晰可见，从断面上看，堆积层达两米之多，主要为汝瓷残片和陶范、匣钵残片。

遗址重点保护区（官窑区）面积22.6万平方米，分布在清凉寺村中及村南河旁台地上。有窑炉19座（大型窑炉7座，小型窑炉12座），窑室周壁用耐火砖垒砌，一般由窑门、火膛、窑床、隔墙和烟囱组成。窑炉形制大致可分作马蹄形和椭圆形两种。配釉、上釉作坊2座，过滤池、澄泥池各一处。民窑区位于遗址南部，延至韩庄村，分布范围较广泛。出土有大量的青瓷、白瓷、黑瓷、三彩等民用瓷器标本及民用窑炉。

汝窑有"青瓷之首，汝窑为魁"的美称。汝官瓷器胎质坚密，釉色温润，工艺精细，造型秀丽，在中国古代陶瓷发展史上，特别是对于两宋官窑瓷器的发展起到了承前启后的关键作用。

1982年2月，宝丰县人民政府公布遗址为宝丰县第一批文物保护单位。1998年9月，成立清凉寺汝官窑遗址保护领导组；2000年9月，河南省人民政府公布清凉寺汝瓷窑址为河南省第三批文物保护单位。2001年1月，成立宝丰县清凉寺汝官窑遗址管理处，负责遗址的保护管理工作。2001年6月25日，清凉寺汝官窑遗址被国务院公布为第五批全国重点文物保护单位，编号5-0077-1-077。2005年8月，河南省文物考古研究所建立全国重点文物保护单位记录档案。2013年4月，河南省人民政府划定遗址的保护范围。

缸瓦窑遗址 是中国古代北方游牧民族地区一处重要的瓷窑遗址，位于内蒙古自治区赤峰市西南45千米的松山区缸瓦窑自然村。

缸瓦窑始烧于辽代，经金、元两代沿用后废弃。20世纪30年代考古学家李文信进行调查、试掘；民国32~33年（1943~1944年），日本人对缸瓦窑遗址进行勘察和发掘。中华人

缸瓦窑遗址（局部）

缸瓦窑遗址出土器物

民共和国成立后，国内学者做过数次调查。1995～2002年，内蒙古文物考古研究所进行4次大规模的考古发掘。2008年第三次文物普查对遗址进行复查。

窑址地处丘陵起伏的山区，中为一狭长缓平地带，山下有半支箭河流过，地下有丰富的煤矿资源和大量的优质瓷土，为烧制瓷器提供了良好的自然条件。窑址范围东西长1.5千米、南北宽0.5千米，文化堆积层厚1.5～3米。以烧制缸胎厚粗瓷为主，其次是黄、绿色低温铅釉陶及少量细瓷。产品有碗、盘、碟、壶、坛、瓶、盒等生活用具，也生产玩具、文具、动物人物雕塑、琉璃建筑构件等。器物装饰有刻花、划花、印花、剔花、捏塑等五种，以印花为主，也有剔刻填黑褐彩的工艺。釉色以白色为主，黑色、褐色、茶末绿、黄、绿色次之。出土窑具有匣钵、支钉、垫饼及陶模具。窑炉形制以马蹄形为主，在窑址南部山坡上发现一处长20米的龙窑。烧制风格博采北方诸窑如邢窑、定窑、磁州窑之长，创本土本民族特有风格，粗放中兼有细腻，具有浓厚的游牧民族特点，尤其是游牧民族生活用品如鸡冠壶、凤首瓶、长颈瓶等，更显示了它独有的文化内涵。

1992年赤峰市人民政府以"辽代瓷窑遗址"名称将缸瓦窑遗址公布为赤峰市重点文物保护单位。1993年，内蒙古松山缸瓦窑遗址学术研讨会上，专家一致认为它是中国北方草原地区规模最大、延续时间最长的古瓷窑。1996年11月20日，缸瓦窑遗址被国务院公布为第四批全国重点文物保护单位，编号4-0054-1-054。地方政府公布了遗址保护区划。考古发掘的区域已实施回填保护。

笔架山潮州窑遗址 是唐宋时期陶瓷窑址，位于广东省潮州市湘桥区桥东街道东兴居委会，处潮州市古城区桥东笔架山西麓，山脉沿韩江东岸自北而南蜿蜒起伏，南北长约2000米。北起虎头山，南至印子山，窑址鳞次栉比，在面临韩江的西面山坡和山脚处窑灶群集，相传有99条窑之多，号称百窑村。

民国11年（1922年），在潮州城西南5千米处的羊皮岗出土带有"潮州水东中甲""治平""熙宁"等铭文的瓷器。1953年在遗址中采集了一批瓷器标本；1958年进行第一次考古发掘，清理1～3号窑；1973年进行第二次考古发掘，清理4～7号窑；1986年进行第三次考古

笔架山潮州窑遗址10号窑远景

发掘，清理8～10号窑；1989年再次发掘清理11号窑。1号、2号窑址位于猪头山西面山坡。虎山位于猪头山东南面，西向正对广济桥，此处废窑密集，出土瓷片以影青釉的莲花炉和壶为最多。果子厂后山在虎山南面，属笔架山中部，4～6号、10号窑址均在此处。印仔山在果子厂后山之南，3号窑位于西南山坡上，东北和西南尚有多处暴露窑址，南面山坡遗物堆积厚达5米以上。笔架山潮州窑均系长条式斜坡型或阶级型龙窑，已发掘的十一座窑穴，其中1～4号、10号为阶级型龙窑。一般在建窑时依山势挖一条长条斜坡深沟，两侧用长方形砖砌墙，单隔。全窑长度在30～100米上下，其中3号窑室残长65.5米，以10号窑最大，残长79.5米。

窑灶总倾斜度为14～17°，窑床一般分为3～15段，宽2.15～3.16米，从出土瓷器看，烧制室温1000～1300℃。产品主要为碗、盘、盏、灯、炉、杯、壶、盂、盒、豆、洗、釜等日用器皿以及瓶、人物、玩具等艺术瓷器。其中有被列为一级藏品的"麻姑进酒"，有小洋人和哈巴狗，还有饰以八字胡的观音像。最珍贵的是在几个释迦佛像座上刻有"治平""熙宁"等年号及"水东中窑甲""匠人周明"等匠工姓名铭文。瓷器的器形，釉色和纹饰风格基本一致，均属同一时期。全部采用瓷土制坯，瓷胎纯净细密，说明瓷土经过淘洗和捣练，釉色有白釉、影青釉、青釉、黄釉和酱褐色釉等五种，以影青釉为主，兼有青、白、黄、酱釉等，釉层较薄，釉质晶莹润泽，多为不开片和开极细的鱼子纹片。纹饰以划花为主，另有雕刻和镂空。笔架山潮州窑穴始建于唐，兴盛于北宋，窑场废弃年限应在北宋神宗元丰至徽宗建中靖国年间（1078～1101年）。

笔架山潮州窑遗址出土瓷器品种繁多，釉色多样，工艺先进，生产技术如阶级型窑体结构和漏斗状匣钵，为后人提供广泛的研究，是

笔架山潮州窑遗址龙窑烟道遗迹

笔架山潮州窑遗址龙窑窑口遗迹

中国南方宋代瓷业的重要生产基地，也是研究宋代外销瓷器、海上丝绸之路的珍贵资料，是潮州宋代瓷业达到高水平的标志，也是潮州经济发展的历史见证，具有较高的艺术价值和科学研究价值。

1962年，广东省人民委员会公布遗址为第一批省级文物保护单位。1986年，成立潮州市文物管理委员会，负责遗址的保护管理工作。1987年，广东省人民政府划定笔架山潮州窑遗址保护范围和建控地带。2001年6月25日，笔架山潮州窑遗址被国务院公布为第五批全国重点文物保护单位，编号5-0097-1-097。2004年7月，潮州市文物管理委员会编制笔架山潮州窑遗址"四有"档案，由潮州市文物管理委员会保管。2012~2016年，广东省文物考古研究所编制《笔架山潮州窑遗址保护规划》。

大窑龙泉窑遗址 是中国古代著名的青瓷窑场遗址，位于浙江省龙泉市和庆元县，主要分布在瓯江流域的上游地区，数量达600余处，而以龙泉市窑址最为密集。调查所知，龙泉市境内有窑址395处，其中以大窑龙泉窑遗址最为密集，包括龙泉市小梅镇大窑、金村、高际头、垟岙头和查田镇溪口村辖内的窑址共有126处。大窑村位于龙泉市西南35千米的琉华山下，明以前称琉田，在宋、元和明初时期是龙泉青瓷的中心窑区。

中华人民共和国成立以后，周恩来总理对恢复中国历代名窑非常重视，指示首先恢复濒临绝迹的青瓷龙泉窑。1959~1960年，浙江省文物管理委员会组成龙泉窑调查发掘组，对龙泉古代瓷窑进行反复的调查，对大窑和金村两个地方数处窑址进行发掘。1960年，大窑杉树连山等窑址的发掘，是龙泉窑最早的建立在地层学基础上的科学性发掘，认为以溪口瓦窑垟为代表生产黑胎青瓷制品的窑场，与文献记载的哥窑特征一致。

2006年，浙江省文物考古研究所和北京大学考古文博学院、龙泉青瓷博物馆联合对大窑枫洞岩窑址进行发掘，揭露出大规模的生产作坊遗迹，出土数以吨计的瓷片，其中包括大量具有官器特征的器物，其烧成年代主要为元、明时期。2010年和2011年，分别对溪口瓦窑垟和小梅瓦窑路两个宋代窑址进行发掘，进一步认定出土的黑胎青瓷与古代文献中记载的哥窑特征相符。同时，对龙泉窑进行详细的专题调查。通过一系列的考古工作，基本理清了龙泉窑的发展脉络。

龙泉窑晚唐时期即已生产，在金村窑址中发现一类饼足、泥点垫烧的器物，具有晚唐时期特征，但烧造规模不大，属于龙泉窑的起步阶段。经过五代、北宋早期的不断发展，至北宋中期开始大规模生产，代表性器物是淡青釉瓷器。1960年和1980年调查金村窑址时，发现淡青釉瓷器，胎质较粗，器形规整端巧，胎壁厚薄均匀，底部旋修光滑，圈足高而规整，釉面光洁，透着淡淡的青色，釉层稍薄。器表遍饰繁缛，器底大多满釉，采用垫圈支烧。产品除碗、盘、壶、瓶、罐等日用品外，尚有专供随葬的明器，多管瓶及长颈盘口壶等。

北宋晚期窑址达百余处，生产的瓷器厚胎薄釉，胎体明显地增厚，胎色灰白，质地不够致密。底部厚重，圈足宽矮而挖足极浅，制作则反而不如前期规则工整。烧造方式改用粗制的泥饼填烧，胎色普遍发灰乃至深灰，圈足不

大窑龙泉窑遗址远景

施釉，釉薄，半透明，釉层常有裂纹，釉色青绿，不少泛黄或泛灰。产品种类一般窑场均以各式碗类器皿为大宗，盘类次之，主要产品有碗、盘、壶、炉、罐、瓶、碟和盅等，器物造型有很多变化，碗类产品坯体厚薄较为均匀，口沿以外撇为主，圈足相对显小。盘类产品腹部多做成凸出的转折状，有假圈足。器物的装饰手法以刻划占主导地位，双面刻划花，再辅以篦纹、锥刺纹。图案浑圆，布局对称，同时在同一平面上往往有主纹、地纹之分。

北宋覆灭后，全国政治经济文化中心南移，人口大量南迁，北方的汝窑、定窑等名窑被战火破坏，制瓷技术传入到南方，龙泉窑结合南北技艺，形成自己的风格，进而形成一个较大的瓷窑体系。不仅胎釉配方、造型设计、上釉方法、装饰艺术及装窑烧成等都有重大的改变和提高，器形种类更是大大丰富。由于熟练掌握了胎釉配方、多次上釉技术以及烧成气氛的控制，釉色纯正，粉青釉和梅子青釉，达到青瓷釉色之美的顶峰。南宋龙泉窑的品种除日用瓷外，另有陈设瓷，如瓶、炉、尊、塑像等，式样丰富多彩。根据胎色的不同，大致可以把南宋龙泉窑分为白胎青瓷和黑胎青瓷两种产品，白胎青瓷中又可区分为厚胎薄釉和薄胎厚釉两类，而黑胎青瓷基本为厚釉产品。白胎青瓷中的薄釉产品胎壁普遍比北宋中晚期厚重，胎色灰白，胎质更加致密坚实。釉层薄，透明，一般无裂纹，釉色青绿，亦有泛灰、泛黄的产品。用泥质垫饼填于外底烧制。碗类产品坯体自上而下迅速增厚，尤以内底为甚，形成垂腹；盘类产品造型多坦腹。碗、盘类口沿做成花口，多在内壁单面刻划花，有的用

龙泉窑遗址出土青瓷吉字瓶　龙泉窑遗址出土青瓷小口罐

"S"形复线将内壁等分为四至六格，多为五格，并在各格内勾划云纹。有的碗盘的内底有图章式的文字，如"河滨遗范""金玉满堂"等。在厚胎薄釉产品基础上，龙泉窑吸收北方汝窑、官窑等烧制技艺，改进胎土配方，在瓷中掺入适量的紫金土，使氧化铝和氧化铁的含量增加，提高抗弯度，坯体变薄。改进釉料的配方，由原来的石灰釉变成石灰碱釉，多层施釉，使釉色出现粉青、梅子青等色。厚胎厚釉产品有黑胎厚釉青瓷和白胎厚釉青瓷两路，器形丰富多样，除供日用、陈设、文房等需要外，尚有祭器及明器，并且仿造铜器、玉器等，如鬲、鼎、觚、琮之类的器形大量出现。器物以造型与釉色取胜。底足刮釉，用瓷质垫饼垫于足底烧制，烧成后出现朱红色一圈细线，俗称朱砂足，黑胎类则显现铁足；有用类似于汝窑、官窑的支钉支烧的，使青瓷显得特有韵味，瓷器的质量大大提高。

元代，龙泉窑是外销瓷的重要产地之一，海外市场的开拓，外销的兴盛，产品的供不应求，使龙泉窑产区不断扩大，由中心地龙泉向云和、丽水、武义、青田、永嘉等靠近江海的地方发展，数量大增。元代早中期的产品仍保

持南宋晚期的风格，造型优美，釉色纯净、肥厚、滋润。元代龙泉窑创烧出许多适应社会生活习俗和审美情趣的器物种类，同时专门为海外地区生产的产品应运而生。元代的产品有大盘、大碗、大瓶、菊口大碗、回纹刻花带盖碗、格盘、双鱼洗、蔗段洗、菱口盘、凹折沿盘、花尊、镂空器座、小口罐、菊纹盖罐、高足杯、带座琮式瓶、吉字瓶、鼎式炉、绳耳炉、八卦炉等。为加强观赏性，匠师们还采用刻、划、贴、镂、印、雕塑、露胎贴花等工艺，甚至把中断800余年的点褐彩技术恢复使用，蒙古八思巴文出现在碗、盘等器皿上。纹饰题材广泛，山间花卉、水中游鱼、天上仙鹤、地下昆虫、人世尊宝、神界八仙等纹饰应有尽有。装烧方式有很大的变革，一些器物由于胎体厚重，特别是大型盘类开始采用器物外底托烧的装烧方式，器物圈足内有赭红色的一圈刮釉后留下的痕迹，俗称火石红。

明代早期的龙泉窑生产，胎釉基本与元代相同，大部分器物只施一次釉，少数厚釉者，釉色深、有玉质感。器物多数有装饰，装饰手法主要是戳印和刻花、剔地刻花，另外雕塑、镂空等手法经常使用。装烧方式呈多样化，圈足器外底刮釉一圈垫烧已成为主流。明代中期不仅规模比以前缩小，产品质量大不如前。所谓"化治以后，质粗色恶"。器物胎体厚重，釉质的玻璃感强，透明度高，完全失去宋元时期瓷釉的失透状、玉质感。题材丰富多样，以缠枝莲纹为最多，另有植物花果纹样和吉祥语"清香美酒""福如东海""寿比南山"等，出现如"顾氏""王氏""石林"等很有商标性质的文字。有的在碗的内壁印有诸如姜太公钓鱼、牛郎织女、孔子泣颜回等历史人物故事和"惜花春来早""爱月夜眠迟"之类的诗句。除生产日用陶瓷器外，在明代早期，龙泉窑还为宫廷烧制器物。明洪武官器有大型刻花大墩碗、菱口盘、折沿盘、五爪龙纹盘、高圈足碗和刻花执壶、梅瓶、玉壶春等，厚胎厚釉，胎质细腻，釉色以竹青为正色调，外底涩圈规整，刻花工整。花纹题材同类器基本一致，仅碗盘内底刻划题材略有不同。明永乐官器有墩碗、斗笠碗、洗、五爪龙纹盘、高足杯、卧足盅、梅瓶、玉壶春、执壶等，基本都有刻花装饰。相对于洪武官器器形偏小，但仍是厚胎，釉更厚，足端裹釉圆润，外底涩圈规整，制作工整精巧，刻划花精细。题材也多用写实的花果枝叶。

1988年1月13日，大窑龙泉窑遗址被国务院公布为第三批全国重点文物保护单位，编号3-0228-1-048。2009年9月，"龙泉青瓷传统烧制技艺"成功入选联合国教科文组织人类保护非物质文化遗产政府间委员会的《世界人类非物质文化遗产代表作名录》。2012年，国家文物局批准《大窑龙泉窑遗址保护规划》。2013年5月3日，国务院公布第七批全国重点文物保护单位时，将与龙泉金村窑址连成一片的庆元县竹口镇上垟窑址并入大窑龙泉窑遗址，编号7-1953-1-010。为加强对遗址的保护，龙泉市成立大窑龙泉窑遗址文物保护管理所，管理范围大窑龙泉窑四大片区，涉及115处窑址。庆元县大窑龙泉窑金村片区由庆元县文物管理委员会办公室管理。大窑龙泉窑遗址"四有"记录档案，由龙泉青瓷博物馆和大窑龙泉窑遗址文物保护管理所管理。

屈斗宫德化窑遗址 是东南沿海地区以白瓷为代表性产品的窑场遗址群，位于福建省德化县，包括龙浔镇、浔中镇、三班镇及盖德乡等乡镇宋代至明代的古瓷窑址。

1953年，华东文物工作队调查发现屈斗宫德化窑址。1958年6月，晋江地委宣传部组织文物普查组，调查古窑址。1963年12月，福建省文物管理委员会和厦门大学人类博物馆到一些重点古窑址进行调查。1966年2月文物普查时，在距县城约5千米的盖德乡盖德村的碗坪仑山丘上发现一处烧造外销青白瓷的窑址，命名碗坪仑窑。1976年4月25日至7月26日，福建省博物馆、厦门大学历史系考古专业等单位联合对浔中镇宝美村破寨山南坡上的屈斗宫窑址进行考古发掘。经多次考察，探明龙浔、浔中

屈斗宫德化窑遗址（局部）

两镇宋元窑址20处，明代窑址20处；盖德乡宋元窑址6处，三班镇宋元窑址11处，明代窑址8处，共计65处。其中，保存状况等级为好、较好、一般的窑址共32处，窑址年代为宋至明。

2001年5月上旬至6月下旬，福建省博物馆考古部、德化县文管会办公室和德化陶瓷博物馆联合对全国重点文物保护单位屈斗宫窑址保护范围内的甲杯山窑址进行抢救性考古发掘，揭露面积120多平方米，清理出3座有叠压打破关系的元至明代窑炉遗迹，出土一大批器形丰富的"中国白"瓷器标本和窑具。

2004年2～4月，福建博物院文物考古研究所、德化县文物管理委员会和德化陶瓷博物馆联合对位于浔中镇宝美村破寨山东南侧的祖龙宫窑址进行考古发掘，发掘面积200多平方米，揭露有叠压打破关系的元～明代窑炉遗迹3座，出土的器物主要有瓷器、窑具和制瓷工具。与此同时，省、市、县考古队对位于浔中镇东头村西面的杏脚窑进行考古发掘，实际发掘面积约90平方米，揭露横室阶级窑1座，出土遗物主要有窑具、瓷器和模具。窑具有平底筒形匣钵、卧足式垫饼，初步推断杏脚窑址的年代约为清代中晚期。

屈斗宫窑，1976年4月，福建省德化屈斗宫古瓷窑址考古发掘工作队先后对屈斗宫窑址、盖德乡碗坪仑窑遗址进行发掘。其中对浔中镇屈斗宫窑遗址的发掘，挖出探方共计21个，揭露面积（包括扩方）共1015平方米，东西长约300米、南北宽约150米，窑基长57.1米，宽1.4～2.95米，共17间窑室的窑床，出土800多件生产工具和6790多件完整或残缺的陶瓷器物。

祖龙宫窑，2004年2月底至4月下旬，由福

建博物院文物考古研究所与泉州市博物馆、德化陶瓷博物馆联合对祖龙宫窑址进行抢救性考古发掘，发掘面积约210平方米，揭露有叠压打破关系的窑炉遗迹三座，其中1号窑址为长条形斜坡式分室龙窑，揭露部分斜长28.7米，内宽2.7～2.9米；2号窑址揭露部分斜长30.3米，内宽2.6～2.8米；3号窑址揭露部分斜长7.9米，内宽2.4～2.6米。出土器物均为白瓷，主要有瓷器、窑具和制瓷工具。

公婆山窑，勘探面积1800平方米，地层堆积如下：第1层为表土层，土呈灰黑色，厚0.05～0.10米，含较多植物根系，并有少量瓷片；第2层，厚0.05～0.6米，夹青白瓷片、窑具残片。第2层下为红黄色加砂生土，较致密。

五斗垄窑，勘探面积360平方米，地层堆积第1层为表土层，土呈灰黑色，厚0.05～0.20米，含较多植物根系，并有少量瓷片；第2层，厚0.1～0.5米，夹青白瓷片、窑具残片、红烧土颗粒等。2层下为风化岩石颗粒生土，较致密。

后店仔窑，地层堆积，第1层为表土层，土呈灰褐色，厚0.05～0.15米，含较多植物根系，有较多瓷片；第2层，厚0.5～1.0米，夹青白瓷片、窑具残片等。2层下为风化岩石颗粒生土，较致密。

甲杯山窑，总发掘面积120平方米，揭露出有叠压、打破关系的窑炉遗迹3座，出土一批陶瓷器标本及窑具。其中3号窑址出土标本有青白瓷和白瓷，器形有碗、盘、碟、洗、盒等，年代为元代；1号、2号窑址出土标本大部分为乳白色瓷器，器形以杯、碗、盘、盏、碟、洗、炉、罐、灯、盒、砚滴等为主，主要

纹饰有堆贴梅花、刻划花草、文字、人物等，年代为明代晚期。

后窑残存窑址，面积4300平方米，采集标本绝大部分为青白瓷，另有个别青灰色瓷器和白覆轮酱釉盏。青白瓷器形有碗、洗、盘、盏、砚台、执壶、盒、小瓶等。窑具主要有支圈、垫柱、平底匣钵等。

太平宫窑，窑址范围约7800平方米，堆积层0.3米以上，地面散布匣钵、支圈、瓷器碎片等。采集标本有青白瓷碗、洗、壶、盅等。主要纹饰有花卉纹和莲瓣纹。

庠柄山窑，窑址分布范围约为4400平方米，堆积层厚0.1～0.8米，地表部分开垦为耕地，其余种植杉树、毛竹，并长满杂草灌木等。地表散布有匣钵、瓷器残片、支圈等。采集的标本有青白瓷碗、洗、盅、壶等，均为芒口。主要纹饰有莲瓣纹和花卉纹。

桐上窑，窑址面积约4500平方米，窑址南侧山脚有一处民房，破坏部分窑址，西、南面均开垦大片农田、耕地，种植蔬菜、水稻等，在山坡、田埂及耕地里均可见散落的瓷片。采集标本有白瓷和青花瓷片，器形主要有白瓷盒、器盖以及青花碗、杯、炉等。

宏祠窑，窑址面积约23000平方米，地表随处可见窑具及瓷器残片，堆积厚约有2～3米，除表面被开垦耕地以及修建民房、机耕道破坏外，大部分保存较好。采集标本以青花和白瓷为主，还有酱釉瓷和蓝釉瓷。青花瓷有碗、碟、杯、盘等，主要纹饰有圈点纹、寿字纹、花卉纹、题写诗词等；白瓷有杯、盘、小瓶、笔筒、器盖、碗、汤匙、水注等；酱釉瓷主要有杯；蓝釉瓷主要有碗、杯等。此外，还

有杯、汤匙等模具，窑具有平底匣钵和M形匣钵等。

后所窑，窑址北部被在建的通往雷锋镇公路破坏，南侧被城东开发区破坏。山包表面种植松树等，并长满杂草、灌木。地表可见大量瓷片和匣具。采集标本有明代白瓷和清代白瓷、青花瓷、酱釉瓷、蓝釉瓷。明代白瓷器形主要有杯、碗、盘、盒等；清代白瓷有碗、杯、汤匙；青花瓷主要有碗、盏、杯、碟等，纹饰有灵芝、文字、卷云、龙纹、文字、花卉等；酱釉瓷主要有炉、碗、水注、杯、执壶等；蓝釉瓷主要有杯等。此外还有少量汤匙、碗的模具，窑具则有平底匣钵。

初溪窑，遗物分布范围东南—西北向长40米、宽25米，总面积约1000平方米。废品堆积厚约1.5米，包含有窑具和瓷片。瓷片主要以青白瓷为主，少量青花瓷。器形以碗、盘类为主，少量杯。装饰纹样主要以绘制花卉类为主。

火炉脚窑，窑址面积约670平方米，有盗挖现象，在靠近南侧田埂有一盗坑，从盗坑可以发现窑址堆积被埋于地表下四五十厘米之处，厚约0.5～1.0米。采集的标本主要有白瓷碗、盘、碟、粉盒、瓷塑、八棱杯等，器物纹饰有牡丹纹、直道纹、梅花纹等；窑具主要为凸底匣钵、平底匣钵等。

上寮窑，采集标本主要有青白瓷、白瓷和青花瓷，青白瓷有洗、碗、盅、盘等；白瓷有盒、碟、盏、盘、碗、梅花杯、八方杯、器盖等；青花瓷有碗、盘、杯、灯盖等。窑具有支圈、"M"形匣钵等。

桐岭窑，窑址1976年调查发现，面积约17000平方米。山包南坡中部略平，下部较

陡，西侧有一座民房，破坏部分窑址，民房周围有大片竹林，西南至东面均开垦为层层农田，大部分地表长满二三米高的杂草，地面或耕地断坎上散布大量的匣钵、窑砖、瓷器残片等。采集的标本有明代的白瓷与清代青花瓷，白瓷主要有碗、盒、杯、碟、盏；青花瓷主要有盘、碗，纹饰较丰富，有山水、云龙、凤纹、花卉、杂宝、葡萄纹等。窑具主要为平底匣钵。

尾林窑，窑址面积约8600平方米。山坡上种植松树，山顶种植速生桉树，地表灌木、杂草丛生。窑址被盗挖现象比较严重，盗坑深达2米，地表散落大量窑具支圈和青白瓷片。采集的标本主要有青白瓷，此外还有少量白瓷和青花瓷。青白瓷器形主要有碗、碟、瓶、盒、执壶、钵等，纹饰有莲瓣、卷草、缠枝花卉等；白瓷有杯、碗、盒、器盖、炉等；青花主要有碗等。

新棨寨窑，窑址面积约1600平方米。从采集标本来看，窑址产品以白瓷、青花瓷为主，白瓷器形主要有碗、盘、杯、碟等。青花主要有碗、小杯等。窑具主要为平底匣钵。

佳春岭窑，窑址面积约1万平方米。采集器物主要为青白瓷，器形有碗、洗、瓶、执壶、罐、盒等，纹饰有莲瓣及缠枝花卉。

厝尺仔窑，产品主要有碗、盘等，窑址范围约3900平方米。

碗窑溪窑，分布范围6800平方米。采集标本有青白瓷和窑具。器形种类较多，主要有瓶、碗、钵、执壶、盘、罐、炉、器盖、盒、洗、盏等。

湖枫林窑，窑址范围3700平方米。采集标

本有青白瓷、白瓷和青花瓷。青白瓷器形主要有洗、盒、碗；白瓷有盒、杯，青花瓷有碗、盘等。

旧窑，窑址面积4000平方米。采集标本有明代白瓷和清代青花瓷以及蓝釉瓷，白瓷主要有簋式炉、盒、小杯、梅花杯、碗等；青花瓷主要有碗、碟、杯、盘等；蓝釉瓷仅小杯一种；窑具有平底匣钵等。

新窑，面积约8100平方米。窑址采集标本有明代白瓷和清代青花瓷，白瓷主要有碗、盒、碟等；青花瓷主要有碗，纹饰较多，主要有葡萄、凤纹、蝴蝶、杂宝、花卉纹等。文字款有"新兴""金玉"等。

啤坝窑，窑址面积约1200平方米，部分堆积层厚约0.3～0.6米。调查采集标本有白瓷和青花瓷，以碗、盘、杯为主，纹饰有龙纹、花卉、杂宝、山水、婴戏纹等。窑具为漏斗形匣钵。

东坪窑，窑址于1976年发现，据调查资料，采集有宋代残碎的青白瓷芒口碗、洗、瓶和清代风格的青花碗、盘等。

碗坪仑窑，窑址面积约1万平方米。共发掘三个探方（沟），面积87.25平方米，揭露出二座有叠压打破关系的窑炉遗迹残段，区分出二个不同时期的堆积层。

大坂内窑，窑址面积约3000平方米。采集标本有青白瓷和窑具，青白瓷产品有盘、碗、盒、瓜棱罐、钵、执壶、八角瓶、器盖、小瓶等。窑具有垫圈等。

大坂外窑，分布范围约3200平方米。采集标本以青白瓷为主，少量酱黑釉瓷，青白瓷器形主要有瓶、大碗、碗、器盖、盒、碟等。酱黑釉瓷主要为盏。窑具有五足垫圈等。

梅岭窑，遗址位于德化县三班镇泗滨村梅岭，海拔468米。窑址群年代为宋、元、明、清、民国延续至现代，占地面积约1.17平方千米，主要分为内坂区、大垄口区、梅岭区，瓷土加工水碓等，遗迹位于山脚小溪边的平地上，保存较好。

德化窑制瓷到明代达到新的高度，以何朝宗为代表的瓷塑闻名世界，被誉为"东方艺术"和"天下共宝之"的珍品。独树一帜的"象牙白"（建白瓷），釉色乳白，如脂似玉，色调素雅，被誉为中国白瓷的代表，享有"中国白"和"国际瓷坛明珠"的美誉。屈斗宫窑窑炉遗迹结构较完整，伴随出土的大量瓷器和窑具标本，对德化瓷史的研究，尤其是对德化窑炉的结构、类型及其发展演变进行科学研究，提供了极其重要的资料，具有极为重要的价值和意义。屈斗宫德化窑遗址不仅为研究泉州海外交通的崛起和海洋贸易的兴盛提供实物资料，同时也为海外发现的部分中国陶瓷器找到产地，为泉州作为"海上丝绸之路"的起点站之一提供了确凿的佐证。

1961年，屈斗宫德化窑遗址（包括浔中、盖德、三班）被福建省人民委员会公布为第一批省级文物保护单位。1988年1月13日，屈斗宫德化窑遗址（包括浔中、盖德、三班）被国务院公布为第三批全国重点文物保护单位，编号3-0229-1-049。1990年，成立屈斗宫德化窑址文物保护管理所。1996年，福建省人民政府印发《关于公布国家重点和省级文物保护单位（第二批）保护范围的通知》，公布屈斗宫德化窑遗址的保护范围。2011年，组织编制《屈斗宫德化窑遗址文物保护总体规划（初稿）》。2014年，建立屈斗宫德化窑遗址全国重点文物保护单位记录档案。2016年7月，国家文物局将德化窑梅岭窑遗址列入"海上丝绸之路"中国史迹中国首批申遗遗产点（泉州）申遗点。2016年8～10月，按照国家文物局制作记录档案新要求建立补充《屈斗宫德化窑遗址记录档案》。2016年，福建省人民政府印发《关于公布全国重点文物保护单位（第四至七批）保护范围的通知》，重新规定屈斗宫窑址保护范围；福建省文化厅、福建省住建厅《关于公布省级以上文物保护单位建设控制地带的通知》公布屈斗宫德化窑遗址建控地带。

北礁沉船遗址 为南海重要的沉船遗址之一，位于海南省三沙市西沙群岛永乐群岛北礁东北部礁盘上，年代为唐代至清代。礁盘东西长11.8千米，宽4.5千米，椭圆形环礁，多水下礁滩，是西沙群岛北部航行险区。

1974年5月初，广东省海南行政区琼海县潭门公社草塘大队0145号渔船，在西沙群岛北礁东北角发现大量铜钱和铜锭等遗物。1974和1975年，广东省文物考古工作者两次前往西沙群岛北礁进行考古调查，在北礁东北礁盘上发现古代遗物。1996年，经国家文物局批准，由海南省文物保护管理办公室、中国历史博物馆水下考古学研究室、广东省文物考古研究所等单位联合组建文物普查队，对包括北礁在内的西沙群岛进行全面普查和水下考古调查，在北礁东北礁盘上发现沉船遗迹和5处文物点。1998～1999年，中国历史博物馆水下考古学研究室受国家文物局委托，与海南省文物部门联

北礁水下考古场景

合组成西沙水下考古队，对北礁进行水下考古调查，发现5处水下文物遗存，3处古代沉船遗址。2010年4～5月，由海南省文物广电出版体育牵头，组织西沙群岛水下考古调查项目，调查主要在永乐群岛进行，包括华光礁、北礁、盘石屿、银屿、石屿、珊瑚岛等岛礁，在北礁新发现3处沉船遗址和15处水下遗物点。在水下文化遗存中，打捞出水一大批瓷器、碇石、石建筑构件、铜钱等各类遗物标本。其中，瓷器主要有宋代青白釉、龙泉青釉、元代青花、明代白釉、青花、清代青花等，器形则有罐、壶、碗、盘、瓶、盒等种，都为江西、浙江、福建、广东等地民窑产品。在北礁19号水下遗存采集到"皇宋通宝""熙宁重宝""元丰通宝""崇宁重宝""洪武通宝""永乐通宝"等铭文铜钱。2011年、2012年，中国国家博物馆水下考古研究中心与海南省文物局、海南省西南中沙群岛办事处合作，组成水下文化遗产执法巡查工作队，开展西沙群岛海域水下文化遗产保护状况巡查和文物执法督查工作。期间，对北礁海域进行考古工作，新发现3处水下遗物点。巡查中所见水下文化遗存，有的遭到不同程度的盗掘，部分中心区域被盗掘一空。

北礁平面呈椭圆形，东西长约11.8千米，南北宽约4.5千米。北礁位于南海丝绸之路航道的必经之处，是古代船只出海远航的第一站。北礁礁滩险恶，是南海航线最危险的水域。考古专业人员对北礁先后进行6次水下考古调查，共发现12处沉船遗址和30处水下遗物点，征集打捞出水物5500余件。其中大都为陶瓷器残件，完整器物较少，时代自宋代起，直至清代，瓷器品种主要有青釉、青白釉、龙泉青瓷、白釉和青花等，全都由中国内地广东、福建、江西、浙江、湖南、广西等地民窑烧造生产。另出水4万余枚历代铜钱，除明代"洪武通宝"和"永乐通宝"居大宗外，其余钱币时代自秦汉起，直至元明，达70余种。另有铜器、铜锭、石制品等遗物。

北礁沉船遗址考古工作取得的成果，丰富了人们对西沙群岛文物遗存的认识。发现的沉船遗址及大量文物，反映出古代中国南海海上丝绸之路的繁荣兴盛，展现中国航海技术的发展水平，为研究中国航海提供重要的实物材料。南海海上丝绸之路海域有着极为丰富的水下文物遗存，包括北礁沉船遗址在内的西沙水下考古取得的重大成功，证明中国能独立进行远海水下考古发掘，标志着中国水下考古学迈上了一个新台阶。北礁沉船遗址水下考古发现，证明西沙群岛是中国人民最早发现的，而且充分反映中国人民至迟从唐宋开始，就已对包括西沙群岛等在内的南海诸岛开发经营，并一直持续不断。大量的海底文物资料，丰富人们对西沙群岛古代历史的认识，无可争辩地证明西沙群岛自古以来就是中国的神圣领土。

2006年5月25日，北礁沉船遗址被国务院公布为第六批全国重点文物保护单位，编号6-0175-1-175。北礁沉船遗址由海南省西南中沙群岛办事处负责管理。2012年，由三沙市负责管理保护北礁沉船遗址。以北礁分布面积约58千米的环礁为遗址保护范围，其中东北礁盘上的古代沉船遗址分布区为重点保护地区。

边关地道遗址　是宋辽时期北宋王朝为防御北方政权入侵而建的军事防御性建筑，位于河北省雄县、永清县。

雄县当时地处宋辽边界，北距辽国南京（金北京）仅190华里，属于宋辽时期的古战场。根据中国历史地图集和有关历史记载，雄县为瓦桥关，霸县为益津关，信安镇为淤口关，历时长达168年。

1964年起，雄县境内陆续发现宋辽古地道遗址。1982年，保定地区文物保护管理所等对祁岗遗址进行发掘和修复。1993年起，雄县文化局对大台遗址地下部分进行清理、发掘。2014～2017年，雄县文物行政主管部门委托河北省文物研究所，对地道遗址进行全面的文物勘探。

雄县边关地道遗址有邢村地道遗址和祁岗地道遗址两处。邢村地道遗址当地又称大台地道遗址，位于雄县城关镇邢村，古文化街东侧；祁岗地道遗址位于雄县双堂乡祁岗村内。地道用青砖结构，券顶，由甬道和洞室构成，内部结构复杂。埋藏深度上，呈立体分布式，同一地道群内，甚至在同一洞体内，也分深、中、浅三层，最浅处距地表不足1米，深处则达4～5米；造型上，洞体高矮各异，宽窄不一，曲折延伸，直角转向，走向不定；洞体设

边关地道遗址内部

置上，既有较为宽大的藏兵洞，又有较窄小的迷魂洞，还有翻眼、夹壁墙、掩体、闸门等军事专用设施。此外，洞体大多与水井相通，并设有通气眼及灯龛、土炕等生活设施。地道平均高约1.7米，最高处有3米，最低处0.6米，最宽处有1.6米，最窄处有0.7米。最大的洞室长8米、高3米、宽3米。祁岗地道发掘修复30米，邢村大台地道发掘修复200米。遗址清理过程中，出土有宋代瓷缸、瓷碗等文物。

永清县边关地道遗址，是永定河下游地区宋代的军事设施遗址，1984年河北省文物普查时发现。1988～1989年，廊坊市文物管理所与永清县古地道办公室对边关地道遗址进行调查。地道涉及永清县6个乡镇11个村，包括永清镇、刘街乡、龙虎庄乡、南关镇、北辛六乡、养马庄乡；经过调查已确认有地道遗址的共有11个村，分别为南关、蔡家营、右奕营、白坨、西镇、戴小营、瓦屋辛庄、北孟村、李家口、乔靳各庄、龙虎庄。重点清理发掘南关、右奕营、蔡家营、瓦屋辛庄、乔街5个村。

南关地道，位于县城2.5千米处。重点试掘两处。一是村民李学如院内，院内有地道口，1964年破坏，洞门数十个，并有数个不同走向的地道向外延伸。经试掘，发现地道残存痕迹。二是奶奶庙遗址内。奶奶庙玉皇阁内原有一洞，进洞门有一小屋，经过小屋是小券门。拐弯又是一个小屋，经过数个小屋及券门变成一条向西去的大洞。此处地貌变化很大，在距地表六米处发现地道残存痕迹。

右奕营地道，位于南关村南0.5千米处。重点试掘两处。一是村民院内东厢房下发现一较大洞体，从开挖口向东，进入宽0.65米、顶

高1.2米的通道，过一宽0.55米、高1米的券门，有高1.54米、宽2米、长4.9米的大券顶屋，向东又过一宽0.65米、高1.25米的券门。券门东有一层高0.32米的台阶，有一宽0.68米、高1.25米的通道向东延伸，被破坏。此洞体是在已试掘发现的诸洞中最大最完整的。洞中出土1件高0.6米、直径0.6米的水缸。二是另一村民院内。距前一村民家大洞30米，从井的开挖口向南1米后，有一向东拐去的券门，进入一南北走向的通道。两端均有小券门以90°角拐弯分别向西、东、南延伸。南端洞体宽达1.2米，顶高1米。

蔡家营地道，位于南关奶奶庙西1千米处。蔡家营村地势较高，面积约16万平方米，均有地道分布。地道于20世纪60年代平整土地时，被破坏100多米，地道洞体较大，宽1.2米、高1.7米左右，每隔3米左右有一气孔通地面，在其中一券门处发现有铁门。洞口在蔡家营村西奶奶庙供桌下，试掘未发现，在村内挖出两处地道。在一村民院内有一洞，清理出7.89米，在开挖口处有一券门，宽0.48米、顶高1.47米，进门1米后，向北拐90°弯，经1.62米，有一券门，高0.7米，进券门后又向西拐90°弯，洞底向下降0.15米，经1.2米北壁有一券门，高0.7米，向北拐90°弯又有一券门，洞体下降0.15米，洞高1.47米，洞向北延伸0.84米，因延伸到民房下未继续挖掘，疑向外与古井洞相连接。二是古井洞，此处地势居全村最高处，位于一村民家房西。洞口在井南壁上，距井口向下3.2米深处，为一正方形双层券门，边长0.4米。进券门，向下二级台阶后向南有一洞室，宽1.1米，长2米，洞室南壁有一向南延伸

的通道，通道北端有上升一级的台阶，延伸7米后，有两级上升的台阶，延伸1.6米后，有一圆台，距地面1.8米，疑是洞口。

瓦屋辛庄地道，位于县城西南12千米处，为两次重点试掘区，发现占地面积为250平方米的地道区。瓦屋辛庄村地道曾经历1957和1969年两次严重破坏，所破坏地道约高1.6～1.7米、宽1.2米左右，内有掩体，有向西侧延伸的支洞，并有夹皮墙和翻眼等构造，洞内可容纳200余人，经两次试掘调查，共挖掘出不完整地道100多米，有两处迷魂洞。1号迷魂洞，洞顶距地面3.7米，南端为东西通道，长2.9米、宽0.48米，通道的西端有一方形坑，上盖有插板砖。东端向北通，后向西，又向北，再向东，再后又向北，又再向西，进入南北通道，在通道北侧有一高0.4米的方形券门，过券门有一长2.3米、宽0.6米的南北走向的盲洞。地道曲折回转，拐转均呈90°，宽度为0.46～0.50米，高度1.5米左右，进入地道弯腰低头即可通过。2号迷魂洞，位于1号迷魂洞东、北两侧，只有一墙之隔，西端开挖口处，向东进入一宽0.5米的通道，经1.6米后向北又向东，出现三级台阶，洞体沿台阶降低

边关地道遗址出土三彩罐

0.6米继续向东延伸，北壁有插板砖和一枚铁钉；南壁经两次变径，距台阶3.2米处，两壁墙上出现闸槽，后以90°向南拐弯，又向东，再向南，又向西，与1号迷魂洞隔墙相接，在此洞向南拐入1米处，又有一向东通道，此通道延伸0.68米后分为两支，一支继续向东，又向南，再向西，与前面洞隔墙相接，另一支向北，又向东，再向北，因破坏严重，未向前挖掘。疑向北与其他洞相接。

藏兵洞在瓦屋辛庄地道群体内，距地表1.7米左右，有三级朝西下降的台阶，下至距地表2.5米后向北拐，进入南北走向通道，长11米，宽1.1米，向北延伸被一面东西走向的砖墙堵死；与此洞西壁一墙相隔，又有宽0.5米左右的通道，北端被同一面砖墙堵死，此通道折向南、向西、又向南，向东再向南，然后向西，通一砖井（已于20世纪70年代破坏），井南壁有一向南通道，距井1米处西，疑为护洞掩体，通道向南延伸达15米，此通道宽0.5～0.6米，两侧分布有五间各2平方米的小屋，均与此道相通，通道和小屋均铺有地砖，疑为藏兵洞，南端有一通道向西南方向延伸，未继续挖掘，在其东侧有一通道向南延伸，南端有一土屋，四壁抹有白灰。在地道群东南角有一古井与西北角藏兵洞之井成掎角之势，该井西壁有一向西延伸的洞体。

乔街村地道，位于县城正南20千米处。经试掘在一村民家挖出一段洞体，南北走向，较宽的一段呈长方形，长2.8米，宽1.23米，高1.65米，南北两端各有券门一个，宽0.7米，高1.1米，进入南端券门向南的通道长4.3米，南端以90°角转向西，向西1.7米，地道已被破坏，北端进入券门后，呈弧形向西北延伸2.4米。出土铜镞1枚。

宋辽边关地道遗址除雄县、永清县外，廊坊市霸州、文安等县市境内也有分布。边关地道遗址是北宋时期北方地区重要的军事防御设施，地道功能有三个：一是藏兵运兵，二是能迅速传递情报而不被辽军发现，三是有效地利用声学原理监测敌情。宋辽边关地道规模之大、建筑之复杂，全国少见，对研究古代军事、历史和建筑技术均有重要的价值。

1984年，文物普查时建立边关地道遗址档案。1988年，成立雄县文物管理所，专职管理。1990年，成立永清县文物管理所，为边关地道遗址管理机构。1993年7月15日，雄县、永清县边关地道遗址被河北省人民政府公布为第三批省级文物保护单位并公布保护范围和建设控制地带。"边关地道遗址"档案保管于廊坊市文物管理处。2006年5月25日，永清县的边关地道遗址被国务院公布为第六批全国重点文物保护单位，编号6-0014-1-014。2013年3月5日，在国务院公布为第七批全国重点文物保护单位时，将宋辽边关地道（雄县境内）并入边关地道遗址，编号7-1945-1-002。2014年12月，雄县文物保护管理所编制"国保"档案，负责档案的管理工作。

霍州窑址 是宋元以迄明清时期北方重要的瓷器窑场遗址，位于山西省霍州市西南6000米的白龙镇陈村的西侧土垣上，面积约9万平方米。

史载，霍州窑址始建于唐代。宋、元时期为霍州窑的鼎盛时期。明初曹昭《格古要论》云"霍器出土山西平阳府霍州"，记载了霍州

霍州窑址内瓷窑遗迹

窑的地理位置。清末，霍州窑工艺逐渐失传，走向衰亡。1975年，故宫博物院的学者在临汾地区文化局的协助下调查窑址，并将之认定为元代霍州窑址。1988年，按照国家文物局的统一部署，山西省文物局着手编制山西文物地图集，并组织调查小组，对霍州窑址进行调研。2009年7月，第三次全国文物普查期间，山西省文物局组织专业调查队伍，对霍州窑址进行全面普查。

霍州窑址存宋、元瓷器作坊3处，石碾粉碎磨坊1处，碗模遗器及宋元时期的瓷片随处可见，同时保留有明清时期的烧窑1座。3处瓷器作坊均为窑洞式，共7孔，深度10～20米不等。券窑工艺采用宋元时期北方独特的重叠砖券拱式，与中国北方传统的咬茬砖式券窑做法截然不同。作坊遗址有村民居住，保存

尚好。作坊外遗存石碾粉碎磨坊1处，瓷模遍地皆是。在作坊的窑顶上方，有明清时期的瓷窑烧制炉1座，保存较完整，1949年以后停用。据实地勘察，陈村方圆1000米以内有诸多瓷窑遗址。霍窑烧制瓷器的原料瓷土土质细腻柔软，釉面泽润，主要器物有仿定折腰盘、洗、盏托、盖罐、高足杯、白釉瓷、印花瓷、粗瓷等。霍窑产品制作规整，工艺上采用4～5个（多数为5个）乳丁支烧，因此器物内外留有钉痕。霍州窑瓷器质脆，用手就能把瓷片折断，故出土和传世的完整器物寥寥无几。霍州窑址所出白瓷分两种，其中一种仿定窑，胎釉白细，数量较少。另一种数量较多，与定窑白瓷不同，制作粗糙。同时，部分瓷片与河南鹤壁集瓷窑相似；山西省博物院珍藏有国家一、二级霍窑瓷器数件。上海博物馆收藏的元代霍

窑瓷器中有折腰盘、印花洗及盏等，特别是折腰盘，口沿镶铜边，盘内印六条直线，制作规整，釉色莹白，均为霍窑传世精品。

霍州窑是中国北方地区宋元时期重要窑址之一，始建于唐，宋、元为鼎盛时期，霍窑瓷器的风格独树一帜，具有很高的历史、艺术和科学研究价值。霍州窑址所出白瓷造型秀雅灵巧，在胎壁厚度和支钉的运用方面达到了极致化，成为中国古代白瓷中的一个特殊类型，丰富中国古代白瓷的类型，为古代瓷器研究提供了丰富的资料。据对霍州窑暴露的遗址瓷片观察分析可知，其原料瓷土细腻柔软，瓷器釉面泽润，种类繁多，器形多样，是中国民间瓷窑遗址中不可多得的瓷器艺术宝库，为研究霍州窑瓷器文化提供珍贵的实物资料。

1986年，山西省人民政府公布立霍州窑址为省级文物保护单位。1987年，成立霍州文物管理所，负责窑址的保护管理工作。2006年5月25日，霍州窑址被国务院公布为第六批全国重点文物保护单位，编号6-0025-1-025。2007年，山西省人民政府划定窑址的保护范围和建设控制地带。霍州窑址的"四有"档案、相关保护管理文书档案、技术档案等资料，保存于山西省古建筑保护研究所。

刘伶醉烧锅遗址 金元时期重要的酿酒作坊遗址，位于河北省保定市徐水区巨力集团刘伶醉酿酒股份有限公司第一制酒车间。

清光绪年间《畿辅通志》卷五十七"熙宁酒课"记载，熙宁年间（1068～1077年），京津一带纳酒税三万贯者17处，其中徐水有2处，安肃1处、广信1处。这说明徐水当时酿酒业已颇具规模，酒税已是当地财政收入的主要来源。结合发掘情况分析，约在金元时期，古烧锅遗址就已存在。到明清，徐水酿酒业更有进一步发展。清康熙年间，县城南门里建有"润泉涌"烧锅，以产干酒闻名。道光年间（1821～1850年），城内有烧锅7家，以南烧锅和恒源酒店所出酒质最佳。清末，徐水境内烧锅达30余家。民国21年（1932年）版《徐水县新志》记载：造酒厂俗称烧锅，酒之原料为高粱、大麦、曲，经人工酿造而成，名曰烧酒，味辛而干，出品最美，远销北平、保定、石家庄、顺德一带。以润泉涌烧锅所产徐水原酒最负盛名。以上说到的润泉涌烧锅和南烧锅为一个地址。1948年徐水解放后，在润泉涌烧锅的基础上，建立国营徐水县制酒厂，1988年更名为刘伶醉酒厂。

1997年7月，刘伶醉酒厂在车间改建时，发现古井遗迹。1998年，徐水县文物管理所对遗址进行清理发掘，发现青砖古井一口，古井直径120厘米，深160厘米。出土白釉瓷片、白釉黑花瓶底、深腹敞口碗残片、豆青釉圈足碗底墨书元字款残片、白底黑花四系瓶和小口鸡

古井遗迹

腿瓶等。遗址南北长28.8米，东西宽17.7米，由两排共16个发酵池和青砖水井组成。发酵池呈长方形，青砖垒砌，池东西长3.45米，南北宽1.6～1.7米，深2米，个别部位修补过。两排发酵池中间原为凉糟场地，厂房改建时又在该部位加建发酵池一排。厂内保存的文物有：遗址南侧平整厂区时出土青花大缸1件、鸡腿瓶1件、木制储酒箱4件。

刘伶醉烧锅遗址是中国金元时期重要的酿酒遗址，是中国发现的最早的制造蒸馏酒的烧锅遗址。

2001年2月7日，刘伶醉烧锅遗址由河北省人民政府公布为第四批省级物保护单位。2001年，河北省人民政府公布刘伶醉古烧锅遗址的保护范围和建设控制地带。2006年5月25日，刘伶醉烧锅遗址被国务院公布为第六批全国重点文物保护单位，编号6-0016-1-016。2009年，巨力集团对刘伶醉酒厂进行整体收购，成为刘伶醉古烧锅遗址的管理机构。2014年12月，徐水县文物保管所（2015年改为徐水区文物管理所）建立并保存刘伶醉烧锅遗址"四有"档案。

李渡烧酒作坊遗址 是包含元、明、清、近代、现代不同阶段遗存的烧酒作坊遗址，位于江西省进贤县李渡镇李渡老酒厂内。

李渡，古称李家渡。地处赣中北，鄱阳湖南岸，抚河、信江下游，地形平坦、土沃水足、亚热带季风气候。相传在唐朝末期有一位李姓书生上京赶考，因落难而在此定居。书生先摆渡，后设店营生。在宋王存《元丰九域记》，元索兰颁等《元一统志》，明代以来《抚州府志》《临川县志》、民国6年《大中华江西地理志》和李渡《李氏五公家谱》、焦石《南坪邓氏四修族谱序》等典籍中均载，李家渡于两宋之际已形成圩市，至元末明初发展成远近闻名的大圩镇，凭借水陆交通之便，形成"百货咸集，蠢类草遗，旗亭旅舍，翼张鳞次，榆杨相接，桑麻渐繁"的商业市场。

烧酒是与毛笔、陶器、夏布齐名的李渡四大传统物产之一。李渡井泉，水质清亮，味美甘冽，久贮不浑，自古有"做酒酒香，做豆腐无双"的说法，李渡白酒获得"闻香下马，知味拢船"的美誉。清朝乾隆年间，随着李渡蒸馏酿酒工艺的成熟、质量的提高和市场的扩大，先后形成以"万隆""万盛""万茂""万祥""万义""福兴泰""福裕泰""福生""福隆"为字号的九家作坊，其中"福生"字号的作坊，清代门面现代尚在，与中国传统酿酒的"前店后厂"格局相一致。李渡元代烧酒作坊遗址在李渡酒厂老厂区生产车间内，2002年初李渡酒厂改制为李渡酒业有限责任公司。

2002年7～11月，江西省文物考古研究所对李渡酒作坊遗址进行抢救性发掘，勘探面积1600平方米，发掘面积300平方米。考古发现遗址共有11个文化堆积层，分属于南宋、元、明、清、近代、现代6个时期，集中于元、明、清时期。遗迹有酒窖、水井、水沟、炉灶、晾堂、蒸馏设施、墙基、路面、灰坑和砖柱等，出土遗物350件，以酒器为主。大量酿酒遗迹及遗物的出土，尤其是13口砖砌口沿地缸式元代酒窖的发现，反映中国第一家白酒小曲工艺向大曲工艺生产过程的转变，印证李时珍《本草纲目》"烧酒，非古法也，自元始创其法"的记录，是研究中国白酒酿造工艺起源和发展的珍贵实物资料，是中国发现的时代较早、遗迹较全、遗物较多、延续时间较长且最具鲜明地方特色的古代烧酒作坊遗址。揭露的文化堆积主要是元、明、清时期的遗迹和遗物。

根据层位关系和出土遗物的特征，其文化堆积的11层可划分为六个时期。第一期，即第10～11文化层，年代约在南宋，未发现酿酒遗存，属于早于烧酒作坊遗址的遗存；第二期，包括第7～9文化层和开口于灰坑H5下并打破第9层的圆形酒窖，年代约为元代；第三期，包括4～6文化层和开口于第4文化层下并打破第5文化层的水井、水沟、炉灶、晾堂、圆形酒窖、蒸馏设施、墙基、灰坑等，年代约为明代；第四期，包括第2～3文化层和开口于第2文化层下并打破第3文化层的晾堂、圆形酒窖、蒸馏设施、墙基、灰坑等，年代约为清代；第五期，开口于第1文化层下并打破第2文化层的墙基、砖柱、砖池，为近代遗存；第六期，包括现代路面、晾堂、炉瓶、蒸馏设备、长方形酒窖和增建、修补并一直沿用的圆形、亚腰形酒窖。

李渡烧酒作坊遗址所包括的南宋、元、明、清、近代、现代六个时期的遗存中，除南宋未见酿酒遗存外，其余五个时期的酿酒遗迹十分丰富，有水井、炉灶、晾堂、酒窖、蒸馏设施、墙基、水沟、路面、灰坑和砖柱等。

水井。考古发掘区内的水井位于烧酒作坊遗址的中心部位，始建于元代，后经增建、修补、至近代废弃。井深4.25米，底部用红麻石建在流沙层上，井壁用青砖砌筑，由井底往上2.46米为元代部分，口径0.86米；由此往上至

李渡烧酒作坊遗址（局部）

井的3.50米处，用红麻石筑成六边形井圈，口径0.66~0.72米，周围有用三合土构筑的散水沟，是水井在继续使用过程中的明代部分；再往上至井的4.14米处构成水井的清代部分，口径0.74米；最上部井口用石灰勾缝，口径0.62米，属民国时期。井底出有青白釉盏、黑釉灯盏、青花瓷海水奔马纹碗等遗物。

炉灶，系酿酒过程中原料蒸煮糊化和烤酒蒸馏的重要设施，用红石和青砖修砌。炉灶始建于明代，一度被短暂废弃，后经增建、修补并用石灰填抹后继续使用。火膛呈椭圆形，以红石铺底，长径2.80米、短径1.42米、残高1.98米。烟道位于头端两侧，炉箅上有烧结面，炉内出有"成化年造""大明嘉靖年制"年款的青花瓷等遗物。灶前的工作坑呈"凹"字形，长2.70米、宽1.60米、深1.84米。

晾堂2处，为酿酒过程中用于拌料、配料、堆积、扬冷酒醅和前期发酵的场地。用卵石和三合土加工而成。明代晾堂揭露面积约50平方米，表面凹凸不平，向南倾斜，北部及西北部用红石砌出边界，南部及西南部以水沟为边。清代晾堂揭露面积约40平方米。地面坚硬，边界用红石砌成，可防止酒醅的渗水漫流。红石表面有方形、长条形的凹槽，可能与建造晾堂的遮盖物有关。东部以卵石修补，残存有使用时的酒醅痕迹。

酒窖，分为圆形、腰形和长方形三种，是酿酒过程中经摊晾下曲后的糟醅进行前期发酵、主发酵和后期发酵的场所。圆形酒窖共22个，其中明代酒窖9个，有6个现代一直在使用，直径约0.90~1.10米、深约1.52米，分布于作坊西部。元代酒窖13个，直径约0.65~0.95米、深约0.56~0.72米，分布于作坊南部。出有黑釉靶杯、青白釉盏，卵白釉枢府高足碗等元代遗物。圆形酒窖均先挖一大坑，坑底再挖一小圆坑放置陶缸，然后用青砖砌成，属结构独特的砖砌圆形地缸发酵池。部分酒窖中残存有酒醅和黄水。腰形酒窖是将两个圆形酒窖的地缸封闭改造而成的，出现在近代，长约1.80~2.00米、宽约0.50~1.00米、深约1.30~1.50米。长方形酒窖以砖砌，窖底涂泥，与江西特型白酒所使用的红石条发酵池属同一个类型，为现代酒窖。

蒸馏设施2处。圆桶形砖座，分属明代和清代。明代蒸馏设施一度被短暂废弃。清代经增建、修补后继续使用，直径0.80米、高0.62米，东南距炉灶0.85米。出有青花瓷盘等遗物。清代蒸馏设施直径0.42~0.54米、高0.38米，出有陶缸片等遗物。经酒窖发酵成熟的酒醅经过蒸馏得到较高酒精浓度的白酒。传统的固态发酵法生产白酒，是在炉灶上放一口地锅，安置甑桶和天锅冷却器，配以冷凝管道和盛接容器。在甑桶内装入发酵成熟的酒醅，用灶火加热进行蒸馏。同时，在天锅内注入冷水，并不断更换，使汽化的酒精遇冷凝结成液体，达到提升酒精浓度和形成白酒香味的目的。明代蒸馏设施，处在炉灶附近，是供蒸馏过程中盛放冷水或放天锅的地方。清代蒸馏设施用于盛放蒸完酒之后的黄浆水。由于黄浆水含有很多的营养成分，具有很强的酸度，蒸完酒后，将黄浆水先盛放，等到做酒拌糟时，再回到酒醅里。

作为烧酒作坊一部分的建设遗存，墙基、水沟和路面也很具特色。墙基用红石和青砖修筑，并有沿用、增建痕迹，转角处有柱础，说明酿酒遗迹处在建筑物内。水沟相互贯通，是烧酒作坊内主要的排水系统。路面坚硬，部分地方发现有路土痕迹。

李渡元代烧酒作坊遗址是一个持续的沿用至现代的遗址，不同时代的酿酒遗迹，是认识中国传统蒸馏酒酿造工艺和技术水平演变的宝贵实物资料。

2002年11月，进贤县人民政府公布为县级文物保护单位。2003年，南昌市人民政府将其公布为市级文物保护单位。2006年5月25日，李渡烧酒作坊遗址被国务院公布为第六批全国重点文物保护单位，编号6-0102-1-102。2008年，委托中国文化遗产研究院编制《李渡烧酒作坊遗址保护规划》。2010年2月，江西省人民政府印发《关于公布江西省第五、第六批全国重点文物保护单位保护范围的通知》，划定李渡烧酒作坊的保护范围。2011年3月，江西省人民政府通过《关于同意李渡烧酒作坊遗址保护规划的批复》。2014年5月，《李渡烧酒作坊遗址防渗保护设计方案》获国家文物局批准。李渡元代烧酒作坊遗址由进贤县人民政府委托李渡酒业有限责任公司保护并由进贤县文物管理所监督管理。

老君山硝洞遗址 是明清时期采硝、炼硝矿冶遗址，位于四川省江油市，地处四川盆地西北部的龙门山脉中段。遗存主要分布在严家岩、大坪山、魔芋山、藏王寨山、寨子山、贺家山、梨树坪峰等山峰溶洞内。分布范围南北延绵21千米，东西宽14千米，山岭面积300余平方千米。

2004年，文物部门发现并对硝洞遗址群进

老君山

行调查。经对地层叠压关系考察分析，硝矿开采在清乾隆二十年（1755年）前经过二次大规模开采：第一次开采时间可能在明朝初期，第二次大规模开采在清乾隆时期，与大小金川之战有关。清朱帘《梓潼县志》载，老君山朝阳洞，县西二百四十多里，山势高峻陡险，洞在中峰悬岩绝壁间。由江邑旱炉坪结架天梯，踏梯而下至洞，洞高八丈，宽六丈、深十五里，产硝，乾隆二十年开采，归江邑就近汇办。梓邑于重华场隘口安设兵役巡查。道光版《龙安府志》亦载："硝，出江油朝阳洞、大兴洞二处、平武也产。每年煎付小河营应用。"除朝阳洞、大兴洞（烟子洞）外，天雨洞、高观洞、犀牛洞、妖精洞、干人洞、牛角洞、九仙洞、明月洞、老君洞、中沟洞等天然溶洞内均遗存有制硝遗迹。

朝阳洞洞口在老君山观风梁悬崖绝壁上，系一天然溶洞。进出洞需从山梁上的适当地点，向下在悬崖上悬搭60余米绳梯。洞内宽60～100米，高达50米，长约3500米，呈四五十度向下倾斜，个别地方超过70°，洞内残存有硝池、水池、灶等遗存。洞口内不远处有山泉一股，水流较大。洞内共有九处数百平方米至数千平方米的工作面，残存大量硝渣和破碎瓷

硝洞遗址考察

片，共分九区。其中Ⅰ区长300米，共有3组硝池。1号硝池为圆形，内径250厘米，残高100厘米，接硝池残。周围硝渣高达16米。2号硝池为圆形，内径230厘米，高140厘米，距1号硝池约100米，其下为圆形接硝池，直径120厘米，深50厘米。用竹管引硝。3号硝池为圆形，内径

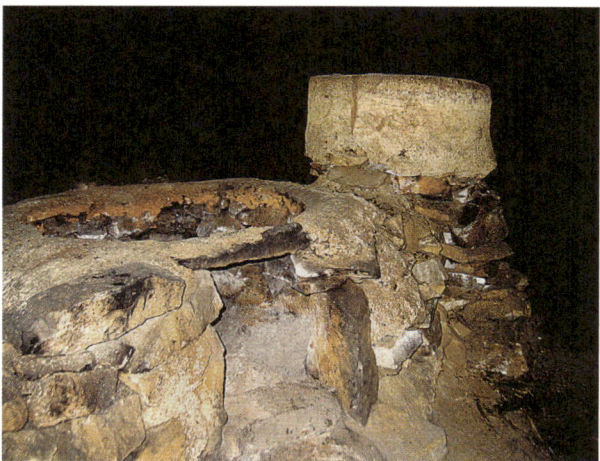

老君山硝洞灶台

240厘米，高120厘米，距2号硝池约100米，其下为圆形接硝池，直径240厘米，深90厘米。用竹管引硝。洞底部有一巷道，巷道口高150厘米，宽100厘米，在工作面下330厘米，用木棒做梁架，用石块垒砌而成，巷道长20米，盘旋向下，巷道底部用石块封死。其余烟子洞（古称大兴洞）、妖精洞、干人洞、牛角洞、高观洞、明月洞、犀牛洞、天雨洞等各洞均结合各自洞内空间、坡度等自然条件因地制宜，但基本设施仍为灶、硝池、接硝池、水池、引水槽等组合。另零散遗留少量古人生活物品、生产工具残件及大量的矿渣。

从保存的生产设施看，制硝生产规模相当巨大，是火药的文物富集区，可以初步认为是发现的古代中国最大的硝洞遗址，也是古代重要的火药原料基地之一，对于研究川西北地区火药原料的生产、明清时期矿冶生产具有极高价值。

2004年11月8日，江油市人民政府颁布《重华老君山古硝洞遗址群保护和利用管理办法》。2006年5月25日，老君山硝洞遗址被国务院公布为第六批全国重点文物保护单位，编号6-0183-1-183。2009年，江油市编制委员会同意在江油市文物保护管理所增加"江油市老君山硝洞遗址保护管理所"牌子，承担老君山硝洞遗址文物保护工作。老君山硝洞遗址"四有"档案，保管于江油市文物保护管理所。2014年，四川省人民政府公布老君山硝洞遗址保护区划。